新安文化丛书一

XINAN WENHUA CONGSHU

新安教育

方光禄 著

文物出版社

中共淳安县委宣传部
中共淳安县委党史研究室
淳安县人民政府地方志办公室
淳安县政协文史和教文卫体委员会
编

图书在版编目（CIP）数据

新安教育 / 方光禄著. -- 北京 ：文物出版社，2024.7

（新安文化丛书. 一）

ISBN 978-7-5010-8399-2

Ⅰ. ①新… Ⅱ. ①方… Ⅲ. ①地方教育－教育史－淳安县 Ⅳ. ①G527.554

中国国家版本馆CIP数据核字（2024）第067622号

新安教育

新安文化丛书一

编　　者：中共淳安县委宣传部
中共淳安县委党史研究室
淳安县人民政府地方志办公室
淳安县政协文史和教文卫体委员会

著　　者：方光禄

责任编辑：孙　霞

封面设计：方　卓

责任印制：张道奇

出版发行：文物出版社

地　　址：北京市东城区东直门内北小街2号楼

邮　　编：100007

网　　址：http://www.wenwu.com

邮　　箱：wenwu1957@126.com

经　　销：新华书店

印　　刷：杭州富春印务有限公司

开　　本：787mm × 1092mm　1/16

印　　张：417.25

版　　次：2024年7月第一版

印　　次：2024年7月第一次印刷

书　　号：ISBN 978-7-5010-8399-2

定　　价：2880.00元（全18册）

总 序

新安文化是指新安江流域文化。

新安江是钱塘江的正源，源头分为两大支流。南支称率水，为新安江主源，发源于安徽省休宁县五龙山脉的六股尖；北支叫横江，源于黟县五溪山主峰白顶山。两支源流在屯溪汇合，流至歙县浦口一段称渐江，歙县浦口以下至浙江省建德县与兰溪相汇处称新安江。新安江与兰溪汇合后称富春江，到萧山闻家堰称钱塘江，流至杭州湾入海。

新安江流域地处闽浙山地的北缘，黄山、天目山、白际山、五龙山、千里岗、龙门山六大山脉盘桓其间，山地及丘陵占十分之八九。新安江水呈树叶网络状，由西向东辐射，地势也是由高及低逐步下降。流域平均海拔 800 ~ 1000 米，处在山岭川谷之中。俯视江南，附近的江西、浙江、江苏、安徽，均在其下。地处新安江源头的徽州，有“吴头楚尾”之说。杜牧诗云：“溪山侵越角，风壤尽吴根。”非常准确地描写出新安江流域的地理位置。

新安江流域以黄山山脉为界，南坡有流向东南钱塘江的新安江水系，直达杭州，是前往江南的捷径；流向西南鄱阳湖的阊江水系、乐安江水系，直达饶州、九江；北坡有直接流入长江的青弋江、秋浦河水系，直达池州、安庆、芜湖长江沿线。新安江下游严州府与兰江相接，向南直达金华、衢州，是前往江西、福建的捷径。陆路虽地势高耸，山路崎岖，但由于地处皖、浙、赣三省交界，成为全国的交通网络中重要的一环。

魏晋时期，由杭州经新安江前往江西、福建的通道，是全国交通枢纽上的重点线路。宋永初三年（422）秋，谢灵运离开建康（今南京）赴任永嘉郡太守。他沿钱塘江、富春江溯流而上，经桐庐、建德、兰溪，转由婺江到永嘉，途经桐庐写下《初往新安至桐庐口》诗。唐代以前，北方通往南方的三大干线，其中两条干线经过新安江流域。一条由洛阳东行至汴州，循运河东南而下，经杭州，沿钱塘江溯流而上，经睦州、婺州、衢州、信州至江西、福建和岭南道。另一条由洛阳走陆路，经汝州、许州至陈州，过寿州、庐州，渡江至采石，经宣州、歙州到睦州，经婺州、衢州，再选择西行或南行通往福建、江西和岭南各地。宋以后，新安江流域交通线路更是呈放射状，四面通达。虽然山道崎岖，水路湍急，路途稍显艰难，但无论水路、陆路，前往江西、湖北、福建、南京、杭州都是必经的捷径。

人类逐水而居，河流是人类文明的摇篮。先秦时期，新安江流域先属吴，吴亡属越，越灭属楚。秦末，在新安江中游和上游设黟、歙二县，下游则归富春县管辖。东汉建安十三年（208），分歙地置始新、新定、黎阳、休阳四个县，加上原来的黟、歙二县，就有了六个县，以这六个县新设新都郡，郡治设在始新县治新定里（今淳安县威坪镇）。黄武四年（225），析吴郡富春县地置建德、新昌、桐庐、新城四县，建德县、新昌县（后改寿昌）地处新安江下游。其后新安江流域郡、州、府级机构，先后更名或改设为新宁郡、新安郡、东阳郡、遂安郡、婺州、睦州、歙州，最后定名为徽州和严州；县级机构先后更名或改设为新安江上游的歙县、黟县、休宁县、祁门县、绩溪县、婺源县，新安江中游的淳安县、遂安县，下游的建德县、寿昌县。

新安文化的地域范围，以新安江上游古徽州一府六县，即歙县、黟县、休宁县、祁门县、绩溪县、婺源县，以及新安江中下游古严州的淳安县、遂安县、寿昌县、建德县为核心区域。新安文化的时空概念起自史前文明，迄于1949年，根据研究需要适当后延。其内容涉及哲学、经济、社会、教育、学术、文学、艺术、工艺、建筑、医学等诸多学科，凡与新安江流域社会历史发展有关的内容，均是新安文化的范畴。

新安江流域是我国原始文化的一个独立发展单元，一步步走来，没有停留，没有断代。历经早期文明、晋唐兴起、五代至元崛起、明清鼎盛和近代转型五个发展阶段，形成新安文化的完整体系。

1974年11月，在建德县上新桥村乌龟洞发现一枚人的犬齿化石，被命名为“建德人”，属于晚期智人类型，距今约五万年。同时，新安江流域分布着大量的旧、新石器时代遗址，承继“建德人”的文化发展。1959～1975年，新安江上游的屯溪西郊奕棋村先后发现8座西周至战国早期的墓葬。出土的青铜器、原始青瓷和几何印纹硬陶，在形制、纹饰和构图风格上，具有浓厚的越文化特色。史称当地人为越族，人民性格强悍，尚武好斗，文化礼仪相对薄弱。通过地方行政治理过程中的教化，当地越人在了解和接受中原人的生产、生活方式后，道德观、价值观、文化崇尚等方面均发生变化。

晋唐时期，新安文化兴起。晋代的“永嘉之乱”和唐代的黄巢起义是中国历史上的两件大事。它不仅造成西晋和唐朝的灭亡，导致中国社会的分裂，而且对我国南方的发展产生深远的影响。“永嘉之乱”和黄巢起义期间，中原士族比较集中地迁入新安江流域，现存的徽、严二州不少姓氏族谱中，对始迁祖的追溯都上溯到这一阶段。中原士族大量迁入以后，以其自身的文化素养和生活习惯渗透民间，改变了新安江流域越族的风俗习惯，越族尚武习俗与中原儒雅之风融合，儒家思想的仁义忠孝和修身齐家理念，开始在新安江流域流行。休宁吴少微的“吴富体”在文坛崭露头角，新安江下游的“睦州诗派”更是享誉诗坛。

五代至元，新安文化崛起。这一阶段新安江流域的教育与科举得到长足发展，仅南宋时期徽州、严州二府进士就有806名。南宋理学大儒朱熹祖籍徽州，曾两次回徽州省墓、探亲、授课，并在严州丽泽书院、遂安瀛山书院讲学论道。新安人读朱子之书，秉朱子之教，以邹鲁之风自恃，形成新安理学学派，使得朱熹理学在新安江流域广为流传，对整个流域的文化形成和演变起到关键作用。文风郁起，留下很多脍炙人口的作品，如胡仔的《苕溪渔隐丛话》和方岳、方逢辰的诗歌，在全国诗坛都占有一席之地。徽州刻书和严州刻书，在中国刻书史上贡献卓著。制瓷技术、医学、植物学、光学、生物学等科学技术都取得一定成就，其中歙县张杲淳熙十六年（1189）写成的《医说》一书，是中国医学史上第一部医史传记。

明清时期，新安文化进入鼎盛。私学、官学和书院教育同步发展，推动新安江流域科举繁荣兴盛。淳安人商辂“三元及第”，于明宣德十年（1435）乡试、正统十年(1445)会试及殿试均为第一名。理学、心学与朴学相互融合发展，理学家们提倡“和会朱陆”，阳明心学受到欢迎。清康熙、乾隆时期，新安学者提倡实事求是的治学精神，开创朴实的学风，成为清代学术的主流，朴学领袖戴震更是中国哲学史上的唯物主义启蒙思想家。文学艺术百花齐放，新安画派是明清文人画的正统继承者，徽派版画代表了中国传统版画的最高成就，徽派篆刻成为中国文人篆刻的主流，徽剧乃京剧之母。科学技术成就斐然，新安医学所主张的“固本培元”理论，是中国传统医学中的精华；程大位是中国历史上珠算集大成者；郑复光《镜镜詅痴》集当时中西光学知识大成。

近代，新安文化开始转型。光绪二十六年（1900），歙县基督教堂在城内创办崇一学堂，迈开新安江流域兴办新式学堂的第一步。在西方近代科技和工业革命的影响下，实业救国成为潮流，培养近代农林、商业、工业人才，是教育转型过程中的重要一环。光绪三十四年（1908），戴英在休宁县隆阜珠里创办新安江流域近代第一所职业学校——休宁初等农业学堂。随后，徽州乙种商业学校、淳安县初级实业小学、建德县浙江省立甲种森林学校等相继开办。新安学术也开始向近代学术思潮转型，胡适成为近代文化转型中承上启下的关键人物。文学艺术在转型中得到提振，其中由汪渊集句成词、其夫人程淑笺注的《麝尘莲寸集》，以词集词，前无古人。黄宾虹成为近代中国绘画领域中的一座高峰；黄士陵的篆刻形成自己的艺术风格，被称为“黟山派”。“徽路徽戏”和睦剧得到全面发展。

新安江流域自古为越族领地，随着中原士族的迁入，中华儒家文化的价值观“修身齐家治国平天下”，在这里不断积淀，形成尚武自强、重教崇文、俗尚文雅、治生重商的区域特征。

新安江流域早期越人以尚武著称。明清时期，新安江流域百姓依然习武自强为常。至今民间仍留存不少延请拳师的“拳关”文书。明万历休宁程冲斗所著《耕余剩技》，是中国武术史上的名著。绩溪县张横秋更是以武术名世，在武术史上形成“豫徽武术”流派，其拳术至今仍在新安江流域流传。很多文人在习文的同时练武，明末休宁县抗清义士金声不仅文章出彩，而且武艺高强。休宁画家汪肇，喜好持矛舞剑。新安朴学后期的重要学者汪宗沂，通拳术、剑术、马术，喜谈兵。他的学生许承尧、黄宾虹，一个是著名诗人，一个是著名画家，跟着汪宗沂学习时，练剑、骑马也是必备的功课。

中原士族迁居新安江流域以后，注重文化传承。这种传承使得新安江流域重视教育，崇尚文雅。朱熹提倡读书，研究学问，从事著述，强调“穷理之要，必在于读书”。新安理学的兴起，增强了新安江流域的读书氛围。儒家思想被塾师细化在自己教学实践中，塾师编写的大量蒙学教材中，将儒家的道德观念灌输给学童。在新安理学的影响下，新安江流域读书著述之风盛行，形成“十家之村，无废诵读”的景象。宋元以来，被称为“东南邹鲁”。

随着儒家思想向民间基层渗透，礼教在老百姓中扎根。民间礼仪以朱熹《家礼》作为依据，渗透于各个家庭。休宁《茗洲吴氏家典》根据《家礼》，结合本宗族的情况，规定冠婚丧祭的礼仪，作为子孙后代遵行的法典。民国遂安《高峰朱氏宗谱》卷三《家训》对子弟的礼仪教育写得非常具体，结合家族特点，将礼教具体化，教育族人如何做人、做事，各项规范要求明确，可操作、能监督，俗向文雅，成为“礼下庶人”的典范。

新安江流域有一个异于全国其他地区的现象，就是人们以经商致富为荣，从商成为风气。新安学者提倡职业不分卑贱，引导民众经商，鼓励商人创业，提倡“廉贾”价值观。地方士绅还通过各种方式为商人代言，创造良好的经商环境。学者的倡导、士绅的鼓励，对不轻视商业、不以经商为耻社会风气的形成，起到极大的促进作用，使新安人在观念上获得解放，理直气壮去经商，造就了雄飞于中国商界三百年的新安商人集团。

新安文化不断兼收并蓄，坚持实事求是，遵循儒雅中庸的发展过程，构成以“包容、探索、和谐”为核心的人文精神。

在沉淀中原汉文化和践行儒家思想的过程中，新安江流域不断地塑造自身的人文精神，推进新安文化的发展。新安文化的形成，是中原汉文化与当地土著越文化进行融合的过程。在两种文化的融合过程中，汉文化虽然是强势文化，但具有很强的包容性，促进了越文化的自然融合，从而产生出新质的新安文化。这种包容性，在新安文化发展过程中，贯穿始终，成为新安文化特色。兼收并蓄的包容精神，体现了新安文化的博大气象，是新安文化得以发展的源泉。

在新安文化发展过程中，新安人一直遵循实事求是的原则，博学求知，努力探索规律，追求真理，勇得时代风气之先。朱熹提出“濯去旧见，以来新意”；戴震主张“不以人蔽己，不以己自蔽”；胡适要求“重新估定一切价值”，都是不懈求索、勇得时代风气的典范。实事求是的探索精神，体现了新安人的思辨能力，是新安文化得以不断创新发展的动力。

新安文化是宋以后中国儒家文化在民间社会最完整的体现和典型范例，其儒雅中庸的内质得到很好的体现。“薄利多销”成为新安商人的经营手段，自己少赚些，让消费者不吃亏，成为“中庸”思想在商业领域的一种表现，即双赢。新安宗族在“中庸”思想的指导下，和睦相处，很少发生械斗。就是宗族间有了矛盾，也是协调处理，互相谦让。在艺术上，也非常讲究中庸平和。新安篆刻中的雅逸隽秀、平和光洁；新安版画内蕴的恬静和安乐，也是儒雅中庸的一种表现。儒雅中庸的和谐精神，使得新安江流域社会平稳安定，是新安文化不断发展的基础。

新安江流域靠近越文化核心区，其文化既具有新安文化特点，又带有钱塘江流域良渚文化特色，体现出新安文化与良渚文化融合的趋势。对河系流域上下游文化碰撞、交融的研究，具有重要价值。

新安江流域至今保存下来的地面文物遗存 10000 多处、8000 余种文献、100 余万件文书，跨越千年历史，涵盖政治、经济、文化各个领域。尤其地面文物遗存、非物质文化遗产和文书档案，均为第一手资料，是人们了解中国封建社会后期农村社会实态不可多得的资料，为按历史本来面貌做综合实态研究创造了前所未有的有利条件。中国社会科学院历史研究所周绍泉先生指出："以徽州文书为代表的历史文书档案为主要资料，综合研究历史社会实态，将是我们这个时代的学术潮流。"

新安文化是中国封建社会后期传统文化的典范，独树一帜，在各自领域都处于领先位置。从新安文化中提炼出来，形成新安宗族、新安学术、新安商人、新安教育、新安建筑、新安书画、新安工艺、新安科技、新安文学、新安戏曲、新安饮食、新安民俗等文化现象，是新安文化中的精华，学术界在研究专业史时无法绕开这些课题。对新安文化展开研究，实际也就是对中国封建后期传统文化展开研究，窥一斑而见全豹，具有普遍的学术意义。

新安江流域四面环山，作为一个独立的自然地理单元，风景秀丽，人们的审美观受到山水环境的影响。新安四雕艺术、文房四宝艺术、盆景艺术、新安书画、新安文学等，都是新安江流域自然环境同新安人审美观相结合的产物。而新安饮食、方言的形成，同新安江流域独特的自然地理环境及资源有关；新安宗族社会构成和村落结构，同新安地理环境也是密切相关，具有地理文化单元的人类文化学研究价值。

新安文化是移民文化，中原士族的内迁，决定了其社会与文化的诸多现象和特点，受到中原文化的影响。同时，新安文化的昌盛与发展，还存在着一个由新安江流域再向外移民的过程，并对侨寓地的文化产生影响。如新安学术、徽剧、新安艺术、新安刻书、新安篆刻等对扬州学派、京剧、江南园林、江南版画、浙派篆刻都有渗透和影响。研究新安文化，可以获得中华大文化融合各民族文化、各地方文化的一般与个别规律，为繁荣中华大文化作出贡献。

新安江流域是宗族社会。明清时期，农村基层依靠宗族自治管理，有不少好的做法。现存不少宗族公约中有值得学习和借鉴的条文，如禁止乱砍滥伐和禁止赌博等。从内容上看，它们符合当今所提倡的环境保护和社会文明的主旨。从实施机制上看，它不是依赖于行政系统，而是靠"公约"的形式自我约束，这给建设社会主义新农村带来启示，村民自治要以农民为主体，增强农民的自觉意识，而不是靠行政手段。新安文书中的商业合同，反映了新安人市场观念的成熟；分家契约反映了新安人既遵从中国传统的伦理观，又理性地处理家庭财产等经济问题；诉讼文书，反映了古代新安江流域民间已经有较强的法治观念。新安江流域古村落人与自然和谐，以人为本的思想贯穿村落建设，村落中的防火措施、水系设计都十分讲究，科学性很强，给当代环境规划设计带来启示。

新安文化博大精深，对新安江流域上游的徽州文化研究，已经成为一门专门的学问——徽学。但对整个流域的整体研究还是一个空白，编撰《新安文化》丛书，可以填补全面涵盖新安江全流域文化的研究空白，力求科学、全面、准确、系统地展示新安文化的各个方面，对于新安文化学术研究及开发利用，是一件十分有意义的事情。

《新安文化》丛书编撰委员会

2023 年 4 月

目　录

参考文献

绪 论

在我国辽阔的版图上，无论长度还是水量，新安江都无法跻身大河前列。但高低适中的纬度，襟山连海的形势，温暖湿润的气候，使得新安江流域丰富的植被，让处于食物链不同层级的众多动物能安心栖息。而人类，也不失时机地进驻此间，并不间断地创造新的奇迹，铺陈出数万年的绵绵画卷。

第一节　从“山越人”的武劲到“徽、严人”的文雅

一、新安江流域的“建德人”

岁月流逝，芳华不再。最早踏上新安江流域的人们，距今10万年前的一个生活片段，被神奇地保存下来，并在1974年开始被缓慢揭开。该年冬，中国科学院古脊椎动物与古人类研究所和浙江省博物馆的专家，来到当时新安江下游的建德县李家公社上新桥村后乌龟洞考察。在厚1米多的土层中，发现一枚古人犬齿化石。当时测定该化石属一位30岁左右男性，生活于晚更新世，距今约5万年。这是新安江流域发现最早的人类化石，依以发现地命名惯例，称“建德人”。1986年，北京大学考古学系年代测定实验室采用铀系测年法，对乌龟洞中牛化石进行年代测定，判断“建德人”生活在距今10万年前左右。

“建德人”当年的日常生活，今天只能通过合理想象，将零碎的若干间接证据拼接成一幅连续的图画：乌龟洞是一天然石灰岩溶洞，深仅7米。虽不够宽大，无法容纳更多的人，但从丰富的遗存看，未必是暂时落脚的“过渡房”，而应是“建德人”所能寻找到较为理想的“豪宅”。洞内留存的猕猴、鹿、猪、羊、水牛、大熊猫、中国犀、剑齿象等多种化石，既说明当时新安江流域动物种类丰富性远超现代，也暗示“建德人”生活能力非同一般，毕竟将体形硕大、力气不小的水牛、中国犀和

剑齿象成功捕捉并分而食之，在工具简陋的时代，并不是一件轻而易举的事。

由于“建德人”在之后数万年间的新安江流域活动痕迹，考古发现上暂存缺环，我们不能贸然判断“建德人”是否将生命延续到了今天。但在距今5000年前后的新石器时代，新安江流域已到处有了人类活动的足迹：建德市有航头乡六山岩遗址、杨村岗遗址，安仁乡后山村遗址，寿昌镇青龙头遗址；淳安县有千岛湖镇进贤遗址、五龙岛遗址；歙县有徽城镇新州遗址；徽州区有岩寺镇桐子山遗址；绩溪县有镇头乡胡家村遗址、水楂山遗址，上庄镇社屋上遗址，华阳镇方家园遗址，瀛洲镇龟山遗址；祁门县有凫峰乡中土坑遗址。这些遗址出土的印纹硬陶、网坠、石锛、石镞、石斧、陶纺轮等遗物，不仅说明他们具有多样的渔猎、耕作生产能力，也传达出丰富的日常生活信息。遗物中普遍存在的良渚文化色彩，则显示出他们与杭、嘉、湖等地存在着密切的经济文化联系，而新安江—富春江—钱塘江一体的水域，正是两大区域交流的主要通道。

此一时段，新安江流域居民当属后世所称的越人是没有什么争议的。臣瓒在注《汉书》时，有“自交阯至会稽七八千里，百越杂处，各有种姓”①的记述，虽然臣瓒未明确地指向新安江流域，但其后范晔《后汉书》中多次提及丹阳郡越人：“丹阳山越贼围太守陈夤，夤击破之”②“（李）忠以丹阳越俗不好学，嫁娶礼仪，衰于中国，乃为起学校，习礼容，春秋乡饮，选用明经，郡中向慕之。”③东汉的丹阳郡为“秦鄣郡，武帝更名”，辖宛陵、溧阳、丹阳、故鄣、于潜、泾、歙、黝、陵阳、芜湖、秣陵、湖熟、句容、江乘、春谷、石城16城，“户十三万六千五百一十八，口六十三万五百四十五”。④其中，歙、黝、于潜均属新安江流域的县份。“山越人”应该是此时新安江流域的在地居民。

二、中原汉人的入迁与反客为主

两晋之后，中原板荡，有能力的世家大族逐渐选择南迁。他们的东线路径大多是渡淮河、过长江，先停留在太湖流域，随着当地生存压力增大，其中一部分选择继续向南、向西迁徙。此时，沿钱塘江—富春江—新安江上溯寻找适当定居点就成

---

①[汉]班固：《汉书》卷二十八下，中华书局，1962年，第1669页。
②[南朝]范晔：《后汉书》卷八，中华书局，1965年，第330页。
③[南朝]范晔：《后汉书》卷二十一，中华书局，1965年，第756页。
④[南朝]范晔：《后汉书》志二十一，中华书局，1965年，第3486页。

为不少宗族的理想路径。这种推测尽管缺少更多的文献佐证，但黄山山脉以北方言主要是江淮官话，而山脉之南均属徽语区的方言分布特征，还是可以作为间接证明的。在这近千年的时光中，中原汉人在新安江流域的人口数上逐渐占有绝对优势，在文化上也与当地文化逐渐交融，最终占据主导地位。对此，史学家吕思勉有颇为精到的概述："能劳苦力作者，此辈往往能深入险阻，与异族杂处。初必主强客弱，久则踵至者渐多，土虽瘠薄，然所占必较广；山居既习俭朴，又交易之间多能朘夷人以自利，则致富易而生齿日繁。又以文化程度较高，夷人或从而师长之。久之，遂不觉主客之易位。又久之，则变夷而为华矣。"[①] 且在他看来，三国时丹阳、新都等郡"山越"未必均为越人，其中含有数量不少的汉人。比如，抗徐"试守宣城长，悉移深林远薮椎髻鸟语之人，置于县下。由是境内无复盗贼。"[②] 吕氏认为："古人入夷狄者，大率椎髻，不足为异。云'鸟语'则必不然。果皆鸟语，安能徙置县下。徐所徙，盖亦华人之入越地者耳。"[③]

人以群分，这是作为群居的动物生存状态规律之一。对于生活在新安江流域的民众，早期的民族之别或许是最重要的分野标志。但随着民族的交融，地域认同会取而代之。山区地貌，可以看作是无数大小不等的"源"的集合。"源"的一端封闭、另一端敞开，两侧山坡围护，谷底即为长短各异的溪流。如果将河流的干支视为一个地域的骨架，则"源"就是由丰厚的肌肉包裹的器官。那时，山野植被茂盛，居住点也主要分布在河流两侧，河流成为最主要的对外交通要道，陆路也多沿河开凿，加上历来行政区划大多以山川河流等自然实体为界。因此，山区人类的"源交际圈"特征明显。即每一条"源"的民众相互之间有更多交往，在语言、习俗、文化等方面有更高的相似度，形成一个个相对独立的社会圈。而整条新安江也可以看作是一条巨大的"源"。因而，新安江流域在某种程度上也具备了当地民众文化相近的自然条件。

三国两晋南北朝时期，新都郡、新安郡所辖境域大体包含了新安江流域的上游与中游，当地民众正处于汉越交融时期。大约在隋唐时期，"越"的民族色彩已基本淡化无存。而隋初歙州与睦州的设立，则在行政区划上将新安江上游与中游正式分离，

---

① 吕思勉：《三国史话》，中国工人出版社，2015年，第192页。
② [南朝]范晔：《后汉书》卷三十八，中华书局，1965年，第1286页。
③ 吕思勉：《吕思勉文集·三国史话》，译林出版社，2016年，第164页。

再经北宋末年取而代之的徽州、严州，直至清末，于是，两地就有了一定程度的疏离。如何指称这一时段的新安江流域民众？在我国，由于有极为悠久的行政管理历史，依照行政管理区域命名显得十分自然。徽州人、安徽人、皖人、齐人等比比皆是。相形之下，以单纯自然实体如山脉、河流来指称某一群体比较少见。若将该地民众称为“新安江人”，极有可能会被理解为因新安江水电站的缘故而富有时代意义的建德市新安江街道人。若取“新安人”之名，虽然多有应用，但含义复杂。因作为行政区划，郡级单位的“新安郡”就有西晋（今新安江流域）、南朝梁时（今四川达县）、北魏至唐武德时（今河南渑池）、北周（今河南新安县）等4处。而“新安县”的存世，据民国臧励龢等编著的《中国古今地名大辞典》，居然有20处，分布在今辽宁、河北、山西、山东、河南、浙江、湖北、四川、云南、贵州、广东等省，其中以广东明朝万历时分东莞县始置的新安县、河北省元代由渥城县改名的新安县，存世最长，影响也较大。揆诸史籍，因徽州、严州山水相连，“徽”“严”连称时有所见，尤多见于清朝。如“闹杨花，毒草也。多食杀人，少亦晕迷不起，徽严山中有之”。① 太平天国时军政要员信函文件中也常见，如曾国藩致王茂荫信称：“前此贵郡三面邻贼，现东西两路岭外皆已肃清，惟南路与浙接壤，防不胜防。……乃淳安之贼突于月初内犯，至岔口打馆，昌溪掳掠，改令朱、唐先清南路。闻此股系杨十麻，知宁国之危急而徘徊徽、严之间，不遽回救，未识是何诡计。”② 至于城乡市井，“徽严生漆”之类招牌，也与“京广杂货”“闽广洋糖”一样响当当。③ 同样，“徽、严人”这一指称在内涵上一般也不会引起其他误解。

人群分类，同样概念，也会有不同尺度与标准。“徽、严人”的理解也至少有三个不同维度：一是居住意义上的“徽、严人”，指特定时段居住在徽州、严州辖境的民众，与户籍、职业等无关。二是户籍意义上的“徽、严人”，既指当今的户籍，也涵盖传统社会的祖籍、里贯，而不论其在特定时段的居住位置。三是文化意义上的“徽、严人”，衡量依据是其自身对“徽州人”“严州人”的文化认同，可能其本人从未在这块土地上生活过。如当代“两弹一星功勋奖章”获得者程开甲，他虽出生在苏州吴江盛泽镇，却认同“我是徽州人”。三者之中，最具讨论价值的是第三

① 李泽平、陆林：《清代笔记小说类编·计骗卷》，黄山书社，1994年，第94页。
② [清]曾国藩：《曾国藩全集25·书信4》（修订版），岳麓书社，2011年，第214～215页。
③ 陈从周：《梓室余墨》，三联书店，1999年，第337页。

维度上的“徽、严人”。

三、从武劲的山越人到文雅的徽、严人

历史地看，山越人与徽、严人性格有着明显差异。山越人性格偏于强悍。在新都郡时期，“其幽邃民人，未尝入城邑，对长吏，皆仗兵野逸，白首于林莽。逋亡宿恶，咸共逃窜。山出铜铁，自铸甲兵。俗好武习战，高尚气力，其升山赴险，抵突丛棘，若鱼之走渊，猿狖之腾木也。时观闲隙，出为寇盗。每致兵征伐，寻其窟藏。其战则蜂至，败则鸟窜。自前世以来，不能羁也”。[①] 出于生存需要，他们常以武力与官府抗衡。其后虽多次遭遇征伐而逐渐放弃抵抗，但骨子里的孤傲和民俗中的尚武世代相传。在这样的社会风尚中，移居此处的汉人也在一定程度上不得不借助武功才能成就大业。如南朝陈梁之际歙县人程灵洗，隋末歙县人汪华无不如此。正如朱熹在《徽州休宁县厅新安道院记》中所言“刚而喜斗”“难以力服，而易以理胜”，是当时民众性格中最典型的一面。

徽、严人性格转以文雅为称，只不过两地转变稍有先后。徽州人性格之转变有南宋罗愿《新安志》为据：“其人自昔特多以材力保捍乡土为称，其后浸有文士。黄巢之乱，中原衣冠避地保于此，后或去或留，俗益向文雅。宋兴则名臣辈出。”[②] 徽州人性格在两宋前后有所不同。严州人性格之变则迟至明朝。如淳安“邑环万山，地大民众，讼烦赋广，非有过人之才，诚莫能理。……在唐有皇甫湜，宋有钱时、方逢辰、何梦桂诸公，皆以文学著名。国朝商文毅公三元宰相，胡庄懿、徐康懿位至公孤，由是人皆兴起，家诗书而户弦诵，文风日盛，民俗益美矣”。遂安“国朝以来，治隆俗美，士君子渐染于仁义之化，莫不知学问尚礼仪。而小民亦奉法循理，号称易治，有辑睦之遗风焉”。在寿昌县，“迨至国朝，教化浃洽，人才辈出，民皆兴行，风俗日归于美矣。”建德县同样“君子好学而敦伦，小人勤生而尚礼，皆知畏法奉上”。[③] 宋明之后徽、严人的性格特征，一是个性内敛，感情细腻。二是勤勉简朴，忠诚厚道。常以“内圣”自期，勤于实干，拙于言辞，耻于作秀。三是狷介耿直，轻死重义。“其人多为御史谏官”。[④] 罗愿将此性格归因于“其山挺拔廉厉，

---

① [西晋]陈寿：《三国志》卷六十四，中华书局，1964年，第1431页。
② [南宋]罗愿：《新安志》卷一《风俗》。
③ [明]吕昌期：万历《续修严州府志》卷二《风俗》。
④ [南宋]罗愿：《新安志》卷一《风俗》。

水悍洁”。这一观点虽然符合“一方水土养一方人”的传统认知，但未必完全准确。

笔者认为古时徽、严人性格转变的主因，是上述文献提及的“文风”“学问”“教化”，即教育的普及与提高。正如南宋淳安学者方逢辰所言：“夫石以琢砻为础为墀，木以准绳为栋为梁，士以范型希贤希圣，由学以致其道也。”①

第二节 新安江流域教育发展的五个阶段

根据教育类型及状况的变化，新安江流域教育的发展可分为如下五个阶段。

一、新朝之前——教育蒙昧

广义的教育，通常包含家庭教育、学校教育和社会教育三种类型。在王莽新朝之前，新安江流域存在着直接服务于生活与生产技能传授、社会风俗传承与道德培养等一般意义上的家庭教育与社会教育，而这类教育活动是与人类社会相始终的行为。借助于文字而开展的教育活动，估计极为罕见。1959年屯溪奕棋发掘的春秋前后墓葬中，1号墓出土一件铜尊，内底有铭文“□父乙”三字，学者多认为“父乙”为人名，难以辨识的首字为部族名字或族徽。1958年在山西长子县西旺村也出土了相似的尊及铭文，且该尊为典型的中原兽面纹（饕餮纹）。1965年发掘的3号墓中，有铜制卣2件，一件盖、底有同铭的“公作宝尊彝，其孙子永用”10字，另一件盖、底也有同铭的“作宝尊彝”4字，字形规整，与中原一带同期出土文物铭文相类，此两件卣的形制也是典型的中原式样。②鉴于在全部出土的60件青铜礼器中，中原式样的器具仅包含上述尊、卣之内的5件。因此，该尊、卣就不能排除从外地输入的可能性。倘若推测无误，则更难有材料证明此一阶段当地民众使用文字的可能性。总之，相对于后世高度发达的学校教育而言，此时新安江流域属于教育的蒙昧时期。

二、东汉至唐——“家学”发轫

目前存世的宗谱显示，两汉之间的新朝时，方纮从河南南迁歙县东乡，是后世

① [清]刘世宁、李诗、陈中元：光绪《续纂淳安县志》卷二《方舆志二·学校》。
② 李国梁：《屯溪土墩墓发掘报告》，安徽人民出版社，2006年，第102、11、73页。

中原汉人南迁后繁衍为当地强宗大族之始。此后六七百年间，新安江流域的教育除了一般意义的家庭教育、社会教育外，以文献学习为主要形式的“家学”开始发轫，且主要集中在南迁汉人的家族中。方纮“三世而生储，建初间，对策魁天下，拜太常卿、黟县侯”。① 特别是他“曾讲孟氏易，旁精图谶”，可知学术水平不低；晋朝时淳安人方操“磊落方正，英秀雄伟，……累官至谏议大夫、尚书仆射”。② 鲍氏在晋朝鲍伸留居歙县后，后裔鲍弘“复为郡牧”。南朝歙县篁墩人程督为梁朝秘书少监，程宝惠为新安郡仪曹掾。俞纵在永嘉末年迁居新安，“厥后曰归，仕晋侍御史。曰药，仕梁安州刺史。”詹敬晋时家于潜川，“曾孙曰昇，性善仁慈，歉岁济贫，乡邻珍重。五世曰礼公，授东阳郡赞治”。东晋胡育始家于黟县横岗，“育子曰隽，为军卫将军；曰杰，为补司校检；曰组，为功曹官。至三世曰伟，为元康簿。五世曰昌，授雍州司户。六世曰明星，仕梁，天监中为太常卿”。③ 这些家族能够不间断地向朝廷输送各级管理人才，在九品中正制为主体的官员选拔制度下，任职者必定具有一定的文化基础。在地方官学未曾开办、朝廷太学收录有限的背景中，他们接受教育的途径最大可能还是父兄为师的“家学”。

三、两宋——官学与书院初兴

虽然道光《徽州府志》称徽州府儒学“自唐至宋在城东北隅”，④ 但歙州唐朝始有儒学之设却未有其他资料佐证。歙县县学在南唐保大八年（950）首置，这在新安江流域县级儒学中创设为最早。两宋时期，在朝廷一再要求下，州、县儒学先后设立。在徽州，太平兴国三年（978）州学移至乌聊山。休宁县学始设于庆历年间（1041 ~ 1048）；黟县县学设于宋初，淳熙十六年（1189）重修；绩溪县学也始设于宋，绍兴二十五年（1155）增建。据明万历《续修严州府志》，严州府学在雍熙二年（985）首次从城东南迁至西北隅；淳安县学于至道三年（997）始建，遂安县学乃知县李廷芝于嘉祐年间（1056 ~ 1063）始设，寿昌县学是崇宁年间（1195 ~ 1101）改先圣庙而成，建德县儒学设立稍迟，由知县张德一于嘉定八年（1215）始建。⑤ 由

---

① [明]戴廷明、程尚宽撰，朱万曙点校：《新安名族志》，黄山书社，2004年，第99页。
② [明]吕昌期：万历《续纂严州府志》卷十三《人物志一》。
③ [明]戴廷明、程尚宽撰，朱万曙点校：《新安名族志》，黄山书社，2004年，第88、18、133、278、312页。
④ [清]马步蟾：道光《徽州府志》卷三之一《营建志·学校》。
⑤ [明]吕昌期：万历《续纂严州府志》卷三《经略志·学校》。

此，奠定了各州县均有一所官学的基本格局。与此同时，私立书院也陆续出现，创建于景德四年（1007）的绩溪桂枝书院首开先声。此后，绩溪县槐溪书院、云庄书堂，休宁县西山书院、秀山书院，歙县西畴书院、秘阁书院，淳安县石峡书院、柘山书院、易庵书院、翰峰书院、梅村书院、凤山书院、五峰书院、蜀阜书院，遂安县瀛山书院，建德县丽泽书院、龙山书院、钓台书院，寿昌县默山书院、岑山书院、石台书院先后创办。尤其是歙县紫阳书院，从此延续了六百余年的辉煌。此外，蒙学阶段除了传统的"家学"外，官立附设于县学的"小学"也在休宁出现在文献记载中。可知，两宋之际，后世多见的学校教育机构在新安江流域已萌生，为元明清渐入鼎盛做了重要铺垫。

四、元明清——教育全面兴盛

在两宋二百余年重文轻武政策引导下，地处两宋腹地的新安江流域得到全面发展，人口增殖明显。以徽州为例，南宋罗愿在《新安志》中这样评价："要以郡境土较之，狭于晋宋五之二，以户口率之，多于前代不可胜计，有以见国家世世仁厚，涵养生齿之效。"① 元朝之后，徽、严两州社会迅速进入发展快车道，教育也同步逐渐兴盛。除了府学、县学保持原有格局和规模，最抢眼的表现是官立蒙学机构如社学在政府强力推动下，较大规模地散布在两府的乡间各地，同时，宗族和民众持续的兴学热潮维持了私塾、义塾长时段、大规模的存在，民众识字率较其他地区高出不少。在参加科举以实现修身、齐家、治国、平天下人生理想的激励下，服务于院试、乡试等"考前辅导"的书院发挥了重要作用。各类教育形式的全方位发展，不仅催生了科举界的盛况，更使整个社会形成崇尚理性、秩序和人文的风尚，达到了传统社会政治、经济、教育、法治、道德等要素均衡配置的最高水准。对此，明朝万历间所修的《续纂严州府志》不无自豪地评价道："民生异俗，百里同风。郡称辑睦，六邑景从。农桑秩秩，弦诵雍雍。伊谁致之？教化之功。"②

五、清末民国——"新学"取代"旧学"

鸦片战争后，西方持续的武装侵略，惊醒国内学、政、商界人士的不仅是坚船利炮，还有西方近代科学、技术、制度和人文。在反复辨识与实践中，从浅层的技

---

①[南宋]罗愿：《新安志》卷一户口。

②[明]吕昌期：万历《续纂严州府志》卷二《方舆志二·风俗》。

术到科学，再从制度到思想，更多的国人对西方的认同大大加深。在事关当代且影响至深的教育领域，因旧的科举制度遭受太多质疑，被最高当局列入较早革新的对象之一。新安江流域一则因与以上海为中心“西化”较早的沿海地区交通相对便利，二则在长三角从事经商等活动者众多，也很快被卷进了教育革新的浪潮。在19世纪末到20世纪初的二三十年间，新安江流域从幼儿园、小学、普通中学到职业学校，都出现了天翻地覆的变化，“新学”以其势不可挡的势头，迅速凭借行政力量将旧的教育体系冲击得溃不成军。唯有处于教育基层的私塾，偶尔还在偏远山区勉强维持至新中国成立。尽管期间社会动荡，民生凋敝，但仅半个世纪，从教育理念到教育内容，从教学形式到教学手段，从教学评价到教育与社会其他要素的对接，历史地看，从来没有哪一次教育变革能有如此深度、广度与速度。“新学”在新安江流域的普及，基本保持了和长江下游及沿海发达区域较为一致的进度。

第一章 新安江流域的古代蒙学

教育体系通常是一个金字塔形结构。在我国古代，其庞大的基础由蒙学构成。完成启蒙教育者，一小部分进入更高一层的教育机构深造，最后成为社会治理群体中的一员。更多的人则直接进入社会各生产领域，获取维持家庭生活与保障社会运转必备的财富。在新安江流域可追溯的上千年教育史中，教育金字塔的基本形态没有太多变化，而其规模则是明显扩大的。也正如此，社会其他层面与领域才有发展的厚实基础。

第一节 蒙学体系的逐渐完备

一、官立小学与半官方的社学

新安江流域早期的蒙学教育，据有限的文献，只能勉强追溯到五代十国。此后一直到20世纪上半叶旧式教育完全退出历史舞台的上千年里，蒙学体系逐渐成形和完备，形成了官办小学与半官方社学为示范，民间塾学为主体，官民兼办的义学为补充的基本格局。

官府开办基础教育，在我国商周之前即已发轫。“闻三代之道，乡里有教，夏曰校，殷曰庠，周曰序。其劝善也，显之朝廷；其惩恶也，加之刑罚。故教化之行也，建首善自京师始，由内及外”。[①] 尽管对庠、序设置还有一些不同认识，但通常认为这是官府在乡野设校之始。唐朝建立，“京有太学，州县有小学”。尽管地方上“小学”未必与后世小学意义一致，且“兵革一动，生徒流离，儒臣师氏，禄廪无向”。[②] 但

① [汉]班固：《汉书》卷八十八，中华书局，1962年，第3593页。
② [五代]刘昫：《旧唐书》卷一百一十九，中华书局，1975年，第3434页。

休宁民间的竹制书箱

从京城到州县的教育体系是基本完整的。宋代小学有三种：一种属皇室，凡8～14岁宗室子孙皆入学，日诵20字。第二类是北宋哲宗在京城开封创制的小学，设“就傅”“初筮”两斋，招收8～12岁学生，仅二十余年就扩大到十斋近千人。第三种是崇宁元年（1102）下诏，各州县学附设的小学。元朝统一全国，也迅速重建教育体系。至元二十八年（1291），“令江南诸路学及各县学内，设立小学，选老成之士教之”。[①]从唐朝至元代，县级虽有官立小学，但数量大体只有一所。为推广教育，以文化人，元朝出现一项创举：诏令地方官员劝说民众，以50家立为一社，社长劝农桑，每社立学校一所，择通晓经书者为学师，利用农闲，使子弟入学。社学虽为民办，但有官方支持与要求，是官府借助民力扩大教化的尝试，客观上也为民间办学的勃兴做了铺垫。明初沿袭该政策，洪武八年（1375），朱元璋“诏有司立社学，延师儒以教民间子弟”。[②]不料，不少地方官员借机舞弊，“有愿读书者，无钱不许入学”“不愿读书者，受财卖放，纵其顽愚”“本无读书之暇，却乃逼令入学”，[③]朱元璋不得不在几年后“一时住罢”。其后屡有复兴之举，正统时“许补儒学生员”；弘治十七年（1504），“令各府、州、县建立社学，选择明师，民间幼童十五以下者送入读书，讲习冠、婚、丧、祭之礼”。但是，“其法久废，浸不举行”。[④]清初大局初定，顺治九年（1652），朝廷再次要求各地“每乡置社学一区，择其文义通晓、行谊谨厚者补充社师。免其差徭，量给廪饩养赡。提学案临日，造姓名册申报查考”。乡民子弟年12以上、20以下有志者均得入学。[⑤]康熙二十五年（1686），因各地滥置社学，

① [明]宋濂：《元史志·第三十一》，中华书局，1976年，第2032页。
② [明]王圻：《续文献通考》卷六十《社学》。
③ [明]朱元璋：《御制大诰》“社学第四十四”。
④ [清]张廷玉：《明史》卷六十九，中华书局，1974年，第1690页。
⑤ [清]《钦定大清会典事例》卷395《礼部·学校》。

弊端太多，下令严行查革。雍正元年（1723），又重申顺治时举办社学的政策。此后，再无重大调整。

朝廷政令在地方上的落实情况因时间、地域不同差别很大，至少在明清两朝，很多入选方志名宦类的地方官员政绩中，创学往往与弭盗、劝农等并举，既可见官府之重视，也反映之前多地兴学之不力。在唐朝和北宋的新安江流域，无论歙州还是睦州，官办小学未发现有文献资料记载；南宋时，则有零星记载。淳熙进士、休宁首村人朱权（1155 ～ 1232）“六岁入小学。一日偶失所业课册，先生颇有愠色。曰：‘毋多虑，某能尽默记。’乃追写之。他日得故帙，一字不舛”。① 这段颇有兴味的儿时趣事见于绍熙四年，进士、端明殿学士程珌（1164 ～ 1242）为其所作行状。程与朱为同时代休宁人，所言大致不虚。在此行状中，还记述朱权退休后“不废方册”，整理生平著述 20 卷 14 篇“藏于家塾”。可见，他晚年授徒的“家塾”与儿时就读的“小学”并非同类机构。南宋末休宁人陈栎（1251 ～ 1334）也很早慧，“五岁入小学，即涉猎经史。七岁通进士业。十五，乡人皆师之”。② 陈栎小时进的“小学”可能也属官办。他家在藤溪，与朱权所居首村均在率水河边，距县城约 15 公里，交通不算太远。

元朝，徽州、建德两路官学附设的小学可能基本规范。元大德四年（1300），徽州路学教授徐拱辰主持兴修学宫，“重建讲堂，他如小学、文公祠，景濂、思乐两亭，祭器祭服……皆备”，③ 说明当时徽州路学设有小学。当时歙县人方回的《徽州路总管许公德政记》中有：“士复除征役，法也，饕悍吏故沮格，公力行之，而后儒绅吐气；士幼教夙成，古也，近人漫不省，公建立小学书，俾民子弟就傅而后风俗化。”④ 许公，即至元二十三年（1286）出任徽州总管的许楫。他力排滑吏非议，免除儒士徭役；为使民众子弟幼有所教，“建立小学书”。“小学书”为幼儿教育所必须，宜非路学生员之教材。在县级，休宁罗墩人汪德懋（1322 ～ 1375）“六岁失怙，母鞠育之。比入小学，发愤励志，虽隆冬盛暑，未尝释卷”。⑤ 可见，在元朝后期，至少休

① [明]程敏政辑撰，何庆善、于石点校：《新安文献志》，黄山书社，2004年，第2056页。
② [明]宋濂：《元史》卷一百八十九，中华书局，1976年，第4321页。
③ 许承尧：民国《歙县志》卷二《营建志》。
④ [明]汪尚宁：嘉靖《徽州府志》卷十二《词翰》。
⑤ [明]程敏政辑撰，何庆善、于石点校：《新安文献志》，黄山书社，2004年，第2208页。

宁小学开办依然正常，汪德懋家在万安附近，距离县城不到10里，也很方便。不过，此时小学规模不大。元朝政府规定，上路30名，下路20名，[①]州县小学生徒数量更少。元大德五年(1301)，徽州郡守布伯廉劝勉诸儒整葺斋舍，休宁县主簿赵桂、县尉郭文进和当地绅士朱震雷遂起而响应，大修后的该县县学，仪门之后，“东廊幕次有先贤祭器库、志道斋、据德斋，西廊有小学，有依仁斋、游艺斋”。[②]据此斋数估计，小学生徒约为县学生徒四分之一。当时一县之中能进小学者，除了地域、经济因素，可能还与家庭户籍、政治地位有关。

明初朝廷大力推进的社学，首先在徽州各县得到积极落实。弘治《徽州府志》记载：“洪武八年，取勘徽州六县社学，共三百九十四所。”其中婺源140所，黟县13所，绩溪30所。这与此地较早成为朱元璋战略后方、民众对新政权有较高认同有一定关系。其后，这里社学的兴衰不定，首先是“洪武十三年革罢”，接着“天顺七年以后，臣僚建言兴复”。弘治府志中记载歙112所（知县史桂芳《古歙新城志》载有东屏、新民、南阜三所）、休140所（道光时尚可考者为一都阳村、四都石岭、十二都珰溪、二十六都首村、二十七都汪溪和瀛村）、祁27所，就是复兴之后的情形。弘治《休宁县志》没有列举数字，但表示该县当时“社学在县治西，各乡俱有之”。婺源县社学被停后，“乡民有乐教者，各自延师训诲子弟”，即社学以另外形式继续存在。“成化三年知县韩俨修举，弘治三年知县方溥重立”。府志没有列出数字，估计基本恢复原先水平。黟县社学则在“县治东北并各乡”。只是绩溪特殊，在乡都居然无考，仅有在县城儒学左侧一所，还是成化丁亥（1467）提学御史陈选令知县窦道原重修的。但在万历《绩溪县志》中的记载，则是“每里俱设社学，不问生儒老宿，但志行端洁、文理通晓者，选充蒙童之师”，可“照例优免差役”，但“提调官每季终验，不善者即易之”“凡士庶子弟，八岁以上俱令入社学”。可见，绩溪社会的恢复要比其他县份慢一些。

明朝万历《严州府志》仅介绍了所属各县在城的社学数量及位置：“建德县社学三，其一在府治西，一在城富寿坊，一在东关。弘治八年知府朱暟重修。淳安县社学二，俱在县治分司前，知县林岦重修，后废，万历五年戴廷槐复修。桐庐县社学一，

---

①[元]佚名撰，王颋点校：《庙学典礼（外两种）》，浙江古籍出版社，1992年，第102页。

②[清]何应松、方崇鼎：道光《休宁县志》卷三《学校》。

旧税课司地，嘉靖十六年知县熊炳修，邑人罗椿枝记。遂安县社学二，俱在县城内。寿昌县社学二，俱在县坊。分水县社学一，在县坊。”① 从淳安县看，情况与徽州略有不同。嘉靖《淳安县志》记载："社学，在坊二所，每都一所，洪武十八年设。"② 若记载属实，则朱元璋首次诏令推行社学之制时，当地并无反应，也就避免了五年后的波折，直到洪武十六年（1383）重新诏令郡县"复设社学"才予以落实。其后社学命运如何，缺少直接史料。但到明中后期，地方社学处境艰难应是事实。嘉靖六年（1527）出任淳安知县的福建人、进士林岦，为人明敏宽和，政绩卓著，"修学宫，葺书院，置浮梁，设社学，广义冢，封坛储仓"。③ 不仅官升太仓州州牧，邑人也树碑建祠于南屏。嘉靖三十七年（1558）由福建南平教谕升任淳安知县的海瑞，也颇在教育方面做了不少实事。明代徐廷绶所作《海刚峰先生去思碑记》中有：

> ……文献自昔科第蝉联，时丁靡敝，是以有振作之典。精课试，优激赏，而士儒为之竞劝。棂星创始，兑面允宜，南易否乘，是以有修复之举。崇规制设官墙，而文运为之挽回。教场亭榭，湫隘倾颓，武备就弛，是以有创筑之工。辟区宇，时练训，而缓急为之有备。至于建社学以教子弟，浚濠渠以通水利，编保甲以备不虞，罢访察以安良善，发廪储以赈饥乏。凡设施措置，如《政事录》所志，更仆不能悉记。④

万历四十五年（1617），"洁己爱民"的江西人帅众任淳安知县，"凡绢例之更，羡余之革，社学之立，义仓之建，皆出其画。淳人思不置，于南山之麓俎豆之"。⑤ 林岦、海瑞、帅众三任相隔近百年，兴社学是共同政绩，说明若非贤良知县特别关照，社学维持也将不易。明末，时任吏科给事中的淳安进士吴希哲，受命回浙督饷，"念淳邑京绢驳解困苦，疏改折色，永为定例"。淳安知县高秉衡乃拟"醵金建祠以闻"，吴希哲"不许所请。复法柘山、石峡故事，即社学旧址为建书院。……事竣而颜之

① [明]杨守仁、徐楚：万历《严州府志》卷三《经略志一·学校》。
② [明]姚鸣銮：嘉靖《淳安县志》卷六《学校》。
③ [清]刘世宁、李诗、陈中元等：光绪《续纂淳安县志》卷六《职官志·治行》。
④ [清]刘世宁、李诗、陈中元等：光绪《续纂淳安县志》卷十三《艺文志二·记》。
⑤ [清]刘世宁、李诗、陈中元等：光绪《续纂淳安县志》卷六《职官志·治行》。

曰高山。”[1]这所高山书院就修建在县城隍庙左侧社学旧址。既然县城里的社学都只留下旧址，乡间社学的命运可以想象。至于淳安县城西隅约在万历年间四川参政徐楚回乡后兴建的雉峰书院被改为雉峰社学，则大约是在清初。遂安县社学的创立及兴衰轨迹也缺少更多资料，不过，明万历年间遂安知县、广东博罗举人韩晟在任期间，“为政以课士为先”，不仅创立五狮书院，捐置院田召集诸生讲业，还兴修县志，“人文兴起”。万历《遂安县志》在介绍社学时，摘录了他很多办理社学的论述。

相对于明朝，清朝徽严两州的社学好比夕阳西下。尽管朝廷多次倡设，却无财力上的支持。在绩溪，乾隆二十一年（1756）修撰的《绩溪县志》记载：邑内社学30所。但又指出：“县塾在儒学左，成化三年由知县窦道原改建于棂星门前，今俱无存。”县塾是坐落在县城的社学，既然当时都已“无存”，想必所谓的“30所”可能是对明初数量的追记。歙县是徽州府首县，乡民经商者众，有一定财力基础，故而康熙年间有113所。之后，社学多停办。休宁县“雍正二年（1724）设社学五区。本城在中街，东乡在溪阳，西乡在演口，南乡在五城，北乡在洽舍”，但到道光时期已“今渐废”。[2]至于淳安、遂安、建德等县的清朝县志上，社学记载并无一字，这当是当时社学基本绝迹的一种反映。

二、民间的常态塾学

学校乃教化之原。自孔子兴办私学后，只要社会环境许可，历朝历代民间办学就不绝如缕。至少从宋朝开始，新安江流域的蒙学逐渐形成了以民间常态塾学（不含慈善与救济性质的义学）为主体的格局，并呈现与朝代兴衰更替基本同步的轨迹。从名称看，有私塾、家塾、塾学、塾馆、精舍、书院等多种。按服务对象分，大致可分为以血缘为基础的家族式和以地缘为基础的社会式两类。学生缴费上学是塾学的基本特征。

以血缘为主要收徒依据的家族式私塾或可称为家学（家塾），通常可分两种。

一种是家人在生活与工余对子孙有意识的教学，时间和内容上具有一定的零散性和碎片化特征，在私塾不甚发达的早期可能多见。南宋末年休宁人陈栎，年方三岁，“祖母吴氏口授《孝经》《论语》，闻辄成诵”，这应是祖母的随意之举。当陈

---

① [清]刘世宁、李诗、陈中元等：光绪《续纂淳安县志》卷二《方舆志二·学校》。
② [清]何应松、方崇鼎：道光《休宁县志》卷三《学校》。

淳安芹川民居门楣上“明德”显示主人的生活追求

栎“自七岁至十四岁，侍其父复之公读书”，才“公教之靡所不至”，[①]即进行系统化教学。同时代歙县人方回，六七岁就跟从叔父方琢求学，方琢时任徽州教职，也只能利用零碎时间。[②]南宋绍定初年，淳安养村进士洪杨祖，在所居建高斋，并作《高斋桂窟诗》:“植桂不在多，种德如种树”“前人能种后人传，自有清阴满庭户。……课儿读书书满床，更将幽兴引壶觞。”[③]既反映了乡居的闲适，更寄寓了教养后代延续文脉的厚望。明清时则是不便入塾的女子更多地采用这种方式接受启蒙教育，如明代歙县进士汪道昆的孙女、吴鹤翔妻汪氏，就著有《采藻轩集》，并被《江南通志》著录。清道光时歙县人、两淮盐知事何秉棠的次女何佩芬著《绿筠阁诗钞》，三女何佩玉著《藕香馆诗钞》，四女何佩珠著《津云小草》等。洪榜妻汪玉英是歙县人汪启淑长女，出嫁前著有《吟香榭初稿》，到洪家后又著有《瑞芝室诗钞》。休宁人程文淑也生于书香门第，9岁通四声，好吟咏，有《绣桥诗存》传世，其父金鉴为邑庠生。当然，这些大多是家境优越的富商或仕宦之家，最差也是书香门第。

另一种是将在家授徒作为主要活动甚至是职业，具有教学全时段，内容系统化，目标明确化的特征。其生徒首先是考虑家庭（家族）子弟。如北宋熙宁、元丰年间，绩溪人胡咸“游太学十余年”“有不乐者，谢病归。招诸子出其书授之，不数年，其子舜陟、舜举踵相蹑取高第”。[④]元末休宁人汪德懋创办的万川家塾也属此种，有记载如下：

---

①［明］陈栎：《定宇集·年表》。
②［元］方回：《桐江集》卷四《叔父八府君墓志铭》。
③［清］刘世宁、李诗、陈中元等：光绪《续纂淳安县志》卷四《方舆志四故迹》。
④［明］程敏政辑撰，何庆善、于石点校：《新安文献志》，黄山书社，2004年，第2251页。

比年矛戟抢攘，列城兵燹，学者逃难解散，非唯里闾废学，而郡邑学官悉为丘墟，此家塾之所为作也。予宗友德懋久从予游而有得者，世居休宁之万川，慨庠序之不兴，而士习日靡，乃以所闻于予者，居家教授，集亲族、闾里之子弟若干人，旦夕修读以自勖。①

以地缘为主要收徒依据的私塾，早在五代史料中即见记载。早期有影响的私塾，一般是品行高洁或失意的文士，以及离职或致仕官员任教或开办，这类私塾通常将问学而不是启蒙作为最主要的任务。唐末淳安县常乐乡人方昊，素以节义自高。“唐亡，遁岩谷中。吴越钱氏招之，不往。聚徒讲学于上贵精舍终其身，乡人称为静乐先生”。②元朝遂安人姚正，“经史淹贯，郡邑交辟之，正以亲老辞。元郡守高德基荐于朝，执义不屈，遁迹狮山下城北棠园，授徒讲学以终”。③南宋淳安人项庚老则因科举屡屡受挫，“博通经史，累举进士不第，教授乡里，其徒如方有孚、邵桂子，皆以文学名”。④元朝绩溪人胡相也因“两举乡贡进士不第，乃家居读书，乡闾后进悉从游”。⑤南宋咸淳时淳安进士齐龙高则是离职，他初“授婺州教授，寻谢职，家居，创读书之室，名曰相庄。聚徒授学，以终老焉”。⑥元朝淳安人吴墩也是如此，他“泰定间登第，出丞番阳。历未几，归，授徒讲学。从之者户履云集，若方道叡辈皆其门人”。⑦致仕者也颇为多见。南宋休宁进士朱权曾任惠州知州，绍定时致仕已74岁，在生命的最后四年里，还在家乡开馆授徒，“学者来从，不远千里，率百余人”。他“随才诱掖，后多知名之士”。⑧宋元鼎革之际，出于对“贰臣”及新政权的不认同，不少前朝官员或学者选择了授徒。淳安人、武康尉项虎特，“宋亡，弃官归。屡荐不赴。或劝之驾，曰：‘子散吏也，何为尔？’则曰：‘虽散吏，亦宋散吏耳’。授徒自给，以终其身”。⑨休宁人陈栎年方15，“乡人皆师之”。南宋灭，科举废，他慨然发愤，

---

①[明]程敏政辑撰，何庆善、于石点校：《新安文献志》，黄山书社，2004年，第404～405页。
②[清]刘世宁、李诗、陈中元等：光绪《续纂淳安县志》卷十一《人物志三·高士》。
③罗柏麓、周树美、姚桓等：民国《遂安县志》卷七《人物志·隐逸》。
④[清]刘世宁、李诗、陈中元等：光绪《续纂淳安县志》卷十《人物志二·文苑》。
⑤[清]清恺、席存泰：嘉庆《绩溪县志》卷十《人物志·隐逸》。
⑥[清]刘世宁、李诗、陈中元等：光绪《续纂淳安县志》卷十一《人物志三·高士》。
⑦[清]刘世宁、李诗、陈中元等：光绪《续纂淳安县志》卷十《人物志二·文苑》。
⑧[宋]程珌：《洺水集》卷一一《朱惠州行状》。
⑨[清]刘世宁、李诗、陈中元等：光绪《续纂淳安县志》卷十一《人物志三·介节》。

致力于圣人之学。元延祐初，“诏以科举取士，栎不欲就试，有司强之，试乡闱中选，遂不复赴礼部。教授于家，不出门户者数十年”。① 团圆山、湖干、珰溪都是他坐馆之地，詹溪程氏、里中毕氏、江潭叶氏、渠口汪氏都是他训蒙的学东，79 岁还在家塾授课。淳安石峡方氏四代四人更典型：方逢辰累官至户部尚书，“宋亡，坚卧不起，而推其所学以淑诸人，因即其居为书院”。② 其弟进士方逢振，历太常寺簿，“宋亡，退隐。元世祖诏起之，不赴。聚徒讲学于石峡书院终焉”。其侄方一夔，“学问赅博，行谊醇笃，应荐领教郡庠。未几，退隐富山，授徒讲学”。③ 其曾孙方以愚，“蚤擢世科，仕郡县，入为太史”“亦复遂其高节而无愧。又去石峡北五里珠佩峰下，结屋居之，去人境益以远。学徒有执业来受教者，弗拒也”。④ 至于其他以私塾授徒为终身职业者，也不少见。休宁倪干人倪士毅的曾祖倪机、祖倪文虎、父倪良弼，均授徒为业。士毅幼承家学，后拜陈栎为师。学业大进，但因家贫，“无以为生，居常授徒以养”“黟人汪泰初闻其贤而敬礼之，筑室下阜里中，请先生奉二亲来居，躬率子弟为邑人问学”。⑤ 倪士毅在此教书 23 年，直到 46 岁去世。

明清两朝，新安江流域私塾蓬勃发展，构成了该区域蒙学的主体。休宁在元末，“自井邑田野以至于远山深谷，居民之处，莫不有学有师，有书史之藏”。到清朝，“比户习弦歌”。⑥ 发达的蒙学最直接的影响，是为造就一批文士奠定基础。休宁“比屋诗书衣冠鼎盛，士之务学致身，踵武相属”。⑦ “新安之俗，以县名者六，而邑小士多，绩溪为最”。⑧ 淳安也因有“以文行取重一时”的宋朝钱时、方逢辰，明代商辂的引领，而“文学彬彬，代有其人”。⑨ 在深层次上，则是营造出浓厚的向学之风。休宁儒风独茂，“士服青衿，恂恂绳检，……士之通经谈道者，比比而是”；⑩ 建德也“士气夙醇，文风寖盛”“多文学之士”；⑪ 徽州则是“尚武之风，显于梁陈。右文之习，振于唐

① [明]宋濂：《元史》卷一百八十九，中华书局，1976年，第4321页。
② [清]刘世宁、李诗、陈中元等：光绪《续纂淳安县志》卷四《方舆志四·故迹》。
③ [清]刘世宁、李诗、陈中元等：光绪《续纂淳安县志》卷十《人物志二·儒林》。
④ [清]刘世宁、李诗、陈中元等：光绪《续纂淳安县志》卷四《方舆志四·故迹》。
⑤ [明]程敏政辑撰，何庆善、于石点校：《新安文献志》，黄山书社，2004年，第1754页。
⑥ [清]马步蟾：道光《徽州府志》“序”。
⑦ [清]何应松、方崇鼎：道光《休宁县志》卷一《疆域·风俗》。
⑧ [清]清恺、席存泰：嘉庆《绩溪县志》卷一《舆地志·风俗》。
⑨ [清]刘世宁、李诗、陈中元等：光绪《淳安县志》卷一《方舆志一·风俗》。
⑩ [清]何应松、方崇鼎：道光《休宁县志》卷一《疆域·风俗》。
⑪ 夏日璈、王韧：民国《建德县志》卷三《风俗志》。

宋”。[1]“大江之东，以郡名者十，而士之慕学，新安为最”。[2]同时，也进一步固化了民众“以不义为耻”“难以力服而易以理胜”的群体性格。在地方守令眼中，这里“民醇事简，讼少粮完，从来易治之善地”。[3]从根本上说，曾任徽州知府的程怀璟“此其俗化之厚，与有乡先生教泽之长也”的判断确实精准。

三、官民兼办的义学

义学的最大特点在于其慈善与救济属性，是政府与民间试图均衡社会资源分配的尝试。但在社会财富比较匮乏、社会管理相对粗疏的时代，持续的财力投入是难点。因此，无论哪个社会阶段，它的存在最多是一种意义上的补充。在我国，义学之设大约可追溯到唐末威武军节度使王潮，他凭借武力掌控福建军政后，“乃作四门义学，还流亡，定赋敛，遣吏劝农，人皆安之”。[4]北宋范仲淹晚年在家乡设义田、义庄，建义学，对族中子弟实行免费教育，激劝“读书之美”，这一善举其后传遍四方。义学之设大体有官办、民办两类，以民办为多。创设义学，不仅要善心，更需有财力，且只有在当地持续产生较大影响者才有可能被载之于方志。因此，在徽严两州的文献中，义学的记载，主要见之于明清两朝。

敬惜字纸：对文化的敬畏与推崇

官办义学曾是很多皇帝的期待。康熙帝晚年时常巡视京城附近，见民生与之前相比略有改善，“但诵读者少”，于是告诫有司留意，“令穷僻乡壤广设义学，劝令读书”。[5]在皇帝看来，义学之设乃风俗攸关，但在当地主政者眼里，更多的是一种

① 许承尧：民国《歙县志》卷一《舆地·风土》。
② [清]清恺、席存泰：嘉庆《绩溪县志》卷一《舆地志·风俗》。
③ 夏日璈、王韧：民国《建德县志》卷三《风俗志》。
④ [宋]宋祁、欧阳修、范镇等：《新唐书》卷一百九十，中华书局，1975年，第5492页。
⑤ 赵尔巽：《清史稿》卷八《本纪八》，中华书局，1977年，第287页。

政治和文化上的姿态。因此，地方上官办义学的最大价值不在于培养人才多少，而在于标准示范和价值弘扬。在歙县，清朝设有义学三所，“城内一，南乡一，北乡一。岁给膏火银三十六两，敦请义学师酒席银二两九钱八分三厘”。康熙二十二年（1683），黟县在迎霭门外建义学，该义学原设于城南，此为移建。康熙五十二年（1713），绩溪县知县雷恒于城西设有义学，至雍正间知县王启源犹奉行未废。[①] 淳安县官办义学实际是官民合办，义学只占用官府房产，而日常运作经费则靠个人捐助，这是在官府无力独设而主政者又有其他资源可用背景下的产物。康熙四十九年（1710），时任淳安知县杨廷杰捐俸在县学宫射圃中创立义学，“讲堂三间，左右厢房各三间，延名师，萃俊秀，师生支给，皆实心捐俸为之，一时多所造就”。乡民深受鼓舞，宋瑾、方和正、汪基、聂凯、邵敦纯共捐田 54.5 亩作为义学田。[②] 遂安县办在县城文林湖西的官办义学与淳安类似。清乾隆十六年（1751），知县吴培源认为“遂邑虽山陬僻壤，向为文献名邦，先儒讲学之地，遗墨犹存，词臣摛藻之余，鸿文不朽”。作为知县有教养之责，于是在学宫泮水之旁购闲舍一区建立义学，“敞其堂宇，廓其阶除，重楼邃室，可以居宿师生，讲堂书舍可以考课问业，庖湢厕所次第备具”。又“选邑中老成宿学文行兼优之士王君起鵕，延诸师座”，招收弟子一二十人。而所需经费，均由他个人捐赀。在他告休归里前，为义学维持远久计，也寄望于继任者“详请公项，以备薪水，为经久之图，以广圣朝化被偏隅至意”。[③] 乾隆三十年（1765），知县邹锡畴倡捐田亩，监生章名彦、方引湖，耆民李正元共捐义学田 2.6 亩，租谷 5.2 石，[④] 为义学膏火之赀。该县四隅人、恩贡余鼎铨及邑人黄丹颖都曾因学识深厚，而被知县延聘执教于义学。

建德县是严州府首县，其官办义学则有府、县两个层次。府义塾有两处：一在富寿坊，康熙八年（1669）知府梁浩然创建，他捐俸在二都金家店置田 12.7 亩作为保障之基；一在后历桥，乃同知甘国奎捐建，他也在府城及大洋等处置田 5.9 亩以维持运转。同治十三年（1874），知府宗源瀚改双峰书院头门东西两厢，分为两塾，安排绅董陈元善查旧志田亩租谷为生徒纸笔等费，又于善后项下逐年提取 122 千文

① [清]马步蟾：道光《徽州府志》卷三《营建志·学校》。
② [清]刘世宁、李诗、陈中元等：光绪《续纂淳安县志》卷二《方舆志二·学校》。
③ 罗柏麓、周树美、姚桓等：民国《遂安县志》卷十《艺文志·记》。
④ 罗柏麓、周树美、姚桓等：民国《遂安县志》卷五《文治志·义学》。

做两师修金，“栽培寒畯子弟，一时称贤守”。光绪十三年（1887），知府李士彬有鉴于严州“文教衰敝”，着意振兴学校，又改双峰书院西文场为师南义塾。次年又在仇池坞的南材馆设西斋义塾，“延师训勉，如家人子弟”。结果，“诗书之声，不半年遍满山郡”。[①] 县义学设在字民坊，知县戚延裔约参康熙二十三年（1684）建。雍正七年（1729），知县纪廷诏在南乡王山顶置田 19.2 亩作为经费来源。

官办义学虽有政府为依靠，也不能保证维持无忧，最重要的原因还是经费。徽州各县早期创办的义学，到道光时期大多无存。歙县仅存的，在经历了咸同战乱后也销声匿迹。康熙八年（1669）创建的严州府义学，到康熙三十七年（1698）也残破不堪。新任知府蒋申锡“甫下车，即修义学，延宿儒训迪，肄业者月继其粟，且分甲乙以示鼓励”。[②] 建德县义塾也因倾圮，乾隆四十五年（1780），知府木和伦饬令并入府义学收租。直至道光二年（1822），知县周兴峄才劝令北乡职监马兆燕捐银 2000 两修整义学，延请掌教。淳安县义学田相对较多，也难免陷入困境，一则“继之者多不久任”，二来“又值水旱多故，未遑整理”。不到五十年，义学屋宇便“四壁皆摧，仅存间架”。所谓义学，只是“每岁集市童六七人，延师于各祠宇，草率报成事而已”。乾隆十九年（1754），县令刘世宁、教谕袁维熊、训导吴大藻“奉宪檄兴工整理颓垣，又于讲堂后构造斋舍，中为厅事，两傍四间，左右厢房各三间，统前后共二十二间，并厨圊无不备具”。召集“童冠单寒无力延师”和“地而居近城市及有志观国光者”入学，所有“先生施教一切贽币、膳修、笔札、膏火之资，皆公家为之”。[③] 至此，才算是一所完全意义上的官办义学。

民办义学（义塾）多见于个人名义捐资创建，延师课徒，造福乡里。如明朝绩溪磡头人许金“立义塾以训族姓”。[④] 明朝休宁县商山人吴继良“建明善书院，设义塾”；清朝休宁大斐人吴继祺“立义学，聘名师，立教条，乡人子弟就学焉”。[⑤] 清朝淳安文屏人王瑞，乐善好施，“遇婚葬力不支者，破资以济。逢岁腊贫不举火者，悉周给之。至兴义塾，赔穷粮，隐德不可殚述”。[⑥] 淳安合浦人黄居蔼，“稍营什一，赀累千金，

① 夏日璈、王韧：民国《建德县志》卷六《建筑·馆》。
② 夏日璈、王韧：民国《建德县志》卷九《职官志》。
③ [清]刘世宁、李诗、陈中元等：光绪《续纂淳安县志》卷二《方舆志二·学校》。
④ [清]清恺、席存泰：嘉庆《绩溪县志》卷十《人物志·尚义》。
⑤ [清]何应松、方崇鼎：道光《休宁县志》卷十五《人物志·尚义》。
⑥ [清]刘世宁、李诗、陈中元等：光绪《续纂淳安县志》卷十一《人物志三·义风》。

新开义塾，教贫子弟”。[①] 为使善举能延续久远，时人也多同时购置学田。明朝淳安人唐廷礼创义塾，同时捐置了义田，[②] 塾以育人，田以养塾。除了上述商人的助学热情，致仕乡绅也经常充当创学领袖。建德县城北黄金礀的槐香义塾，为清乾隆时下王人王璵捐建。王璵由萧山教谕致仕后，费钱百万修筑斋祭、诵讲、休宿之庐，庖湢、库、厩无所不备，“寻复捐田三十亩，而其族以智、以绪、金召等，又共捐田若干亩。岁收所入，以备修脯。凡有志向学者，皆得执经讲业。故生徒常数十人。诵读之声，无间昼夜寒暑”。建德县嘉庆时人王洵见家乡方山离城50里，“偏处山隅，土瘠民贫，虽有俊秀子弟，往往苦于无力延师。是以功名一途，不特科第不获概见。即黉宫之选，亦且寥寥”。乃首捐银160两，长兄王同川捐田20余亩，与房族数人置产生息。数年后，用积资创建正心义塾，延请师儒，集本族子弟课读其中。[③] 清朝遂安九都邑诸生伊伦，“延师课读，里中寒士给以膏火”。[④] 也还有身为塾师者厕身其间。明朝淳安县邑庠生程炜，长于《春秋》，“远近负笈者云集”。于是，他“开义塾于西坡，每岁输谷二百石以赡来学，一时科贡咸出其门”。[⑤] 明朝遂安人邑庠生汪泮，“以培植后起为己任，授徒不计修脯，门下寒士分别助其膏火。设义课于家庙，供给极款礼，造就中英奇辈出”。[⑥] 也还有以家族或宗族名义创立，如乾隆时黟县桂林程氏于县治西创置了义屋一所；[⑦] 五都石屏环溪书屋，是江村江勋等兄弟八人集赀建造，“额曰逊敏，假馆受业于此者甚众。每逢岁科考试，入黉宫食廪饩者不胜枚举”。[⑧]

淳安县应氏城西义塾是以家族名义创建，且延续数代的知名义塾，颇为罕见。明成化年间，淳安西隅人、福建按察副使应颙与父亲应惟善在城西兴建古城书舍（古城书屋），这是应氏义塾之创始。隆庆年间，应颙之孙应簪（字朝明），不仅事母尽孝，还经常“周急贷乏”，并修复古城书舍，据知县戴廷槐在《古城义塾记》中描述，义塾“当古城之隅，青溪之上，崇而为堂，邃而为室，翼而为厢，重而为楼，伉而为门，寝处庖圕之区，罔弗具焉。水火不虞之卫，罔弗周焉。闭扃以处，则尘嚣迥

①[清]刘世宁、李诗、陈中元等：光绪《续纂淳安县志》卷十《人物志二·笃行》。
②[清]刘世宁、李诗、陈中元等：光绪《续纂淳安县志》卷五《食货志·蠲恤(眉寿附)》。
③夏日璈、王韧：民国《建德县志》卷六《建筑·院》。
④罗柏麓、周树美、姚桓等：民国《遂安县志》卷七《人物志·敦义》。
⑤[清]刘世宁、李诗、陈中元等：光绪《续纂淳安县志》卷十《人物志二·笃行》。
⑥罗柏麓、周树美、姚桓等：民国《遂安县志》卷七《人物志·敦义》。
⑦[清]马步蟾：道光《徽州府志》卷三《学校》。
⑧程寿保、舒斯笏：民国《黟县四志》卷十《政事志·义学》。

隔，心志宁谧。启扉以眺，则溪山环翠，志邑神怡。而丹雘涂茨，焕然在目”。应督“又捐田十三亩，计所入之租二十石以给贫乏。于是一方之士，咸得群聚而卒业焉”。[①] 其后，因管理不善，一度“鹊有巢而鸠居之，并都养之田亦鬻余子”，直至五世孙应唯庵与其子应漪园才“以力复之，归于整顿”。应漪园之子应星一再创功业，扩大规模，“不惟族子弟之教而已，凡愿学者许造焉”。即将原先仅收同宗子弟扩大为当地愿学子弟，从而使“义”的含义从相对狭隘的血缘层面扩展到更为广阔的地缘层面。对此，方桑如的《应氏重新城西义塾记》给予了高度评价。[②]

第二节　思想性与实用性兼备的教学内容

一、儒家伦理的传递

《学记》有云：“君子如欲化民成俗，其必由学乎！”意即欲教化民众，形成良好习俗，必从教育入手。因此，“古之王者，建国君民，教学为先”。在这种社会本位论教育观指导下，上自帝王，下到守令，都将学校作为渗透正统思想的重要阵地，而教材则是最主要的依托。

在新安江流域，程朱理学的影响不仅普遍，而且深远。“我新安为朱子桑梓之邦，则宜读朱子之书，取朱子之教，秉朱子之礼，以邹鲁之风自待，而以邹鲁之风传之子若孙也”。[③] 这是不少宗族的心声，反映在蒙学教材中，则是儒家伦理的持续传递。朱熹虽为大学者，但关注启蒙，与弟子刘清之合编了童蒙教材《小学》，前三部分为立教、明伦、敬身，介绍安身立命之基本品德要求；后三部分为鉴古、嘉言和善行，其下各有立教、明伦、敬身三目，则是列举历代圣人贤者的事迹以做论据。其目的，不仅在于教人洒扫、应对、进退、爱亲、敬长、隆师、亲友之规矩，更在于“欲其习与智长，化与心成”，奠定修身、齐家、治国、平天下之根本。故在明万历《绩溪县志》记载中，当时该县蒙学“授以《朱子小学》《日记》《故事》《孝经》《四书》

① [清]刘世宁、李诗、陈中元等：光绪《续纂淳安县志》卷十三艺《文志二·记》。
② [清]刘世宁、李诗、陈中元等：光绪《续纂淳安县志》卷十三《艺文志二·记》。
③ [清]吴翟著，刘梦芙点校：《茗州吴氏家典序》，黄山书社，2006年，第3页。

等书”最为常见。

但是，朱熹毕竟缺少启蒙教学经验，他的《小学》不仅内容深奥，词汇量大，表述也非儿童喜欢的那样朗朗上口，对于初学者并不很合适。于是，当地一些学者纷纷着手童蒙教材的编撰，且影响至深。南宋淳安人方逢辰的《名物蒙求》是值得称道的教材，该书紧扣自然和社会的各种名物知识，将天文、地理、鸟兽、花木、日用器物、耕种操作，以及亲属、家庭等种种称谓囊括其中，广而不繁，且四言叶韵，通顺易懂。不仅便于学子识字，且将儒家伦理隐含其中。诸如“天尊地卑，乾坤定住”“秩序五典，维持三纲。君臣以立，父子以匡”“人生而群，不可无教。君仁臣忠，父慈子孝。别而夫妇，信而友朋。长幼有序，是谓人伦”“彼虽微物，亦有天理。蜂蚁君臣，虎狼父子。慈乌反哺，羔羊跪乳。睢鸠有别，鸿雁有序。豺獭报本，犬马恋主”等，在社会生活细节的实际描摹中，将尊卑、孝敬等基本规范巧妙地对接勾连，收到了润物无声的效果。

宋元时婺源考川人胡炳文，一生也以研究、弘扬朱子理学为务，不仅著有《周易本义通释》等学术专著，也编写了童蒙教材《纯正蒙求》。全书三卷，上卷叙立教、明伦，中卷叙立身、行己，下卷叙待人、接物，每卷 120 句。卷中各有子目，多者一二十句，少者不过四句。正文乃是辑集古代嘉言善行，各以四字属对成文，其下注以出处及解释。如在“师儒之教”目，正文有“朱子蒙训，吕氏斋规”。其下对首句解释为“宋子朱子，名熹，字仲晦，谥徽国文公。尝作训蒙五篇，名《童蒙须知》。大略：一要身体端整，衣冠鞋袜洁净整齐；二要低声下气，语言详缓，不可高声哄闹，浮言戏笑；行步端整，不可疾走跳踯；三要居处之地，常扫拭几案。文字笔砚，常严肃整齐；四要读书字字响亮，心到、眼到、手到，写字要一笔一画，严整分明；五于杂细事宜，皆要谨慎”。可知，该书既与朱子《小学》相表里，释文又浅近活泼，贴近儿童生活，对于晦涩抽象的程朱理学理论的通俗化，起到一定作用。

修身、齐家、治国、平天下是儒家设定的人生目标，而过往的历史则是重要的教育资源。为了以史为鉴，宋元之际休宁人陈栎编撰了与方逢辰《名物蒙求》有异曲同工之妙的《历代蒙求》。他也采用四字韵语形式，梳理了从开天辟地到元代的历朝兴衰，以帝王相继为基本线索，将重大历史活动夹杂其中。如隋唐两世：“隋主杨坚，本无功德。平陈后主，幸尔溷一。再传炀帝，以奢侈亡。天亦厌乱，业归李唐。唐起义兵，始于高祖。佐以太宗，实为英主。十八学士，号为登瀛。贤相房杜，共致太平。继以玄宪，称唐三宗。闺门多惭，杂以夷风。外乱藩镇，内乱宦官。讫于唐亡，亦三百年。”既简明扼要，也朗朗上口，是一部较好的历史常识类童蒙读物。

元末明初休宁人朱升既是名儒，也是从教多年的塾师，也对训蒙教材建设有所贡献。在训蒙过程中，他对信仰相同、乡土邻近的四位先儒的童蒙教材颇为肯定，遂按“小学之先”（方逢辰《名物蒙求》）、“治教之源”（程若庸《性理字训》）、“古今朝代之略”（陈栎《历代蒙求》）、“传统事迹之详”（黄继善《史学提要》）的顺序汇编成一套五卷本蒙养教材，总称《小四书》。鉴于原书中“语约而事意多”，乃加旁注，“使学者但读本文而览其旁注，一过则了然，无繁复之劳也”。[①]《小四书》在明、清两朝多有翻印，流传较广，有助于在幼童心中播下程朱理学的浅显思想。

从现存民间不少私塾课业材料看，明清两代存在着大量塾师自编教材，如《易见农业杂字》《事用杂字》《应急杂字》《家用杂字》《人事杂字》《日平常》《四言杂字》《六言杂字》等。即便它们出自乡间塾师之手，内容多与乡民生产与生活相关，但在浓郁的生活气息中，儒家的伦理要求依然是其灵魂所在。如徽州《备用六言杂字》：

> 父母在堂奉养，衣食随时进呈。
> 勿使饥饿冷冻，便是为人孝心。
> 死后衣棺进土，选择吉地安亲。
> 春秋祭祀标挂，上坟拜扫墓茔。
> 祖骸不致暴露，自然荫益儿孙。[②]

“孝”不仅是儒家学说的重要概念，也具有很强的实践性。经数百上千年的充实完善，“孝”的要求已在日常活动中被具体化为繁复的基本行为准则。不仅父母长辈在世要听命、体贴、呵护，在其离世后仍有延续不断的义务。又如《日平常》中语句：

> 凡为人，重伦理，父母之恩等天地，公婆宗祖本源亲，子媳儿孙当孝悌。
> 臣尽忠，君尽礼，同胞共乳曰兄弟，莫争些小听妇言，须重连枝同气义。[③]

---

① [明]朱升：《朱枫林集》卷四《小四书序》。
② 戴元枝：《明清徽州杂字研究》，上海教育出版社，2017年，第118页。
③ 戴元枝：《明清徽州杂字研究》，上海教育出版社，2017年，第215页。

休宁黄村墙头画老莱子娱亲

在“家”“国”同构的我国古代，家庭是国家得以维系的基础。因此，“人伦”概念很早就被提出，并赋予其稳定的含义。父子有亲，君臣有义，夫妇有别，长幼有序，朋友有信，整个社会秩序因之晏如。上引语句，即训导徽州后生为臣应该尽忠，为子力行孝悌，为兄弟宜顾及同根连枝。即便是异姓女性（媳妇），也须履行同样的道义责任。

言传身教是对教师的基本职业要求之一，不少塾师也能垂范示教。清朝淳安塾师吴虓身为乡荐，却“足不履公庭”，对生徒要求也是“先德行而后文艺”。① 遂安塾师黄乔林，通经史百家，课督生徒，“以敦伦为立教根本”。② 塾师毛汇恺“少孤，事祖不离左右。祖患病，汇年十二，延医开化马金，日往返百二十里率为常”“母有痰疾，馆必择近地，时归省安否，不以寒暑间”。③ 淳安塾师何鼎冕居然“讲解经书，见孝字，辄呜咽流涕，固不俟读蓼莪我兴悲也”。④ 塾师这样的伦理实践在生徒成长历程中是能产生深刻影响的。

二、夯筑科举的基础

科举制度不仅为上千年历朝政府选拔出了当时社会上文化水准高、综合素质优的官员集团，也构筑了一条社会成员向上流动的大通道，同时还营造出积极健康的崇文向学氛围。因此，金榜题名、蟾宫折桂就成为很多幼小学子启蒙时期的梦想。而蒙学也义不容辞地承担起了为其架桥铺路的重任，主要承担这类功能的塾学通常称经馆，居于蒙学中的较高层次，塾师则称经师。

宋朝以后，不论科举考试科目如何调整，儒家经典都是重要的必试内容。而在

① [清]刘世宁、李诗、陈中元等：光绪《续纂淳安县志》卷十《人物志二·儒林》。
② 罗柏麓、周树美、姚桓等：民国《遂安县志》卷七《人物志·儒林》。
③ 罗柏麓、周树美、姚桓等：民国《遂安县志》卷七《人物志·孝行》。
④ [清]刘世宁、李诗、陈中元等：光绪《续纂淳安县志》卷十《人物志二·笃行》。

南宋绍兴年间后，理学在科举考试中逐渐占据统治地位，童蒙时期开始接受程朱理学基本观点的熏陶也就成为必要。南宋休宁人程若庸，从师饶鲁，得朱熹之学，虽多年受聘为书院山长，但对童蒙颇有热情，在朱熹门人程端蒙所著《性理字训》30条基础上增扩为183条，分为造化、性情、学力、善恶、成德、治道六门，采用四言句式，如“天命流行，于穆不已，其赋于人，为性之善，是曰天理”“喜怒哀乐，声色臭味，感物而动，易流于私，是曰人欲”。分别对太极、元气、阳阴、天道、良知、人欲、道统等概念进行解释。虽然不少字训含义深奥，解释含混，但总体上较理学专著要浅显得多，一定程度上表现出对适应儿童年龄特征的可受性与循序性教育教学原则的遵从。《字训》之末，在梳理了从孔子、孟子到周敦颐、张载、二程、朱熹的儒学传承脉络后，认为“斯道大明，如日方中”，进而发问：“匪盲匪瞶，宁不率从”。在诱导、劝说之外，以反问形式引发读者思考。

元末休宁人陈栎在传播程朱之学上也不遗余力。他自称“沉酣《四书》三十年余”，对于水平可读朱熹《论语集注》的生徒，均悉心教诲。“唯谨遇童生钝者，困于口说，乃顺本文推本意，句释笔之”“涵者发、演者约、略者廓，章旨必揭，务简而明”。[①] 旬积月累，累以成编，遂成《论语训蒙口义》，目的在于“施之初学，俾为读《集注》阶梯”。显然，该书是陈栎在《论语》教学实践中，如何化繁为简、变隐为显，使生徒明了其义的心得。基于同样的考虑，陈栎还撰写了《中庸口义》《礼记集义》《诗经句解》等书籍。可以想象，像陈栎这样学养深厚的硕儒结合童蒙实践撰就的儒家经典释读讲义的印行，会对当时及后世产生较大影响！

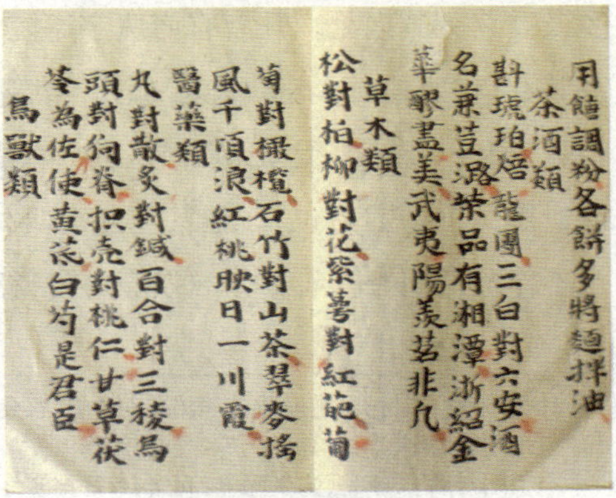

蒙学中的乡间杂字课本

很多知名度一般的塾师也有类似著述，或已刊行，或藏于家。清朝遂安县塾师余焕，“纂《对学辨韵》《增补蒙养故事》，悉注释详明”；余谟“著有《青来山房制艺》，脍炙人口”。[②] 姜联元“所著有《文稿诗集》待梓，《塾课帝王歌》

① [元]陈栎：《定字集》卷一《〈论语训蒙口义〉自序》。

② 罗柏麓、周树美、姚桓等：民国《遂安县志》卷七《人物志·文苑》。

已刻”。[①] 清朝淳安县塾师方莱如，“举诸经义蕴与四子书关通者，纷罗笺注，成书三十二卷，名曰《经书通解》。又有《仪礼句读》《性理本义》《诗经类对》《赋古赋》《自咏诗》《下学斋杂著》等书”。[②] 吴企奭“由岁贡授嵊县训导。著有《环荫塾课》《雕龙文集》及诗赋遗稿若干卷”。[③]

除了教学内容，教法上精研也属必要。当然，这基本是塾师个人行为，特别是名塾师的自觉行为。宋末元初歙县人方回，虽8岁入小学，但叔父方瑑指导未断。方回之所以能在诸多堂兄弟中脱颖而出，与其能接受叔父严格训导有关。“朝往暮还，教不俱时，亦不如世俗为具文课业”“风日稍佳，府君心无事，小楼面山临树，信手展几间书，且诵且说，回立而听。听竟，俾回自诵自说。或回所说有新意，大喜。或窒滞涩缩，立谯责不稍恕，必至于融会贯通而后辍”。若对偶、训诂、议论“诱不进，辄遭呵叱箠挞”。[④] 方回十六岁，方瑑让他读诸史传，先检勘出处，再复衍详义。方回因此文思涌进。明朝，遂安塾师鲍良辅“授徒里中，仿苏湖规范”。[⑤] 所谓“苏湖规范”即北宋教育家胡瑗在苏州、湖州率先开创的分斋教学法：经义斋研习经学理论，治事斋学习农事、历算等实学知识。清朝塾师姚嵩教授生徒则“循循善诱，愚鲁遇之，亦相悦以解”。[⑥] 淳安塾师吴峻“教学里中，轨范严而课文甚有法度。为人严气正性，不苟笑颦”。[⑦] 都各有特点。淳安塾师吴丹萼“著有《馆训要言》”，[⑧] 大约也含有不少教法类心得。

甚或地方官员对童蒙内容与教法也有思考。明万历遂安知县韩晟曾建议“各坊乡及委巷穷阎之处，凡有官府庑宇庵院，或自创馆塾，各择一所，随里居疏密而多寡其数，便宜修葺，不必华美，颜曰某都某图社学”。社学所教，为六行六事六艺。“六行者，孝弟、谨信、爱众、亲仁是也。六事者，洒扫、应对、进退是也。六艺者，礼、乐、射、御、书、数是也”。他甚至还对具体的教学内容一一指点。如“乐”，“顾古乐已不作矣。间有存者，如《投壶》击鲁薛鼓之半，《习射》鲁薛鼓之全，《舞勺》则

① 罗柏麓、周树美、姚桓等：民国《遂安县志》卷七《人物志·儒林》。
② [清]刘世宁、李诗、陈中元等：光绪《续纂淳安县志》卷十《人物志二·文苑》。
③ [清]刘世宁、李诗、陈中元等：光绪《续纂淳安县志》卷十《人物志二·续纂文苑》。
④ [元]方回：《桐江集》卷八《叔父八府君墓志铭》。
⑤ 罗柏麓、周树美、姚桓等：民国《遂安县志》卷七《人物志·文苑》。
⑥ 罗柏麓、周树美、姚桓等：民国《遂安县志》卷七《人物志·儒林》。
⑦ [清]刘世宁、李诗、陈中元等：光绪《续纂淳安县志》卷十《人物志二·儒林》。
⑧ [清]刘世宁、李诗、陈中元等：光绪《续纂淳安县志》卷十人《物志二·续纂孝友》。

仿释奠，《干戚》则仿舞象之类，《御》则南方无之。然就鸣和鸾、逐水曲之节，略讲解可耳”；如“礼”，则重在“温清定省，与徐行后长”；如“书”，“则用二王点画”；如“读”，则“洪武正韵音读”；如作文，则“先学对，次破承题，次时艺，计日课功，期于见效”。训育上，当以“古人嘉言懿行，时常叮咛告戒”；对于“间有逸游骄纵不帅者，则痛责而改图之”。一月终了，将那些“不帅教子弟”通报于当地父老，“甚者以闻于县”。[①]

三、提升民众知识素养与生活品质

即便科举制度正常施行的朝代，获取功名的人数也有限，绝大多数生徒就读的目的还可能在职业选择、地方社会事务处置话语权分配、社会声誉评价中获得一定优势。因此，蒙学中较低层次的塾学（尤其偏远乡间塾学）就主要对应满足这样的社会需要。此类塾学多称蒙馆，塾师则称“蒙师”“句读师”或“童子师”。

识字是生徒最重要的任务。传统而普及的初级识字读物是《三字经》《百家姓》《千字文》及塾师自编教材。自编教材各有特色。或偏重于生活：“丈尺斤两，升斗秤量。金银钱谷，买卖交相。典质赊放，粜籴米粮。秈禾糯米，种子稻穰”。或偏重于伦理：“孝敬父母，和睦村乡。尊敬长上，处事慈祥。训诲子弟，教以义方。隆师亲友，勤学书堂”。或偏重于风土：“地理山川社稷，江河湖海冈陵。帝都京国王府，邦畿南北二京。省府州县衙卫，街坊市镇乡村”。或偏重于历史：“盘古初开御世，三皇五帝相生。唐尧逊让有德，虞帝始得称尊。夏禹恭承天命，帝位传与子孙”。或简单罗列：“头绳发总，网巾边梢。胭脂面粉，硃砂飞丹。石黄铜绿，银硃白石”。或穿缀成文：“普天下，农为本，徽俗之人生意盛。实有余利足养家，虽云逐末执业正”。识记这些生活常用字对于强化私塾与社会生活的关系、提升塾师声誉是很有作用的。

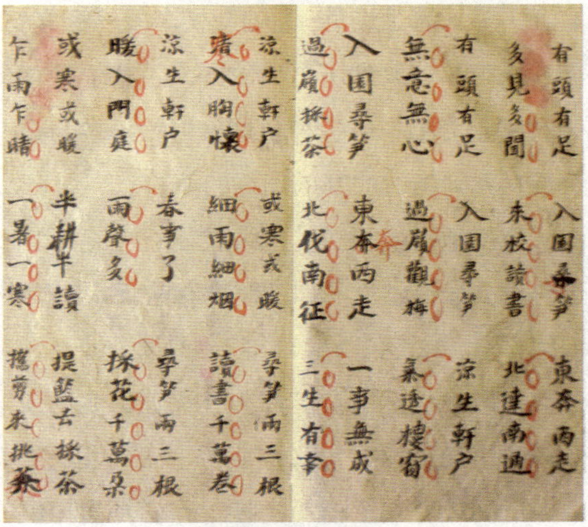

蒙学中的对句练习

① 罗柏麓、周树美、姚桓等：民国《遂安县志》卷五《文治志·社学》。

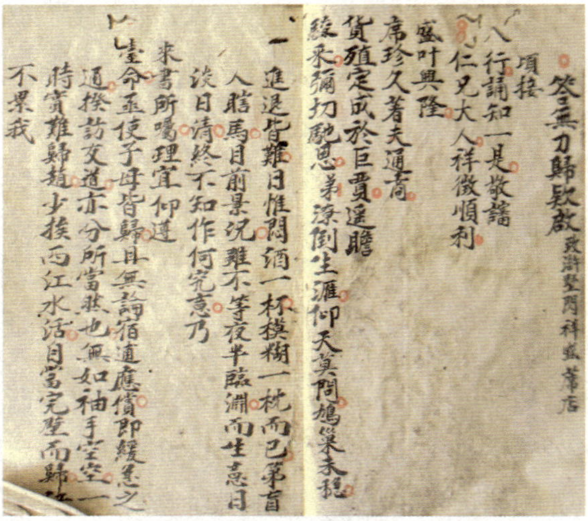
蒙学中的书信帖式

写作是继识字后需专门训练的技能，一般从贴近生活、要求不高的写日记开始。村口大树、路遇乞丐、地里虫蛇、山上花草甚至墙角蜘蛛、桶中游鱼，都可融入笔下，实在无从下笔，甚而都可把烦恼寥寥几笔敷衍成句。要求稍高一些的是命题作文，很多生徒对文意高深、语句谨严、逻辑缜密的大块文章很是头疼。明清时的生徒写作教育以议论文为主，命题多为儒家的一些基本观点或史实；民国初年则记叙文占比较高，命题内容也更加宽泛，《立志说》《尚实说》《说运动之益》之类作文颇多。赋诗也是塾学内容之一，因有字数、词义、音韵等限制，初习者一时难以把握。对句即基础训练，多从两字对开始，如三槐——五桂，白术——黄芪，雁字——鱼书；继而三字，如晒书天——穿针日，一声雷——三级浪，牛背后——马头前；又四字，如门外敲门——路中问路，万朵春花——一轮秋月，三秋叶落——二月花开；再五字，如绿水滔滔去——红潮涌涌来，山高日易沉——水深月难见，处处栽桃李——家家树柘桑。同时，内容也从具体的日常物品、自然景观，过渡到历史典故、人生感悟等抽象表达。在现存晚清及民国初年徽州生徒的课业资料中，各种《试帖诗》抄本与记有“赋得……得△字”的作业很多，大致可以看到当时的基础训练的面貌。

与生活需要相关的重要技能之一是计算。明朝中期以后，珠算在私塾中的地位进一步凸显。常见的如《蒙学算法正宗》，介绍算盘及拨珠常识、单位换算、各项歌诀、训练方法，以及各类题目，特别是丈量土地歌诀、盘量仓窖歌、丈量船法、垛积合总图、各盐场散堆量算引法等都具有很强的实用价值。写信则是写作的又一应用。除格式合规、语句通顺、意义准确外，最难把握的是因致信对象不同而出现的用词之异。徽州民间现存大量信简类抄本，就是当年生徒的教材或作业。契约书写训练也必不可少，民间私塾文书留存也多。如清嘉庆年间歙县南乡某生徒所书的《信简契约通则》，既是教材又是学本典型，如《奉借银》：

床头金尽，莫讶壮士失色；兹际燃眉，来券惠借十金。倘得金诺，自当依期子母一齐奉尝，必不令冯驩为孟尝君市义也。祈勿见靳。荷荷。

此条之后便是对其中古典、难字的解释："床头金尽：古诗云，床头黄金尽，壮士无颜色。燃眉：火烧眉急也。券：借字。金诺：汉曹邱生揖季布，曰，楚语云，人得黄金百斤，不如季布一诺。故称人许为金诺。"① 村党之中，起八字、看风水、看病都是村众普遍需求，识字者往往是所求对象。塾师中就有不少此类身怀绝技者。清朝遂安塾师余景标，"尤善古文辞，旁及青鸟家言"。② 王尚恪"博通经史，旁究青鸟家言"。③ 姚书彦"家贫，笔耕为活者五十载，更精岐黄术，活人甚众。"④ 周群"家益不给，乃习医为人疗疾以养亲"。⑤ 清朝淳安塾师徐秉礼，既通经史，又"旁及岐黄、堪舆家言，而探本穷源，阐发精奥，于堪舆尤为心得云"。还著有《堪舆宝鉴》《地理秘旨》等集。⑥ 据《胡适自传》，胡适之母冯顺弟婚配的两份"八字"就是当地塾师开的。塾师们在服务坐馆附近民众的同时，也会在课余对个别生徒传授少许。

第三节　多元的塾师群体与刻板的教管方式

一、塾师来源的多元性

塾师是支撑蒙学的核心要素。宋朝以来，新安江流域的塾师队伍既庞大也复杂。通过对地方文献的爬梳，也能得到一些基本认识。现仅以绩溪、淳安、遂安三部方志的有限检索，编制下表，可待分析。

---

① [清]嘉庆《信简契约通则》(抄本)，私人收藏。
② 罗柏麓、周树美、姚桓等：民国《遂安县志》卷七《人物志·儒林》。
③ 罗柏麓、周树美、姚桓等：民国《遂安县志》卷七《人物志·敦义》。
④ 罗柏麓、周树美、姚桓等：民国《遂安县志》卷七《人物志·文苑》。
⑤ 罗柏麓、周树美、姚桓等：民国《遂安县志》卷七《人物志·儒林》。
⑥ [清]刘世宁、李诗、陈中元等：光绪《续纂淳安县志》卷十《人物志二·续纂文苑》。

表1-1 明清绩溪、淳安、遂安三县部分塾师资料一览表[①]

县别	朝代	塾师	身份	执教经历	资料来源
绩溪	明朝	胡春		念亲老，筑丹山书室训子	绩嘉庆县志·乡善
	明朝	余珣		晚建月山书屋课其孙	绩嘉庆县志·乡善
	明朝	黄石		杜门教子，捐金救人	绩嘉庆县志·乡善
	明朝	程可大	秀才	筑云谷书舍，课子读书	绩嘉庆县志·学林
	明朝	葛道亮	秀才	筑杏波书屋，读书训子	绩嘉庆县志·隐逸
	清朝	章启瑶		以两亲垂老，事亲课子为乐	绩嘉庆县志·隐逸
	清朝	葛骧	秀才	遵父手辑文稿及批注经书课子	绩嘉庆县志·乡善
	清朝	胡廷玑	贡生	居家课读四子，诸经皆有随笔	绩嘉庆县志·文苑
	明朝	张廷耀		能诗，事父孝，建秀山书屋课业	绩嘉庆县志·乡善
	明朝	欧伯松		力学工诗文，隐居教授	绩嘉庆县志·乡善
	明朝	郑谔	秀才	尝建石觉山房以课业	绩嘉庆县志·乡善
	明朝	胡转荣		教授乡塾，终日衣冠无惰	绩嘉庆县志·尚义
	明朝	胡滢		家甚贫，朝耕暮读，隐居授徒	绩嘉庆县志·尚义
	明朝	方可进	秀才	授业弟子多人	绩嘉庆县志·学林
	明朝	胡大臣		杜门讲学，不竞仕进	绩嘉庆县志·学林
	清朝	葛懋迁		杜门训蒙，毫非不染	绩嘉庆县志·乡善
	清朝	胡光代		族中贫子弟附其家塾，资以膏火	绩嘉庆县志·乡善
	清朝	曹兆梅	秀才	引进后生一本先民，士多出其门	绩嘉庆县志·乡善
	清朝	曹以庄	秀才	建临清书屋课族子弟	绩嘉庆县志·乡善
	清朝	黄裳	秀才	舌耕养亲，馆于歙之岩镇	绩嘉庆县志·乡善
	清朝	曹拱宸	秀才	设教族党，师范凛然	绩嘉庆县志·乡善
	清朝	舒廷壁		方登孤贫，招之授学，不责束修	绩嘉庆县志·乡善
	清朝	曹凤五	秀才	早失怙，家贫，舌耕事母。	绩嘉庆县志·乡善

① 资料来源：清恺、席存泰：嘉庆《绩溪县志》；刘世宁、李诗、陈中元等：光绪《续纂淳安县志》；罗柏麓、周树美、姚桓等：民国《遂安县志》。

续表

县别	朝代	塾师	身份	执教经历	资料来源
绩溪	清朝	周承怡		垂老，家无一椽，庇训蒙资生	绩嘉庆县志·乡善
	清朝	胡鼎	秀才	授徒歙邑，积馆谷赎回族中鬻子	绩嘉庆县志·尚义
	清朝	葛启铭	贡生	家贫，舌耕养亲。	绩嘉庆县志·文苑
	清朝	洪载	贡生	授徒于歙吴太史翼堂家。	绩嘉庆县志·文苑
	清朝	吴达德		家贫力学，出其门成材者百余人	绩嘉庆县志·学林
	清朝	曹维	秀才	设教善诱，邑隽多出其门	绩嘉庆县志·学林
	清朝	周良相	秀才	手抄录先儒语以示生徒	绩嘉庆县志·学林
	清朝	程嗣扬	贡生	善诱后进，经其指授者多成就	绩嘉庆县志·学林
	清朝	邵振翔	秀才	绝意仕进，讲授徒	绩嘉庆县志·学林
	清朝	曹振裕	贡生	引掖后进，浴其教者，皆有义法	绩嘉庆县志·学林
	清朝	邵兰	秀才	引掖后进，多所成就。	绩嘉庆县志·学林
	清朝	葛敦桀	贡生	教人善诱，游其门者进退有规矩	绩嘉庆县志·学林
	清朝	胡凤桂	秀才	引诱子弟，多所成就。	绩嘉庆县志·学林
	清朝	胡云梯	秀才	奖励后进，浴其教者，成名甚伙	绩嘉庆县志·学林
	清朝	章为梯		门下多彬彬文学士	绩嘉庆县志·学林
	清朝	葛梦英	秀才	幼失怙，舌耕养母，勤学不懈	绩嘉庆县志·学林
淳安	清朝	吴仁寿	秀才	早岁失怙，绝意仕进，以经课子	淳光绪县志·笃行
	清朝	徐师轼	秀才	母丧幼弟，保抱携持，晨夕课读	淳光绪县志·笃行
	清朝	吴遂玉	秀才	训子义方，著家课十则。	淳光绪县志·笃行
	清朝	吴梦彩	秀才	课侄廷槐、廷棐，俱各成立	淳光绪县志·笃行
	清朝	洪汝章		节啬筋力起家，家课严整。	淳光绪县志·笃行
	清朝	方日晋	秀才	舍旁建堂，匾曰宜振，为课后计	淳光绪县志·笃行
	清朝	余士瑸		课子义方，子若孙皆蜚声黉序	淳光绪县志·笃行
	清朝	吴嘉善		课子侄以礼，立心诚悫。	淳光绪县志·义风
	清朝	王士蔼	贡生	家塾课子务根抵，以厚其所积	淳光绪县志·文苑
	清朝	潘协和	贡生	著有《荥阳家塾文稿》及诗集。	淳光绪县志·文苑

续表

县别	朝代	塾师	身份	执教经历	资料来源
淳安	清朝	邵秉极		严父兼慈母,课其子,以有成家	淳光绪县志·义风
	清朝	宋道勋	举人	邑西六十里景贤斋,为其课子处	淳光绪县志·故迹
	清朝	何令范		县北文昌戛玉轩为其课子孙处	淳光绪县志·故迹
	明朝	方咏	进士	以滁州同知致仕,授徒讲学	淳光绪县志·循吏
	明朝	胡坤	贡生	淮府教授致仕,设教云坡门下	淳光绪县志·文苑
	明朝	胡世冤	秀才	家贫,馆于歙。时以迁廪生目之	淳光绪县志·介节
	清朝	吴瓟	举人	足不履公庭,居家训子授徒	淳光绪县志·儒林
	清朝	周上羽		以贫故,授徒,弟子云集。	淳光绪县志·文苑
	清朝	汪焕文		尝肄业敷文书院,居尝教授生徒	淳光绪县志·文苑
	清朝	吴华	秀才	授徒百余,以敦行穷经为举业先	淳光绪县志·孝友
	清朝	吴梦熊	秀才	设教里塾,能文士多出其门	淳光绪县志·文苑
	清朝	吴企奭	贡生	授嵊县训导,著有《环荫塾课》	淳光绪县志·文苑
	清朝	徐秉礼	贡生	州判,著《恒斋塾课诗文遗稿》	淳光绪县志·文苑
	清朝	周毓秀	举人	教授生徒善开导,多所成就	淳光绪县志·笃行
	清朝	方大干	秀才	舌耕养母弟三人,所教生徒甚众	淳光绪县志·笃行
	清朝	何鼎冕	秀才	与生徒讲经书,见孝字,辄呜咽	淳光绪县志·笃行
	清朝	方鸣皋		设塾授徒,游其门者,率多隽彦	淳光绪县志·笃行
	清朝	邵敦纯	秀才	以舌耕自给,及门多所造就	淳光绪县志·义风
	清朝	吴峻	秀才	教学里中,为四方从游者日众	淳光绪县志·儒林
	清朝	邵某翁		见余彝而奇之,遂课之读书	淳光绪县志·文苑
	清朝	方莱如	秀才	授徒课子,人来质疑莫不释然	淳光绪县志文苑
	清朝	吴丹萼	秀才	虽设馆邻村,越数日必一旋	淳光绪县志孝友
	清朝	邵绳宜	秀才	课郑生子读,郑殁,岁给其衣廪	淳光绪县志笃行
	清朝	方翃云		课徒多所造就,设教屏山	淳光绪县志义风
	清朝	程夔		拉馆生由贤溪而北游屏风岩	淳光绪县志山川
	清朝	沈廷桂	举人	淳安教谕乞休,诸生徒争留馆之	淳光绪县志治行

续表

县别	朝代	塾师	身份	执教经历	资料来源
淳安	明朝	姜应聘	秀才	居家振文风,筑书室于本村	遂民国县志文苑
	清朝	王氏父		设帐课徒,命子女随诸昆季读	遂民国县志列女
	清朝	章复亨	秀才	养亲不仕,杜门课子,八旬勿倦	遂民国县志先贤
	清朝	姜应兼	秀才	严课子侄,敦仁尚义,子孙连科	遂民国县志儒林
	清朝	姜应熙	秀才	居家教训子侄,四子俱游庠	遂民国县志文苑
	清朝	余鼎锡	贡生	居城,课子任贤。领乡荐	遂民国县志儒林
	清朝	汪中藻	秀才	课子侄,多有声庠序	遂民国县志儒林
	清朝	王道隆	秀才	晚屏当家冗,闭户课儿孙	遂民国县志儒林
	清朝	胡抡魁		课子严谨有法度,著《四书讲义》	遂民国县志儒林
	清朝	章日新	秀才	晚率子若侄,课读聚星堂中	遂民国县志文苑
遂安	清朝	洪绍淹		闭户读书课子	遂民国县志·文苑
	清朝	童升		闭户著书,年六十,课子侄	遂民国县志·文苑
	清朝	洪天锡	贡生	课子侄生徒,以端品为读书根本	遂民国县志·文苑
	清朝	余鸣驹	秀才	终日杜门课子,流连诗酒以自娱	遂民国县志·文苑
	清朝	毛诵芬	秀才	知州秩满家居十余载,课子训孙。	遂民国县志·才望
	清朝	章可闻	秀才	闭户课子,凡有善属文者奖劝之	遂民国县志·敦义
	清朝	姜兆梅	秀才	晚年以诗书督课后嗣之能文者	遂民国县志·敦义
	明朝	方可正	贡生	授徒百余人,皆知名当时	遂民国县志·乡贤
	明朝	余应诏	举人	生平以礼自持,授徒讲学	遂民国县志·儒林
	明朝	姚睿	秀才	讲学授徒,一时获售者多出其门	遂民国县志·儒林
	明朝	鲍惟观	秀才	一时从游者济济	遂民国县志·文苑
	明朝	鲍良辅	秀才	授徒里中,名隽多出其门	遂民国县志·文苑
	明朝	王应宫	秀才	轻财好施,授徒冷坞	遂民国县志·艺文
	明朝	周学圣		迫于生计,以一经课子弟	遂民国县志·孝行
	清朝	余养质	贡生	长子知县罢归,开馆授徒	遂民国县志·儒林
	清朝	余联翘	贡生	授生徒,垂四十年	遂民国县志·儒林

续表

县别	朝代	塾师	身份	执教经历	资料来源
遂安	清朝	方儒林	太学生	授徒门多名俊	遂民国县志·儒林
	清朝	方词林	贡生	教授生徒,多有造就	遂民国县志·儒林
	清朝	方云林	秀才	授徒养父,教诸弟,谊兼师友	遂民国县志·孝行
	清朝	方成林	秀才	家贫,训徒养母,孺慕于身	遂民国县志·孝行
	清朝	余之荃	秀才	生徒多孝友名士,奉主祀社	遂民国县志·孝行
	清朝	汪松龄		尝讲学授徒	遂民国县志·孝行
	清朝	唐麟		好鼓励后学,设帐银山湖峰	遂民国县志·儒林
	清朝	毛奇英	秀才	教授五十余年,门下多知名士	遂民国县志·孝行
	清朝	毛汇恺	秀才	母有痰疾,馆必择近地	遂民国县志·孝行
	清朝	姜士炌	举人	居家孝友,馆洪妹婿园中	遂民国县志·廉介
	清朝	周群	举人	有足疾,就家课徒以养四十年	遂民国县志·儒林
	清朝	余衡	秀才	数奇不遇,严于课子	遂民国县志·儒林
	清朝	黄乔林		课督生徒,以敦伦为立教根本	遂民国县志·儒林
	清朝	余鼎松		家故贫,授徒为生,安贫力学	遂民国县志·儒林
	清朝	余承乾	贡生	馆郑氏伊山,多所成就	遂民国县志·儒林
	清朝	余元春	贡生	广授生徒,资馆谷以奉甘旨	遂民国县志·儒林
	清朝	郑良	举人	所得馆谷,与弟均分。尝馆于徽	遂民国县志·儒林
	清朝	余初锡	贡生	授徒数十年,资馆谷以供色养	遂民国县志·儒林
	清朝	姚嵩	贡生	家贫,教授生徒,循循善诱	遂民国县志·儒林
	清朝	毛质	贡生	舌耕养亲,食必具肉	遂民国县志·儒林
	清朝	余建勋		每年获馆金分给之,挈弟就远馆	遂民国县志·儒林
	清朝	任日新	秀才	门下入泮者以百数计	遂民国县志·儒林
	清朝	方大壮	秀才	家中落,专事教学,从游皆名士	遂民国县志·儒林
	清朝	余郁炳	贡生	设帐里门,以成就后学为务	遂民国县志·儒林
	清朝	方大廉	秀才	设帐授徒,弦诵之声达于户外	遂民国县志·儒林
	清朝	方树椿	秀才	设帐授徒,从游甚众	遂民国县志·儒林

续表

县别	朝代	塾师	身份	执教经历	资料来源
遂安	清朝	徐国矩	举人	晚年设帐授徒，游其门者多英隽	遂民国县志·儒林
	清朝	毛简承	贡生	平生设帐授徒，门多名隽	遂民国县志·儒林
	清朝	姜森	贡生	设帐授徒，从庭院者多获隽	遂民国县志·儒林
	清朝	余汝汉		家贫，授徒自给，名士多出其门	遂民国县志·儒林
	清朝	余景标	秀才	生平教授生徒，规制严肃	遂民国县志·儒林
	清朝	方肇昌	秀才	设帐里门二十年，生徒数百人	遂民国县志·儒林
	清朝	余学诗	贡生	设帐青来山房，足迹不涉城市	遂民国县志·儒林
	清朝	毛辉祖	秀才	每偕生徒于涵翠轩对月朗吟	遂民国县志·儒林
	清朝	余之遴	秀才	所授生徒赖以成材者甚众	遂民国县志·儒林
	清朝	姚秉丰	秀才	课授生徒，门多名隽	遂民国县志·儒林
	清朝	余元春	贡生	广授生徒，资馆谷以奉甘旨	遂民国县志·儒林
	清朝	余虞佐	秀才	设馆课徒，延为介宾。	遂民国县志·儒林
	清朝	余湘	贡生	终其身，授徒以儒素自甘	遂民国县志·儒林
	清朝	章振玉		授徒讲学，先行后文，从游数百	遂民国县志·儒林
	清朝	方锡纲	举人	拣选知县，在籍授徒，从游甚众	遂民国县志·儒林
	清朝	周知稼	秀才	授徒率渊源伊洛，成就一时英隽	遂民国县志·儒林
	清朝	余可权	贡生	姜良范聘为西席，以五子属门下	遂民国县志·文苑
	清朝	姜遇周	秀才	都昌县丞，教授生徒多所成就	遂民国县志·文苑
	清朝	方天禩	举人	家贫，授徒于三径、常山、婺源	遂民国县志·文苑
	清朝	黄云瞻	秀才	家居授徒，名隽多出其门	遂民国县志·文苑
	清朝	方引降	秀才	比长，训徒为生，孝养节母	遂民国县志·文苑
	清朝	郑鼎铨	贡生	奉母家居，授徒教学	遂民国县志·文苑
	清朝	余作语	贡生	几二十年，广授生徒，门多名隽	遂民国县志·文苑
	清朝	胡纯仁	秀才	训徒养亲，恬泊自娱	遂民国县志·文苑
	清朝	鲍兆林	秀才	馆芹川，门下三十人。晚年课孙	遂民国县志·文苑
	清朝	王元镳	秀才	馆川南二十余载，晚年讲学里门	遂民国县志·文苑

续表

县别	朝代	塾师	身份	执教经历	资料来源
遂安	清朝	姚振华	秀才	设馆授徒,英才伟器,多出其门	遂民国县志·文苑
	清朝	鲍承烈		家贫,授徒开化,道拾遗金还人	遂民国县志·文苑
	清朝	余必秀	秀才	栖隐于十五都浪山下,讲学自娱	遂民国县志·文苑
	清朝	余其俊	秀才	设帐授徒,名隽多出其门	遂民国县志·文苑
	清朝	唐梦容	贡生	居家授徒,殷勤不倦,修脯勿计	遂民国县志·文苑
	清朝	余焕		设帐西邑,生徒蜚声庠序者众	遂民国县志·文苑
	清朝	方汝霖	秀才	居恒教授生徒,设帐貂山鲁村	遂民国县志·文苑
	清朝	余谟	贡生	讲学生徒,多所成就	遂民国县志·文苑
	清朝	姚紫垣	秀才	设帐里门,执经问难者户限为穿	遂民国县志·文苑
	清朝	余希点	秀才	家屡空,终岁设帐授徒	遂民国县志·文苑
	清朝	章华翰	贡生	游其门而获隽者,皆文行交励	遂民国县志·文苑
	清朝	章衍祥	秀才	以课徒设帐,舌耕终老	遂民国县志·文苑
	清朝	汪曾梅	贡生	例授修职郎,以遇啬设帐课徒	遂民国县志·文苑
	清朝	章德	秀才	家贫,终岁设帐于外	遂民国县志·文苑
	清朝	姚书彦	秀才	家贫,笔耕为活者五十载	遂民国县志·文苑
	清朝	姚书灼	秀才	淳邑人士聘主西席,生徒济济	遂民国县志·文苑
	清朝	王仁炜	秀才	自科举废,窘于家境,聚徒讲学	遂民国县志·文苑
	清朝	洪广临	秀才	设帐博束修自瞻,门下多知名士	遂民国县志·文苑
	清朝	余作泉	秀才	壮年设帐授徒,门多英俊	遂民国县志·文苑
	清朝	胡观洁	秀才	年十五,设帐八都,循循善诱	遂民国县志·文苑
	清朝	洪永弼	秀才	设帐昌墅村,建教谕署出力尤多	遂民国县志·敦义
	清朝	方象瑹	秀才	家故贫,训徒为生,从游百余人	遂民国县志·敦义
	清朝	余芬征		教授生徒,一以敦实行为先	遂民国县志·敦义
	清朝	余可诰		设帐衢西草鞋岭下,捐修金修路	遂民国县志·敦义
	清朝	余贤擢	秀才	设帐沂洋二十年,每岁捐修金	遂民国县志·敦义
	清朝	詹作圣	秀才	设帐授徒,门多俊秀	遂民国县志·敦义

续表

县别	朝代	塾师	身份	执教经历	资料来源
遂安	清朝	姚履顺	秀才	设帐南乡排家庄	遂民国县志·列女
	清朝	洪寅	秀才	家素贫,课授为业,馆东城余氏	遂民国县志·殉难
	清朝	毛嗣牓	秀才	年六十余,馆毛村,门徒济济	遂民国县志·殉难
	清朝	王起东	贡生	设帐西冷,与诸名士相倡和	遂民国县志·儒林
	清朝	黄端颖	秀才	家居设帐,训诲有方	遂民国县志·儒林
	清朝	毛锡祉	秀才	设帐开化,从游者百数十人	遂民国县志·儒林
	清朝	姜联元	举人	临安教谕致仕,居家引诱后学	遂民国县志·儒林
	清朝	姚秉丰	秀才	课授生徒,门多名隽	遂民国县志·儒林
	清朝	项永升	秀才	教授生徒,名隽时出其门	遂民国县志·儒林
	清朝	方象庄	秀才	生徒数十人,多赖成名	遂民国县志·儒林
	清朝	姜玉璜	举人	课士谨严,一时名彦多游其门	遂民国县志·儒林
	清朝	吴文选	贡士	平居教授生徒,以敦品立身致勖	遂民国县志·儒林
	清朝	余允功	秀才	生平聚徒讲学,处己坦然	遂民国县志·儒林
	清朝	章华翰	贡生	铨选训导,著有《课徒诗草》	遂民国县志·文苑

在新安江流域诸县中，绩溪、淳安、遂安三县教育并非最为发达。但从上表有关信息依然可得出明清时期该区域私塾及塾师的一般情况：其一，单纯训育子孙的家塾占比很小；其二，塾师之中有功名者占据一定比例，且以秀才为多，可见对于科举前景渺茫的诸生而言，授徒是可以接受的一种职业选择；其三，不少塾师执教一生，家境萧然，意味着束修有限，大多仅能勉强维持家庭生计；其四，绝大多数塾师的坐馆之地就在家乡或附近，跨县任教者少见。

其实，对于塾学的举办者来说，聘请品学俱优的塾师是一种热望。特别是政府主办的蒙学，都有一套选拔与管理的程序与规范。明万历遂安知县韩晟就提出，社学教师宜从当地 18 岁以上、“文理明通，行止无玷，愿为社师者”中“比试一名”。当然，作为为国育才的“一方表率”，社学之师首先在德行上要“以身为本”，不能头冠不整（毋岸帻），不要袒胸露乳（毋裸袒），喜怒不形于色（毋苟颦笑），行止远离奴仆（毋下同台隶），不幕后指使（毋教唆），不播弄是非（毋传递），如有违反，即“子弟贼也”，须立即“斥之”。为使其安心任教，须“给之巾带，优之接待”“岁暮散馆，束修随俗加厚。有待不以礼、不承权舆者，是谓不爱子弟”。但是，考核也不可缺少：各社置一馆簿，登记日常事项，县府官员和乡里长老要不时亲往，“稽考其文理，徐觇其礼节”，以此作为评判“社师殿最”的依据。[①]

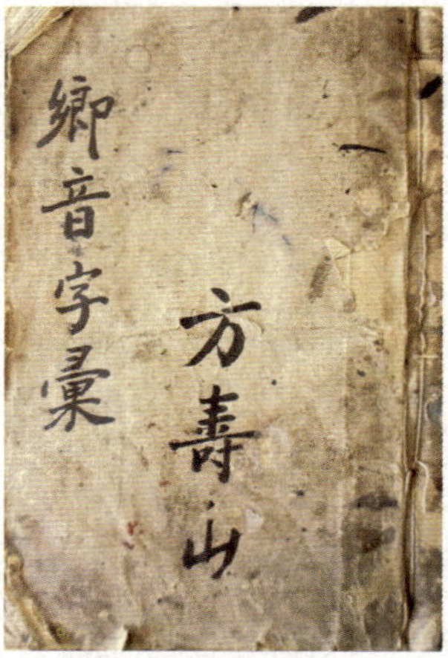

蒙师使用的“字典”:《乡音字汇》

就民办塾学而言，选聘塾师主要看社会评价。比较有影响的塾师大体有三种来源。一是科举新中式者。南宋淳熙休宁洪里人程卓高中进士，“初第而归，四方学子，不远千里，执经席下”，[②]盛况空前。此后，各地新中秀才常有学东致送聘书。二是候任官员。明清两朝，官员出身繁多，候任不仅常见且时间不短，受聘以做临时过渡者有之。清朝遂安贡生章华翰，铨选训导，“以训导需次在家，小构数椽为读书所”，[③]游其门而获隽者众。胡适第一位塾师胡玠也是因拣选了颍州府阜阳县训导，才将家塾交给胡适族兄的。三是致仕或罢归官员。明朝遂安县方可正，以贡生授桐乡训导，擢寿宁知县。致仕返乡后，授徒百余人，皆知名当时；[④]清朝余养质，以拔贡授长子知县，罢归，也开馆授徒。[⑤]还有个别是外地官员被当地民间劝留。如清朝德清人沈廷桂，以举人任淳安县教谕，“在淳五年，以老乞休予告矣。诸生徒争留馆之，于是居学舍东偏，训迪邑士子，凡浃岁乃归”。[⑥]

明清两朝，还有少数女性也充当蒙学塾师。明朝淳安人应恪妻吴氏，“归恪三年，而恪卒，苦节自甘。……氏断发自矢，闭户辟绣，四十余年，尤惓惓以诗书教子孙为先务”。吴氏“以诗书教子孙”，显然是家庭教师。清朝，同为淳安人的何家佑妻方氏，“二十六夫故，抚孤子守志”，也“徙家依父兄，闭户教子”。[⑦]最知名者则是清乾隆遂安姜家女诗人“西瀛女史”姜承宜。姜家曾有“男女生七年教之”的

① 罗柏麓、周树美、姚桓等：民国《遂安县志》卷五《文治志·社学》。
② [明]程敏政辑撰，何庆善、于石点校：《新安文献志》，黄山书社，2004年，第1824页。
③ 罗柏麓、周树美、姚桓等：民国《遂安县志》卷七《人物志·文苑》。
④ 罗柏麓、周树美、姚桓等：民国《遂安县志》卷七《人物志·乡贤》。
⑤ 罗柏麓、周树美、姚桓等：民国《遂安县志》卷七《人物志·儒林》。
⑥ [清]刘世宁、李诗、陈中元等：光绪《续纂淳安县志》卷六《职官志·治行》。
⑦ [清]刘世宁、李诗、陈中元等：光绪《续纂淳安县志》卷十一《人物志三·续纂列女》。

村规，姜承宜之曾祖姜联元举人出身，设馆收徒；父姜禾为贡生，生徒遍布徽衢等地。母亲詹氏同样出自望族。姜承宜小时就与族兄弟同在村中奋庸轩随堂伯习儒学文，“幼工诗文”。后出嫁二都洋源村庠生余祖念，在本村承祖开馆“漱玉轩”训蒙。对于所育三子，尤其是小儿子余钧，自小即“亲授以唐宋诗词及五经四子书”。可见，在明朝商品经济大潮冲击下，传统的男尊女卑观念在某些场域已经得到了一定程度的突破。

二、塾学与家教的联手

教育是一个涵盖人生全时段、全地域的过程，蒙学只不过是个目标明确、空间封闭、任务具体、操作有序的特定场域。经蒙学教育后有所成就者，都是塾学与家教联手、相互促进的结果。

应该说，在缺少教育科学理论指导下的我国传统蒙学，在教学安排和管理上颇有刻板、生硬之处。只有少数在知名学者帮助下开办的有规模、有影响的蒙学才比较规矩。南宋进士、淳安人方逢辰于景定元年（1260）在金华曾协助当地“倜傥尚义”的蒋沐创办横城义塾，并“与塾主相与订正所以为之条目”，即《义塾纲纪》，其中的规定就较为明细。如义塾设学长（掌公堂教导）一人、学谕（掌教谕）二人、直学（掌事务）一人、司纠（掌学规礼仪）一人、司宾（掌迎送交际）一人，均由塾

民居大门上的家风标示

主聘请学者或乡贡等担任。司计（每月一人，掌金谷出入）、司日（每日一人，掌一日事务）、司膳（每日二人，掌公厨）、斋长（每斋一人，掌规矩）由生徒轮值。此外，义塾还设学司、厅子、书司、斋仆、斩番、门子、堂厨、厨子、直厅、火头、园子、市买等工役岗位。生徒入学资格及其待遇，则是“凡入塾者，不限其来。始入为陪供生，考其德业而升行供生”“陪供生”自备钱米，“行供生”由义塾日供钱米，“每日二膳，一肉一蔬”“每日课试上二等并行食，三等赏一分，再得一分行食；四等赏半分”。即将义塾食宿津贴与生徒考课成绩挂钩。至于修学，则是生徒“每日昧爽闻鼓而起，升堂会揖毕，长、谕就诸生中签三人以隔日所读书，其对本各随所见详解说大义一遍。其通否则正之。诸生各执经以听，有疑者问，有见者说。毕，司纠书其通者姓名于讲簿，揖退各归斋肄业，自立课程。午后供小课，史评、伦说、策略间之，或间以赋前二韵。晚间闻鼓再升堂，长、谕签请三人以隔日所看史，诸生应答、书簿如早间故事”。即生徒每日上午和晚上升讲堂，先生每次抽查三名生徒此前所习课业，余者旁听，有错则纠，有疑则问，有异见可发言，成绩登记于簿。可见，教师讲说与生徒自学相结合是主要的教学方式。考试之法为每旬三日举行课试，“上、中旬本经，下旬论、策间之”，分“堂试”（一般课业测试）、“拟试”（模拟科举考试程序）两种。拟试后“二十名以前给赠币帛书籍，其余分赠有差。”生徒有未至钟点而早睡等违规者，由“司纠弹之议罚”。横城义塾之所以能订立并施行如此相对严密的规则，重要基础就是有雄厚财力——蒋沐“割田租一万以隶焉”。[①] 而这对绝大多数基础教育单位来说，都是难以企及的。

更多蒙学的教学过程则颇为简单。早在元末明初朝鲜汉语课本《老乞大》中，就提及学堂里每日功课：读《论语》《孟子》《小学》；清早起来到学里，师傅上了文书，放学。到家里吃饭罢，再到学里写仿书，写仿书罢对句，对句罢吟诗，吟诗罢师傅前讲书。这应是当时我国私塾的常态。即便是明末宫中为小宦官读书而办的学堂，读的也是《百家姓》《千字文》《孝经》《大学》《中庸》《论语》《孟子》《千家诗》《神童诗》之类；教授每日职责不过是“背书、号书、判仿”，且“判仿止标日子，号书不点句”。[②] 而在数百年之后清末民初的新安江流域，此类场景依然每天在塾学中上

---

① 顾宏义：《南宋横城义塾及其〈义塾纲纪〉考论》，载《南京晓庄学院学报》2007年第5期，第109～110页。

② [明]刘若愚：《酌中志》卷十六《内府衙门执掌》。

演。如胡适在绩溪上庄："我们的功课很松，四叔往往在出门之前，给我们'上一进书'，叫我们自己念；他到天将黑时，回来一趟，把我们的习字纸加了圈，放了学。"① 稍后，方与严在歙县王充："教我打算盘，他总是教我一遍，二遍不耐烦，三遍要我自己想，第二天打给他看。"② 甚至1949年春的歙县北乡，私塾虽不再教"三百千"而是改教"洋书"，但教法依旧："先生先通知学生，该谁上课了。该学生双手捧着课本，恭恭敬敬地站立在先生面前，将课本用双手递给先生。先生将书本平放在桌面上，手指课本，先生念一句，学生跟着念一句。根据学生的接受能力，一般要教两三遍以上，最后，学生要念一遍。先生根据学生念的情况，或全部，或段落，或个别字句，重复教过后，才允许学生回到自己的位子上。"③

对于生徒管理，也缺少更多手段。入塾者印象深刻者大抵两项：学长代管、体罚。还在《老乞大》中，塾里就有"学长"角色，每日负责将那顽劣学生向师傅上禀，由师长收拾。明末宫中学堂也"派年长有势力者六人或八人为学长"，协助师长管理日常。胡适在自传里回忆堂兄嗣秫时常被先生委以"奉命差遣"之职，负责将"赖学"的嗣昭捉来毒打一顿。同时代绩溪人汪静之则颇受先生信任："老师每天下午要去抽鸦片两小时，他出去时叫我代课，叫我管管他们，教教他们，其实他们同我一样大。"④ 被学长"记板"者（板上栏贴生徒名字，下栏空着，受规则、不受规则者各以"✓""×"标志），先生的奖励多是发给"状元牌"（朱笔写"免手三板"字样白纸块），处罚方式基本是体罚。或罚站，或用戒方敲打。极少有生徒在塾学中未受责罚。汪静之父母甚至为了爱子免受一次挨打，居然选择退学。宦官刘若愚记述宫中的"扳著"则是另类："扳著者，向圣人前直立弯腰，以两手扳著两脚，不许体屈，屈则界方乱打如雨。或一炷香、半炷香，其人必眼胀头眩，昏晕僵仆，甚而呕吐成疾者。"⑤ 这类过于严酷的责罚在民间塾学相对少见。

以往塾学除了年假外，基本无休。家庭对训蒙的支持主要体现在生徒习惯的养成。清朝淳安人徐鬲，父早丧，"母卢氏苦节自矢，夜纺课读，遂饩于庠。"⑥ 显然，

---

① 曹伯言：《胡适自传》，黄山书社，1986年，第23页。

② 中国陶行知研究会：《方与严教育文集》，四川教育出版社，1995年，第826页。

③ 黄山市徽学会：《徽学通讯》2012年第3、4期合刊，内部资料，第25页。

④ 飞白、方素平：《汪静之文集·没有被遗忘的欣慰》，西泠印社出版社，2006年，第151页。

⑤ [明]刘若愚：《酌中志》卷十六《内府衙门执掌》。

⑥ [清]刘世宁、李诗、陈中元等：光绪《续纂淳安县志》卷九《人物志一·循吏》。

是其母夜间纺线陪读的辛勤给予了徐鬳不懈的动力。淳安民间多种蹲鸱，“其大者为芋魁。乡民课子夜读，每以煨芋魁为度，芋魁熟大约漏下二鼓矣。盖小儿意有所属，则精神振厉不倦于勤，啖之可以疗饥，犹熊丸劝读之一助也”。[①] 一种风俗形成，既需时间积累，更需大众认同，淳安乡民普遍勤于督课子孙可见一斑。特别是一些遭遇重大不幸的家庭，依然对子孙学业极为重视，更能让生徒内心产生不竭的内驱力。在淳安，明朝有童汝弼妻方氏，“夫既死，冰操自厉。尝刲股疗姑病，而课子以义。”清朝有童宗管妻方氏“年二十九称未亡人，遗一子，朝夕课读，早列诸生。”钱士瑛妻胡氏“夫卒时，子巨汉仅八岁，叔士瑚十有二岁，氏事舅姑，抚叔，教子，皆以礼法，早夜勤俭。晚年，课孙尤谆谆，以故多蜚黉序者”。卢永琅妻胡氏“遗孤甫九龄，氏饮冰茹檗，督耕课读，井然有条。子恩农入成均，孙丙跃食廪饩”。[②] 在遂安，也有清朝毛英馆妻余氏“二十一岁夫故，遗孤在抱，矢志抚育，备尝艰苦，教子可彬入泮”。[③] 清末绩溪胡适早期识字就是父亲胡铁花亲自教授的。进私塾后，寡母冯顺弟管束胡适极严，“是慈母兼任严父”，对胡适人生观养成影响至深，以至于多年后还感叹：“在这广漠的人海里独自混了二十多年，没有一个人管束过我。如果我学得了一丝一毫的好脾气，如果我学得了一点点待人接物的和气，如果我能宽恕人，体谅人，——我都得感谢我的慈母。”[④]

当然，教育实态事实上并非铁板一块，而是异彩纷呈。如清朝淳安赋溪贡生王士蔼，办家塾课子，“务根抵，以厚其所积”，五个儿子“皆克承家学”。特别难得的是其“父子兄弟自相师友”。[⑤] 如此民主而充满学术气息的家庭氛围，古代的确罕见。自学成才者也偶尔有之。明朝遂安人詹可升，“九岁而孤，一遵母训，家贫不能延师，稍辨经书句读，即低头暗诵，以纸条记所疑，就质于房兄可明。时竞尚归震川制义，买二册，一铺几案，一粘于壁，坐诵而行观之”。[⑥] 如此苦读换来的是“年十八，游庠”。其后，不仅“领袖黉宫，楷模里闬”，更重要的是振兴了家风。其孙詹铨吉康熙时进士，而詹铨吉又是“西瀛女史”姜承宜的外祖父。此外，亦耕亦读者也有典型。清朝遂

① [清]刘世宁、李诗、陈中元等：光绪《续纂淳安县志》卷一《方舆志一·风俗》。
② [清]刘世宁、李诗、陈中元等：光绪《续纂淳安县志》卷十一《人物志三·列女》。
③ 罗柏麓、周树美、姚桓等：民国《遂安县志》卷七《人物志·列女》。
④ 曹伯言：《胡适自传》，黄山书社，1986年，第32页。
⑤ [清]刘世宁、李诗、陈中元等：光绪《续纂淳安县志》卷十《人物志二·文苑》。
⑥ 罗柏麓、周树美、姚桓等：民国《遂安县志》卷七《人物志·文苑》。

安县王尚协因家贫，需总理家政，他“日则治事，夜则诵读，随赋采芹。特开东墅书屋，延师督课，子弟先后俱列黉宫”。①

新安江流域中的徽州是我国封建社会中后期宗法制度的典型，在塾、家联手同时，宗族力量也没有成为旁观者。元朝时，休宁陈村“每岁秋赋终场，可读之卷几七十”。②此处的“秋赋”就是宗族组织学子参与的竞赛活动,用以鼓励生徒安心向学。陈村能够如此,一因“村无二姓”,二因“读书者比屋”。结果是“方解额窄时连数举”,即在科举中式名额很少之时，村中学子也连续数届有如愿者。清朝，遂安西涧村黄云孔虽“习陶朱术，家累千金”，但“性至孝”“好施与，无间亲疏”。村族有黄氏生徒会课于先人祠的传统，所费均由值会者承担。黄云孔担心族中“长幼贫富不齐，恐以值会累心”，便主动提出“某今具酒果以资一日文”，并表示“晏欢后，月课亦如之”。结果，这一义举“终其身不改”。③这类事例在徽州更是常见。

---

① 罗柏麓、周树美、姚桓等：民国《遂安县志》卷七《人物志·文苑》。

② [元]陈栎：《定宇集》卷十五《杂识》。

③ 罗柏麓、周树美、姚桓等：民国《遂安县志》卷七《人物志·敦义》。

第二章　新安江流域的官学

从地方的县学、州学到中央的国子监，是唐朝之后基本的官办学校体系，处于全国教育系统的中高端。因与科举制度关系密切，其县学、州学部分既是国子监、翰林院源源不断的“蓄水池”，也是地方士绅阶层的后备队。新安江流域宋朝以后在科举上有不俗的风光，与当地县学、州学基本完备与正常运转有一定关系。

第一节　徽、严府学与县学沿革

一、徽州与严州府学的变迁

我国地方官办学校最早可追溯到西汉中期安徽舒城人文翁。景帝末，他为蜀郡守，“见蜀地辟陋有蛮夷风”，乃“选郡县小吏开敏有才者张叔等十余人亲自饬厉，遣诣京师，受业博士”，还“又修起学官于成都市中，招下县子弟以为学官弟子”。有此示范，“至武帝时，乃令天下郡国皆立学校官”。① 其后，历代相沿：东汉丹阳太守李忠“以丹阳越俗不好学，嫁娶礼仪，衰于中国。乃为起学校，习礼容，春秋乡饮，选用明经，郡中向慕之”。② 南朝梁元帝为荆州刺史时，“起州学宣尼庙”“尝置儒林参军一人，劝学从事二人，生三十人，加廪饩”。③ 隋朝，“国学胄子，垂将千数，州县诸生，咸亦不少”。④ 唐初，李渊“虽得之马上，而颇好儒臣”，不仅在都城设国子学、太学、四门学，各取三品、五品、七品以上官员子弟入学，更令“上郡学置生六十员，中郡五十员，下郡四十员。上县学并四十员，中县三十员，下县

---

① [汉]班固：《汉书》卷八十九，中华书局，1964年，第3625～3626页。
② [南朝]范晔：《后汉书》卷二十一，中华书局，1965年，第756页。
③ [唐]李延寿：《南史》卷八，中华书局，1975年，第243页。
④ [唐]魏征：《隋书》卷二，中华书局，1973年，第47页。

二十员”。① 新安江流域在唐朝以前，开发不够充分，行政管理比较粗疏，地方文献上未见官学载录。南宋罗愿《新安志》始有“先圣庙及学，自唐至国朝在城之东北隅”的记载，但语焉不详。

徽州府学下马牌

徽州府学始建于唐，位于府城歙县东北角。北宋太平兴国三年（978），知州苏德祥迁至乌聊山（今长青山）上。景德三年（1006）重修。嘉祐四年（1059），“以山高地狭不足容众，徙于南园”。熙宁四年（1071），又“以南园濒江地卑，常有泛溢之患，复迁乌聊”。元祐初，再迁南园。绍圣二年（1095），回迁至城东北隅。“宣和中焚于睦寇”。南宋绍兴十一年（1141），知州汪藻“始复营建，左庙右学，规制雄丽，愈于他郡，中设知新堂，辟八斋以处学者，曰殖斋、懋斋、益斋、裕斋、毓斋、定斋、觉斋、浩斋”。② 淳熙十四年（1187），知州许昌期重修。绍熙二年（1191），教授舒璘创风雩亭，植松百株。孔元忠增置祭服。知州刘炳修葺学门与直舍。德祐元年（1275），郡将李铨为守城将州学拆毁几半。元初，“生员解散，书版祭器之属无复存者。自礼殿以至贡院率为军营”。幸得江东按察副使出面才逐渐恢复旧观。至元二十八年（1291），教授杨斌“再复军营所占本学贡院基地三十亩，限以崇墉。”大德四年（1300），教授徐拱辰重建讲堂等。至正十二年（1352），州学遭战火而毁，惟大成殿仅存。之后十余年中逐渐重建。正统八年（1443），扩建大成殿。成化四年（1468），知府周正“复新大成殿，殿后筑室五区以处师儒，创楼九楹以舍诸生，又立科第题名碑”。九年（1473）重修明伦堂并新建附属建筑。弘治十四年（1501）知府彭泽再行大规模维修，将号舍由30余间扩建至100余间。嘉靖间，知府胡孝再移建、扩建棂星门及泮池。康熙三年（1664），知府蔺一元“修学并建尊经阁、师儒等舍”。

---

① [五代]刘昫：《旧唐书》卷一百八十九上，中华书局，1975年，第4940页。

② [宋]罗愿撰，萧建新、杨国宜校注：《新安志》卷一《庙学》，黄山书社，2008年，第30页。

随后知府曹鼎望修戟门，张登举重建圣殿。雍正十年（1732），教授储郁文重修崇圣祠、乡贤祠及棂星门。[①]之后经历次整修，庙之殿、庑、厨、所、门、栏、桥、池，学之堂、舍、斋、阁、祠、廨、射圃，无一欠缺，壮伟闳丽。咸丰同治年间，又毁于太平天国战火。乱后，地方绅士组织筹工局部分重建，但很快就处于失修缺管状态。

严州府学设置稍迟，文庙与府学创建也不同步。文庙先建，在府治建德县城东南隅。北宋雍熙二年（985），知州田锡迁西北隅。景祐中，"知州范仲淹建堂宇斋庑"，大约此时已有州学。庆历中，知州向侯增修。大观中，知州李陞重修庙学。宣和中，颁降御书，殿榜曰大成。南宋绍兴七年（1137），知州胡寅又重修。乾道五年（1169），知州张栻"辟度尼寺址，为门南向"。绍定、淳祐年间，陆子遹、王佖相继增葺。元末悉毁。明朝洪武三年（1370），在旧址重建。洪武七年（1374），知府赵士敏迁至三元桥西，此处"坐乌龙山脉，新安江水横带，南北高峰，实居水口"。永乐十四年（1416），被大水冲毁，知府李兴重修。宣德六年（1431），知府徐孔奇建赐书楼。正统三年（1438）和九年（1444），万观、黄澍再次修葺、增建。成化二十一年（1485），同知邝才建号舍36间。次年，知府江豫建会馔堂。万历七年（1579），知府杨守仁再次进行大规模整修，增修高墙、聚奎楼、仰圣门、泮池、"礼乐文章"坊等，气象一新。九年（1581），知府邓起宗移聚奎楼、建"斯文在兹"石坊及宫墙。[②]康熙八年（1669），知府梁浩然重修。二十一年（1682），又被洪水冲颓。知府任风厚重修并改建启圣祠，建云路亭。五十三年（1714）、五十六年（1717），同知赵光荣、知府王广益加修周垣。雍正元年（1723），易启圣祠为崇圣祠，增神牌、祭器。经其后多次维修，基本保持了"中为先师殿，翼以两庑，前为仪门，为泮池，为棂星门，东名宦祠、先贤祠，西启圣祠。仪门左为土地祠、更衣所；右为敬一亭，内为明伦堂，东西四斋曰时习，曰近思，曰克己，曰笃志。后为奎壁联辉堂，为教授廨，旁为训导廨，为学舍"[③]的格局。

二、徽严两州所属县学的兴衰

各县县学创建时间也略有不同，但基本在两宋之时。这与北宋推行重文轻武的基本国策有一定关系。其后，各县学基本格局与运转实态差别不大，并随着朝代

---

① [清]马步蟾：道光《徽州府志》卷三之一《学校》。

② [明]杨守仁：万历《续修严州府志》卷三《经略志一·学校》。

③ 夏日瑚、王韧：民国《建德县志》卷四《疆域志·故迹》。

更替而呈现同步的波折。直到清嘉庆之后，儒学月课多不举行，教官也多为年齿衰迈者充任，视考课为故套，生员与教官之间，渐仅存生师之名分，而无训诲之实际。太平天国一役，皖浙一带遭受十余年战火的侵扰，徽、严两府县学多被毁坏。战后虽有修复，也仅恢复部分旧观，且儒学的教学功能也逐渐在弱化。

歙县县学前的科名坊

歙县是附郭县，县学有过废立波折。南唐保大八年(950)，县学始建于县城南。宋代县学不另立，学子附于歙州（徽州）州学肄业。直到南宋淳祐十年(1250)，徽州郡守谢堂始在县衙东问政山麓重建学宫。元初，毁于戍兵。之后，教谕吕泰初、县尹宋节、县丞叶琛先后整修。元至正十二年(1352)，毁于兵火。至正二十一年(1361)，知县张齐在旧址东侧另建（旧址已建紫阳书院）。明正统间维修，天顺年间陆续增建号舍、讲堂、馔堂。成化四年(1468)，知府周正组织大修。其后，知府熊桂，知县谢廷杰、陈九官、方承郁、戴东旻、叶高标均有修葺。清顺治十年(1653)，知县宋希肃重修倾圮的明伦堂。顺治十三年(1656)，重修大成殿。后又经官府多次重修。

咸同时毁于兵燹，后筹工局重修。至民国初年，明伦堂、大成殿、泮池、斋舍、科第坊等建筑尚存。①

绩溪县学内的化龙亭

绩溪县学，在县治东，始创时间无考。南宋绍兴二十五年(1155)，知县滕廧增建一堂四斋。随后，知县张杰、叶楠、王枘、赵时份、胡岩肖、俞任重、李遇，或添建，或改造，规模初备。元至元十三年(1276)，毁于兵燹，并被驻军所占。教谕胡遂孙买民房坚持办学，后迁县治之西。但规制狭隘，经县尹张纲、刘亨晋、刘士毅等扩建，面貌一新。明朝洪武五年（1372)，知县蔡美增建射圃、棂星门等，明正统、天顺、成化、弘治、正德年间，知县刘志，主簿黄俊，县丞臧昶，知县李芳、吴珏、郭紝、高粱、胡汉、王育英等，或重修，或通过置换民地等方式，扩大县学范围。正德七年（1512),移县学至文公祠址。其后又有多次修葺。雍正九年（1731),教谕汤显忠再次大修，布局井然。太平天国时期，学宫遭遇战火，后部分修复。②

休宁县学在北宋庆历年间(1041 ～ 1048)始建于县治东街，南宋绍兴六年(1136),

① 许承尧：民国《歙县志》卷二《营建志·学校》。
② [清]清恺、席存泰：嘉庆《绩溪县志》卷五《学校志·学宫》。

县尉陈之茂迁到南门之左。淳熙时主簿傅本、绍熙时知县邹补之、嘉定时知县张抃、嘉熙时知县吴遂均有修葺。元朝至元、至正两次大修或重建，但在元末战火中仅明伦堂幸存。明朝洪武二年（1369），重建学宫，景泰、成化、弘治时，地方官员多次扩建，“规模宽敞，视前有加。”至明末有数次增建和重修记录。清朝顺治八年（1651），知县翁人龙重修学宫，其后，有修复记载十余次。最盛时，由外而内为外泮池、棂星门、墙垣门、泮池、戟门、大成殿。殿东为程朱三夫子祠，祠后为名宦祠、乡贤祠；殿后为尊经阁，阁东西廊为斋房，阁后为崇圣祠。殿西北为明伦堂，堂后为教谕与训导斋舍；堂东西廊为斋房等建筑；堂前为仪门、土地祠、学宫大门、东南邹鲁坊与贤隽奋庸坊。[①] 布局错落有致，建筑宏伟壮丽。

黟县县学始创于宋初。淳熙十六年（1189），知县叶崧重修。庆元初年，主簿袁孚重建大成殿。嘉定、端平年间又续建。元朝元贞元年（1295），县尹刘德重建两庑。至大四年（1311），县尹皇甫涖构讲堂、斋舍，凿泮池，修高墙，面貌一新。但在元末战火中毁于一旦。明初，县学得以重建，大成殿、戟门、棂星门、明伦堂、斋舍、围墙、射圃等一应俱全，“制度备矣”。永乐、宣德年间，分别重修明伦堂、大成殿。中统时，知县胡拱辰又买民田扩建西斋。弘治时，又有四次局部维修和扩建。明朝后期学宫地址多次迁移。清初康熙九年（1670），知县杜宏重修。十三年（1674），耿精忠叛军攻入婺源、祁门、黟县，县学被毁。次年，知县兰佳选重修，到雍正年间有多次扩建。乾隆初年，再次迁至城南旧地，直至清末。[②]

建德县从唐朝初年就是睦州州治之所在，县儒学初设于县城东南隅，后圮于水灾。南宋嘉定间，知县陈德一迁建县内。淳祐时，知县惠德夫兴建门、堂、庑。元朝大德年间，县尹张纪重修。明朝洪武初，知县顾执中拆建。其后，知县侯康远、张铎、邹鲁、农猷改建明伦堂，创后堂，增号舍，构梯云楼。嘉靖四十五年（1566），知府改建于建安山麓，规制严谨，建筑宏伟。至明朝覆亡前，尚多有添建与改作。清顺治时，知县郑应皋、张文韬重修。康熙年间，知县项一经修两庑，夏景松修泮池，戚延裔修大门。雍正元年，知县薛景珏重建明伦堂。至嘉庆时共有 4 次大修。咸丰十一年（1861），毁于战火。光绪十三年（1887），知县刘毓森首捐廉俸，组织城乡

① [清]何应松、方崇鼎：道光《休宁县志》卷三《学校·学制》。
② [清]吴甸华、程汝翼、俞正燮：嘉庆《黟县志》卷十《政事·学校》。

绅董陈元善等9人出面“劝捐重建，规模悉循旧址”，因“经费不充，两学署尚未建造”。[①]

淳安县学创建较早，宋至道三年（997），县令孙说鼎首建文庙、学宫于县治东南。方腊起事，学宫“一夕煨烬”，直至南宋绍兴九年（1139）才由县丞汪仔、县尉周操“以诸生言力请于太守董公”，得以重修。淳熙时，县令陈晔构讲堂斋舍。庆元时，县令郑擢重修。嘉定年间，县令应与权购地创外门、筑杏坛，县令黄山成塑圣贤像。淳祐时，县令赵崇嶓辟建二斋、七十二贤祠。元朝至元时，县令杜明显重建礼殿。至正十一年（1351），达鲁花赤亦不剌金建两庑、戟门、棂星门。明洪武初，县令和鼎改建两斋。十一年（1378），县令韩钝重修大成殿、斋庑，拓射圃，筑周垣，增学舍。正统时，县丞王永修建官廨、号舍。成化时，县令张纯、通判刘永宽重修两庑、大成殿、戟门，县令刘篪重修殿宇门楼、泮池。正德时，巡按御史吴华重修大成殿。嘉靖三十八年（1559），县令海瑞改建棂星等门，增号舍。万历年间，县令戴庭槐、萧元冈、蔡模、吴天洪、李光德、帅众、耿进明均相继修葺殿庑。崇祯时，县令萧鸣美重修大成殿。清顺治初，教谕曹三仕鼎新堂构。康熙年间，县令刘可仕、于栋如、杨廷杰先后更换殿宇栋梁，重修两庑，整饰宫墙。雍正时，县令杨克慧又组织重修。乾隆前期，县令周挺、刘世宁也重修文庙。整组建筑中为大成殿，旁为两庑，前为戟门、崇台；左为菁莪祠，右为土地祠。棂星门则西向临街，外为泮池。殿后为明伦堂，东为龙门，西为斋房。龙门北为诸生学舍。堂后为尊经阁、义学、射圃。[②]

遂安县儒学初在县南，北宋嘉祐时，知州赵抃允、知县李廷芝废水南长寿僧院以易。熙宁中，郡守将长寿院还僧，“而议不及学”。元丰三年（1080），经邑人、进士余九龄力争，知县欧阳复“征廨舍建学”。绍兴时两次兴建。元朝时，署县事尹柔克、达鲁花赤怯来，县尹林德懋等均有修葺。明洪武间，知县张元吉、李子求两修大成殿。从正统到天顺，教谕陈资善、知县成礼重建明伦堂、大成殿，增号舍。成化时，知县张瓛、朱福、陈瑞，教谕萧玉均有兴修之举。嘉靖时，推官陆愚重建明伦堂。隆庆时，知县吴扐谦重建启圣祠等建筑。万历年间，知县黄道年、林大柱、林守典或修庙庑，或凿文林湖，或砌屏墙，规制更为宏远。清顺治时，知县高尔修、钱周鼐重建戟门、明伦堂。康熙年间，知县姚永康重修大成殿、名宦乡贤祠，何伟重造

① 夏日璈、王韧：民国《建德县志》卷七《学校》。
② [清]刘世宁、李诗、陈中元等：光绪《续纂淳安县志》卷二《方舆志二·学校》。

大成殿，吴世勋重建戟门，万为恪重浚泮池，陈学孔重修明伦堂。乾隆时，训导朱继序创建儒学门及墙垣，知县解会心倡捐重修。咸丰时，经兵燹，大成殿悉成焦土。同治间，邑绅毛仁麟、余士蓥等劝捐重建，因窘于资，一时未能修竣。光绪间，知县唐济捐廉筹款，次第兴修，琅川余燮乐捐银130元以涂丹雘。教谕都国梁、训导赵涟先后募捐，兴建教谕、训导二学署。宣统二年，改建明伦堂。[①]

桐庐县儒学也在北宋时创建，原在西坞，初迁戴家桥，嘉祐时再迁县东北之小山。宣和时毁于战火，南宋绍兴时知县赵侃重建，后多有修葺。元末，再次毁于兵火。明洪武七年（1374），知县毛道在旧址重建大成殿等建筑。从正统到万历年间，记载的修葺活动就有10次之多。寿昌县儒学始建于北宋崇宁时，为响应州县建学诏令而由县前先圣庙改建。南宋建炎时迁至县治西，绍兴时知县王筠重修。元朝至元中，县尹李炳重修大成殿。明朝洪武三年（1370），再次开设县学，知县彭子冲维修一新。正德四年（1509），提刑副使赵宽迁县学至县治东大广安寺址。有明一代，有记载的维修9次。

分水县也是先有庙，后有学。圣庙原在县西，北宋治平（1064 ~ 1067）间迁至县东。崇宁中，应诏创办儒学，即以庙为之。宣和兵燹，文庙独存。绍兴时重修。元朝时有两次较大维护。明朝洪武二年（1369），知县余德贤增建了明伦堂等建筑。至明末，共有15次修葺记录。[②]

第二节　徽、严官学的管理与经济支持

一、生员的教学与管理

官学的直接教学与管理人员是学官，学官多由朝廷委派，各朝官名、人数稍有差异。宋时，府学置教授、学正、学录、直学各一员。教授“以经术行义训导诸生，掌其试课之事，而纠正不如规者”。[③]“初由州府选聘，以请于朝。其后太学立三舍

① 罗柏麓、周树美：民国《遂安县志》卷五《文治志·学宫》。

② [明]杨守仁：万历《严州府志》卷三《经略志一·学校》。

③ [元]脱脱：《宋史》卷一百六十七，中华书局，1977年，第3976页。

法，试可乃授。间命近臣荐举充之”。[1]元朝中原始定，即议建学，设科取士。中统二年（1261），“命置诸路学校官”。路儒学设教授、学正、学录各一员，又增训导一员。其中教授一职，多由年龄50以上且两举不第的举人充任，明朝置教授一员、训导四员。起初，朝廷对学官的选用较为严格，往往挑取耆儒宿学充任。其后多用举人。明中叶后，时人视教职为轻，举人多不愿就，即便是岁贡，也是年岁较高、家境贫困或对官场不抱希望者愿意充任。不仅学问难以保证，学界良好的风习也日渐低俗。至清朝，学官大量压缩，仅设教授一员，正七品，“掌训迪学校生员，课艺业勤惰，评品行优劣，以听于学政”；[2]训导一员，从八品，协助教授从事教学与管理。

县学学官配备也有定则。据记载，唐开元初，县学皆择师教授。宋元祐后，始有学官。景定时，始置主学。咸淳年间，又置学正、学录、直学、学谕、长谕等官。元及明初，皆为教谕二员，训导二员，后裁去教谕一员。清初先裁训导一人，康熙三年（1664）再裁训导。十七年（1678），奉复官，但两官合支一俸。雍正五年（1727），定教谕一员为正八品，训导一员为从八品。八年（1730），每官加俸至40两。教谕多从恩、拔、副贡中选用，训导多由岁贡中选用。徽、严两州所属各县学官大致如式。

各朝府学、县学生员数量变化也大。北宋府学生员数起初大约并无明确规定，即“生员来学不限多寡”。庆历四年（1044），“诏令诸路州、府、军、监，除旧有学外，余并令立学，如学者二百人以上，许更置县学”。[3]似乎学额可达200人。元朝时，路儒学由教授选本区域内免差儒户子弟入学读书习业，非儒户而愿学者听便。明洪武三年（1370），始规定生员定额40员。“未几即命增广，不拘额数”，至宣德中期又明确“在外府学四十人”“增广既多，于是初设食廪者谓之廪膳生员，增广者谓之增广生员。及其既久，人才愈多，又于额外

徽州民间天地君亲师牌位

① [清]马步蟾：道光《徽州府志》卷三之一《学校》。
② 赵尔巽：《清史稿》卷一百十六《职官三》，中华书局，1977年，第3358页。
③ [清]徐松：《宋会要辑稿·崇儒二》之二、四。

增取，附于诸生之末，谓之附学生员”。[1] 明清两代徽州、严州府学生员中，廪生40名，增生40名，附生在学政进行岁、科考试时，由所属州县选拔25名；武生岁、科试同时进行，录取20名。

北宋崇宁三年（1104），朝廷开始规定县学生员名额，大县50人，中县40人，小县30人，但执行可能不严，道光《徽州府志》记载宋元时不限生员多寡。明代生员有定额，起初规定县学20名，宣德时另设增广生员20名。大约正统、景泰年间，因杨瓒有“民间子弟可造者多，请增广生员毋限额”的建议，始有附生，但人数不详。清朝时，歙县、休宁县、黟县都是廪生20名，增生20名，附生20名，武生15名；唯有绩溪县附生、武生只有16名和12名。咸丰五年（1855），上谕“黟县士民奋勇杀贼，深明大义，著加学额，奉准部议，加文武学定额各二名”“后于捐输军饷案内恩加文武学定额各十名”。[2] 故而从同治元年（1862）始，黟县学定额文生32名、武生24名。建德、淳安县学清朝都是廪生20名、增生20名、附生25名（其中淳安县旧额20名，雍正四年加5名），武生15名。遂安县仅有廪生、增生各20名。

对于一县学子来说，区区20人的名额显然太少，如何选拔就很关键。元朝情形不很清楚。明朝，府、县学生员挑选，守令也负有专责。入选者一般年15以上，熟读《论语》《孟子》等经典，且需人材挺拔，容貌整齐。每一位生员都经过守令亲自相视。如有形象不佳、口齿含糊者，即便入选，如未入巡视各地的按察使法眼，也将被黜退。[3] 清朝生员入学考试制度明确而详细：

> 儒童入学考试，初用《四书》文、《孝经》论各一，《孝经》题少，又以《性理》《太极图说》《通书》《西铭》《正蒙》命题。嗣定正试《四书》文二，复试《四书》文、《小学》论各一。……圣祖先后颁《圣谕广训》及《训饬士子文》于直省儒学。雍正间，学士张照奏令儒童县、府复试，背录《圣谕广训》一条，著为令。[4]

至迟从明朝始，“科举必由学校”，于是，府、县学不仅是“教化为先”的基地，

① [清]张廷玉：《明史》卷六十九《志第四十五》，中华书局，1974年，第1686～1687页。

② [清]谢永泰、程鸿诏：《黟县三志》卷十《政事志·学校》。

③ [清]全祖望：《鲒埼亭集·外编》卷二二《明初学校贡举事宜记》。

④ 赵尔巽：《清史稿》卷一百六《选举一》，中华书局，1977年，第3115页。

也是培育人才特别是大批行政管理人员的蓄水池，由此也决定了地方儒学教学内容包含了儒家思想、行政要义、文化素养等方面。明初，“生员专治一经，以礼、乐、射、御、书、数设科分教，务求实才”。① 明永乐中期，颁降各地方儒学的必读书籍就有《大诰三编》《大明律》《四书大全》《五经大全》《性理大全》《孝顺事实》《劝善书》《礼仪定式》《减繁行移体式》《新官到任须知》《韵会定式》《六部职掌》《科举程式》《孟子节文》《朔望行香体式》等。对比南宋绍兴中徽州府学所藏御书、《周易》《尚书》《毛诗》《周官》《中庸》《春秋》《左氏传》《论语》《孝经》《孟子》《乐毅论》《羊祜传》，并法帖《御制文宣王赞》《七十二子赞》《损斋记》，② 可见明朝地方儒学的教学内容上对基本行政能力的培养有一定偏向。

生员入学之后，在清嘉庆之前尚比较正规，尤其是每一王朝的前期与中期。如明朝，不仅明确了学习内容有经、史、礼、律、书、乐、射、算，还规定了基本的日常作息：除每日早晚师生到堂行恭揖礼外，“侵晨，学经史、学律，饭后，学书、学礼、学乐、学算，晡后，学射。有余力，或习为诏诰、笺表、碑版传记之属”。③ 甚至细致到每项的具体要求：如习射，“树鹄置射位，初三十步，加至九十步。每耦二人，各挟四矢，以次相继”。习书，“依名人法帖，日五百字以上”。习数，“务在精通《九章》之法”。④ 建德县志还特别记载该县生员中常备有乐舞生 64 名，另替补 4 人，表明生员在儒家重大礼仪活动传承上的特殊作用。

“为政以课士为先”，这是不少地方守令、学官的治理理念，也是造就徽、严两府近千年文人荟萃的重要因素。无论府县，知府、知县是兴学首要责任人。除捐田、修葺改造办学条件，也有守令经常下沉一线，甚至亲自教诲生员。明朝遂安知县马呈鼎“勤于课士，人文蔚起”；⑤ 淳安知县王衡“厉学宫以教，士皆斐然向风”。清朝淳安知县钱人麟，更是苦心告诫生员“秀才要经济，不得止靠时文生活也”。⑥ 这对于生员确定合适的人生目标很有教益。与生员朝夕相处的学官，更注重以言传身教影响他人。有的理学优长，才名卓绝；有的德望服众，士林景仰；有的奖诱后

---

① [清]张廷玉：《明史》卷六十九《志第四十五》，中华书局，1974年，第1686～1687页。

② [宋]罗愿撰，萧建新、杨国宜校注：《新安志》卷一《庙学》，黄山书社，2008年，第30页。

③ [清]全祖望：《鲒埼亭集·外编》卷二二《明初学校贡举事宜记》。

④ [明]《明会典》卷七八《学校·学规》。

⑤ 罗柏麓、周树美、姚桓：民国《遂安县志》卷四《职官志·名宦》。

⑥ [清]刘世宁、李诗、陈中元等：光绪《续纂淳安县志》卷六《职官志·治行》。

进，训迪有方；有的威仪整肃，以身示教；有的规言矩步，约士以礼；有的履职有年，师范如一。明朝嘉靖时，休宁县教谕夏邦瑞，廉洁自奉，“衙斋萧然”；当年老致仕的批文到署，“诸生方会课，扼腕欲退。瑞无纤毫动，促诸生完课，始罢”。盘缠无多，“士大夫争醵金赠，瑞不概受”。[①] 淳安清康熙年间教谕成廷楫，“春秋释奠，必躬涤祭器以致虔。日诣大成殿扫地焚香，亦弗资力胥斗也”。[②] 既是对先贤的虔诚，也是“先扫一屋而后扫天下”的实践。后任教谕沈廷桂，不仅“门下士接见，问无恙外，即以进修相勖”，而且对生员学业关心备至，更有大公无私的情怀：“或干以私，辄面拒之。学使者中年考校事竣，例举优行士应令。公曰是乡举里选遗意也。慎重咨访，必得其人乃报”。拒绝私人请托，推举贡士务求德高才优，以至于他退休后，生员还挽留他在县学旁设馆施教，“浃岁乃归”。[③] 训导乃教谕助手，品行端正、精心训育者也有不少。明朝黟县训导彭泮，“淳谨端恪”，“遇有请托，必谢绝之曰：‘既为冷官，当使此心常清冷耳’”。[④] 文学家田艺蘅曾任歙县训导，他文才甚高，性情孤傲，但对生员既无私也有情：“弟子贽一无所受，贫者辄赠之”。[⑤] 绩溪县学训导黄岳，到任发现“学者多事记诵”，囫囵吞枣，理义难明，乃“勤讲解，务明理”，“有向学者，必奖劝引进，士风为之一变。”[⑥] 清朝淳安训导朱士濂，“每日亭午招诸生立堂下，讲四子书，至日晡不休，阐发皆有根据。”汪昌举“遇贫穷者多方周恤，力不能任，即解衣质钱与之。有病卧学舍旁者，公亲啖饮食，资以药饵。”而当他本人病卒于任上时，居然“贫无以殓”。[⑦] 当然，在清嘉庆尤其咸同之后，府县两级儒学总体上并无多少可圈可点之处，特别是微薄的俸薪，常使学官处于“槁饿为难”的境地，“于诸生索贽礼、勒结费”，不一而足。“苛守分者以吹求，受劣痞之馈赠，甚或列优行焉”。[⑧] 至于打探内情、代人陈说，视作平常。整个学风颇为颓败。

考试是检验生员学习成效的重要手段，明清比较规范时期的考试很多。首先是月课、季考，多由学官主持，知府、知县间或参与。“其考验时，观其进退揖让之

---

① [清]何应松、方崇鼎：道光《休宁县志》卷七《职官·名宦》。

② [清]刘世宁、李诗、陈中元等：光绪《续纂淳安县志》卷六《职官志·治行》。

③ [清]刘世宁、李诗、陈中元等：光绪《续纂淳安县志》卷六《职官志·治行》。

④ [清]吴甸华、程汝翼、俞正燮：嘉庆《黟县志》卷四《职官·名宦》。

⑤ 许承尧：民国《歙县志》卷二《官司志·名宦》。

⑥ [清]清恺、席存泰：嘉庆《绩溪县志》卷八《职官志·名宦》。

⑦ [清]刘世宁、李诗、陈中元等：光绪《续纂淳安县志》卷六《职官志·治行》。

⑧ 吴克俊、许复、程寿保：民国《黟县四志》卷四《职官·名宦》。

节，听其语言应付之宜，背诵经史，讲明大义，问难律条，试以断决，学书不拘体格，审音以详所习之乐，观射以验巧力，稽数则第其乘除之敏钝”。[①] 成化中，将考试与生员德行、治事等综合能力分为三等，分列于三等簿。清朝规定："除丁忧、患病、游学、有事故外，不应月课三次者戒饬，无故终年不应者黜革。试卷申送学政查覆。"[②] 当然，对于生员而言，最不能轻视的是岁试与科试，皆因两试事关自身前途。岁试（岁考）由省级学官（明代提学官，清代学政）主持，一般三年两试。既是童生入学资格考试（考取即成秀才），也是在学生员博取前程的重要依据。考试程序完备，考前的发卷、归号、封门，考后的放牌、阅卷、排名等，一应齐全。考试结果也大有用处。明代规定，生员按岁考成绩分六等：一等前列者，视廪膳生有缺，依次充补，其次补增广生。一二等皆给赏，三等如常，四等挞责，五等则廪、增递降一等，附生降为青衣，六等黜革。虽然五、六等极为罕见，但仅凭借补缺一项就能给予生员足够的动力。科考除了按成绩充补廪、增，给赏如同岁试外，其最主要的功能是确定参加乡试资格，即相当于乡试的预选。明朝时，朝廷规定中举名额，如徽州所属的南直隶为 100 人，严州所属的浙江省 40 人，参加乡试者按中举名额的 30 倍为率，通过了科考，也就获得了乡试的入场券。

对于生员的品行约束与思想控制，主要通过颁发、遵行各类条规和礼仪来实现。洪武初年，朱元璋曾指示各级儒学凡“顽不率者黜之”。洪武十五年（1382），正式颁布禁例十二条，要求地方儒学“镌立卧碑，置明伦堂之左。其不遵者，以违制论”。其实，此十二项内容比较庞杂，后五条乃是针对民间有关情形如在野贤人建言、民间陈诉冤情、代人诉状、有罪之人建言、许告十恶之事。前七与儒学相关者，对地方守令要求一条：生员勤惰，有司严加考较，奖其勤敏，斥其顽惰；对学官要求一条：为师者当体先贤竭忠教训，以导愚蒙；对生员要求五条：事非干己，勿轻诉于官；父母有过必恳告再三，勿陷父母于危辱；军国政事，勿出位妄言；有愿出仕者，许敷陈王道，教官考较果有可取，上于有司，后赴阙以闻；教师讲说须诚心听受，勿恃己长妄为辩难。

此外，朝廷还有其他禁令，如弘治中有不准生员傲慢师长，制官府，败伦伤化，

---

① [清]全祖望：《鲒埼亭集·外编》卷二二《明初学校贡举事宜记》。
② 赵尔巽：《清史稿》卷一百六《选举一》，中华书局，1977年，第3116页。

结党害人的申谕。嘉靖中，有惩治学霸和对生员肆为“怪诞文字”的禁令。如若违反，处罚较重。如正统十四年(1449)规定：生员中受赃、奸盗、冒籍、宿娼、居丧娶妻妾等情事，重者，各省发充附近儒学膳夫、斋夫，满日为民，俱追廪米。犯轻充吏者，不追廪米。顺治九年(1652)，礼部再次要求刊立卧碑，内容为新定八条，全为对生员的行为规范。其中，与洪武内容相近者四条，即（勿陷父母于危亡，不许参与词讼，毋与师妄行辩难，不许上书陈言。新增四条，即立志当学为忠臣清官；须居心忠厚正直；不可干求官长；不许立盟结社，把持官府)，其目的是要生员“上报国恩，下立人品”“养成贤才以供朝廷之用”。康熙四十一年（1702)，朝廷又颁《御制训饬士子文》，也在学宫立碑刊布。此后，“月集诸生明伦堂，诵《训饬士子文》及卧碑诸条，诸生环听”，[①] 则是一种常态，直至嘉庆时期。

遂安举人陆应龙的牌坊

其实，生员日后发展如何，固然与儒学管理有关，但也与生员个人自觉及性情不无关系。宋朝婺源人汪藻，“幼学精博，好《春秋左氏》及《汉书》”。在徽州府学就学时，“数独于炉亭中，避人为文，同舍迫而观之，乃拟草制词，众笑之”。[②] 汪藻避开众人在清静的炉亭练习“制词”，众同学好奇于其行踪“诡秘”，强行观览，却发现他居然正在练习写作诏书上的文辞。想想一介小秀才的现实与翰林学士文笔之间的差距，众人“笑之”是多么自然。但正是这汪藻，后来果然高中进士，身居翰苑，“为代言之最”。明朝淳安云川人胡世冤则是廪生中另类的典型。他言狂行狷，家境贫穷，设馆于歙。“吴公天洪耳其名倾，盖订交延教其子。天洪后成进士，谒

① 赵尔巽：《清史稿》卷一百六《选举一》，中华书局，1977年，第3116页。
② [宋]罗愿撰，萧建新、杨国宜校注：《新安志》卷十《记闻》，黄山书社，2008年，第354页。

选得淳令，至即遣隶迎先生。先生怪不自来，将谢之。族人多方劝驾，乃勉从所请。一登舟，即诘：汝主何不来迎？状隶饰辞以对。至县南门，值吴方鞫狱事毕。始报，吴大惊起，责隶不早以闻，疾趋出迎，而舟已回矣，追请不返”。胡世冕为清贫廪生，却对本县父母官的学生之父提出“亲迎”要求，于情于理均有不合。而他居然自视甚高，径自折返，书生意气可谓太浓，以至于数百年之后，“里中犹以迂廪生目焉”。①

府学、县学生徒的出路有多条。元朝时经守令举荐、台宪考核，或用为教官，或取为吏属。明初规定，生员入学十年，若学无所成，或有大过，均送部充为小吏，追夺廪粮，但实际上并未严格执行。诸生中才华出众、经历顺遂者，可参加乡试并中举，跃上新平台。次者也有充贡入国子监的机会，如岁贡、拔贡、恩贡、副贡、优贡等不同类型，虽然人数不多（如岁贡府学每年二人、县学每年一人），间隔或许较长（如拔贡十二年一次），但希望尚在。特别是捐监（纳粟报捐入国子监为监生）的出现，更为有经济实力者开了方便之门。需要注意的是，朝廷政策在具体执行中往往随岁月流逝而出现巨变。如岁贡，朝廷要求推荐学行端庄、文理优长者，但各地实际上仅取食廪年深者，故而这种论资排辈的做法也被形象地称为“挨贡”。明朝中后期，那些累试不第、年逾五十、愿告退闲者，也“给予冠带，仍复其身”。

至于在地方公共事务中，生员因其人数较多、学识较高，成为地方乡绅的主体，充当了重要角色。在休宁，就有生员力控恢复学田的事例：明万历年间，徽州府库吏张文选侵吞库银，知府以休宁县学存银500两暂挪填补。后张文选拟被发配淮阴，其族人遂以歙县二十九都一图田地48亩相抵。因田地税粮跨县难以过割，乃责成佃户与里长负责扣租完纳。明清鼎革，“士民离散，自顾不遑”，学田荒芜。顺治十八年（1661），知府见此田无人管业，遂帖给龙井山文昌阁僧人以供香火。僧人亡故，当地人汪烈等占据收租。康熙三十二年（1693），休宁县拟修文庙，清查学产，才知此业失管。邑廪生金兰、胡连等具呈控争，历经反复，才有“院府厅县断田还休学”的结果。② 乾隆中期，建德县儒学年久失修，庠生马寿域出面号召复谋整修。因经费未足，遂向当地官员求告。于是才有知府木和伦、知县伍光纮、训导黄报“各捐俸为合邑倡”的义举。③ 在遂安，康熙时知县刘从龙主修县志，除了纂修为进士方

① [清]刘世宁、李诗、陈中元等：光绪《续纂淳安县志》卷十一《人物志三·介节》。
② [清]何应松、方崇鼎：道光《休宁县志》卷三《学校·学田》。
③ 夏日璈、王韧：民国《建德县志》卷七《学校》。

象璜、方象瑛昆仲外，同修有岁贡生余联翩、国学生方成郊、廪生姜爕鼎；校正者9人、同阅者4人均为生员。其后，乾隆等朝重修县志，生员出身者依然身肩重任。

当然，生员违法而被处罚，甚至入监者也偶有出现。明隆庆、万历年间，歙县与徽属其他五县围绕着户部每年收取的6145两“人丁丝绢”，是该歙县独自承担还是六县分摊，打了长达数年的官司，直至酿成万历五年（1577）婺源、休宁民变。万历帝最后裁决时，对为首的婺源生员程任卿、汪时判处了“监候处决”的重刑。即便到了清末宣统二年（1910），淳安县附生胡炳旺“劣迹多端，实属目无法纪”，省署司乃批示：“若不从严惩办，何足以儆凶暴？……准如禀将该生衣顶斥革，归案讯究，一面由县查取入学年分详报核办。”[①] 可见，官府对于个别顽劣之辈也是不会手软的。

二、府学、县学学田的置办

地方儒学的开办与延续，经济支持是基础。北宋时，学田是地方官学的经费来源，数量庞大。据大观三年（1109）统计，全国有学生167622人，学田115990顷，[②] 每生均近7亩。地处新安江流域山区的徽、严两州儒学学田来源不一，或由官府转拨，或官员出面购置，或邑人义助，数量也差别很大。北宋嘉祐中，睦州知州赵抃为州学置学田，[③] 数量未知。而歙州州学自“宋初迄于元初，前后郡守教官经画增置田地山共一十八顷八十八亩有奇，岁之入官八百余石，房地山租赁以元中统钞五贯为锭计之，为钞八锭二十三两六钱四分”。学田多达1888亩，自然“凡教官、师生廪禄及耆儒之养，百需之供，咸仰给焉”。[④] 县学学田则少得多。绩溪县学在南宋绍兴二十五年（1155）由知县滕膺给官田5顷，用于学子试艺；知县叶楠买田36亩以养士，[⑤] 合计536亩。寿昌县学在南宋嘉定二年（1209），由巩峤置田200亩。[⑥] 南宋淳祐十年（1250），徽州郡守谢堂重建歙县学宫时，“置学田二顷有奇”。[⑦] 南宋绍兴十一年（1141），淳安县知县孔括置学田百亩。[⑧] 黟县最少，南宋端平初年，知县舒

① [清]《本署司袁批淳安县禀附生胡炳旺劣迹多端请革去衣顶由》，《浙江教育官报》1910年第38期，第146页。
② 白寿彝：《中国通史》第七卷（上），上海人民出版社，1999年，第989页。
③ [明]杨守仁：万历《严州府志》卷三《经略志一·学校》。
④ [清]马步蟾：道光《徽州府志》卷三之一《学校》。
⑤ [清]清恺、席存泰：嘉庆《绩溪县志》卷五《学校志·学宫》。
⑥ [明]杨守仁：万历《严州府志》卷三《经略志一·学校》。
⑦ 许承尧：民国《歙县志》卷二《营建志·学校》。
⑧ [清]刘世宁、李诗、陈中元等：光绪《续纂淳安县志》卷二《方舆志二·学校》。

泳之大规模重修学宫时，将“籍绝户田二十亩于学以养士”，[①]人均仅一亩左右。

元朝，地方儒学有过波折。元朝初年，很多学宫成为军营，学田也成为官田，或被他人侵占。至元二十三年（1286），“诏江南学校旧有学田，复给之以养士”。[②]后又重申：“江南州县学田，其岁入听其自掌，春秋释奠外，以廪师生及士之无告者。”[③]由此，路学、县学的发展有了中央政策支持。黟县在元贞元年（1295），有邑人增置邻近田地为学田；至正元年（1341），县尹陈真孙又“劝民助田养士”，[④]只是未知响应如何。休宁县学元代学田在县南王公坑，但至明初即已失管。[⑤]淳安县学田在至元时，达鲁花赤爱祖丁增至120亩。至正时，达鲁花赤亦不剌金再增至200余亩，[⑥]较宋时几乎翻了一番。

绩溪县考棚

明朝创立，朱元璋对兴学政策进行了调整。洪武十三年（1380），“命天下学

① [清]吴甸华、程汝翼、俞正燮：嘉庆《黟县志》卷十《政事·学校》。
② [明]宋濂：《元史》卷八十一《志第三十一》，中华书局，1976年，第2033页。
③ [明]宋濂：《元史》卷十七《本纪第十七》，中华书局，1976年，第358页。
④ [清]吴甸华、程汝翼、俞正燮：嘉庆《黟县志》卷十《政事·学校》。
⑤ 休宁县地方志编纂委员会：《休宁县志》，黄山书社，2012年，第967页。
⑥ [清]刘世宁、李诗、陈中元等：光绪《续纂淳安县志》卷二《方舆志二·学校》。

校师生，日给廪膳”。[①]“师生月廪食米，人六斗，有司给以鱼肉。学官月俸有差”。[②]由于学官与生员生活均有了保障，学田的存在徒增了官员营私舞弊的可能，因此尽行没官。实际操作上，生员食米在地方上也可能用银两来折算。据康熙《绩溪县续志》记载，清初该县廪生20名，年支白银248两，即人均12.4两。对照清朝淳安县每年发放膳夫（掌县学炊事，建德县学膳夫定额20名）银5.2两的标准，生员生活水准尚称可观。到了明朝中期，府学、县学有了增生、附生，政府不拨付廪米，其生活补贴只能由儒学自行解决，最为可能的当然还是学田收入。于是，府学、县学的学田又经历了从无到有的历程，直至清末。明朝，徽州府学先后接受捐助等田160亩。但至道光时，已“不知何年入于歙县收租开销各项，并无分文入学”。另有20户捐入的学产，每年收租除缴纳税银一两五钱外，原先作为教授、训导薪水之资，道光二年（1822）尽行充公，用作学宫每年维修之用。[③]明万历四年（1576），严州知府陈文焕与同知、推官为严州府学增置田100亩。[④]万历二十九年（1601），知府刘焕奉提学道洪启睿之命，又拨银购田29亩、地6分、塘2亩。[⑤]

歙县学田多为官员添置。明朝时，知县郑舜臣置田122亩，查出黄山司迷失田18亩，知府陶承学拨田100亩，巡按御史刘曰梧置田59亩，巡按御史宋焘置田18亩，巡按御史田生金置田23亩，兵备道陈瑛置田13亩，知府戴东旻置田5亩，知县倪元珙置田5亩，连同乡人谢佶助田20亩，合计约390亩。学田出租收受租谷，“征完贮库，除纳粮外，岁终登报按院，循环听候盘查，申允给济贫生等项共用”。[⑥]休宁县士绅捐助占比稍高。明万历年间，知县丁应泰节约官用经费500余金，以及没收市豪欺隐田粮课税300余金，拨与县学购置田地。万历三十五年（1607），巡按宋焘捐银50两置学田。至此，县学有田87亩，分布于枫林园、东干、金家池、新屋前、唐家坦等地。康熙十四年（1675），该县监生程子谦捐银一千两置学田196亩，每年租银97两，除完纳粮课外，“余银为本学生员乡试盘费”。[⑦]至清中期统计，

① [清]张廷玉：《明史》卷二《本纪第二》，中华书局，1974年，第35页。
② [清]张廷玉：《明史》卷六十九《志第四十五》，中华书局，1974年，第1686页。
③ [清]马步蟾：道光《徽州府志》卷三之一《学校》。
④ [明]杨守仁：万历《严州府志》卷三《经略志一·学校》。
⑤ [明]吕昌期：万历《续修严州府志》卷三《经略志一·学校》。
⑥ 许承尧：民国《歙县志》卷二《营建志·学校》。
⑦ [清]何应松、方崇鼎：道光《休宁县志》卷三《学校·学田》。

尚有学田355亩。此外，清嘉道年间还有6间店面屋。[①] 黟县与休宁相似。至明末，黟县县学共有学田8处，年收租235砠，其中教谕陈熙捐俸置田，谷租20砠（注：1砠为15～25斤不等）。此外，万历年间邑人舒檀、周光捐租169砠；康熙时，邑人李之虬捐租69砠。[②] 绩溪县学田则多为私人义助，且开支项目明确。如明朝县丞张宏鹏助田11亩、万历鸿胪寺序班胡廷杰助田地山塘35亩、方锐妻胡氏助田2亩、方显仁妻汪氏助田11亩，均散给为生员灯油之费；清雍正年间曹邦瑞助田5亩、曹谦光助田1亩、黄张朋等助1亩，都是预做修理学宫之费。[③] 淳安县学田始置于隆庆三年（1569），县令郑应龄置田33亩。万历四年（1576），县令戴廷槐置田9亩。七年（1579），推官署县令宋行可置田21亩。十九年（1591），同知署县令危以平置田3亩。三十年(1602),学道饶景耀置田6亩,又灌水塘田0.23亩。三十一年(1603),县令刘体元置田11亩。另有基地24间，为明朝周孙梅、任应炎、汪逢璠等人义助。但至迟在清康熙初年起，学田之收入就不由县学支配，而是解送官府。康熙十一年（1672），出任淳安教谕的闵圻申就有抱怨：“昔之学田，所以养士。而今之学租，尽以解官。近来谷价颇贱，县则有课，道则有租，丰凶借贷，为掌教者往往有赔累之苦矣。”[④] 遂安县在明万历二十六年（1598）经提学道伍袁萃批允，以附纳监银买学田102亩，库贮空月斋膳银买田7亩，追罚银买田10亩，共租谷240石，每石折银二钱五分，共租银46.6两。但也从清顺治时始，奉提学道命，均解道赈给贫生，至光绪年间依然如此。[⑤] 另外，万历三十四年（1606），知县捐俸买学田40余亩，“月课贫生皆资焉”。[⑥] 分水县儒学至万历时，前后共置田31亩。[⑦] 在建德县，学田按收益处分方式可分两类。一是统用。万历二十六年(1598),知县刘洪谟置田18亩。[⑧] 至民国八年（1919），共有此类田地基塘山131亩。其中，71亩为道光初年教谕严可均陆续购置。二是专用。嘉庆八年(1803),建德乾潭节妇汪吴氏捐田40亩为建(德)岁（试）文元膏火田，其租每三年轮挨岁试新进第一名文生收作膏火。同年，建德

---

① 休宁县地方志编纂委员会:《休宁县志》,黄山书社,2012年,第967页。
② [清]吴甸华、程汝翼、俞正燮:嘉庆《黟县志》卷十《政事·学校》。
③ [清]清恺、席存泰:嘉庆《绩溪县志》卷五《学校志·学产》。
④ [清]刘世宁、李诗、陈中元等:光绪《续纂淳安县志》卷二《方舆志二·学校》。
⑤ 罗柏麓、周树美:民国《遂安县志》卷五《文治志·学田》。
⑥ 罗柏麓、周树美:民国《遂安县志》卷五《文治志·学宫》。
⑦ [明]吕昌期:万历《续修严州府志》卷三《经略志一·学校》。
⑧ [明]吕昌期:万历《续修严州府志》卷三《经略志一·学校》。

乾潭监生汪峰山捐田20亩，为建（德）科（试）泮首膏火田，其租每三年轮挨科试新进第一名文生收作膏火。[①]

三、学舍维修资金来源与风水观念的影响

宋以后的上千年中，府学、县学建筑都是砖木为主结构，除战争破坏，自然因素导致的房舍倾圮也数不胜数。通常而言，每三十年左右就须大修一次。梳理徽、严两州学宫历次兴修，就能发现一些特殊之处：明中期之前，维修经费多出于公帑，其后个人捐助次数与比例有所升高；维修动议主要来自当地守令等主官，由上官指令或教授、教谕主动出面发动和组织者少见；主动发起维修倡议者多被收入方志宦绩或贤宰名录，即所谓“事之兴废在时，时之得失在人”。

新安江流域在明朝之前经济条件并不好，不仅官府收益有限，民众生活也清贫。学舍常因“岁月寖远，风震雨凌，已葺者复圮”。欲行修葺，又“顾束于上人之操切，稍兴作则疑其劳民，稍申请则疑其箕敛”。[②]虽有部分学田，但“岁收不满百，春秋舍奠取之，师生廪膳取之，他无储宿，费安从出”。[③]于是，很多主政者率先捐出了自己的俸禄。元至正八年（1348），身为孔子后裔的孔文学出任绩溪县尹，见大成殿卑隘，“出己币辟两楹，设四配十哲位”。[④]几乎同时，徽州路学教授陆德明“出己赀创大成殿”。明正统年间，徽州知府孙遇“捐己俸建学之仪门、东西两斋，砌甃讲堂、泮池，以及礼殿、祭器、门墙、道路”。[⑤]景泰三年（1452），徽州府通判金真与黟县知县叶斌、教谕竺宴各捐金修葺岁久倾圮的黟县县学明伦堂及两庑；徽州府同知彭哲再捐资将大成殿前低洼处墁以巨石。[⑥]景泰五年(1454),歙县教谕罗镃“捐资为倡,乃于学后开基凿山填谷,就泉作井”,[⑦]县学面积得以扩大。正德六年（1511），休宁知县唐勋以县学“堂前面及棂星门皆逼近民园,复捐俸,各购其半,拓使宏敞”。[⑧]在遂安，万历三十一年（1603），知县马呈鼎捐赀重修县学，人文蔚起。三十九年（1611），知县韩晟复捐资重修庙学，櫺星门、屏墙、泮池焕然一新；又捐赀修饰祭

① 夏日璈、王韧：民国《建德县志》卷七《学校》。
② [清]刘世宁、李诗、陈中元等：光绪《续纂淳安县志》卷二《方舆志二·学校》。
③ 罗柏麓、周树美：民国《遂安县志》卷十《艺文志·王献可〈重修儒学记〉》。
④ [清]清恺、席存泰：嘉庆《绩溪县志》卷五《学校志·学宫》。
⑤ [清]马步蟾：道光《徽州府志》卷三之一《学校》。
⑥ [清]吴甸华、程汝翼、俞正燮：嘉庆《黟县志》卷十《政事·学校》。
⑦ 许承尧：民国《歙县志》卷二《营建志·学校》。
⑧ [清]何应松、方崇鼎：道光《休宁县志》卷三《学校·学制》。

器，增其未备；同时罢除生员自备入学筵宴、台盏诸费，“士林戴之”。[①] 万历四十年（1612），严州知府吕昌期也“因圣殿明伦堂倾圮，葺而新之，会大风吹折棂星门石柱，且两庑两斋颓甚，皆捐资重建”。[②] 到了清朝，类似义行也不乏其例。康熙元年（1662），休宁知县傅维楧、训导谢起秀捐俸重修启圣祠等建筑。[③] 嘉庆二十五年（1820），建德县训导王焕然捐俸修整儒学大成殿。[④]

徽、严绅士民众在历朝学宫兴修过程中也有大量义助，见于记载的最早事例是南宋休宁人、端明殿大学士程珌，他“以己赀更建大成殿”。[⑤] 也在南宋的宝祐二年（1254），淳安县令石孝闻“捐俸以倡”，结果“乡之秀民闻风兴起，咸户相裒”“规弘于前，制经于久”，增置了县学东西斋厅等建筑。[⑥] 元至元二十九年（1292），休宁“邑人朱震雷出私财重修学宫”；大德五年（1301），“郡守布伯廉等勉诸儒整葺斋舍，朱震雷独任建文公祠”。休宁县学旁原有普满寺，当地官员多次拟易其地，未能成功。正德十二年（1517），生员程敏庸与邑人陈有容、张世明等“倡议撤寺于学东”，并借当时常州、苏州毁淫祠形势，终成其事。康熙十四年（1675），休宁监生程子谦“捐银修学宫”。雍正十年（1732），邑人黄治安“捐修学宫”。乾隆中期，邑人汪士锃等先修乡贤祠，再倡率程、黄两村修名宦祠。至道光时，当地民众捐修学宫各类建筑就达十次之多。[⑦] 在遂安，清康熙二十一年（1682），邑民毛义堂捐助岁修文庙田 6.5 亩、地 7.6 亩；[⑧] 雍正六年（1728），遂安知县曹维藩、教谕翁亢孙劝谕邑人捐赀重建大成殿。雍正十年（1732），知县刘起禧创建崇圣祠，董事者姚殿扬等捐银近百两以佐工料。乾隆三年（1738），知县吴培源、教谕郑爚、训导蔡以堂“劝谕通邑绅耆捐赀重建明伦堂、教谕署、训导署、节烈祠及重修仪门、儒学门、文林湖”。时董事者方锡纲等 18 人竭力捐资义助。[⑨] 在歙县，乾隆五年（1740）、十六年（1751），邑人徐景庆、徐士修分别捐资维修县学；五十二年（1787），项士瀛“修

① 罗柏麓、周树美：民国《遂安县志》卷五《文治志·学宫》。
② [明]吕昌期：万历《续修严州府志》卷三《学校》。
③ [清]何应松、方崇鼎：道光《休宁县志》卷三《学校·学制》。
④ 夏日璈、王韧：民国《建德县志》卷七《学校》。
⑤ [清]何应松、方崇鼎：道光《休宁县志》卷三《学校·学制》。
⑥ [清]刘世宁、李诗、陈中元等：光绪《续纂淳安县志》卷二《方舆志二·学校》。
⑦ [清]何应松、方崇鼎：道光《休宁县志》卷三《学校·学制》。
⑧ 罗柏麓、周树美：民国《遂安县志》卷五《文治志·学田》。
⑨ 罗柏麓、周树美：民国《遂安县志》卷五《文治志·学宫》。

并新礼器”；嘉庆十九年(1814)，鲍均“重修，斥资最巨，为向来所未有”。[①] 在绩溪，嘉靖九年（1530），邑人程鹏年重修县学门及东西围墙；嘉靖三十九年（1560），邑人、少保胡宗宪捐资，请知县林历雷建县学屋7间；康熙三十六年（1697），邑人章远、汪若金等捐修并建教谕署；乾隆四十八年（1783），知县张邦桓“牵绅士晨夕董劝”，重修文庙。[②] 在建德，康熙四十三年（1704），邑人詹嗣禄、詹嗣业重修县学；乾隆十一年（1746），知县胡士圻率董事马昂等劝捐重葺；道光四年（1824），副贡胡容松捐修崇圣祠东西两庑等，县教谕严可均“复劝合邑绅士捐修大成殿栋脊、攀龙附凤坊、泮池，购买学后左右山地70余亩，收复青云桥南北口及碑亭基地，砌学东塘磡，筑学前照墙，筑学后石子围墙百二十丈”。历四春秋，工程才告完竣。[③]

明清府学的维修，同样也得到当地民众的经济支持。严州府学名宦祠，明末遭兵燹而毁。清康熙二十六年（1687），合郡公议重建，“醵金纠工，子来恐后”“其礴石之费”，知府任风厚“一以身任”，[④] 深得民心。对徽州府学，清康熙五十四年(1715)，“歙人项宪捐赀重修明伦堂两庑及仪门。子项絪毕其役。”雍正三年（1725），“项絪之子道晖重修尊经阁。学宫前东南邹鲁石坊毁于暴风，道晖又捐赀重建”。乾隆三十四年（1769），“众绅士劝捐重修”。嘉庆十二年(1807)，“歙议叙盐运使鲍淑芳、掌四川道御史鲍勋茂等重修，用白金一万四千两有奇”。嘉庆十六年（1811），“鲍淑芳之子均又捐资重建尊经阁及教授、训导两衙署”。[⑤] 徽商在此期间的作用显而易见。

歙县县学明伦堂

① 许承尧：民国《歙县志》卷二《营建志·学校》。
② [清]清恺、席存泰：嘉庆《绩溪县志》卷五《学校志·学官》。
③ 夏日璈、王韧：民国《建德县志》卷七《学校》。
④ 夏日璈、王韧：民国《建德县志》卷四《疆域志·故迹》。
⑤ [清]马步蟾：道光《徽州府志》卷三之一《学校》。

徽严一带民间历来重视风水。如歙县："其民之弊，好为人事，泥葬陇卜窆至择吉岁，市井列屋，犹稍哆其门，以傃吉向。"① 在严州，丧礼"间有溺于堪舆家，宁缓葬而厝者"。② 但徽州毕竟是程朱理学之大本营，"我新安为朱子桑梓之邦，则宜读朱子之书，取朱子之教，秉朱子之礼，以邹鲁之风自待，而以邹鲁之风传之子若孙也"。③ 因此，在维修儒学校舍过程中，不少工程就因风水问题而展开。较早者如徽州贡院，北宋宣和年间遭战火毁坏后一直未曾重建。乾道四年（1168），"规大成殿之东故闲地，增买民地六百二十余丈，为屋东西八十间，长廊广厦，使士各以其艺别为位，最后则堂，以处较艺者"。不仅"庙学前者皆虚之，又尽彻学前小屋，直南而出以达于逵，气象宏敞"，更重要的是"是秋遂以试进士，明年登第者十人，有为礼部第一、御试第三人者"，于是"士子宜之"。④ 当一番兴作与随后的科第兴隆在民间形成明显的因果关联后，所产生的公众心理影响是持续而深远的。

就府学而言，明正德九年（1514），徽州知府熊桂"以文庙逼近民居，且旁启正门，非制。乃迁民居，直殿屋径中门，浚泮池"。⑤ 熊桂是江西新建人，素来对堪舆有一定见解，徽州民间相传他曾为状元唐皋看风水。他改移正门的依据"制"到底意蕴何在，颇可探究。严州府学也如此。万历十六年（1588），严州知府郑锐"移聚奎楼于仰圣门之左，东向，直达大街，以收巽方之秀；于明伦堂之东北开一后门以收龙山之秀"。万历四十一年（1613），知府吕昌期"升聚奎楼而高之，且辟四窗，洞达，上塑魁星像而匾曰科名鹊起。嗣果有征验云"。⑥ 民间认为巽方主文运，奎星（魁星）也是主宰天下文运的大吉星，这些就是主导郑、吕俩知府改作部分建筑的依据，幸运的是，"嗣果有征验"。类似情形在县学也有。隆庆四年（1570），遂安知县周恪"见泮池湫隘，更于文庙前拓地凿焉，护以石栏，引东水西注于池，以迎巽气，建青云楼于池东"。崇祯二年（1629），教谕杨时熙又改青云楼为文昌祠，复浚巽水。⑦ 康熙十一年（1672），建德知县项一经"以艮为六秀，修朱衣阁以祀文昌；巽为文峰，

---

① [宋]罗愿撰，萧建新、杨国宜校注：《新安志》卷一《贡院》，黄山书社，2008年，第16页。
② [明]吕昌期：万历《续修严州府志》卷二《方舆志二·风俗》。
③ [清]《茗州吴氏家典·李应乾序》。
④ [宋]罗愿撰，萧建新、杨国宜校注：《新安志》卷一《贡院》，黄山书社，2008年，第31页。
⑤ [清]马步蟾：道光《徽州府志》卷三之一《学校》。
⑥ [明]杨守仁：万历《严州府志》卷三《经略志一·学校》。
⑦ 罗柏麓、周树美：民国《遂安县志》卷五《文治志·学宫》。

建钟楼以奉关帝”。[1]祈盼县学的新气象能带来全县文运的勃兴。

围绕儒学大门朝向等纷争也颇为频繁。总体来看，有着深厚民众基础的风水说往往成为决定的力量。分水县学原在县东，正德十六年（1521），顾英迁县学于县西。嘉靖十三年（1534），“林继皋谓堪舆不利，迁还旧址”。[2]休宁县学宋时有青云门，“科第特甚”。万历三十三年（1605），知县李乔岱议复青云门，却“格于时议”而未果。六年（1611）后，知县施天德成功复旧。谁料仅过两年，知县张汝懋就“从舆议”改了回去。顺治八年（1651），知县翁人龙再次将儒学大门开在青云门故址。两年后，知县张天成又改移大门方向。康熙前期，大门曾从巽方移向坤方，最后因休宁双溪人、翰林汪晋征的建议，仍复青云门。[3]黟县县学则牵涉整个校址。宋初开始，县学在城南，数百年间，屡修屡坏，引起了明朝巡按御史吴钺的注意，他认为是位置低卑之故。正德九年（1514），他亲自“相度地宜”，看中县治西北天尊观一带，嘱知府熊桂迁建。历三任知县方建成，“殿庑门池堂斋，罔不周备”。果然，移至原县学的天尊观不久也倾圮，唯余明伦堂。嘉靖四十二年（1563），知县谢廷杰就旧县学改创碧阳书院。万历二十九年（1601），黟县诸生“念书院旧学址，灵秀甲邑，文风士习于徽为最”，乃有迁改之议。知县应允，县学得还其旧址。不料到了崇祯九年（1636），又惑于形家之说，复迁原天尊观旧地。至清朝，学址又起波澜。乾隆十五年（1750），知县陈僩仪“明于堪舆之术，极称城南旧学，山环水聚，地形佳胜，比之西北山上高宜十倍”。他先极力“与阖邑绅士谋之”，再“请于上官”，得以于十七年（1752）再次迁回城南。[4]

明清时，淳安县学的棂星门朝向也经历了反复改移。明初以前，淳安县学因县治西有山峰“独昂然峙，碧落而起，若儒硕卿”，乡人称为状元峰、鱼口峰（类鱼跃天门），“为邑中人文之瑞征”。为求科甲鼎盛，故将棂星门、泮池朝而向西。弘治元年（1488），淳安县令刘篪、县丞黄君福重修县学，认为棂星门、泮池位置“非制之宜”，乃“迁正棂星门，俾泮池与戟门相值南向，而池之方广视昔倍之”。休宁人、礼部右侍郎程敏政特为作记。其后，民间舆论纷纷：“淳安者，故隶歙州，以文献称。

① 夏日璈、王韧：民国《建德县志》卷七《学校》。
② [明]杨守仁：万历《严州府志》卷三《经略志一·学校》。
③ [清]何应松、方崇鼎：道光《休宁县志》卷三《学校·学制》。
④ [清]吴甸华、程汝翼、俞正燮：嘉庆《黟县志》卷十《政事·学校》。

宋以前，由制科及第者颇众，姑置不论。即如国朝，商文毅公由博士弟子首浙江省试，首礼部，首大廷，其以文章气节侍从明天子者垂四十年，海以内屈指。隋唐来，仅一再见也。其他后先附离者不可胜数。及正嘉之际，而科第之士稍稍不竞矣。”而科举由盛而衰的原因，就是“成化间，稍厌棂星门，不当独西也”。嘉靖四十一年（1562），海瑞出任淳安知县，虽将棂星门“稍复西向”，“然以人烟杂沓，卒中寝”。万历九年（1581），县令萧元冈听从生员建议，倾私橐，捐重金，除修缮孔庙、明伦堂等建筑外，将棂星门“左右绾带者之家而撤去之，辟为甬道，合纵与横凡百余武”，使其从“屏蔽于里闬，杂沓于人烟”中凸显出来，呈现“洋洋乎古者冠带圜桥之风”。邑人甚或将萧元冈此举，与四川文翁兴学宫相类比。然而事情并未到此结束。清道光三年（1823），棂星门再次被改为南向，门外“亘以高墙，不复辟门，墙外悉为民房所拥塞”。其后六十年间，淳安科名之不利再次引发众议。光绪间，知县李诗“辟南向正门，门外民房概行拆去，改造围墙，前筑万仞宫墙，并于昔时黉门旧址辟为便门，以挹西峰之秀，颜曰古黉。门内建游廊，更就废棂门石柱改作牌坊，颜曰古棂星门”。李诗虽然未复迁棂星门为西向，南、西向均开门的变通做法在一定程度上也满足了民众的心理需求。但他也认为还存在遗憾：“泮池居戟门崇台下，此定式也。”而当时在西侧的泮池，因临街衢，初无尺土，乃“藉市地以浚”“童孺妇女日得过而狎之，甚非所以肃观瞻、滋化育也”。而他也只能期待“后之君子幸留意焉”。①

抛开风水与规制孰优孰劣不论，地方官员与当地民众对于以科举为标杆的文风兴盛与否倒是极为看重的。当科甲成绩在某一时段显得不再令人满意时，民众的群体性焦虑必定会日益严重，而其排解的出路，当然以很有市场且可多元解释的“风水”最为适当。

① [清]刘世宁、李诗、陈中元等：光绪《续纂淳安县志》卷二《方舆志二·学校》。

第三章　新安江流域的书院

在我国唐朝以降的千余年教育体系中，广义的书院是贯穿基础教育到高端学术研究全过程不可或缺的组成部分，也是我国传统社会特有的教育组织形式和学术研究场所。新安江流域的教育史中，同样也有其重要的一席之地。

第一节　新安江流域书院的兴起与波折

一、宋元徽、严书院的兴起与初步发展

书院之名始见于唐。《旧唐书》载玄宗开元十三年（725）四月，“丽正殿书院改集贤殿书院”。但此时书院均为修书之地，非后世所称士子肄业之所。一些私人读书之处也以书院为名，与后世以教学为主的书院不可同日而语。季羡林认为，聚集生徒讲学的书院形成于五代末期，[①] 为学界普遍认同。宋朝以后，作为教育基本单位的书院在各地得到迅速发展，直至清末。

事实上，历史上各地书院，无论名、实，指称未必唯一。如明朝休宁率溪书院，名为书院，实则程氏家塾。元朝休宁万安的万山家塾，“里人汪德懋建，以教乡族子弟”。[②] 也应属塾学，道光《休宁县志》却列入“考废”的书院名录。同县龙源的东山精舍，为元朝名儒赵汸所建，“后从学者益众”，更接近于一般意义上从师访学悟道的书院，而取名则为“精舍”。休宁同邑监生在朱紫巷公建的集贤馆，可能其功能类于“会馆”，方志也列入书院名录。在绩溪，又有多处名斋、书屋者，但县志明确为“讲学”之所。如石丈斋“在儒学右，明应秋讲学处”；光霁书屋“在新

① 季啸风：《中国书院词典·序言》，浙江教育出版社，1996年，第2页。
② 何应松、方崇鼎：道光《休宁县志》卷三《学校·书院》。

西街，明周颂讲学处”；慕川书屋“在县北洪源，明胡昺建。为士人称肄所”；浣溪书屋“在浣沙溪，明郑汝砺讲学处”。[1] 明绩溪县学生张旂，“性敏笃学，潜修于光霁书屋，志行廉洁”；明绩溪郑汝砺“太守恭孙，治家一遵古礼，博物洽闻，……尤邃理学。……由岁贡三任教职，资给贫生，扶翊才士，造就为多”。[2] 可见，此类书屋与一般的童蒙馆有区别，似也可归入狭义书院一类。

歙县古紫阳书院

就目前所见资料，新安江流域最早出现的书院是在北宋。北宋开宝年间(968 ~ 976)，婺源人胡延政出任绩溪县令。景德四年（1007)，其子胡忠在龙井（今宅坦村）创建桂枝书院以训育乡族子弟。其后的两宋时期，歙（徽）、睦（严）两州书院迅速勃兴。在绩溪，南宋淳熙年间，戴季仁在县东建槐溪书院，汪黾从在冯村狮子峰建云庄书堂（后称书院)。[3] 在休宁，宋朝龙图阁学士程大昌在会里建有西

①［清]清恺、席存泰：嘉庆《绩溪县志》卷五《学校志 · 乡学》。
②［清]清恺、席存泰：嘉庆《绩溪县志》卷十《人物志 · 学林》。
③［清]清恺、席存泰：嘉庆《绩溪县志》卷五《学校志 · 乡学》。

山书院，汪若楫在藏溪南山之阳建有秀山书院。①

在歙县，后世最负盛名的紫阳书院也在南宋肇始。嘉定十五年（1222），“县令彭方作文公祠堂于岁寒亭”。淳祐五年（1245），“州守韩补爰请于朝，建书院，理宗赐名曰紫阳书院。原在表城门外，即郡南门外”。棠樾鲍寿孙创立了西畴书院。二十三都西溪的秘阁书院，是直秘阁汪叔詹、汪若海所建。②

在淳安，此时书院之兴远超徽州。进士方逢辰在县东北三里龙山麓创建石峡书院作为讲学之所，影响深远；进士黄蜕在县东合洋创立柘山书院，进士何梦桂在县北文昌创建易庵书院，进士吴攀龙在县东云峰建翰峰书院，进士洪应高在县北奎峰建梅村书院。嘉定时，乡儒陆震发在锦沙村北构书屋数楹，即凤山书院，讲道其中。五峰书院则是黄蜕、徐梦高、徐唐佐、吕人龙都曾读书之地。名儒钱时在县西招贤里创办蜀阜书院，聚徒讲学。③

在遂安，南宋熙宁间，邑人詹安在县西北40里辟建瀛山书院于山之冈，凿方塘于麓，“其孙仪之与朱晦庵往来论学于此”。④

在建德，著名学者张栻出任严州太守，“建丽泽书院于此地，与紫阳朱子、东莱吕子往复讲道不倦”；兴仁门外、文昌阁前的龙山书院，乃“宋知州范仲淹创建”；城东富春山下钓台书院，“宋景祐中知州范仲淹始创祠宇。绍定戊子，山阴陆子遹来知州事，辟书院于台下。葺高风阁，置经史子集，训迪严、方二家子弟。淳祐辛丑，金华王佖守郡，始辟斋舍。辛亥，知州赵如历益以栋榜，榜曰钓台书院。”⑤

在寿昌，庆历进士胡楚材“以刚直忤权贵”而“退居不仕”，在西南二里“即默山构堂”，创办默山书院，授徒讲学。元祐年间，国子丞郑彦于县东20里岑山石室筑岑山书院。两宋之交，曾任睦州刺史的魏州人蒋顺返乡居丧，苦于“兵戈梗道，遂偕子定卜居寿之东门，筑石台书院”。⑥在桐庐，有里人姚势在县西北40十里建了蓝田精舍。⑦

---

①［清］何应松、方崇鼎：道光《休宁县志》卷三《学校·书院》。
② 许承尧：民国《歙县志》卷二《营建志·学校》。
③［清］刘世宁、李诗、陈中元等：光绪《续纂淳安县志》卷二《方舆志二·学校》。
④ 罗柏麓、周树美、姚桓等：民国《遂安县志》卷五《文治志·书院》。
⑤ 夏日璈、王韧：民国《建德县志》卷六《建筑·堂、院》。
⑥ 陈焕、潘绍隽、李任：民国《寿昌县志》卷八《人物志·寓贤》。
⑦［明］杨守仁：万历《严州府志》卷三《经略志一·书院》。

歙县萌坑寓意科举发达的“五子夺魁”墙头画

终元一朝，虽然对与教育出路密切相关的科举制度中断时间颇长，但对于包括书院在内的学校体系重建与维持则较为上心。“太宗始定中原，即议建学，设科取士”。中统二年（1261），“始命置诸路学校官”。至元二十八年（1291），除“令江南诸路学及各县学内设立小学”外，还要求“其他先儒过化之地，名贤经行之所，与好事之家出钱粟赡学者，并立为书院”。① 此一时期，徽、严两路书院也有所发展。在休宁，行枢密院判官婺源汪同在县南浯田建商山书院，“延枫林朱升为师，陈定宇侄光分教”；名儒赵汸在龙源建东山精舍，“后从学者益众”。② 在绩溪仁里，程璲建翚阳书院。③ 在黟县，至正十一年（1351），黄村黄真元捐助630余亩立义庄，“曰厚本，内建义学，曰集成书院，……所以教其族中子弟者也”。④ 在歙县，十九都丛睦的友陶书院有“省元汪维岳入元不仕，以渊明自况，读书其中”；槐塘三峰精舍乃“唐仲实讲学地”；郑村师山书院是元郑玉讲学之地；石门枫林书院“侍讲朱升建，明太祖曾赐‘梅花初月’扁额”；石耳山初山精舍是“曹泾讲学地”；深渡凤池书院则

① [明]宋濂：《元史》卷八十一选举一，中华书局，1976年，第2032页。
② [清]何应松、方崇鼎：道光《休宁县志》卷三《学校·书院》。
③ [清]清恺、席存泰：嘉庆《绩溪县志》卷十《人物志·学林》。
④ [清]吴甸华、程汝翼、俞正燮：嘉庆《黟县志》卷十《政事志·书院义学》。

是“姚琏讲席”。[①] 在淳安，石峡书院，宋时即有一定规模，有知行、颜乐二堂，居仁、由义、复礼、近知四斋，历经宋末战火而幸存。至大二年（1309），达鲁花赤爱祖丁重修堂斋及祠。[②]

二、明清时期徽、严书院的波折

明清两朝，书院发展很有些曲折。明朝建立后，朝廷力倡官学，兴办社学不遗余力，书院因此沉寂百年。明中期后，因王阳明、湛若水等学者在新安江流域广泛传播“心学”，而使书院在成化后特别是正德、嘉靖年间复兴。在淳安，除成化十一年（1475）通判刘永宽在县东城隍庙东南建、弘治四年（1491）县令刘公篪重修、嘉靖三十九年（1560）县令海瑞改建的青溪书院外，起初还有曾任吏部尚书的商辂在“去人境远”的县南辽源深洞岭畔创建仙居书院，命子侄诸生读书其中。时人、按察副使应颙在县南南山下建南山书院。正德时，左布政使王子言在县西环水建蛟池书院。嘉靖时，藩参徐楚致仕归里，在县西永平乡原钱融堂故址东建吾溪书院，“为诸子侄肄业所”，又在县西隅建雉峰书院（后改雉峰社学）。万历时，县令萧元冈在县西西湖建鹿鸣书院（后改宾兴书院），进士方学龙在县东玉带山左建琼林书院，在县东二里建龙山书院。崇祯时，吏科经事吴希哲在县东云峰建云起书院；县令高秉衡在县城隍庙左为吴希哲立有高山书院。至于凤山书院则有三所，一在县北80里凤山下，进士何淳建；一在县东富溪，吴至善建；一在县西，洪扬祖为陆震发题。[③]

在遂安县，明隆庆中，知县周恪在县北40里朱熹访詹仪之讲学处的瀛山建书院。[④] 知县吴扮谦在县治东宋状元詹骙故址建狮山书院，置田29.3亩，“颜其堂曰合志，简士之秀，日与讲经而校文焉”。[⑤] 万历间，知县韩晟改名五狮书院，复置田32.4亩，“集诸生讲业，首拔汪总制乔年，方阁学逢年，人文兴起”。[⑥] 清初，邑人毛士仪在县西25里建松皋书院；嘉庆间，邑人余志广倡首捐银2000两，在县治西卜地新建台鼎书院。[⑦]

在严州，万历时，知府陈文焕在拱宸门外乌龙山麓创建会文书院。清朝项一经

① 许承尧：民国《歙县志》卷二《营建志·学校》。
② [清]刘世宁、李诗、陈中元：光绪《续纂淳安县志》卷二《方舆志二·学校》。
③ [清]刘世宁、李诗、陈中元：光绪《续纂淳安县志》卷二《方舆志二·学校》。
④ 罗柏麓、周树美、姚桓：民国《遂安县志》卷一《方舆志·山》。
⑤ 罗柏麓、周树美、姚桓：民国《遂安县志》卷十《艺文志·记》。
⑥ 罗柏麓、周树美、姚桓：民国《遂安县志》卷四《职官志·名宦、宦绩》。
⑦ 罗柏麓、周树美、姚桓：民国《遂安县志》卷五《文治志·书院》。

黟县碧阳书院崇教祠

创建龙山书院。康熙五十八年（1719），知府吴昌祚“独捐清俸”，在府学之东建文渊书院，“聘乡达进士张云鹗为师，风闻四方，负笈接踵，科名鹊起，文教重兴”。道光六年（1826），知府聂镐敏在西湖宝华洲建宝贤书院。[①]在徽州，据李琳琦先生研究，明清共存在书院约93所，其中歙县21所，休宁9所，黟县8所，绩溪8所。另外，祁门13所，婺源34所。[②]

但到万历年间，内阁首辅张居正上了《请申旧章饬学政以振兴人才疏》，认为书院讲学是“群聚徒党”“空谈废业”，不仅有“摇撼朝廷”危险，还使官场出现“宁抗朝廷之明诏，而不敢挂流俗之谤议；宁坏公家之法纪，而不敢违私门之请托”之风，要求各地官员重视官学，禁止“别创书院”，聚徒讲学。于是，应天府等处书院64处先后遭毁。天启年间，魏忠贤罗织罪名，大兴党狱，禁毁书院又成为常态。休宁万安还古书院被毁三分之一，黟县碧阳书院、渔亭中天书院、林历山淋沥书院均被毁。歙县紫阳书院主讲多人遭处分，也一度门庭冷落。崇祯改元，不少书院奉旨准复。时任太仆卿的汪先岸就命其侄姬生偕生员吴侃等募修休宁万安还古书院，但已难迅速恢复元气。

清初，朝廷为防范民族主义思想及自由讲学、清议朝政、裁量人物之风复活，对书院严格控制。顺治后期，禁抑政策稍有松动，徽州原有书院渐次恢复。康熙初年，政权巩固，社会稳定，朝廷虽未解除对书院禁令，但康熙皇帝亲自为岳麓书院御书“学达性天”匾额，并同时赐给白鹿洞书院及周敦颐、张载、程颢、程颐、邵雍、朱熹祠7处，表明最高统治者对书院态度大有改变。在淳安茶坡，进士方瑞合读书讲学处，即名为东山书院。到乾隆时，朝廷通过加强规范管理的方式，将书院发展完全纳入了朝廷可控的轨道，如要求“各府州县书院，或绅士捐资倡立，或地方官拨公款经

① 夏日璈、王韧：民国《建德县志》卷六《建筑·院》。
② 李琳琦：《徽州文化全书·徽州教育》，安徽人民出版社，2005年，第61页。

理，俱申报该管官查核。各处书院，不得久虚讲习”；书院师长“由督抚学臣不分本省邻省已仕未仕，择经明行修足为多士模范者，以礼聘请”。“书院生徒，由驻省道员专司稽察，各州县秉公选择，布政使会同该道再加考验，果系才堪造就者，方准留院肄业”。[①] 于是，徽、严两州再次出现兴办书院的热潮。道光《徽州府志》曾不无自豪地声称：“天下书院最盛者，无过于东林、江右、关中、徽州。”但是，咸同时期的太平天国战争，皖浙成为延续十余年的主战场，书院大多因此遭受巨大损失。黟县碧阳书院因清军王梦麟部驻扎，院中建筑被拆毁过半。更受打击的是领本生息的各商家纷纷倒闭，书院运转经费顿成乌有。“递年书院月课，无力延请山长，初由知县谢永泰阅卷捐奖，嗣奉文将渔亭船厘归入书院，即于项下动支考课给奖，并每月请人阅卷之费十千，……亦在船厘项下支用。”[②] 淳安梅峰书院“军兴以来，毁于发逆，惟存外首平房数间”。直至光绪癸未(1883)，才由知县李诗修葺魁楼，复捐廉聘请山长,并筹捐膏火以垂久远。[③] 建德双峰书院也“兵燹后仅存讲堂”。其后，虽然各地均有书院建筑物的修复、办学延续的努力，但其风光不再，是普遍存在的事实。

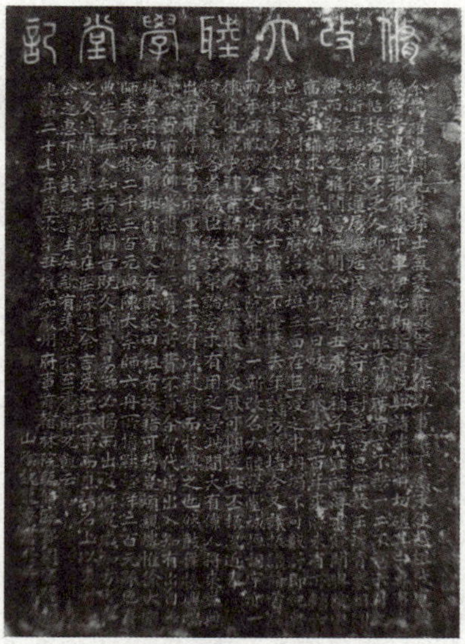

《修改六睦学堂记》碑帖

婺源汪口俞氏宗祠前
标有“壬子科”字样的旗杆墩

清末，朝廷迫于内外交困，下令进行多项改革，其中教育界的主要措施是废旧学兴新学，即将书院改造为中学与小学。各县因情形各异，推进速度不一。如黟县方案就是新旧兼顾。光绪二十九年（1903），安

① [清]《钦定大清会典事例》礼部卷33书院义学条释文，第28～29页，光绪己亥夏御制本。
② [清]谢永泰、程鸿诏：同治《黟县三志》卷十《政事志·书院》。
③ [清]刘世宁、李诗、陈中元：光绪《续纂淳安县志》卷二《方舆志二·学校》。

休宁还古书院”斯文正脉“牌匾

徽省署要求地方将书院经费拨充新式学堂经费，黟县深感困难。首先是陈述理由：“现在各处多已奉办学堂，此诚培养人才之急务，职等亦何敢观望，不争风气之先？特经费不敷，恐蹈有名无实之诮。况科举未停，生童皆须应试，坐视学殖就荒，何以应试。”接着说明办法：“再四思维，学堂事在必行。课艺取额共议酌减，所有课试经义、策论，现请品学兼优之姚解元永概评阅甲乙。一面礼聘贯通中西学之士驻堂教导，以冀人才蔚起，仰副国家棫朴作人之至意。兹奉县谕聘请本郡歙县汪进士宗沂明年来黟教习，所有一切经费，先将减取生童课额之奖银，尽数拨充，仍有不敷，再设法就地集资。”[①] 但直至光绪三十二年（1906），碧阳书院才改办为公立高等小学堂。

第二节　新安江流域书院的分类与经费运作

一、徽、严书院的分类

书院分类可以有不同标准。若以受教育者层次与目的论，大致可分两类，一是较低层次的书院，以基本的识字教学与应用为主要任务，与塾学相类。如休宁率口（今属屯溪）率溪书院，“明成化己丑里人程希建，为程氏家塾”。[②] 二是层次较高的书院，

① 吴克俊、许复、程寿保：民国《黟县四志》卷十《政事志·学校一》。
② [清]何应松、方崇鼎：道光《休宁县志》卷三《学校·书院》。

从学者多以“求道”为目的，以儒家经典学习研讨为主要任务。南宋休宁人程若庸就曾指出：“创书院而不讲明此道，与无书院等尔。”[1]宋元时期，聚徒问道的书院是主体。随着科举制度与教育体系关系日趋密切，出于个人兴趣与志愿的“求道”日益为世俗的求取功名所取代，到明清两朝，较高层次的书院也沦为科举的晋身之阶。如徽州紫阳书院、古紫阳书院，严州双峰书院主要招录府属各县生童。稍次的县属主要书院，如歙县斗山书院也是“聚一邑之秀良者于其中”。即便是一乡一族的书院，也以会文为主要任务，以博取生员之名为目标。如歙县五都大和坑，明季建有道存书院，“清乾隆间附生叶之堪等重修，为五都士子会文之所”。十九都岩镇南山之麓的南山书院，“在明唐殿撰皋、郑大参佐所建。萃里士会文于此”。[2]从这一角度看，认为明清两朝书院已逐渐“官学化”并无不妥。而其动因，一则民间有旺盛的求取功名需求，而官府原有官学体系难以扩充，书院即成为一条辅助路径。二则从官府角度说，借此机缘将书院纳入朝廷可控的教育轨道，对于消弭思想文化界可能出现的“异端”无疑大有好处。也正是民间与官府你情我愿的双向互动，才使书院“官学化”显得十分自然而平稳，甚至官府付出的，有的也仅有名义上对书院山长（院长）的任命。

书院能否存续，最核心的制约因素是办学经费的筹措。一所书院真正的办学主体，未必是首倡者，而是经费的持续提供者。基于这一视点，书院主办者可分五类：一是私立，个人或家族出资；二是官立，官府出资；三是公立，基于血缘或地缘的公众出资；四是官倡公立，官府倡导或少量出资，大部分资金仍为公众筹集；五是官办民助。

私立书院主要服务于家庭或家族，以最低层次的塾学为主，也可能惠及同乡异姓。私立有个人独创、一族合创和数姓共创三种形式。如歙县雄村竹山书院、休宁西门外柳溪书院、黟县莲塘精舍，就分别是曹翰屏、汪尚和、胡作霖独力创办的。虽一人出资，但培养对象是全族子弟。随着家庭经济实力的变化，不少存续书院后来也逐渐演变成共修共建。如黟县黄村集成书院，元末由黄真元捐建，供族内子弟就读。清初重建时，则是族人黄志廉率领族众完成的。歙县郑村师山书院的创建则

① [清]黄宗羲：《宋元学案》卷八三《双峰学案·斛峰书院讲义》，中华书局，1986年，第2818页。
② 许承尧：民国《歙县志》卷二《营建志·学校》。

歙县古紫阳书院文公泉

与血缘、地缘无关，而源于“学缘”：“元郑玉门人鲍元康等以受业者众，玉所居至不能容，乃相与即其地为之。”[①]也有的书院虽然经费来源不清，但其中极为重要的环节有私人捐助，也可暂归此类。如歙县岩镇南山书院，明中期唐皋、郑佐所建，清初移镇西，“乾隆辛卯（1771），仍复故址，其劳费盖方尚锦等专任”。[②]总的看来，这类书院一般规模较小，存续时间较短。如绩溪槐溪书院，宋淳熙间戴季仁首建，后毁，其裔孙戴祥才重建；龙川龙峰书院，胡德裕首建于明洪武九年（1376），其曾孙胡富重建；冯村云庄书堂，宋淳熙间由汪黾从创建，后也毁损，直到明成化中才由村人冯璿重建。而歙县棠樾西畴书院，首创在宋，居然到清嘉庆八年（1803）才由盐运使鲍漱芳重修。

个别书院倡建者为当地府县在职官员，但书院所需经费并非来自官府，而是官员个人俸禄的捐献。如绩溪鹿苹书馆，乃明万历四年（1576）知县陈嘉策借旧县丞廨创建，“诸生每月三校艺，捐俸供给，刻有校士录”。[③]陈嘉策，福建晋江人，万历二年（1574）进士，在绩溪任职期间，多有贡献，仅与文教相关者，就有倡修庙学诸祠宇、建造文峰浮图、作事友堂以亲士类、主修县志等数项，也因此名列县志名宦之中。因此，此类书院也以归入私立为宜。

明清两朝，私立书院数量不多的重要原因，可能是经费、生源与师资问题。首先，由于书院开办目的与科举关系日益密切，在一般规模的乡村，有志于博取初级功名的童生人数不是太多，且此类童生多已成年，具有较高的自控力与自学能力，若非家庭财力许可，通常不会选择书院攻读。其次，对以应考为目的的童生的学习指导，于师资要求较高。合格师资中，或为已获取初级功名的生员，或为虽无功名但其学

① 许承尧：民国《歙县志》卷二《营建志·学校》。
② 许承尧：民国《歙县志》卷二《营建志·学校》。
③ [清]清恺、席存泰：嘉庆《绩溪县志》卷十二《杂志·古迹》。

识在当地已被普遍认可者，而此类师资数量的确较少。同时，聘请稳定师资的相关费用也非小数，且不能毕其功于一次捐献，这也不得不使有心助学者斟酌善举时多了一份考量。元末，汪同在休宁县南浯田建商山书院，就有“并置学田”之举，目的也是试图以学田每年相对固定的收益来维持书院正常运转。

徽、严两州历史上，官府出资的官立书院也有一些。歙县竭田竺溪寺曾有崇正书院，为明嘉靖间知府冯世雍所建，“以祀宋时周程张朱五子”。[①]冯为湖广江夏人，嘉靖二年（1523）进士，嘉靖十四年（1535）至十八年（1539）任徽州知府。位于徽州府城斗山之巅的斗山书院，起初，明朝思想家湛若水曾讲学于此。嘉靖间，“知府冯世雍葺为精舍，万历间改为书院。邑人、大学士许国，按察使凌琯重建。三十六年毕懋良修。……清顺治间毁，康熙九年，知府曹鼎望重建，嗣后随时修葺”。该书院因受到数任知府和地方名宦的重视，方得以一再重修，并获得“每岁腊月二十四日，阖郡绅士、诸生设祭行礼”[②]于此的特殊地位，直至咸同时才毁于兵燹。清雍正十三年（1735）始任绩溪知县的王锡番，“开设敬业书院，以宏造就”，[③]大约也是公费书院。

最著名的官立书院，非歙县紫阳书院莫属。民国《歙县志》对其源流有详细介绍：

> 权舆于宋嘉定十五年，县令彭方作文公祠堂于岁寒亭。淳祐五年州守韩补爰请于朝，建书院，理宗赐名曰紫阳书院。原在表城门外，即郡南门外。德祐二年毁，元至元十四年复作祠于南园之西，遍覆以茅。南园即江东道院，在表城门内。明年，江东道按察使奥屯希鲁改而东。延祐二年，山长张炳复徙表城门外。至正二十年，佥院黄廷桂移于东关实（疑乃“县”之误。引者注）学西偏地。明正统九年，巡按徐郁移于射圃。天顺三年，教谕罗镃复于西偏作书院。成化四年，知府周正割旧庙地改建之，后废为教官廨。正德七年，知府熊桂改学后之定光寺为文公祠，并建堂庑、讲舍。十四年，知府张芹改作书院于紫阳山阿。[④]

① 许承尧：民国《歙县志》卷二《营建志·学校》。
② 许承尧：民国《歙县志》卷二《营建志·学校》。
③ [清]清恺、席存泰：嘉庆《绩溪县志》卷八《职官志·名宦》。
④ 许承尧：民国《歙县志》卷二《营建志·学校》。

紫阳书院的历次修葺中，主事者均为当地官府要员。据汪道昆《重修紫阳书院记》记载：明正德年间知府熊桂“增置堂庑、斋舍凡若干楹，为台为池，莫不备具。乃简七校之士讲业其中。一时人文愈益斌斌矣。”“嘉靖丙午，县大夫林公由进士领县事，……乃鸠工程材，葺其旧者，咸若更始。……其财用出公帑若干缗。工不告劳，民不知役”。[①] 林公，即福建人林元立。嘉靖四十五年（1566）始任歙县知县，记载明确了其修葺经费为公费。

当然，也并不是官立书院都能永续辉煌，人走茶凉的情形也很普遍，包括那些知名书院，屡衰屡兴也是常态。比如严州文渊书院，知府吴昌祚首创于康熙五十八年（1719）。“然规模虽具，而修脯取之于公，事难为继。故公去而此事遂废。”乾隆四十四年（1779），“长白木公来牧郡，锐意有为，百废具举，书院因之复兴，然距吴公创时已越六十载”。谁知“及公调任，而方兴者又废矣”。嘉庆八年（1803），知府张丙震在原址“增后轩三间，厢房二间”，改名双峰书院。道光五年（1825），知府聂镐敏增建五间。太平天国战乱后仅存讲堂。同治三年（1864）改作试馆，光绪十三年（1887）再增设义塾，光绪二十七年（1901）洪灾后，知府刘忠标大修，改名六睦学堂。次年，知府黄书霖再改名严郡中学堂。[②] 近二百年中，真正办学时间不及一半。

公立书院的兴建源于出资者的共同意愿，这在徽、严两州书院中属于数量较多的一种类型。明代黟县渔亭中天书院乃“明诸儒讲学处”，创建者中，一为李希士，他“曾负笈入张公山，屏笔砚，默坐观心。后与邹守益、湛若水创中天书院以讲学”。另有韩懋德，“与李希士等建中天书院，会六邑之士，讲求经义，输田立户，以祀先贤”。黟县林历山淋沥书院，也是“诸生讲书处”，邑九都朱村人朱之英“刻意为学，通五经，……得性命之旨。与石台桂大琏，本邑友人汪敦敬、孙淇，及兄之彦、侄正学，讲学林历书院。一时名儒翕然向风”。[③] 李、韩、朱均为邑庠生，正是在共同的信念感召下方有创建之举。而同县桃源书院及时习堂的创设，除了同道之信念外，还融入了师生情谊。先是李希士“剖析问难，多所发明”“晚年所学益粹，欲绍考亭之道脉”“复欲创桃源书院于石门、墨岭之间，以馆四方学者”，又“每忧其湫隘”。其时，

---

① 许承尧：民国《歙县志》卷十五《艺文志·记》。
② 夏日璈、王韧：民国《建德县志》卷六《建筑·堂、院》。
③ [清]吴甸华、程汝翼、俞正燮：嘉庆《黟县志》卷六《人物志·儒行》。

他在中天书院的学生、七都人余心，为谢师恩，与“休宁金声及同志七十二人醵金纠工”，“经始于天启壬戌之仲冬，落成于癸亥之季秋，颜曰时习堂。……复置山业腴田以资供应”。虽然此时李希士不幸谢世，但“考道之士，云蒸鳞集。仿佛紫阳规模”，[①]称盛一时。在淳安，顺治十四年（1657）创建的怀棠书院也是合邑士民为县令张一魁所建。

公立书院的另一种形式是基于血缘的联合创立，多见于宗族创建。绩溪县志载明朝该县蜀马谦如书院（蜀川书院）乃“明陈于泰归籍后建”。陈于泰，号谦茹，今宜兴市高塍镇亳村人，其父陈一教、弟陈于鼎、族兄陈于廷皆进士，他本人因与主考官周延儒为姻亲而成为崇祯四年（1631）状元。有功名者“归籍”是徽州母族常见的荣耀，谦如书院或许蜀马陈氏宗族共举之产物。清嘉庆年间修建的黟县宏村南湖书院，是由汪氏族人集资修建。因汪以文贡献尤大，众人曾提议以其名字命名“以文家塾”。休宁流口槐荫书屋，则是村中大姓李氏宗族创立。清初溪口小西村步云书屋，是望族项氏族人兴建；乾隆时，项士基兄弟三人再建明道书院。不过，有的村落虽然也有不少学子孜孜于功名，宗族也给予一定的经济扶持，但选择的不是举办书院而是组织文会。如绩溪大谷有云谷文会，明朝嘉靖中程宠建，合族捐田，“按月课士”。[②]曾任清朝黟县训导的黄本骐在《南屏叶氏文会序》中说：“南屏叶氏以制艺相商榷者为尤多。……今年春，族中起文会，按季月一集，赡其供给，聚则言孝言慈，以余力攻举子业，分曹角艺，一以雅正为宗。”[③]主要原因还是宗族经济实力不足，毕竟起文会要比办书院经济得多。

官倡公立与单纯公立有所不同，一是倡导者的身份为当地政府要员，出资者的捐助尽管也出于兴学、公益初念，但不排除同时也受到了官府一定的压力。二是捐助者涉及面与参与人数要比单纯公立既广也多。三是从持续时间看，官倡公立书院更有承续优势。徽州府西门外柳堤天都书院，因“明崇祯十六年知府唐良懿兴书院”而建。唐良懿为江西吉安人，“尤重道爱士，岁时集生儒讲学天都书院”。该书院由“贡生吴经邦倡建”，[④]且史载曾有《紫阳天都两书院义田碑》，可知即属官倡公立类型。

---

① [清]吴甸华、程汝翼、俞正燮：嘉庆《黟县志》卷六《人物志·儒行》。
② [清]清恺、席存泰：嘉庆《绩溪县志》卷五《学校志·乡学》。
③ [清]吴甸华、程汝翼、俞正燮：嘉庆《黟县志》卷十五《艺文志·国朝文》。
④ 许承尧：民国《歙县志》卷二《营建志·学校》。

不过，大约因逢明清鼎革，该书院命运多舛，康熙初“即以其堂为之（唐良懿）俎豆”了。稍后，知府曹鼎望于康熙十二年（1673）重建。至清末，书院久废，仅院基犹存。

休宁还古书院也大体属此类。明朝万历时，每逢主持六县书院讲会，休宁因无官办书院，不得不商借寺庙或宗祠。知县祝世禄乃召集士绅商创讲堂。先卜齐云山，顾虑祭祀影响；再选凤湖，又嫌喧嚣狭隘。最后才择定万安万岁山左麓。“其财用则祝公首捐羡税，两台暨守、诸缙绅各捐俸佐之”“工不告劳，民不知役”。[①] 邵庶作为倡建者之一，他在《还古书院碑记》中的这番记述，表明了书院官倡公立的性质。其后，该书院历次重修，都有缙绅捐输的身影：“天启间，魏忠贤毁天下书院，还古已毁三之一。崇祯改元，奉旨准复。冏卿汪先岸命侄姬生偕生员吴侃等募修。……国朝顺治间，邑人给事中赵吉士倡修，为之记。康熙三十一年，邑绅汪晋征倡议祀朱子于书院之归仁堂。三十九年，邑人赵景从捐修。乾隆三年，邑人赵淇滨等重修。……二十八年，邑人黄廷松重修。……五十七年，邑人汪柽重修。嘉庆十八年，邑人公输赀重修，新增生童会课经费。”[②]

与官倡公立相比，官办民助类型中，官府资本在书院创办与延续期间占比要更重要一些。清乾隆五十五年（1790），业盐于淮的歙商有意捐资为紫阳书院“拓其学舍以增其人，厚其廪给以励其志”，委托时致仕在家的太子太保曹文埴出面主其事。因考虑紫阳书院地址狭窄难以扩充，经费也颇有盈余，曹文埴于是倡议将县学后已废弃的原紫阳书院复建，名曰古紫阳书院，得到商绅与官府赞同。淮盐商先捐银8000两，但“九阅月功未竟而度支告乏”，盐商领袖歙县棠樾人鲍志道再“出己资三千”，古紫阳书院修复工程始得告竣。显然，在此阶段，完全是民间资本所作的贡献。但是，古紫阳书院随后维持其存在的日常膏火经费，则“据各商禀请于淮南杂项下每年拨给膏火库平银三千七百二十两，由歙县教谕按季赴司请领”。[③] 两项比较，官资所占的比重要大得多。

黟县碧阳书院的创办与延续也颇为相似。明朝正德时，黟县儒学自城南移于城隍山。嘉靖四十二年（1563），知县谢廷杰即旧学址建碧阳书院。清乾隆十七年（1752），儒学迁回原址，碧阳书院撤办。乾隆三十一年（1766），知县孙维龙提议

① [清]何应松、方崇鼎：道光《休宁县志》卷二十一《艺文·纪述》。
② [清]何应松、方崇鼎：道光《休宁县志》卷三《学校·书院》。
③ 许承尧：民国《歙县志》卷二《营建志·学校》。

于迎霭门外汰里建横江书院，但苦于官费无着。经联络，古筑孙氏始祖本梓祀会同意捐资买地基和房屋，却因孙氏调任而事罢。乾隆五十六年（1791），知县胡琲再次起意兴建浔阳书院，在与西递富商胡学梓接洽后，得到输银五千的允诺。因胡学梓不久去世，此议又被搁置。邑人又议建书院于潘山，因“地险不成”。其后，知县吴甸华莅任，“相度书院地，惟旧议横江址最吉”。知县再商于胡学梓之子胡学熷，获得捐资。嘉庆十三年（1808）十二月，由胡学熷“董其事”的碧阳书院修建工程启动，十六年七月建成，“建墙门、大门、讲堂、讲舍、学舍、正祠、从祠、廊庑、仓楼、庖湢共一百二十六间，周以崇垣，外为池、为井、为囿、为石路，更为崇教祠”“较元明以来所谓五书院者。规模宏远，数倍过之”。所用2.9万余金中，“邑人所输者万四千余”，其余“尽胡氏（即胡学熷，引者注）输也”。[①]但值得注意的是，此次共捐集资金“八万余两，余五万五千留为膏火”。其中，除黟县人捐助2.9万金外，其余是知县吴甸华“别裒六万金存典取息”。[②]吴甸华筹集的6万金，不会是民资，不会是官俸，最大可能是作为知县的他可以动用或争取的官府资金。在淳安，嘉庆、道光时期，县府重修梅峰书院，“性倜傥，尤好施与”的威坪人胡当然“捐助重资”，[③]桥西人、例贡生潘世桂“捐田以助膏火”；附贡生邵应麟不仅“捐纹银五百两以佐膏火”，又在严州修双峰书院时“捐纹银百两”。[④]然而，这些捐助也只是暂时缓解书院的经费困难。

当然，对于规模较大、续办较长的书院来说，其资金来源也并非一成不变。从长时段看，“混合型”可能更符合不少书院的真实形态。以徽州府紫阳书院为例，据曹文埴《古紫阳书院记》，从明朝正德年间知府张芹撤紫阳山老子祠改建紫阳书院，“自是至今，修紫阳山之书院者八九人”。如雍正时，“邑人徐士修增置号舍，又捐银一万二千两以赡学者”乾隆五十四年（1789），“邑人项琥捐银一千二百两修葺前后祠宇”。[⑤]其后，该书院的维持也得到民间财力的支持。

---

①[清]吴甸华、程汝翼、俞正燮：嘉庆《黟县志》卷十五《艺文志·国朝文》。
②[清]谢永泰、程鸿诏：同治《黟县三志》卷四《职官志·名宦》。
③[清]刘世宁、李诗、陈中元：光绪《续纂淳安县志》卷九《人物志一·续纂忠义》。
④[清]刘世宁、李诗、陈中元：光绪《续纂淳安县志》卷十一《人物志·续纂义风》。
⑤许承尧：民国《歙县志》卷二《营建志·学校》。

二、徽、严书院的经费运作

书院经费开支通常有三大项：一是书院兴建时地产购置与房舍新建费用；二是房舍历年维修与其他硬件设施添置费用；三是师长、辅助管理人等薪资，生童生活及奖励，以及祭祀等相应活动费用。除第一项需短期集中投入且数量较大外，另两项虽年度数额未必巨大，却是书院能否维持至久的关键。对于各项费用的大体额度，也能做一推测。如第一项，目前所见数额明确而最高者当推清嘉庆时黟县重建碧阳书院，耗资高达2.9万两银子。其次是同期歙县古紫阳书院重修，耗资1.1万两银子。同期休宁动议移建海阳书院，也是因主事者发现“诸公输金将累万，除弥补膏火亏缺外，尚多赢余”，估计基建用度也在万两上下。

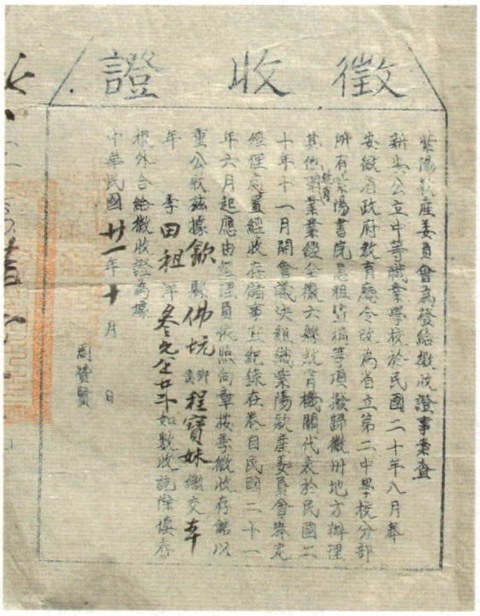

紫阳书院征收证

明朝书院师长与管理人员薪资、生童生活与学习费用究竟多高，目前缺乏直接资料，不过可依县级儒学全年主要经费横向比较或纵向追溯。清初及乾隆时，徽州部分属县儒学年度主要开支项目经费额度可见下表：

表3-1　清前期徽州府部分县儒学年度主要开支项目经费额度一览表①

人员	员额	清初开支标准	其后调整情况	备注
教谕	1	31.52两	乾隆元年(1736),增至40两	
训导	1	31.52两	乾隆元年,增至40两	
斋夫	6	72两	康熙二年(1663),裁3人36两	
门子	5	36两	康熙时,裁3人21.6两	休3人,黟2人
廪生	20	240两 (闰加8两)	顺治十四年(1657),裁165.333两 康熙二年,全裁 康熙二十一年(1682),复给82.667两	

① 资料来源：清恺、席存泰：嘉庆《绩溪县志》卷三《食货志·赋役》；何应松、方崇鼎：道光《休宁县志》卷五《食货·经费》；吴甸华、程汝翼、俞正燮：嘉庆《黟县志》卷九《政事志·赋役》。

观察上表，如果仅计教学人员，一般规模书院每年仅需银约百两即可维持。但是，县志所载以上费用未必是教学与管理人员收入的全部，且清中后期薪资水平又有一定程度的提高，实际所需资金会大大超出预期。如清咸同时，黟县碧阳书院所列主要开支项目中：每年山长束修银200两，舆敬、膳敬、随封等银又共100两。生童膏火银712两，书院司事薪水银104两，正副儒学监院银20两，学书纸笔及油硃银共6两，春秋祭祀、课卷纸张、门役工食共计银亦不下数十两。统计每年开支之数，总需银1200余两。①

如何保证日常开支的经费，这是书院创建者必须考虑的问题。在早期，购置学田是最为通常的做法。所谓“书院不可无田，无田是无院也”②是经典之论。元朝，黟县集成书院有630余亩立义田为本就是典型。淳安石峡书院山长方梁在元朝时，也“以平江田二百一十亩为赡”，达鲁花赤“爰祖丁复率田九十二亩，立养贤仓，以赡来学”。直至清末，淳安梅峰书院旧管产业仍然以田地为主，共有田、地、塘产124业，其中田164.68亩，地17.1亩，塘0.13亩。这些产业除了历年自置外，也有邑人捐助的，如东乡云峰吴邦瑞等捐助田十二号，附生方秉柏捐助塘一分三厘，余阶应捐田十八亩。③遂安的五狮书院田地，始于明隆庆五年（1571）知县吴扮谦买田29.319亩为养士费，万历三十九年（1611）知县韩晟买供给田地32.454亩，共租银12.744两，守院僧道地20.84亩，计租豆八石二斗三升三合。④

虽然在传统社会，田地山塘强盗抢不动、小偷带不走，具有一定的安全性，但由于其具有非亲缘性组织的公产性质，管理力度远较宗族公产为弱，因此也常遭失管的苦痛。以紫阳书院为例，据元末歙县学者唐元《紫阳书院增置学田记》：元至元三年（1337），郡守忽先指令下属节约浮费，“买田三十亩有奇，为养士之助”。⑤及清初时，田亩早已无考。明初至嘉靖中，书院历年在歙县置田地山塘1091亩，计谷租441石，麦、豆租19石，折银118两余；在休宁县置田4.8亩，每年租谷折银1.4两；在绩溪县置田304亩，每年租谷折银54两。但年岁日久，至嘉靖四十五年

① 吴克俊、许复、程寿保：民国《黟县四志》卷十《政事志·学校一》。
② [清]毛德琦：《白鹿洞书院志》卷十九。
③ [清]刘世宁、李诗、陈中元：光绪《续纂淳安县志》卷二《方舆志二·学校》。
④ 罗柏麓、周树美、姚桓、洪梦云：民国《遂安县志》卷五《文治志·书院》。
⑤ [清]施璜编，陈联、胡中生点校：《紫阳书院志》，黄山书社，2010年，第363页。

(1566)，“学田岁入，举而更他费；又多隐没，民间莫可致诘”。知府何东序虽然“搜院中故田，悉勾其实，碑而揭诸郡治堂左，以防隐没移用之弊”，但到清初时也已无考。当时，何东序“度故田租，不足赡士，乃出赎金，益置腴田五十六亩有零于歙良干丰堨、于休杨村诸处。而命工履亩步，定经界，图地形，料租税，登之簿书，置仓于总铺之侧，以储其入，名曰养贤仓。恐日远弊生，记之于石”。这56亩至清初也“不知所在”。崇祯六年（1633），郡守陆锡明、司理鲁元宠除修书院外，捐资置田塘18业共16亩，“永为书院香灯之资”。清初时仍存，“半佐讲会，半为看守人工食”。清康熙十二年（1673），徽州知府曹鼎望捐俸养士，但“顾一人之俸薪有限，而四方之来学无穷”。恰贤而好义的程子谦“慨然出其橐中金五百两，买田取租，以资膏火”。此次购田塘共92业71.4亩，每年定硬租净谷132.7石。规定“其田则掌于教官，而其入则归于书院，务使弦歌之声，久而不辍”。并与诸生相约：“倘有移为学租者，此邦人士，鸣鼓攻之。”[①]但到雍正三年（1725）撰修《紫阳书院志》时，编修者不无愤懑地表示：“乃此田今在学中，而升斗不入书院，何哉？鸣鼓之攻，儒生不为，亦不能为。有志清查，以兴起斯文为己任，是在郡邑之贤大夫也。兹但存其籍而已。”[②]同样的情形也出现在遂安五狮书院。该院学田租谷历年俱经学胥侵没。康熙五十二年（1713），“通庠具呈清查。知县陈学孔择笃行生员王启东、汪周麟、方霖、余鼎光等司其出纳以备修葺。”其后，雍正七年（1729），教谕沈廷鹤提议改为岁修文庙之需，书院产业所得却无一由书院所用。[③]

随着明清两朝新安江流域被进一步卷入商品经济的大潮，传统观念也出现了一些变化。在上游的徽州，外出经商者众，在丰富的商业实践中，他们深感传统的学田模式在山多田少的徽州并无多少盈利空间，相反，纯商业化的途径不仅赢利可观，且得心应手（据《紫阳书院志》载，明时紫阳书院在徽城十字街有官房一所，每年可得租银12两）。更重要的是可将投资区域转移到长江中下游等商业经济更为发达的地区。于是，至少在比较有名的书院，购置学田不再是主要的理财途径。

休宁是徽属各县中经商起步较早的县份，从海阳书院历次捐修可看出传统的学田经济在迅速淡出。该书院最早是明崇祯八年（1635）知县王佐“即县前街西南之

---

① [清]施璜编，陈联、胡中生点校：《紫阳书院志》，黄山书社，2010年，第365～367页。

② [清]施璜编，陈联、胡中生点校：《紫阳书院志》，黄山书社，2010年，第316页。

③ 罗柏麓、周树美、姚桓：民国《遂安县志》卷五《文治志·书院》。

良安驿旧址为之。十六年改称瞻云书院，以署邑推官吴翔凤为黔兵案被逮，邑人思之，生祀于书院，故名。国朝康熙间，知县廖腾煃重修。后毁。乾隆十六年，知县万世宁倡士民输赀建书院于北街，仍名海阳书院。乾隆四十五年，王家干再倡士民输赀并田，以增膏火。嘉庆十二年，阖邑输赀移建石羊矸东山之麓，请县申详其山长听邑人公议延聘，膏火支给不经官吏。邑绅刘启伦营造。”[①]在历次绅民捐输中，明确有田的记录仅一处。至道光年间，海阳书院产业包括存银7000两，由城乡各典领本生息。嘉庆十年（1805）购买北街铺面楼房一所，合计地税0.33亩。嘉庆十二年买石羊矸房屋地业，合计地税7.86亩；买石羊矸房屋地业，合计地税5.88亩；知县李蟠根捐廉保护阖邑龙脉，购买松萝山等处荒山，合计山税14.6亩，“取租入书院以作膏火”。嘉庆十三年购买北街房屋一所，合计地税0.38亩。嘉庆十四年程森兰捐地一业，计地税0.05亩。嘉庆十五年（1810）刘谦受堂捐地二业，计地税0.71亩。良安驿瞻云书院旧址当时已改市屋，“每年取租入书院作膏火”。[②]可见，在田地租谷、典当利息、市面屋租等项中，商业性经营所得是其主体。

嘉庆时黟县捐建碧阳书院，“凡捐田地山税共二十亩四分，买田税二亩七分，捐银八万余两”。[③]据黟县知事吕子珏《碧阳书院复旧章记》，建成后，尚有余银6万两，“分发盐、典商生息，计岁入息金三千六百，以为延请山长修金，生童住院膏火。而邑中之应乡会试者，于此中给以资斧。其他诸用亦各条分缕析，预防流弊”。[④]可见，即便是地处深山区经商风气稍淡的黟县，至迟在此时也与徽属其他各县做法大体一致了。

在清朝，严州也能见到类似投资。道光六年（1826），严州知府聂镐敏创建宝贤书院，即清丈湖田、湖地，并将西湖、蔡家塘、江家塘三处鱼租作为书院岁修之费。继任署理知府刘荣玠“准董事童占元、胡廷望等之请”，将鱼租、聂镐敏捐银100元、府拨公项余钱1500元一道“存典生息，以助生童膏火”。[⑤]但是，严州书院田地产业相对较多，仅民国初年划归建德县教育会的原书院膏火等就有田1460亩（其中宝

① [清]何应松、方崇鼎：道光《休宁县志》卷三《学校·书院》。
② [清]何应松、方崇鼎：道光《休宁县志》卷三《学校·书院》。
③ [清]吴甸华、程汝翼、俞正燮：嘉庆《黟县志》卷十五《艺文志·国朝文》。
④ [清]吕子珏、詹锡龄：道光《黟县续志》卷十五艺《文志·文》。
⑤ 夏日璈、王韧：民国《建德县志》卷六《建筑·院》。

贤书院153亩)、地48.1亩、基地7.9亩、塘4.5亩。大约1670宗，分布县内各处，说明严州书院经费还以传统的地产收益为主体。

尽管为保障资本安全与书院经费需要，书院主办者均制定了一整套严密制度，但依然会出现问题，或因管理非人。黟县知县吴甸华主持重建碧阳书院后，规定“膏火之资，听民自为经理，分存质库，岁收其息。县与学皆有籍，以时稽之”。[①]谁知他离任才数载,其订立且获“各大宪皆曰善”的制度就被擅改,“司事之为合邑公举者，变而为各都轮管，岁易其人，旧章渐废。”结果是“昔则岁支有余，至是转为不足，是皆事不画一，日就因循，所以十余年之间，冗费则日滋，甚而乡、会试之资反无所出”。道光五年（1825），知县吕子珏有感于“过此以往，势必于六万金之中挹注矣”“涓涓不塞,不亦大可虑哉”在“详悉其事”后,本着“复思欲节其流,先清其源”的思路，“罢其轮管之说，访邑诸生之老成公正者二人，专司书院之事，率由旧章，谨其出纳，诸弊悉除”。[②]

所谓“操资交捷，起落不常，能者方成，拙者乃毁。东家已富，西家自贫。高下失均,锱铢共竞”[③]成为常态。徽州府紫阳书院在雍正时得邑人徐士修捐银1.2万两以增膏火。此款也照旧发典商生息。不料“历年典商消乏亏欠，比追无着，而经费动支本银八千四百两，仅存原本三千六百两”。[④]乾隆五十九年（1794），鲍志道捐银8000两，“将各典亏欠概行免追”，并“呈本府转详两淮运宪，由运库饬交淮商，按月一分起息，每年应缴息银九百六十两，遇闰月加增八十两。由府学教授按年份两次具文赴司请领”。不久，书院又出现经费不足，歙绅程光国及其子振甲慨然董理紫阳书院事务，并“请府加倍取录，所有膏火俱伊家独力添补”。不料“行之二十年，所用不赀”，程家实在难以负担，自辞董事之职，却无接管之人，不得不由官府经理。仅三四年（嘉庆十六年至十九，1811～1814），即垫用府级官银4000两。出于无奈，道光十七年（1837），知府龚丽正出面劝捐，“邑人鲍志道之孙鲍均捐银五千两，由府转详两淮运宪，仍照原捐章程按月一分行息，每年缴息银六百两，闰月加增五十两，由本府教授两次具文赴运库请领”。十七年(1812),又复劝黟邑绅士捐输。黟绅胡尚熷、

①[清]吴甸华、程汝翼、俞正燮：嘉庆《黟县志》卷十五《艺文志·国朝文》。
②[清]吕子珏、詹锡龄：道光《黟县续志》卷十五《艺文志·文》。
③[明]谢陛：万历《歙志·风土》。
④[清]马步蟾：道光《徽州府志》卷三之一《营建志·学校》。

胡元熙、胡积城承诺从存建考棚银1.1万两内拨出银6000两，“共计银一万一千两，除将银四千两归府垫项，余银七千两由府饬传歙休二邑典商给领生息，每年缴息银八百四十两”。① 程光国家族在商界颇有势力，也不能保证数十年持续捐输。

兵燹之祸则从根本上动摇了书院的经济基础。太平天国运动造成长江中下游地区长达十余年的劫难，各地商业遭受致命打击，碧阳、海阳、紫阳等书院原先领本生息的商家纷纷倒闭，书院委托的资金几乎荡然无存。黟县碧阳书院在同治十二年(1873) 由新任知县屈承福“礼绅广劝乐输”，才得以修复，“延山长督课生童”。次年，邑绅程鸿诏等人得官府支持，再次劝捐得19454两，除公举富户领本生息外，又在黟城、屯溪置办三处房产出租，“其出息为山长束修、生童奖赏、春秋祭祀、修理书院屋、司事薪水、门役工食、课卷杂用之资”，后“又以典商开歇不一，股户盛衰不常，恐有疏虞，将本款续置市房二十余所，仍以八厘计息取租”。② 这种从金融市场退却转而进入房屋租赁市场的经营安排，不能不说是战争引发的新变化之一。徽州紫阳书院在咸丰年间，“张中丞芾督办皖南军务，饷绌，借用书院本银”。谁知“兵燹后，卷宗尽失，生童公请拨款行课，大吏以无案可稽批饬皖南道查核”。幸亏“邑中士绅杨昌樾等函商同邑在省诸君子，恳求道宪转禀，以当日借用书院本银时，曾榜示书院门首，六邑生童皆知，即此可以补卷据之缺。制府曾国藩乃许拨还本银2.5万两有奇。书院赖以不坠”。③

第三节 新安江流域书院的管理体制

一、官府对书院的领导

书院的管理体制也并非只有一种模式。一般而言，处于乡间由家族、宗族私立的小型、低端书院，官府通常鞭长莫及，而由投资者自行管理。公立书院管理模式多为主要投资者的民主协商。官倡民办、官办民助的书院往往在府县教育史上更受

① 许承尧：民国《歙县志》卷二《营建志·学校》。
② 吴克俊、许复、程寿保：民国《黟县四志》卷十《政事志·学校一》。
③ 许承尧：民国《歙县志》卷二《营建志·学校》。

重视，不唯其延续时间长，更主要的是其通常被看作是府学、县学的重要伙伴。这类书院管理形式大体可概括为官府领导下的地方缙绅民主管理体制。

官府领导的表现有以下几个方面：第一，书院创办与管理模式要得到官府认可。清嘉庆时，休宁移建海阳书院，在“邑绅士好义者众咸争先，乐输不倦”。大功告成之时，士绅公议，“复呈请邑侯申详制军抚军，其院长听邑人自访聘，膏火支放不经胥吏手。公议永远不借作公馆”。制军、抚军分别为清代总督、巡抚别称，说明海阳书院虽迁建动议、经费、监管均为民间行为，但院长民间自聘、膏火开支民间自主的管理方式，依须得到省级最高大员的许可。

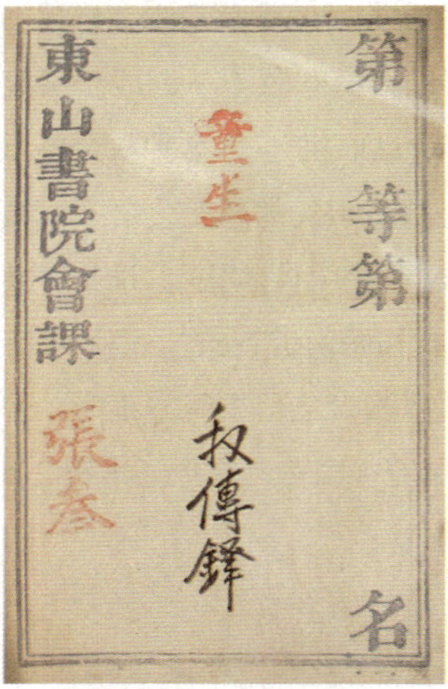

绩溪东山书院会课材料

第二，书院办学思想要与朝廷要求保持一致。为谁培养人、培养怎样的人，历来是官府关注要点之一。官府对书院办学思想的影响途径有二：一是皇帝旨意。康熙三十二年（1693），时任国子监祭酒的徽州人吴苑，在为国子监求御书“万世师表”时，为紫阳书院请颁赐御书，获得恩准。于是，徽州知府朱廷梅“遵觅精工好手”，将康熙二十五年（1686）颁发给宋儒周敦颐、张载、程颢、程颐、邵雍、朱熹祠堂及白鹿洞书院、岳麓书院的御书“学达性天”四字，以及颁赐婺源的“文公阙里”四字照式敬摹、虔制匾额，悬挂于紫阳书院，“以仰副皇上崇儒重道、表扬前哲之至意”。[①] 乾隆九年（1744），又将御赐“道脉薪传”4 字悬挂。此举表明，紫阳书院对朝廷推崇的儒家思想的遵从存在一种高度自觉。二是教学内容。明清两朝，徽严两州高端书院无不将学子参与科举考试作为办学重要目标，尤其在乾隆之后，“儒学寖衰，教官不举其职”，原先为“辅学校所不及”而存在的书院，成为学子进学的主要场所，即“所赖以造士者，独在书院。其裨益育才，匪浅鲜也”。[②] 这就决定了书院教学内容与朝廷期望相一致。

第三，书院山长（院长）要获官府认同。山长是书院主持人，其重要性不言而喻。

---

① [清]施璜编，陈联、胡中生点校：《紫阳书院志》，黄山书社，2010年，第259页。

② 赵尔巽：《清史稿》卷一百六《选举一》，中华书局，1977年，第3119页。

起先，书院山长任职官府无从规定，考核自然也谈不上。南宋末年，朝廷开始委派山长，将其列为朝廷命官中一员。元朝规定，山长须由下第举人出任。当然也有特例，如至元间（1264 ~ 1294），因按察司佥事夹谷之奇请，敕方逢辰长子方梁为石峡书院山长。[①] 山长经过一次考核，优秀者可升为散府、上中州学教授。淳安石峡书院直学应瑜，就因此升为丹阳教谕。明代，地方重要书院的山长，或由地方官聘请，或由地方绅士公推而经官府认同。清乾隆元年（1736），皇帝发布上谕指出：书院师长“必选经明行修足为多士模范者，以礼聘请”。“经明行修”，即通晓经学、品行端正。乾隆三十年（1765）又规定，丁忧在籍官员不得充任书院山长。道光二年（1822）再次明确，山长须是科第出身之人。道光十四年（1834），命各省督抚兴复书院时，还要精心“选择山长”。可见，控制山长是掌控书院的关键之举。

绩溪东山书院课卷

第四，书院招生被纳入官学轨道。明清时期，府县级书院招生对象均为科举考试的后备军，书院科举成绩为社会所瞩目。据汪滋畹《移建海阳书院记》记载，休宁海阳书院“向来延师得人，实心从事，膏火赡足，规条美善。故肄业其中者，多以科目起家，士习亦为时矜式”。后因院长所选非人，管理不善，“庚申以后，三科秋闱竟未获隽一人”。于是，邑中士绅舆论大哗，并形成“是不可不亟为整顿也”[②]的共识。为重点培养，提高中式比例，有必要对招录学生进行筛选。当时，无论是报考人数还是规范程度，童试在基层无与伦比。于是，就书院而论，就有借童试以选才的期待。从官府来看，正如曹文埴《古紫阳书院记》所言：地方“科名鹊起”，非特为“诸缙绅之所期，抑亦守斯土者之大愿也”。[③] 在府县儒学无法重振之时，书院参与招录培养，自然也是善举良策。更何况徽严一带读书风气日盛，就学人数急剧增多，书院参与招生，也在较大程度上缓解了供需紧张的矛盾。徽州府紫阳书院“向

① [清]刘世宁、李诗、陈中元：光绪《续纂淳安县志》卷二《方舆志二·学校》。
② [清]何应松、方崇鼎：道光《休宁县志》卷二十二《艺文·纪述》。
③ 许承尧：民国《歙县志》卷十五《艺文志·记》。

取内外课生童六十人给予膏火”，嘉庆时，歙商程光国自愿贴补膏火，在得到官府允准后，才加倍录取至120人。歙县古紫阳书院“肄业正额生监八十人，童生四十人”，凡肄业者，均“由学政于六县生童中挑送，有余缺以文高试前列者补”。[①] 问政书院“凡紫阳所不及收者，咸得归之问政”。[②] 黟县碧阳书院“正额生监四十人，童生二十人”，在政府规定正额之外，才能“相对公议”。[③]

此外，有的书院还设监院一职，由当地府县儒学教官担任。如清代徽州古紫阳书院的监院，即“奉两淮运宪檄饬歙县教谕承办”。监院每年可受书院酬劳与津贴（古紫阳书院标准是每年酬金60两，灯烛杂费银12两，家人银8两，门斗银6两），也须履行相应职责。如早期书院招生岁试之年，由监院具文向学宪申请甄选录取；每月两次课期院长所出试题，须“送监院学师钤印”才“粘贴书院照墙”；书院每年分四季请领经费，也须“监院学师备文钤印”；年终核算总造清册，也须监院学师钤印后，才“一存匣中，一备文送扬报销，一寄扬存公稽核”。[④] 黟县碧阳书院虽然规定“山长以邑人公议延请，经费由典商领本生息，官吏俱不为经理”，但“师儒之任，由儒学监院钤榜”。[⑤] 可见，设立监院主要目的是保证书院在大方向与重大事项上能与朝廷要求一致。

歙县洪坑世科坊

休宁黄村进士第

① 许承尧：民国《歙县志》卷二《营建志·学校》。
② 许承尧：民国《歙县志》卷十五《艺文志·记》。
③ [清]吴甸华、程汝翼、俞正燮：嘉庆《黟县志》卷十《政事志·书院义学》。
④ 歙县教育志编纂领导组：《歙县教育志》，黄山书社，2009年，第101页。
⑤ [清]吴甸华、程汝翼、俞正燮：嘉庆《黟县志》卷十《政事志·书院义学》。

二、地方缙绅的民主管理

得到官府许可后，书院才由地方缙绅进行民主管理。至少在清朝中后期，徽州较为重要的书院均采取以古紫阳书院为代表的立规、教学、管理“三权分立”管理模式。

立规机构是类似后世董事会一样的组织，其成员主要是当地致仕官员、热心公益且有声望的绅士、书院资产主要捐输者等。该组织的领头人物，通常以政治地位、资历、声望、资财为衡量标准。比如歙县紫阳书院，清嘉庆时，歙绅程光国及其子振甲捐资并出面董理书院事务，二十年间，程家捐输数额巨大，也是书院的当然领袖。当程家难以为继时，辞去董事一职，却无接管之人，正是诸位“同人”难有相应财力支持的反映。乾隆五十五年（1790），在淮歙商起意捐资扩建紫阳书院，鉴于一来无法分身回徽亲理，二来也有号召力欠强的顾虑，于是致函时告养在籍的户部尚书曹文埴，将“定经制、善始终”之事相托。淮商所看重的，实际是曹文埴的政治地位及与当地官员潜在的密切关系，是期盼得到官府认同乃至保护的一种反映。曹文埴也有“以观厥成”之心愿，乃“聚邑之缙绅而谋之”，在“寓书淮扬诸君子”同时，又“与诸缙绅至其地，相其阴阳”，终于成就复建大业。要保证书院“功归实用，费不虚縻”，时人已认识到“惟在初立章程，始基尽善”“毋迁就于目前，毋废弛于异日”，相守勿替，才能收到“髦俊奋兴，人文蔚起”之效。于是，在清乾隆五十七年（1792），曹文埴等“同人酌定”，形成《公议重兴古紫阳书院规条》，由学者程瑶田书写立碑，立在书院之中。① 规条中多处出现“同人公议”之类表述，表明“同人”就相当于后世的立法机构。在遂安同样如此。光绪己丑年(1889)，知县唐济因县城台鼎书院“久未缮葺，损坏良多”，乃“邀原管书院绅董毛庆麟、余泽春、方宏纶、倪际炳、徐克悌、姚履埙、余郁文、黄炘等诸君子，共同商议，拟由本县捐廉首倡，劝募兴修”。② 此处的“原管书院绅董”，即台鼎书院的“立规”机构。

通常而言，规条是维持书院正常运转的基本法则，但仍无法应对书院出现的重大困难或变革。因此，“同人”组织在其后书院发展过程中依然不可或缺，尤其是致仕或在任本籍官员在其间的领导作用更为重要。休宁海阳书院因“院长视讲席如

---

① 歙县教育志编纂领导组：《歙县教育志》，黄山书社，2009年，第97页。

② 罗柏麓、周树美、姚桓：民国《遂安县志》卷十《艺文志·记》。

传舍，课功草草。膏火支放，官不问，大半为胥吏侵耗。肄业之士，遂落落如晨星焉”。加上“当道往来之停骖，与夫新旧令尹瓜代之居，外者率假馆于书院”，致使嘉庆时期“书院之名存，而实几亡”。时任内阁学士、礼部侍郎的休宁人汪滋畹，虽然“官京师，未克假归”，但心念故乡，“因札商诸同志兼为序文，遍告邑中绅士，量力捐助膏火，期复旧规”。[①]此举得到当地士绅刘仲常、程蕊岩、程研农大力协助，终于大功告成。汪滋畹之所以能主导书院迁建，并在院长选聘、经费开支上获得地方官府特许，大约与当时任休宁知县李蟠根不无关系。李氏之《迁建海阳书院碑记》中就说：海阳书院“为地势所局，忆余在词馆时，邑达者今阁学汪熏亭前辈滋畹曾筹及之”“及余来宰是邑，案视良尔，思与邑之士夫卜地迁建而恢廓之。适士夫会议捐置试院于城之东北隅，其东犹绰有余地，咸谓于书院宜，遂定迁建之举”。[②]且不论到底是先有“捐置试院”之议，还是后来再“别造考棚”，汪滋畹与李蟠根是翰林院的老相识，且李氏尊称汪氏为前辈。可以判断，无论是知县还是制军、抚军，对于当朝内阁学士的意见还是不能等闲视之。

教学是书院的重要任务，是达成“养育人才”目标的主要路径，其权责主要承担者为山长（院长）。山长掌握书院的学术方向。从徽州书院学术思想流变轨迹看，宋元时期为“宗朱斥陆”，至元末明初转为“和会朱陆”，明中叶又朱陆“始异而终同”，到了明中后期，王阳明心学迅速在徽州流布，“弃朱入陆（心）”成为潮流。清朝建立，朝廷大力倡导程朱理学，以“负担道脉”为己任的新安理学家重振朱子之学。到清中叶，以江永、戴震、程瑶田、凌廷堪等为代表的学者又力主通过考据之学来反驳程朱理学的空虚。对照现存书院山长名录，可见书院学术倾向与山长的思想倾向大体同步。

山长职责中，最紧要的是把握书院学术方向与旨趣。徽州紫阳书院素来是程朱理学的大本营，尤其是在清初得以复兴后，理学更是根深蒂固。康熙四十五年（1706），淳安赋溪人方檠如考中进士，选授顺天丰润知县，三年后去官。他是清初学者毛奇龄的弟子，对宋明理学的空疏多有批评。但是，当他其后出任紫阳书院山长，却学风突变，以理学为教，以制艺为要，并被徽籍学子奉为“山斗”。并非说明他此时

① [清]何应松、方崇鼎：道光《休宁县志》卷二十二《艺文·纪述》。
② [清]何应松、方崇鼎：道光《休宁县志》卷二十二《艺文·纪述》。

对程朱理学产生认同，而应是他意识到教育学子与纯粹学术研究不可同日而语，学术讨论可充分展示自己观点与展开论辩，但此时的书院，早已不是学术前沿与高地，而是沦为学子进身之阶。为学子前途计，委屈自己而暂时适应朝廷与地方的需要未免不是应有姿态。歙县人凌廷堪是崇尚实学、精研礼学的著名学者，对程朱理学的虚空同样不满，因丁忧而离开宁国府教授之职后，嘉庆十二年（1807）春，他得安徽巡抚初彭龄推荐，出任紫阳书院山长，也想着力改变紫阳书院学风。于是，他光明磊落地公布《规条》以表明自己的学术倾向：

> 某幼而孤贫，流落东海，佣食负米，未尝学问，至于时艺，尤为疏浅，年将三十，始妄为之，皆乡先生所深知者。今忝桑梓讲席，实深恐惧。伏思紫阳书院为一郡英髦所集，昔江慎修、戴东原、金辅之诸先生皆常诵习于此，流传至今，不乏鸿通之彦，其中兼有耆旧宿学名辈在某之前者，幸得朝夕接教，庶几勉其所未至。倘有议论纰缪，评点失当之处，伏祈面加训诲，不啻百朋之锡矣。[①]

这段文字看似谦恭，实际可视作一道战书：他将挑战程朱理学在紫阳书院的统治地位。随后，他在课期出题两道：一是"人不知而不愠，不亦君子乎"？二是"传不习乎"？并提示说："《四书》两题，汉宋之说不同，皆颁在学宫之书，作者请各从所好。"在策问题中，他命题有："我高祖纯皇帝钦定《礼记义疏》内《中庸》《大学》二篇，前全载郑氏注，后全载朱子章句，不加论断，原欲令学者自择究之，二家之说孰长？请各据其异同之处直抒所见，以仰副圣朝崇尚经学之至意。"表面看，他仅仅是指出汉宋学者对经典的不同理解，要求生童阐述各自见识。实际上，他是有意将汉学、宋学的差异呈现出来，以便在辨析中批宋扬汉。尽管凌廷堪已有足够的思想准备来应对宣扬自己学术观点时遭遇的责难，但"自开课以后，始则大哗，继则信疑各半矣"的现实，还是让他陡生"厚待吾乡反遭骇怪"的委屈。次年八月，他即前往浙江。

在山长日常教学活动中，指导生童读书与考核是重要环节。在自修中勤加练习、发微探幽是书院生童的主要学习方法。作为在追求功名道路上颇有感受的山长，将自

① 王章涛：《凌廷堪传》，广陵书社，2007年，第98页。

身体会上升为一定的练习之道，对生童很有教益。如凌廷堪就曾作有《杞菊轩功课单》，虽非在紫阳书院时整理，但其对生童的教导思路是可以窥见的：

月课

每月初二日、初八日、十六日、廿三日课《四书》文一篇，试帖诗一首。

每月逢五，读生《四书》文一篇（熟文若多，不读亦可），试帖诗一首，临小楷数百字。

每月逢十，读生古文一篇（如长，分作两三课读），《文选》及唐宋大家皆可读；古诗、律诗各一首，汉魏六朝及唐宋人皆可；临小楷数百字。

日课

每日早起，读生经文一百字（凡未读者皆陆续补读，读必精熟，务须手抄，如不能百字，即数十字亦可），随意温熟文数篇，须用心探索，读经不可间断。

早饭后，温熟经文二百字，随意。或临帖，或抄诗古文，或札记典故（分门别类，《四书》文及后场应用者尤要紧），或读史数页。

午饭后，随意温《四书》数页，有暇即参稽经史，讨论诗文（有疑即需问难）。

灯下随意温熟文数篇，或抄旧读诗文，或查考日间所读诗文中故事。

五更醒后，默记新知，醞酿旧得，此最要紧，功效进益多在此时。①

考核通常分大课、小课两类，每月各两次。大课一般在月初与月中（如紫阳书院为每月初三、十八日，古紫阳书院为初五与二十日），小课则各在大课后一周左右安排。府县级书院，每月初的大课一般由知府、知县出题考试与评阅，其余考核均由山长命题、评阅为多。

山长还负责对重要教学环节的把握、对生童奖罚及对书院管理人员的犒赏。以古紫阳书院为例，山长批准生童离院的请假，课期辰时关门、二更撤卷。课业中如有生童经山长评阅为超等，可“再于常例奖赏之外，加给五钱以示鼓舞”。对于生童中“日事嬉游及在院不循规矩，聚谈玩愒”的，或考核时将试卷带回家中或书院

① 王章涛：《凌廷堪传》，广陵书社，2007年，第89页。

宿舍的，均扣除相应膏火费。若生童中有“一季内藉端告假多日者”，或课期托人及代人领券者，均由山长批准除名，并追回已领膏火及奖赏银两。对于管家的犒赏，分为端午节、中秋节、散馆之日三次，各8两，无论人数多寡，交由山长给发。

正因山长的遴选不仅涉及书院一时声望，更关乎其后续发展，因此，各书院都很慎重。元朝至明初，山长由地方政府任命，或由府县儒学教授兼任。明弘治之后，始由地方公举。古紫阳书院规定：“设立书院，原为陶冶人才起见，须延请学品兼优之院长，方足为多士观摩。若听情吹荐非众所悦服者，必致有名无实。自应由绅士公同商请，不得藉为周旋徇私之具。即地方公祖父母吹荐亦须婉辞，断不可稍有迁就。”[①] 黟县碧阳书院也要求：“师非品学素崇，阖邑所尊信者，虽有达官之荐不敢延。”[②] 休宁海阳书院同样规定“其院长听邑人自访聘”。[③] 曾任紫阳书院山长的汪一龙、曹泾、程逢午、张炳、史仲蘅、程大年、黄宣子、张珽、唐桂芳、姚琏、唐文凤、程定夫、方棨如、夏宗澜、赵青黎、沈荣仁、郑虎文、施润章、姚鼐、凌廷堪、谭延献、汪宗沂等，都是一时名流。在已知嘉庆以后黟县碧阳书院的23任山长中，就有进士19人；从地域看，歙县4人，婺源、休宁各3人，桐城1人，江西2人、浙江4人（其中1人曾任休宁知县），江苏2人。[④] 可见，各书院在选聘山长时视野颇为宽广。

当然，山长经济待遇也不错。如古紫阳书院规定，延请院长，第一年送聘金24两，次年如续任，此项无须再送。每年修金400两，薪水200两，节敬生日四项共计24两，川资往返40两，合计一年为688元。与书院厨役、水火夫每人每年工食8两相比，山长薪资是极为优渥了。此外，院长每年到馆之始、开馆、散馆、三节、生日办席，也要求“须加意办理，每次筵席酌以三两为率”。

书院日常管理是权力的第三极，主要由司事、司匣二职组成，为山长主持的教学活动承担保障作用。司事与司匣由“立法”组织确定产生办法。歙县古紫阳书院章程约定：“院中司匣一人，司事二人，皆公举。”[⑤] 明清黟县碧阳书院章程也规定：

---

① 歙县教育志编纂领导组：《歙县教育志》，黄山书社，2009年，第99页。

② [清]吴甸华、程汝翼、俞正燮：嘉庆《黟县志》卷十五《艺文志·国朝文》。

③ [清]何应松、方崇鼎：道光《休宁县志》卷二十二《艺文·纪述》。

④ [清]谢永泰、程鸿诏：同治《黟县三志》卷十《政事志·书院》。

⑤ [清]马步蟾：道光《徽州府志》卷三之一《营建志·学校》。

"院中司事二人，由公举；司匣，每都一人，各举。"[①]其中，司匣主要负责账目保管。在古紫阳书院，司匣按季于正月、四月、七月、十月请监院学师备文钤印，并另具信送往扬州请领款项。"再将领到经费，本平若干、出平若干、本色若干、出色若干，及本身经手支用与发交司事支用之数，通年核算，逐条写明，分别旧管、新收、现支、仍存四项实在数目，总造清册一样三本，与众绅士观看，送监院学师钤印，一存匣中，一备文送扬报销，一寄扬存公稽核"。对该职的要求是"务宜任劳任怨，固不可托辞推诿，亦不得曲意徇情，尤不可假胥吏之手，庶足以公襄盛举，永远遵行"。[②]由于事务相对单纯，故为其开出的劳金不高，每年仅24两。

相比之下，司事待遇就高一些。古紫阳书院规定，"书院设司事二人，每人每年送劳金四十两，又十二个月各送饭食银二十一两六钱，遇闰加算。纸笔灯烛各项杂费每年共给银一两六钱。"但是，如果司事系生员兼任，则"不得复行应课占取膏火奖赏之资"。且明确提出："若经理不善，贻误公事，即当辞出，毋得徇情。"其职责既多又杂，涉及书院人、材、物等方面。首先，是管理院产。司事对书院物产有稽查之责，桌凳等器具，无论公私不得出借，每逢课期次日，即应查点并收储，平时不许零星取用或任其散失。院中房舍不准任外人住歇。司事二人每日总须一人在院住宿，不得委之于司阍、仆役，即便散馆之时亦同。其次，是日常财务管理。如每月膏火奖赏银两的发放，为避免平色高低轻重之弊，一并以银易钱发给，由司事在殷实钱铺先行兑换，当众发给每位生童钱票一张，注明膏火、奖赏类别及金额，并加盖司事印章，由生童自行前往钱铺领取。每月之终，司事即将该月收支账目登册，除交司匣者收贮外，仍须照账录出一纸粘贴书院墙上公示，"以息浮游之言，亦可清影射之弊"。一年之终，须将通年收支账目造一总册，并交司匣者查核归匣。再次，是督率生童遵规守矩。补录生童缺额时，司事须细心查校其课期先后、名第高下，毋致混淆。住宿的肄业生童，其房间也由司事者按照所编字号依次安置，不得由诸生任意拣择。平时司事要随时稽查额外附院肄业生童是否"实系在院肄业"，以防冒滥支给。若有错讹，须按数赔偿。每日要检查生童在院是否循规蹈矩。如有生童请假，司事登记并代禀山长，"设簿登记查核"，每月不得超过五日。会课之日，要求

① [清]吴甸华、程汝翼、俞正燮：嘉庆《黟县志》卷十《政事志·书院义学》。
② 歙县教育志编纂领导组：《歙县教育志》，黄山书社，2009年，第101页。

生童辰刻到齐，司事须对肄业及到课生童“设簿按次登记，以便稽查”。若辰刻不到，司事在禀明院长后“即行扃门”，并贴上监院手书封条。试卷也由司事分发，逐人核认，不准生童托人代领。考试期间，也不准在院生童进入自己房间答卷。到了初更交卷时分，若尚有未完成者，也要“将卷撤去”。同时，司事也负责伙食管理，特别是人数众多或重要的祭祀日，要根据规定备餐。如每月两次课期，要为来院的监院学师及其门斗、轿夫，以及参与课试的生童备餐，其中生童标准为早荤、晚素（到院而未应试者须查明不给），监院学师等每次用银八两。司事“须妥协照料，毋得任厨役克减，致有菲薄及不堪适口诸弊”。每年三月十五日、九月十五日是古紫阳书院致祭文公之日，凡赴院致祭朱文公的绅士及在院生童，也由司事备办面条，每人一碗，折银三分。此外，需要夫役就近办理的有关事务也由司事差遣。

总体看来，在职权分割较为合理的管理体系下，明清（尤其是清朝）徽州书院运转较为平稳。

首先，是生童保持了较高质量。嘉靖四十四年（1565）秋，徽州知府何东序“通校六邑士，高等生年资富敏者七十余人，命教官陈良珍罗之书院，讲艺程文”。[1]康熙初年，徽州知府曹鼎望“拔六邑之俊秀子弟”肄业于天都书院，“鼎望按月考试，资以饔餐”。[2]乾隆中期，歙县知县张佩芳重视文教，凡“好学而能文者”都招于问政书院，日课月校，肄业后中举者数人。桐城派大家刘大櫆受聘来书院后，生徒日众，场地极为紧张。附贡生程光国捐资在江家坞另建新院，凡紫阳书院不及录取者均归问政，书院盛极一时。嘉庆后，“紫阳山之书院太守领之，挑选六邑生童肄业其中”“古紫阳肄业正额生监八十人，童生四十人。膏火正额月银二两，生监超、特等，童生上、次，取俱有奖赏。凡肄业者，由学政于六县生童中挑选。有余缺以文高试前列者补”。[3]黟县碧阳书院“院中肄业者，正额生监四十人、童生二十人。膏火正额月银二两，正额之外，相时公议。凡肄业者，由学政挑选。有余缺，以文高试，名在前者补”。[4]数百年来，书院肄业生童科举成功者代不乏人。早在景定二年（1261）魁江东漕试的绩溪人汪梦斗，上《进曾子子思子全书表》时还署以“徽州紫阳书院学生”

① [清]施璜编，陈联、胡中生点校：《紫阳书院志》，黄山书社，2010年，第364页。
② [清]施璜编，陈联、胡中生点校：《紫阳书院志》，黄山书社，2010年，第366页。
③ 许承尧：民国《歙县志》卷二《营建志·学校》。
④ [清]吴甸华、程汝翼、俞正燮：嘉庆《黟县志》卷十《政事志·书院义学》。

名分。明朝歙县人、状元唐皋也曾在紫阳书院就读。淳安赋溪人、进士方椠如主讲紫阳各书院,“门下济济,奖掖后进,必以端心术、植品行为本。故出其门者卒成伟器”。①书院也是推进学人走向全国的平台。清乾隆时,黟县人汪廷榜肄业紫阳书院,时院长赵青藜对他极为看重,指点他:“吾子好学深思,必久与高明者处乃得相资以有成。今江宁钟山书院,江左英杰之士多在焉,子盍往游,以张其学识乎?”于是,经,汪廷榜“乃担簦负笈徒步至金陵”。②

还须指出的是,无论从主导者的理想还是实际成效,书院也在实际上提升了当地文人的综合素养。正如清刘大櫆在《问政书院记》中所言:

> 学也者,所以循序优游,使深入其中而不自觉也。……歙故为人文之薮,而张侯教育之有加,将见士之从事于斯者。识,日以开;行,日以励。性虽有沉浮强弱之异,而一皆范之以平中仁厚。积于其躬,而恭让见于其面。其于贫富贵贱之涂,常有廉耻之防,而不至贪污以苟得。而古今治乱之源,因革损益之变,无不知之明而措之正。其达也,则慈惠及于斯民;其穷也,则自束其躬而无慕于外。其高者,尽性以至命;其下者,犹将致身通显,以为族戚之光。……余观张侯之心,固将使歙人之同归于善,而非徒训诂词章以为进取之阶也。③

其次,是书院讲会风气延续长久。如歙县斗山书院:“前明甘泉湛若水曾讲学于此。……先时,邹守益、王畿皆阳明弟子也,会日讲学,设王文成公像。……康熙九年,知府曹鼎望重建,嗣后随时修葺。每岁……春秋择日讲学会文于此,一名郡城文会。”④嘉靖三十五年(1556),绩溪颖滨书院落成,“我邑文韶葛子、连山张子帅其同志百余人,每月聚讲,以尽修交。开讲之日,首辨朱陆同异。……(我郡)近代讲学,倡自陈白沙先生,躬诣紫阳,聚六邑人士,每岁一会,定有规条。后龙溪、近溪两先生扩而远之,为四府大会,各县轮司,罔敢逾期。我邑未尚有会也。我邑之尚有会,自今日始,每月一会。每季坊乡俱会,置有会田,岁会首二人掌之。彬

① [清]刘世宁、李诗、陈中元:光绪《续纂淳安县志》卷十《人物志·续纂儒林》。
② [清]吴甸华、程汝翼、俞正燮:嘉庆《黟县志》卷十五《艺文志·国朝文》。
③ 许承尧:民国《歙县志》卷十五《艺文志·记》。
④ 许承尧:民国《歙县志》卷二《营建志·学校》。

雅劘切，问难相成。后遇六邑四府之会，各抱所得以往请正大方。华阳自此道风丕振，贤哲辈出矣”。[①] 当然，持续时间长、影响大的当推徽州紫阳书院讲会，至今存世的雍正三年编撰的《紫阳书院志》中还保存了会纪一卷。对于这类活动，当地文人多很重视，如黟县中天书院“大会六邑学者，相与阐明圣道”，霞阜人、邑廪生汪济“值会期，虽病必赴”。[②] 紫阳书院由于无常贮祀田，同人皆裹粮以集。休宁人杨泗祥在《请六邑同学大会紫阳书》中也曾特别提示：“敬邀同志，共订旧规。以暮春为期，以五日为节。携资自给，饮食何碍于箪瓢；释菜以奠，致享无嫌于两簋。”[③] 即便如此，“六邑之宿儒硕彦，负笈踵至，讲书习礼，彬彬乎一如畴昔”。[④]

当然，兴衰无定也是书院的一种常态，即便是徽州紫阳书院，绵延600余年不绝，但教学活动也有中断。明嘉靖知府何东序就在《紫阳书院新置学田记》指出：“前太守彭公、郑公为郡日，选士业紫阳，而以田之所入者给之。其后守郡者，惟春秋祠事一过，不暇开肄，亦不复选生充书院学徒。数十年间，讲堂鞠为茂草，斋舍稍颓塌。”[⑤] 到了清初，歙县人、陕西学使洪琮也因紫阳书院“扬台弗立，董舍无闻”“皋比之位久虚，木铎之权谁主”，而发出《议筑书舍延师讲会启》。[⑥]

学子书房陈设

寓意梅花香自苦寒来的窗格

①[清]清恺、席存泰：嘉庆《绩溪县志》卷十一《艺文志·序》。
②[清]吴甸华、程汝翼、俞正燮：嘉庆《黟县志》卷六《人物志·儒行》。
③[清]施璜编，陈联、胡中生点校：《紫阳书院志》，黄山书社，2010年，第409页。
④[清]施璜编，陈联、胡中生点校：《紫阳书院志》，黄山书社，2010年，第367页。
⑤[清]施璜编，陈联、胡中生点校：《紫阳书院志》，黄山书社，2010年，第364～365页。
⑥[清]施璜编，陈联、胡中生点校：《紫阳书院志》，黄山书社，2010年，第422页。

个别书院还在事实上承担了地方教育类民间善款的管理之责。比如休宁县，每科有意参加乡试者众多，但仍有不少“本邑士子乡试艰于资斧”。嘉庆时，经营于汉上50余年的休宁凤湖人汪国柱“捐金五千二百有奇，呈请申详订立规条，存典生息，以为试资产”。其好友竹林人徐名进“亦乐输五千以继其美”。[①]为保证善款能“垂诸久远”，时任内阁学士的休宁人汪滋畹出面遍告当道，妥立章程，形成《乡试旅资规条》：汪、徐所捐银10250两，发休宁城乡35家典商，“照海阳书院规条，每周年一分二厘行息。所有息银至乡试之年，按季计利，总交司事绅士汇收”。凡“府学、县学，恩、拔、岁、副、优，廪、增、附，附监，到省应试者概行给予盘费”“本籍入学寄居客外均系至省不远，酌给一半盘费”“非本籍入学及由俊秀捐纳贡监赴省应试，均非不足之人，无庸给费”。此项资金的日常主要管理者，即海阳书院的“经管书院董事”。[②]书院在地方教育界中的特殊地位由此可见一斑。

① [清]何应松、方崇鼎：道光《休宁县志》卷十五《人物·尚义》。
② [清]何应松、方崇鼎：道光《休宁县志》卷三《学校·乡试旅资规条》。

第四章　新安江流域近代小学教育的曲折发展（上）

作为民众教育的基石，在近代我国西风东渐的大背景下，基础教育实现了历史大变革：形式上私塾让位于近代小学，教学内容上由适应农业社会需要的简单书算转变为工业化社会背景下的全科知识。与此同时，就读人数、女生比例与学生发展空间等也呈现全新的面貌。

第一节　西风东渐与新安江流域近代小学的发展

一、变革以图强

自清政府遭鸦片战争之败，社会上就偶有反思以图振兴的声音。但是，由于能理性睁眼看世界的人极少，也少有具体建议，未能形成气候。太平天国之役，一批逐渐掌握军政大权的实力派亲见坚船利炮的价值，遂有大兴洋务之举。不料甲午又遭挫败，方引起朝野对国家前途的高度关注。此后，清廷屡遭政局变故，慈禧与光绪也“深念近数十年积弊相仍，因循粉饰，以致酿成大衅”，决意“取外国之长，乃可去中国之短”。光绪二十六年（1900），逃至太原的慈禧，就“下诏求言”。年底，光绪再次下诏文武各员“各举所知，各抒所见”，以备斟酌施行。于是，一批大员纷纷建言。山东巡抚袁世凯十条建议中有崇实学、增实科、重游历三条涉及教育；湖广总督张之洞、两江总督刘坤一会奏的变法自强第一疏有拟设文武学堂、酌改文科、停罢武科、奖劝游学四项；两广总督陶模、广东巡抚德寿上奏请求变通科举。此外，安徽巡抚王之春、御史张百熙等均有奏章论及教育改革。“甲午战败、戊戌政变、庚子拳乱以后，废科举设学堂之议，喧腾朝野”，[①] 即为事实。

既然群臣所请，又非事关核心要政，朝廷的变革决心很快成为一道道指令。光绪二十七年（1901）四月，谕令“照博学鸿词科例，开经济特科，于本届会试前举行”；七月，谕令乡试、会试、生童岁科两考、试差考试、庶吉士散馆、进士朝考、殿试策问“凡‘四书’‘五经’义均不准用八股文程式，策论均应切实敷陈，不得因前空衍剽窃”；又谕令“嗣后武生童考试及武科乡、会试，着即一律永远停止”；稍后再令“于各省会建立武备学堂”，北洋、湖北、山东已办者“酌量扩充”。八月，谕令“各省所有书院，于省城均改设大学堂，各府及直隶州均改设中学堂，各州、县均改设小学堂，并多设蒙养学堂”。同月，谕令各省选派学生出洋肄业，学有成效，可奏请奖励。[②] 当然，地方官员在执行朝廷诏令时，会遇到筹划校址、经费、教员等具体问题。如果“通省学堂同时举办，财力或有不逮”“若必待各府厅州县中小学堂帑足始行开办”，则又有观望迟延之嫌，自然难副朝廷之意。朝廷也体谅地方情形，于十月再次下诏，要求各省仿照山东办法，先于省城设立学堂一所，渐有师资，再行次第推广。自此，原先仅由教会在少数城市零星开办的近代小学，开始逐渐散布于全国各府、州、县级城镇。

二、新安江流域近代小学的出现

与沿海城市相似，新安江流域的近代小学最早为教会所创。光绪二十六年（1900），基督教内地会在歙县的传教士唐进贤（光绪二年，1876 年来此），在府城小北街耶稣堂内开办学堂，自任堂长，教授国文、英语、数学等课程，相当于旧制中学程度。连办两期后，定名崇一小学堂。陶行知、洪范五、朱家治、姚文采、汪采白等都曾就读该校。次年，建德知县尹湘将宝贤书院改设为宝贤学堂。但“维时风气初开，皆易其额而已”，算不上为正式的近代小学。在徽州府，本土性质的小学以光绪二十九年（1903）创办的婺源官立高等小学堂为最早。光绪三十年正月，绩溪仁里在南通经商的程序东兄弟四人在故乡办起私立思诚两等小学堂。次年春，遂安县在狮城台鼎书院开办官立高等小学堂，这是该县第一所近代小学。光绪三十二年（1906）春，淳安知县屠寄在创办的师范学堂内附设两等小学堂；建德县创办建

① 蒋维乔：《清末民初教育史料》，转引自璩鑫圭、唐良炎：《中国近代教育史资料汇编·学制演变》，上海教育出版社，1991年，第1069页。

② 璩鑫圭、唐良炎：《中国近代教育史资料汇编·学制演变》，上海教育出版社，1991年，第4～6页。

北高等小学堂。这是淳、建两县第一所近代小学。寿昌县开办稍迟，光绪三十三年（1907）才设立官立两等小学堂，且数量也少，到清朝覆亡前才有两所。至宣统三年（1911），徽州府六县共办高等小学堂 6 所，两等小学堂 43 所，初等小学堂 78 所，外加初等农业学堂 2 所，合计 129 所。其中，除约 10 所称为官立、县立外，其余为私立、族立、公立（社会团体办），都属民间所办。至宣统三年（1911）底，新安江流域部分县域各年度开办小学数量可见下表：

表4-1　清末新安江流域部分县域近代小学开办数量统计表[①]

年度	歙县			绩溪县			建德县			寿昌县			淳安县			遂安县			小计
	官立	公立	私立	官立	公立	私立	官立	公立	私立	官立	公立	私立	官立	公立	私立	官立	公立	私立	
1900			1																1
1904					1	1													2
1905	1		2	1		2										1			7
1906		1	7	1	2			1					1						13
1907		2	5			1		1	1	1									11
1908	1	1	4	1	1	5									1				14
1909	1	1	5															4	11
1910			3		2	8		1											14
1911		1	3					2	1		1		4						12
小计	3	6	30	3	6	17		5	2	1	1		5		1	1		4	85

说明：1. 办学性质不明的皆归为私立；2. 仅靠官府补助而不收学费者，归为官立；3. 简易识字学堂也归为小学；4. 缺少足够资料证实其存在的，未计。

① 资料来源：歙县教育志编委会：《歙县教育志》，黄山书社，2009年，第131～133页；绩溪县教育志编委会：《绩溪县教育志》，方志出版社，2005年，第48～49页；淳安县教育志编委会：《淳安县教育志》，汉语大词典出版社，1991年，第15页；建德县教育局：《建德县教育志》，内部资料，1985年，第31页。

歙县陶行知纪念馆（原崇一学堂旧址）

绩溪仁里思诚小学堂原址

虽然上表并未涵盖徽、严两府各属县，但依然不妨碍我们得到一些比较有规律的结论。其一，新安江流域新式小学纷纷开办，以光绪三十二年（1906）为起点。徽州六县自此每年都有20来所。其二，同为新安江流域，下游的严州开办新式小学数量总体不如上游徽州多，总数大约是徽州三分之一弱。其三，徽属各县中，私立小学兴办热情高、成效显，而严属各县并无此特征。可见，严徽两州新式小学数量的差距不是因官府认识差异造成的，而是民众认知与经济实力差异的反映，也是明清徽州商人崇文尚学且乐倡义输传统延续的反映。官立小学的主要意义在于示范。其四，徽、严府属各县发展不均衡。严州以建德、淳安为多，寿昌、遂安稍欠。徽州歙县23所，绩溪、婺源各22所，不仅数量较多，起步也早；休宁20所，黟县22所，数量不少，但发展稍迟；祁门只有3所，既慢又少。这都是县域开放程度、民众对新知接受态度与经济实力共同影响的结果。其五，县级主官的态度较大地影响学校开办。如寿昌县学校数最少，与该县知事的不作为有直接关系。宣统元年（1909），寿昌县新任知县已到县年余，居然没有成立劝学所。省提学使极为不满，给予知县记过处分。而该知县竟然继续“饰词诿卸”，并祈求“请免记过”，遭到更为严厉的斥责。①

《奏定初等小学堂章程》规定，“凡初等公小学，其建设、停止，均应禀经地方官核准”。实际上，核准权限通常在省级。如光绪三十四年（1908）皖省提学使对歙县郑村公立师山两等小学堂的立案批文：

①《本司支批寿昌县申复劝学所未办情形请免记过禀》，载《浙江教育官报》1909年第6期，第25页。

该县生员郑沛等创办两等小学，就原有之师山书院改设，即以师山命名，并于郑祠祀产项下极力撙节，每年拨款洋一百五十余元以为师山学堂常年经费，于上年正月二十七日开学，计招学生四十七人。学校分高、初两等，其未入蒙塾者因另为一班，授以蒙学程度，于闾里学务极力振兴，以补地方官力之所不及。办法周详，殊堪嘉尚，应准立案。现今瀛海沟通，五洲大同，东西列强，日出其新，智识新艺，能以与吾族相角。外示武装之平和，内演文化之侵蚀，万弩齐发，集矢亚东，神州古国，势益可危，非急谋教育之普及，牖起人民之智能，不足以发挥内力，遏厥狂澜，奈新政成特别之国民，必有特别之教育。经学者，中国文化之所自出，翘然翼于他国者也。《奏定章程》于小学授课钟点，经学独多他科，厘订具有精心，穷经致用，号曰通儒，正不得疑为迂远弁毛视之。查各学堂送到表册，多于经学不加注重，若不力为矫正，将有斯文道丧之忧。本司窃为此惧，欲整齐教法，统一心志，不得不认真考核，照章厘剔。所有批示各节，仰该县转饬各该学堂职员等一并知照。①

在百余所新式小学中，有少数女子小学值得关注。最早的黟县崇德女子初等小学堂于光绪三十二年（1906）创办。次年，新安中学堂监督许承尧等捐款在徽州府城兴办徽音初等女学堂，借孝贞节烈祠为校址，聘宿儒李子亨之媳任管理，并兼授国文、女工课，其他学科由附近学校教员义务教授。试办一年后，因经费缺乏而停办。光绪三十四年，淳安县人邵鸿烈借用武庙为校址，设立淳安县东陵女子小学堂，一年后停办。宣统元年（1909），歙县端则女校和钟英女子小学堂开办。次年，绩溪仁里创办端本女学堂。宣统三年，严州城区也设立了惠英女子初等小学堂。

新学推广之初，“民瘠则经费难筹，地僻则师资缺乏”是办学者之二难；“生计操作之鲜暇，书籍用品之无资”是就学者之二难。有鉴于此，为辅小学教育之不及，朝廷于宣统元年（1909）底通过《简易识字学塾章程》，规定地方官和劝学总董负责在当地经费宽裕的各类小学堂附设或单设简易识字学塾，招收年长失学及贫寒子弟无力就学者，学制一至三年，每日授课二三小时（或分上半日、下半日、夜班），学生不缴学费，且应用书籍物品，概由学塾发给。章程发布后，仅见建德县劝学所

① 《又批歙县详西乡郑村公立师山两等小学堂呈请立案文》，载《安徽官报》1908年第13期，第30～31页。

总董有开办简易识字学塾打算，但因经费不足，看中了马洲营地租息，上禀省府请求转拨，但未能如愿。[①] 究其原因，还是办学之难并未得到缓解。

三、民国初年小学的发展

民国改元，百事待举。在教育部一月通电各省颁发普通教育暂行办法中，仅明确学堂改称学校，监督、堂长改称校长，并对教科书，读经、体操、手工等科作了原则性的要求。直至九月公布《小学校令》，才对小学的设置、教科与编制、设备、就学、职员、经费及学费、掌管与监督等做了明确规定。根据民国政府的学校系统令，初等小学校四年毕业，为义务教育，由城镇（乡）设立；高等小学校三年毕业，由县设立。并置一处者，名初等高等小学校。校名之前各按经费支持单位加城镇(乡)立、县立、私立等词。民国四年(1915)，将初等小学校易名为国民学校。民国十一年(1922)实行新学制，国民学校再改名为初级小学，易“等”为“级”。又规定高级小学须与初级小学合设，称为完全小学。至此，有关小学的法令才基本完备。

到民国十六年（1927）前夕，新安江流域小学教育得到初步发展。将民国四年（1915）至民国十八年（1929）小学仅做数量上比较，就有下表：

表4—2 1915～1929年若干年份新安江流域部分县域小学数量一览表[②]

项目	年份	歙县	绩溪	休宁	黟县	建德	寿昌	遂安	淳安
校数	1915	36	22	20	21	59	23		
	1916							93	147
	1924								249
	1929	99	60	107	25	163	75	116	

① 《提学司袁奉抚批札饬建德县劝学所该总董禀请拨马洲营地租息充简易识字学塾经费未便遽准文》，《浙江官报》1910年第2卷第35期，第52页。

② 资料来源：徽州教育志编写组：《徽州的小学教育》（征求意见稿），内部资料，1988年，第2页；建德县教育局：《建德县教育志》，内部资料，1985年，第32～33页；王文庆：《令遂安县知事陈与椿：据省视学报告该县学务情形由》，载《浙江公报》1916年第1641期，第5～6页；《视察遂安县行政状况报告》，载《浙江省建设月刊》1929年第21期，第207页；浙江省长公署：《令淳安县知事：据调查学务委员呈报该县学务情形由》，载《浙江公报》1917年第1761期，第9～13页；浙江教育厅：《令淳安县据省视学呈报该县十二年度教育状况由》，载《浙江教育》1924年第7卷第6期，第17～26页。

上表显示，除黟县外，统计各县在此期间小学数量普遍增长很快，尤以休宁县最为典型。更值得注意的是，在清末校数普遍较少的严州属县，进入民国后发展速度大大超过徽属各县，其中淳安尤为突出。而该县在民国五年（1916）省调查学务委员朱章宝眼中，开办学校外部条件并无优势：

淳安地瘠民贫，地方学校经费无从筹措。加以风俗强悍，乡村多聚族而居，而市镇则分派争执，以致学校不能协力合办。此其教育行政上一大困难之点。且县立高等小学校占费太多，致区立国民学校补助费为数甚微，此亦其小学不易发达之一原因也。①

当时所办小学中，私立占多数。民国四年（1915）徽州原属六县的153所（歙36、绩22、休20、祁24、黟21、婺30）小学中，县立、城立、乡立共23所，仅占15%；私立小学130所，占总数的85%。②同年，淳安、遂安全县各有私立初小100、70余所。③唯有建德与寿昌两县情形不同。当年建德县有小学59所，其中县立、区立至少有31所；寿昌则有县立高小2所、县立初小11所，私立初小仅10所。④此后，政府逐渐加大教育支持力度，区立国民学校迅速增加。到民国十八年（1929），徽属六县368所小学中，县立、区立、乡立共154所，占42%；私立、公立小学214所，占58%。建德县“有县立中山小学、女子小学各一所，又初级中山小学七所，区立完全小学四所，初级小学九十三所，私立初级十一所”。遂安县“私立小学全县十六所，初级小学九十八所”。分水县“全县完全小学两所，……其他区立计五十六所”。⑤当然，不少地方（如休宁）所谓的区立小学，大部分经费来源仍为学费，少数学校虽有区乡税收补助，为数也很少。如果不是私人或村族给予经费支持，学校维持是不大可能的。

① 浙江省长公署：《令淳安县知事：据调查学务委员呈报该县学务情形由》，载《浙江公报》1917年第1761期，第11页。

② 徽州教育志编写组：《徽州的小学教育》（征求意见稿），内部资料，1988年，第2页。

③ 淳安县教育志编委会：《淳安县教育志》，汉语大词典出版社，1991年，第16页。

④ 建德县教育局：《建德县教育志》，内部资料，1985年，第32～33页。

⑤《视察建德等县状况报告》，载《浙江省建设月刊》1929年第21期，第205～208页。

歙县呈坎溁川小学堂

乐于兴学者不乏其人，或因愚昧，或为私利，而蓄意阻止、破坏者也不在少数。如民国十二年（1923），寿昌县“一般武断乡曲之辈，因与校长平日稍有嫌隙，竟敢多方攻讦，阻止学生入学，甚至另设私塾为抵制，以致优良教员每不能久于其位”。县知事“带同办学人员亲往查明理喻，犹复执迷不悟，诘其所以，瞠目不能对，显系有意破坏教育”。知事认为，“非加以惩处，将来群起效尤，全部受其影响”。于是，指示拟具《处分破坏教育方法》：凡故意破坏教育、屡戒不悛者，一经查实，立即传讯到县署，每人处以1元以上20元以下的处分金，该款即拨作该校办学基本金，或存放生息，或购置田产。为慎重计，该方法上报请示省教育厅，厅长张宗祥虽然认为“所拟办法系为惩戒破坏教育者起见，其意甚美；所得处分金，以之拨给学校基金，亦属相当”。但顾虑“行政处分无成例可援”，可否准予照行，不敢骤断，乃转呈省长决定。[①]

① 张宗祥：《为转呈寿昌县拟订处分破坏教育方法由》，载《浙江教育》1923年第6卷第10期，第2页。

此时开办的小学中，女子小学仍属凤毛麟角。民国二年（1913），寿昌县教育科长蒋宗干在县知事支持下，在县城筹办女校一所，推举叶采章为外总理，聘请杭州工艺女学校毕业生张志成等为教员。“学生报名者，甚形踊跃”。[①]淳安县第一所女子高小为县立始新女子高等小学校，民国六年（1917）才创办。起因是知县汤国琛有感于“淳安教育素称发达，全邑学校综计不下百数十所，独女子高小尚付阙如”。[②]于是召集教育行政会议，决定在县税教育费项下每年动支700元作为经常费，委任邑人许翔林、宋福贤为筹备员，以旧武庙为校址，招生有二十余名。歙县县立女学创办于民国九年（1920），“其时经费不够六百元，教职员两人，学生廿余人，应用各室几处”。至首届学生毕业的民国十五年，“经费八百元，教职员男女共七人，学生一百余人，应用各室十余处。成绩琳琅满目皆是。有竿头日上之庆”。[③]

清末，旨在为幼年失学者提供补习机会的简易识字学塾方案，在民国初年也得到继承。民国三年（1914）2月，教育部公布《半日学校规程》，同样要求小学附设半日学校，招收12～15岁的年长学生，半日或夜间补习，周课时18节，以国文（12节）为主，另有修身（1节）、算术（3节）、体操（2节）。修业期限原则上为三年。与《简易识字学塾章程》不同的是，半日学校未明确学生是否缴纳学费和自备书籍物品，只是笼统说该类学校“均适用部令关于初等小学校之规定”（城镇、乡立初小“视地方情形，经县行政长官之认可，亦得征收学费”。其后的国民学校学费标准为每月银圆二角以下）。民国七年（1918）遂安县开设的12所私立学校中，除了高小1所，国民学校11所，中洲、南川庄附设夜学2所，[④]就是半日学校性质。其他县份少见。

此时，尚有少数小学为教会所办。民国二年1月，天主教法国司铎谢安东在建德县创办若瑟第一国民学校，“开办以来，成绩斐然，曾禀请县署立案，已蒙批准”。县知事张良楷先后选送该校4名学生到上海徐汇崇德女校等校肄业，并各奖励16元。[⑤]民国七年，美国基督新教美以美会也在休宁、歙县办了4所“明道小学校”。当时杂志有这样的报道：

---

① 《寿昌女学萌芽》，载《教育周报（杭州）》1913年第3期，第20页。
② 《淳安女子高等小学之筹备》，载《教育周报（杭州）》1917年第156期，第25页。
③ 方槐三：《歙县县立女学举行毕业礼致辞》，载《微音》1926年第29～30期，第30页。
④ 《遂安县七年度新设学校一览》，载《遂安教育月报》1919年第1卷第5期，第14～15页。
⑤ 《浙江建德：若瑟第一国民学校》，载《圣教杂志》1917年第6卷第10期，第455页。

> 前美以美会于屯溪地方，设立福音堂，宣布福音，为地方造福。复经丁仁德牧师，及马、贾两先生，延聘方槐三先生，出为组织小学四所，事未匝月，皆已成立。本布道之宗旨，定名曰明道小学校。创设于休宁之屯溪者，名曰屯溪明道小学校，创设于隆阜及潜阜者，名曰隆阜明道小学校、潜阜明道小学校，创设于歙县之岩寺者，名曰岩寺明道小学校。现四校皆已先后开学，到班学生，已共达百余人矣。①

这些教会学校由教会出资，教员除了教士马丁、贾尔斯，多聘请当地师资，如方槐三、程修兹、蔡甫卿、洪希文、胡良甫、程月如、汪礼舆、方俊鉴、谢道生、李朗西。其教育教学活动中，宗教色彩浓郁。如民国八年（1919）11 月 28 ~ 30 日，屯溪明道小学校举行庆祝世界和平会，庆祝第一次世界大战结束，首日大会十项程序中，除了振铃开会、振铃休会外，抚琴、歌诗、祈祷、宣布宗旨、读经、讲演、歌诗、祝福均与宣讲教义关联。次日，联合屯溪、潜阜一带 8 所小学校举行远足纪念，“沿途歌诗赞美，观者如堵”。途中席地休息时，教员程修兹、方槐三“演讲欧战历史，及吾人间接受彼敌国之害”，也强调“今日欧战告终，实归功于上帝”。第三日，“午前在礼堂布道”“晚间照常在礼堂讲道”，而“来慕道者竟倍于常日”。② 此外，该类学校也颇多有走上社会主动传教的活动，如民国八年 5 月，隆阜、潜阜两明道小学校均以休宁梅林为师生旅行（春秋游）目的地，借机布道曰：“同人等百数人沿途奏琴唱歌，宣讲圣道。同时又分出一部分讲员，行个人布道事业。”他们“演讲圣经故事，颇能唤起信仰基督之观念”。③ 此四校约于民国十年停办。此外，民国十八年前后，休宁县城天主教堂内也有一所教会办的初级小学，教员 2 人，学生 28 人，均为男生。

四、渐盛而衰的波折

从民国十六年（1927）到新中国成立的二十二年间，新安江流域的小学教育从学校数、学生数与学校活力等指标综合评判，大致走向是渐盛而衰，其高点约在民国三十一年（1942）前后。这是在全国政治形势大背景下，叠加上当地特殊社会环境而形成的。

---

①《徽州教会学校之组织》，载《兴华》1918年第15卷第12期，第17～18页。

②《屯溪明道小学校庆祝世界和平纪盛》，载《教务要闻》1919年第49册，第18～19页。

③ 怀三：《屯溪美会多人布道之续闻》，载《兴华》1919年第16卷第29期，第21～22页。

南京国民政府成立后，不久就基本实现了国内名义上的统一，政府关注重心也就有可能转向经济与社会建设，小学教育自然也就迎来了新发展的机遇。此一时期，小学教育发展的最重要表现，是上自教育部下到教育局的教育行政管理在加强和规范。民国十七年（1928），大学院公布了《小学暂行条例》，这是对民国五年（1916）教育部公布的修正国民学校令、修正国民学校令施行细则、修正高等小学令施行细则的重大修改。与此同时，教育部公布的《私立学校规程》全面规范了私立学校的开办与运转；《学校毕业修业证书规程》则具体规定了各类学校毕业修业证书的式样、验印、颁发、存根等程序；《乡村小学充实儿童学额办法》则从劝导、免费、假期调整、酌禁私塾、合并办学等方面，提出了充实学额的措施。省教育厅也多有作为，除了办理多种教育报刊外，在制度层面上，不仅有下达，也有创新。如《浙江省各县市设立乡镇初级小学办法》《浙江省各县市设立乡镇初级小学筹备委员会简章》《浙江省整理各县市教育基金办法》《浙江省各县市管理私塾办法》《浙江省各县市管理私塾登记办法》《浙江省塾师讲习会办法》《浙江省改进私塾纲要》等，都是浙江教育厅在较短时期集中发布的，所着力要解决的都是当时影响教育发展的大问题。即便是县教育局，也有创见。如淳安县教育局在民国二十一年（1932）就先后制定颁发了《淳安县中心小学暂行办法》《淳安县中心小学辅导大纲》《淳安县改进区私立小学办法》《淳安县私立小学设立及立案标准》《淳安县小学教职员任免规程》《淳安县小学教职员服务细则》《淳安县奖励小学优良教职员暂行办法》《淳安县补助区私立小学经费办法》，既有上级文件执行的具体化，也有基于对当地教育问题调研与思考后的解决尝试。特别需要指出的，无论教育部还是教育局的文件，都直面问题，言简意赅，篇幅不长，很有操作性，较少“有原则无措施”，或“上下一般粗”，或“层层加码”的官样文章习气，这与当时高层教育行政部门主官多数是教育界精英有密切关系。

毋庸讳言，普通小学教育既有成效，也还存在问题，根子还是主管的行政机关作为不够。民国十八年（1929），安徽省教育厅督学叶明辉视察休宁教育，认为教育局局长胡开元“人尚笃实”，但“办事不免敷衍”，不惟“局中各项图表亦嫌缺乏”，就连教育经费稽核委员会也“迄今未正式开会”。[①] 且该局长在呈报省厅的民国十七

①《训令休宁县改进教育》，载《安徽教育行政周刊》1930年第3卷第3期，第16页。

年全县教育经费决算及次年预算时，表册多有遗漏、含糊之处。在“现厉行义务教育之际”，居然在民国十八年预算中，并无筹设一所初级小学之打算，难怪省厅严厉指斥：“该县初等教育之不发达，已可概见！”① 民国十九年（1930）省督学卢绶青巡视建德县，发现该县县长蒋震龙虽然曾在教育界服务多年，对全县教育尚能悉心计划，但“对于教育行政人员之监督，殊嫌放任”，其结果是教育局局长对全县教育无切实改进计划；县督学对于各校的指导“似欠切实”；局内事务员不明白规定的办事细则，甚至上午九时尚无一人到局办公；教育图表仅有民国十三年的学龄儿童统计表2幅。“全局精神，散漫已极”。②

民国曾办小学的歙县英坑黄氏宗祠内景

这一时期，小学数、学生数攀升的主要因素是短期小学的设立。民国二十二年（1933），教育部制定的《小学规程》规定，为推行义务教育，各地要设立简易小学及短期小学。其中，简易小学招收不能入初级小学的学龄儿童，其修业期限，以授

①《休宁县教育局呈送教育经费预算及决算书》，载《安徽教育行政周刊》1930年第3卷第2期，第53页。
②《令建德县政府：令发卢省督学视察该县教育状况意见》，载《浙江教育行政周刊》1930年第2卷第6期，第18页。

课时间折算，至少2800小时。短期小学招收10～16周岁的年长失学儿童，修业期限为一年，以授课时间折算至少540小时。民国二十四年（1935），教育部按照国民党中央执行委员会的《实施义务教育标本兼治办法》，制定了《实施义务教育暂行办法大纲施行细则》，规定学龄儿童除入普通小学外，在实施义务教育第一期内（1935～1940）应受一年短期小学教育；在第二期内（1940～1944）应受二年短期小学教育。短期小学可独立设置，也可于普通小学高等学校或公共机关附设短小班，可灵活上课，每天3～4小时，课程为国语、算术、公民训练及体育（二年制为国语、常识、算术、工作、唱游及公民训练）。各县实际落实进展不一，如休宁在民国二十二年（1933）已遵专员公署指示成立了40余所简易小学，而黟县直到民国二十五年才开始举办短期小学，到年底成立了12所。据民国二十四年统计，歙县有短小15所，学生740人；绩溪县有15所，学生676人；淳安县有34所48班，学生1947人；遂安县27所35班，学生1421人；建德县有9所28班，学生1062人；寿昌县有4所10班，学生400人。

与普通小学一样，由于各地经济等发展差异很大，短期小学的开办质量也参差不齐。民国二十五年（1936），安徽省视导员蒋景月巡视休宁县教育，认为该县山培短小成绩优良；西村短小校舍宽敞，教学勤勉；阜滩短小校长居振声“教学勤恳”；冰塘短小校长张杰夫“处匪警区域，尚能照常教学”；新塘短小教学中应用图画引导学生阅读，儿童兴趣浓厚。同时也指出，除钗坑等少数短小学童众多外，其余短期小学学额多不满足，汪塘圩、青山两校尤少，“均应遵照强迫入学及缓学免学办法，酌量招生施行二部教学，以广义务”；万安短小附设于徽州中学附小内，实际上与普通班教学相同，短小仅有其名；博村短小校旁有空地，未能利用为运动场；率溪短小教学方法尚欠研究，课表安排上下午劳逸不均；藏溪短小算术教学不知使用教具，效果不佳；私立崇本初小短小班“无专人负责，且设备毫无”。[①] 总体情况不佳，其他县份也大体如此。

民国二十三年（1934）起，徽州还存在一种“特种教育”，即由国民党军事委员会南昌行营在“特种区域”（工农红军活动频繁的赣、闽、鄂、豫、皖五省）设立的

① 刘镇华：《训令休宁县政府指示核县教育亟愿改进各点》，载《安徽教育周刊》1937年第99～100期，第24～25页。

中山民众学校，计有歙县、绩溪各3所，休宁4所（后增至6所），黟县、祁门各4所（后减至各3所）。学校设成人班、妇女班与儿童班，实行管教养卫合一，目的在“纠正民众思想，增进农村生产，训练地方自治”。其经费由南昌行营和中英庚款董事会拨付，校长由省训练后直接委派。民国三十年（1941），随着新县制的实行，中山民众学校并入国民教育。

民国二十六年（1937）全面抗战爆发，新安江流域的小学教育似乎没有因战争而滑坡，反而是持续上升。主要原因有二：一是该地区是山区，抗战期间没有沦陷，外来流亡人口急剧增多，适龄学童数量上升。同时，当地旅外人士纷纷返乡，其中一部分人投身教育，兴办或参与执教小学。如歙县，民国二十八年（1939）小学数由上年的128所增加到215所，在校生由4915人猛增到16310人；二是抗战进入相持阶段后，政府也将部分精力转向社会事业发展上，推行强迫义务教育有一定成效。民国二十九年，国民政府颁发《国民教育实施纲领》，实行政教合一的教育制度，将原有普通小学、义务小学、短期小学等，一律改为乡（镇）中心小学和保国民学校，各设小学部与民教部（分成人班与妇女班，一般办夜校），镇、保长兼校长，将国民教育、义务教育与民众教育合而为一。在推进普及教育进程中，各种社会资源都被充分调动。民国三十二年（1943），淳安县颁布《淳安县乡镇强迫入学委员会组织通则》，规定各乡镇强迫入学委员会组成人员为乡镇长、乡镇公所文化组主任，中心学校校长、教导主任、民教部主任，保长、保办公处文化干事，保国民学校校长，另聘请本地热心教育的社会人士1～3人。委员会主要职责是关于本乡镇失学民众及学龄儿童的调查统计、劝导入学、编派及免缓入学审查、辍学缺课处分等事宜。[①]随着抗战胜利、国共战火再燃，国民政府统治下社会多年积蓄的各种矛盾集中爆发，新安江流域小学教育也迅速衰落。这一时期，各县小学教育发展状况可从小学数量变化中感知一二。

① 沈松林：《令各乡镇公所中心学校：淳安县乡镇强迫入学委员会组织通则》，载《淳安政情》1943年第5期，第3页。

表4-3 1934~1949年间新安江流域部分县份小学及小学生数量统计一览表[①]

年份	项目	歙县	绩溪	休宁	黟县	淳安	遂安	建德	寿昌
1934	学校数	110	87	103	26				
	学生数	4868	4219	4461	982				
1935	学校数					230	235	133	
	学生数					8338	11296	5644	
1942	学校数	279	90	191	64				
	学生数	23050	5600	15900	3750				
1944	学校数					301		141	95
	学生数					15881		7315	5960
1947	学校数	352	101	253	43	328			
	学生数	22937	6649	16378	4207	18584			
1949	学校数	219	181	119	28	334		89	74
	学生数	11394	6760	6176	1681	17185		4268	4028

在这一时段，小学教育变化还反映在官立与私立小学的比重上。民国二十一年(1932)，歙、绩、休、黟、祁、旌六县县立与区立小学91所，占总数的22%；私立小学319所，占总数的78%。民国二十九年（1940）改乡（镇）和保小学后，私立小学比重急速下降。民国三十一年，绩溪、休宁、歙县、旌德四县共有小学649所，其中私立小学20所，仅占3%。此后有所回升，1949年4月，休宁（含屯溪）、绩溪、歙县、黟县共有小学573所，私立小学有64所，占11%。在私立小学中，许士骐创办的歙县私立行知小学影响最大。民国三十五年（1946），许士骐回到阔别十年的家乡，“直接感觉的，内地生活普遍的贫穷和教育的低落，失学儿童，比比皆是。我们自认是教育界一份子，当然负有如何普及教育的责任”。为完成陶行知普及教育计划，许士骐决定在故乡创办一所小学。他提出“惠而小费，利他无损于己”的原则，推行“每人捐助一万元扩大运动”，筹集1000万元作为创校基金。首先在歙县

① 资料来源：徽州教育志编写组：《徽州的小学教育》(征求意见稿)，内部资料，1988年，第7页；淳安县教育志编纂委员会：《淳安县教育志》，汉语大词典出版社，1991年，第18页；建德县教育局：《建德县教育志》，内部资料，1985年，第34页。

得到了县长、县参议会议长，以及凌集机、鲍泳松、方晴初、徐溥人等人支持。回沪后，发动歙县同乡会同仁捐助。很快，曹叔琴募捐100万元，刘紫垣独捐50万元、募捐250万元，上海漆业公会理事长王杏滋捐助100万元，江阴人、上海大中纺织厂经理吴文政厂内募捐100万元，上海人、中纺公司第七厂厂长陆绍云募捐55万元。[①]基金筹集达800万元后，随即成立校董会，许士骐任董事长，章载功、孙维嵩、张国良、项厚轩、柳戟门等任董事，并设立歙县私立行知小学董事会驻沪办事处。民国三十六年（1947）7月18日，在歙县上路街许士骐祖屋先行开学，招收一、二年级各一个班，不收学生费用，赤贫子弟还可接受部分资助，学校深受穷苦民众欢迎。

此外，歙县在民国三十三年（1944）创办了义养学校，专门招收失学儿童入学，有学生163人。各地还有几所教会学校，如民国三十一年天主教会在歙县城关天主教堂内创办私立弘光小学，男女分班教学；天主教会在屯溪天主堂创办的私立天山完全小学，美国圣公会在屯溪柏树创办的私立进修完全小学，规模都达到三四百人。天主教会在黟县城内麻田街创办的天主堂小学、在绩溪城内天主堂创办的私立天岑初级小学，学生则仅有四五十人。这些小学虽然数量不多，但属其他类别，也能反映社会的某一侧面。

第二节　小学教育经费与设备

一、小学经费来源的主要渠道

经费是教育发展的主要基石。清末《奏定初等小学堂章程》《奏定高等小学堂章程》对举办初小、高小诸多方面规定明确，却对小学办学经费来源未设专章专条。概括分散各处的相关内容，大体可见四种形式：一是筹措官费，二是原有义塾善事经费，三是赛会演戏之类无益之费，四是个人捐献。其实，1949年之前，新安江流域小学办学经费问题比较复杂。

半个世纪中，官费占比逐渐上升。清末，由官费设立的小学数量很少，其意义

---

① 许士骐：《创办歙县行知义务小学》，载《生活教育通讯》1947年第23期，第2页。

在于“以为模范”。而官费来源，依然是地方政府掌控的各种捐税。歙县官立两等小学堂，以宾兴、征信册费、肉捐、水碓捐为支持。休宁官立高小就海阳书院改设而成，以书院宾兴、田租、盐捐为常年经费。黟县官立高小，以碧阳书院田租、房租及考棚费为来源。绩溪官立高小依东山书院改设，以书院田租、宾兴为经费；官立两等小学堂则就考棚改设，以盐典捐税、书捐及知县捐廉为常年经费。淳安县官立两等小学堂在校士馆基础上改建，遂安则在台鼎书院创办官立高等小学堂。建德高等小学堂经费，主要取之于社田租谷、柴炭等捐。

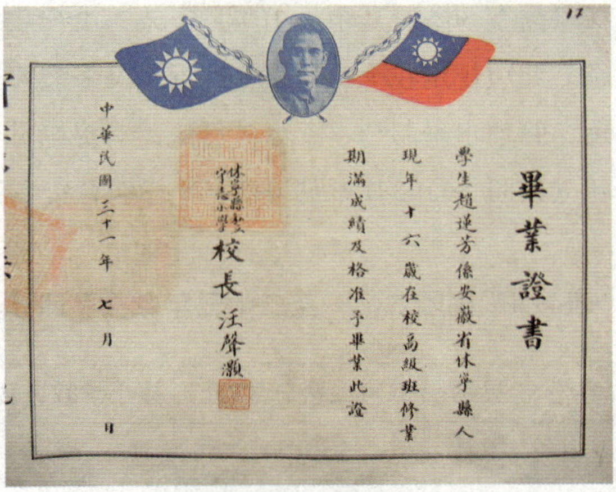

1942年休宁私立守志小学毕业证书

进入民国，教育部公布的小学校令专设了“经费及学费”一章，首先明确了小学经费主要支持“设备费及维护费”“职员俸及其他给予诸费”“校内杂费”，也规定县立高小经费由县经费支给，城镇、乡立小学校经费由城镇、乡或学校联合负担。但是，民国县级政府从财力看，与清末没有什么区别，根本不能支撑太多小学的支出。民国二年（1913），歙县分划学区，县城与东、南、西、北乡各成立一所县立高小（其中南乡2所），共6所，其经费由丁漕项下附加税内开支，每校每年只能提供700元。[①] 民国八年（1919），遂安县全年教育费才4300元，支给县教育会补助费360元、劝学所经费780元，县视学薪金408元后，县立台鼎高小、县立贞文女校各只有1000元和400元。[②] 民国十二年（1923），淳安全县教育费9680元，其中，须支给教育局1128元、学务委员360元、演讲所384元、通俗图书馆336元、阅报社122元、巡回指导员336元，剩余7014元中，安排给县立各校3624元。[③] 尴尬的是，如果出现变故，学校停办都随时可能出现。民国二年（1913）秋，因二次革命，安徽“倪

①《歙县教育近况》，载《教育周报（杭州）》1915年第78期，第23～24页。

②遂安县公署：《令抄发省视学查报遂安县教育状况报告书仰转知遵照由》，载《遂安教育公报》1920年第2卷第3期，第2、3页。

③《令淳安县据省视学呈报该县十二年度教育状况由》，载《浙江教育》1924年第7卷第6期，第20页。

都督令各县停办学务，以学款移办团防”。电令抵歙，各校陷入忙乱。幸而县议会与教育会商议后，急电“以歙邑并无匪乱，各校均开学上课，未便中辍，请示照常办理”。后获准各校续办。次年，歙县议会停止运作，省府又指令提解地方平余、地方附税减留三角，使县级财力迅速困乏。除了各学区高小竭力维持外，原先以每银一两附加洋一角，由各自治公所支配的补助初小经费，都未能如数支付。

民国十一年（1922），安徽全省教育行政会议议决以厘金、烟酒税、田亩税、牙帖税、屠宰税、不动产登记税等6项为义务教育（初小4年）专项经费，各以按成（屠宰30%，其余为10%）方式，由征收机关（前2项）和县政府（后4项）带征。此项规定在一定程度上保证了义务教育有了基本经费保障，但因税源、征收力度、管理水平制约，不少县份依然有捉襟见肘之感。如民国二十一年到民国二十三年（1932 ~ 1934）歙县等四县小学教育费在各县教育经费中的支出情况，列表如下：

表4–4　民国二十一至二十三年歙县等四县小学教育经费支出及拨付占比一览表①

年份	县别	教育经费总额（元）	拨小学教育费（元）	小学教育实支额（元）	拨付占比（%）
1932	歙县	30160	8840	53651	16.5
	绩溪	17877	6223	31428	19.8
	休宁	27035	9600	41788	23
	黟县	12612	3920	12889	30.4
1933	歙县	25492	6840	52200	13.1
	绩溪	17658	6223	33427	18.6
	休宁	27791	9450	44839	21
	黟县	12180	2700	11037	24.5
1934	歙县	31520	9480	47000	20
	绩溪	16801	5603	36429	15.4
	休宁	28091	9450	40595	23.3
	黟县	10288	1900	7917	24

① 徽州教育志编写组：《徽州的小学教育》（征求意见稿），内部资料，1988年，第112～113页。

上表显示，各县拨付小学教育费在各县小学实际支出经费中所占比重都较低，最多不过四分之一强，小学实支经费的70% ~ 80%，须依靠私立小学（含少数县立小学）自筹。这样的情形几乎延续到1949年。淳安县情况也基本类似。按省财、教两厅规定，短期义务教育经费需县政府从自治户捐中自筹。民国二十五年（1936），该县设立短期义务小学28所，短期义务班44班，所需教育费为2666元。经县义务教育委员会议决，“在自治户捐项下带征一成二”。①

清末，也有个别县立小学经费不敷，主办者试图通过政府之手，以扩大捐税来源来减缓压力。光绪三十三年（1907）创办的建德县高等小学，每年县支1200元，不足部分由主办绅士蔡汝榕、谢怀瀛暂垫。次年，蔡汝榕等禀请援引丽水等县成案，“征收契捐，每银一两带捐钱二十文”。省提学使批示：“此捐虽为数尚轻，又系出自置产各户，似乎无碍”。但“如何杜绝弊害，毋使胥役藉端多取，贻累乡民”，需要详议，明定章程，再行核夺。②宣统二年（1910），遂安劝学所请求抽收茶捐，并尽收当年学租。省提学使也以“筹办学捐必须禀由地方官察夺情形、通详核准，方可照办”为由发回该县。③可见，对于开征新捐这样的诉求，无论县还是省，都极为慎重。毕竟，为解决并非十分紧要的教育之困，而牺牲地方个别群体的利益，引发负面影响的可能性很大。

进入民国，各地为争取小学教育经费而希望加捐的事例较为普遍，能否如愿，也不一致。除了政府态度，还看地方有关势力是否配合。民国十二年（1923），为弥补推广小学经费不足，休宁县奉教育厅令拟征收香烟捐。次年，县教育行政会议决定该捐征收比率为烟售价的2%，主要用于开办屯溪高小、补助海阳初中，以及酌拨女子高小。烟商认为过重，教育行政会遂减至1%，也未谈拢。此后三四年，教育行政会甚至再减至七厘、六厘，烟商也未妥协。教育局于是呈请县政府鉴核并转省厅备案。县长虽然也认为“教育经费不敷挹注”，征收香烟附捐，“于烟商取之甚微，于教育裨益甚大”，但未裁决，而是转呈省厅鉴核。省厅却以“该案前经财厅咨复以‘事关增加人民负担，曾否经绅商各界一致赞同，未据声叙，仰切实声复，以凭核夺’”

① 方引之：《为带征自治户捐以充义教经费布告周知由》，载《淳安县政旬刊》1936年第11期。
② 《本司支批建德县请援案筹办契捐以济学费禀》，载《浙江教育官报》1908年第1期，第3页。
③ 提学司袁：《批遂安劝学所请抽收茶捐并收今年学租由》，载《浙江官报》1910年第2卷第2期，第13页。

为由，要求“切实具复来厅，再行核办”。一切又回归起点。[1] 无奈之下，休宁县再向省政府呈请征收茶税附加（每担两角）为县教育经费，得到批准。[2] 民国十九年(1930)，遂安县因教育经费缺口达2000余元，加上旱灾、虫灾相继，学租与田赋歉收亏短，严重影响新教育推进，经县教育委员会商议，加屠宰教育附捐，每头猪加征二角，获省财、教两厅批准。[3] 次年，该县再次拟对苗猪加征学捐，亦获省厅同意。与此同时，淳安县为筹集经费，以肉斤加价呈报省厅，也蒙获准。

需要注意的是，县级教育部门虽争取经费不遗余力，也并非完全为全县教育计，而是更着眼于靠其支给的县立学校。民国八年（1919），休宁县二十都桃林创办岭南国民学校，除县署每年补助费60元，学费收入（人均每年3元）是主体，另张佑户捐助公有林三成受益及桃林堨木排捐作添补。但次年经费就显紧张：学生50人，因“地方苦瘠”“人民素称野蛮”，又上年受米贵、风灾影响，学费大半无力缴纳；外运木头不多，排捐不旺；公有林佃户违抗不缴。虽省厅两次饬令县署提讯追索，也无结果。该乡保卫团团总张振銮私人筹款暂垫，也非长久之计。[4] 校长汪鸿万般无奈，以“校中经费奇绌”，援照《国民学校令》第四十二条“县知事认为自治区财力，于担任前条所列之经费有未足时，应由县予以补助”之规定，于民国十年五月、十一年二月两次请求省厅饬令县府在地丁附税或储存自治费项下，每年拨付660元以资维持。但省厅给县知事的训令中，也仅是“仰该知事查核办理”，而县劝学所王所长甚至在呈复中还对校长汪鸿“冷嘲热讽”，[5] 都是因为县级教育行政机关没有承担国民学校办学经费的义务。

出私财兴学以利公众，在我国传统社会处处皆有，在明清时期的徽州则更为普遍。不唯拥有丰厚家资、素有善心、认同文化者众，还因当地有褒扬善举的良好社会生态。当新学在我国出现，特别是政府公开提倡后，无论徽、严，第一批新式小学中，私立占据“半壁江山”。进入民国，私立小学开办势头不减，政府适

---

①《休宁县请抽香菰捐作教育经费》，载《安徽教育行政周刊》1928年第1卷第2期，第16～17页。

②《休宁县请征收茶税附加为县教育经费》，载《安徽教育行政周刊》1928年第1卷第5期，第37页。

③ 钱永铭、陈布雷：《令遂安县政府：准省府秘书处函送关于该县请加屠宰教育附捐议决案仰遵照由》，载《浙江省政府公报》1930年第968期，第20页。

④《令为该县乡立国民校请饬将经费改由县款担负由》，载《安徽教育月刊》1921年第41期，第21～22页。

⑤《奉省令据休宁岭南国民学校代电请饬转令该县筹拨款项以维学务由》，载《安徽教育月刊》1922年第50期，第10～11页。

时出台褒奖条例助力不少。民国二年（1913）七月，教育部颁布《捐资兴学褒奖条例》，规定凡民国元年以后以私财创办或捐入学校等有关教育事业 100 ～ 10000 元者，按捐资额度分成 7 等，各奖银色褒章（分三等）、金色褒章（分三等）和匾额。民国五年（1916）浙江省教育厅发布《地方兴学人员考成奖励条例》：劝学所长、劝学员，自治职员、学务委员兴学有功，可由县知事呈请省厅给予奖励。奖励分三等：一等匾额，二等金色或银色奖章，三等褒状。民国二年（1913），遂安县殿边士绅方大坤创设殿边两等小学校，“其建造讲堂寝室，规模宏大，灿然可观，所有不敷之款，均系该绅独任，不假助于他人”。至民国五年，共垫资 2443 元。民国六至八年（1917 ～ 1919），又垫入 770 元。先经知事上呈，获金色三等褒章。民国十一年（1922）再经教育部同意，获“敬教劝学”匾额一方。[①] 民国六年，遂安县士绅余学海捐资兴学，奖励也获省长公署核准。民国七年，建德县程筠、蔡贤兴学有功，被省长公署各奖银色三等褒章。[②] 次年，该县叶秉忠又获银色二等褒章。[③] 歙县南二镇竹溪小学校长吴甲三，先捐助校款 300 元，民国六年（1917）秋，“因校用支绌，又捐助增办校具及职教员薪金等项共二百一三元有零”。校董会潘恒性、吴亮清等呈请省长表彰，获得批准。[④] 民国十年（1921），绩溪县曹功枚、曹诚忠因各捐助萃升高等小学及国民学校 300 元，[⑤] 歙县洪学诗捐资助学，[⑥] 均被省府授予银色二等褒章各一座。民国十一年，休宁张光裕祠捐资 200 元，获省府颁发六等褒状，张振銮、汪鸿获银色二等褒章各一座，张克箕、余荣、汪江氏获银色三等褒章各一座；[⑦] 歙县人张逢棣捐资兴学，获银色三等褒章一座。[⑧] 歙南王村苏铎于宣统二年（1910）创办养正、四民学校，他辞世后，其子苏息于民国二年接任四民国民学校校长职，五年中捐助学校银 758 元；民国八年接任养正国民学校校长

---

① 浙江教育厅：《令遂安县奉省令准教育部咨方大坤捐资兴学准汇案补给匾额令县知照由》，载《浙江教育》1922年第5卷第4期，第19页。

② 浙江省长公署：《呈一件呈为建德县民人程筠等捐资兴学请给奖由》，载《浙江公报》1918年第2191期，第16页。

③ 浙江省长公署：《呈一件呈建德叶秉忠捐资兴学请核奖由》，载《浙江公报》1919年第2696期，第10页。

④《为呈报竹溪小学校长吴甲三捐赀兴学并送事实表请核转给奖由》，载《安徽教育月刊》1919 年第19期，第63～64页。

⑤《令为呈送该县捐赀兴学人曹功枚等事实清册请核奖由》，载《安徽教育月刊》1921年第48期，第38页。

⑥《令为呈送捐赀兴学人洪学诗事实表请核奖由》，载《安徽教育月刊》1921年第48期，第39页。

⑦《奉省令发休宁县捐资兴学人汪鸿等执照褒状仰转给由》，载《安徽教育月刊》1922年第53期，第8页。

⑧《奉省令发歙县张逢棣兴学褒章由》，载《安徽教育月刊》1922年第53期，第9页。

职务，两年内又捐助该校洋399元；获金色三等褒章。[①] 民国五年（1916），歙县人张逢吉开办继志义学后，又任私立留余国民学校校长。该校办学经费不敷，他慨然捐资304元。民国九年底，又捐26元“以济经常使用”。后又因“船户辈抗捐不纳，校务困难”，再捐银200元“以济属校教职员薪水使用”。该校首届学生毕业在即，成绩尚优，他再捐银120元“预为附设高等筹备使用”。更为难得的是，他捐资350元在蕉源设立分校，“推教育之普及，造福儿童”。五年间共捐资1000元，两次获得省政府的兴学褒奖。[②]

呈请褒奖的途径有两种：一是地方绅士公荐。如歙南三十四区六段公立荷池作新国民学校教员方堃，自民国六年至民国十年（1917～1921），共捐入校银币373元。当地商人汪振仁、汪福章也于民国十年各捐入作新学校、鲤山国民分校银币各120元，“以充经费”。当地士绅于是公呈予以褒扬。[③] 二是省督学视导时发现并报告。民国十八年（1929），安徽省督学陈锡芳视导休宁，发现“私立守志初级小学，由寡妇汪胡玉捐资创办，不收学费，所聘教员均尚勤恳称职。并拟购地建筑校舍，殊属难得。……私立义务第一初级小学，由校长陈昶、校董许秀章捐资设立，学生经挑问课业，尚能回答”。乃请求省厅“传令嘉奖”。[④] 除了捐资者外，劝学有功者也可接受奖励。民国九年（1920），建德县前劝学所长钱琦，劝学员胡丰锡、王嘉禾，依据省《地方兴学人员考成奖励》办法，获得三等褒状。[⑤]

一些私立小学捐资者的创校目的，也有了不同于旧时的认识。他们常有在外地从事工贸活动的经历，不仅资产有盈余，眼界也开阔、心胸更宽广。休宁十四都潜阜人吴志仁，服务于南通大生纱厂，经年“往来江浙，久沐文明，悉其青年进化之速，端由教育发达之功”“目击梓桑，望尘莫及。揆厥原因，殆由吾休僻处万山，风气较塞，加之民贫地瘠，学款难筹，以致教育进行殊形濡滞”。惜“年来曾有热心之士慷慨输赀，嘉惠后进，而涓涓滴水，所济无多”。于是在民国十年正月，捐资于故乡创设私立

① 许世英：《咨据教育厅呈送歙县捐赀兴学人苏息事实表请咨部核奖由》，载《安徽公报》1922年第1184期，第2页。

②《令为呈复查明歙县捐赀兴学人张逢吉事实请核奖由》，载《安徽教育月刊》1921年第45期，第13页。

③《呈一件呈为方堃等捐赀兴学恳予转请褒奖由》，载《安徽教育月刊》1921年第48期，第81页。

④ 安徽省政府教育厅训令：《训令休宁县改进教育》，载《安徽教育行政周刊》1929年第2卷第40期，第25页。

⑤ 浙江教育厅：《令建德县令发前劝学所长钱琦等三员办学出力褒状给领具报由》，载《浙江教育》1920年第3卷第9期，第5页。

裕德国民学校，校长由其毕业于江苏省立七中、沪滨英文专修科的长子吴德尧担任。省教育厅不仅肯定吴志仁“热心兴学,殊属可嘉”的义举,还指令县知事“核予备案”。该校拟定的办学简章规定：

一、定名：本校系个人捐资创设，爰定名为私立裕德国民学校。

二、宗旨：注重儿童德育，及生活上必需之智识技能。

三、学额：暂定四十名。

四、年龄：七岁至十二岁，年长失学者酌量从宽。

五、学科：修身、国文、算术、体操、手工、图画、唱歌。

六、修业年限：遵章四年。

七、学费：概免。

八、校址：休宁十四都潜阜。

九、经费：开办费及常年费均由个人独捐，不另筹款。

十、附则：本简章所有未尽事宜，随时得增改之。[①]

当然，私立捐助创建的小学也有相当比例因后续资金无法持续提供而出现困难，甚至停办的。歙县公立湖田崇正高等小学堂开办后，起初的认捐者借故拖延兑现，学校面临倒闭。学台批示：“所认各捐，既已节经详报在案，事关兴学要需，自应照数追缴。”[②]歙县西乡棠樾龙山两等小学创建后，主办者鲍良栋不幸病故，职员鲍荪上禀“自请退办，校事难以维持”，学堂解散。但随后“职员鲍荪禀称，有保甲董事鲍伦煌前已攘取祠租,去年五月间又复纠同多人将该职员横加殴辱,凶蛮异常。……事后因祠租无着，该校遂致解散”。[③]且不论鲍伦煌是否得到县令庇护，是否有豪夺祠产情节，鲍荪因资金链断裂而解散学堂终是事实，且资金筹措困难实与村族矛盾相关。

将地方部分公产收益转作兴学之用，也非轻而易举。因为资产权利所有者对教

①《令为该县公民吴志仁捐资设立国民学校并拟具简章请予备案由》,载《安徽教育月刊》1921年第37期,第36～37页。

②《学台批歙县申送各学堂八项表文》,载《安徽官报》1908年第13期,第13～15页。

③《又批歙县申报西乡龙山两等小学堂现已解散文》,载《安徽官报》1909年第55期,第44页。

育意义的认同颇有差异，且时常与各类矛盾交织，除非主事者掌控能力极强。清末各地的毁学事件，很多就与办学经费相关。同样，各级官员对此也颇为慎重。宣统二年（1910），建德县胡梦贤等“禀提寺产助学”。省提学使认为：“简易识字学塾虽实紧要，以寺产拨用，亦必僧民允协，方为正办。”但核察上报各情，“迹类觊觎公产，假学混争”。于是批示建德县“督同劝学所查明该庄董是否实心为学”，且“所称有学生四十三名，果否属实。已否领用颁发部定课本，该寺住持确否有不良行为，一并禀复察夺”。① 同年，建德县钱铭等人禀请开办小学请予立案，其中涉及动用地方消防专项，提学使也提醒道：“以零星无主及地方公项产屋提办初等小学，虽属出自公众允协，而水龙一项，关系善举，亦未便遽使消灭，姑准暂行提用，俟筹有的款，即行归还。”②

一些传统书院、文会曾有一定资产，多以学田形式保管。新学兴起后，很多学田转而成为私立小学的经费来源，但往往被操控在少数士绅手中，或被肆意侵吞，或受益面狭窄，且时起纠纷。民国十七年（1928），安徽省教育厅派员到各县清理教育经费，将所有书院学产、文会、文约资产归县教育局统一管理，以利全县各项教育事业发展。清理工作遇到不少阻力，推进速度极为缓慢。休宁县教育经费在未清理前，每年约7700元，清理后仅增加402元。而海阳书院学产丰厚，若移交教育局保管后，每年可增加3000余元。对于经费支绌的休宁教育，当然极为可观。但是，掌握海阳书院学产的少数地方绅士拒不移交，尽管省教育厅严令休宁教育局“应即严令该校校长限期移交，毋任把持”，③ 效果也不明显。建德县“教育经费来源，万分竭蹶。小学校长索薪，迫于星火。改进计划如清理学田、合并区款等事”，也“固难实行”。④ 经过几年努力，教育经费才勉强统一，县级经费收入才有所增多。

对于学费的规定，随着小学教育规模逐渐扩大而变化。清末《奏定初等小学堂章程》《奏定高等小学堂章程》未有学费征收的规条。民国元年教育部公布的小学校令，规定城镇、乡立初等小学校原则上不征收学费，但“视地方情形，经县行政

---

①《本署司袁批建德胡梦贤等禀提寺产助学由》，载《浙江教育官报》1910年第32期，第126页。

②《本署司郭批建德县详钱铭等禀请开办小学请立案由》，载《浙江教育官报》1910年第41期，第155页。

③《训令休宁县改进教育》，载《安徽教育行政周刊》1930年第3卷第3期，第16页。

④《令建德县政府：令发省督学视察该县教育状况报告仰分别遵照由》，载《浙江教育行政周刊》1931年第2卷第46期，第5页。

长官之认可，亦得征收学费”。此后，入学缴费成为各地非县立小学的常态，并逐渐成为这类小学维系生存重要的经费支柱。在推广义务教育的过程中，学费或许不收，但杂费则不能缺少。民国三十二年（1943）第一学期，淳安县政府规定，全县乡镇中心小学、国民学校学生学费免收，杂费标准为高年级 20 元、中年级 15 元、低年级 10 元，体育卫生费为高年级 6 元、初级 4 元。①尽管此外不得征收其他费用，但对于普通民众来说，杂费也是一笔不小的负担。

二、县、校经费的困难与应对

总的看来，20 世纪上半叶新安江流域小学教育经费筹措始终处于艰难之中。从县级层面看，民国五年（1916），淳安县教育经费收入县税项下小学费 6800 元，盐捐 200 元，油车捐 100 元，茶捐 500 元，学租 300 元，共收洋 7900 元。其支出中，县立高小 2600 元，区立高小特定补助 400 元，前学务委员公费 504 元，县视学公费 408 元，讲演员公费 384 元，提解省立师范讲习所公费 1141 元，共支洋 5437 元。两抵后存洋 2463 元，均分作各国民学校之补助。②同年，寿昌县全年教育费支出仅 3138 元。③民国十八年（1929），歙县教育经费收入预算 17900 元，支出预算 16800 元，看似有所结余，实际却是入不敷出：茶捐预算 1800 元，因朱老五火烧屯溪，仅收入 250 元；戏捐预算 800 元、珠兰花捐预算 450 元，实收寥寥；水碓捐 400 元，收缴也困难重重。以至于“该县各学校本学期开学日久，经费积欠已及三月。”④休宁县“商务繁盛，物产丰饶，而教育经费尚仅数千元。”省教育厅长亦训令县长即行征收义务教育四项附捐，“设法力图扩充，以期教育进展”⑤。民国二十九年（1940），教育部颁布《国民教育实施纲领》，乡（镇）设中心小学，保设国民学校，几乎所有的小学都成为县、乡、保学校。乡（镇）中心小学经费以县款支给为原则，县款不敷时，地方自筹；保国民学校经费自筹，县款补助。由于乡（镇）中心小学比过去县立小学多得多。因此，县教育经费在初等教育方面的支出大为增加。以黟县为例，民国二十二年（1933）该县教育经费中用于初等教育的只占支出总数的 22%，十年后的

① 《通饬中心及国民学校规定征收学生费用》，载《淳安政情》1943年第17期，第1页。
② 《淳安县教育状况》，载《浙江公报》1917年第1761期，第11页。
③ 《寿昌学务大略情形》，载《教育周报(杭州)》1916年第133期，第28页。
④ 叶明辉：《视察歙县教育报告书》，载《安徽教育行政周刊》1930年第3卷第18期，第18页。
⑤ 安徽省政府教育厅训令：《训令休宁县改进教育》，载《安徽教育行政周刊》1929年第2卷第40期，第24页。

民国三十二年已占51.3%。而歙县则高达92%。民国三十五年（1946），保国民学校也由县库支给，而县教育经费管理中亏欠、侵吞、挪用等种种弊端积重难返，再加上物价高涨，币值下降，各县教育经费危机重重。

对于学校，先来看开办并维持一所乡村小学需多少经费。民国九年（1920），安徽省立二师毕业生汪任民在歙县稠墅开办了一所乡村小学，该校开办费约10元，除稍修理可容60人的祠堂做教室外，主要是添置教具，如教读法的单字牌、活动联字牌，教算法的国旗式计算签、猜数器、珠盘，以及活动日期牌、服务生牌、三用器、整容器、挂图、表册（学童调查录、校务改进录、校务筹备录、个性调查录、家庭访问录）等。经常费用开支以薪金居多，每年100元，另有膳食费33元，其他如灯油费、奖励费、改良费若干，合计约150元。该校收入中，学费（约120余元）为主，另文会每年补助20元，不足部分需组织或个人的补助与捐输。① 实际上，在乡村能得到地方组织稳定补助的小学并不多，如民国五年（1916），淳安县城镇、乡教育费，除县税补助费外，唯西乡茶山高小每年约得田产租息60元，其余各校均系临时捐，并无经常款项。

在经费困窘之下，为普及教育计，自当撙节费用，但也有学堂虚支滥用。光绪三十四年（1908），歙县乐育两等小学堂甲乙两班仅11名学生，一年耗费630元，省学台也认为"似嫌过当"，建议"添招学额，以免虚靡"。② 歙县西乡崇文两等小学堂是生员吴元瑞等于光绪三十三年（1907）创办，按其章程，即与部章不合，校中设有庶务、会计职务，导致薪资开支大增。休宁县立海阳高小及国民学校，民国八年（1919）时规模不大，仅有高小两班45人，国民学生一班18人，因该校拥有海阳书院资产，岁支高达2600元。省视学姚毓麟也感叹"未免虚靡太甚"，表示"应即切实核减，留备扩充国民学校之用"。③

经费紧张的后果之一是小学校舍简陋、设备缺少。民国五年，淳安"全县校舍多借用祠庙，因陋就简，特别新建者绝少，光线、空气多不合宜，一切校具尤欠完善。此亦由于经费困难所致，桌凳尺寸亦多不合"。④ 次年，省调查学务委员视察遂

---

① 汪峻：《歙县稠墅农村学校创办概况》，载《安徽教育月刊》1921年第48期，第33页。
② 《学台批歙县申送各学堂八项表文》，载《安徽官报》1908年第13期，第13～15页。
③ 《令为省视学姚毓麟呈报视察休宁县教育状况由》，载《安徽教育月刊》1919年第23期，第19页。
④ 《淳安县教育状况》，载《浙江公报》1917年第1761期，第12页。

安县，见“校舍除一二校由办学殷户捐款新建外，余皆就祠庙旧宇修葺备用。其他校具尚称粗备，如脚踏风琴一物，购置者颇多。而桌凳之尺寸则多不合。”① 除了校舍外，当时普通小学所需设施需有哪些？民国二十一年（1932），淳安县拟定了《小学最低限度设备标准》，规定了六项设备的基本配置：一是党化方面，有总理造像及遗嘱、党旗、国旗、“忠孝仁爱信义和平”横匾；二是校具方面，有课桌椅、大黑板、小黑板、教鞭、时辰钟、寒暑表、日历、大算盘、摇铃、叫笛、校牌、校旗、风琴；三是表册簿籍方面，有教学时间表、学校日志、学生出席记载表、校具目录、图书目录、学籍簿、本年度概况表、历年学生人数比较表、历年经费比较表；四是图书方面，有各科教授书、《三民主义》《建国方略》、辅导丛书、小学各科教学法、小学各科成绩考查法、小学组织及行政、国音字典、中国全图、浙江全图、淳安全图、本村或本镇自绘简图、儿童读物；五是卫生方面，有痰盂、字纸篓、扫帚、畚箕、抹布、盥洗处、整容镜、饮茶处、厕所。六是运动方面，有运动场、小皮球、铁环、跳绳、乒乓球、轩轾板、滑梯。② 但事实上，很多乡村小学是远远不能达标的。民国二十二年（1933），教育部公布《小学规程》，规定小学经常费开支中，“教员俸金约 70%，图书、仪器、运动器具、教育等设备约 15%，旅游、保险等特别费约 3%”。但这一规定的执行并不乐观。歙、绩、休、祁、黟、旌六县 362 所小学，年经常费 600 元以下的 311 所，约占 86%，这类学校支付教员俸薪后，所剩无几；年经常费在 600 ～ 2000 元之间的 42 所，约占 11.6%，这类学校教员七八人，也只能使教员得到中等待遇，并得稍添设备；教员 8 人以上，既能保证教员有较高薪金，又能增添设备的小学算是条件最好的，年经常费在 2000 元以上（最高达 3600 元）的仅 9 所，占 2.4%。民国二十四年（1935），休宁县政府根据县督学视察本县教育情况的报告，拟定《休宁各小学应改进各点》，内称：“各小学薪金开支，大都占全部经费的 90% 以上，殊为不合。”且“本县小学儿童所用桌凳，高度多不适合，有桌面低，仅及腰身者；有高可比肩，两脚虚悬，离地竟达一尺者”。同年，浙江省督学陈博文也指出，建德县各小学设备费，每年多者 60 元，少者 30 余元，不及学校全年经费的 3%，

① 齐耀珊：《令遂安县知事：据调查学务委员呈报该县学务情形由》，载《浙江公报》1917年第1761期，第8页。
② 《淳安县小学最低限度设备标准》，载《淳安教育》1932年第1期，第212页。

影响图书仪器的购置与教学活动的开展。[①]

经费紧张的后果之二，是小学师资难以稳定。决定小学质量的是管理与教学。当学校经费困窘、连较低薪金都难以按时支付时，教师很难安心从教。建德县临江第二初小、区立启华初小办理殊欠简陋，均因经费缺少。[②] 休宁私立自西国民学校校长胡开元“因经费支绌，不肯负责，所任学科，均置不问”。甚至省视学视察当日，应由他执教的图画、体操也均缺课。尽管另有教员“对于管理亦尚认真”，但该校“成绩无多，挑问学生，能答者殊不多”。[③] 民国十八年（1929），休宁县虽有小学百所，办理有效者实居少数，根子也是“多以经费支绌，敷衍将事”。[④] 全面抗战开始后，特别在解放战争时期，各地情形更为不堪。民国三十五年（1946）底，“歙县一至十二月份教师补助费及七至十二月份教育经费，分文未发。十二月十六日上午，有丰山乡第一中心小学等三十余校向县府请愿。”同月，“休宁县教育经费到今日，还只发到八月份为止，竟积欠了四个月。教员一月待遇所得，不够买一双布鞋，低得使人不能相信”“黟县保级教育尚未达成一保一校，而已开办之学校，多有经费无着，成为无人过问现象，教员吃水喝风”。[⑤] 地方报纸上类似的报道，正是当时小学教育难以维系的真实反映。

经费紧张的后果之三，是影响学额。宣统初年，歙县崇文两等小学堂因违规设有庶务、会计之职，薪资开支大增。为弥补缺额，只得提高学费。而“学费太重，贫者不能附学”，入学人数大减。省提学使严正指出：“亟应查照征收学费章程第一节，酌量减收，以期教育普及。”[⑥] 民国八年（1919），遂安县城乡各校基本经费多毫无分文，县教育费分别补助各校总共才 1200 元。各校为维持办学，不得不提高学费标准。省视学认为：“征收学费有多至每生每年须银十余元者，殊于义务教育之进行不无障碍。”[⑦]

---

① 许绍棣：《令建德县政府：为据省督学呈报视察该县教育状况令仰遵办具复候核由》，载《浙江省政府公报》1935年第2508期，第4～6页。

②《令建德县政府：令发卢省督学视察该县教育状况意见》，载《浙江教育行政周刊》1930年第2卷第6期，第18页。

③《令为省视学姚毓麟呈报视察休宁县教育状况由》，载《安徽教育月刊》1919年第23期，第19页。

④ 安徽省政府教育厅训令：《训令休宁县改进教育》，载《安徽教育行政周刊》1929年第2卷第40期，第24页。

⑤《徽州日报》1946年12月18日。

⑥《学司吴批歙县详西乡开办崇文两等小学并表图记乞赐立案由》，载《安徽学务杂志》1909年第10期，第61页。

⑦ 遂安县公署：《令抄发省视学查报遂安县教育状况报告书仰转知遵照由》，载《遂安教育公报》1920年第2卷第3期，第2、3页。

民国二十三年（1934），建德全县各小学普遍缺额，每学级平均仅约20人，甚至还有三个乡镇没有创办小学。当年皖浙遭遇大旱，停闭小学多所，直至次年，该县也尚约20余所没有恢复。[①] 而学费太高、百姓太穷是最根本的原因。

经费紧张，对于教育管理的施行也是阻碍。淳安县教育会的经费，民国元年（1912）创办以来分文无着。“元、二、三年，因小学补助费由会发给，各学校校长来领时，缴纳常年费一元，稍资挹注。然每年亦仅数十元而已。自四年小学补助费改由区董发给，此项经常费遂归乌有”“去年行政会议议决，每年由县税补助会费洋三百元，又为省所驳”。该会每年派人下乡调查教育两次，每次4人，每人仅发公费洋8元。以至于当事者哀叹：“淳安县教育会前途悲观”。[②]

县级教育机关是地方教育推进的主体，也是应对经费困难的主角，向上争取应是第一反应。早期有直接要钱的事例。宣统二年（1910），建德县劝学所上禀省署，请求拨款补助。得到答复：“所陈推广规复各节，其困难自属实在。惟司库财政，业经预算定案，不容丝毫溢出。且现照省中支绌情形，东挪西扯，日虞不足，安有余款补助各属学务？仍应就地筹措，分别济用。仰建德县督同该总董，会绅确筹妥办。”[③] 揆情度理，在省、县财政不相统属的系统里，省署的答复不合情却合理。因此，其后县教育局多通过县府向省署争取开征地方附加捐税的权利，效果就好得多。相对而言，只要省署协调或认可的事情就好办些。此前一年，遂安县当地绅董议决将学租改拨为劝学所、教育会共用经费，省提学使很快就认可了。如果所议事项超出提学使或教育厅厅长权限，办理难度依然很大。宣统年间，建德县劝学所总董拟开办简易识字学塾，因经费不足，看中了马洲营地租息，上禀省府请求转拨。但该地属军队系统所有，协调未能如愿。同样，该县区立城东、城南、城北初小经常费，十余年来多依靠乌龙山学租。后省立第一造林分场也在此造林，既占据熟地，又迫使山上垦民陆续迁移，造成学租几乎无法征收。初小与林场之纠葛，县府虽与省教育厅、建设厅多番公文往还，终难以妥处，初小学租流失无法扭转。

筹募基金是一种较为传统的方法，不少书院因此能维系上百年。民国十年

---

① 许绍棣：《令建德县政府：为据省督学呈报视察该县教育状况令仰遵办具复候核由》，载《浙江省政府公报》1935年第2508期，第4～6页。

② 《淳安县教育会前途之悲观》，载《教育周报(杭州)》1917年第156期，第25页。

③ 《本署司郭批建德县劝学所禀请拨款补助由》，载《浙江教育官报》1910年第44期，第165页。

(1921)，建德县劝学所将筹措民国小学基金作为新年度重要工作：

> 建邑地方贫瘠，城乡各校每因经费不足，在设施上未能力求完备，以图发展，所长再四筹划，当经呈由县署通令办学人员分头筹募，间或由所呈请县知事偕同所长亲赴各区剀切劝导，或县款，或田产，或坐落各该区之无主田地荒山等项，综计以每校每年能收一百元或八十元之利息为标准，前项款产即作为各该校固定之基本金。此外，如土产捐、社庙公产亦劝令酌量提拨，以资弥补。现计城区区立西湖第一、区立西湖第三各国民学校，纯善乡区立第十四国民学校，光华乡区立第七国民学校，龙山乡区立崇正、道同、聿修、求是、并育、蒙养、文德各国民学校，芝川乡泷江、就正各国民学校，综计共十余校，业经筹有固定基金，惟此后管理及将来扩充均关重要，现正力筹妥法，积极进行。①

民国二十四年（1935），淳安县也成立百年教育积储金委员会，向全县中小学生与教员募集教育积储基金，标准为每学期每人小学生0.1～0.5元，中学生0.5～1元，小学教师1～1.2元，中学教师1～1.5元。至次年9月，全县应征单位171所，募集424.4元。民国三十二年（1942），经县政府批准，标准提高为每人每学期小学生1元，中学生3元，小学教职员5元，中学教职员10元。② 该制度实行至民国三十三年。

民国二十九年（1940），行政院核准教育部颁发《保国民学校及乡（镇）中心学校基金筹集办法》，要求保国民学校经费及乡（镇）中心学校的办公、设备、扩充等费用，以基金利息为大宗来源。保国民学校的基金由保筹集，乡（镇）中心学校的基金由学校所在不另设国民学校的保筹集。办法有整理原有教育款产，拨捐寺庙祠会财产、各祠产及劝募乐捐等。随后，安徽、浙江都制发具体措施，并要求应尽量筹集学田，如筹得现金也应储积以购置田地不动产。但是，这种乡保自筹资金办学的办法实施后，资金不易及时收集，学校不能按时领到经费，教师生活得不到保障。至民国三十五年，不得不回归原办法。此时，歙、绩、祁、休、黟、旌共筹集基金

---

① 建德县劝学所：《十年度学事年报》，载《浙江教育》1923年第6卷第3期，第6～7页。
② 淳安县政府：《案查本百年教育积储筹征办法》，载《淳安政情》1943年第14期，第3页。

2376元,学田9236亩;淳安县各级国民学校共有学田1687亩,地198亩,稻谷417石。

为妥善保管来之不易的校产,民国二十八年(1939),遂安县经省财、教两厅审定,还施行了《遂安县校产推收过户办法》,具体内容如下:

一、本校所有小学校产,无论自置及祠庙祀会贤庠产拨充,或私人捐助者,均须一律推收过入学校专户,以校名为户名。

二、推收时应造具校产清册呈县备案(册式由县制发),一面迳向推收所办理推收手续。

三、户折以每校一本为原则,如二保以上联合设立之学校,因各保拨产关系,须每保立一户折者听。但每本户折封面上,应注明“本校户折一式几本”字样。

四、推收手续费依照本省各县户粮推收规则第六条规定数目减半征收。

五、凡公立及业经立案之私立学校校产推收过入专户后,得将用地部分造册呈县,转请豁免赋税。

六、推收过户之校产,非经主管官署核准者,不论其有无特殊情形,永久不得推除。如有私自典当变卖情事,一经察觉,不论出主受主,一律以盗卖盗买论处。若推收员未得主管官署之许可,私予推除,以帮同盗卖罪连坐之。

七、本办法呈请教育、财政厅核准施行。①

学校为缓解经费困难所采取的办法相对要少。清末民初,黟县西递崇德女子小学将学生的缝绣作品送到集市上出售,所得款项除了用作教学开支外,还用于家庭经济困难学生的学费减免。安徽省立二师附小开设校内商店,既作为学生实践基地,也略有经济收益。但这些对于支撑一个学校的运转价值不大。倒是个别小学的彻底改造,颇有典型意义。建德县第三区区立启新小学开办于民国六年(1917)前后,办学十五年,并不理想。全村学龄儿童100余人,学生仅约20人(无一女童)。校长是离村十里开饭店的商人。教员每天上午十点钟上一堂国语外,其余时间就是聊天、睡觉,“甚至于甘去和一班不务正业的流氓去吃酒、打牌”,置学生于不管。究

① 浙江省财政厅、教育厅:《令遂安县政府:据呈送校产推收过户办法准修正照行由》,载《进修》1939年第9期,第400～401页。

其原因，最根本的还是财力单薄。该村同当时全国农村很多经济日趋破产的村落一样，全村 80 余户，“除了四家有些土地权，除供给衣食尚有盈余外，此外收入与支出能相抵的也只不过十家”“大都因为家中生活问题所压迫，拿不出子女的教育费”。该校除每学期县教育局补助 15 元、收土产捐 8 元外，全靠学费支撑。而全年 50 元薪资和学生供饭的微薄待遇，也只能聘请前清老先生或商店伙友、小学毕业生任教员。学校也因此没有固定场所，只好设在教员家，且随教员调整而转移。至于教具更是简陋。民国二十年（1931）暑假，该村青年教员章成瑜、陈鹤轩决心对村小进行改良。他们与村中有威信的老成者商议，找出问题所在：一是学生经济负担重，二是无固定校舍。经多方努力，成立了 6 人校董会，章姓思亲堂每年补助学校 40 元，另募捐每年可得 50 元，再向教育局申请增加补助费，同时减少学费至每生每学期仅收 0.5 元。校舍也另借用章姓祠堂，不仅可设两个教室，纪念厅、教员宿舍、民众问字处、图书馆及门口的操场也一并建成。果然，新学年开学，学生就增至 50 余人，又附设一个民众夜校，启新学校初步具有了日进月新的气象。[①]

民国初年，各地营造学校林较为普遍，并对此寄予厚望。淳安县还制定了《淳安县学校林经营办法》，要求各校“一律经营学校林”“每年至少须有一亩以上”。[②]而结果并不乐观，一是学校造林面积有限，不成规模；二是育林时间较长（十年以上），持续投入较大（很多体力和技术活并非小学师生所能承担）；三是稍后社会持续的战乱，木材市场需求并不旺盛。在抗战相持阶段，为增进师生营养食料与生产知识技能，行政院于民国三十三年（1944）颁布了《各省市学田拨充学校校产实施办法》，皖南行署结合教育部此前颁布的《各级学校实施农业生产办法大纲》，推进各县乡镇中心学校、保国民学校的农业造产工作。田地山场的来源，若县有学田，则由县政府依规分配给县内各校；校内或学校附近有公有土地也可开垦，如无公地，可租种私有土地。学校应主动与乡保联络，开垦公共荒山 5 ～ 10 亩，由师生共同造林。所需劳力，由各校教员、学生自行耕种，按每两日需有一小时劳作的标准，将中高年级学生与教员进行编组，寒暑假安排校工、教职员或附近可胜任的学生轮作。唯有学生体力与技术上难以完成的事项，可临时请人助工，或招佃出租。种植作物可有稻麦杂粮、

① 陈鹤轩：《改良一个农村小学的经过》，载《浙江教育行政周刊》1932年第3卷第46期，第1～2页。

②《淳安县学校林经营办法》，载《淳安教育》1932年第1期，第129页。

棉麻、油菜、蔬菜，或栽种茶叶、油桐，或饲养猪、羊、鸡、鱼、蜂。初期所需经费由县统筹，从国民教育经费结余、国民教育基金利息、县乡共用款节助开支，或学校自筹。目标是各中心学校养猪一头，或羊二只，种菜五分至一亩，高、中年级每班养鸡2只，附近有塘者养鱼，有空地者养蜂；保国民学校高、中年级每班养鸡1只，蔬菜最低限度为保证住校员生工役自给自足。种养所得，蔬菜、鸡蛋作价供给住校师生食用，其余由乡保长、师生代表共同经手出售，收益的20%留作造产资金，另80%交学校基金保管会经管，用于学校开支。①淳安县在民国三十二年（1943）底，也以县政府训令方式，印发《各级学校实施农业生产办法大纲》，要求全县各校长“遵办具报”，但效果不显。

第三节　小学规模与教师的管理

一、小学生规模的变化

清末，新式小学初办，朝廷曾信心满满。光绪三十二年（1906），学部认为：预备立宪，非教育普及不足以养成国民资格。乃将《强迫教育章程》咨行各省，规定省城、府州县城各须设蒙学100处、40处，“各须村设蒙学一处，学额以四十名为率，如零星小村各数村一处亦可”“幼童七岁须令入学”“幼童及岁，不令入学者，罪及父兄”。②可以说，这是我国最早普及教育的规定。此令既下，一些县份，如黟县颇有相应者，但后续经费不足，旋办旋停。蒙学并未能在各地得到推广。此时，小学数量不多，规模也有限，学生少的十来人，多的也只50多人，所需教员每校也是1～3人。入学者不仅家境尚可，且家长也比较开明。宣统二年（1910），绩溪县劝学所有统计，全县平均每校学生20人，教员平均每校2.5人。该县当时是徽州六县中新式教育发展较快的县份，其他县的小学生规模可以想见。

民国政府成立后，教育部对普及义务教育多有推进。民国元年（1912），规定初

①《皖南各县乡镇中心学校保国民学校农业造产实施要点》，载《新歙县》1944年第2期，第57页。

② 李桂林、戚名琇、钱曼倩：《中国近代教育史资料汇编·普通教育》，上海教育出版社，1995年，第36～37页。

等小学四年为国民义务教育时期；民国二年，教育部曾拟有强迫教育办法6条，核心内容是儿童八岁一律入学，违者不仅处罚其父兄，同时处罚学董。而办学经费则由各村乡镇人民负担，且不得在所属区域已筹定学款中挪用。大概是考虑其推行难度太大，该办法并未执行。民国四年（1915），教育部拟具《义务教育施行程序》，罗列具体事务31项，第一年重在筹备，第二年着力实施。但《程序》并未就筹建小学最为关键的经费、师资问题提出任何具体办法，也就决定了其也是一纸空文。民国九年(1920)，教育部又参照山西省办法，规定"分期筹办义务教育"，即以八年时间（即到民国十七年，1928），依省城、县城、乡镇、村庄的次序推进，实现普及四年义务教育。但此时期中央权威有限，地方大小军阀把持财政等大权，普及义务教育的规定无法落实。观察这一时段的小学状况，有三点值得注意：第一，小学生纯人数增加比较明显。根据浙江省视学年度视察报告，寿昌县民国五年高小、国民学校共22所，教职员45人，学生764人；[①] 民国十年（1921）学生数增加到1763人，民国二十三年(1934)再增加至2314人。淳安县民国十年教员412人、学生5087人；民国十三(1924)年各增加到567人和6528人。歙县在民国八年有小学66所，小学生1737人；民国十九年增加至83所、2950人；清末创办的38所小学堂中，县城和西乡占57%，南乡占22%，民国元年至十年创办的82所小学，县城和西乡只占23%，而南乡却高达60%。第二，入学率比例总体不高。寿昌县民国十年学龄儿童6524人，小学生1763人，约占学龄儿童的27%；建德县民国十二年小学生4226人，按民国十年学龄儿童14663人计，入学率为29%；民国十七年（1928），原徽州府六县学龄儿童70127人，入学儿童33817人，入学率也只有48.2%。第三，女童失学更为严重。遂安县民国七年（1918）高小、国民学校共132所，学生3835人，其中女生才37人，女生占比不到1%；民国十七年，原徽州府六县入学儿童33817人，其中女生3353人，女生占比也才接近10%。第四，辍学情况严重。遂安县民国七年（1918）有辍学学生266人，约占学生总数的7%。若分学段观察，则高小阶段辍学人数略多（国民学校辍学率约6.5%，高小辍学率则达13%，尤其是高小女生更高达30%）。第五，小学生家庭背景与当地社会结构基本对应。民国九年（1920），安徽省立二师附小曾统计该校学生221人的家庭职业，其中商界135人，占总数

① 《寿昌学务大略情形》，《教育周报(杭州)》1916年第133期，第28页。

61%；学界 48 人，占 21.7%；两者共为 183 人，占 82.8%，是大多数。其余农界 17 人，占 7.7%；士界 14 人，占 6.3%；军政工医各界 7 人，占 3.2%。对照休宁、歙县、绩溪县的社会结构，发现能有相应实力供给子女就学的家庭也是如此。这种情况，至少在徽州地区的变动不大，较为稳定。

小学生的上述状况，是当时社会现实的折射。小学教育的发展速度，归根结底受制于当地经济的发展水平与民众思想的开放程度。从民众眼界来说，徽州明清大量徽商活跃于经济最有活力的长三角地区，对于近代科技成就、政治学说有更多认同。因而，徽属六县总体小学生入学率要高于严属六县。但是，徽州地区普通民众的经济收入更大程度上取决于茶叶的畅销程度。进入 20 世纪初，我国茶叶出口在世界市场上遭遇日本、印度等茶区挤压，因此，处于社会中高端的教育界也受此制约。安徽省立二师的调查中就指出："本学区人民生活状况，近年以来，愈加贫困。一、茶叶失败，向恃茶为生活者，不免受亏。二、无业游民日多。三、物价昂贵，生活日艰。以故有子弟送入国民学校者，多数不毕业而退。至毕业而后，能令升入高等小学者，已居少数。能在高等小学毕业，而又能升学者，则尤少。"[①]

民国二十一年（1932），南京国民政府教育部颁布《第一期实施义教办法大纲》，准备扩充短期小学、简易小学的数量，普及义务教育，还在各县筹集义教基金。但效果不大，多数未能筹集，即使有些已筹集，又往往被侵吞挪用，最根本的原因是战乱不已。民国二十四年，又颁布《实施义务教育暂行办法》及《实行细则》，拟从民国二十四～二十九年（1935 ~ 1940）普及一年制短期小学，自民国二十九～三十三年（1940 ~ 1944）普及二年制短期小学，民国三十三年以后普及四年制义务教育。但随着抗战全面爆发，我国沿海地区大面积沦陷，拯救国家于危亡成为第一要事，义务教育也就暂时被搁置。当抗战进入相持阶段，形势有所好转，民国二十九年（1940），国民政府实行新县制，公布《国民教育实施纲领》，再次宣布到民国三十年七月要达成一保一国民学校、一乡一中心学校的目标，使适龄儿童 90% 入学，失学民众 60% 入学。各地根据当地情况努力推进，但成效也不大。根据民国三十二年（1943）皖南行署有关歙县等五县视导报告，该年五县学龄儿童的入学率统计见下表：

---

① 安徽省立二师：《安徽省立第二师范学校杂志·报告》1920年第7期，第9页。

表4–5 1943年歙县等五县学龄儿童入学率统计一览表[①]

项目	歙县	绩溪	休宁	黟县	祁门	合计	备注
学龄儿童数	51152	13798	31285	6360	11096	113691	入学儿童人数中，包括非学龄儿童在内，未曾剔除
入学儿童数	28263	6800	13221	3401	4098	55783	
入学率	55%	49%	42%	53%	37%	49%	

统计可见，五县学龄儿童入学率与90%相差很远。如果在入学儿童中再减去不足龄和超龄者，入学率还要低一些。如果再延长时段看，歙县在民国三十三年入学率为46%，民国三十四年入学率是39%。之所以一年比一年低，或许是经济状况进一步恶化的反映，或许是统计实态的回归。

至于抗战期间，徽、严小学教育的显著发展是否与民众逃避兵役相关，首先可以看一下政策。民国二十八年（1939）七月，浙江省教育厅在给遂安县政府《为解释小学聘委教职员及中小学招生涉及役政疑义由》中明确：学生确系继续在读，并未间断，虽为适龄壮丁，亦可暂予缓征。小学更委校长或另聘教员，如具有校长或教员资格，县府准予登记并同意缓征；若无资格则有意逃避兵役，不予登记。[②]可知，政策留给缓征兵役的空间是比较小的。换言之，因躲避兵役而推高小学教育发展的推测难以成立。

抗战胜利后，国民政府又于民国三十五年（1946）宣布实施国民教育第二个五年计划，期于届时使全国各地所有学龄儿童与成年失学民众，均能受到相当时期之义务教育与补习教育。不过，教育部的目标却敌不过国民政府的命运。以黟县为例，民国三十四年（1945）学龄儿童6350人，入学4350人（含非学龄儿童，下同）；民国三十五年学龄儿童6434人，入学4085人；民国三十六年学龄儿童6821人，入学4207人；三个年度学龄儿童入学率分别是68%、63%和61.7%。[③]可知，学龄儿童逐年增多，而入学率却逐年下降。其背后就是非教育的社会因素在起作用了。

① 资料来源：徽州教育志编写组：《徽州的小学教育》（征求意见稿），内部资料，1988年，第79页。

② 浙江省教育厅：《令遂安县政府：为解释小学聘委教职员及中小学招生涉及役政疑义由》，载《进修》1939年第10期，第23～25页。

③ 徽州教育志编写组：《徽州的小学教育》（征求意见稿），内部资料，1988年，第79页。

二、小学师资的管理

师资是教育发展的主要制约因素之一，其职责首先应该被明确，而早期的规定非常粗疏。清末《奏定初等小学堂章程》单设教员、管理员一章（《奏定高等小学堂章程》也有此章，内容相同），仅规定堂长“主持全学教育，督率堂内教员及董事司事”；正教员“任教授学生之功课，且掌所属之职务”；副教员“助本科正教员之职务”。[①] 当然，由于各地社会发展水平不同、教育进展速度有别，加上各层次学校、校内不同岗位之间的差异，对于师资职责的规定是一个逐渐明确和细化的过程。就新安江流域的小学教育来说，在新式学堂出现二十余年后，也有了地方性规则。如民国二十一年（1932），淳安县教育局拟定并由县政府转呈省教育厅核准了《淳安县小学教职员服务细则》。该细则有 19 条，将小学教职员分为校长、正教员、专科教员和助教员 4 类，并各确定相应的服务要求。如校长：

一、主持学校行政，处理一切对外事务。

二、商承县教育局长进退教职员，并支配其任务及俸给。

三、编订校内各项规程。

四、召集校务会议并为主席。

五、考查教职员工作之勤惰。

六、支配教学科目及时间。

七、规定校舍与设备及设法改善学校环境。

八、经营校产校具及处理全校经费。

九、编造预算及决算。

十、督率教职员处理学生入学退学事宜。

十一、督率教职员处理各项任务。

十二、督率教职员举行各项仪式。

十三、指导调整各项表册簿籍。

十四、联络修业毕业及一切名誉证书。

十五、每学期终了时，应将本学期概况及下学期改进计划呈报县教育局备核。

---

① 璩鑫圭、唐良炎：《中国近代教育史资料汇编·学制演变》，上海教育出版社，1991年，第304页。

十六、关于其他校长职务范围以内事项。

又如正教员：

一、担任教科每周至少800分。
二、主持全级级务并助长其发展。
三、注意教材之选择及做、学、教方法之改进。
四、协助校长处理本级学生入学退学事项。
五、记载教学训育各种表簿。
六、编订所任教科之教学细目及教学周录。
七、注意本级环境之改进及变换。
八、指导本级儿童服务。
九、考查本级儿童个性习惯，施以相当之训练。
十、注意本级儿童体育卫生加以养护。
十一、处理本级儿童间之纠纷问题。
十二、统计儿童出席、缺席事项。
十三、统计本级儿童各项成绩，报告校长及家庭。
十四、主持本级儿童之学业操行考查，记载考查簿。
十五、联络本级儿童之家庭举行家庭访问、家庭通讯等事项。
十六、担任轮值事务及临时发生之事项。
十七、接受校长之指导及实行各种会议之议决案。
十八、其他。①

除上列之具体职责，《细则》还规定了对小学教职员的其他要求：须遵守教育部、教育厅及县教育局颁布的各项法令；除担任教学外，应承担分任之责；应加入所任学科研究会及校务、总务、教务、训育等各项会议；应出席本学区辅导会议；每日应按办公时间在校办公；应协助校长办理教育行政一切事宜；应于开学前一日到校，

① 《淳安县小学教职员服务细则》，载《淳安教育》1932年第1期，第100～103页。

散学后一日离校；因故请假须自请代理人，并征得校长同意等。总之，《细则》不仅具有罗列小学一般教职员可能存在的工作任务的完整性，且具有表述的明确性与执行的可操作性。

承担上述职责，需要合格的师资。合格师资的标准，清末《奏定初等小学堂章程》中，仅对初等小学堂堂长有规定："在初级师范学堂毕业，实通晓管理法者。"但出于初办时的无奈，也不得不作了大让步："暂可酌量以素能留心学务者充之。"同时颁布的《奏定学务纲要》中，又对审择学堂之员绅及各科教员提出精力强健、办事切实细密及不染嗜好的身体、能力和卫生方面的要求。可见，朝廷主事者也深知，学堂初创时，过高的资格要求是很不现实的。随着新式小学迅速增多，师范毕业生却寥寥无几，通融聘用虽迫不得已，但"察之不严，则学术浅陋者，不免滥竽充数；待之不优，则学有根柢者又或夷然不屑，舍而他图"。宣统元年（1909），学部拟定了《检定小学教员章程》，首次明确了合格师资的标准。学历学识上，优级师范完全科、优级选科师范，初级师范完全科和简易科（二年、中等程度以上）毕业生，是当然合格的师资；国内外中等学堂、专修科（二年以上）毕业生，学有专长，且曾任官立高小教员一年以上者，可免试获得小学教员资格；国内外初级师范简易科（二年或中等以下）、讲习所、传习所毕业生，以及中文明通、通晓科学的举贡生监，通过试验检定，也可获得小学教员资格。品行方面，曾犯刑律、现有刑事诉讼、沾染嗜好，已被斥革的举贡生监和教员都不能申请检定。① 由此，对于小学师资的标准基本明确下来，其后仅随着时代的变化而略有修正而已。

清末，新安江流域新式小学堂开办之初，因地处稍偏，经济不发达，新式师范教育、中等教育起步迟、发展缓，难以为新式小学提供合适的师资。因此，这时小学师资来源以科举中式者与留学生为典型。如绩溪思诚两等小学堂堂长胡晋接是廪生，教员胡菊仙是秀才，程仲沂、江鹏萱是留日学生。黟县碧阳小学堂堂长汪芳绩是留日学生。歙县师山小学堂堂长郑雨仁是贡生、喉科名医，敬宗小学堂堂长许霁峰是秀才。建德县最早创办的建北高小领衔人王韧是副榜，建德县高小堂长蔡汝榕是贡生。遂安高等小学堂堂长胡迪敬是秀才。秀才等国学根基好，留日学生对近代科学有优长。

但当私立小学进入快速发展期，师资紧缺问题日益明显，大批没有获得科举功名

① 李桂林、戚名琇、钱曼倩：《中国近代教育史资料汇编·普通教育》，上海教育出版社，1995年，第49～50页。

的一般读书人充当了师资主角，小学师资总体水平急速下降。民国五年（1916）十一月，淳安县小学教员226人中，“师范毕业生得百分之二弱，中学毕业者得百分之五弱，高等小学毕业者得百分之十八强，其他毕业者得百分之三十四强，未入学校者得百分之四十一强。校长多不任教科，其资格大半非出于学界者”。① 次年，遂安县小学教员196人中，“师范毕业者得百分之十五弱，其他毕业者得百分之三十弱，未入学校者得百分之四十五弱。校长多专筹经费，不任教科”。②寿昌县“各小学教师，资格大多不合”。③甚至到了民国十九年（1930），歙县、绩溪、休宁、祁门、婺源、黟县六县小学教师共1194人，其中中等学校毕业以上531人（大专毕业以上67人，师范学校毕业198人，中等学校毕业198人），占总数的44.4%；其他663人大多数是塾师和小学毕业生。民国二十四年（1935），遂安全县小学教员217人，“其中小学毕业及非小学出身者，则占半数以上”。④ 究其主因，还是地方教育经费困窘，且中央也爱莫能助。正如时人在《论小学教育之紧要问题》中所揭示的：“简选教员，实为改良教育内容之第一要务。我国现今学校教员，无真实之资格而滥竽其间者，良非少数。虽有小学教员试验之举，而当事者恒视为具文，大抵敷衍了事而已。又学校欲得优良之教员，其俸给亦不得不稍从丰，今各县市乡之办学经费，类多支绌，故不良教员之滥充，自所不免。欲免此弊，又非国家略与补助不为功矣。”⑤

选聘合格人员进入教师队伍，师范毕业生是首选。民国五年（1916）发布的《修正师范学校规程》，要求公费、半费、自费毕业生须在本省小学履行服务义务，期限分别为七年、五年和三年。在服务期限未满时，若拟入国立学校深造，或就职他省教育单位，或有特殊情况不能服务，均须得到省行政长官认可。若无正当事由，又不履行服务，则必须偿还学费及相关费用。⑥ 民国六年（1917），教育部也再次分别通咨各地及各院部，要求“师范生服务期内不得改就他职，各师范中小学教员应尽师范生任用”“在服务期限内之师范生各行政机关无庸录用”。各地师范学校也积极推荐毕业生

①《淳安县教育状况》，载《浙江公报》1917年第1761期，第11页。

② 齐耀珊：《令遂安县知事：据调查学务委员呈报该县学务情形由》，载《浙江公报》1917年第1761期，第7页。

③《令寿昌县政府：令发卢省督学视察该县教育状况报告，令仰分别遵照由》，载《浙江教育行政周刊》1930年第2卷第6期，第21页。

④ 许绍棣：《令遂安县政府：据省督学呈报视察该县教育状况令仰遵办具复由》，载《浙江省政府公报》1935年第2507期，第10页。

⑤ 李桂林、戚名琇、钱曼倩：《中国近代教育史资料汇编·普通教育》，载上海教育出版社，1995年，第775页。

⑥ 李友芝、李春年、柳传欣等：《中国近现代师范教育史资料》第2册，内部资料，第235页。

到小学任职。民国七年上半年，安徽省立二师首届毕业班尚在实习，二师即向省厅递交《呈送第四年级当行毕业学生履历表请饬徽属各县查照聘用由》，介绍了学生在学业和品行方面的情况，认为他们“将来以任地方，小学教育当可逐渐改良”。并请求省厅指令徽州六县知事转令各小学校查照聘用。民国十五年（1926），浙江教育厅向浦江、建德等11县发布训令，要求延用省立九中师范毕业生：

> 案据省立第九中学校呈称：窃属校师范部本科四年级学生及讲习科三年级学生业已修业期满，举办毕业。查师范本科毕业，照章应在本省高级小学服务，讲习科毕业，应在初级小学服务。属校本届四年级学生及讲习科三年级生既届毕业，自应照章呈请钧厅，令县会同教育局将该生等服务位置妥为分配。除将各生姓名、籍贯另开清单呈核外，理合备文呈请，仰祈钧厅长察核施行等情。据此，除分令外，合行令仰该县迅饬教育局分函各小学校尽先延聘，以重师范。此令。①

直至抗战后期，政府仍不时强调各小学尽量延聘师范毕业生。如民国三十二年（1943），淳安县政府认为，师范毕业生指派各校服务，原为加强师资管理，教育部及各省均有细则。“近来各校长有以私人好恶，任意进退；各服务生亦多不遵指派，行动自由”。为此提出：“嗣后凡指派各校服务师范生，非经本府呈准教育厅核定，不得率自更调。”②

清末及民国，师范教育并不发达，且其发展颇有波折，仅靠师范学校培养师资远远难以满足小学迅速发展的需要。因此，民国四年（1915）《高等小学校令》就有折中方案：“遇有特别情事，高等小学校教员不敷时，得以未受许可状者代用高等小学校助教员。”③这就为很多暂不具备小学教师资质者，临时承担教育教学任务预留了政策空间。但存在未必合理，逐步规范仍是政府努力的方向。早在宣统元年（1909）十一月，学部《奏遵拟检定小学教员及优待小学教员章程折》，拟以省为单

①《令浦江、建德等县转饬延用九中师范毕业生由》，载《浙江教育》1926年第3期，第32页。

② 淳安县政府：《令各中心学校校长：查师范毕业生、指派服务、原为加强师资管理》，载《淳安政情》1943年第14期，第3页。

③ 璩鑫圭、唐良炎：《中国近代教育史资料汇编·学制演变》，上海教育出版社，1991年，第776页。

位，由提学使司选择深通科学，并谙教育理法的学务职员，以及专门教员等充任检定员，秉公考核小学教员资格。除“初级师范学堂完全科毕业生，官立二年以上初级师范简易科中等以上毕业生，优级师范完全科毕业生及优级选科师范毕业生，在奏定奖励义务章程准充小学教员者”外，均应受检定。检定分试验检定和无试验检定两种，试验检定又分高小、初小和专科教员三类，试验科目包含修身、经义、国文、算学、教育学、历史、地理、博物、理化和体操等学科，试验方法是按照学科分别用论说条对，或实地演习，并加试语言问答，以验讲说之优劣，同时在品行上也有要求。检定合格者，在其检定文凭上注明可充小学正教员、副教员，或专科教员，省内通用。但是，由于清廷很快垮台，各省的检定多未开展。

民国政府虽然基础不稳，运转艰难，但对合格小学师资队伍的检定没有放松。民国五年（1916），教育部公布《检定小学教员规程》，次年公布《订定施行检定小学教员办法》，明确了小学教员检定制度施行的各项细则。其后，各省陆续开展小学教员检定工作。但是，起初的检定响应者寥寥。民国九年（1920），浙江省小学教员检定委员会决定在当年六月一日进行第二届检定，由各县劝学所在三四月负责报名事宜。不知是需纳检定费 1 元、印花 4 分之原因还是他故，报名人数未达预期。五月中旬，省厅再次发文相催，并祭出重招：“自本届检定宣布以后，无论县区私立小学校，均应任用检定合格人员，以重资格而符章令。”要求“所有各属未经检定各小学教员，本届须一律饬受检定”。[①] 浙江省第二届检定小学教员试验安排周详：全省分钱塘、会稽、金华、瓯海道四路，各派主任委员一员至各县（人数少可合并）主持检定；各地设检定事务所为办事机关，主任委员负责，当地县知事监试；检定分三场，首场试国文、修身、教育学，次场试其他科目，第三场为口试、实地演习，以及品行及身体检查；考试时间除国文 3 小时外，其余各科均为 2 小时；试题由主任委员预拟，并经教育厅厅长审核后密封，至考场启封；各区笔试卷由省检定委员会统一安排评阅，口试由主任委员评判；总平均分 60 分以上为合格（60、70、80 分以上者，各为丙、乙、甲等），低于 60 分为不合格。同时，还拟定了详细的试场规则。[②] 事实上，不仅应考者不多，通过考试者更少。民国九年（1920），安徽省有

① 遂安县劝学所：《令未经检定各小学教员须饬受检定由》，载《遂安教育公报》1920年第2卷第5期，第26页。
② 遂安县公署：《令发检定小学教员试验规则由》，载《遂安教育公报》1920年第2卷第8期，第22～24页。

31县（徽属歙、黟、祁、婺在内）进行小学教员检定，“所有试验检定，前经派员前往，按日分科命题考试”。根据成绩分为合格与代用两类，通过检定人数见下表：

表4-6　1920年安徽省31县小学教员检定通过检定人数一览表①

	高小教员		国民学校教员		合格手工专科教员	合格手工音图专科教员
	合格	代用	合格	代用		
总数	22	24	69	199	2	3
歙县	3		2	9	1	1
黟县	1			2		
祁门				2		
婺源	1	3				

南京政府建立后，对中小学教员实行检定转入正规。但从各县统计看，没有参加检定者接近三分之一。如民国二十二年（1933）与二十三年，歙县、休宁、绩溪、祁门、黟县、旌德六县小学教员学历及参加检定情况，有如下统计表：

表4-7　1933～1934年歙休绩祁黟旌六县小学教员学历及检定情况统计一览表②

学历	1933年		1934年	
	人数	占比%	人数	占比%
大专毕业以上	48	4.4	71	6.8
师范学校毕业	301	27.7	257	24.5
中等学校毕业	256	23.6	291	27.8
检定及格	111	10.2	93	8.9
其他	369	34.0	335	32.0
合计	1085		1047	

①《训令歙县等三十县一第二八三号(令该县等检定小学教员合格名单)》，载《安徽教育月刊》1921年第39期，第27～39页。

② 徽州教育志编写组：《徽州的小学教育》(征求意见稿)，内部资料，1988年，第95页。

浙江省情况也相似。民国二十五年（1936）十一月，该省教育厅称："查本省小学教员自上年度举行检定以后，其未经请受检定者尚在多数。"对于未参加检定或检定未及格者，教育厅的态度是给予缓冲期：允许在一年内"暂充教员"，同时要求在职进修，并出台了《未受检定之小学教员进修办法》，规定此类教员选定应考科目的初中或简师教科书，每日阅读至少一小时；一校有 3 人以上未受检定者，须成立读书会，共同研究。还要求市县图书馆及规模较大的小学购备辅导书，视导人员应将此类教员的进修情况纳入视导范围。①

全面抗战开始后，小学教师的检定因战事紧张等因素常有调整，民国三十一年（1942）5 月，浙江省原定此时举办第六届小学教员无试验检定、第四届小学教员试验检定，因浙东战役爆发，只得延至次年六月举行。而各县未参加检定或检定不合格的教员比例依然高达将近 50%。

表4-8　1943～1944年歙、绩、休、黟小学教员检定情况统计一览表②

项目	歙县	绩溪	休宁	黟县	合计（人）	占比%
教员总数	852	327	592	220	1991	
检定合格数	488	218	252	130	1088	54.6
检定不合格数	204	11	98	0	313	15.7
未参加检定数	160	98	242	90	590	29.6

抗战胜利后，小学师资的改善没有同步迎来春天。民国三十七年（1948）第一学期，建德县国民学校教员无试验检定合格人数中，准充高级级任教员 5 人，准充初级级任教员 24 人；桐庐县准充高级级任教员 13 人，准充初级级任教员 17 人。两县人员虽不多，但相比于同期的上虞县 15 人、39 人，仙居县 6 人、4 人，嵊县 3 人、15 人，③ 情况似乎要乐观些。这反映了小学教师的经济、社会地位低下，无法吸引更多师范毕业生的基本事实。如果将此时段纵向比较，就会发现合格师资的占比在逐

① 《为令发未受检定小学教员进修办法仰遵照由》，载《淳安县政旬刊》1936年第18期，第3页。

② 徽州教育志编写组：《徽州的小学教育》（征求意见稿），内部资料，1988年，第95页。

③ 教育厅：《建德县三十七年度第一学期国民学校教员无试验检定合格名单》，载《浙江省政府公报》1949年春字64，第477页。

渐下降。如黟县连续三年的统计数据如下表：

表4-9 1945～1947年黟县小学师资学历（资历）结构一览表①

学历	1945年		1946年		1947年		附注
	人数	占比%	人数	占比%	人数	占比%	
大专毕业	15	6.7	4	2.1	4	1.4	代用教师，指检定中须补交证件再行认定者
师范毕业	29	12.9	30	16	53	18.8	
中学毕业	73	32.6	47	25.1	39	13.8	
检定合格	71	31.7	55	29.4	85	30.2	
职校、军校毕业	9	4	15	8	5	1.8	
代用教师	27	12	36	19.2	95	33.9	
合计	224		187		281		

由上表可知，三年中，前四项教员总和在教员总数中所占比重分别为84%、73%、64.4%，足见教员学历合格者所占比重虽然较高，但很不稳定，逐年下降。这与当时物价飞涨，小学教员待遇菲薄、只得另谋他图的社会大背景是一致的。

在检定程序繁琐、组织难度大的情况下，为有效提高合格教师的比例，20世纪30年代，安徽各县启动了小学教师登记事项。与检定相比，登记不仅由县教育局组织，标准亦由县局拟订（须报省教育厅备案），且不收费用、程序简单。但登记合格者发给的登记证也呈报省教育厅备案，还敦促县内各公私立小学尽先聘任，相当于教员检定的“代用版”。民国二十二年（1933）《歙县小学教师登记规程》规定，凡具备下列各项资格之一的在任或愿任本县小学教师者，均应按此规程亲至教育局登记：

1. 大学本科、高等师范、优级师范或师范专修科毕业者；
2. 师范本科、后期师范、高中师范科或乡村师范毕业者；
3. 旧制中学或高级中学或高中毕业程度相当，确有教育经验者；
4. 省县立师范讲习所或师范讲习所毕业，其修业期间在二年以上者；

① 徽州教育志编写组：《徽州的小学教育》（征求意见稿），内部资料，1988年，第96页。

5．县立义务教育师资养成所毕业，试教期满，得有毕业证书者；

6．初级中学毕业，对于教育有相当研究者；

7．修业期在二年以上之保姆传习所或幼稚师范科毕业者。①

登记时，本人填写登记表，提交符合上述条件的证明文件及二寸半身相片两张，再接受口头问答。登记合格者发给登记证。《规程》还明确：小学教师登记每年举行一次，本县现任小学教师在登记时期不来登记或登记不合格者，由学校解约另聘。对照附近各县的登记规程，大同小异。如，祁门县规程比歙县手续上多了体格检验和教育测验两项；资格条件中，加了甲种职业学校毕业相当于高中，可充任完全小学教员的规定；但该县没有幼儿园教师资格的要求。

小学教员任期制，在清末《奏定学务纲要》中即有要求："或三年一任，或二年一任，或视该学堂毕业之期为一任。除不得力者随时辞退，优者任满再留，中平者如期更换。未满者不得自行告退，另就别差。"② 但实际执行可能难以整齐划一。进入民国，小学教职员任职一般采用任用与聘任结合的方式。民国二十一年（1932），淳安县制定了《淳安县小学教职员任免规程》，规定：县立完小、中心小学校长由教育局遴选，并由县政府委任；县立初小校长由教育局遴选委任；区立小学校长由区教育员推选，并由教育局委任，或由教育局直接委任；私立小学校长由校董会选任，并报教育局备案；小学教员均由校长聘任，并报教育局备案。聘期多为一学年（也有一学期一聘者）。该《规程》也明确了校长、教员免职情况，即违反国民党党义，或违反教育法令，或行为不检、染有嗜好，或怠废职务、屡戒不悛，或操守不谨、侵蚀校款，或身心缺陷、不能执行职务，或县教育局视察人员与区教育员认为该教员需解职者。如果辞职，则校长、教员须分别提前一个月、半个月提出辞呈，并经允准。③ 其他县虽未见类似制度，但差别不大。民国二十五年（1936）3月，安徽省督学周元吉视察歙县县立南街小学，指责校长方光照招生太多，导致校内人员、设施紧张。方光照出言解释，触怒督学。随后，周元吉即要求县教育局更换校长，由

①《歙县祁门贵池宿县霍邱绩溪郎溪等县小学教师登记办法》，载《安徽教育行政旬刊》1933年第1卷第10期，第37～43页。

② 璩鑫圭、唐良炎：《中国近代教育史资料汇编·学制演变》，上海教育出版社，1991年，第498页。

③《淳安县小学教职员任免规程》，载《淳安教育》1932年第1期，第98～99页。

此引发一波舆情。①

我国向来对于教师品行有较高要求，清末《奏定学务纲要》提出："学生既重品行，则凡选派教员学职，均须推择品行端正之员以资表率。"② 进入民国后也不例外。即便是合格师资缺口较大，对于教师品行也很关注。民国九年（1920），浙江省长公署就训令各县："学校教职员行止不检，虽系各该教职员之私德出入，究属有忝师表精神，感化影响尤巨，应饬各校长嗣后用人务于品行一端特加注意。"③ 目前资料所见，至少遂安县署很快就转令劝学所遵令执行。

教师薪资是能否吸引从业人员的重要因素。清末，小学堂教员薪俸各校差别很大，一般月薪 5 ~ 10 元。黟县碧阳高小一般教职工月薪 20 元，仆役月薪 10 元，算是较高的。个别经费充裕的小学堂，为挽留优质师资会开出很高薪资。如绩溪思诚两等小学堂，据说给教英文、算术的两位留日教员每人年薪 400 银圆。民国六年（1917），教育部公布《订定小学教员俸给规程》，规定了 14 级薪资标准，见下表：

表4－10　1917年教育部规定的小学教职员薪资标准一览表（单位：元）④

职务级别	1	2	3	4	5	6	7	8	9	10	11	12	13	14
校长、正教员	60	55	50	45	40	35	30	26	22	18	15	12	10	8
专科教员	40	35	30	26	22	18	15	12	10	8	6			
助教员	22	18	15	12	10	8	6	4						

根据民国十九年（1930）县级教育概况统计：徽州六县小学教员月薪 12 元以下占 57%，月薪 12 ~ 16 元占 25%，月薪 16 元以上占 13%，还有 5% 的教员是义务职。最低月薪三四元（学生供饭）的并不少，最高月薪 25 元的不多。黟县私立敬业小学校长月薪 56 元，教员月薪 30 多元，但极为少见。各县之间，歙县、绩溪较低，祁门、休宁较高。民国二十六年（1937）二月，建德县乾潭小学每月支出经常费 104 元，

① 《歙县：方校长撤职详情（节录徽声日报）》，载《皖事汇报》1936年第7～8期，第8～9页。

② 璩鑫圭、唐良炎：《中国近代教育史资料汇编·学制演变》，上海教育出版社，1991年，第492页。

③ 遂安县公署：《令各校长用人务于品行一端特加注意转知遵照由》，载《遂安教育公报》1920年第2卷第2期，第2页。

④ 李桂林、戚名琇、钱曼倩：《中国近代教育史资料汇编·普通教育》，上海教育出版社，1995年，第493页。

其中薪给88元（校长22元，3位教师各17元，另一位15元），工食7元，办公费9元（文具3元，书报2.5元，灯油3元，消耗0.5元）。当时该县松木板每平方米4～5元，木匠工资每天0.5元，可见小学教员工资并不很高。

民国元年到民国二十四年（1935）的二十多年间，小学教员的月薪小有变动。民国二十四年国民政府停止银圆流通，薪金一律改用“法币”发放。全面抗战开始，薪资标准一度调低，后逐渐提高。各类学校及不同岗位的月薪标准差别不大。

表4-11　抗日战争期间徽州各县各类小学教职员月薪标准一览表[1]（单位：元／月）

职别级别	示范中心学校	中心学校	国民学校
校长	80	60	50
级任教员	70	56	
科任教员	60	50	
教员或事务员	40(事务员)	40(事务员)	45(教员)

但实际上，不同省份、不同类型的学校有较大差别。民国三十年（1941）九月，建德县乾潭小学月经常费为397元（其中县拨385元，自筹12元），支出中薪金384元（校长36元，教导主任32元，总务主任和分校主任各28元，教师各26元，校工20元），办公费49元。[2]

随着经济状况逐渐恶化，物价日高，币值日降，政府不得不于正薪外另加补助。民国二十九年（1940）开始施行米谷津贴，初期每月津贴一市斗至三市斗，后增为八市斗。其中一半归县公粮发放，一半由学生家庭补足（向学生收米）。民国三十二年起，于月薪、米贴外，每月发生活补助费，先每月90

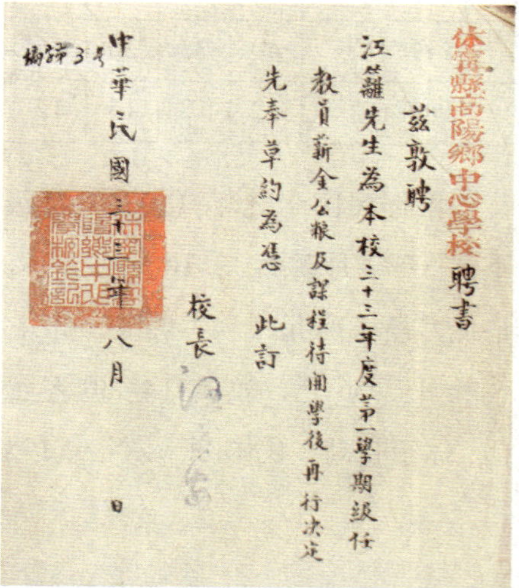
休寧縣商陽鄉中心學校聘書
茲敦聘
江蘺先生為本校三十三年度第一學期級任
教員薪金公粮及課程待開學後再行決定
先奉草約為憑　此訂
校長
中華民國三十三年八月　日

1944年休宁县教员聘书

[1] 徽州教育志编写组：《徽州的小学教育》（征求意见稿），内部资料，1988年，第99页。

[2] 徐重光：《乾潭镇小学初期纪事》，政协建德县文史资料组：《建德文史资料》第15辑，内部资料，2002年，第1151页。

元，后逐渐增至每月 1000 元。民国三十三年开始实行月薪加成发放，由加三成、加十成而加五十成。但小学教职员月薪增长速度总跟不上物价上涨及“法币”贬值速度，且政府还常常拖欠不发。小学教员无法维持生活，工作无法安心。抗战胜利后，政府出现严重的经济危机，物价上涨一发不可收，“法币”等同废纸。民国三十六年(1947)休宁教员每月生活补贴 16 ～ 20 万元，月薪加成上千倍，教员尚饱腹为难。而黟县教员每月生活补助只有 7 万多元，月薪加成才 450 倍，更加苦不堪言。次年，国民政府发行“金圆券”替代“法币”，但不到几个月又如同废纸。小学教员在饥饿线上挣扎，休教、请愿不断发生。

三、提升师资水平的努力

由于社会动荡，师范教育颇有波折。再加上各地经济总体较为落后，20 世纪上半叶，整个新安江流域小学师资总体不高，且县际、校际差别较大。校址在歙县岩寺东岳庙的凤山小学民国十八年（1929）复校。校长方槛山兼课外；教师鲍幼文是经学大师吴承仕和古文家马其昶的及门弟子，经学、文学造诣甚深，为兴办凤山小学，他辞去安徽省立二师教职；鲍君白学有根底，擅长绘画，当时在歙县画坛上已有名声；钱道南是湖北人，能歌善舞，从汉口来到夫家，受聘担任幼稚班教师，颇受幼儿喜爱。其后所聘的汪协之、郑伯翥、朱涤非、郑宅心、汪石铭、吴佐尧、凌建予、凌云等人，都是歙县教育界的佼佼者。① 但更多的山乡初小（国民学校），师资既缺又差。民国十九年（1930），浙江省督学卢绶青督查寿昌县，指出：“该县各小学教师，资格大多不合；应设法改进。”② 休宁县立矶溪、江潭初小，办理无方，校长屡换。民国二十五年（1936），矶溪校长吴运风在私立屏山初小任教，乃委唐罗山短小校长项玉峰为教员，项难以脱身，又让其弟项萍生代教。江潭校长胡荣患吐血病很重，不能上课，竟然聘了连“忽”“匆”不辨的胡秉国代理教职，③ 师资状况可想而知。

在选聘合格师资无望的大背景下，对在职小学教师进行培训是较多的一种选择。不唯容易组织，也可根据需要灵活确定主题与要求，收效可期。民国三年（1914），建德县申请开办小学教员讲习所，得到省巡按使批准。但未及举办，当地亢旱成灾，

① 安徽文史资料全书编委会：《安徽文史资料全书·黄山卷》，安徽人民出版社，2007年，第607页。

②《令发卢省督学视察该县教育状况报告，令仰分别遵照由》，载《浙江教育行政周刊》1930年第2卷第6期，第21页。

③《休宁：乡村教育之怪现象：校长得干薪》，载《皖事汇报》1936年第21期，第11页。

县署请予暂缓，但巡按使认为："亢旱成灾，固应设法救济，以纾民困。但是地方各项政务，仍应切实举办。"未予允准。并指示：原开办方案预算中无膳食一项，准予"追加预算，一律免缴膳费，以示体恤"。① 讲习所一般培训时间较长，内容较全面，对提高教员素质当然有益。但经济开支大，且对承担的小学教学任务有影响，故而此后这类讲习所较为少见。而短期讲习班则相对举办得多些。民国八年（1919），安徽省立二师附小主事葛祖贤与教员程郁应歙县教育会之请，到该县暑假单级教授讲习会担任主讲。参加讲习的有该县在任小学教员、塾师及有志研究小学教育者71人，"以最短时间收到良好效果，使一邑之内小学之单级教授自此皆有法可循、有术可通而不再感其困难"。

民国九年（1920），教育部通令全国自当年度秋季开始，《国文》一科改授《国语》。这一调整对各地小学而言，最大问题是师资缺少训练。为此，教育部门首先开展培训，开设国语讲习所。安徽省立二师就曾选送本校毕业生方世树前往进修，后回校任国语教员。浙江省教育会也于寒、暑两假设立国语讲习会，遂安县劝学所也受命保送人员赴省学习国语。② 出版社也发现了商机，上海中华书局商请教育部委派王璞、黎锦熙发音、审定，与百代公司签约制作国音留声机片，并通过浙江省教育厅下文发行。有了在外地受训的"种子"，县级层面的再培训就有了基础。民国九年（1920）年八月，安徽省立二师应全徽教育协进社提议，在附小第二部开办"国语讲习会"，以"养成国语教员，为本学区各小学改用国语教科书之准备"为主旨，由每县劝学所从在职高小或国民学校教员中，选送中文通顺、口耳灵敏、容易领会普通话者7人（实际参训28人：歙4人、绩8人、休3人、婺2人、祁8人、黟3人），利用暑假四周时间，授以注音字母、声音学、语言学及国语练习、翻译、文法，国语教授法之研究等课程，临时增加新教育学及心理、伦理学之大意。学费、膳费由二师提供，学员自备书籍费，交保证金2元（结业时，扣算灯油费后退回）。

民国十年（1921），安徽省视学赵纶士视察黟歙六县，认为当地"居山岭阻隔之地，语言极形庞杂，不独外人不能通晓，即此县与彼县、此乡与彼乡亦苦悬殊，无从交

① 浙江巡按使：《建德县知事高云阶详为小学教员讲习所暂缓开办声请察核示遵由》，载《浙江公报》1914年第950期，第12页。

② 遂安县公署：《令保送人员赴省学习国语由》，载《遂安教育公报》1920年第2卷第7期，第15页。

语。本有厉行国语之必要，乃多数教师自身并未讲习，何由传授儿童？”[①] 于是建议利用暑假开办讲习会，讲习各科教授法及国语，以图改进。考虑到师资一项亦难寻觅，又建议各县知事与省立二师校长会商，委托二师妥为办理，得到省厅允准。二师也鉴于第一期取得较好反响，便“以推行国语，兼便学生补习为宗旨”，继续于当年暑假开办讲习会。根据全徽州小学教育的实际需求，讲习会开国语、教育、英语数学补习三科，国语为必学，另两科任选其一。并规定了课程纲要：国语科，分国音（含发音学、拼音法、国语会话，每周 8 小时）、文法（即白话文法，每周 2 小时）；教育科，分教育心理学、伦理学、教授法、管理法、哲学（孔子哲学概论）五项，每周各 3、2、4、4、3 小时；英文数学补习科，分英文（发音学、造句法，每周 8 小时）、数学（算术概要、比例等，每周 8 小时）两项。最后获得修业证书的 39 人，以歙、休两县为多，年龄最大者 52 岁。与第一期相比，此期来自偏僻山区及私塾的教员比重更大。同年暑假，建德县劝学所也因“小学国文改授国语，叠奉部令督促进行”。为推广便利计，由劝学所筹给旅费，派劝学员胡丰锡、王嘉禾前赴上海国语讲习所特设暑假专修班学习。当年寒假，即由他俩担任讲师，在本县开办国语讲习所，召集在职小学教师来所传习，实到 50 余人。“现查成绩尚佳，将来尚拟参酌地方情形，设法续办，以图扩充”。[②] 民国二十三年（1934）七月，安徽省第十区小学教员讲习会在休宁万安举办，国语依然是培训的重要内容。语言学家、语言教育家罗常培应邀到会，为受训小学教员作了《关于国音的几个问题》的学术演讲，就国音的必要条件、国音何以用北方音作标准、新国音与老国音的异同、学习国音的简便方法、统一国语与研究方言的两种意义，进行了全面阐述。[③]

南京国民政府成立后，鉴于国民学校分布很散，师资极弱，于是推行中心小学制，即将全县按地域分成若干中心小学区，选择地点适中、师资雄厚、成绩优良的小学作为中心小学。淳安县于民国二十一年（1932）制定《淳安县中心小学暂行办法》，其中 7 所中心小学由县教育局选定，其标准是：完全学校学级在三级以上、每级学生 30 人以上，办理成绩优良，且有案可稽，地点适中、交通便利，教师多数从师范

---

① 《据省视学赵纶士呈利用暑假开会讲习各科教授法及国语以力改进教育由》，载《安徽教育月刊》1922年第53期，第9页。

② 建德县劝学所：《十年度学事年报》，载《浙江教育》1923年第6卷第3期，第6页。

③ 罗莘田：《关于国音的几个问题》，载《国语周刊》1934年第7卷第157～182期，第33～34页。

毕业，原有经费较为充裕或负责有人，设备完全。[1]民国二十二年（1933），休宁也分全县为五个中心小学区，选择原县立海阳、东区、南区、西区、北区小学各为第一至第5区小学。各中心小学校长负有指导和考核本区小学之责，兼任该区教育委员，其主要职责为："一、尽量采用最新而比较有效之教学方法，以研究所得，辅导本区内各小学之改进。二、供区内小学教员轮流实习，或派员往区内小学代行教授。三、编辑乡土教材或临时教材，但须呈请县教育行政机关转呈教育厅核定。四、辅导本学区内各小学共同解决困难问题。五、办讲习会研究会等，以便该区各小学教员研究补习，但均须呈报县教育行政机关备案。"[2]相比之下，《淳安县中心小学辅导大纲》规定的辅导内容要详细得多：

一、关于学校行政方面

1. 制定学校行事历，分给所辅导的小学以供参考。

2. 排定最切实行的教学时间表（单级或复式各一份），分送所辅导的小学以供参考。

3. 调查整理各小学学级编制与课程、时间、儿童三者的支配，以期适合。

4. 拟定简单的校务管理办法，以供一学级或二学级的小学应用。

5. 参加各小学内部各种会议，共同解决学校行政困难问题。

6. 指导布置教学室，以增进儿童学习兴趣。

二、关于教学方面

1. 辅导各小学最低限度的教学方法，能使切实实行。

2. 指导各小学活用课本，增长儿童阅读的能力。

3. 指导举行各科比赛，以增进儿童学习的效率。

4. 联络各小学，举行小运动会、游艺、演讲、竞赛等会。

5. 调查儿童的好尚及社会的需要，编辑乡土教材以供小学实际的应用。

三、关于训育方面

1. 指导各小学组织乡镇自治会，使儿童有练习自治的机会，培养健全的人格。

---

① 《淳安县中心小学暂行办法》，载《淳安教育》1932年第1期，第95页。

② 《休宁县中心小学区制办法大纲》，载《安徽教育行政旬刊》1933年第1卷第16期，第41～42页。

2. 联络就近各小学举行扩大纪念周或纪念会仪式，增加儿童的见识，促进党义教育之实施。

3. 拟定最简单的整洁检查表，分送各小学实行检查，养成儿童卫生的习惯。

4. 制定几个中心训练，拟具具体实施方案，能使切实施行。

5. 指导各小学儿童课外作业，须有分组分次活动的办法。

6. 辅导各小学管理儿童之方法，以养成儿童有规律的行动。

四、关于兼办民众教育方面

1. 辅导各小学兼办民众问字处及民众代笔处。

2. 辅导各小学兼办民众学校、民众阅报处、民众简报。①

为强化中心小学的指导地位，各县也对其予以政策上的倾斜。如休宁县教育局规定各中心小学教师，应尽量多请经验丰富、学识优良的师范毕业生。其待遇可以比其他教师略高。各中心小学经费除了俸薪和普通办公费外，可以酌增差旅费与印刷费。

校际观摩的优势在于时间、经费成本低，可以更多地了解较大区域同类学校的办学情况。如果同时还有评比因素，更会促使各校尽量展示各自办学特色。民国三十三年（1944）十二月，“为求各校教员互相观摩各校之教导设施，以资研究改进，并加强教学训导工作效能起见”。② 歙县县政府经呈奉皖南行署核示，组织教育参观团，由县长莫寒竹任团长，县教育科长、县督学分任四组组长，带领52人利用4天时间分赴县直六乡、岩寺区、王村区、北岸区参观了49所学校，主要考察各校校园、教学、辅导、造产等项进展与成绩。最后，一致认为丰林乡校、徽师附小、示范中心学校成绩最优。

优待是提高教师社会地位、强化职业尊严的重要手段。早在宣统元年（1909），学部就曾拟定《优待小学教员章程》，从政治、经济等方面给予从教有年且有劳绩的小学教员以特殊款待。政治上，小学教员应被地方官待以职绅之礼、可获顶戴、得免徭役，非本身犯罪不得牵连拿捕；任教一学堂五年可照章请奖，尚未核准者如

---

①《淳安县中心小学辅导大纲》，载《淳安教育》1932年第1期，第96～97页。

②《歙县县政府组织教育参观团》，载《新歙县》1944年第2期，第47页。

遇覃恩，可比照八品职衔给予封典。经济上，凡任教一学堂五年而父母或本人身故，可获三个月薪金为恤赠；任教一学堂十五年而告退，可获八个月薪金为酬劳；任教一学堂十五年告退后身故，家属可获在堂薪金十分之八为抚恤。另外，现充任某处小学教员，或任教五年、十五年的，可分别免除其子孙或胞弟、胞侄一至两人不同类型、学段的学费。[①] 但该章程未及施行。

褒奖也是激发教员工作内驱力的重要方式之一。学部在宣统元年（1909）拟定的《优待小学教员章程》中，有一条涉及奖励，对于“教授一学堂逾五年而有劳绩者，由本学堂呈明督学局或提学使司，申报学部”。除照章奖励，如本学堂经费宽裕，可给予年薪 30% 的奖励津贴。民国六年（1917），教育部公布《订定小学教员褒奖规程》，规定：小学校校长和教员中，“在职日久、著有勤劳者”，地方主管行政长官可授予褒状；“任职勤劳，成绩昭著者”，地方最高级行政长官可授予奖章；“尽力教育、著有特别成绩者”，教育总长可授予勋章。[②] 民国十一年（1922），歙县第一高小校董程镇第以该校教员吴金熙等“在职有年，管教勤恳”，呈请县知事上报省府给予褒奖。省厅接报后，认为查核《小学教员褒奖规程》条文，尚无不合，但需由省视学实地考察成绩，若确属优良，才转呈省长颁发奖章。[③] 可见，虽然《褒奖规程》没有具体规定成绩、程序要求，但地方政府在执行上比较慎重，与当地上报兴学奖励人选一般都会获批相比，形成鲜明对照。不唯政府更看重新学开办，也与对教员成绩认定更难以衡量相关。

一些县份充分应用奖励杠杆，建立县级教员奖励制度，既扩大奖励面，更发挥奖励机制的作用。民国二十一年（1932），淳安县拟定了《淳安县奖励小学优良教职员暂行办法》，规定每年县教育局在预算中设立优良教职员奖励金，并主导确定奖励教员 20 名，奖励主要依据是教员的服务成绩，考查项目分 5 大项 23 点，合计 100 分。考查内容涉及仪态（仪容整洁、态度和蔼、品行端正、身体健康）、服务（处理事务能力、做事有计划有准备、会议准时出席、教法适当、管训有准则和考核办法、指导学生自动作业、应用测验和统计、处置学生成绩适当、平时教学管训有记载、注重国语练习）、进修（努力阅读进修书籍、开会研究问题、实验教育有记载）、社

---

① 李桂林、戚名琇、钱曼倩：《中国近代教育史资料汇编 · 普通教育》，上海教育出版社，1995年，第51～52页。

② 李桂林、戚名琇、钱曼倩：《中国近代教育史资料汇编 · 普通教育》，上海教育出版社，1995年，第491～492页。

③《呈覆遵令查核歙县知事呈请给奖教员吴金熙等一案由》，载《安徽教育月刊》1922年第54期，第3页。

会服务（得到公众信任、用正当方法联络学生家族、热心兼办社教）和其他（任职二年以上、做事认真极少请假、能与同事合作）等方面。该办法还特别指出，奖励的目的在于“普遍及倡导教职员进修”“鼓励小学教职员努力服务，增进教育效能”。因此，奖励金原则上不发现金，而是“选购教育参考书籍奖励之”。[①]

①《淳安县奖励小学优良教职员暂行办法（附表）》，载《淳安教育》1932年第1期，第103～104页。

第五章　新安江流域近代小学教育的曲折发展(下)

传道与授业、解惑是传统学校教育强调的主要任务，时至近代依然如此。在近代新安江流域的小学教育中，为培养合格国民，主办者依据政府规定与当地实际，在课程设置、教学活动、品行训练等方面，有过很多比较扎实的安排，也取得一定效果。

第一节　小学教学活动的设计与实施

一、培养目标与学制

在“中学为体，西学为用”思想指导下，清末朝廷兴办新学，意在“以忠孝为敷教之本，以礼法为训俗之方，以练习艺能为致用治生之具”。[①] 根据不同学段、不同类别的学校，又分别规定了具体的培养目标。《奏定初等小学堂章程》明确：初等小学堂任务是“以启其人生应有之知识，立其明伦理、爱国家之要基，调护儿童身体，令其发育为宗旨，以识字之民日多为成效”。[②] 对于高等小学堂，《奏定高等小学堂章程》规定：“以培养国民之善性，扩充国民之知识，强壮国民之气体为宗旨，以童年皆知作人之正理，皆有谋生之计虑为成效。”[③] 借助知识、品行、身体方面的进步，奠定未来合格社会公民的基础，也是新安江流域小学的任务。

民国肇始，万象更新。民国元年（1912）九月，教育部颁布的《小学校令》，将“留意儿童身心之发育，培养国民道德之基础，并授以生活所必需之知识技能”确定为

① 璩鑫圭、唐良炎：《中国近代教育史资料汇编·学制演变》，上海教育出版社，1991年，第489页。
② 璩鑫圭、唐良炎：《中国近代教育史资料汇编·学制演变》，上海教育出版社，1991年，第291页。
③ 璩鑫圭、唐良炎：《中国近代教育史资料汇编·学制演变》，上海教育出版社，1991年，第306页。

培养宗旨。相比于清末的要求，除了将身心方面前置外，在内涵上差异并不明显。民国二十二年（1933）国民政府公布《小学法》，以“发展儿童之身心，培养国民之道德基础及生活所必需之基本知识技能”为目标，意义也几乎没有变化。

从民国九年安徽省立二师附属小学简章看，很多办学较为规范的学校至少在培养目标的表述上与中央要求没有区别。但也有特例。民国十年（1921），毕业于安徽省立二师的歙县稠墅人汪任民受本村民众之请，创办一所农村学校。作为一名正规师范毕业生，他认为开办小学的目的，不仅限于识字与就业，而是负有农村改造的历史使命。因此，他将该校的“个性”（意义）表述为：“养成公民常识：对己养成独立之能力，对地方发展互助之精神；在现在以此为改良稠墅社会之先导，而将来则以此为农村文化的中心。”① 充分展现了接受新教育的一代青年的理想与抱负。

清末《奏定学堂章程》规定：小学修业年限为初等小学堂五年、高等小学堂四年。光绪三十三年（1907），学部颁布的《女子小学堂章程》，也规定分初等、高等两级，修业期各四年，男女不得同校。宣统元年（1909），学部为推进小学教育，奏请变通初等小学堂章程，将初等小学堂分为：初等小学堂完全科修业五年，小学简易科修业四年或三年。次年，又在《奏改订两等小学堂课程折》中，废止完全科、简易科等三种，恢复高小、初小名目，且修业期限统一为四年。

民国元年（1912），教育部颁布《小学校令》，规定小学分为初、高两等，其中初等小学校为义务教育。修业年限为初等四年，高等三年。民国十一年，全国实行新学制，规定小学校分初、高两级，前四年为初级（基本属义务教育），后两年为高级。这种“四二”分段的六年制，一直沿用到1949年，未再变更。

《奏定学堂章程》对于小学的教学时间，仅规定初等小学堂每周不超过30小时，高等小学堂每周不超过36小时。民国元年《小学校令》中，明确“小学校之休业日，除了日曜日外，每年不得过九十日”。只有“遇有特别情事，县行政长官受省行政长官许可后，得增加休业日数”。但在农村学校，“环境皆山水”，家长多忙于生计，无暇顾及学童，学校会有调整。民国三年（1914）五月，黄炎培考察皖赣浙三省教育，见淳安雉城小学校的安排就是“日曜日上午，学生来校温课”。民国十年创设的歙县稠墅国民学校，周日上午安排习字、总复习、徒手操、游技，下午安排唱歌、

① 汪峻：《歙县稠墅农村学校创办概况》，载《安徽教育月刊》1921年第48期，第29页。

园艺和童话。而在寿昌县，甚至有全县统一的调整。民国十五年（1926），该县教育局董事会鉴于“初级学生每逢日曜例假，恒在外游玩，非相扑角斗，即登山戏水，一有事故发生，其家属不责己之管束不严，反归咎于学校之不应给假，愤而辍学”。因此，议决《变通初级小学日曜例假案》：“初级小学日曜例假均一律变通停止，或上课，或温习，或训话，或谈话，或游戏运动，其科目由各校自定之。”[①] 这都是结合乡村实际的变通做法。

二、课程的设置

清末《奏定学堂章程》规定，初等小学堂中完全科设修身、读经讲经、中国文字、算术、历史、地理、格致、体操 8 门，图画、手工为随意科，视地方情形而自定。简易科则开设 5 门（修身与读经讲经合为一，历史、地理、格致合为一）。高等小学堂开设修身、读经讲经、中国文学、算术、中国历史、地理、格致、图画、体操 9 门，另根据各地情况，对于不以升入中学堂为目标的学生加授手工、农业、商业三门随意科。结合各科教育要义（教学内容）及课时分配，可以发现这一时期小学课程开设的一些特点：第一，为体现“中学为体”，儒家经典地位重要。读经讲经一科，内容涉及《孝经》《大学》《中庸》《论语》《孟子》《礼记》《诗经》《尚书》《易经》《仪礼》等。初、高小每周均为 12 课时（另每天尚有温经半钟点），各约占每周总课时 30、36 钟点的三分之一。理由有二：一因“少年不读此数经，以后更不愿读，则此最古数经必将废绝”；二是“十二岁以后，为知识渐开、外诱纷至之时，尤宜令圣贤之道时常浸灌于心，以免流于恶习，开始离经叛道之渐”。[②] 第二，国文注重实用。初小中国文字每周 4 课时，高小中国文学每周 8 课时，分量不轻，不唯此乃传统文化之主要载体，更因事关学生将来生业。因此，“识日用常见之字，解日用浅近之文理”，并可写日用简短书信，以备应世达意之用，就是教学目标。虽时在清末，文学革命号角尚未吹响，但“能以俗语叙事”，即白话作文，依然写进了朝廷要件。同时，高小还要学习通行官话，既“期于全国语言统一”，也希望“民志因之团结”。第三，关注乡土资源。如初小历史课，虽主要概述历朝的治乱兴衰，古来圣主贤君的美善忠诚，本朝列帝的仁政德泽，但强调“尤先当讲乡土历史，采本境内乡贤名宦流寓

① 《寿昌县教育局董事会议决案》，载《浙江教育》1926年第3期，第173～174页。

② 璩鑫圭、唐良炎：《中国近代教育史资料汇编·学制演变》，上海教育出版社，1991年，第309页。

诸名人之事迹”；地理课除了解中国疆域大略、五洲简图、地文地质外，也要求先讲乡土地理：“先自学校附近指示其方向子午、步数多少，道里远近，次及于附近之先贤祠墓、近处山水，间亦带领小学生寻访古迹，为之解说，俾其因故事而记地理，兼及居民之职业、贫富之原因、舟车之交通、物产之生殖。”格致课也提出“宜由近而远，当先以乡土格致”，即先就教室中器具、学校用品，及庭园中动物、植物、矿物，渐次及于附近山林、川泽之动物、植物、矿物。

当时，各地新学初兴，或师资奇缺，或聘有留日学生，因而地方上的课程开设也就常有调整。光绪三十四年（1908），安徽省学台批阅歙县申送的各学堂八项表文，就指出：除公立唐氏启悟小学堂教科课程悉遵定章外，公立潈川两等小学堂高小开设的博物、理化课程乃属中学程度，应改为格致；其附设幼稚班，“参合蒙养院章程，办理颇称合法”。公立敬宗两等小学堂高等班有伦理、博物，宜改为修身、格致，经学每周3课时应照章增至12课时，国文、习字应照章改为8课时；初等班博物宜改格致，经学每周4课时应增至12课时。公立湖田崇正高等小学堂英文非小学主课，应移3课时给经学。公立凤山两等小学堂高等班的生理、物理为小学课程所无，宜改为格致；经学、算学各应改为12和3课时；初等班应加格致一科，经学也应增至12课时。私立惇素初等小学堂将物理作为格致的一部分，宜改为格致；经学也应增加至12课时。官立两等小学堂的经学不能减少。[①] 其实，调整课程及课时的并非只有歙县学校，其他县份也多如此。如黟县碧阳高等小学堂增开了英语；黄杏仙开办的黟县西递崇德女子学堂开设国文、算术外，还有缝纫、刺绣。绩溪东山高等小学堂既增加了英语、音乐，又在算术与体操两科每周增加1～3课时。淳安县光绪三十四年（1908）被毁学堂修复，并重新开学。但提学使还是指出：“查所定科目率多缺略不全，亟应添设完备，以宏造就而符定章。”[②] 而旧式私塾所缺图画、体操课程的开设，则往往引起社会关注。歙县劝学所附设的中央小学堂与绩溪旅歙小学堂的体操课，均聘紫阳师范毕业生许杰任教。光绪三十四年（1908）十月初三，两校举行会操，间以组织游戏，“男女参观者共两百余人”。此消息在《安徽白话报》刊登时，不仅以“小学进步”为标题，更被认为

①《学台批歙县申送各学堂八项表文》，载《安徽官报》1908年第13期，第13～15页。
②《本司支批淳安县禀报被毁学堂现已修复并开办日期文》，《浙江教育官报》1908年第4期。

此“亦可见尚武精神之一斑”。①

民国元年（1912），国民政府教育部颁发《小学校令》，规定初小课程为修身、国文、算术、手工、图画、唱歌、体操，女子加缝纫课；高小课程为修身、国文、算术、本国历史、地理、理科、手工、图画、唱歌、体操，另男子加农业课、女子加缝纫课。考虑到各地师资可能有缺，又规定初小手工、图画、唱歌，不得已时可缺一科或三科。高小除手工、唱歌可缺外，还可视当地需要改农业为商业，另可加英语或其他外语。相比于清末，除了删除读经讲经外，提高艺体课程比重、加大初小与高小课程之差别，是其特点。民国四年（1915），袁世凯为复辟帝制，在初小、高小都恢复“读经”课程，初小读《孟子》，高小读《论语》。取消帝制后的次年十月，教育部虽以部令形式删除“读经”一科，但提出“读经要旨，在使儿童熏陶于圣贤之正理，兼以振发爱国之精神”。小学依然宜讲授《论语》大义，只是“务期平正明显，切于实用”。民国九年（1920），国文课改为国语课。民国十一年，教育部制定新学制（六三三制），小学课程也做了调整：初小开设国语、算术、自然、工用艺术、形象艺术、音乐、体育、社会；高小将社会分设为卫生、公民、历史、地理，增开园艺。

基层小学的实际情况要复杂得多，或多沿袭旧制。民国八年（1919），浙江省视学金布巡视遂安县教育，发现私立洙水国民学校教授科目既名实不副，上课时间也与表格不同，“尚未脱私塾习气”。私立发蒙国民学校，科目仅有国文、修身，教材或四书，或五经，“名为学校，实系私塾”。私立培桂国民学校居然课读《诗经》，“尤为不合”。私立玉泉国民学校，校长虽师范讲习所出身，“然观其办事，均无教育之研究，既授读经，且课经题”。②可谓新旧混杂，各行其是。

也有为适应地方需要，而对课程、课时进行必要的变动。比如徽州人经商为多，学生家庭就商于外者十之六七，一遇机缘，便令子弟半途退学，改习商业。十二三岁习商以前，总须读几年书以识字、能写、会算，完成从商的初步准备。因此，安徽省立二师附小认为：完成四年国民教育者，或升学，或改业。对改业者来说，“四年中所受之教育，不无不足之憾，爰考察社会生计前途及生活教育主旨。特于三四

① 《小学进步》，《安徽白话报》1908年第5期，第8页。

② 遂安县公署：《令抄发省视学查报遂安县教育状况报告书仰转知遵照由》，载《遂安教育公报》1920年第2卷第3期，第5、6页。

年级国文教授时间之内，酌移钟点，授以识字；又于算术教授时间内，酌移钟点，授以珠算，以补寻常日用之不足”。[1] 民国十二年，该校又“为谋适合学生需要计，于新学制第五学年开始时，分升学与非升学二组。其入升学组者，加习笔算、外国语；非升学者，可不习外国语，并减少笔算，而另授以职业道德、职业常识，以作职业准备”。[2] 当时二师附小高年级还开“商业”课，又设贩卖部，由国民科三年级以上学生分组轮值，练习商务。有的乡村小学也很注意商业常识的教授。民国初年，绩溪云山国民学校毕业生十之七八习商，极受店铺赞许与欢迎，原因就在“校长与教员既热心教育，又能审情度势，注重专业陶冶之效果也”。后人虽不知“专业陶冶”内容，教学中为学生习商做了准备却是无疑的。

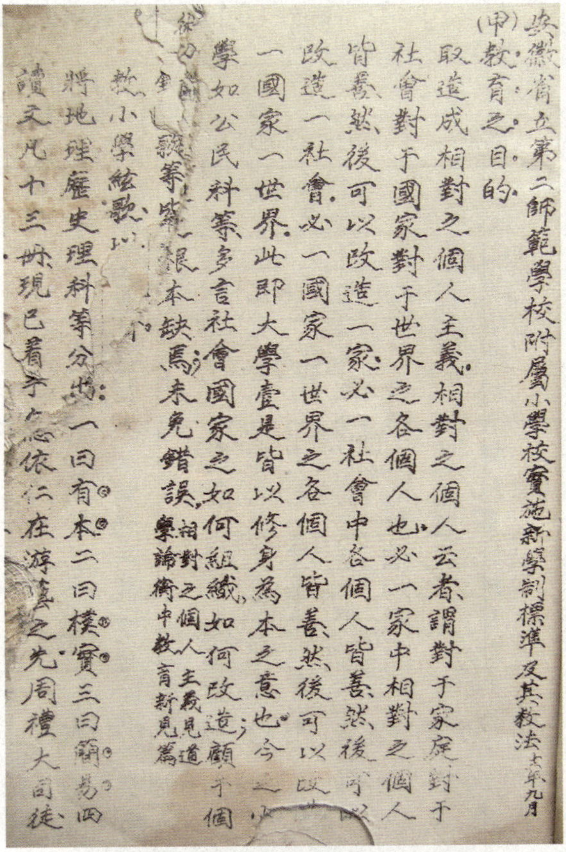
安徽省立第二師範學校附屬小學校實施新學制標準及其教法 十一年九月
(甲)教育之目的
取造成相對之個人主義。相對之個人云者，謂對于家庭對于
社會對于國家對于世界之各個人也。必一家中相對之個人
皆善，然後可以改造一家；必一社會中各個人皆善，然後可以
改造一社會；必一國家一世界之各個人皆善，然後可以改[illegible]
一國家一世界。此即大學壹是皆以修身為本之意也。今之[illegible]
學如公民科等多言社會國家之如何組織，如何改造，顧于個
[illegible]根本缺焉，未免錯誤。相對之個人主義見道學論衡中教育新見篇
教小學[illegible]以[illegible]
將地理歷史理科等分出：一曰有本，二曰樸實，三曰簡易，四
讀文凡十三冊，現已着手[illegible]依仁在游[illegible]之先周禮大司徒

安徽省立二师附小实施新学制标准及其教法

还有的小学颇多创新。如民国十年（1921）兴办的歙县稠墅私立农村初级学校，其教学目的是“使学童得到些切实的知识，提高他们现在的生活——精神、身体”，其教学特点有：教育目的针对社会；教材取自乡土；教法适应心理，以养成一群善良子弟与村民。课程设置上，选择“（一）为学童现在生活所必需的，（二）足以锻炼他的心志身体的”。反映在课表上，也很有个性，见以下课程表：

① 安徽省立二师：《安徽省立第二师范学校杂志·概况》1916年第3期，第26页。
② 安徽省立二师：《黄山钟·报告》1923年第3期，第9页。

表5-1　1921年歙县稠墅农村初级学校课程表[①]

<table>
<tr><td colspan="6"></td><td>附告</td></tr>
<tr><td colspan="2">曜别</td><td>月一出的课程</td><td colspan="2">日</td><td>时之比例</td><td rowspan="6">每一教程，均须经官觉、心思、脑力各方面的训练</td></tr>
<tr><td rowspan="5">午饭以前</td><td rowspan="5">一二三</td><td>习字(合)</td><td colspan="2">习字</td><td>一小时以内</td></tr>
<tr><td>(甲)默书(乙)上书</td><td colspan="2" rowspan="2">总复习</td><td rowspan="2">两小时以内</td></tr>
<tr><td>(甲)上书(乙)抄书</td></tr>
<tr><td rowspan="2">心算和签算(合)</td><td>徒手操</td><td>游技</td><td rowspan="2">一小时以内</td></tr>
<tr><td colspan="2">合</td></tr>
<tr><td rowspan="5">午饭以后</td><td rowspan="5">四五六</td><td>(甲)温书(乙)摘字</td><td colspan="2" rowspan="2">唱歌</td><td>二小时以内</td><td rowspan="5">每一教程，均须经官觉、心思、脑力各方面的训练</td></tr>
<tr><td>(甲)造句(乙)默书</td><td>一小时以内</td></tr>
<tr><td>(甲)算账(乙)温书</td><td colspan="2" rowspan="2">园艺</td><td>一小时以外</td></tr>
<tr><td>唱歌(合)</td><td>二小时以外</td></tr>
<tr><td>修身作法和谈话</td><td colspan="2">童话</td><td>一小时以内</td></tr>
</table>

对于教学方法，该校主张“农村学校是应环境而创设的”，既“力求摆脱蒙馆习气”，又“更不能采取现在普通学校的笼统方法”，因而特别强调针对性的训练。如记忆力用背书、默写等法，理解力用解书、解字、实物考问等法，视觉型用远近、大小、灵钝、长短、视写等法，听觉型用听写、听述等法，口音用读书、谈话等法，运动型用手足及周身的动作表演等法。且要求这些能力的训练要落实在每一节课程的教学之中。

民国十七年（1928），南京国民政府教育部颁布《小学暂行条例》，在课程开设上最大的不同是，初小、高小均新增三民主义、党童子军两科，强化党化教育。高小并增职业科目。次年，教育部又颁布《小学课程暂行标准》，规定初小、高小课程相同，均为党义、国语、社会、自然、算术、工作、美术、体育、音乐9科，仅低、中、高年级课时数有差别。经四年试验，于民国二十一年（1932）修订为《小学课程标准》颁布，次年施行。该课程标准中，改党义、工作分别为公民训练、劳作，增开卫生课程。民国二十五年（1936）颁布《修正小学课程标准》，取消卫生科；一二年级劳作、

① 汪峻：《歙县稠墅农村学校创办概况》，《安徽教育月刊》1921年第48期，第32页。

美术合并为工作，体育、音乐合并为唱游，社会、自然合并为常识。民国二十七年（1938），为适应抗战需要，实施非常时期教育办法，主要是减少不必要的科目，充实课程内容，选择适应战时需要、提高儿童爱国观念、增强民族意识、以利战时生活的教材。民国三十一年（1942），教育部颁布《小学课程修订标准》，公民训练改为团体训练，美术改图画，一二年级音乐、体育、图画、劳作仍分科教学。到民国三十七年（1948），教育部再颁布《小学课程标准二次修订标准》，规定初小科目为公民训练、国语、算术、常识、音乐、体育、美术、劳作；高小除将常识分设为社会、自然外，其余科目与初小相同。

虽然南京国民政府在基本统一全国后，也着力推进基础教育，但速度缓慢。除了城镇小学稍有良好气象，乡间小学的私塾气息依然浓郁，课程设置上很难做到照章开课。民国十九年（1930），浙江省督学卢绶青视察寿昌县时就尖锐地指出："该县乡村小学，大多近于私塾化，时间表上所定科目如唱歌、体育、手工等，均徒有其名。"因此，他建议："县督学出乡视察时，应随时留意，切实加以指导。"①

三、教学工作初步走上正轨

清末，新安江流域的基础教育仍然是私塾的天下。新学如新苗，虽已破土，但能茁壮成长者不多，光绪三十年（1904）创办的绩溪私立思诚两等小学堂算是其中之一。该校教学不同于旧学，后任安徽省立二师校长的胡晋接为堂长，所聘教员或为留日学生（如婺源人江鹏萱、休宁人程仲沂），或旧学根底深厚（如歙县名儒毕醉春）。学堂遵章开设课程，还自编教材，添置了新功课所需的设备，图书仪器较为齐全。建德官立高小、遂安成城两等小学堂办学也有成绩。宣统三年（1911），省视学徐光烈实地视导，认为两所小学四年级国文及算术、图画等科成绩均称优胜，经呈报省提学使司，各获得三张和两张奖牌。②但是，办学不善者也所在多有。宣统元年（1909），浙江省提学使司批评遂安：风气闭塞，所办学堂有名无实，各学生虽届毕业年限，而程度甚低；本无教习资格的刘教员，"在堂四年，毫无成效。现经撤换，犹复邀索修金，怂恿各学生捏词上控"。③要求从严整顿学堂。

---

①《令发卢省督学视察该县教育状况报告令仰分别遵照由》，载《浙江教育行政周刊》1930年第2卷第6期，第21页。

②《本署司袁札饬建德遂安庆元等县调查报告成绩优胜填发奖牌文》，《浙江教育官报》1911年第96期。

③《本司支批严属佐治员遂安县会报整顿高等小学堂情形禀》，《浙江教育官报》1909年第14期，第63页。

进入民国，小学开办日多，但办理卓有成效者依然不多，且大多分布在县镇。安徽省立二师附小因有二师依靠，条件优越，教学较有特色。主要体现在：

其一，教员注重教学研究。该校设有研究部，下设各科教授研究会，研究教材、教具、教法、教学管理、成绩评定等事项；又设“实地授业批评会”，规定每月第三周星期六开会一次，上午由各科教员一人授课，其余教员听课笔录，这是当地最早的教学观摩活动。徽州为山区，各地小学多为一人一校的“单级学校”，为训练师范生“单级教授”能力，二师附小除高等科采用单式编制外，国民科也按“单级编制”编班，教员也因此对“单级教授”多有研究。

其二，各科教学注重提高学生学习能力。附小对低年级学生重启发，高年级学生重自学。当时学生年龄较大，一般又都上过私塾，所以无论高低年级学生皆重课堂笔记。高年级教学中还试用质疑纸，鼓励提问。

其三，提倡国语与白话文。民国九年（1920）国文改为国语课，附小即派教员方世树赴教育部附设的国语讲习所学习，回校推广。当年起，附小还“顺教育之趋势，应社会之需求”，各年级均采用部分白话文教材。国民科第一学年纯用白话文教材，第二到第四学年白话文各占4/5、3/5和2/5，高等科各学年则约占五分之一，内容由教员自编或从书报中选辑。

其四，开展丰富的课外活动。附小每周有定期分班开的同乐会、讲演会，每年一次运动会、游艺会与远足会。为免除重理论轻经验的偏向，使学生得到“职业陶冶”与“工艺练习”，附小设有园艺、工艺、贩卖三部，园艺部全体轮值，工艺、贩卖部自国民科第三学年起分组轮值。全校还组织“新棠村”，设村议会与村公所，训练学生自治。校内还有儿童博物馆，由学生在寒暑假采制动植矿物标本、乡土物产、本乡名胜古迹的照片，以及古代遗物等，丰富学生自然科学与乡土史地知识。

地处乡间的小学，稍有成绩的比例更低。像黟县崇德女子学校毕业生算盘、书写、女红样样精通，出嫁后能在县城、碧山、黄村办起女子工读社的，纯属凤毛麟角。民国五年（1916），浙江省视学视察淳安县，见“一般学生成绩，除县立高等小学校学生国文特别优著外，余俱不足观。其答讲亦多不明了”。[①] 民国八年（1919），安徽省视学姚毓麟视察休宁县后，报告说：“此次视察所及，各校内容大率敷衍，不

---

①《淳安县教育状况》，载《浙江公报》1917年第1761期，第12页。

免有名无实。”[①] 民国十年（1921），安徽省视学赵纶士在视察报告中也指出："歙黟六县，除县立及少数学校成绩较优外，其余城乡各校多属变换名目之私塾。所有教师，完全师范毕业者极少，以中学毕业者为上选，而大多数则为旧时塾师及高小毕业生，对于教授方法实少研究，不徒惟知注入，而且偏重背诵，成绩平常，可以想见。”[②] 民国十三年（1924），铗孤也曾对当时歙县12所县立乡间初小进行过点评，认为除县立第二初校（在上店）数一数二、县立第九初校（在岔口）成绩较好外，其余多不值一谈。[③] 其主要原因：一是日常管理松弛。民国五年（1916），浙江省视学程钟裕视察建德县，发现城北国民学校“所用教科书，各级学生均不一律，且参杂《诗经》《幼学》等书”；淳安县小学生“平时旷课者约占十分之三四”。二是教法不良。民国五年，建德县有高小、国民学校共72所，教职员217人，学生1880人，不可谓不发达。但因该县交通不甚便利，风气闭塞，“各校教员教法不免蹈常袭故”“该县各校教授各项科学，除算术外，大都不用黑板；循文讲演，阶段不分；习字一课，不唱笔顺；教员巡视未周，学生用笔，每多倒置。此种弊病，他县亦在所难免，然以该县各校为尤甚”。[④] 淳安“全县学校之教授，多未能研究三段教授法备编教授案，且讲授能用问答式者，尤未之见。国文法亦多不合科学，完备者颇少”。[⑤] 民国六年（1917）的遂安县，“各学校教科尚称粗备，而教授法多未能研究。其教授国文亦半用私塾旧式，关于启发儿童知识一端，尤不注意”。[⑥]

针对存在的教学质量不高问题，地方政府与小学管理层也都采取过一些应对措施。首先，严格日常管理。民国六年，浙江省调查学务委员朱章宝抽查严属六县后发现："严属六邑学校，以桐庐、分水两邑为较胜。”分析原因，认为一是由于县公署有考试学校之常法，二是县知事及县视学之热心。[⑦] 建德县知事在得知省视学关于该县教员教法“蹈常袭故”的反馈后，“拟趁暑假期内，筹集款项，选派教员数人，往各地参观学校，俾收观摩之益”。其中，当时堪称先进的预备（或复习）、教授新课、练习三段教育法

① 《令为省视学姚毓麟呈报视察休宁县教育状况由》，载《安徽教育月刊》1919年第23期，第17页。
② 《据省视学赵纶士呈利用暑假开会讲习各科教授法及国语以力改进教育由》，载《安徽教育月刊》1922年第53期，第9页。
③ 铗孤：《歙县教育调查记》，载《微音》1924年第17～18期，第33～37页。
④ 程钟裕：《建德学务视察记》，载《教育周报（杭州）》1916年第132期，第30页。
⑤ 《淳安县教育状况》，载《浙江公报》1917年第1761期，第12页。
⑥ 齐耀珊：《令遂安县知事：据调查学务委员呈报该县学务情形由》，载《浙江公报》1917年第1761期，第8页。
⑦ 齐耀珊：《据调查学务委员呈报各该县学务情形填送比较表由》，载《浙江公报》1917年第1779期，第7页。

被列为观摩首选。民国九年（1920），寿昌县也组织小学教职员参观团，前往金华道属省立师校附设模范小学及各县成绩优良小学参观，凡规程、编制、教授、管理、训练、卫生、风纪、设备、经费各项，留心考察。其办理优良、足资借鉴者，均经详细记录，形成报告书，印发各校参考仿行。民国十年，建德县还通过举办高小毕业联合考试的方法来把严“出口关”：

> 邑高等小学连女校共计五所，因经济关系，程度不免稍有参差。所长为划一教科及提高毕业生程度起见，当经拟具办法，陈由县议会议决：自本年度始，举办联合考试，并得省立第九师范附属高小之同意，由所另组考试委员会主持其事。本届计九师附高及县立模范、建西高小、惠英女校等四校与考者共计五十五人，内计不及格者十六人。虽手续较烦，但学生因比较而力求进步，其结果似非仅可免毕业之诮已耳。[①]

1926年，遂安县教育局董事会合影

举办展览会，不仅促进各校交流、相互学习，还可扩大社会影响。民国八年（1919）

① 建德县劝学所：《十年度学事年报》，载《浙江教育》1923年第6卷第3期，第7页。

八月，遂安县劝学所在县明伦堂举办第一次小学成绩展览会。台鼎、安定、殿边三所高小，贞文女高小，芹溪、儒洪等14所国民学校，共选送学生作品559件，县知事亲自参加开幕式并致辞。两周内，参观者达1857人。“此次小学成绩展览会对于促进教育有若何效果，纵属未敢臆断。但观各校成绩，尚多优良，入览人数亦形踊跃。要于小学前途不无影响”。[①] 民国九年，寿昌县劝学所会同教育会举办第三届小学教育成绩品陈列。劝学所、教育会、县视学还会同分赴县内各区适中地点，召集各国民学校三、四年级学生举行小学观摩会，各科试卷评定分数、等第，呈请县知事复核后榜示，成绩优异者奖励教育用品。[②] 在徽州，此类活动也常有组织，民国十三年（1924），歙县东区学校举办联合展览会，东乡蓝田的县立第一初级学校虽然学生不多，但成绩不错，颇受地方欢迎。

加强视导督查也是重要手段。民国初年，省、县均有教育视导员，定期巡查并分别报告派出政府。其中，省级视导员工作更为严谨与专业。但由于间隔时间长、未能全覆盖，震慑力尚嫌不足。而地方行政主官的视察，尽管未必专业，但作用不小。民国九年（1920）十月间，遂安县知事亲赴西乡查看各校情形，见“有藉口某处演戏而放学者，有藉口放重阳节假及教员出外烧香者，不一而足”“及观其内容，均系尘埋几案，几同荒祠古刹”。知县大发雷霆，怒斥“如此办法，腐败已达极点”。并下令：各学校如果前项腐败情事不予整改，县教育费将一律停给。[③]

四、从日趋规范到大滑坡

民国十七至二十六年（1928～1937），小学教学工作既有新进展，也存在较多问题，但总的趋势是逐渐规范。当时，办理较为优良的小学不仅数量有所增加，分布也有扩展，一些乡村学校教学也呈现不少亮点。根据当时省督学视察报告所举，除安徽省立二中附小与省立四女中附小外，歙黟六县成绩较优的小学有绩溪的思诚小学、县立中心实验小学、胡氏小学、女子国民学校，歙县的师山小学、敬宗小学、仪耘小学、凤山小学、山坑新民小学，休宁的黄氏小学、县立南区小学、守志小学、县立女子小学，黟县的敬业小学、屏山小学、蔚文小学、武溪小学、崇德女校，

---

① 姚桓：《呈报第一次小学成绩展览会开会经过情形仰祈鉴核由》，载《遂安教育月报》1919年第1卷第3期，第26～27页。

② 叶正度：《寿昌县九年度事年报》，载《浙江教育》1922年第5卷第5期，第4～5页。

③ 遂安县公署：《令知各校办理不合应停给补助费由》，载《遂安教育公报》1920年第2卷第10期，第11页。

淳安县的县立雉山高小、安乐小学，遂安县的县立台鼎小学、私立道南初小，建德县的区立建西小学、县立第一小学，寿昌县的县立中心小学、县立第二乡村小学等。这些学校教学方面比较显著的特色，有以下两点：

第一，校长勤勉，教员敬业，教学有特色

歙县私立师山小学校长郑式彭经验既丰富，对教育又肯研究，教职员悉心合作，校舍布置整洁；各教员教授“均尚合法，挑询学生，讲解回答，亦尚明了，各科成绩，亦有可观”。私立新民初小由洪泽民捐资创校，虽处乡间，人烟稀少，学生仅27人，但校长洪聿修亦亲兼课幼稚生识字，学生成绩不差；教员郑强课国语，教法尚合。休宁县立海阳小学校校长陈致祥，办学热心，学生各科成绩大致不差。私立黄氏小学“各科成绩，俱有表现”。私立守志小学“办理成绩为最佳”“各级教员，任事勤恳，校中颇呈活泼气象”。[①] 绩溪各校校长教员中，有的“教授管理均有研究”；有的“教法善于变化，问话灵活，符合生徒心理”；有的“利用儿童旧观念启发新观念，颇合教育原理”。特别在乡土教材编写与运用上，胡在瀛于民国十六年（1927）编印《绩溪乡土地理教材》，民国十九年汪稼云编印《绩溪乡土历史教材》（含建置、丁赋、学校、武备、邮电、秩官、名宦、人物、烈女、流寓、礼俗等11章）。淳安县立雉山高小“布置整洁，训管合宜”；安乐小学虽系新办，但“一切设施，颇见精神”。遂安县立台鼎小学校长唐瀓曾“努力从公，实事求是”；教学主任、训育主任和各科教员“对于小学教育，均富有研究精神。平日各教师在办公室批阅课卷，选择教材，工作辛勤，不厌不倦，各科成绩，斐然可观。全校儿童，活泼而有秩序，足征平日训练有方”。私立殿边小学，“校舍自建，宽敞适宜，设备亦敷应用”。校长方大绅，“捐资兴学，富有热忱，且经费不足，即在校旁设一学商消费合作社，岁以赢余，作为补助。并拟利用附近官荒，多植树木，备储基金”。[②] 颇受省督学高评。私立道南初小“图表详备，设施合宜”。建德县区立建西小学“设备适当，教学合法”。寿昌县立中心小学校长李仁荣，“经验颇富，任事热心”，因此设备完整，教学注重革新。

第二，学生成绩普遍不错

文化课程中，多以国文、算术两科最为优良。不少学校极重作文与日记，有的

---

①《训令休宁县改进教育》，载《安徽教育行政周刊》1930年第3卷第3期，第16页。

②《令遂安县政府：令发省督学李邦寿视察该县教育状况报告，仰分别遵照》，载《浙江教育行政周刊》1931年第2卷第51期，第3～4页。

除要求每日写日记外，一学期布置作文达10篇之多。休宁县立海阳小学三年级以上均记笔记，习惯良好，“学生国文间有可观”。有的学校手工、图画、制图、制标本成绩也很好，如绩溪县立中心小学“高等生所制历代首都、人身骨骼、全国水道表等，精细可观”；思诚小学“手工、图画、铅画俱优”，“学生所制本国地图尤精细可观”；胡氏小学“高等生所制绩邑地图，了如指掌”。歙县师山小学“自制动物标本19件，尤具特色”。休宁黄氏小学“动物标本，多系自制，所制竹工黏土工及地图实用图数十幅，成绩均甚优矣”；私立弘西小学教师吴立甫“教学有方，劳作科开辟园地，亦颇有成绩”。学生课外活动也比较活跃，一般有园艺、贩卖部、自治组织，以及音乐会、演说会、棋类、远足等活动。黟县崇德女校“手工最佳”“设织布厂，贫寒学生中有半工半读者”。歙县山坑新民小学建立新民合作村，设有小工场，包办校内印刷，并承印外界印刷品，还计划将学校所在地山坑编进新民村，改良私塾，使学校与社会紧相联络。休宁县立海阳小学城南分校，“全校并班演习总理奉安公祭，一切均令学生自动，参用设计教法，戴教员指导亲切，学生似有训练”；三、四年级每时课余，学生排班绕行课室一周，既养成规律习惯，又舒畅经络。

当然，各县小学存在问题也不少。除了最重要的经费短缺、设备简陋外，首先，是校长与教员的教育意识与能力不强。歙县县立第十二初级小学校长江嵩焘办事亦尚认真，但对于教育无研究，故用力多而收效少；县立女子小学校长李爱娟，“经验太差，众望不孚，以致校务日形退化，学生不能发达”“教员章月秋课一、二年级国语，教法欠佳”。休宁县立东区高级小学校长程家炜，“身膺要差，兼职甚多，以致校务不免废弛”；私立齐云初小“设于民房后进，门口亦无校牌。据报学生十人，视察时仅到六名”，教员陈瑜“既无教育知识，又患有精神病”，误人不浅。遂安县立贞文小学女教员与男校长不和，居然率领全体高年级学生群起反对，引起社会不良反响。建德县区立小学校长多非教育界中人兼任，虽不支薪，但负责殊少，办理形同私塾；小学教育研究会成立后并未有过集会，研究更是谈不上；校内经费尽管不多，却开支既不公开，又无支配标准；校长与教员之间的猜忌与矛盾不断，设立的区教育员理应协调。也因无正项薪给，形同虚设。[①] 寿昌县各小学校长“对于教育趋势，

①《令建德县政府：令发省督学视察该县教育状况报告，仰分别遵照由》，载《浙江教育行政周刊》1931年第2卷第27期，第13页。

大多茫然不解”。省督学反复建言：“该县师资根基浅薄，学校成绩，殊难优良。急宜筹设师范讲习所，或托省立第九中学代办师范班，以资造就，一面逐年抽调不合格教员，以事改善。”①

其次，是课程设置、教材选用、教学管理颇为随意。休宁县私立齐云初小，开设的是国文、国语、《百家姓》；设于屯溪的私立屯西初小，平日所教除珠算外，“多为《三字经》《开眼经》《四书》《幼学》等类”。歙县私立城北初小，科目只有国语、三民主义、常识三门，其余各科均付缺如。寿昌县“乡村小学，大多近于私塾化，时间表上所定科目如唱歌、体育、手工等，均徒有其名”。② 建德县就连办理最为优良的县立第一、第二小学，也欠开“工作”一科。至于教材，更是五花八门。民国二十一年（1932），安徽省督学王德玺视导歙县教育，设在富堨的县立第十二义务小学，学生 28 人，墙上所贴课表乃上学期所用，而学生所用教材为《孝经》《三字经》《千字文》及抄本《陆游诗》，“咿呀一堂，宛若私塾”。见督学突访，“教师忽命学生收起来，学生桌上始顿易教科书”。督学痛斥校长巴槐办学取悦庸众、模仿私塾，建议撤职整顿。③ 在教学管理上也较为松弛，无章可循，或是有章不循。有的开学比规定日期推迟两周或一月，平时放假也随意。日常上课，学生经常缺席，数量之多，或达半数以上，教员教学也无记录。省督学视察休宁县立黎阳小学，发现教室及寝室欠整洁，算记分及批改无统一标准，课表安排下午课业太轻；私立玉京初小课外活动无教员指导组织，上课却每堂点名，作文课无指导学生练习标点符号。④ 建德县立第一高小条件优良，但不仅教员教法不能与时俱进，且中高年级作文每学期仅安排三四篇，批改日记也欠认真；区立城北小学“学生零落散漫，教师未能按时授课，校务殊欠振作”。

对于小学教育存在的问题，当时教育界也不乏清醒认识，当政者也在尽力解决问题。民国十七年（1928），黄人培就严肃地指出遂安县小学存在最大问题并列出改进意见。对于普遍存在的毛病，他直言不讳：

---

①《令寿昌县政府：令发省督学视察该县教育状况报告，仰分别遵照由》，载《浙江教育行政周刊》1931年第2卷第27期，第12页。

②《令寿昌县政府：令发卢省督学视察该县教育状况报告，令仰分别遵照由》，载《浙江教育行政周刊》1930年第2卷第6期，第21页。

③ 安徽省教育厅：《令歙县首席县长（为据省督学王德玺呈该县私立双溪小学校县立第十二义务小学办理腐败应予整顿仰转饬教育局遵办具报由）》，载《安徽教育行政周刊》1932年第5卷第32期，第7页。

④ 刘镇华：《训令休宁县政府指示该县教育应愿改进各点》，载《安徽教育周刊》1937年第99～100期，第24页。

他们上课多无定时，每天上了一课（当然无教法，多是各个上书）便算了，下午写了一张映字，便算了。其余的时间，就是学生自温书。教员管得严的，便瞎唱朗诵一下，罢了。或者呆若木鸡地坐在位置上，或是弄笔弄墨，相争相骂。若是教员常不在校的，便是斗打哭骂嚣叫，弄得裤污衣湿。致家属责言，学校失信仰，学校教育失败，办教育者受责斥、诅咒。

为整顿学校、恢复信仰，使教育能收到一些效果，他提出在当地情形、教育需求的背景下，最重要的是办好“课外作业”。具体而言，行政方面，教育局设计课外作业指导栏，代定儿童读物分送小学，改良手工、体操课程，帮同小学设儿童图书馆。小学方面，在训练上，组织课外读书会、读书竞赛、写字竞赛、故事会，举办小公民会、旅行会、运动会，制造革履等；在研究上，开辟小图书馆、小花园，到野外采取花草、小动物。教员学识方面，教员要与学生共同劳作、经常阅读辅导丛书和杂志。对于上述活动，学校要对学生的出勤、作业、态度进行考核，并记载在册。①

黄人培的构想，实际上是通过“课外作业”的形式，打通课内与课外，将书本知识与社会生活对接，其成果则是多方面的，除了总体上校园校貌、隐形的学生兴趣与学习态度，还有可展示、交流的学生作品。也正在此基础上，各层次的小学教育成绩展览会得到了普遍重视。民国二十三年（1934），遂安县组织了一次全县小学劳作成绩展览会，征集对象包括计划、实施案例、教材、教具、成绩、作品、试验研究等，有学生的，也有教师的。该活动有四点要求值得特别注意。一是“出品用料以国货为原则”，二是“以学生平时成绩之本来面目为原则”，三是教师成绩“以与劳作教育之理论和实际问题有关者为原则”，四是“利用教师集中机会举行教育名人讲演及教学演示”。② 说明主办者对于活动的主旨把握极为准确，并将爱国、诚信、团队等教育有机地融入其中。为规范展览活动，民国二十六年（1937），歙县教育局也制定了《歙县公私立各级小学教育成绩展览会办法》。其中目的是“表现各校教育成绩，借供观摩”。规定展览每学年举办一次，凡县内各公私立完小、高小、初小、简易小学、短期小学、代用短期小学的学校行政、卫生教育、公民练习及各

① 黄人培：《遂安县小学最大缺点及下年度改进的办法》，载《浙江大学教育周刊》1928年第30期，第3～5页。
② 《遂安县小学劳作成绩展览会办法》，载《浙江教育行政周刊》1934年第5卷第20期，第2～4页。

科平时成绩均可参加，并按高级、初级、简小、短小、代用短小分类评定。为防止以个别优长作品代替普遍水平，办法还规定，学校行政、卫生教育平时成绩以学级为单位，公民练习及各科成绩应有同年级80%以上的学生参与。展览成绩仅分甲乙丙丁四等，前二等者可受奖励，得丁等者应受惩戒。[①]

加强对各校的日常督导是县级教育行政部门的职责。为保证每学期巡回各校至少一次的督导、检查、评价准确与有效，遂安县教育局对督导项目与要求进行了日趋严密与科学的界定，形成了相对规范的体系。如该县民国十九年（1930）第一学期的视导小学方案就很典型。

表5-2 遂安县教育局1930年第一学期视导小学方案一览表[②]

<table>
<tr><th>类别</th><th>项目</th><th>第一级标准</th><th>类别</th><th>项目</th><th>第一级标准</th></tr>
<tr><td rowspan="7">设备</td><td rowspan="3">校舍</td><td>支配适宜</td><td rowspan="10">教学
（个别的）</td><td rowspan="3">自然</td><td>利用环境</td></tr>
<tr><td>布置妥当</td><td>注意时事</td></tr>
<tr><td>及时修理</td><td>有笔记（属第二级）</td></tr>
<tr><td rowspan="3">校具</td><td>经济，适用</td><td rowspan="4">美术</td><td>不用映画</td></tr>
<tr><td>有保管方法</td><td>不全用临画</td></tr>
<tr><td>酌量添置</td><td>注意自由画</td></tr>
<tr><td>其他</td><td>照本局第一级设备标准办理齐全</td><td>参用写生画
（属第二级）</td></tr>
<tr><td rowspan="3">教学
（一般的）</td><td rowspan="3">常规</td><td>照日课表上课</td><td rowspan="3">工作</td><td>操作</td></tr>
<tr><td>出入教室排队</td><td>调查研究</td></tr>
<tr><td>上课时点名</td><td>细目完备
（属第三级）</td></tr>
</table>

① 《歙县公私立各级小学教育成绩展览会办法》，载《安徽教育周刊》1937年第112～113期，第20～21页。

② 《遂安县政府教育局十九年度第一学期视导小学方案》，载《浙江教育行政周刊》1930年第2卷第8期，第5～10页。

续表

类别	项目	第一级标准	类别	项目	第一级标准
教学(一般的)	常规	学生说话先举手	教学(个别的)	音乐	注重欣赏
		分发簿籍依次序			注重唱歌
	教材	合人,合时,合地			参用表演(属第二级)
		活用教科书		体操	注重游戏
		有适当补充教材(属第二级)			注重整队
	教法	活讲			注重课外运动(属第二级)
		问答		党义	用故事教
		讨论(属第二级)			与各科、训育多联络(属第二级)
		设计(属第三级)	训育	标准	切实奉行本局制定标准
	讲解	清楚、正确		标语	简明醒目
		多引例证(属第二级)		奖惩	绝对不用体罚
		多归纳法(属第三级)			注重奖励
	问答	合法			多用第三者之刺激(属第二级)
		能引动学生问答(属第二级)			反省(属第三级)
	示教	清楚、正确			感化(属第三级)
		示一步,学一步		训练	实行周训练

续表

类别	项目	第一级标准
教学（一般的）	示教	引动学生创作（属第三级）
	观察实验	可搜集实验用物
		一路讨论
		引起学生自动观察实验（属第三级）
	自习组	有工作做
		工作适当
		能自动的作
	准备	教具带齐
		教材明白
		活用教授书
	写黑板	字体适宜
		有条理
		应用合法
	练习	必须练习的都练习
		有方法，有变化
		有游戏比赛精神（属第二级）

类别	项目	第一级标准
训育	训练	有考核方法
		有比赛精神（属第二级）
行政	组织	学级编制妥当
		座位排列合法
		有组织系统（属第二级）
		有定期会议（属第二级）
	规律	有行政历
		照规定时间放假
		有各种必备之规程（属第二级）
	校长	住校办事
		有相当经验（属第二级）
		和同事合作（属第二级）
	教员	努力
		有兴趣
		和同事合作
		和儿童有感情

续表

类别	项目	第一级标准
教学（一般的）	订正	练习簿订正不积欠
		清楚，正确
		引导学生自改
		共同判断，交互订正
		用量表（属第二级）
	成绩考查	一月一次
		问题不少
		问题妥当
		计分照浙大辅导丛书办法
		每学期报告学生家属
教学（个别的）	读书	不全用朗读
		用普通话读
		不读古文腔（除韵文）
	写字	不全写大字
		不全用描红、映写
		正楷、行书都写
		幼年生不全用毛笔写

类别	项目	第一级标准
行政	教员	身体强健
		学识经验丰富（属第二级）
		有研究精神（属第二级）
		能和社会人民合作（属第三级）
	学生	有秩序
		有礼貌
		勤学
		活泼
		清洁
		成绩优良（属第二级）
	养护	整洁
		厕所清洁
		有整洁用具
		有痰盂
		女生不缠足、不串耳
		早操（属第二级）
		体格检查（属第二级）

续表

类别	项目	第一级标准	类别	项目	第一级标准
教学（个别的）	写字	注意姿势、笔顺	行政	养护	采光通风（属第三级）
		注意正确、清楚		经济	公开
	作文	文题与学生共同决定			支配适当（属第二级）
		学生问字，详细举答		公文	摘由，保存，处理
		批改依上列订正方法		交际	和学生家属接近
	算术	笔算、心算、珠算并重			和党部接近
		文题切合实用			和社会联络（属第二级）
		用练习簿			学校开放（属第三级）
		正确，整洁			参加地方上有关系会议

私立小学多，是这一时期的特点。除个别私立学校办学质量尚可，多数办理颇为混乱。于是，不少县教育局都开始对私立小学加强管理。淳安县首先进一步明确了私立学校的立案标准，提高了创校门槛。民国二十年（1931），该县颁布《淳安县私立小学设立及立案标准》，除明确按部颁规程办理、须经县教育局核准外，重点是规定了经费、师资、设备等核心要素。经费标准是“有确实收入足以维持其学校之每年经常经费”，即单级每年经常费至少150元，每增加一级，经常费提高80元，且不论祀产拨充还是私人捐助，均须订立议据呈县备案；设备要求完善，即“至少须合于淳安县小学最低限度设备标准”；教职员能合格胜任（达到淳安县小学教职员任免标准），且专任教员占全校四分之三以上。同时指出，凡私立小学违反本标准，

或不接受辅导，或改进无方者，应停发补助直至取消立案。①

对于已经设立、办理不善的私立小学，则是进行整顿。同在民国二十年（1931），淳安县颁布了《淳安县改进区私立小学办法》：

第一条　本办法为谋区私立各小学内容之充实及改进起见，特订定下列办法。

第二条　凡区立小学设有经济委员会及私立小学设有校董会而无确定基金者，应由该经济委员会及校董会负责筹划经费。除教育局补助费及学生学杂费外，单级小学每年至少须有经常费一百五十元，两学级至少须有经常费二百五十元，三学级至少须有经常费四百元。区立小学无经济委员会者，应责成校长商承该区教育员负责筹划之。

第三条　教育局补助费于学年终了得由督学会同区教育员视小学之需要，指定作为某种用途或代为采购，但以添置设备为限。

第四条　区私立小学教职员应锐意进修，县督学于视导时得就其需要指定书目、约定时间阅读完竣，其不遵行者通知校长警告之。

第五条　区私立小学每学期须举行相互参观一次，及参观督学指定之优良小学一次，其日期由教育局排定之。

第六条　区私立小学应尽量接受督学之意见，努力改进，如有敷衍从事，或改进无方者，由教育局停给补助或撤换校长。

第七条　区私立小学教师在三人以上者，至少须聘用师范生一人；五人以上者，至少须聘用师范生二人，得由教育局介绍之。

第八条　区私立小学学生升级、留级应取严格，不得任意升降其成绩，优良者可以升级或修业毕业，尤不应故意兜留。

第九条　凡区私立小学学生转学，须遵照县教育局转学办法办理，不得任意兜揽学生引起纠纷。

第十条　区私立小学如因故停办，须呈请教育局或转呈教育厅核准，在未核准以前不得擅自停闭。

---

①《淳安县私立小学设立及立案标准》，载《淳安教育》1932年第1期，第97页。

第十一条　本办法经教育局局务会议通过，报由县政府转呈教育厅核准施行。修正时同。[①]

民国二十三年（1934），歙县教育局也出台了《整顿私立小学办法》，并呈准省厅施行。办法除对校名确定、学校概况报告、校长与教员聘用、课程设置、教材选用做出规定外，特别要求：私立小学须遵章成立校董会负全责，并及时报县局备案；要确保经费供给，除学费外，高级每年每级不少于 240 元，初级每年每级不少于 80 元，不足额者由校董会筹集；学额每级不少于 25 人；学费征收不得超过高限，高级每学期每生不超 6 元，初级每学期每生不超 3 元。[②] 可以想见，随着这些办法的实施，私立小学的办学也会日趋规范。

抗战全面爆发后，一方面因战事紧张，抗战成为全国的中心工作，小学教学逐渐与战时需要接轨；另一方面，新安江中上游多数区域虽然没有受到日军地面部队侵扰，但日机时常轰炸，造成人心浮动，常规教学受到冲击。同时，无论县立还是私立，学校经费都十分紧张，不仅教具补充很少，就连皖南各县小学教材也都因印刷和运输问题，均由皖南行署在屯溪印刷再发往各县。因此，抗战期间的小学教育总体上呈滑坡状态。尽管为了督查小学教育质量，省署设有专职视导员，县政府也设有督学，分别以乡（镇）中心小学、保国民小学为视导重点，但在良好的环境、师资、设备等都较为缺乏的背景下，视导意义就大打折扣。

其间，也有不少小学在大敌当前依然坚持办学。歙县瑶田小学在徽师下迁雄村时，作为附小也随迁至附近的丰隆岭继续办学。严州中学附小也从县城迁至下二都，并在洋尾埠、遂安县邵家等地办学。建德胥村的县立建北中心小学全校 8 个班，学生 300 多人。民国三十年（1941）春，因时局紧张，将上课时间改为清晨和傍晚，高年级一度转移至芝峰山云岫寺上课。次年清明后，日寇突然侵扰，学校才被迫停课。虽桌凳、图书被毁过半，下半年学校又恢复上课，弦歌重起。更多的小学将教学与抗战宣传相结合。休宁临溪短期小学的音乐课多为教唱《铁血歌》《枪口对外》《大刀曲》等抗战歌曲，课外活动组织训练揭露日寇罪行的舞台剧。即便是偏处歙南乡

① 《淳安县改进区私立小学办法》，载《淳安教育》1932年第1期，第97～98页。
② 《歙县整顿私立小学办法核准备案》，载《安徽教育周刊》1934年第63期，第483～484页。

一隅的竹溪继述小学，小学生也参加了开会游行、画墙头宣传画、演出话剧等活动。校长柯尚慈还利用校舍开办民众夜校，以《抗日宣传课本》为教材，在为成年妇女扫盲的同时启发民众觉悟。

一些留存至今的小学生日记，以其特有的真实、鲜活、具体的记述，从学童眼中和笔下，留下了诸多普通民众的真实感受。歙县江村私立橙阳小学五年级学生江永禧的民国二十六年（1937）十一月二十九日的日记题目是《防空演习》：

> 前天下午，第二节课的时候，老师凭空吹讯号，叫我们“防空演习”，到山边去躲避。他吹讯号的时候，我还不知道，坐在位上习字，立刻就赶快跑过去排班。这时我一个字还没有写好，连桌上把（摆）着习字的用具一点也没有收，只得就排班了。为什（么）字不写好呢？用具不收的呢？就是来不及了。倘使当真敌机来了，再还要收拾一切东西吗？到那时，无论谁，也不会来顾到东西才跑哩！①

自从抗日军兴，日军飞机就经常深入内地对我城镇狂轰滥炸，既为破坏我军民设施，更为制造民众的紧张心理，打击我军民的抗战信心。仅歙县而言，从民国二十六～三十三年（1937 ~ 1944），日机轰炸歙县城区一带 20 多次，炸死、炸伤居民 100 多人，炸毁、烧毁房屋 100 多间。因此，城乡民众随时躲避空袭就显得十分重要。即便在小学，加强演练，增强意识，有备无患，应该是当时学校的基本思路。当战火从上海等沿海城市日渐西移，虽然徽、严暂时尚称安宁，但战争带来的间接影响，尤其是内运的生活物质日益紧张，也在小学生日记中有了流露。江永禧的日记中有这样的记述：“下午我们一级里，自然科上《盐和糖的来源》。当时，我想：无论的食物，加些盐下去，不但可以调味，并且吃了还于身体有很大的益处，又是人不可缺少的一种东西。现在盐的来源，已经快要断绝了，每天我在外面，常常看见许多人，往往都是背着盐，从城里回家。他们是恐怕将来的盐要没有得卖，所以现在就买些积起来，（不）使将来缺少”。“今天我们写字的时候，老师说：现在的纸，都是非常很贵，将来要没有得卖了。你们现在习字，再要专心用功写吧！并且还要得小些，免得把纸装（糟）掉。……我听过之后，就把我所有的小纸条，留起来，再写字也要用心了。”

① 江永禧：《日记》手稿，1937年，私人收藏。

难能可贵的是，有时小学生在日常生活中看到某些现象，也会联想到当时艰苦的抗战，并表达出对前线将士应有的景仰和敬意："放午饭回家，看见一个少年人，拿了火熥来烘手，缩着身体，嘴里喊着说冷啊！冷啊！我听了，想道：现在天气还不很冷，为什么做少年的当儿，就要在这不很冷的时间烘火熥呢？……在现在前方的兵士们，正在继续不断和敌人作战，而且他们身上还没有棉衣，都不觉得冷呢？要是兵士们，都照这样的烘火熥怕冷，那么我们中国必定有亡的定数。"相对于生活在县城附近的江永禧，在淳安北乡深山区县立屏山中心学校就读的潘世清，对同类话题的理解就稍肤浅，但感情的爱憎还是十分鲜明的。如他的日记《日本鬼子的不好处》言：

> 我中国现在的时候，正为竞争战斗之时。其实是我国土地广大，物产丰富，致各国之羡慕，乃日本鬼子起义（意）连年，徒（突）然用了鬼法鬼计，来浸（侵）略我国。我曾两年前，听到人说日本鬼子是万恶主义。我都由了古人的话，耳闻恐有虚言。到今夜，先生和同学做的文明戏，是好像目见日本鬼子的不好处的。[①]

1947年歙县行知小学校址

① 潘世清：《日记》，手稿，抗战时期，私人收藏。

抗战胜利的短暂欢欣没有阻止住小学教育的衰落。国民党统治下的政治经济的总崩溃，对于小学教育最致命的打击就是经费拖欠日甚，或竟落空，小学教员生活濒临绝境。《徽州日报》登载各县小学教员呼呈与休教的报道，从民国三十五年（1946）起便明显增多，仅次年十二月就有 7 次。除极少数小学外，大多数学校勉强维持而不易，很难有显著的教学成绩。民国三十五年前后，各县先后推行的县、区、乡分级辅导管理体制等也往往徒具形式而已。

五、学校体育运动的开展

清末《奏定学堂章程》规定：初小、高小各设体操科目，每周 3 小时，初小教“有益运动及游戏、普通操”，高小教“普通、兵式操与普通运动”。在徽州，黟县碧阳小学堂、歙县潨川两等小学堂都已开设体操课。总体看，因师资、场地、设备限制，估计能开设体操课的小学不多。

清末，社会舆论常视国民体质孱弱与国运衰竭为因果关系。民国肇始，主政教育的蔡元培力推军国民教育，认为此乃“今日所不能不采者”。其目的，一是“历年丧失之国权，非凭借武力，势难恢复”；二是对处于“全国中特别之阶级”的军人集团，“非行举国皆兵之制，否则无以平均其势力”。在教育界，改进体育的呼声也较大。民国九年（1920），教育部就收到全国教育联合会呈送的《改进学校体育案》，并认为“所拟办法数条，尚属可行”，即发各省“参酌办理”。[1] 即便在乡间，也有开明之士大力提倡。后曾为上海职业青年义务夜校创办人的遂安人童训德，在民国十二年（1923）就上书提倡体育：“强国之道，端在教育；健身之本，体育为先。……我国民族，素号文弱，数十年来，外人视我为病夫。振此病夫而成健全之壮躯，惟促进体育为不二法门。……我浙教育文明，固不亚于他省，然仍不免失之文弱。中等校以上学生虽受有各种体育之利益，惟其年事既长，发育稍定，要不如各小学校体育教程特定计划督促进行较易收效。”为此，他与同道草拟《计划书》呈请省教育厅颁发施行：

一、体育为健身之要素，各县小学校体育教程除法定时间外，每日须有一小时以上之课余运动。

① 遂安县公署：《令改进学校体育案仰转知由》，载《遂安教育公报》1920年第2卷第4期，第17～21页。

二、各县小学校须备有容量适合操练相宜之教场。

三、各县教育视察人员巡视各小学校时，于体育授课须实地视察，俾资鼓进。

四、各县教育局附设暑期小学体育研究会，招集各小学校体育教员互相研究体育之精粹。其规章由该局斟酌就地情形，呈请该管长官核准办理。

五、本计划由各县知事督促教育局视察人员克期进行。

六、教育局未成立县份，由劝学所县视学协同办理。①

因此，民国以后，小学开设体操课较为普遍，有的很有特色。安徽省立二师附小的体操课最为完善，首先是教学内容较全面，有“游技”（含唱歌游技、竞争游技、行进游技、团体游技）、“体操”（含普通体操、应用体操）与“国术”（武术）。民国十一年（1922）实行新学制，改“体操”为“体育”，附小仍以游戏（含表情游戏、行进游戏，多结合唱歌进行）、运动（含基本操、柔软操、器械操、国术等）为教学内容。其次是师资雄厚，早期体操教师黄锦、刁维翰、袁士鑫，都是在附小兼课的二师体操教师；后来的俞垲高，也是先后从二师、精武体育会毕业的。同时，课外活动不仅每天都有，还有教员在场指导，项目也多。如民国七年该校课外活动安排表如下：

表5-3　1918年安徽省立二师附小课外活动安排表②

时间	种类	附注
朝起后	二分间体操	头后屈或前后屈、臂左右伸及后伸、踵上下膝屈伸、上体左右转、左右屈、前后屈，以及呼吸运动
每日课余	跑步、拳术、足球、拍球、篮球、司令球	
日曜日午后	豆囊、秋千、篮球、铁杠、平台	铁杠、平台唯高小年龄较大者玩

① 张宗祥：《令各县知事：据遂安童训德等呈请提倡体育并附计划书由》，载《浙江公报》1924年第4177期，第15页。

② 徽州教育志编写组：《徽州的小学教育》（征求意见稿），内部资料，1988年，第63页。

相较于传统私塾，小学的体艺类课程极为新颖，尤其是体育，更易于产生较大的社会影响。因此，早期新式学校也常将体育活动（特别是运动会）的社会展示作为办学成就的重要方面。严州旧属六县，开办学校有年，而运动会从未举行。民国三年（1914），淳安高等小学拟开风气之先举办运动会，得到上自官府，下到学生的大力支持。热心教育的县知事阮陶镕，先捐俸金百元为运动场筑墙，又捐奖品洋数十元；校长徐沛然及各教员竭诚提倡，每人捐洋10元，共有80元（奖品购置费尚未包含在内）；学生也自知奋励，每人出洋三角，共得50元。因此，此次运动会“丝毫不费公帑”。11月29日，运动会开始，设置项目有障碍竞走、金盘走珠、顶上圆光、棍棒、二人三足、木环、韩信竞走、球竿、练兵、出入范围、蛇目竞走、夔行、隧道竞走、夺锦标（四百码）、蝶恋花、走马赛旗、各界竞走、双人球竿、一连教练、哑人盲马、环游西湖、记忆竞走、负虎渡河、哑铃、三人两目四足、跳马、徒手、菖蒲、六百码竞走、三代竞走、职员八百码竞走。淳安县高等小学运动会成功首办，体操教师张一堃厥功至伟，他“平素教授合法，且甘为本县服务，伏处山乡，不为厚利可动，故生徒成绩，秩然可观”。[①] 这场“为严属开未有之举，亦钱江上游破天荒之盛会”，还吸引了遂安教育会代表倪盛翔与县校教员方肇文率学生4人参与观摩。会后，他在《教育周报（杭州）》留下《参观淳安县校运动会记》的观感：“总观以上各节，成绩多佳”“运动会旧严属第一次开幕，其成绩有如此，非各教员平素之教养有方，曷克臻此。”[②] 同年，歙县高等官小学堂也开秋季运动会，有笔名“蝶庵倚声”者作词三首发表于上海《体育杂志》。其一云：

良辰运动，正秋高气爽，风清云净。遥望国旗高蔽日，五色十光辉映。军乐悠扬，铜钲悲壮，步伐都齐整。竞争游戏，精神个个雄猛。

更看舞蹈球竿哑铃兵式，种种俱优胜。赢得三千观览客，尽道于斯为盛。细语评量，齐声拍手，若辈真何幸。后生可畏，斯言即以持赠。[③]

安徽省立二师附小第一次运动会在民国四年（1915）底随同二师举办，休宁海阳

① 《淳安高等小学运动会》，载《教育周报(杭州)》1914年第64期，第23～24页。
② 倪盛翔：《参观淳安县校运动会记》，载《教育周报(杭州)》1914年第66期，第40页。
③ 蝶庵倚声：《歙县高等官小学堂秋季运动会(调寄百字令)》，载《体育杂志》(上海)1914年第1期，第70～71页。

等地6所小学学生作为来宾也参与了运动。二师学生詹德树曾撰文记录盛况：

吾人欲将一学期所学之体操发表于外，俾社会多数人知之，则运动会尚焉。故本校定十二月一日，开学期运动会。先期将体操场扩充为运动会场。北墙上悬字三轴，曰：运动会场、鼓吹体育、毋忘国耻。南面场门，上悬国旗二面。旗之左，悬中国领域损失图，右则悬欧西战局图。西北设纠察部、评判部、卫生部、记录部、庶务部各席及军乐所，东北设各校学生席、特别席。会场之四围，以俄法英日四国国旗植之，其意以场中作为中国，场之四围，则隐示列强环伺之状，所以引起一般社会国耻之观念也。届期八句钟开会，依运动秩序单演习。是时来观者络绎道上。当午餐之际，各校学生席中，有休属海阳高等初等小学校，凤湖、自西、蔚西、务本、集思初等小学校学生，皆入场参与运动。余等旁观，鼓掌赞美。综计运动诸技，以海阳为最优胜，盖有精神而动作又整齐也。来宾运动既毕，余等复继之。至下午五点钟，乃闭会。计运动之时间，凡九小时；运动之材料，凡四十余种。其间孰优孰劣，有教师之评判，固不待言。然一学期所学之普通体操、兵式体操，业已一一表之于外，且幸为社会之所欢迎，诚盛举也。谨志之以示不忘云。[①]

此次运动会竞赛项目有普通体操、应用体操、兵式体操、行进游技、国技、舞

安徽省立二师附小童子军合影

① 詹德树：《本校运动会志盛》，载《安徽省立第二师范学校杂志·学业成绩》1916年第3期，第2页。

蹈、表情游戏、竞争游戏等 8 大类。民国六年后，二师附小体操课内容已与二师不同，所以附小始单独举办，每学期一次。

与此同时，运动会也逐渐跨越了学校范围，联校甚至全县运动会也陆续举办。民国八年（1919）七月，绩溪县召开全县小学第一次联合运动会，6 所高小、9 所国民学校参加。民国十二年（1923），建德县“县长余文爚与县教育会会长赵慕三等，发起组织全邑小学联合运动会。本月九日下午二时起，在九中师范部操场举行预赛，十日上午八时起举行决赛。与会者有惠英女校，模范、建南、建东、建西等各高小，城东、城西、临江等各初小。运动节目共 50 有余。惠英女校之彩棍操与九中小学之旗操、舞蹈，多整齐可观。此次各项田径赛与高级组团体总分，均以建南高小列第一。初级组团体总分，则以惠英女校为最多。后由余县长分别给奖”。[①]

南京国民政府建立后，小学数量增多，小学体育教学却未能同步发展，不仅体育师资奇缺，更因硬件落后。一些小学在运动场地使用上，经与地方协商，有些可以将就安排，或建有小操场，或借用公共晒场。但相应体育器械的缺少，使体育教学和学生锻炼很不系统。据民国十八至二十年（1929 ~ 1931）几位省督学对徽州各县小学教育的视察报告，可知在所视察的 53 所小学中，有体育设备的小学仅 13 所。其中又分三类：一是体育设备“齐全”的，只有黟县敬业小学与婺源县立诚立小学；二是“大致完备，均敷应用”的有 9 校，即歙县师山小学、县立初小、新民小学、明农小学，休宁县立南区小学、茶钱小学，黟县育德小学，绩溪胡氏小学，婺源董氏小学；三是“勉强敷用”的也只有休宁蔚林初小、云屏初小。即使当时较知名的小学，如休宁海阳小学、县立女子小学，绩溪章氏小学、县立中心实验小学、临溪小学，歙县敬宗小学、县立女子小学，黟县碧阳小学等，体育设备不是“简略异常”，就是“殊为缺乏”。其他农村小学就更不用谈了。

严属各县也大体相似。民国二十一年（1932），淳安县召开第一届辅导会议，收集了一些建议案。其中教育局提的一件是《厉行小学健康教育案》，为改变“孱弱贫病”的状况，建议“各小学对于健康教育应当注意严厉实行，再不可任其无声无息了”。在体育方面的措施：一是尽量购置运动器械提倡课外运动，二是每学期举行体格检查及布种牛痘各一次，三是厉行早操，四是多行野外教授。建议很有针对性，但对于根

① 金鼎一：《浙江建德县体育消息：全邑小学联合运动会》，载《教育与人生》1923年第7期，第12页。

本症结的经费问题避而不谈，其落实效果很差也可以预见。

这十年中，校内运动会较为多见，全县小学运动会却很少。除民国十三年（1924）八月祁门县召开为期三天的第二次小学生运动会外，民国二十二年十一月，歙县在省立八职操场也举行了为期三天的第一次小学联合运动会，20多所小学，500多位运动员参加。民国二十三年，淳安召开全县小学运动会，不仅规模大，而且规范周详，甚至还创编了《淳安县全县小学运动会歌》："今日何日，我辈少年，担负党国须铁肩；卧薪尝胆，百炼千锤，联合角艺非偶然。振作精神，团结表演，整齐活泼求兼全；和平奋斗，不屈不挠，田径比赛争登先。大家欢呼，全县小学生，积健可为雄；大家宣誓，持此好身手，赴难作先锋。"[①] 体育精神、爱国情怀，在铿锵有力的语句中得到了鲜明表达。

从抗战全面爆发到全国解放，由于战争连绵，政府统治衰败，徽严小学体育活动总体上呈抛物线轨迹：全面抗战初期，形势严峻，体育教学等常规活动让位于战时需要；随着战事平稳及抗战胜利，体育常规逐渐恢复；当国民政府总危机日趋显露，体育活动也少有人关注。不过，此时的小学大型体育活动也有亮点。一是传统的校内、校际乃至县域小学综合运动会还有举办，如民国三十年（1941）黟县举行乡镇小学联合运动会，设有田径、篮球项目；民国三十三年，淳安县为纪念浙江省教育年，淳城、云源等8个乡镇分别举行小学生运动会。二是出现了县域小学单项比赛。民国三十五年（1946）5月，歙县各小学校篮球队在县立示范中心国民学校举办"胜利杯"篮球赛，为一时之盛，昌溪复兴小学篮球队居全县之冠。三是将体育项目融入教育成果展示之中。民国三十三年（1944）十一月，休宁县举行国民教育展览第一届竞赛大会，100所乡镇小学的1580名学生到会，其中体育竞赛有20所小学参加，设有团体操、50米、30米、100米、200米、400米接力、跳远等项目。四是小学生积极参加社会性的体育赛会。单项的如民国三十三年（1944）八月十日，歙县在渔梁观音阁前举行的第一次游泳赛，分男子、女子、儿童三组；民国三十五年九月，屯溪三青团举办乒乓球赛，小学生26人参加儿童组比赛。综合运动会如民国二十八年十一月，休宁城区6所小学参加该县首届运动会；民国三十一年九月，休宁县举办体育节，设爬山、篮球、竞走等项，城区小学参加了爬山与竞

① 《淳安县全县小学运动会歌》，《浙江体育月刊》1934年第7期，第57页。

走赛；次年四月，歙县举办第一届运动会，分民众、中学、小学三组。小学组有34个代表队，徽城示范中心学校获第一名。五是个别小学成为当地社会体育赛事的组织者。民国三十五年（1946）4月，歙县潜口镇中心国民学校发起举办潜口镇第一届运动会，分公开与儿童两组，设篮球、小皮球、乒乓球、跳高、跳远、爬山、越野赛、团体操与自由体操等赛项，小学俨然成为潜口镇社会活动的核心。

第二节 日渐规范与科学的小学训育

一、小学训育的宗旨

清末，在“中学为体，西学为用”思想指导下，兴办新学堂，继承德、行、道、艺四者并重传统，强调“以忠孝为本”，十分重视学生的“政治忠顺”和“品行端正”。《奏定初等小学堂章程》开宗明义，提出要“立其明伦理，爱国家之根基”。《奏定高等小学堂章程》也提出：“以培养国民之善性，扩充国民之知识，强壮国民之气体为宗旨。”光绪三十二年（1906），又明确颁布了“忠君、尊孔、尚公、尚武、尚实”的教育宗旨。如何落实德育目标？一是结合课程教学。《修身》课的教育要义是“随时约束以和平之规矩”“指示古人之嘉言懿行，动其欣慕效法之念，养成儿童德性，使之不流于匪僻，不习于放纵”；《历史》课在于“养国民忠爱之本源”。二是日常品行训练。朝廷认为学生品行重在考核，宜采用与学科相似的积分方法，分言语、容止、行礼、做事、交际、出游6项，“随处稽查，第其等差，在讲堂由教员定之，在斋舍由监学及检察官定之”。[①] 三是明确禁令底线。在《奏定各学堂管理通则》中专设“学堂禁令”一章，将预闻不干己之事、干预国家政治及本学堂事务、妄发狂言怪论及刊布报章、私充报馆主笔及访事人、私自购阅稗官小说谬报逆书、聚众要求与停课罢学、联盟纠众立会演说、干预地方词讼及抗粮阻捐、有伤礼教、阻挠学堂新规、传布谣言等作为学生不得违反的条例，“犯者除立行斥退外，仍分别轻重酌加惩罚”。惩罚方式为三种，一记过，二禁假，三出堂。以此来规范学生的思想与言行。

---

① 璩鑫圭、唐良炎：《中国近代教育史资料汇编·学制演变》，上海教育出版社，1991年，第491页。

民国元年（1912），教育部公布小学校令，在总纲中规定了小学德育的目标是要留意儿童身心的发育、培养国民道德的基础。与清末相比，既强调了儿童的个性发展，也扩充了德育的内涵。课堂是德育的主要途径，教育部在《订定小学校教则及课程表》中也提出："凡与国民道德相关事项，无论何种科目，均应注意指示。"其中，《修身》科为重中之重。其内容既有传统的孝悌、亲爱、信实、义勇、恭敬、勤俭、清洁等美德，也有近代社会、国家责任的要求，对于女生，还"注意于贞淑之德，并使之自立之道"；其途径，既有嘉言懿行及谚辞、民国法制大意，更要求兼习礼仪，"导以实践"。此外，本国历史科要"知国体之大要，兼养成国民之志操"；地理科要知"本国国势之大要，以养成爱国之精神"；理科要使儿童"养成爱自然之心"；手工科"养成勤劳之习惯"；图画科"兼以养其美感"；唱歌科"以涵养美感，陶冶德性"。当然，所有这些要求，都必须化作教员的自觉行动才可能有效。

袁世凯掌握国政，认为国体变更后，"无识之徒，误解平等自由"，以至"纲常沦弃，人欲横流，几成为土匪禽兽之国"。于是着手拨乱反正，而其凭借的利器则是"亘古常新、与天无极"的孔子之道。在学界则推行复古教育，确定爱国、尚武、崇实、法孔孟、重自治、戒贪争、戒躁进为教育宗旨，并在国民学校及高小均重新开设读经科。幸亏复辟帝制很快失败，小学读经科也随之被取消。

稍后，国内教育界对于教育制度多有讨论，包括对教育宗旨的表述也有不同看法。民国八年（1919）第五届全国教育会联合大会的议决案中，就有《请废止教育宗旨宣布教育本义案》，请求将此前教育部颁布的教育宗旨（"注重道德教育，以实利教育、军国民教育辅之，更以美感教育完成其道德"）明令废止，而更之以北京教育调查会提议的"养成健全人格，发展共和精神"。

民国十八年（1929），国民政府公布"三民主义"为教育宗旨，强调"必须使一切教育上之设施，全部皆贯之以三民主义之精神，无处不具备三民主义之功用"，以"忠孝仁爱，信义和平"陶融儿童道德。民国二十年，再公布《三民主义教育实施原则》，把"三民主义"教育方针具体化，要求"使儿童整个身心融于三民主义教育之中，使儿童个性、群性，在三民主义指导下，平均发展"。民国二十四年，国民政府制订了《小学公民训练标准》和《小学公民训练纲目》。民国三十一年又改《小学公民训练标准》为《小学训育标准》，以国民党党员12条守则为纲，制订训练纲目200条。小学训练的目标：一是身体训练：养成运动卫生习惯，活泼勇敢的精神，使能自卫卫国；二是道德训练：养成礼义廉耻的观念，亲爱精诚的德性，使能自信信道；三是经济训练：养成节约劳动的习惯，生产合作的知能，使能自育育人；四是政治训练：养成奉公守法观念，爱国爱群的思想，使能自治治事。[①]这些基本是各地小学训育的总纲与方向。

二、训育从笼统转向系统

教育的思想性是社会发展的要求，是政府赋予的职责。从周朝官学要求学生掌握的“六艺”中的“礼”，到韩愈概括教师三大职责之一的“传道”，都是具体表现。但在基础教育的层级，德育要求一般很笼统地被概括为“规矩”，即在“天地君亲师”前必须保有的行为礼仪。比如尊君，每逢旧历初一，学生要听讲《圣谕广训》一条；每逢皇帝、皇后生日，学生要举行庆祝仪式。又如尊师，每天入塾拜孔夫子像是必要仪轨；对于塾师绝对服从与尊重，则是天经地义的礼仪。其训导方式，除了告知外，留给学童最有深刻记忆的就是各类违规后的处罚。绩溪人、近代文人章衣萍曾有极为精彩的回忆描述：

> 我们的一群小孩，一共约二十人，从六七岁到十四五岁不等。我们的先生最喜欢打人。背书背不出来要打，脸上涂了黑墨（是写字弄上的）要打，辫子盘在头上要打，走路连跑带跳也要打。打的工具是戒方，一块方而硬且冷的红木，约三尺长，四寸方。打的种类不一。有打头的，打手的，打屁股的，视罪的轻重，而定打的种类。普通的罪，如背书背不来，脸上涂黑墨……等等，大概是打头打手。打头只是一下，头已经肿了一个大包了。打手要打十下至二十下，普通的打手，是先生青面狞牙地，一手紧紧拿着学生的手，把手心露出来，狠狠地打。有时罪大恶极，先生要学生把手平铺在木桌上，然后动手打下去，木桌是硬的，戒方也是硬的，两面夹攻，其痛非凡，打不到两下，学生已经杀猪一般地大哭起来了。打屁股的事不多见。有一次，一个学生偷了另一个同学的一锭墨，被先生发觉了。那先生勃然大怒，把那个做贼的同学，按在地下，在屁股上很凶地打了二三十下，打得那个同学后来走路一颠一跛地，养了十多天才好。[②]

① 安徽省地方志编纂委员会：《安徽省志·教育志》，安徽人民出版社，1997年，第124页。
② 章衣萍：《我的祖母》，上海儿童书局，1932年，第22页。

绩溪湖村章衣萍故居

清末，新式学堂开办，在引入新课程的同时，训育的新要求也见之于政府文件。《学务纲要》中规定了训育考核的办法，一些新小学也以校训、校规形式宣示，并约束学生。黟县碧阳高小办在东山书院旧址，教室、宿舍、操场都在围墙之内，学生轻易不得越出校门，其一言一行、一举一动，无不在师长“稽察”之中。一些由接受过近代教育的教师创办的小学，训育要求则更为科学规范。民国三年（1914）四月，著名教育家黄炎培考察华东各省教育，参观路过的休宁黄村小学，就给予“如此良好之教员与小学，不图于深山穹僻处得之”的很高评价，不是因为该校硬件还好（“校舍光气颇合适”，但无学校园），或思想开明（“学生四十人，男女皆收”），而是管理新颖：“规定值日生职务，时间表配置有声无声皆中度，于正课外仿自治办法，设学生会，令其练习，规定操行考察法，分质直、中礼、无饰三项，以完全为最上。”[①] 而这些，皆因在此执教的黄涤原、黄定甫、朱锡虞“皆当习师范或肄业中学者”。但如此类的小学数量极少，多数还基本沿袭私塾旧规。民国五年（1916），淳安县小学“多尚勤朴，校中动作，多类私塾旧式，殊少整齐活泼气象”。其根源，省调查学务委员认为是“全县学校教

① 黄炎培：《黄炎培考察教育日记》，商务印书馆，1914年，第140页。

职员，对于小学教育多未能专门研究，训练一端，尤为昧昧，致学生应对进退诸秩序，多不整齐”。[①] 在遂安县，也是教职员“管理、训练等法从不知研究，虽各校间有标示校训者，然皆不过一种具文，并未切实施行。故关于儿童品性之陶冶、进退礼节之训练，皆付阙如。”[②]

作为全国教育事务执掌者的教育部，尽管国事维艰，却勉力宣传新思想、推行新举措。民国八年（1919），即有教育部普通司编辑的《优良小学事汇第一辑》由商务印书馆印行全国。该书系统地介绍了新式小学教育、教学等方面的基本要求与做法。比如，国民科是以学科形式开展道德教育的阵地，很容易被简单地误为一门知识性的学科。该书将小学一、二、三年级训育目标，分别确定为静、诚、勤，并分解到国民科各年级的日常训练中，见下表：

国民科各学年训练实施表[③]

项　目	一年各要项	二年各要项	三年各要项	四年各要项	备考
对个人	诚实 整洁 廉洁 行路安详	勤奋 耐劳 谦和	庄重 简朴 强健身体	独立 自尊 定志坚确	凡前学年已训练之要项，后学年则扩而充之，再依次递加。各要项，高等更加扩充，不另增他项
对学校	敬师 守法律 爱同学	守公德 宝贵校具 勤服务(园作业、扫除)	敬他校师生		
对家庭	孝亲敬长爱同胞	睦同族	睦邻右		
对亲朋	守信	酬报	救恤	择交	
对社会	诚信	合群公德	公益	慈善事业	
对国家	爱国	国耻	守法律 挽利权	纳税 充兵	

小学生的养护（养育护持），既是家庭的任务，也是教育的职责。小学要留意

① 《淳安县教育状况》，载《浙江公报》1917年第1761期，第12页。
② 齐耀珊：《令遂安县知事：据调查学务委员呈报该县学务情形由》，载《浙江公报》1917年第1761期，第8页。
③ 《优良小学事汇第一辑(续)(附表)》，载《遂安教育月报》1919年第1卷第3期，第32～33页。

身心发育之本旨，使一般儿童身体强健、精神活泼，富于勇敢性、忍耐力，且守纪律、尚协同，以养成奋勉进取之国民。如何落实？《优良小学事汇》指出：要养成小学生勤劳、清洁、运动、慎饮食、节起居的习惯，就途径论，属于运动类的有“规律的”（体操、游戏、筐球、击剑、击棍、跳跃、平台、平行杠、深呼吸）、“自由的”（抛球、掷弹、掷囊、跳绳、踢毽、拔河）、“锻炼的”（旅行、柔术、拟战、赛跑）、“联合的”（会操、运动会）；属于服务类的，如校内各项当值、扫除、校园劳动、整理校舍校具、承担教员临时任务；属于卫生方面的则更多，与家庭相关的有沐浴（每星期一次）、盥漱（早晚及饭后各一次）、起眠（六时或七时起，十时或十一时眠）、食品（慎食生冷辛荤，且须定时，戒食零物）、饮料（沸水及汽沸水）、理发、衣服（勤洗濯）；与学校相关的，有“整理”（采光：玻璃窗涂粉以避强光，近黑板之门窗设布帘，随时启闭；换气：按时开闭窗户；调温度：室内设寒暑表，随时查验温度并调理，冬季按天气寒暖调节洋炉；尚清洁；矫正姿势；课业难易之相错；下级生减少授课时间）、设备（药品、盥所、饮料、种树、休息室）和“调查”（身体检查、疾病检查、清洁检查、卫生注重、传染病预防）。同时强调“学校与家庭联络”：“1. 每年暑假寒假期开乐贤会一二次，或学艺会及展览会一二次；2. 备有家庭参观券分给各生父兄，家长得随时持券来校参观，藉以联络感情；3. 每一学期发给各生家庭通知书，报告一学期内在校操行、学业优劣，出席勤惰之状况；4. 遇有临时发生事情，请各生父兄开茶话会，会期临时酌定。”① 或许是《优良小学事汇第一辑》发行量有限，在遂安县，《遂安教育月报》在民国八年（1919）就陆续摘要转载，这对小学教育，其落后山区的指导意义是不言而喻的。

到民国十九年（1930）前后，基于对小学训育的理论探索与实践检验，又有不少新的成果被推介，尤其是不乏操作性很强的建议。《淳安教育》曾刊载了一篇《小学训育具体标准的介绍》，认为：“小学生为未来国家之主人翁，欲得忠贞国民，自应注意训育，逐渐养成其良好习惯、合理的行为”。为此提出了每日朝会时组织诵读的“好国民十大愿词”：

一、我愿我忠勇党国　　二、我愿我爱护学校　　三、我愿我尊敬师长

① 《优良小学事汇第一辑（续）（附表）》，《遂安教育月报》1919年第1卷第4期，第32～36页。

四、我愿我服务勇敢　　五、我愿我留意公德　　六、我愿我谨守秩序
七、我愿我身体健康　　八、我愿我读书勤奋　　九、我愿我帮助同学
十、我愿我崇尚勤俭

十大愿词是目标，比较笼统概括。在日常校园生活中的训练，则需要具体化、可操作、能评价。因此，同步拟定了《好国民具体标准》，按六个年级各两学期分为十二度（档次），每一度中又列出 12 条具体要求。这些要求少数是将一项目标按施行难易程度分解为 12 个梯度，如“我愿我忠勇党国”一项，12 度中由低向高的表述分别为：敬重党国旗、读总理遗嘱要恭敬起立、明白对党国旗为什么要敬重、唱党歌校歌即刻脱帽立正、明白总理革命的略史、明了我们中国为什么要革命、明了以党治国的意义、知道中国革命的方法、知道民权初步的大概、留心民权初步的运用、有运用民权初步的能力、明白政府的组织。更多的则是依照小学生的认知水平与能力，将浅层次的行为要求放在低端，将高层次的思想认识安排在高端，如第一度的是“1. 敬重党国旗，2. 准时刻到校，3. 不妄费课业用品，4. 脸上手上干净，5. 手和用品不放在嘴里，6. 衣服清洁整齐，7. 坐立时身体正直，8. 出入教室不争先，9. 不随地吐痰，10. 每天都带手帕，11. 不乱跑乱跳，12. 指甲剪干净。”而第 12 度的则是：“1. 明白政府的组织；2. 别人做错事不要使人难堪；3. 注意现在社会国家的状况；4. 戒绝无益的嗜好；5. 要有救国的决心；6. 做事要求实效；7. 有奋斗进取的精神；8. 有坚定的志向为社会服务；9. 比较事的轻重和关系；10. 确定将来要研究的学问；11. 言行要一致；12. 了解人格是无价之宝。”①

当然，个别师资雄厚、办学规范的小学也早有实践，并多有成效。安徽省立二师附小可称典范。民国十二年（1923）前，该校以“守信耐劳”为校训，以“信用、勤劳、俭德”三项为训练德目，其入手方法，“则使对人毋妄言，临财毋苟得，请假毋爽期，以养成其信用；分部作业以练习其勤劳；奖励储蓄以养成其俭德”。周日上午各班开同乐会，下午由主事或级任教员率领出外游散，安排适当的野外教授、介绍点评地方风俗习惯，使儿童了解社会真相及其缺点，为将来改良社会做准备。民国十二年修订《小学守则》，改校训为“忠信”，训练德目分人格教育与生活教育两

① 《小学训育具体标准的介绍》，载《淳安教育》1932年第1期，第209～212页。

部分，“人格教育”内容为孝、悌、谨、信、爱众、亲仁，“生活教育”含有勤、俭、施、让、清、廉的要求。每一点均有相应的解释或侧重，如“孝”是以报恩为重；“悌”是尊敬师长为要，“谨”是“戒解放”，“信”是“戒妄言”，“爱众”不是口头互助，“亲仁”是“慎交友，戒盲从群众”。在落实上，周日下午，由教师讲演《安士全书》，或浅显佛书，培养学生善心。实行封闭管理，即便上街购物，也须级任教员委派两人代购。请假回家，不论多远，必得如期回校。注重养性，早晚两次，每次以5分钟为度，一是早操后各级学生在进行曲中依次入室，坐定，齐读愿词，静坐反省；二是晚自修课毕，静坐反省，教师就愿词发问，今日能否实践。毕，排班就寝。同时强调在园艺部、贩卖部的课外实践与校内服务，如每日洒扫、拂拭、整理校具、管理图书等，另每日选派学生6人分配至校内各处当值，以养成勤劳、自治习惯。

省立二师附小游艺会

训话是小学最常见有效的训育方式。安徽省立二师附小即有三种不同的训话规定：一是发现个别偶发事项当时指正当事学生，二是面向全体者于每日朝会时进行，三是针对各年级者随时安排。民国九年（1920），歙县吴氏承志国民学校校长汪邦录，有感于“朝会时非演讲一种极有兴味的训话，不足以引起学生观感”。于是征集各校训话训言，刊成单本，分送县内各校参考。省厅收到报备书稿，极为赞成，并应约摘录格言四则转令各校应用，分别涉及惜时、勤俭、克难、信念诸德。如劝诫珍惜时间："人能以救火拯溺之心乘时，则无浪度之时间；以求剧寇追亡子之心治事，则无不治之事。若悠悠忽忽，今日推诸明日，明日推诸后日，直是一事不能成。"①

休宁黄村小学内景

利用乡土教学资源来教育学生，也是很多小学重视的。歙县岩寺凤山小学教师方槛山，常从《岩镇志草》选取有教育意义的内容融入教学。他曾讲述岩寺方三应拾金不昧的故事，让学生做听写练习。民国十九年（1930）前后，为欢迎歙县县立第一高小师生来校参观，曾撰写《岩寺凤山小学校歌》《春日远足歌》歌词的该校教师鲍幼文，即创作了《欢迎来宾歌》歌词：

鼓瑟兮吹笙，莅止有嘉宾。乍闻皆倒屣，热烈表欢迎。看凤山前辈流芬至今犹未泯，檠斋、紫石泉，中邦文化赖传薪。

① 《令为该县国民学校校长汪邦录呈请赐予训言分送各校以供参考由》，载《安徽教育月刊》1920年第35期，第29页。

艺术犹余事，密庵、双五亦超群。后生今继起，迷途时望得南针。望先知先觉与人为善承前训，如斯盛会兮能凭名言傥快聆。①

词中的檠斋，即金榜；紫石泉，指紫石泉山房主人吴定；密庵，即方辅；双五，即鲍桂星。他们都是岩寺先贤，在学艺上各有专长。当这些乡土人文故事与迎宾结合，并借用当时流行的一首歌曲为歌谱，在欢迎会上唱响时，前来参观的县立第一高小师生该有怎样的感慨？

春秋旅行是学生了解社会的一种综合性教育教学活动。安徽省立二师附小就有每年春秋各一次的旅行制度，目的地一般都在学校附近，以一天往返为度。民国五年（1916）10月，淳安县立雉山高小组织师生旅行到遂安，历时三天，颇为罕见。也有少数学校则是联合举办，如民国六年（1917）农历三月十五日，为遂安县立台鼎高小成立纪念日，为宣示该校注重体育的精神，组织了一次小学生春季旅行。旅行以南乡凤林庵为目的地。全校除幼小者留校外，136名学生参加。"国旗招展，军乐悠扬，歌声履声，相应而起。道旁观者佥曰：'此县校远足会也。'街衢人声嘈杂，恐后争先。佥曰：'看远足会。'于是由太平桥过直街、东街，转至横街、南街，观者塞途。约费一小时，始获出城去"。途中，茂璜学校、岩阳学校先后加入同行。归途中，又得到洙渊、洙水学校款待，直至月色朦胧方归本校。"是日也，新雨初霁，空气宜人，学生在途次休憩时，有采集标本者，有拾取玲珑小石者，凡遇摩崖碑文，亭庙联语，罔不争先抄录，以为是行成绩。而步伐整齐，精神活泼，观者咸啧啧称羡，叹为得未曾有，亦可见该校提倡体育之一斑也"。②而最高层次的，则是学童的自修旅行。歙县南乡九砂的私立崇礼小学，是南京安徽中学校长姚文采等人创办。建校三载，成绩卓著，特别是在引导学生走进社会方面，学习陶行知思想，借鉴淮安新安小学经验，大胆行动。民国二十五年（1936），该校学生13人组成儿童自动修学旅行团，经歙城，宿南街女小，在城参观一日，再前往休宁万安、隆阜参观省立徽州中学与省立徽州女中。沿途散发自撰的《我们的旅行》，宣扬儿童自动修学旅行活动的主张：

① 安徽文史资料全书编委会：《安徽文史资料全书·黄山卷》，安徽人民出版社，2007年，第608页。
② 《遂安县校春季旅行纪盛》，《教育周报(杭州)》1917年第163期，第21～22页。

古时候的太公，他游尽了天下的山川，做起文来，就有奇气。这就是因为一人能够多走出去一里路，就多一里路的见识，也就是多一里路的学问。从来古今中外的许多大学问家，都是抱着“和马牛羊豕犬鸡做朋友，对稻粱粟麦黍稷下功夫”的研究态度。所以，陶行知先生说的“宇宙为学校，自然是吾师，众生皆同学，书呆不在兹”这几句，是很对的。因为宇宙万物，确是我们研究学问的对象；社会广场，确是我们追讨学术的课堂。本校此次发起这儿童自动修学旅行团，也就是根据这个意思。一方面在修学，一方面在旅行，寓修学于旅行之中。初不定何种为我们修学的对象，何地为我们修学的广场，我们只是以今天跑到什么地方，遇着什么事物，就对这地方，对这事物，用作今天修学的对象、研究的课堂。如跑入农场，就多作农物；走进区署，就学习区政。总是以期获得人生的真学问为目的。至于“儿童自动”，是因为这一次的修学旅行，完全是由于敝校儿童，因感受着江苏淮安新安小学儿童自动修学旅行团的刺激而发动组织起来的。照样亦名之曰“儿童自动”。未知各方识者，对此有所指正乎？盖没有父母带、先生也不在的两项原则，是同样保持存在的。此外，也像希望各个友校的小朋友，也一致起来发动这很有意义的修学旅行，而图造成现行中国教育制度上的另一种风气。尤其是在这国难严重如今日的当儿，为教书而教书，为读书而读书的教育风气，是决不适合于这非常时期的需要的。①

培养和树立学生改造农村社会的理想，是一些小学的目标。民国十年（1921）创办的歙县稠墅农村学校，师生将校内近百平方米的空地开垦出来作为学艺园，“种些花草和有用的农作物，从播种后，凡锄草、施肥等事，都由师生同任。他的要点，就是试验各种农业上的新学理、新方法，预备供将来本乡村农家的采择”。此外，学校还组织扫除队，“他的组织目的，说得大些，就是要把稠墅的街道巷路一概儿弄得清洁”，通过“由己及人，由近及远，因小成大”② 的途径，引导村民共同建设整洁卫生的新稠墅。当学生毕业正式步入社会，师长的类似引导就能看到学校肩负的使命感。淳安县茶山高小办理颇称认真，民国七年（1918）夏，该校“举行展览会，

① 《歙县：歙南九砂崇礼小学儿童自动修学旅行团前日到歙拟赴万安隆阜参观》，载《皖事汇报》1936年第32～33期，第12页。

② 汪峻：《歙县稠墅农村学校创办概况》，载《安徽教育月刊》1921年第48期，第30页。

所有该校手工出品，如纸工、泥工，均极精致”。次日，举办第一期毕业典礼，面对毕业生及百余名来宾，“首由校长徐静园君报告成绩并训词，略云：诸生出校，立身以公德心为最要。次教员徐茂卿君演说，略言：治学以静，处世以勤云云。最后由聿新高小代表方僘生君演说，略以学生性质，有救济国家、改良社会之责任。维持此责任之不堕，又在于乐进心云云”。①

尽管民国时期小学生的平均年龄稍大，但顽劣者也不乏其人。原先私塾中常用的体罚手段，因倡导平等理念已获社会较多认同，至少在教育行政部门是不被许可的。民国二十五年（1936），教育部发布《全国小学废止体罚苛罚及解除一切束缚的研究报告》一书，明确提出体罚应即废止；苛罚近于虐待，应即废止；课程时间应确照部定标准，不得自行增加；无谓之抄写背诵，应即免除；教科用书应减少种类；抽考应限制；初级中学入学考试题目，不得越出小学课程标准范围等七点。②要求各小学在训教儿童时执行，督学、指导员巡视时应尤加注意。淳安县以县政府训令方式予以转发。此前，安徽省立二师附小也废除了体罚（也无记过规定，但“违反校规，屡戒不悛，或不服训诫，有害群之行为者，得随时令其退学”）。但在偏僻山区小学，体罚的废止是远远没有实现的。

民国时期，一些小学对卫生工作较为重视。如安徽省立二师附小有很多住宿生，学校设有卫生股，承担照料儿童饮食起居、检查身体、应急治疗、预防及隔离传染病、安排通气采光、整理保管医疗用具及药品，以及编制管理患病儿童登记、儿童疾病统计、药品登记、治疗日记表簿等职责。该校每年为学生检查身体一次，日常则有教室、宿舍及环境清洁洒扫制度，有检眼器、视力表、肺量器、握力计、身长计等医疗用具。但这样的小学极为个别，绝大多数小学，特别是农村小学，校舍条件欠佳，都是祠堂、寺庙或旧式民房改建，光线差，课桌凳高低不齐。至于疾病防治，学校根本无力过问，且小学生卫生习惯还与家境经济、家庭卫生习惯高度关联。一般除每日有教室与环境洒扫清洁制度外，就别无什么卫生措施了。不过，学生因此接受的卫生知识还是有一些的。民国十九（1930），歙县许村仪耘小学生佩瑛在日记中就记录了同学程日凤吟唱的一首卫生歌：“打起堂锣敲起鼓，请听卫生刷牙歌。

①《茶山高小毕业志盛》，载《教育周报(杭州)》1918年第192期，第33页。

②《令各级小学：为全国小学废止体罚解除一切束缚的研究报告报告提出最关重要诸点仰遵照由》，载《淳安县政旬刊》1936年第13期，第3页。

早饭午饭晚饭后，日刷三次不为多。白齿洁似山中玉，红唇香如六月荷。免着蜡黄一板齿，被人厌恶心难好。”[①] 民国八年（1919），浙江省教育厅专请医药学会浙江分会编订的《学校防疫法》，介绍疾病传染路径、侵入门户、预防方法，[②] 其实际施行效果也是有限的。

三、训育活动中浓郁的政治色彩

从明朝官学到清末学堂，官府均严禁学子参与政治。但近代波澜起伏的政治局面，让学校难以保持一方平静。可以说，20 世纪上半叶的学校训育，政治色彩是不容漠视的重要特点。

民国八年（1919）的五四运动，让政府、社会感受到了学生的能量，政府也相应提高了警惕。当年九月，国务院接督办边防处函称：“据巴黎报告，过激党列宁一派现注目中国，欲使投入漩涡，曾以中文印刷物传布中国及中央亚细亚，大意谓俄劳农政府破弃与中国之约，且废弃赔偿及特权，欲与中国代表者商议云云。”政府据此认为，“是该党意图煽惑”，故通电各地，要求“亟应加意侦防，严密查禁”。[③] 遂安县知事除函知教育会外，并令劝学所长遵照执行。但此类政府函件并不能消减整个社会对于列强的仇视，很多城镇小学的时事宣讲、国情教育，依然开展得如火如荼。

受第一次世界大战影响，日本对我国的侵略野心日益暴露，反日浪潮汹涌澎湃，不少小学生也积极参与其中。民国十一年（1922），安徽省立二师附小举办第三届游艺会，这本是小学面向社会各界的教育成果展示会，但却有着浓郁的爱国氛围。新搭舞台的四个出入门上，张贴着“甲午”“乙卯”“五九”“五七”“毋忘国耻”等标语。“甲午”“乙卯”分别指日本挑起中日战争的 1894 年和提出“二十一条”的 1915 年；“五七”“五九”均为国耻日，分别是日本提出、袁世凯政府答应“二十一条”的日子。游艺会的中心活动，是学生自创自演的舞台剧。该剧分三部分 15 幕。第一部分为“日本势力发展之开端”，有东党秘议、朝鲜内乱、中日失和、平壤败北、马关刺李、和约签字、茅店杂谈等七幕；第二部分为“强迫缔结二十一条之经过”，有公府会议、日兵骚扰、小幡示威、最后通牒、袁仆泄密等五幕；第三部分为“被日压迫后之新潮”，是青年忧国、杜威讲演和抵制日货三幕。全剧不仅布景复杂、角色众多（演员 186

① 胡寄萍：《介绍一个小学生的日记》，载《安徽教育》，1930年第1卷第18期，第20～21页。

② 《学校防疫法》，载《遂安教育月报》1919年第1卷第5期，第23～29页。

③ 遂安县公署：《令严密查禁过激党仰遵照由》，载《遂安教育月报》1919年第1卷第5期，第12页。

人次），更将历史、体操、商业、手工等各科教学内容有机融入，情节也比较生动。如“中日失和”一幕：

登场人物：中国公使袁世凯，侍者一人，随员一人，日本差官，侍者一人

布景：办公室

开幕：（袁坐在书房，侍者在旁）

（袁）昨天接到朝鲜政府的公文，说东学党人起事，杀了许多大小官员，他的国王没有法子制止，他们想请我们中国的政府派兵来此平这乱党。我已打电回国，今天接到国内的回电说是已派叶志超带了精兵来了。（日本差官出场，由侍者投刺，门者通报，请入状）（两人相见，分宾主坐下状）

（袁）尊驾来此有何见教？

（日差）奉敝上官的命令来此，因为敝国和贵国照光绪十一年的天津条约，对于朝鲜国有事的时候，两国派兵要互相知照的。现在朝鲜内乱，我日本已经派兵，来此保护了，理知照贵国。（时日差官从包内取出公文与袁状。袁接文看文状）

（袁）朝鲜是我中国的属地，他有乱事应归我中国平定，与贵国有什么相干？为何要派兵来呢？

（日差）哪有此理。天津条约已定明了我国也有保护朝鲜的权，岂贵使没有晓得这条约么？

（袁）是的，天津的条约是说先行关照，然后派兵。今贵国事前没有告知，已经派兵，岂贵国亦忘了约上的话吗？

（日差）这是政府的命令，与敝上官不相干的。

（袁）既然这样说法，还要请你把我这些话转达贵上官哩。

（日差官辞出）（袁入场。闭幕）[①]

参加游艺会的不仅有受邀参加教育会年会的徽州各县教员，也有不少本地百姓，“外面来的人不晓得多少，都是携手踵行的，来来往往，川流不息”。对于附小学生

① 安徽省立二师附小：《学生半月刊》，私人收藏。

别出心裁的演出，评价也众说纷纭：“甲说是：这些学生真好，精神活泼，秩序整齐，表演情节，都能够使人心动。……乙说是：这种表演，既不像文明戏，又不像游艺会，简直是在那里胡闹。”但对于附小学生来说，其价值正如高小三年级学生胡荣总结的：“第一，练习国语。我们的国语，平时是讲很少的。借这游艺会的机会，来说国语，算是练习。第二，推行国语。会场中参观的许多人，听了国语，都糊糊涂涂的听不懂，不晓得我们说些什么。他的脑中必能要发生一种尊国语的感想。那末，国语自然容易推行了。第三，练习科学。我们学的各科，要是没有联络，那末，枯寂无味，最易忘记。即不忘记，亦不能十分明白。经此一番表演联络，觉得心领神会，已深布在脑海中间，除掉了一天不死，就可以一天不忘记了。第四，感化社会。五九的历史，我们中国人的懦弱，已到极点了。经我们演出种种惨状，想参观的人必定有所感动。发生救国思想。”①

一群小学生居然能演出多幕剧本，实际是二师附小持久而有效的爱国主义教育的体现。高小二年级学生程华珍在《我和小同学的谈话》中，有他故意与低年级同学逗乐的一番对话：“这次游艺会，表演中日战争那一幕，好些小同学都争做中国的兵，不肯做日本的兵，我说道，日本兵打赢仗，比中国兵还要威风些，为什么不肯做日本兵呢？他回答我说：你这样大了，这些道理都不晓得？还要做高等二年级的学生么？日本这样欺我国，我还帮他做兵么？我故意和他说，日本欺我有什么要紧呢？只要没有欺我家和我自己就是了。他说：唉！中国若是个个和你一样，那么老早国亡了。我又说：国亡了有什么要紧呢？只要我一家富贵，一身安乐就是了。他说道：你真是一个绣花枕头啊！这些道理都不晓得，实在可耻！国是我们人民聚合而成的，国家的耻，就是我们做国民的耻，国家亡的日子，就是我们做国民死的日子。譬如国家是树干，人民是枝叶，树干尽枯了，枝叶焉能独生呢？譬如国是个鸟巢，人民是个鸟卵，全巢尽没，鸟卵安能独存呢？”②

生活在偏僻山区的普通小学生，对如何“爱国”也有一定认识，抵制日货是他们最能认同的参与方法。省立二师附小国民四年级学生程恩第写了《说不用日货之理由》一文，首先追述了日本侵略我国的行径与野心，进而指出：在我国势绌财穷、

① 安徽省立二师附小:《学生半月刊》,私人收藏。
② 安徽省立二师附小:《学生半月刊》,私人收藏。

无自全之策的形势下，唯有民众抵制日货是可行之途。因日本农产品不足，国民生活所需多依靠进口；其工业品又主要销售在我国。如我国人不购买其商品，将使其“无法展其侵略政策于我国矣”。

民国十四年（1925）“五卅”惨案发生后，新安江流域不少小学都有师生参加抵制英货、日货的爱国运动。6月11日，歙县明伦小学，朱村、富堨、岩寺、南源口等小学教师和高级班学生，参加了歙县抵制日货委员会组织的示威游行，散发传单、宣言，呼喊口号。歙北呈坎潨川小学师生与校董、商人代表等组成歙县乡民爱国团，集会、发表宣言，号召开展国民反帝爱国行动。在建德严州九中读书的遂安籍学生宋隆徵回到遂安狮城，成立了学生联合会，分赴四乡开展募捐，将830元捐款寄往上海。台鼎小学也举行两天罢课斗争。[①] 民国十九年（1930），国民政府与英国重启谈判收回英租界威海卫。消息传来，歙县许村仪耘小学生佩瑛在日记中兴奋地写道：“前两个星期内，我们有一件快慰的事，便是从前租给英国的威海卫已经收回了！如果我国从前所租给外国的地方，能处处收回，就更好了。”她在另一则日记中也阐析了自己对国与家的理解：“古人尝把‘皮之不存，毛将焉附’两句话譬喻国家和人民有密切的关系。毛不是生在皮上吗？皮一下子没有了，毛还生着吗？国家好比是皮，人民好比是毛，国家一亡，人民难道还可生存吗？”[②] 可见，当时新安江流域办学规范的小学，在国耻教育上不仅有力而且有效。

民国二十年（1931）“九·一八”事变后，反对不抵抗政策，要求收复东北失地的呼声遍及城乡。黟县私立屏山小学、私立蔚文小学学生在进步教师舒政海、舒人文、舒天经、范治农等指导下，开展抵制日货运动，在群众中影响很大。建德县正谊小学老师带领学生积极开展宣传，演文明戏，组织歌咏队，到邻近村坊控诉日本侵略者罪行，张贴标语、漫画，得到父老乡亲好评。[③] 民国二十五年（1936）十一月，绥远傅作义部对日本支持的德王等进行了绥远抗战。消息传到皖浙山区，社会各界声援支持，中小学生是主力。歙县九砂私立崇礼小学旅行团在深渡街头散发标语、告民众书，宣传“三一蓄金救国运动”（即每一个中国人每一日节省一枚铜元

① 中共淳安县委党史研究室：《历史不会忘记》，载政协淳安县文史资料组：《淳安文史资料》第7辑，1991年，第1～2页。

② 胡寄萍：《介绍一个小学生的日记》，载《安徽教育》第1卷第18期1930年第15页。

③ 程秉荣：《正谊小学记事》，载政协建德县文史资料组：《建德文史资料》第15辑，2002年，第138页。

来救国),“同时并组织跪求队,向行人跪求捐资,每人恳捐一枚。结果一共求得有一千余枚云。闻是项捐资,不日即将付邮,呈寄县府,转送前方战士”。[①] 行动颇为感人,有消息在《徽州日报》刊出。

抗战全面爆发初期,各县小学抗战情绪高涨。黟县蔚文小学组织抗日救亡团;屏山小学组织屏山歌咏队及第三救亡特种工作团,开展抗日宣传;立川小学办起图书馆,千余册藏书中,大部分为宣传抗日和《资本论》等进步书籍;横岗敬业小学油印抗日简报,绘制宣传漫画,教唱抗日歌曲。歙县岩寺凤山小学是“七政”训练班(第七战区司令长官司令部战地政治工作委员会驻岩寺工作团青年救亡干部培训班)班址,当时便组织了儿童抗日先锋队宣传抗日。蓝田小学教师杜维佑教学生唱《义勇军进行曲》,演出街头剧《活捉东洋鬼子》,编印《青年文艺周刊》。昌溪复兴小学在毕业生吴云浩、吴淑林带领下,开展抗日救亡工作。民国二十七年(1938),歙县举行小学生演讲比赛,题目为《抗战到底》。新四军第三支队进驻西溪南后,该村崇文小学邀请新四军代表介绍形势。新四军开赴前线,小学致送锦旗一面,上书“杀敌致果”四字。民国三十二年,该校抗日宣传队演出校长吴政达编写的哑剧《花花世界》,揭露帝国主义国家为瓜分殖民地而引发第一次世界大战的事实。建德县乾潭镇小学在周一纪念周上,除唱国歌、默读总理遗嘱和三鞠躬外,常由校长或教导主任介绍抗日形势,讲述赵阿毛将满载敌人的汽车开入黄浦江、谢晋元坚守四行仓库等事迹,声讨日寇暴行。[②]“皖南事变”后,各县小学里的进步活动渐入低潮。

民国时期,童子军教育在各地小学也曾普遍存在。自民国初年严家麟引进至武昌后,童子军教育流播渐远,特别在沿海不少省份被引入学校,其中江苏省最为普及。民国八年(1919),安徽省立二师校长胡晋接认为该组织“诚实不欺,确负责任,服务社会”的宗旨,“实大有益于人格之训练”,安排教师戴天石前往学习引进。戴天石不仅编印《童子军概要》,每周训练师范生半小时,待其毕业后再推广至各小学,同时指导附小成立童子军。该组织按全省各校成立顺序,后被省教育厅定名为“中华民国安徽童子军第二十二团”,并制定了章程:

---

①《崇礼学生跪求铜元》,载《徽州日报》1936年11月26日。

② 徐重光:《乾潭镇小学初期纪事》,载政协建德县文史资料组:《建德文史资料》第15辑,内部资料,2002年,第148页。

第一条　本校童子军，依据安徽童子军第二项之规定组织之。

第二条　本童子军，暂定名为安徽省立第二师范附属小学校童子军，俟报经省教育机关，编入中华民国安徽童子军后，再行确定名称。

第三条　凡愿学习本校童子军课者，须具左列各项资格：

一、曾在本校国民科修业三年以上者；

二、操行在乙等以上者；

三、身体健全者。

第四条　凡愿学习本校童子军课者，除具备前项资格外，并须得家长之许可，其手续另定之。

第五条　童子军之训练，由本校童子军部主任任之。但于必要时，得请其他各教员，分任一部分之教授。

第六条　童子军用书籍服装等费，于入队时，须缴银四元。有余退还，不足补缴。

第七条　童子军有犯左列事项之一者，得取消其资格：

一、不服训诲；

二、不遵童子军规律；

三、不能履行誓约。

第八条　童子军之各项规律另定之。

第九条　本简章如有未尽事宜，得随时修改之。①

其后，新安江流域各县均成立有童子军组织，成为当时小学最为耀眼的学生团体。在抗日战争时期，该组织活动依然很活跃。寿昌县仁丰镇中心小学的中国童子军仁丰大队，在教师阮锦堂带领下，每周一节童子军课，除进行田径、跳绳、拔河等比赛外，就是开展结绳救护、抬担架、拳术、棍术等训练。大家身穿统一的黄色细布衫、短裤童子军服，戴船形帽，佩童子军胸章，动作整齐划一，吸引很多群众围观。该校童子军参加寿昌县小学生运动会，表演“叠罗汉”和拳、棍武术团体操，获得总分第一名。童子军还走上街头，画漫画，写标语，教唱抗日歌曲，演文明戏，

---

①《中华民国安徽童子军第二十二团章程》，载省立二师：《安徽省立第二师范杂志·公牍》第7期，1920年。

宣传防空知识，组织防空演习，为前方将士筹募寒衣，在当地产生较大影响。①

小学生参与政府的其他阶段性或临时性活动也很常见。民国三十二年（1943），淳安县为保证按时完成田赋征收任务，县长沈松林发布训令，要求各乡镇中心学校、保国民学校在乡村集会时，向民众广为宣传《田赋征实三字经》与《纳粮歌》。《三字经》语言平直，通俗易懂：

> 一、新时代，做国民，完田赋，最要紧。完了粮，义务尽，不完粮，是莠民。
> 二、从去年，征田赋，不用钱，交实物。好国策，照旧行，不用说，大家懂。
> 三、赋每元，三十斤，财政部，有规定。十月初，可开征，三个月，应收清。
> ……
> 十、我抗战，已五年，战士们，流血汗，民众们，在后方，完田赋，自应当。
> 十二、同胞们，要认清，这件事，关系重，缴得足，国力增，抗战胜，建国成。

《纳粮歌》歌词简明，铿锵有力，充满着爱国情怀："抗战已六年，愈打愈坚定，我们不怕鬼子兵，只怕没有粮食作后盾。足食又足兵，自古即明训。我们有四万万精神的老百姓，我们有二万万广大战斗兵，不愁粮食，不愁人。坚持长期抗战，最后胜利一定是我们。"② 在完成政府交办相关任务过程中，小学生不仅锻炼了理解、交往、表达等多种能力，其社会意识、责任意识也相应得到提升，社会化程度也同步有了深化。

① 潘文达：《抗战时期的"童子军"》，载政协建德县文史资料组：《建德文史资料》第15辑，2002年，第163页。

② 淳安县政府：《案准淳安县田赋管理处赋二字第四九号函送田赋征实三字经》，载《淳安政情》1943年第17期，第3页。

第六章　新安江流域的普通中学教育(上)

从清末到1949年，新安江流域的普通中学教育大体经历了四个阶段：清末的草创，民国元年至十六年的初步发展，民国十七年至民国三十四年进一步发展，直至民国三十五年至1949年的日渐衰落。

第一节　半个世纪的轨迹

一、创办与初步发展

鸦片战争以降，国运的衰微引发各界人士的思考、议论与拯救。“不欲为我中国计则已，欲为我中国计，舍教育无自”。[①] 几乎成为朝野共识。光绪二十七年（1901）八月，皇帝下诏：“人才为政事之本。……着各省所有书院，于省城均改设大学堂，各府及直隶州均改设中学堂”。[②] 近代普通中学遂在全国涌现。在浙江，受其较于京师更为开放乃至激进的地缘因素的促进，早在光绪二十五年（1899），杭州知府林启就创立了开设很多近代课程的养正书塾（即杭州府中学堂）。随后，各府闻风而动，光绪二十七年，严州知府刘宗标商请双峰书院院长王韧，将其改为六睦学堂，王韧为堂长。光绪二十九年（1903），知府黄书霖又改其名为严郡中学堂，吴逢庆任监督。这是严州近代普通中学教育之开端。

但正如时论所言，振兴教育之难，“不难于愚民之无知，不难于反对者之阻止，

① 时报：《论教育》，载《东方杂志》第1年第7期。转引自李桂林、戚名琇、钱曼倩：《中国近代教育史资料汇编·普通教育》，上海教育出版社，1995年，第396页。

②《光绪朝东华录》卷169。转引自璩鑫圭、唐良炎：《中国近代教育史资料汇编·学制演变》，上海教育出版社，1991年，第6页。

而其最难者，则有二端，一曰人才，一曰物力”。[①] 相比于浙江与安徽省城，深处山区的徽州，此两项均不占优势，因而中学创建也历经波折。光绪二十九年，徽郡士绅议建模范中学未成。次年，与当地茶商合议，再公请于两江总督，“得岁给甲午所加茶厘额外款银五千两作经常费”[②] 的允准，始创办新安中学堂。知府黄曾源任总办，初以古紫阳书院为堂址，光绪三十一年（1905）四月正式开学，校名徽州府官立新安中学堂，进士、歙县唐模人许承尧出任监督。这是徽州第一所、安徽省第12所中学堂。

宣统元年（1909），浙江省11所府立中学堂统一改为省立，经费由省库支给。严郡中学堂则依浙江所属各府排序改名为浙江省立第九中学堂（民国元年，1912，再依中央政府要求改名为浙江省立第九中学校）。而新安中学堂则无此幸运。辛亥革命爆发，学堂经费陷入困境。为节省开支，民国二年（1913），学堂拟裁减人员，不收寄宿生，引起学生不满。堂长汪劲扶（吴县人，举人）之妻方氏，慨然捐出首饰、珠翠，但也非长久之计。乃商请时任省教育司长的歙县人江炜等人转圜，改由省府接办。次年七月，改名为安徽省立第三中学校。民国八年（1919），安徽省立三中校长徐承祐压制师生响应五四运动被逐。方新得、陶行知等人推荐继任校长，大开新学风气。

随着西方教育思想的不断传播，民国初年崇尚的国民主义教育受到质疑，民国元年通过的壬子学制也有修改的建议。经过数年学者讨论、个别学校试验，民国十一年（1922），民国政府颁布了《学校系统改革案》（壬戌学制）。该学制采用美国单轨制系统，缩短小学年限，选科、分科并行，重视职业训练，贯彻男女平等，容许地方机动，以利于小学普及和中等教育水平提高。其中规定：“中学校修业年限六年，分为初高两级：初级三年，高级三年”“初级中学施行普通教育”“高级中学分普通、农、工、商、师范、家事等科。”[③] 浙江起步很快，制定了《浙省施行新学制标准》。其中，“省立第九中学校，就省立九中、九师、森林改组，设初级中学男子部、女

① 时报：《论教育》，载《东方杂志》第1年第7期。转引自李桂林、戚名琇、钱曼倩：《中国近代教育史资料汇编·普通教育》，上海教育出版社，1995年，第396页。

② 许承尧：《新安中学堂记》，民国《歙县志·艺文志·记》。

③ 璩鑫圭、唐良炎：《中国近代教育史资料汇编·学制演变》，上海教育出版社，1991年，第991页。

子部，高级中学师范科、森林科”。[①]民国十二年（1923）8月，改组完成，学校设三部：中学为一部，师范为二部，附属小学为三部，森林科未见记载。袁易接任校长。安徽省学制改革方案虽在民国十二年二月通过，但延至民国十七年省府才执行《安徽中等学校改造方案》，将省立三中（设歙县县城）与省立二师（设休宁万安）合并，成立安徽省立第二中学校，仍设休宁万安二师原址，校长先由谢家禧代行。当年秋，许恪士接任。同年，设在屯溪隆阜的省立四女师也改为省立四女中，高中只设师范科，校长张秉仁。

总体来看，此时，除了省立中学外，县立中学很少。徽州原辖六县只有两所：一是民国十六年（1927）创办的婺源县立初级中学；二是同年创办，却只办了一两年的六邑中学（设在歙县）。严州府原辖六县没有一所县立中学。

二、渐入高峰与衰退

民国政府建立后，国内政治局面有所改善，中央权威稍有提高，经济状况略有好转，各界对教育也格外关注。虽然很快就进入长达十四年的抗战，但新安江流域基本没有被日寇攻占，成为沦陷区一些单位与流民的暂居地，普通中学教育也就有了畸形发展。

高中教育略有曲折。民国十六年（1927），浙江省立第九中学校改名为浙江省立第九中学，师范本科停办，开办师范讲习科，王骏声接任校长。民国二十二年（1933）七月，校名再更改为浙江省立严州初级中学，徐逸樵任校长。民国二十三年，安徽省立二中改名省立徽州中学，除了初中部，还有高中部与师范科。安徽省立四女中因学生少，撤销高中师范科，改为省立徽州女子初级中学。抗战全面爆发后，来此的流亡学生增多，民国二十七年（1938），省立徽州女子初级中学恢复为完全中学，改名为安徽省立徽州女子中学。民国二十九年，省立严州初中奉省府令开办高中，招收初中毕业生，修业三年，校名同步改为浙江省立严州中学。

县立中学得到快速发展。民国二十年（1931），教育部颁发了《各县市设立中等学校程序》，规定各地开办中学由省教育厅批准、教育部备案。核准的主要依据是当地中学生源、办学经费与场地设备，并要求“应尽先开办农业或工业职业学校”。浙江省随后出台了《浙江省各县市设立中等学校程序补充办法》，进一步明确了学校主

① 璩鑫圭、唐良炎：《中国近代教育史资料汇编·学制演变》，上海教育出版社，1991年，第998页。

办方、名称、关闭、经费渠道、组织机构（校董会）等细节情形，[①] 这为各地兴办中学确立了规范。曾在民国十四年（1925）拟合并三所小学创办初中而未果的绩溪县，于民国十七年（1918）再度创办县立初中，但仅坚持年余就因经费、生源问题而停办。同年，遂安地方士绅向国立浙江大学呈请开办初级中学（当时浙江试行大学区制），也未获批准。民国十八年，淳安创办县立初级中学，县长冯世范兼任校长，附设乡村师范部主任陆中逵。民国二十八年（1939），国民政府提出“抗战建国同时并进”的口号，颁布《县各级组织纲要》，实施“新县制”建设，提倡一县办一所初中。遂安县乃创办县立简易师范学校。两年后，附设初中补习班。当时省教育厅对于请示设置县立初中者，多降格准其设立战时学生补习学校。民国三十二年（1943）正式创办遂安县立初中。民国三十年，桐庐初中在富阳、新登、桐庐、分水“四县联合战时初中补习学校”基础上创办。民国三十二年，分水县立简易师范学校创建，四年后附设初中班。绩溪、休宁、歙县、黟县、寿昌县立初中则分别在民国二十九年、三十年、三十二年、三十三年和三十四年创办。

内迁中学前后相继。有的只是暂留，如民国二十六年（1937）秋迁屯溪的南京中央大学实验中学，只办一个学期便迁走。南京私立钟英中学迁歙县棠樾，也只办了一学期。次年上半年，钟英中学少数留屯教师又在屯溪复校，也只维持了一学期。民国二十七年春，东吴大学附中在黟县复校，下半年迁回上海。也有不少内迁中学坚持办学。如民国二十六年迁屯溪的私立南京安徽中学徽州分校（简称皖中），民国二十七年迁屯溪的私立南京现代中学，同年由芜湖迁歙县的私立芜关中学徽州分校，在黟县接东吴附中而创办的复旦大学附中皖校，民国三十一年迁屯溪的国立江苏临时中学（一临中在雁塘，二临中在柏树）和上海法学院附中，民国三十二年迁绩溪的江苏五临中，民国二十八年春在遂安县城（民国三十二年停办）、民国三十四年二月在淳安县港口镇石岭下分别建立分部的杭州市私立清华中学，迁建德县麻车乡高垣的杭州私立宗文初中，迁建德的浦江私立中山初中，民国三十三年在淳安县航头设分校（主任为县人方维仁，民国三十四年四月停办）的上海私立君毅中学，民国三十一年秋迁遂安县横沿乡夏洲村的浙江省立衢州中学（次年二月迁走后，在夏洲另设初中分部。分部后迁横沿乡前门，三十五年一月撤销）。

---

①《淳安教育》1932年第1期，第44～45页。

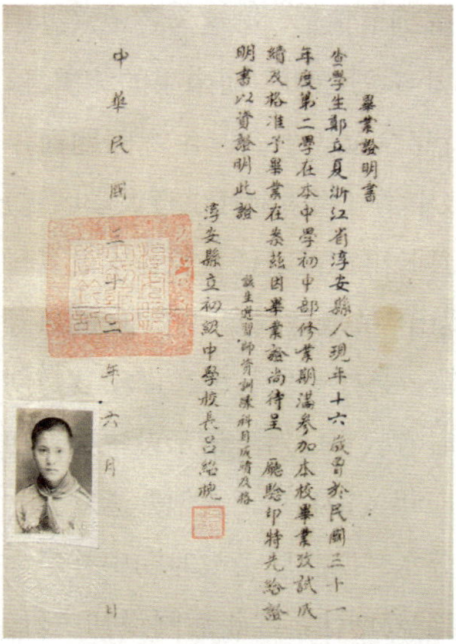
畢業證明書
查學生鄭立夏浙江省淳安縣人現年十六歲曾於民國三十一年度第二學在本中學初中部修業期滿參加本校畢業考試成績及格准予畢業在案茲因畢業證尚待呈
廳驗印特先給證明書以資證明此證
該生見習師資訓練科目成績及格
淳安縣立初級中學校長呂紹瑰
中華民國三十二年六月 日

1943年淳安县立初中学生学业证明

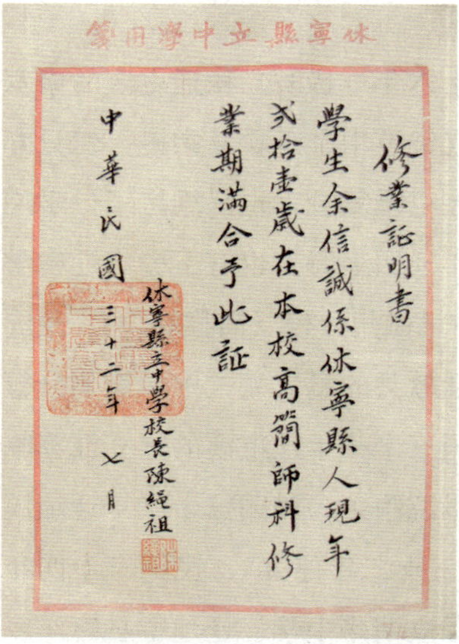
休寧縣立中學用箋
修業證明書
學生余信誠係休寧縣人現年貳拾壹歲在本校高簡師科修業期滿合予此証
休寧縣立中學校長陳繩祖
中華民國三十二年七月

1943年休宁县立中学学生修业证明书

私立中学屡有新办。民国二十七年（1938）春，战局紧张，外地学生纷纷流亡来徽，各省立中学未曾开学，为解决失学学生读书问题，歙县大梅口的私立南山中学，休宁上溪口的白际战时初级中学，休宁城内的休宁战时临时初中等私立学校应运而生。但这些学校经费、师资均较困难，有的学校教师就是失学大学生，当各省立中学开学，这些学校便自行停办。民国二十九年，屯溪创办了私立建国中学，办理时间最长。次年，歙县创办了私立民族中学和私立右任中学。但民族中学只办了一年，右任中学也不过几年，弘毅中学是否办成，尚无确证。民国三十三年（1944），寿昌县著名商号朱同裕在万松镇广安寺投资创立私立嵩山初级中学，朱耀任校长，教员 10 名，学生 2 个班计 128 人。

到抗战胜利的民国三十四年（1945）上半年，徽属六县共有普通中学 19 所，比民国二十五年（1936）增加 16 所，其中省立、县立 12 所，私立 7 所；完中 9 所，初中 10 所。严属六县共有普通中学 6 所，比民国二十五年增加 4 所。这一时期，虽然中学数量多了，但办学质量并不高。

抗战胜利后，新安江流域的中学教育出现衰退。首先，是学校数量下降，主要是原内迁中学的回迁。如复旦附中皖校迁宣城，芜关中学迁回芜湖，江苏临中、江苏第五临中，以及上海法学院附中也都迁回原地，在建德的私立宗文初中迁回杭州，歙县私立右任中学则停办。尽管也有新办的，如民国三十七年（1948）倡办的私立中正中学，次年迁歙县潭渡，易名为私立紫阳中学。但学生数同步萎缩的趋势无法挽回。其次，是因国家经济的迅速恶化，政治腐败日趋严重，人心浮动，极大地干扰了正常教育秩序，影响了教学质量。解放前夕，黄山临中、天长中学、长淮临中、国立八中和筹建中的省立联中等学校再次迁入徽州，但随着全国解放，这些学校也都解散了。

第二节 培养目标、学制与课程概况

一、癸卯学制的实施

光绪二十九年十一月二十六日（1903年1月13日），清政府颁布《奏定中学堂章程》，规定普通中学堂是对高小毕业生“以施较深之普通教育，俾毕业后不仕者从事于各项实业，进取者升入各高等专门学堂均有根柢”，以收“实业日多，国力增长，即不习专门者亦不至暗陋偏谬”之效。[①]是时，作为管学大臣的张百熙，以及荣庆、张之洞等人，对普通中学堂尚未提炼出更为概括性的培养目标。直到光绪三十二年(1906)，学部才规定以“忠君、尊孔、尚公、尚武、尚实”五端为教育宗旨。

按“癸卯学制”，中等教育时限五年，设中学堂一级。课程是实现培养目标的载体，共设12门即修身、读经、讲经、中国文学、外国语、历史、地理、算学、博物、物理及化学、法制及理财、图画、体操。新安中学堂开办之初，学科开设严重不足。两江总督周馥曾不客气地质问：该校上报清折内“仅有中文教习二员，算术教习一员，此外若外国语、博物、图画、体操各科，何以均从缺略。”[②]其要求重新呈报的批示下发三个月之后，回复依然杳无音信。现存宣统年间新安中学堂发给学生鲍锟的修业文凭显示，该校开设课程已有修身、经学、国文、英文、历史、地理、算学、博物、理化、图画、体操。[③]两相比较，仅法制及理财没有开设，而该门课程在《奏定中学堂章程》中也明文规定“缺之亦可”。严郡中学堂课程设置也大体相似。但在教会开办的学校，如歙县崇一学堂，开设的课程有国文、英文、数学、理化、生物和教义，重视自然科学与外语教学。[④]鉴于“中国文学既难，加以科学又极繁重”“年齿已长，

---

① 璩鑫圭、唐良炎：《中国近代教育史资料汇编·学制演变》，上海上海教育出版社，1991年，第317页。
②《督抚批徽州府中学堂经费不足请照松江成案劝办锡箔捐禀》，载《安徽官报》1905年第33期，第9页。
③ http://dy.163.com/v2/article/detail/CPA38P660518DL49.html.
④ 歙县教育局：《歙县教育志》，黄山书社，2009年，第211页。

趋向已分”的中学堂生并不能在五年内二者兼通，学部乃“远稽湖学良规，近采德国成法”，于宣统元年（1909）三月提出中学堂课程分为文科、实科的意见。将12门课程分主课、通习两类，文科以读经讲经、中国文学、外国语、历史、地理为主课，其余为通习类；实科以外国语、算学、物理、化学、博物为主课，其余为通习类。“主课各门授课时刻较多，通习各门较少，皆以五年毕业。学生入学之初，令其分科肄习”。[①] 与新安中学堂未予执行不同的是，浙江省于宣统二年正月召开了学务公所第一次中学堂监督会议，议决事项中就有各校认定办理文、实分科之序。严州中学堂监督臧承宣参加了会议，并表示从当年开始先办文科。[②]

二、从壬子学制到壬戌学制

民国创立，公布“壬子学制”。确定“注重道德教育，以实利教育、军国民教育辅之，更以美感教育完成其道德”的教育宗旨，此即蔡元培提倡的“德智体美”四育。具体到中学，则“以完足普通教育，造成健全国民为宗旨”。学制从五年缩短为四年。课程比清末增加两门，有修身、国文、外国语、历史、地理、数学、博物、物理、化学、法制经济、图画、手工、乐歌和体操，女子中学另加家事、园艺、缝纫三科。民国四年（1915），袁世凯将教育宗旨修改为“爱国、尚武、崇实、法孔孟、重自治、戒贪争、戒躁进”七项，课程设置强调“取法德制，分为文科、实科二种，或分校，或一校兼备二科，视生徒之志愿以入学”。袁世凯恢复帝制失败，课程随即略有变化，浙江省立九中在民国六年（1917）取消了以“四书五经”为内容的经学课程。对于中央政府诸多新规定，各校在实施过程中常做部分修改。如安徽省立三中民国九年至十年的学期中：

> 本学年教授学科目，在前半年悉照部定规程，惟一、二年级国文、数学，每周均加授一小时；又历史、地理每周共四小时，一并改授地理；俟地理授毕，再授历史。至后半年校务改组，改修身科为公民学，四年级法制经济，即并入公民学内教授。又为从前毕业生升学者少，而为小学教员及就事者多，因将三四年级分组，略仿南北高师附属中学办法，设选习科目，依学生学力、年龄、

① 璩鑫圭、唐良炎：《中国近代教育史资料汇编·学制演变》，教育出版社，1991年，第553页。
② 李桂林、戚名琇、钱曼倩：《中国近代教育史资料汇编·普通教育》，上海教育出版社，1995年，第325页。

境遇、志愿，能升学者为甲组，多选习英文、数学、理化，以提高程度。不能升学者为乙组，多选习国文，并加习教育、工艺，以适应实用。[①]

民国十一年（1922），政府颁布新学制（壬戌学制），中学首次被分为初、高两级，各修业三年。次年，因安徽省教育厅将全省12所中学全改为初中，省立三中也未能幸免，直至民国十五年旅宁徽人联名致函省长，请求增办高中，省立三中才成为“三三”制完中。也在民国十二年，全国教育会联合会颁布了《中小学课程标准纲要》，规定初中必修科目为公民、历史、地理、国语、外国语、算学、自然、图画、手工、音乐、生理卫生、体育，高中公共必修课有国语、外国语、人生哲学、社会问题、文化史、科学概论、体育。普通科二年级开始分文理两组，文科组必修有国文、心理学初步、伦理学初步，以及自然科或数学中的一种；理科组必修有三角、高中几何、高中代数、解析几何大意，以及物理、化学、生物选习两科。但因随后出现第一次国内革命战争，无论徽州还是严州，都未见具体实施。

三、战前向战时的转变

民国二十年（1931），国民党中央常务会议通过《三民主义教育实施原则》，将中等教育目标确定为：确定青年三民主义之信仰，并切实陶冶其忠孝、仁爱、信义、和平之国民道德；注意青年个性及其身心发育状态，予以适当的指导及训练；对于青年应予以职业指导，并养成其从事职业所必具之知能，即道德、身心与职业能力三方面。次年，颁布的《中学法》则进一步明确：中学教育的目标是“发展青年身心，培养健全国民，并为研究高深学术及从事各种职业之准备”，即肩负升学与就业双重职责。为此，在《中学正式课程标准》中，初中职业科改成劳作，以加强职业训练；高中取消选修科目，加强语文、数学和史地教学。安徽省教育厅所订的实施中小学升学及职业指导办法，更提出在三年级“酌量变更课程，授以简赅扼要之教育概论与教学法，或组织教育研究会，开示必须阅览之教育书籍，而从旁指导其研究。徽属各校毕业生，多经营商业，或管理农务，则在校课程，应特别注重簿记、珠算、应用文等类教材之补充讲授”。在各校实际施行上，主要方向仍在鼓励学生升学。浙江省立九中在民国十八年（1929）制定的《学生升学就业指导方案》更为具体：

① 安徽省立三中：《安徽省立第三中学校第七周年概况报告》，载《安徽教育月刊》1921年第46期，第1页。

一、目标：

1. 培养学生升学能力，指示学生升学途径，藉以达到研究高深学术之目的。

2. 养成学生择业眼光，指示学生就业途径，藉以充实国民之生计。

二、指导的方针：

A. 升学指导：

1. 谈话——校长，训导主任，教务主任及主要教员，参考调查结果，召集高年级学生，举行个别或团体谈话，并指示其应投考之学校。

2. 演讲——用职教员演讲投考须知，入学须知，各校注重科目，考试科目及范围等，使学生得先时预备；或约旧毕业生之在某校者，请其发表对于某校之内容及特点，以备参考。

3. 参观——率领学生参观所欲投考之学校，研究其内容及其注意之学科。

4. 补修——就某生特别所短之学科，指导其补修，或就某校注重之功课，指定教师负责为之补修。

5. 调查——调查学生毕业离校后升学状况，俾知被指导学生，是否各得其所，以图指导方法之改进。

B. 就业指导……①

全面抗战爆发后，为适应抗敌形势需要，教育部要求各校将平时教育与战时训练相结合。安徽省更制定了《安徽省临时中学课程纲要》，在精神、学科、体格、生产劳动、特殊教育与战时后方服务等训练上提出具体要求。民国二十九年（1940），教育部修订三三制中学课程，规定初中分甲乙两组，甲组准备就业，乙组准备升学；高中也分甲乙两组，甲组侧重理科，乙组侧重文科。但由于战局纷乱，资金与师资严重不足，行政部门监管无力，多数学校都是根据本校实际开设课程。如省立严州中学初中和高中开设相同的科目，为公民、体育、国文、外国语、算术、生物（博物）、矿物、化学、物理、历史、地理、劳作、图画、音乐；仅初中开设的唯有童子军和生理卫生；仅高中开设的只有军事训练，或家事看护。唯从高二开始分甲乙两组教学，则与教育部要求一致。省立徽州中学初中第三学年选修教育科目就有教育概论、教

① 浙江省立九中：《浙江省立第九中学学生升学就业指导方案》，载《浙江教育行政周刊》第38期《附录》，第2页。

学法、小学行政，使不能升学的学生可胜任小学教员。高中后两年的 4 个学期，数学科甲组周时总计 24 课时，乙组只 12 课时；英文、国文两科，甲组周时各为 30 课时，乙组周时各为 38 课时。

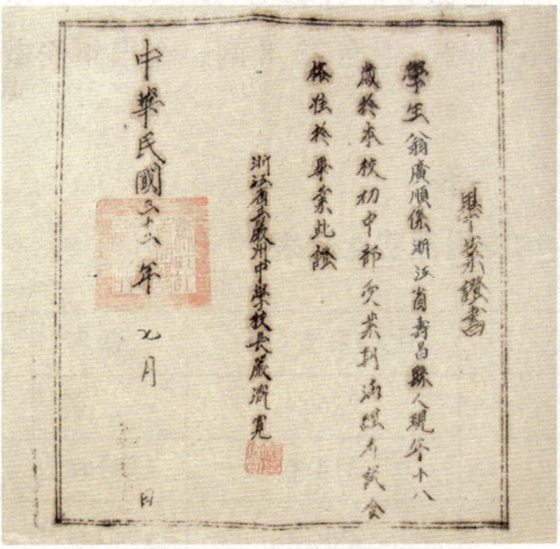

1943年浙江省立严中毕业证书

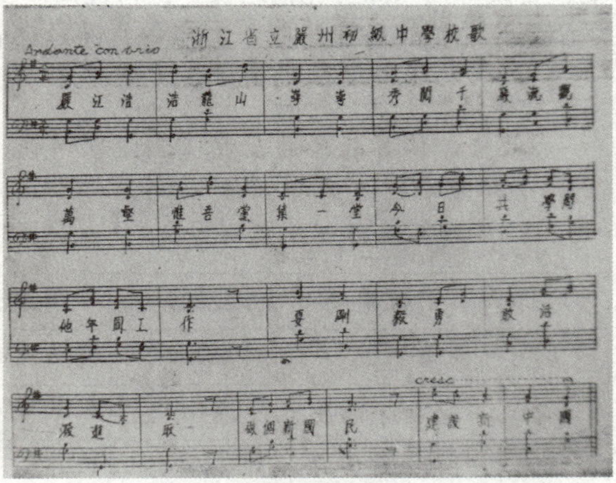

严州初中校歌

第三节　办学经费的收支

一、清末学校经费状况

不同历史时期、不同办学主体的普通中学，在经费收支上差别很大。但由于清末，全国形势始终处在动荡之中。因此，各校总的情形是经费普遍紧张。

新安中学堂首次倡设没有成功，就是因为没有稳定的经费来源。光绪三十年(1904)，在得到两江总督从茶厘额外款拨付 5000 两银子做经常费的允准后，才正式动工。仅重修府城试院一项，就用银 6600 多两。虽然后来又将紫阳书院款产年息 4000 元移作办学之用，但对于新安中学堂、紫阳师范学堂两校合用来说，还是有短缺之虞。据《皖政辑要》记载，大约在光绪三十四年，新安中学堂有资产 17000 两，岁入 7155 两，岁出 7675 两；紫阳师范学堂资产 36422 两，岁入 2787 两，岁出 3810 两。[1]

① 冯煦：《皖政辑要》，黄山书社，2005年，第554页。

显然两校均处于入不敷出的境地。作为学校监督，许承尧早在光绪三十一年就与当地士绅商量，“请照江苏宝山县筹办学堂成案，亦拟就地劝办锡捐，每洋一元抽捐一分”。[①] 虽得到府、省两级同意，但征收很不顺利，三个月时间，所得尚不抵所支。后又有抽收珠兰花捐之议，因再遭商绅反对而作罢。而若以生均经费论，光绪三十四年（1908）该校学生104人，岁支经费7675两，生均73.8两。在当年安徽全省各中学中，并不算高。

表6-1　1908年安徽省中学堂生均支用经费比较表[②]

项目	学堂	岁支数(两)	学生数(人)	生均岁支(两)	备考
1	第一公学	8150	36	226.4	公立
2	庐州府中学堂	14160	66	214.6	(府)官立
3	宁国府中学堂	11384	55	206.9	(府)官立
4	广德州中学堂	3083	15	205.5	(州)官立
5	舒城县中学堂	5456	29	188.1	(县)官立
6	太平府中学堂	9970	57	174.9	(府)官立
7	池州府中学堂	5567	32	173.9	(府)官立
8	安庆府中学堂	17570	118	148.9	(府)官立
9	泗州中学堂	3813	26	146.7	(州)官立
10	皖江中学堂	15549	112	138.8	(省)官立
11	桐城县中学堂	11644	112	103.9	(县)公立
12	和州中学堂	2607	30	86.9	(州)公立
13	徽州府中学堂	7675	104	73.8	(府)官立
14	六安州中学堂	4332	60	72.2	(州)公立
15	太湖县中学堂	3260	49	66.5	(县)官立
16	安徽公学	3295	52	63.4	公立
17	凤阳府中学堂	3677	60	61.3	(府)官立

① 《督抚批徽州府中学堂经费不足请照松江成案劝办锡箔捐禀》，载《安徽官报》1905年第33期，第9页。
② 资料来源：冯煦：《皖政辑要》，黄山书社，2005年，第503～506，554页。

续表

项目	学堂	岁支数(两)	学生数(人)	生均岁支(两)	备考
18	怀宁县中学堂	4340	83	52.3	(县)官立
19	颍州府中学堂	4000	81	49.4	公立
20	宿州中学堂	3780	82	46.1	(州)官立
21	阜阳县中学堂	605	28	21.6	(县)公立

表中数据显示，安徽全省中学堂经费状况似乎是官立优于公立，府（含直隶州）立好于县立。年生均支出经费全省平均为120.1元。可见，徽州府立的新安中学堂主办者尚称节俭，并未大手大脚花钱。浙江省立第九中学堂因缺少相关资料，经费状况不明。

二、民国初期的学校经费开支

民国初年，尽管全国政治并未真正统一，各省对于教育的投入也不大，但因学校少，校均经费还较高。浙江省立九中民国九年（1920）经常费为14065元，比同城的省立九师（25710元）、甲种森林学校（29964元）均少，[①] 其原因是学生不享受公费生活补助。安徽省立三中的经费，据民国十年统计，全学年共支出13826.431元，比前一学年增加912.544元。其中教职工薪俸9794元，占支出总数的70.9%；设备费1567.134元，占总数的11.3%；杂费2465.297元，占总数的17.8%。以全年学生数101人计，则生均支出经费为136.89元。若看分项，其中设备费可见下表：

表6-2 1920～1921年安徽省立三中设备经费支出一览表[②]

项目	1920年		1921年		合计
	总数(种)	费额(元)	总数(种)	费额(元)	
校舍工程		402.399		612.847	1015.246
图书	154	111.288	352	510.114	621.502

① 建德县教育局：《建德县教育志》，内部资料，1985年，第160页。

② 资料来源：《安徽省立第三中学校第七周年概况报告(民国九年七月至十年六月)》，载《安徽教育月刊》1921年第46期。

续表

项目	1920年		1921年		合计
	总数(种)	费额(元)	总数(种)	费额(元)	
仪器	106	210.111	32	237.117	447.228
用具	150	92.619	54	94.651	187.27
报章杂志	21	61.353	32	112.405	173.758
总计		877.77		1567.134	2444.904

三中校舍工程，主要有修理礼堂后墙、校园围墙，改建旧房为商社、平民夜校、学生会客处、理化及博物实验室，改造浴室，建写生亭。杂费则是津贴工役伙食，文具、邮电、器具消耗等。这些开支主要源于官府拨款。学生住宿不收费，伙食每学期预收15元，期末结算多退少补，一般每月外包需3.9元，学校自办也需3.6元。

当时学校经费开支，除教职员俸薪外，支出最大的多为基建工程。如浙江省立九中，民国三年（1914）由校长徐檀呈报建筑费银2000元，拟修建上下两层楼房16间（估价1500元）、平房5间（估价500元），获得批准。不料招标后，“得标方以材料昂贵，延宕不前”。后经建德县知事协助追回款项，改为雇工自建。建成“上下楼房一座六间，平房音乐教室一座三间半，盥洗室一座平房七间”，共花费1557.359元。[①] 而民国六年（1917）建德全县教育经费才7600元。[②] 可见，基建耗资之巨大。

民国二十三年（1934），安徽省立二中改名省立徽州中学。同年，安徽省四女中改名省立徽州女子初级中学。在全面抗战以前，两校省拨经费额度大体稳定。如下表：

① 吕公望：《令建德县知事：验收第九中校三年度建筑工程由》，载《浙江公报》1916年，第9页。

② 吕公望：《令建德县知事：据调查学务委员呈报该县学务情形由》，载《浙江公报》1917年第1740期，第5页。

表6-3 1929～1935年安徽省立二中、省立四女中省拨经费比较表[①]

年份	安徽省立二中					安徽省立四女中				
	班额	学生（人）	经费（元）	生均（元）	级均（元）	班额	学生（人）	经费（元）	生均（元）	级均（元）
1929	12	288	51264	178	4272			45954		
1930		350	58476	167				56844		
1931			30100							
1932	12	473	63822	134.9	5318.5	9	143	54150	378.1	6016.7
1933	12	388	63822	164.5	5318.5	9	209	54150	259	6016.7
1934	11	339	58824	173.5	5347.6	7	160	55614	347.6	7944.9
1935	9	369	52820	143.1	5868.6	6	165	38946	236	6491

省立四女中生均经费比二中多，主要是两校专业上有差异。省立二中虽有高中师范班，但主体是普通科，膳费（每学期约24元，同期学费仅8元）学生自交。四女中除初中有普通科，多数班级为中师、简师与职业科，学生享受公费待遇，因此，省拨经费要宽裕一些。有的年度，省立学校还有一项临时费拨付。至于开支项目，两校基本情况也可见下表：

表6-4 1929～1935年安徽省立二中、省立四女中经费开支比较表[②]

项目	金额及占比	省立二中				省立四女中	
		1930年	1933年	1934年	1935年	1933年	1934年
教职员俸薪	金额(元)	46410	48132	38979	34992	36420	30144
	%	79.4	75.4	66.3	76.7	67.3	54.2
设备费	金额(元)	2215			6648		
	%	3.8			14.6		

① 资料来源：徽州地区教育志编写组：《徽州普通中学教育》(征求意见稿)，内部资料，1987年，第83页。
② 资料来源：徽州地区教育志编写组：《徽州普通中学教育》(征求意见稿)，内部资料，1987年，第83页。

续表

项目	金额及占比	省立二中				省立四女中	
		1930年	1933年	1934年	1935年	1933年	1934年
图书	金额（元）		1440	1087		1020	858
	%		2.3	1.8		1.9	1.5
仪器标本	金额（元）		1170	2000		975	1680
	%		1.8	3.4		1.8	3
试验及实习费用	金额（元）		1500	8211		1120	10612
	%		2.4	1.4		2.1	19.1
办公杂支	金额（元）	9851	4320		3978	3515	
	%	16.8	6.8		8.7	6.5	
建筑	金额（元）		600	3899		600	1400
	%		0.9	6.6		1.1	2.5
特别费	金额（元）		6660	4658		10500	10920
	%		10.4	7.9		19.4	19.6

上表可见，两校开支中以职教员俸薪为多，最低也近55%。实际直接用于教学设备和活动并不高。如果管理得当，有的年度会有结余。如民国十七年（1928），省立四女中节余6253.91元，除补助第二期建校不敷款647元、建厕所782元、添设备1696元，又支付了参加华中运动会旅费1600元，还余1500多元。

相比之下，县立学校经费就紧张许多。淳安县立初中民国十八年（1929）创办时，除省府归还军事垫款22000元（均为公债券），县府拨款仅5395元。为补不足，县府一是加捐（地方税款1000元，茶叶加捐1800元，肉斤加捐1500元）；二是县长冯世范以淳安县立初级中学筹备委员会名义，制定《淳安县立初级中学募捐简章》，发起面向全县的筹募：

第一章　总则

第一条　本简章根据淳安县立初级中学筹备委员会募捐决议案拟订之。

第二条　募捐金额三万元，以两万元作建筑费，一万元作基金。

第三条　募捐人员分列于下：1. 本县各绅士；2. 本县各村里长。

第四条　第二条所规定之金额，由募捐员分别负责经募之。

第五条　募捐时期自八月一日起至九月卅日正，但必要时得延长之。

第二章　办法

第六条　在募捐之前，由县政府、县党部、教育局、商会协商募捐宣传办法，通令所属作积极之宣传，并由县政府先期布告全县。

第七条　凡募捐人员由筹备委员会推定后，呈请县政府聘任之。

第八条　各绅士经募数量另定之。

第九条　各村里长以五十元为最低额。

第十条　商会以七千五百元为最低额，由县商会常务委员分配担任经募之。

第十一条　未入商会商家以一千元为最低额，由各乡公安分局担任之。

第十二条　（原文缺）

第十三条　募捐员募得之款，由募捐员填写三联单，一给捐资人，一存募捐员，一呈缴县政府。联单样式另定之。

第十四条　募得之款，由募捐员直接交县政府暂行保管，并由县政府发给收据为凭。

第三章　褒奖

第十五条　募捐员经募在五十元以上或私人原捐在五十元以上者，得在校内刻碑纪念。

第十六条　募捐员经募在一百元以上或私人原捐在一百元以上者，除在校内刻碑纪念外，得由县政府书面给奖。

第十七条　募捐员经募在二百元以上或私人原捐在二百元以上者，除在校内刻碑纪念外，得由县政府给银质奖章。

第十八条　募捐员经募在三百元以上或私人原捐三百元以上者，除刻碑纪念外，由县政府给绫质镜屏奖状。

第十九条　募捐员经募在四百元以上或私人原捐在四百元以上者，除照第十八条给奖，得保送免费生一名。

第二十条　凡募捐员经募在五百元以上或私人原捐在五百元以上者，得依照中华民国国民政府捐资兴学褒奖条例第二条办理之。

第二十一条　凡团体、凡私人原在本中学担任建筑物之一部分者（如中山厅、图书馆、科学馆），得在该建筑物内留永久纪念，并将该建筑物折合银数计算，依照第二十条办理之。

第二十二条　凡受有奖状者，如续行捐募或捐资，得合并先后数目，按等或超等晋给奖状。

第四章　附则

第二十三条　本简章如有未尽事宜，得由筹备委员会修正之。

第二十四条　本简章经本筹备委员会决议，呈请县政府转呈后施行。①

虽然兴师动众，并定了三万元的目标，但最终才筹募到11000余元，其中章怡丰店主章晓甫捐1000元、方赞修捐200元。次年，县款也仅有8925元。民国二十年（1931）上半年，浙江省教育厅督学李邦寿视察该校，见该校“校舍经邑庙改建，旧房业将修竣，新屋木料亦已运到，暑期后定可落成”“各项设备，及图书，标本，模型，急需增购，以求充实”。但“目下经济，竭蹶万分，现有的款，仅有九千三百元，下年度仍需招中学新生一班，以完成三级之初中，又需招乡师新生一班，并为乡师班学生实习起见，需创设实验小学一所。以故二十年度预算，不敷尚巨”。该校校长方赞修为长远筹款计，以县定学校林章程为据，“租赁山地，种树十万余株，木苗已活，预计十五年后可售八九万元”，且“下年度仍拟购农场，为全邑学校之提倡”。虽然李邦寿也乐观地认为“将来经费充盈，可以预卜”。但远水不解近渴，学校仍期望省厅给予补助。而省厅训令则是：

该校经费困难，际此省款竭蹶之时，实无余款可以补助，良深轸念。该县政府有振兴教育之责，对于县立中学，尤应负其全责。除学校林一项，应由县政府协助进行，积极维护外，关于该校经费，应随时由该县政府与该校长协商

① 淳安中学志编纂委员会：《淳安中学志》，内部资料，2009年，第443～444页。

妥筹办理，俾利进行，为要！[①]

迫于无奈，县长丁琮、校长方赞修只好联袂下乡动员乡绅捐助14000余元，加上当年县府拨付11975元、省府拨付乡村师范补充费1500元，学校才得以维持。

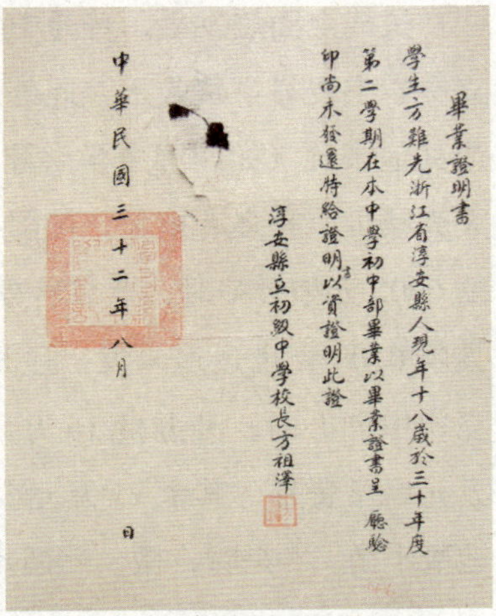
毕业证明书
学生方虽先浙江省淳安县人现年十八岁于三十年度第二学期在本中学初中部毕业以毕业证书呈厅验印尚未发还特给证明书以资证明此证
淳安县立初级中学校长方祖泽
中华民国三十二年八月 日

1943年淳安县立初中毕业证明

浙江省立九中学生刊物《九中学生》

或许是省厅发现县立、联立乃至私立中学经费不敷具有一定普遍性，民国二十年（1931），浙江省政府委员会第五〇二次会议通过了《浙江省补助县市立联立私立中等以上学校经费暂行规程》，规定具有下列各项情形的县市立、联立、私立中等以上学校，可向省府申请经费补助：经教育厅历年考察认为合格，并办理毕业二次以上；在校学生达四班以上，而每班人数超过30人；课程遵照部颁课程标准，或省颁暂行标准；毕业生及在校学生成绩，优良有据；实施党义教育，著有成绩；经费不虞中断，学校有发达希望；校中设备逐年增加，有册可稽；教员有三分之二以上为高师或专科以上学校毕业。各校申请补助款最多不能超过年度经常费一半，其开支项目为添置图书仪器、体育卫生器械、职业科目设备，或增聘职业科教师，增建部分校舍等。[②] 限于资料不足，不知实际获得省府补助学校比例到底有多高。

一方面是学校经费紧张，另一方面是少数学校主政者中饱私囊。民国二十年（1931），浙江省立九中校长王骏声就被建德胡廷恺等多番呈诉省厅，被控“校务废弛，侵吞公款”，请予撤职惩办。虽省厅核查之后，认为“被控各节，均查无实据”。但

① 浙江省教育厅：《训令淳安县政府》，载《浙江省行政周刊·法令》（第2卷）1931年第50期，第5页。

② 浙江省政府：《浙江省补助县市立联立私立中等以上学校经费暂行规程》，载《淳安教育》1932年第1期，第47页。

此类情形，当时必有事实存在。

三、抗战时期的学校经费

抗战全面爆发后，普通中学经费更加困难。省立中学经费主要靠省府拨款；私立中学主要靠学费收入，此外或有少量省府补贴（如皖中、复旦附中每月200元），或其他来源（如建国中学有建国工厂补贴）。由于抗战需要，不仅下拨经费比战前大为减少，且多有拖欠。民国二十九年（1940），绩溪县立初中经费7200元中，县款6000元拖欠多时，全靠学费1200元支持。次年，经费11000元中，省款2400元、县款6100元也迟迟未发，还是靠学费2600度日。民国三十二年（1943），歙县县立初中创办时，开办费16万元，除动支民国三十年及三十二年上半年县政府的5万元经常费外，其余11万元全靠募集资金解决，共募集资金60多万元、田28亩、地数十亩。[①]是时，徽、严两州部分中学年度经费收入情况可见下表：

表6–5 抗战时期新安江流域部分中学部分年度经费收入比较表[②]

年份	学校	班级数	学生数	经费（元）	生均（元）	级均（元）
1937	省立徽州中学	10	367	45600	124.3	4560
1940		15	744	47916	64.4	3194.4
1941		17	749	70976	94.8	4175
1945		9	409	21872	53.5	2430.2
1940	省立徽女中	11	526	40192	76.4	3653.8
1940	复旦附中	10	407	18564	45.6	1856.4
1941		10	388	12180	31.4	1218
1940	芜关中学	7	425	8600	20.2	1228.6
1941		9	489	17417	35.6	1935.2

① 凌集机：《歙县县立初级中学工作报告书（附图表）》，载《新歙县》1944年第1期，第25页。

② 资料来源：徽州地区教育志编写组：《徽州普通中学教育》（征求意见稿），内部资料，1987年，第84～85页；淳安中学志编纂委员会：《淳安中学志》，内部资料，2009年，第313页；省立严州初中：《四年来浙江省立严州初级中学概况统计》，内部资料，1940年。

续表

年份	学校	班级数	学生数	经费(元)	生均(元)	级均(元)
1940	现代中学	6	306	20220	66.1	3370
1941		6	326	14300	43.9	2383.3
1941	皖中	12	605	39900	66	3325
1940	绩溪县立初中	2	74	7200	97.3	3600
1941		3	119	11100	93.5	3700
1937	淳安县立初中			7786	53.7	
1938				8026	37.13	
1939				9270	33.83	
1940				11670	38.9	
1941				17256	67.78	
1942				25702		
1943	淳安县立初中			26842		
1944				185799		
1945				1018261		
1937	省立严州初中		276	30516	110.6	
1938			187	13623	72.9	
1939			491	39712	80.9	

至于开支情况，我们可从安徽省立徽中几年账目中了解个大概：

表6-6 抗战时期省立徽州中学部分年度经费开支情况表[①]

年份	开支经费(元)	俸薪		设备费		办公杂支		特别费	
		金额(元)	占比%	金额(元)	占比%	金额(元)	占比%	金额(元)	占比%
1937	45600	33552	73.6	6648	14.6	3960	8.7	1440	3.2

① 资料来源：徽州地区教育志编写组：《徽州普通中学教育》(征求意见稿)，内部资料，1987年，第85页。

续表

年份	开支经费（元）	俸薪		设备费		办公杂支		特别费	
		金额（元）	占比%	金额（元）	占比%	金额（元）	占比%	金额（元）	占比%
1940	3709	2899	78.2			690	18.6	120	3.2
1942	7664	5666	74	528	6.9	1300	17	170	2.2

说明：1.1940 年与 1942 年经费系每月数字；2.“特别费”主要为“兼办社教费”。

战时，除俸薪与办公费外，设备添置费很少。既因费用紧张，也难于购买。因此，各校图书仪器除原有外，很少增置。内迁学校几乎一无所有。至于校舍，多利用祠庙、书院、厂房、民房等，稍加修整，因陋就简。师生行李简单，多打地铺。冬天，寒冷的西北风从天井口往下灌，冻得人全身发抖。缺食少穿，不是偶尔有之，或个别人的事情，有的学生竟因饥寒而不幸去世。民国三十二年（1943）2 月，淳安县立初中校舍被日机炸毁，校长吕绍槐组织全校学生开展募捐，师范部四年级 38 名学生募得 4000 余元，学生劝募修复校舍捐款话剧团至各乡巡回演出，募得 5000 余元。此次共募集各方人士捐款 40000 余元，重修工程得以完成。

四、解放战争时期的学校经费

抗战胜利后，国民政府政治、经济逐渐面临总危机，各中学经费更是雪上加霜。

表6–7 解放战争时期新安江流域部分中学经费收入情况比较表①

年份	校名	班级数	学生数	经费数(元)
1947	屯溪休中	9	346	1164892000
	省立休女中	8	210	1000888000
	歙县县立初中	7	298	44769888
	绩溪县立初中	5	223	32995560
	黟县县立初中	4	127	29750064
	休宁县立初中	8	320	40922560

① 资料来源：徽州地区教育志编写组：《徽州普通中学教育》(征求意见稿)，内部资料，1987年，第86页；淳安中学志编纂委员会：《淳安中学志》，内部资料，2009年，第313页。

续表

年份	校名	班级数	学生数	经费数(元)
1947	现代中学	3	84	44080000
	皖中	7	302	21060000
1946	淳安县立初中			802000
1947				589762900
1948				471273400(第一学期)

学校经费尽管数字庞大，甚至每月均有提高，但物价瞬息万变，币值一降再降，实际很不值钱。民国三十七年（1948），休宁县中经常费以10月份计算为金圆券811.5元，仅合中央颁布的经费标准的45%。当年收学费每生金圆券二角，共58.2元，便是全部设备费。同年，淳安县立初中仅有桌椅400余套，教具261件，生物标本26件，化学实验药品48瓶，图书864册。不唯经费少，政府还常拖欠。校长一年最重要的工作便是催讨经费，办理学校之难可见一斑。为防止物价腾涨带来损失，不少学校要求学生以实物代替学费。淳安县立初中民国二十七年（1938）前，每学期每生收学费6元，杂费5～6元；民国三十二年（1943）分别提高为18元、12元；民国三十四年，即改缴学米，分别是20市斤、18市斤；次年，仍改收法币，标准为学费2.5万元、杂费3.5万元，另有体育费0.2万、童军费0.1万、医药卫生费0.2万、实习费0.1万、图书费0.1万。但次年（1947）又调整为每学期缴学费米48斤，杂费50万元。① 另外，每名学生另加尊师米20斤。住校生还要缴食米190斤，食油4斤，副食品费5556万元法币。除食米一次缴足二个月外，其他都要一次缴清。幸好当年方赞修发起捐资兴学时，还陆续接受了捐赠的学田827亩、学地50.8亩。② 除收租谷13425斤外，学校组织师生利用课余时间进行生产劳动，部分解决菜蔬等问题，在一定程度上基本维持师生的温饱。

① 淳安中学志编纂委员会：《淳安中学志》，内部资料，2009年，第315页。

② 程雷生：《民国时期淳安中学的若干史料》，载政协淳安县文史资料组《淳安文史资料》第7辑，1991年，第134页。

第四节 师资的学历、地域分布与待遇

一、师资人数与性别

民国十六年（1927）前，新安江流域不仅普通中学少（原徽州府、严州府各仅一所），师资人数也少。其后二十多年，随着中学教育面的扩大，师资人数有了一定增长。将现知部分学校教职员数统计，见下表。

表6-8 1910～1949年新安江流域部分中学部分年度教职员数统计表[①]

<table>
<tr><th>学　校</th><th>年份</th><th>教职员总数</th><th>专任教员数</th><th>学生数</th><th>师生比</th><th>备注</th></tr>
<tr><td>新安中学堂</td><td>1910</td><td>15</td><td>10</td><td>72</td><td>1：4.8</td><td>府立</td></tr>
<tr><td rowspan="2">安徽省立三中</td><td>1917</td><td>22</td><td>14</td><td>166</td><td>1：7.5</td><td rowspan="2">省立</td></tr>
<tr><td>1921</td><td>22</td><td>14</td><td>105</td><td>1：4.56</td></tr>
<tr><td rowspan="7">安徽省立二中
（省立徽州中学）
（休宁中学）</td><td>1933</td><td colspan="2">46</td><td>388</td><td>1：8.4</td><td rowspan="7">省立</td></tr>
<tr><td>1934</td><td colspan="2">41</td><td>339</td><td>1：8.3</td></tr>
<tr><td>1939</td><td colspan="2">47</td><td>769</td><td>1：16.36</td></tr>
<tr><td>1940</td><td colspan="2">48</td><td>744</td><td>1：15.5</td></tr>
<tr><td>1941</td><td colspan="2">42</td><td>618</td><td>1：14.7</td></tr>
<tr><td>1947</td><td colspan="2">29</td><td>346</td><td>1：11.9</td></tr>
<tr><td>1949</td><td colspan="2">20</td><td>287</td><td>1：14.4</td></tr>
<tr><td rowspan="6">安徽省立四女中
（省立徽女中）
（休女中）</td><td>1933</td><td colspan="2">27</td><td>209</td><td>1：7.7</td><td rowspan="6">省立</td></tr>
<tr><td>1934</td><td colspan="2">25</td><td>160</td><td>1：6.4</td></tr>
<tr><td>1939</td><td colspan="2">52</td><td>415</td><td>1：7.98</td></tr>
<tr><td>1940</td><td colspan="2">38</td><td>526</td><td>1：13.8</td></tr>
<tr><td>1947</td><td colspan="2">31</td><td>210</td><td>1：6.77</td></tr>
<tr><td>1949</td><td colspan="2">25</td><td>397</td><td>1：15.88</td></tr>
</table>

① 资料来源：徽州教育志编写组：《徽州普通中学教育》（征求意见稿），内部资料，1987年；《浙江省立严州中学战时教育实施概况（二十九年度）》；淳安县教育志编纂委员会：《淳安县教育志》，汉语大词典出版社，1991年；省立严州初中：《四年来浙江省立严州初级中学概况统计》，内部资料，1940年。

续表

学　校	年份	教职员总数	专任教员数	学生数	师生比	备注
绩溪初中	1940	5				县立
	1947	27		250	1∶9.3	
	1949	21		200	1∶9.5	
皖中	1939	30		679	1∶22.6	
复旦附中	1939	27		339	1∶12.55	
歙县初中	1947	28		298	1∶10.6	县立
	1949	24		354	1∶14.8	
黟县初中	1947	26		127	1∶4.88	县立
	1949	9		122	1∶13.5	
浙江省立严州初中（浙江省立严中）	1936	35		372	1∶10.6	省立
	1937	37		412	1∶11.1	
	1938	28		374	1∶13.4	
	1939	37		531	1∶14.3	
	1940	39		621	1∶15.9	
遂安县立初中	1943			204		县立
	1949			537		
淳安县立初中	1929	9		104	1∶11.6	县立
	1932	18				
	1935	16				
	1938	18				
	1941	20				
	1944	21				
	1947	28				
	1949	25		473	1∶18.92	

上表显示，各校教工数波动较大，整体上呈抛物线状态。各校之间差别也不小。女教职员所占比重一般不超过10%，淳安县立初中多数年份只有一名女职员。民国二十五～二十八年（1936 ～ 1939），浙江省立严州初中教职员总数在28 ～ 37人之间，

而其中女教职员只在民国二十六年（1937）达到3人。[①]

二、师资的资格

与传统的书院相比，近代中学课程设置有了很大变化，自然科学比重扩大。这对新办普通中学来说，合格师资来源的压力不小。或许是基于让地方上能各显神通的考虑，《奏定中学堂章程》关于教员问题居然只有一句："设教员若干员，分教各种科学"。民国元年（1912）《教育部公布中学校令》虽然也仅有一句，但显然在资格上有了考虑，"中学校教员以经检定委员会认为合格者充之"。[②] 由于当时高师尚少，政局又不稳，检定的具体规定并未及时出台。民国十七年（1928），安徽省教育厅制发了《安徽中等学校教职员聘任暨待遇暂行条例》，规定中学教员由校长聘任，报教育厅审查备案。直到民国二十三年（1934），教育部才公布了《中校及师范学校教员检定暂行规程》，规定具有下列资格之一者，得受无试验检定（即免试）：

（一）高级中学教员

1. 教育部认可之国外大学本科毕业者；

2. 国内师范大学、大学本科、高等师范学校毕业后，有一年以上之教学经验者；

3. 国内外专科学校或专门学校本科毕业后，有二年以上之教学经验者；

4. 曾任高级中学教员五年以上，经督学视察认为成绩优良者；

5. 有价值之专门著述发表者。

（二）初级中学教员

1. 具有高级中学教员无试验检定规定资格之一者；

2. 国内外大学本科、高等师范本科或专修科毕业者；

3. 国内外专科学校或专门学校本科毕业后，具有一年以上之教学经验者；

4. 与高级中学程度相当学校毕业后，有三年以上之教学经验，于所任教科确有研究成绩者；

5. 曾任初级中学教员五年以上，经督学视察认为成绩优良者；

---

① 省立严州初中：《四年来浙江省立严州初级中学概况统计》，内部资料，1940年，第13页。
② 璩鑫圭、唐良炎：《中国近代教育史资料汇编·学制演变》，上海教育出版社，1991年，第659页。

6. 具有精练技术者（专适用于劳作科教员）。

具有下列资格之一者，得受试验检定：

（一）高级中学教员

1. 国内大学本科毕业者；

2. 国内专科学校或专门学校本科毕业后，有一年以上之教学经验者；

3. 检定合格之初级中学教员；

4. 曾任高级中学教员二年以上者；

5. 具有精练之艺术技能者（专适用于图画音乐教员）。

（二）初级中学教员：

1. 国内专科学校或专门学校本科毕业者；

2. 与高级中学程度相当学校毕业后，有一年以上之教学经验者；

3. 与高级中学程度相当学校毕业有专门著述发表者；

4. 曾任初级中学教员二年以上者；

5. 具有精练之艺术技能者（专适用于图画音乐教员）。①

随后，检定制度开始施行。但限于全国各地教育发展不平衡，实际执行并不严格，程序与象征意义更突出一些。

清末至民初，中学堂（校）中，一般国文、经学等传统旧学课程任教者多，为秀才或举人。教授英文和自然科学课程的教员，则多有留学经历或在近代专门学校毕业的背景，选聘范围或远至省外。如新安中学堂，光绪三十四年（1908）有教师10人，其中留学或近代专门学校毕业者6人。教国文、修身的程致泽、江友燮都是当地名儒，教数理、博物、英文等课的汪启祚、

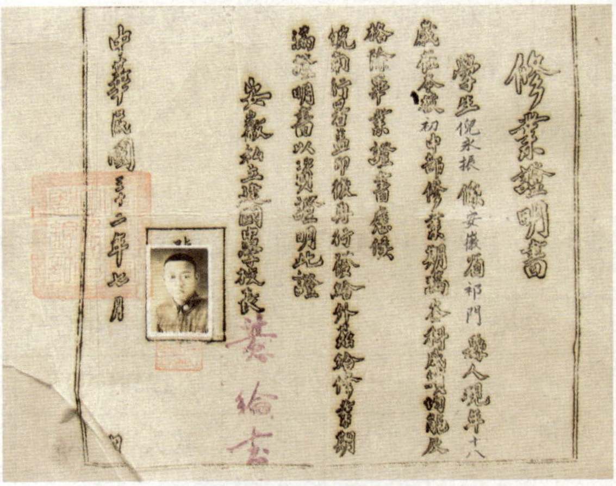

1943年安徽私立建国中学学生修业证明

① 李友芝、李春年、柳传欣等：《中国近现代师范教育史资料》(2)，内部资料，1983年，第371～373页。

查国珍、江植棠、鲍惟一等，则毕业于安徽优级师范。民国八年（1919）方新任校长后，旅宁徽籍教育人士积极代聘教师，姚文采、朱家治都曾来任课。歙县教会里的马丁、丁荣德、贾尔斯等，也常到三中讲学。

南京国民政府建立后，省立中学的师资相对过去得到加强，大学毕业者比例较高。如民国二十四年（1935）安徽省立徽中25位教师中，留学法国3人，国内大学毕业15人，专科毕业4人，其他3人。两年后，教员总数下降为22人，其中留法2人，大学毕业9人，前两项仍占总人数的50%。教国文的汪启疆、江友夔、鲍幼文、胡在渭、王子经、江荫园、程勤若（女）、程管侯，教数理的罗远桀、胡广平、胡术五、查景韩、吕淑娘（女、留法）、冯致远，教生物的江植棠、程诒青，教英文的王襄，教史地的程应鸣、方圆甫，教体育的程绂、鲍昭达，都在当地教育界颇有声望。在浙江省立严州中学，数学教员施毓骧出版过数学专著，历史教员江思清在中华书局出版过《中国景德镇瓷器史》，体育教员陆雪高是篮球名将，英语教员钟伟是留美高才生，现代词学家夏承焘、全国小学语文教学界名家袁微子等也在该校有任教经历。

全面抗战爆发后，徽、严二州新办学校增多，师资不足，部分学校师资学历有所降低。如安徽省立徽中，民国三十年（1941）共有教师47人，其中国内大学毕业19人，专科毕业11人，中等学校毕业7人，其他10人，大学毕业以上人数占比已下降到40%。但在省立严州中学，民国二十九年两个学期的师资学历水准依然很高，具体见下表：

表6–9　1929～1944年浙江省立严州初中（严中）、淳安初中教职员学历情况统计表[①]

学校	省立严州初中(严中)						淳安初中		
学年	1936(下)		1938(下)		1940(下)		1929	1943	1944
项目	教员	职员	教员	职员	教员	职员	教职员	教职员	教职员
留学	2	–	2	–	1	–	–	–	–
研究院	–	–	–	1	2	–	–	–	–

① 资料来源：省立严州初中：《四年来浙江省立严州初级中学概况统计》，内部资料，1940年，第2页；浙江省立严中：《浙江省立严州中学战时教育实施概况(二十九年度)》，载《浙江教育》第4卷4期，第46页；淳安中学志编纂委员会：《淳安中学志》，内部资料，2009年，第231页。

续表

学校	省立严州初中(严中)						淳安初中		
学年 / 项目	1936(下)		1938(下)		1940(下)		1929	1943	1944
	教员	职员	教员	职员	教员	职员	教职员	教职员	教职员
大学毕业	14	1	15	—	18	1	4	1	3
专科毕业	6	1	7	—	10	1	3	2	12
中等学校毕业	—	7	—	7	—	9	1	9	3
其他	2	—	1	3	1	2	1	10	3
总计	24	9	25	11	32	13	9	22	21

三、教职员的年龄与地域分布

从清末到中华人民共和国成立前，教职员年龄总体有年轻化趋势。主要原因是近代新式师范毕业生增多，以及动荡年代年老教师难以适应到处奔波的要求，这在全面抗战期间更为明显。以浙江省立严州初中为例，则有下表：

表6–10 1929～1947年浙江省立严州初中、淳安初中教职员年龄情况统计表[①]

学校	省立严州初中								淳安初中		
学年 / 年龄段	1936年		1937年		1938年		1939年		1929年	1944年	1947年
	上	下	上	下	上	下	上	下			
20～24	4	3	3	2	5	3	2	1	7	1	4
25～29	9	9	12	7	5	7	7	6			
30～34	11	9	11	8	10	10	9	10	1	10	6
35～39	8	10	9	8	6	13	15	16	1	7	12
40～44	2	2	2	3	2	2	3	3			
45～61	1					1	1	1		3	4
合计	35	33	37	28	28	36	37	37	9	21	26

① 资料来源：省立严州初中：《四年来浙江省立严州初级中学概况统计》，内部资料，1940年，第3页；淳安中学志编纂委员会：《淳安中学志》，内部资料，2009年，第232页。

在省立严州初中四个年度数据中，39 岁以下的教职员占总人数的 90%，45 岁以上者，仅见 4 人次，其中 45 岁两人次，46 岁和 61 岁各一人次。其他学校虽未必有如此低龄，但总趋势大体相近。

师资的地域分布，一般是本地为主，外地为辅。新式中学堂刚开办，对于不沿海的徽、严这类近代科学文化“盲区”来说，自然科学与外语、音乐、美术、体操等课程师资很难物色。曾在新安中学堂任教的陈去病等人，就是从江苏聘来的。安徽省立三中大致相似。据民国六年（1917）下半年统计，全校职员 8 人，歙县籍 5 人，绩溪、婺源、怀宁籍各 1 人；教员 14 人中，歙县籍 5 人、婺源籍 4 人、绩溪籍 2 人，宣城、怀宁、泾县籍各 1 人。[①] 民国三十年（1941），省立徽州中学教职员共 47 人，其中省内 41 人（歙 11、休 8、绩 7、怀宁 4、青阳 3，贵池、东流、宿松、桐城、旌德、繁昌、含山、庐江各 1），占总人数的 87%；省外 6 人中，婺源 4 人，江苏江都、浙江黄岩各 1 人。[②] 浙江省立严州初中民国二十五年（1936）以后四年教职员籍贯分布，如下表所示。

表6－11　1936～1939年浙江省立严州初中教职员籍贯分布统计表[③]

学年 籍贯	1936年		1937年		1938年		1939年	
	上学期	下学期	上学期	下学期	上学期	下学期	上学期	下学期
浙江	20	16	18	13	15	22	24	24
江苏	6	6	7	5	4	5	3	2
安徽	3	3	3	3	4	4	5	5
江西	2	4	3	3	4	4	4	4
湖南	2	2	1	1	1	1	1	1
四川	1	1	1	1				
福建	1		1	1				

① 《安徽省立第省三中学同学录》，民国六年刊，内部资料，私人收藏。

② 《安徽省立徽州中学教务工作概况》，载《安徽教育月刊》第3卷第3期，第71页。

③ 资料来源：省立严州初中：《四年来浙江省立严州初级中学概况统计》，内部资料，1940年，第4页。原表中，1936年第一学期浙江籍人数疑应为20人。

续表

学年 籍贯	1936年		1937年		1938年		1939年	
	上学期	下学期	上学期	下学期	上学期	下学期	上学期	下学期
贵州		1	1	1				
河北			1					
南京市			1					
上海市								1
合计	35	33	37	28	28	36	37	37

上表数据显示，该校教职员地域分布，呈现为以本地为圆心、近密远疏、东西多南北少的多圆叠加图式。浙江籍一直占据该校教职员总数的50%左右，邻近的苏、皖、赣合占总数的近1/3。这样的分布特征，既与抗战局势（沿海地区多沦陷）有关，也是历史形成的区域经济活动、民众文化认同的间接反映。

外地教员在徽、严任教多不稳定，短则一学期，长则三两年。以浙江省立严州初中为例：

表6–12 1936～1939年浙江省立严州初中教职员进退统计表①

学年 籍贯	1936年		1937年		1938年		1939年	
	上学期	下学期	上学期	下学期	上学期	下学期	上学期	下学期
总数	35	33	37	28	28	36	37	37
续聘数	13	26	26	26	17	27	29	33
新聘数	22	7	11	2	11	9	8	4
离职数	18	7	7	10	10	2	7	4

通常，上学期教职员进退人数要多于下学期。按规定，中等学校教职员由校长聘用后还须经省教育厅审核。聘期第一期为半年，第二期为一年，第三期为两年，以后均为两年。聘期之内，校长不得任意辞退，除非出现以下情况之一：违背中国

① 资料来源：省立严州初中：《四年来浙江省立严州初级中学概况统计》，内部资料，1940年，第6页。

国民党党义；违背政府教育方针；执务不力，工作无方；行为不检，人格堕落；身心有缺陷，不能执行职务。但事实上，几乎每一任校长到任，就是一次大换血。一些校长的亲朋故旧、利益关联者，或确有一技之长学校难以或缺者，虽未通过省厅核准，也可以代用教员名义任用。

“客卿”教员多流动的原因，一则“地方情形便有许多不明了的地方”，二则“方言也许有不能互通的地方”。另外，还有编写含有地方信息的讲义也颇觉困难。他们来此，“除掉最大的经济动机以外，或出于好奇，或由于游历”。[①] 鉴于频繁的师资流动对常规教育教学影响很大，20世纪20年代旅宁徽籍人士，如陶行知、洪范五、姚文采等，曾鼓动和推荐不少徽籍知识青年回乡服务，但效果似乎不大。毕业于南京高师的绩溪人胡梦华虽然曾起意发起一个“中学教员之回乡运动”，但他本人也婉拒了洪范五等人劝他和夫人吴淑贞回徽州省立三中和省立四女师任教的建议。

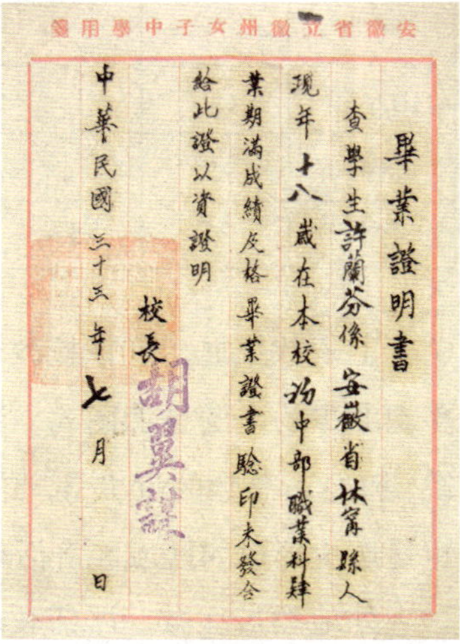
安徽省立徽州女子中學用箋

畢業證明書

查學生許蘭芬係安徽省休甯縣人現年十八歲在本校初中部職業科肄業期滿成績及格畢業證書驗印未發合給此證以資證明

校長

中華民國三十三年七月 日

1944年安徽省立徽州女中毕业证明

四、教职员的薪资待遇

教职员的薪资水平直接与师资队伍稳定相关。特别在中华人民共和国成立前，男性教职员的薪金收入，往往要维持五口之家的生活。是否从教，何处任教，类似问题常让教职员心里难得安宁。

清末学堂薪资水平，目前未见资料。民国创立，教育部首先规定了直辖专门以上学校教职员的薪俸标准。如高等专门学校职员中，校长月薪300元，教务主任250元，学监主任160元，庶务主任120元，事务员从20～80元分7等；专任教员周课时12小时以上，月薪从160～250元不等。[②] 对于地方各校，教职员薪资水平由学校主办者确定。根据民国九年（1920）上半年数据，安徽省立三中职员月薪最高80元，最低12元；教员月薪最高80元，最低16元；身兼职、教两员者，最

① 胡梦华：《徽州中学教育界一个问题》，载《微音》1926年第29～30期，第10页。

② 李友芝、李春年、柳传欣等：《中国近现代师范教育史资料》(2)，内部资料，1983年，第215～216页。

高月薪106元，最低48元。但教职员能否按时领到全薪，尚有变数。即以省立三中而论，该校虽为省立，但学校经常费一向由歙县公署划拨。民国八年前后，“本学区因大宗出产茶业贸易，连年亏蚀，特感困难。本学年又因米贵，愈形艰苦。本校所在歙县，更因夏麦无收，按课征收倍难。向由该县公署划拨本校常费，愈不易于领到。……及学年终，应送职教员薪俸，都无所措，非能移借，即须悬欠”。[①]

民国十七年（1928），安徽省教育厅制定《安徽中等学校教职员聘任及待遇暂行条例》，改时薪制为月薪制，高中教员月薪120～160元，初中教员月薪80～120元。[②]但从安徽省立二中民国十九年（1930）数据看，该校校长月薪为200元，教员月薪平均为86.5元（当时全省教员月薪平均数85元），说明整体上这一时期薪资水平虽不断提高，但尚未达到预期。至于县立初中，由于经费紧张，薪资更低。如淳安县立初中，创办当年（1929），校长月薪24元，教员8～12元，工友只有2～4元。

民国二十一年（1932）11月，教育部发布训令《中等学校教职员服务及待遇办法大纲》，对中等学校职教员工作要求与薪资进行了规定。关于教学任务，要求“初中专任教员每周课内教学时间为二十二至二十六小时；高中专任教员课内教学时间为二十至二十四小时。各地如有特殊情形须增加者，高初中得酌量增加”。对于薪资水平，规定“中等学校废除钟点计薪制，教职员之月薪应分别等级，依次递进；兼任教员仍依时计薪，统由各省市厅局酌量地方生活程度，比照现制较优办法分别规定”。[③]应该说，教育部只是规定了大致原则，至于实际水平，仍须视地方政府财力而定。安徽省教育厅在民国二十五年（1936）颁行了《安徽省立中等学校教职员待遇办法》，规定省立高、初中专任教员各分14级，级差均为10元。高中教员最高一级210元，最低14级80元；初中最高一级190元，最低14级60元。就省立徽州中学看，此办法施行后，教职员实际薪资标准并未达标。相比之下，县立、私立中学教职员薪资水平还要低一些。

---

① 安徽省立三中：《安徽省立第三中学校第七周年概况报告》，载《安徽教育月刊》1921年第46期，第9页。
② 《安徽教育行政周刊》1928年第1卷第16期，第4页。
③ 李友芝、李春年、柳传欣等：《中国近现代师范教育史资料》(2)，内部资料，1983年，第321～322页。

表6－13 1935、1937年安徽省立徽州中学教职员薪资水平一览表[①]

1935年		1937年	
教员	职员	教员	职员
最高180元，最低60元	事务员60元 教务员80元 会计70元 训导员50元 校医2人30元 办事员7人184元	最高180元，最低44元	庶务员65元 教务员45元 文牍员24元 会计70元 训导员50元 校医2人30元 办事员7人210元

民国二十五年（1936），国民政府发行法币，银圆停止流通，薪金概以纸币发放。全面抗战开始，政府财政困难，中学教职员薪资只能按原薪的 7 ～ 9 成发给。浙江省立严州初中民国二十五年第一学期，教员月薪最高 150 元，最低 36 元，平均 96 元；职员月薪最高 160 元，最低 22 元，平均 58.3 元。而到了民国二十六年第二学期则有大幅下降：教员月薪最高 70 元，最低 18 元，平均 45.3 元；职员月薪最高 80 元，最低 30 元，平均 42.5 元。民国二十七年第二学期有小幅提升，教员月薪最高 90 元，最低 54 元，平均 63.4 元；职员月薪最高 120 元，最低 25 元，平均 53.6 元。虽有提高，但离战前水平还差很多。[②] 民国二十八年（1939）安徽省立徽州中学，教员平均月薪 70 元，职员平均月薪 50 元。私立中学以皖中待遇较好，教导主任月薪 60 余元，教师月薪四五十元（宣芜沦陷、战局恶化时，也曾一度只有 16 元月薪）。现代中学、黟县东吴附中教师月薪则要少得多，参与创办者吴道存在东吴附中教英文，月薪仅为三四十元。只是当时物价涨幅尚不大，教职员生活勉强能过。民国二十九年（1940），浙江省立严州中学情况则有明显变化：

> 教员之待遇，完全遵照厅颁生活费标准支薪；职员之待遇，与厅颁标准微有出入：凡初中毕业者，自二十五元起薪；高中毕业者，自三十元起薪；以后每次续聘，均增加五元。如能力强者，书记可升为事务员，中常者亦可增至书

① 资料来源：徽州教育志编写组：《徽州普通中学教育》（征求意见稿），内部资料，1987年，第45页。

② 省立严州初中：《四年来浙江省立严州初级中学概况统计》，内部资料，1940年，第5页。

记之最高额。本年度第一学期教员之最高待遇，为一百三十二元，最低待遇为六十六元，平均数为八八．三九元。职员（校长在外）之最高待遇为八十六元，最低待遇为二十元，平均数为五五．六四元。十月份起所加之生活补助费，亦计算在内。第二学期起，因各物飞涨，厅令提高教职员待遇，职员除原有薪金外，另加生活津贴费十五元，教员则初中由每小时三元七角，增至六元，高中由每小时四元九角五分增至八元，外加生活津贴费百分之十。因之，教员之最高待遇，为一百七十二元，最低待遇为五十八元五角，平均数为一二五．六二元。职员（校长在外）之最高待遇为一百二十二元，最低待遇为三十五元，平均数为六七．三六元，均较第一学期略增。[①]

民国二十九年（1940）后，政府财政日趋困难，中学教职员月薪又改行钟点计薪制，初中每小时 0.75 元，高中每小时为 0.90 元。安徽省立徽中当年教员月薪最高 110 元，最低 40 元；职员月薪最高 120 元，最低 25 元。此后，随着物价上涨，钟点费也不断提高：从民国三十年至三十二年，初中教员时薪由 0.90 元逐渐调到 1.65 元、2.00 元、2.50 元，高中教员时薪由 1.15 元逐渐调到 1.75 元、2.10 元、2.75 元、3.50 元。后来又规定为初中 5 元，高中 7 元。此外，月给米贴 20 元。到民国三十四年（1945），薪资水平较五年前大致翻了一番。如黟县县立初中专任教师 12 人，月薪最高 240 元，最低 50 元，平均 145 元。绩溪县立初中比黟中略高，用钟点计薪制，初中每小时 1.25 元，高中每小时 1.85 元。另，每月发职务费：校长 260 元，教导主任 100 元，训育组长 80 元，级任导师 30 元，职员 30 元。实际上，上述的薪资标准在执行时会受各种情况限制。如浙江省立严州中学，全面抗战开始不久，“教职员工资一律对折发放，一般教员只四五十元一月”。民国三十一年（1942）春，日寇进逼建德，严中被迫遣散所有能走的师生，校长组织留下的教职员连夜将图书仪器及学米搬运到淳安港口。因教育厅和学校联系中断，“大家都领不到工资，所幸学校尚有一些发了霉的学米，暂时还有饭吃”。当年秋，时局稍稳定，学校在离港口 8 里的程村开学，“教职工的工资低得不能再低。我因不满 25 岁，每月只 6 斗米，

① 浙江省立严中：《浙江省立严州中学战时教育实施概况(二十九年度)》，载《浙江教育》第4卷4期，第47页。

不满 30 的 8 斗，年满 30 的就拿最高待遇，一月也只一石米”。[①] 虽然条件极为艰苦，但教职工仍然兢兢业业地工作。

抗战胜利后，国民政府经济日趋恶化，币值迅速下降。政府虽设法增加教师收入，无奈水涨船高，总无济于事。全国解放前夕，采用月薪折成“底薪基数”，再乘以当月生活指数之倍数的方法发放薪金。1949 年 2 月生活指数之倍数为 75，中等糙米每石金圆券 4308.25 元；三月份生活指数之倍数为 2700，中等糙米每石金圆券 29166.25 元；四月份生活指数之倍数为 5400，中等糙米每石金圆券 940000.00 元。二月份教职员如得薪资 4665 元，尚可买一石多米。可是因为欠薪，等到三月份拿到时，米价已涨到每石 29166.25 元，只能买到 25 斤（一石按 150 斤计）。虽然教职员另每人配给公粮米五斗四升，也丝毫不能改变教师濒临绝境的生活。

① 乔仰高：《我在严中当职员》，载政协建德县文史资料组：《建德文史资料》第15辑，2002年，第115页。

第七章　新安江流域的普通中学教育（下）

在政策大致稳定、办学硬件基本满足的背景下，影响办学质量的因素主要是学生素质和学校办学理念，包括承载理念的具体教育教学组织者与活动。近半个世纪中，新安江流域的普通中学教育，受教育面在显著扩大，围绕升学与就业两大目标开展的教学活动较为丰富，紧贴社会形势以培养有民族情怀、民生感念的时代新人的尝试多有成效，这些都是不可忽略的历史存在。

第一节　学生的人数、性别、来源与出路

一、学生的人数与性别

总体上，从清末到新中国成立前夕，新安江流域普通中学生数在上升，女生所占比例也在升高，这与全国变化态势基本同步。主要是政府着力扩大教育基础所致。

新安中学堂在光绪三十一年（1905）创办时有学生60人，光绪三十四年（1908），有104人，宣统二年至三年（1910～1911）分别为72人和78人。民国创立后，徽州的中学生数较前只略有增加：唯一的中学校省立三中民国三年（1914）有学生63人；民国六年（1917）有166人；民国十年（1920）有105人，下学期98人。从浙江省立九中旧制中学科历届学生数，可以具体看到每年入学人数：

表7-1　浙江省立九中1912～1925届旧制中学科学生数一览表[①]

届别	1912.02	1912.12	1913.06	1914.06	1914.12	1915.12	1916.12	1917.12
学生数	7	9	14	20	21	32	33	50

① 资料来源：严州中学《百年严州中》，内部资料，2001年。

续表

届别	1918.06	1919.06	1920.06	1921.06	1922.06	1923.06	1924.06	1925.06
学生数	37	88	47	84	49	54	37	46

上表显示，虽然多数年份九中只招一个班，但每年人数缓慢增长的趋势还是较为明显的。全校学生规模多在200人以下。

南京国民政府建立后的十年，是中学相对平稳发展的十年。各校学生数较前增多。安徽省立二中从民国十七年至二十四年（1928 ~ 1935），每年学生数分别为288人、288人、350人、114人、388人、339人、369人，总体上比省立三中时多。其中民国二十年（1931）该校人数突然减少，可能与以下两个因素相关：一是该校当年出现严重学潮，不仅造成校产颇多损失（次年三月，校长汪孔祁曾向省厅申报学潮损失单，并请求于结余项下开支），且造成一些流生（被劝退和自行退学者）；二是当年“本省各县多受水灾影响，各中等学校招收新生多不能足额”。为此，省厅要求不足30人者分别归并，省立二中普通科仅招29人，遂按省厅意见并入师范科。虽然二中从学生前途计，依然分班授课，但学生统计数不在普通科之中。民国十七年（1928）创办的淳安县立初级中学，招收初中与乡村师范各一个班，学生64人，之后的发展轨迹也大体符合当时的一般情形。将浙江省立严州中学、淳安县立初中该时段每年入学学生数统计后，可见下表：

表7–2　浙江省立严州中学、淳安县立初中1931～1942届中学科学生数一览表[①]

届别	1931.6	1932.1	1932.6	1933.1	1933.6	1934.1	1933.1初	1933.7初
严中	51	33	53	30	63	23	5	32
淳中			40		51			
届别	1934.1	1934.7	1935.1	1935.7	1936.1	1936.7	1937.1	1937.7
严中	39	40	88	80	51	60	41	45
淳中		61		13		14		15

① 资料来源：严州中学：《百年严州中》，内部资料，2001年；淳安中学：《校友名录（1929～1999）》，内部资料，1999年。

续表

届别	1938.1	1938.7	1939.1	1939.7	1940.1	1940.7	1941.7	1942.7
严中	91	165	36	80	83	31		
淳中		31		37	49	42	56	69

当时，中等学校都春秋两季招生，既招新生，也视学位余额招收少量插班生。考试成绩是录取的基本依据，不同学校录取率差别很大。民国十八年（1929），淳安县立初中开办，报考250余人，其中162人符合条件参加考试，录取60人，另备取10人，到校64人，录取率25%。民国三十年至三十二年（1941～1943），该校报考人数分别为395人、283人、372人，各录取115人、60人和62人，录取率分别为29%、21%和17%。[①]而浙江省立严州初中（中学）录取率普遍偏低。具体数据可见下表：

表7-3　1936～1940年浙江省立严州中学初中招生情况一览表[②]

项目	学年/类别	1936年		1937年	1938年		1939年		1940年	
		上期	下期	上期	上期	下期	上期	下期	上期	下期
投考	初中	216	166	453	284	543	763	664	688	363
	插班		20	28	17	1	16	31	41	19
录取	初中	105	60	98	100	100	140	100	100	46
	插班		8	4	3	1	1	8	16	1

表中数据显示，省立严州初中的录取率，最高48%，最低12.7%，平均20.5%，竞争激烈程度可见一斑。严中校长严济宽的二女儿严秋娜附小毕业考严中，成绩不够好，严济宽坚决让她下次再考，不予通融。

全面抗战开始后，学校增多，学生也增多。民国三十二年（1943）获准开办的遂安县立初中，本县人王瑞琪、张继先后任校长，学校6个班204名学生，一是从

① 淳安中学志编纂委员会：《淳安中学志》，内部资料，2009年，第262页。

② 资料来源：省立严州初中：《四年来浙江省立严州初级中学概况统计》；浙江省立严中：《浙江省立严州中学战时教育实施概况(二十九年度)》。

遂安县立简师划入的初中补习班学生，二是收纳原杭州市私立清华中学遂安分部（1943 年停办）学生，三是另招新生。这一时期各校学生数缺少完整统计，现就所知部分数字列表如下：

表7−4　1937～1947年新安江流域部分中学学生数一览表①

校名＼年份	1937	1938	1939	1940	1941	1942	1943	1944	1947
省立徽州中学	367	540	698	744	749	604		398	346
省立徽州女中		389	415	526					210
皖中	781	654	679		708			616	302
东吴附中		90							
复旦附中		208	339	407	388		600		
现代中学		114	263	306	326				84
芜关中学			280	425	489		303		
歙县县立初中							300		298
休宁县立初中						300			320
黟县县立初中								198	127
绩溪县立初中				74	119	174			250
江苏临中						600			
第五临中							700		
建国中学				74					130
右任中学					142				
南山中学		120							
省立严州初中	311	288	412	658					

① 资料来源：徽州教育志编写组：《徽州普通中学教育》（征求意见稿）；浙江省立严中：《浙江省立严州中学战时教育实施概况(二十九年度)》淳安县教育局：《淳安县教育志》；省立严州初中：《四年来浙江省立严州初级中学概况统计》；淳安中学编纂委员会：《淳安中学志》，内部资料，2009年，第263页；《浙江省淳安县汾口中学校友录（1939～1994）》，内部资料，1994年。

续表

校名＼年份	1937	1938	1939	1940	1941	1942	1943	1944	1947
遂安县立初中							204	266	354
淳安县立初中	173	198	211	226	250	242	243	320	479

中学生中，男生占绝大多数。在徽州本地读中等学校的女生，直到民国十一年（1922）省立四女师成立才有。至于男女同校，中专类始于民国二十三年省立徽师成立，普通中学到全面抗战时才男女生兼收。浙江省立严州初中招收女生可能稍早。民国二十五年（1936）上学期，该校初中 286 人，简师 86 人，合计 372 人中，女生有 27 人，占全校学生总数的 7.3%。比例最低的民国二十八年下学期，女生 19 人，仅占全校学生数 539 人的 3.5%。相比之下，徽州因单设有安徽省立四女中，在校学生百余人（民国十八年 143 人，21 年 209 人，二十三和二十四年分别为 160 人、158 人），女生占全徽州中等学校学生数大约可达 25%。

二、中学生的年龄与籍贯

这一时期，中学生年龄变化总趋势，一是同级年龄差逐渐缩小，二是平均年龄逐渐向正常值降低。将部分学校部分年度学生年龄分段统计，则有下表：

表7-5　1910～1944年新安江流域部分中学与年度学生年龄分段一览表①

年份	学校	学制	学生总数	年龄（11～16）	占比（%）	年龄（17～18）	占比（%）	年龄（19～29）	占比（%）	备注
1910	新安中学堂	四年	72	15	20.8	8	11.1	49	68.1	最低15岁 最高29岁
1917	安徽省立三中	四年	166	35	22.3	52	31.3	77	46.4	最低14岁 最高24岁
1936	省立严州初中	三年初中	372	282	75.8	85	22.9	5	1.3	最低11岁 最高20岁

① 资料来源：徽州教育志编写组：《徽州普通中学教育》（征求意见稿）；浙江省立严中：《浙江省立严州中学战时教育实施概况(二十九年度)》；省立严州初中：《四年来浙江省立严州初级中学概况统计》。

续表

年份	学校	学制	学生总数	年龄（11～16）	占比（%）	年龄（17～18）	占比（%）	年龄（19～29）	占比（%）	备注
1937	省立严州初中	三年初中	412	280	68.0	121	29.4	11	2.7	最低12岁 最高21岁
1938			374	212	56.7	133	35.6	29	7.8	最低12岁 最高22岁
1939			531	340	64.0	152	28.6	39	7.3	最低12岁 最高23岁
1941	芜关中学	三年初中	411	139	35.9	215	52.3	57	13.8	最低13岁 最高21岁
1939	省立徽中	六年完中	698	194	27.8	257	36.8	247	35.4	最低13岁 最高25岁
1942			712	218	30.6	254	35.7	240	33.7	最低13岁 最高24岁
1944	皖中	六年完中	616	198	32.1	185	30.0	233	37.8	最低12岁 最高25岁

从上表可知，新安江流域中学在创立后十余年，不仅中学生起始年龄偏大两三岁，且 19 岁以上学生占比高达 50%，个别学生居然有 29 岁。全面抗战前后到 1949 年的十余年中，多数中学生起始年龄下降到十三四岁，大约 10% 的学生入初中年龄为正常的 12 岁。高中毕业学生年龄多数为二十一二岁，二十四五岁仅有个别。总体年龄偏大的原因，大致有二：一是由于基础教育不够普及，很少有人 6 岁就能进入小学；二是住家与学校距离较远，年龄太小，家庭不放心。

常态社会中，学生籍贯主要反映学校分布与民众认同的对应程度，也是当地经济发展、人口规模、文化追求、社会交往圈适度的反映。在社会动荡时期，也能判断民众的区域流动方向与社会震荡程度。将寓目资料整理后，新安江流域部分学校与年度中学生籍贯分布情况有下表：

表7-6 1910～1944年新安江流域部分中学与年度学生籍贯分布一览表①

年份		1910	1917	1935	1936	1938	1939	1941	1944	1944
县份\学校		新安中学堂	安徽省立三中	省立徽州女中	省立严州初中		省立徽州中学	芜关中学	皖中	淳安初中
歙县	人数	33	104	53			178	267	104	
	占比%	46.0	63.0	33.5			25.5	65	16.9	
休宁	人数	7	3	42			119	16	122	
	占比%	9.7	1.8	26.5			17	4.0	19.8	
绩溪	人数	7	24	19			89	45	17	
	占比%	9.7	14.5	12.0			12.8	11.0	2.7	
祁门	人数	4	8	13			19	6	9	
	占比%	5.5	4.8	8.2			2.7	1.5	1.5	
黟县	人数	2	8	9			37	12	11	
	占比%	2.7	4.8	5.6			5.3	3.0	1.8	
婺源	人数	18	8	7					26	
	占比%	25.0	4.8	4.4					4.2	
淳安	人数				28	20				418
	占比%				7.5	5.4				92.3
遂安	人数				34	22				1
	占比%				9.1	5.9				0.2
建德	人数				71	51				
	占比%				19.1	13.6				
寿昌	人数				21	10				
	占比%				5.6	2.7				
桐庐	人数				20	37				
	占比%				5.4	9.9				

① 资料来源：徽州教育志编写组：《徽州普通中学教育》(征求意见稿)；省立严州初中：《四年来浙江省立严州初级中学概况统计》；淳安中学志编纂委员会：《淳安中学志》，内部资料，2009年，第262页。

续表

年份		1910	1917	1935	1936	1938	1939	1941	1944	1944
县份＼学校		新安中学堂	安徽省立三中	省立徽州女中	省立严州初中		省立徽州中学	芜关中学	皖中	淳安初中
分水	人数				8	7				
	占比%				2.2	1.9				
本省	人数	1	11	12	178	217	213	34	89	18
	占比%	1.3	6.6	7.5	47.9	58.0	30.5	8.5	14.4	4.0
外省	人数			3	12	10	42	30	206	16
	占比%			1.8	3.2	2.7	6	7.5	33.4	3.5

将上表分成全面抗战开始前与开始时两种情况来分析。和平时期，学生按籍贯分布就是一个以学校所在地为圆心的同心圆，离圆心越近，人员分布越加密集。新安中学堂、安徽省立三中办在歙县县城，歙县学生占了“半壁江山”，当然也有歙县人口多的因素。绩溪人口不如休宁多，但有路近优势，故绩溪比休宁人数还略强。婺源与歙县不相邻，人数不算太少，主要是该县有浓郁的文化教育情结所致。省立徽州女中办在屯溪，歙、休的地域优势明显，绩溪人数较多，与创办省立二师的胡晋接等人均为绩溪籍相关。浙江省立严州初中办学在建德，民国二十五年（1936）数据中，原严州府辖六县学生占据一半，兰溪仅次于建德、绩溪，也有13人，则与经兰江下行仅百余里就能达到建德的交通便利相关。在抗战时期，学生的籍贯分布圈明显扩大，就是由于难民大量从沦陷区后迁、军政人员及家属流动增多造成的。如民国三十一年（1942）省立徽州中学有学生712人，其中安徽632人，占总数的88.8%，此外，江西籍34人，浙江籍2人，江苏籍15人，湖北籍3人，湖南籍2人，辽宁、河北、河南、山东、广西各1人。

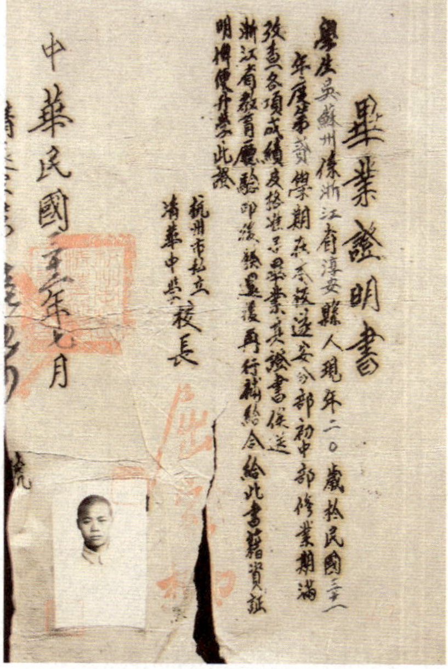

1943年杭州市私立清华中学学生毕业证明

淳安初中本县学生占92.3%，其他地区学生人数不多但分布很广，南京、松江、杭州、嘉兴、绍兴、余姚、山东宣平、河北武清都有。

失学青年从沦陷区到后方的过程，既危险也艰难。民国三十二年（1943），从上海逃难到屯溪的朱景林这样描述自己的旅途：

> 我得到邱君的介绍，在八月二十七日趁十二点钟一班火车到无锡。……这天，天公飘了一些细雨下来，我第一次尝到凄切的流亡的滋味。……到了无锡，耽搁了两天，三十日始趁内河民船到和桥。途经石塘湾时，鬼子大栋分所搜查得相当严，亏得不带书籍和他们所认为违禁的东西，减少了许多麻烦。……这里已通用法币，我在民船上，把带来的伪币，悉数换了法币，除了已用去的伪币外，手中还余法币四百余元。前面还有遥远的路程，这数目怎样够呢？……三十一日自和桥坐船到徐舍，在一个小湖里，须经过一道封锁线，我们坐在小船里，大家都不出声，……幸而没有碰到鬼子的巡逻船，封锁线就被我们轻轻地偷渡过。……九月一日坐船由徐舍到张渚。……二日早晨九点钟，遇到在此地督察处任事的张君，我把来历告诉他，便替我开了路单，要了民夫挑行李（计每担每里八分）。……张渚到广德，走了整整的二天，中途在流洞桥宿夜。……山路崎岖不平，步步要留神，天气又热，边走边是汗流浃背。……生平没有走过这么长的路程，不消说筋疲力尽。到广德后翌日，满街找伕子不得，……不得已，上街买了二根扁担，把我所带的简单行李，跳上肩头，大步出发。走了一阵，肩上已压得酸痛得很，此时真是进退维谷。……于黄昏时，到达柏垫。……早上动身向河沥溪前进。……大约每小时须跑十二里，在灼热的太阳下，面孔晒得油黑，气吁吁地忘命奔走。……这天又换了一名伕子挑行李，讲定到绩溪，仅化六十元，总算是便宜得很。上路后，沿着已破坏的公路，旁边还有条铁路，路轨是没有的了，公路也挖掘不成样子。过扬溪投宿。第三天上午到绩溪。计自柏垫来，一共走了三百多里，脚上的疱，东一个，西一个，显示着长跑的成绩。绩溪到屯溪，有木炭公路汽车，我们在九日上午九时上站买票，票价每张二十六元一角。十时开车，一路风驰电掣。……下午三时光景，就到屯溪了。[①]

---

① 朱景林：《沪屯流亡记》，载《旅行便览》1943年第2期，第34～36页。

本想继续前行的朱景林，限于盘缠不多，只得在屯溪暂时找了一份工作。他的逃亡经历，应是当时无数逃难学子的缩影。

三、学生的家庭出身与出路

民国十年（1921）上半年，安徽省立三中统计该校学生家庭职业背景时说："政界百分之十，学界百分之二十，商界百分之五十九，农界百分之十八，工界百分之一。"[①] 民国三十年（1941），芜关中学学生411人中，商界占41.8%，农界占34%，学界占10.5%，军政法界占7%，医界占1.9%，其他占4.6%。[②] 次年，省立徽州中学有学生家庭职业统计：全校学生712人，其中商界385人，占54.1%；农界98人，占13.8%；学界85人，占11.9%；工界30人，占4.2%；政界25人，占3.5%；军界10人，占1.4%；医界8人，占1.1%；法界6人，占0.84%；其他64人，占9.0%。[③]

无论安徽省立三中还是省立徽州中学，商界家庭学生比重最高，与徽州重商的社会背景正相关。如歙县："东乡鲜园林山泽之利，农十三，贾十七。南区水陆二路，陆南山多田少，食资于豆与粟，而枣、栗、柿、橡之产副之。水南则贾，善奇赢，士农错出。北擅茶荈之美，近山之民多业茶，茶时虽妇女无自逸暇。东北则兼商贾之业矣。惟正西土壤沃野，家号富饶，习尚视诸乡较侈，今亦稍减。"[④] 当地社会中，学界家庭不多，但学生比例不低，则与读书人家的深厚传统相关。工界比例升高，是近代工业进入内陆的必然结果。政界、军界背景的不低，则与抗战期间徽州属于非战区的后方有关。

省立严州中学、淳安县立初中等未见具体统计数字，但从个例观察，大体与徽属中学差不多。淳安县"依崇峦峻岭中，延袤各几二百里，民鲜逐末，惟勤穑事"。[⑤] 民国二十二年（1933），该县"总计人口四万三千一百四十五户，二十一万六千一百七十一人，农业人口占全数人口百分之八十五"。同年统计，建德县"全县共计人口两万一千四百〇五户，十万〇千九百余人，农民约占全县人口百分之六十九"。寿昌县"共计人口一万二千〇四十一户，六万七千〇九十一人，农

① 安徽省立三中：《安徽省立第三中学校第七周年概况报告》，载《安徽教育月刊》1921年第46期，第6页。
② 徽州教育志编写组：《徽州普通中学教育》（征求意见稿），内部资料，1987年，第58页。
③ 资料来源：《安徽省立徽州中学教务工作概况》，载《安徽教育月刊》第3卷第3期，第71页。
④ 许承尧：《歙事闲谭》，黄山书社，2001年，第601～602页。
⑤ 刘世宁、李诗、陈中元等：光绪《续纂淳安县志》卷一《风俗》。

业人口占百分之八十以上”。[①] 农界家庭很多，但学生占比不高，当是当地农界经济接近“赤贫”状态的直接反映。当然，风气渐开，兼可免兵役，也是农村部分家庭送子弟进中学学习的重要动因。

由于家庭和个人等方面的原因，那时中学生能坚持到毕业的比例不很高。淳安县立初中首届学生入学 64 人，毕业只有 40 人。实际上，即便到了中华人民共和国成立初期也如此。如 1952 年、1953 年，淳安县初级中学毕业学生 347 人和 330 人，而这两届学生入学时分别有 414 人和 430 人，流生率分别为 16% 和 23%。[②] 安徽省立三中第一班毕业生 32 人（分 3 月、6 月两次毕业），有 28 人中途辍学；第二班毕业生 18 人，有 19 人中途辍学；第三、四、五班尚未毕业，就各有 26 人、28 人和 14 人选择辍学，继续就读人数各为 42 人、41 人和 33 人。[③] 民国十年（1921）该校又有统计：全校上学期学生 105 人，下学期 98 人。其中下学期转其他学校 4 人（均为一年级），因事休学 3 人（均为一年级），令自行退学 4 人（三、四年级）；外校转入 2 人、病休期满回校 2 人。当年毕业仅 18 人。[④] 总之，民国十七年（1928）前，该地区每所中学每届毕业人数基本低于 50 人。此后十年，每所中学高中每届毕业生最多也不过三四十人，初中也在百人以内。全面抗战期间，毕业生人数显然增多，规模较大的中学，个别年份初中毕业生超百人。至于各县县中，直到新中国成立前，通常只有一个毕业班。如淳安县立初中：

表7–7　1932～1949年浙江省淳安县立初中毕业学生数一览表[⑤]

年份	1932	1933	1934	1935	1936	1937	1938	1939	1940
人数	40	42	43	12	24	17	28	37	34
年份	1941	1942	1943	1944	1945	1946	1947	1948	1949
人数	51	94	68	54	96	36	101	94	174

① 《浙江省建德淳安寿昌三县农业概况》，载《新农通讯》1933年第18～19期，第11～12页。
② 淳安县教育志编纂委员会：《淳安县教育志》，汉语大词典出版社，1991年，第116页。
③ 省立三中：《安徽省立第三中学校同学录(民国六年)》，内部资料，私人收藏。
④ 省立三中：《安徽省立第三中学校第七周年概况报告(民国九年七月至十年六月)》，载《安徽教育月刊》第46期，第4～5页。
⑤ 资料来源：淳安中学志编纂委员会：《淳安中学志》，内部资料，2009年，第306页。

中学生毕业后的去向比较复杂。宣统二年（1910），新安中学堂首届学生（学制五年）顺利毕业者甲班14人、乙班7人。省提学使“按照所习学科，分门复试，遵章计分，取列等第，造具履历、分数表册，详请转咨给奖”。学部专折奏请取列最优等的余宝勋“奖给拔贡”；取列优等的甲班李鸿翔、许家栻、汪邦钊、汪成铸、胡维德、谢长颐6人，“奖给优贡”；取列中等的甲班汪丙昌、滕道亨、王成一、汪承祜、仇德铭、洪康吉、程世铣7人，乙班曹镇、孙义宋、江仁纯、殷全懋、汪崇书、汪维城6人，“奖给岁贡”。[①] 他们当中，余宝勋、汪邦钊后来成为当地知名教师。少数学生继续深造，如严郡中学堂光绪三十一年（1905）毕业生余光凝被选送赴日本留学。次年，毕业生胡升鸿也被选拔到日本留学，后成为铁路工程专家。

早期初中毕业生或升学，或就业。民国九年（1920）安徽省立三中毕业学生27人，除一人病故外，升学12人，分别为南京高师3人，上海复旦大学3人，上海青年会英文专修2人，苏州医专、上海大同学院、上海美专、吉林某校各1人；就业10人，小学校长2人，小学教员8人；在家待业4人。其中升学者比例不高，乃是“学生家属，以担负困难”之故。[②] 南京国民政府建立后，初中毕业生选择升学比例各校差别很大，高者可达九成，低者大约四分之一。高中毕业生选择就业的则占多数，其中当小学教员比例最高，从商和到军政界工作也是较多的就业选择。现将所搜集的部分数据列表如下：

表7-8　新安江流域部分中学与年份学生毕业去向情况一览表[③]

年份	学校	毕业生		升学		就业		失业或失学		备注
		初中	高中	人数	占比%	人数	占比%	人数	占比%	
1928～1933	安徽省立二中	259		153	59.0			106	41.0	
			19	14	74			5	26	

① 学部《奏安徽庐州徽州怀宁等府县中学堂学生毕业请奖折》，载《安徽官报·章奏》1911年六月下旬，第1页。

② 省立三中：《安徽省立第三中学校第七周年概况报告(民国九年七月至民国十年六月)》，载《安徽教育月刊》第46期，第6页。

③ 资料来源：徽州教育志编写组：《徽州普通中学教育》(征求意见稿)，内部资料，1987年，第62页。

续表

年份	学校	毕业生		升学		就业		失业或失学		备注
		初中	高中	人数	占比%	人数	占比%	人数	占比%	
1938	省立徽中		131	104	79.0	27	21.0			含高、初中
1948	休宁县中	46		46	100					

淳安县立初中曾在民国三十六年（1947）第二学期对历届毕业生去向有过一个总调查，该校可以作为教育比较落后的山区县立初中的一个代表，见下表：

表7-9　1932～1946年淳安县立初中历届学生毕业去向情况一览表[①]

毕业去向＼毕业生总数		总数	男	女	备注
		942	884	58	毕业生总数含该校初中毕业生、四届乡师毕业生100人及一届简师毕业生23人
升学	专科以上学校	18	18	0	
	高中及高职校	87	84	3	
	师范	60	51	9	
	军警学校	9	9	0	
	其他学校	45	41	4	
	小计	219	203	16	
服务	小学	188	166	22	
	农业机关及农场	12	12	0	
	工业机关及工场	7	7	0	
	商业机关及商场	16	16	0	
	医院及卫生机关	18	15	3	
	其他机关及其他学校	88	82	6	
	小计	329	298	31	
闲居		254	243	11	
其他(含农民、手工业者)		140	140	0	

① 资料来源：淳安中学志编纂委员会：《淳安中学志》，内部资料，2009年，第310页。

高中部的师范科毕业生，因其专业界定清晰，就业去向明确。民国十五年(1926)，浙江省立九中师范部学生毕业，省教育厅特地向有关各县发布《延用九中师范毕业生由》：

> 案据省立第九中学校呈称：窃属校师范部本科四年级学生及讲习科三年级学生业已修业期满，举办毕业。查师范本科毕业，照章应在本省高级小学服务，讲习科毕业，应在初级小学服务。属校本届四年级学生及讲习科三年级生，既届毕业，自应照章呈请钧厅，令县会同教育局将该生等服务位置妥为分配。除将各生姓名、籍贯另开清单呈核外，理合备文呈请。仰祈钧长察核施行。……①

总体来看，师范专业毕业生不仅就业率高，而且行业单一。这是由政府制定的师范教育政策决定的。

第二节 普通中学的教学工作

一、教学内容的变化

清末到南京政府建立前，正是新式中学在内地的发展初期，各校新、旧教学内容与教学方法并存交替，总趋势是新内容、新方法逐步占据优势。到全面抗战开始时，全新的近代普通中学教学体系已基本完备。

相比于传统的官立、民办教学机构，清末开始创立的普通中学，由原先单纯学习文科而增设了自然科学、外语、体艺的学习。当然，由于社会运行的惯性和新学科师资、设备等准备不足，初期文科在不少学校仍居重要地位，甚至参加升学考试，也往往是文科成绩最出色。安徽省立三中校长徐承祐旧学根底好，很重视国文教学。学生汪山民的作文《学校即事》，他的批语是“水晶如意玉连环，文境仿佛似之”。另一名学生余空我写的《以友辅仁》，集“四书”句而成，无一字自撰，天

① 浙江教育厅：《令浦江、建德等县转饬延用九中师范毕业生由》，载《浙江教育》1926年第3期，第32页。

衣无缝。两篇文章都长期被存放在成绩柜内展示。他甚至采取强制单科“走班”方法以补救学生的国文，将全校学生依国文成绩高低编入相当年级上课，好多高年级学生因此被编进低年级，颇感难堪，要求收回成命，但始终不被允许。不过，为升学需要，各校也加强外语与数理教学，不仅优待数理化教师，也重视仪器的添置与充实。但这一过程有的也很缓慢。如淳安县立初中创办于民国十八年（1929），因师资不足，起初开设的课程仅为国民训练（亦称政治训练、三民主义、党义、公民）、国文、数学、英语、历史、地理、生理卫生、音乐、图画和体育，直到六年后的民国二十四年，才陆续开设物理、化学、动植物、劳作和童子军等课程。到民国三十年（1941），将18门课程分设为社会科（公民、历史、地理）、言文科（国语、外语）、自然科（数学、物理、化学、博物、卫生）、体育科（体育、国技、童子军）、艺术科（音乐、图画、工艺）、职业科（农业、教育）6个教学研究组。

体育课程也得到重视。安徽省立三中有国术、田径、球类与体操项目，秋千、网球、足球、木马、铁杠、铅球、平台、低栏、跳高、天桥、肋木、双杠、绳梯、吊环、棒球、垒球等器械多达17项。省立徽州中学的体育设备也很充实，不仅有足球场、篮球场、网球场，还有符合标准的室外操场与室内风雨操场，经常举办各项竞赛，还曾派代表参加全省与华中运动会。浙江省立严中体育设施齐全，组织也很健全。学校“以锻炼全体学生之健全体格，培养良好品德为宗旨”，设立体育会议，由校长、体育主任、总务主任、训导主任、童子军教练、体育助理员组成，体育主任任主席。其职责为规定体育方针，研究体育教材，讨论体育教学方法，审查学生体育，决定参加各种活动，支配体育费用，制订体育活动规程。学生组织的体育部，下辖体育检查、卫生、运动器材管理、成绩考查及统计、校内比赛、课外活动普及、课外选手指导等7个股。校内体育活动也很丰富，除常规的体育正课、早操、课外活动外，还组织有田径队、器械操队，特别是体育教师周宝璋组织训练的由10多名男队员组成的体操队，训练和比赛成绩在当地颇为知名。各年级分别组织有学生体育会，于周日组织田径及球类比赛。在民国二十九年（1940）严州区运动会上，该校选派一支由99人组成的高、初中男女代表队，均以大比分赢得高、初中男女田径全能、军事技术、篮球、足球、排球冠军及高、初中总冠军。民国三十三年（1944）浙江省十一专区体育运动会也在该校举办。淳安县立初中创办之始，就遵制开体育课、上早操、安排课外活动，后增开国技（国术）课。民国三十二年（1943），该校进行童子军“双手万能”

训练，选拔能手参加全省童子军竞赛活动，民国二十四年，该校选送童子军代表12人，由教员顾辛甫任团长，赴南京参加全国童子军第二次大检阅。

二、教学方法与管理的探索

这一时期，各校在教学上也都有一些探索。安徽省立三中强调学生自学。安徽省立四女中“以三民主义为教材之中心，供给学生生活的智识与技能，以谋健全公民之实现，故其教材重活动与实用，其教法重辅导与自学，各科课程，均由教师编定六年来的课程纲要，按年推进。……高中部选修学科，采用分组制，按照学科性质，分为文史地组，自然科学组，及艺术组，令学生各就性之所近，分别选习。……教员江兆槐授职业班常识，注重实验，最能引起学生兴趣；曹颂增、江永坚授英文，方智授伦理，程振钟授地理，讲解均甚明晰，江越、汪廷钧授国文，所选教材，甚为适合；查宗滉授代数，教法娴熟，并注重学生演习宿题；胡光岳授算术，板书明了，惟精神稍欠振作；沈文英授体育及跳舞，态度娴雅，动作敏捷；颜飞云授缝纫，指导有方，令学生自制衣服，尤为一举两得”。[①] 安徽省立二中（徽中）主张“自动教学法”，注重学生在教师指导下的自学。教学中，教师从单纯讲读，逐渐增加演示、实验及版画图解。文科除着重指导学生作课堂笔记，在课外也“批评、标点选授之文，抄写圈点应读之书”；外语科指导学生翻译与谈话，数学科指导学生演算，史地科要求学生绘图表，博物理化科开展课外实验、参观、调查、采集等活动。省督学来校视察时，评价很高：“教员谭启方课自然，实验解剖最能引起学生兴趣。金恺授英文，解析文法，极为精确。汪克劭授图画，实物写生，指导有法。程宗鲁授国文，所选教材，尚无不合。程肃持授体育，训练有方，动作敏捷。军事教官谢德权任高中部军事训练，纪律严肃，极有精神。早操成绩极佳，全校教员职员校工一律参加，尤为特

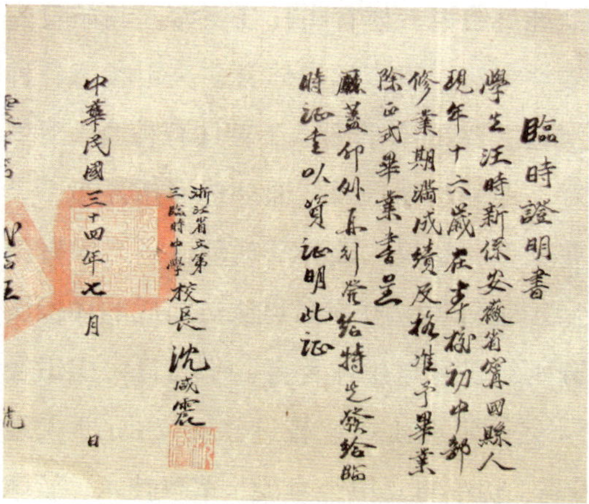
臨時證明書
學生汪時新係安徽省寧國縣人
現年十六歲在本校初中部
修業期滿成績及格准予畢業
除正式畢業書呈
廳蓋印外茲[illegible]給特先發給臨
時證書以資證明此證
浙江省立第三臨時中學校長沈威震
中華民國三十四年七月 日

1945年浙江省立第三临中学生学业证明

① 叶明辉：《视察省立第四女子中学校报告》，载《安徽教育行政周刊》第3卷第4期，第27页。

色。”[①] 浙江省立九中对于一、二年级学生多采用启发主义，因材、因势，参以注入；三、四年级学生则取自学辅导主义。在报告书中，该校曾这样总结：

> 在改进“教、学、做”之计划中，分别从言文、自然、社会、教育、艺术、体育六个科目采取教的改进，改进方法从教材、教式、教态、注意、成绩、设备等方面着手。以言文科为例，教态改进的具体措施是：语言程度要顾到学生年级高低、程度深浅、是否方言；语言轻重要顾到教室的容积，学生注意力如何；语言快慢要顾到教材难易，手身的姿态要留心颜面表情。[②]

严格教学管理是当时普遍的做法。安徽省立三中、徽中、徽女中都重视对学生自学的监督与考查。除课堂教学抓得紧，早读与晚自习也不放松。晚自习时，教师往往与学生一起改作业。一天到晚，学生的学习与生活都在教师严格监督之下，带有不同程度的家长制作风。成绩考查不仅是录取新生的标准，也是决定升留级和毕业的依据。安徽省立二中所订的《学业成绩考查规程》《缺课补考及留级规程》，都能得到严格执行。省立徽州女中“月考甚严，如有不及格者，一方去信其家长，一面在月考不及格表上宣布，但不写出姓名，以暗号法行之，而顾全其面子。……除例假外，并不准随便外出，亦不许任意请假”。[③] 浙、皖两省的初中、高中学生毕业考试，均由省教育厅统一命题，组织人员监试和阅卷，通常称为“会考”。浙江省立九中对学生升留级也控制很严，凡学期成绩有三门不及格或主科（国文、算术、英语、劳作）两门不及格；或连续两次附读；或缺课逾全期教学时日三分之一；或体育成绩不及格，概予留级。民国二十三年（1934），省立严州中学秋季招入初中一年级学生甲乙两班 75 人，第一学期末就有 25 人留级，3 人退学，到民国二十六年 7 月顺利毕业者仅 24 人。从民国二十八年（1939）第二学期省立严州初中对各班学生平时缺席统计，就可以看出当时检查之细、记录之勤。

---

① 叶明辉：《视察省立第二中学报告书》，载《安徽教育行政周刊》第3卷第2期，第30页。

②《民国十八年浙江省立九中办理情况报告书》，转引自建德县教育局：《建德县教育志》，内部资料，1985年，第131页。

③ 记者：《徽州女中的成绩与风景》，载《社光月报》1935年，第6页。

表7-10 1939年第二学期省立严州初中各级学生缺席统计表[1]

班级	秋三	春三	秋二	春二甲	春二乙	秋一甲	秋一乙	秋一丙	春一甲	春一乙
名目＼人数	32	33	43	42	43	44	42	42	52	52
正课	65	56	75	78	86	62	92	85	90	109
早自修	56	70	81	91	85	45	59	108	50	41
早操	19	15	30	40	44	50	61	71	20	20
总理纪念周	9	19	14	20	8	5	18	20	30	20
各种集会	9	18	12	15	10	13	14	9	11	20
课外活动	20	19	20	30	42	51	18	25	26	23
晚自修	30	29	30	44	59	26	42	56	70	82
升降旗	10	15	16	25	27	19	17	27	30	52
无故旷课			1	2		1		1		2
总数	218	230	279	345	361	282	321	402	327	369

奖励优等生也是各校措施之一。淳安县立初级中学对品学兼优、家庭贫困者，通常给予学费减免，或奖学金补助，资金部分来自学校经费。民国二十一年(1932)，校长方赞修提议奖金助学，规定凡该校首届毕业生考上高中者，每年可享受母校奖学金。当年，毕业生朱岗昆就因有学校奖学金补助，才完成高中三年学业。民国二十三年，初一学生徐震华、叶圣进、余光裕，品学兼优，家境贫困，被免去学费每人6元；学生王峰、余汉鹏、周孔亮各获“品学兼优”奖章一枚。次年，初二学生徐震华暑假作业优秀，奖订阅《中学生》杂志一年。淳安初中也接受社会捐助。民国二十九年(1940)3月，淳安县王阜乡王圣扬向学校捐资500银元，建立“容初奖学基金”以奖励优秀学生。即便是在抗战最艰难的岁月，学校奖学制度依然执行。民国三十二年(1943)，淳安初中学生享受免学费21人，每人被免30元。次年，免费生更多达54人。民国三十四年，该校再规定：各主科75分以上，平均分80分以上，

① 省立严州初中：《四年来浙江省立严州初级中学概况统计》，内部资料，1940年。

品德甲下以上优秀学生可免全部学杂费。此外，也偶有学生享受教育部为清寒优秀学生颁发的奖学金，不过享受比例颇低，民国三十二学年淳安初中有 7 人获得此项奖学金，共 420 元。

三、课外活动与教学设备

学生课外活动的开展，是有别于旧学的一大特点。安徽省立三中学生组织“辅仁学社”，意即课外活动“以文会友”“以友辅仁”。五四运动后，方新任校长，受陶行知等人支持影响，风气大开，学生的演说会、音乐会，以及英语、语文、图画、史地、生物、数理化等各科研究会纷纷成立。国文教员陈家庆带领学生提倡白话文，研究新文化，蔚然成风。《新青年》几乎人人必读，《东方杂志》、新式标点的《红楼梦》《三国演义》《水浒》等很受欢迎，新文化的传播与学习，既扩大了学生视野，也使学生的思想渐渐丰富起来。安徽省立二中学生也成立了教育、数理、文学等研究会，除研究学理，教育研究会还举办平民夜校，刁劳会一年举行两次清除垃圾活动，音乐组举办合唱或弹奏表演。安徽省立四女中还在纪念节举办游艺会。校园生活也因此增添了不少亮色。浙江省立严州初中甚至在抗战时依然保持组织算术演题、英语拼字、时事测验、国语演说、书法、作文等竞赛活动的传统。淳安初中学生吴顺治，平日喜研绘画，为县府绘制了一幅高四尺、宽三尺大幅木炭画国父遗像，“神采逼真，颇为精美”。沈姓县长非常赞赏，认为他“年轻艺精，如能努力不懈，于绘事艺术前途，甚有造就”，奖励文具多种。①

教学设备的添置也在不断进行中。安徽省立二中民国十七年（1928）成立时，从二师与三中接收图书 30517 册，杂志日报 4830 册，挂图 223 幅，仪器 556 件，标本 1653 件，化学药品 990 件。民国十九年、二十一年，分别建成图书馆、研学馆，理化、生物都能分组实验。安徽省立四女中成立时也有图书 6000 多册，各种仪器标本 837 件，到抗战前，理化实验条件在全省女校中列居首位。据民国二十八年（1939）统计，浙江省立严州初中当年共有图书 22602 册，其中西文 827 册，占总数的 3.6%；自然科学图书 962 册，应用技术图书 642 册，合计占总数的 7.1%。② 这基本能反映当时普通中学藏书的一般情形。图书管理与借阅也很有规矩。一位民国二十七年

① 《淳中学生吴顺治绘艺精良》，载《淳安政情》1943年第10期。
② 省立严州初中：《四年来浙江省立严州初级中学概况统计》，内部资料，1940年，第13页。

(1938) 在省立严中图书室工作的职员曾这样回忆：

> 严中图书室选在进校门头一排房子的东侧。全校师生进出校门都要经过这里，给借阅图书提供了一个特别方便的条件。图书室有两间书库，一个大阅览室，约有 140 平方米。藏书 3 万余册，阅览室内陈列有全国各地的重要报纸杂志，大型辞书，同学们可以自由翻阅。四周书柜里有"万有文库""丛书集成"等大部头书，这些书一般不外借。
>
> 图书室工作人员，多时有三人，两个职员一名工友。下午开放时间，教导处还有一名公费生来帮忙。星期一到星期六，每天下午对学生开放，学生每人每次可借书两册。借书方法同大型图书馆基本一致，阅览室放有图书分类目录卡片箱，借书人在这里找到自己需要的书的书名，照样写个便条交给图书出纳员，工作人员根据便条找出图书，让借书人再将书名写在借书证上凭证取书。①

四、战时的教学工作

卢沟桥事变到全国解放（1937 ~ 1949）的 12 年间，新安江流域不属主战场，局势基本稳定。全面抗战初期，各地普通中学师生心怀抗敌热情，不畏危险，坚持教学，学校秩序还比较正常。安徽省立徽中在《民国二十八年概况》中总结说："要求学生事前准备，上课时自行讲解，教者随时予以指正，或提出问题分令学生研究，当教者演述时，须令学生笔记，或作口头回答。除公民注重精神教育，国英算注重练习及实际应用外，而政史地理化军训童训等，尤利用设备及环境，令学生作考查、采集、实习、实验，并作报告。凡各科教员均分导学生自习，指示其求学途径，养成读书兴趣，以增读书效率。"② 相对而言，临近战区的浙江省立严中则要更为艰难。对于民国二十九年（1940）的教务，该校汇报道：

> 本年度因敌寇两度流窜浙东，使教务事宜，不能按照预定计划实行。第一学期开学后未满一月，敌寇即突犯宁绍。本校为顾全学生学业及安全起见，晴

① 乔仰高：《我在严中当职员》，载政协建德县文史资料组：《建德文史资料》第15辑，2002年，第113页。
② 徽州教育志编写组：《徽州普通中学教育》(征求意见稿)，内部资料，1987年，第15页。

> 天则整队往离城二里许之乌龙庙上课，阴雨留校。第二学期敌寇再度进扰，空袭过多，课务随之停顿，遂不得不放弃乌龙庙，而往离城较远之深山古寺中上课。未几，复因诸暨失陷，金兰危急，乃于五月十五日迁往港口复课。
>
> 本校虽处于敌机威胁之下，然于教学方面，未尝有一毫松懈。每学期教材均能授完；作文篇数，最少者亦有八篇之多。算学习题，生物、理化实验报告，均能按期演算或做就，呈缴教员批阅。第二学期因警报与迁移关系，缺课略多，乃利用星期日补授，是故星期日亦照常上课。①

淳安县立初中地处严州上游，情况也不容乐观。民国二十六年（1937）“八·一三”淞沪抗战开始，日机狂炸杭州，淳安城乡也人心浮动。为安定后方人心，8月下旬，淳安县立初中仍照常开学，四个班学生实到130余人。学校向师生传达省教育厅颁发的《战时教育注意事项》，提出以《最后一课》精神，镇定教学；以“枕戈待旦”精神，积极准备战地服务。学校成立“特种训练指导委员会”，举行课外防空、救护、军事等特种训练，开展各类爱国救亡宣传运动。南京失守，学校协商后决定：“非到杭州或徽州失陷，敌军向淳安进扰时，决不遣散。”后因杭州沦陷，学校才于12月27日提前考试结束。次年3月下旬，淳安县立初中借城北石峡书院开学上课，到校学生111名。白天在石峡书院上课，夜间回原校住宿，早出晚归，坚持数月。民国二十九年（1940）10月，由于日寇空袭增多，晴天，学生到公路以北山沟树荫下野外教学，每班围坐一处，在树枝间悬挂小黑板，听军号上、下课。浙江省政府主席黄绍竑莅校视察，也口头表扬：“你们办学很有精神。”

但从民国二十九年（1940）开始，学校状况就日趋萎靡。正如时人的判断：“学校数量虽较前增加，但在质的方面，仍未见有何显著进步，此实为不可讳言的事实。”②首先是师资不足。抗战初期，外地来了不少教师，后来有些去了大后方，继续来的并不多，中学却有增加，师资便感不足。其次是设备简陋。安徽省立徽中与徽女中虽有基础，也因班级学生增加，战时补充困难，图书仪器已感不足。而民国二十九年（1940）10月，徽中遭受日机轰炸，教室、寝室、自修室被毁十分之四，图书馆

① 浙江省立严中：《浙江省立严州中学战时教育实施概况(二十九年度)》，载《浙江教育》第4卷4期，第48页。
② 《皖南中教会议闭幕》，载《中央日报(安徽版)》1945年1月6日。

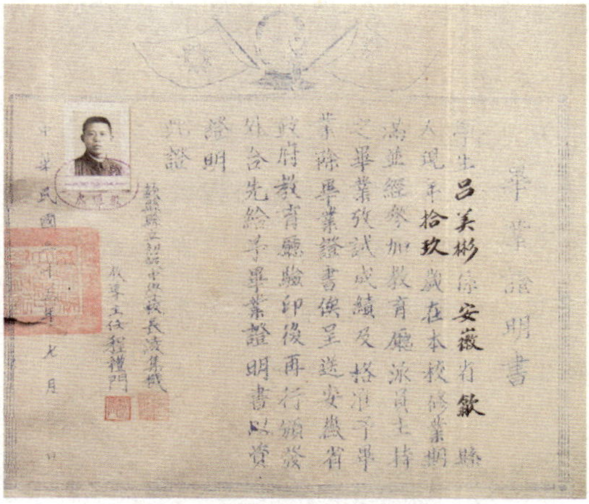

畢業證明書

學生呂美彬係安徽省歙縣人現年拾玖歲在本校修業期滿並經參加教育廳派員主持之畢業考試成績及格准予畢業除畢業證書俟呈送安徽省政府教育廳驗印後再行頒發外合先給予畢業證明書以資證明

此證

1946年歙县县立初中毕业证书

颇受损失。民国二十九年，浙江严州初中“理化生物之仪器标本，原感不敷实验之用，更以本年添办高中，需要尤为迫切。曾向中华书局购定仪器一二七种，已付款四千一百九十九元七角一分。因海口被锁，该货被阻回沪”。① 民国三十一年（1942），徽女中因特大洪水淹没图书仪器，霉烂等损失极大。其他私立、县立中学更为不堪。如皖中是当时较大的私立中学，校舍因陋就简，毫无图书仪器，体育器械也很少。复旦附中“学校设备简陋，图书仪器缺少，课本和参考书不能供应”。

同时，教风与学风也日渐颓废。因物价大涨，币值下降，教师为养家糊口，不能安心执教。“教师‘诲人不倦，教人不厌’之精神之缺乏，确为更严重之一大问题。作文课有名无实，教师缺课请假漫无限制，甚至教职员校长营私舞弊，行为失检而恬不为耻，师道之尊严，丧失殆尽”。② 课堂教学、晚自修、作业检查、成绩考查，以及升留级等制度执行，也不如战前。学生学习条件恶劣，伙食太差，思想苦闷，也不安心学习。民国三十一年 10 月 8 日《徽州日报》记载：“皖南各中等学校学生年来激增，只以师资缺乏，课本供求失应，致使管教失控，学生程度低落，生活漠视，纪律风习趋变，亟待整顿。”又说：“学生程度低落，以主科为最，今后各校应力求提高。国文科应注重应用文之习作，算学科应注意平时之练习，以资加深学科训练。”虽有一些措施，但不见效。民国三十三年（1944）1 月 5 日，皖南中等学校校长会议在屯溪召开，14 所中学（含师范、农校）校长与会，行署主任张宗良亲自主持会议。重要议案之一还是“加强各校教导实施以提高学生程度案”，理由是“各校学生各科程度亟待提高，以免愈加趋下，挽救之道唯有加强教导实施”。还通过了十项办法，但局面依然难见改观。

---

① 浙江省立严中：《浙江省立严州中学战时教育实施概况(二十九年度)》，载《浙江教育》第4卷4期，第53页。

②《皖南中等教育会议闭幕以后》，载《中央日报(安徽版)》1944年1月8日。

抗战胜利后，各校也都在勉力维持着正常的教学秩序。淳安县立初中在民国三十七年（1948）第一学期制定的《教务计划大纲》中，明确了三项目标：一是安定学校生活,二是培养优良校风,三是提高学生程度。并提出具体的16条实施要点：1. 依照部颁修正初级中学课程标准教学科目及每周时数实施教学。2. 着重劳作实习，训练劳动习惯，培养生产技能。3. 调查学生各科学习兴趣，做改进教学之参考。4. 注重平时成绩考察，严密执行考试。5. 举行各种学科竞赛，以提高学习兴趣。6. 定期举行各科成绩展览，以资激励而便观摩。7. 厉行教员请假补课办法。8. 注意各科教材支配，并严格考核实际教学进度。9. 加紧各科课内习作，并郑重课外阅读练习及笔记等指导订正。10. 规定教员切实座督自修。11. 组织各科研究会，以增进教学效率。12. 添加各科教学物品。13. 充实图书设备,布置图书阅览室,以提高学生课外阅读兴趣。14. 设立学术讲座，邀请校外人演讲。15. 调查毕业生近况及将届毕业生志愿，由升学就业指导委员会切实指导。16. 依照教导处行事历进行各项教学事项。[①] 但实际上，解放战争时期中学教育局面总体是日渐不堪。

第三节　普通中学的政治思想教育

一、训育方针的调整与实践

清末兴办新式学堂，便以“中学为体，西学为用”思想为指导。光绪二十九年(1903),清政府在《奏定学务纲要》中指出：“以忠孝为敷教之本,以礼法为训俗之方,以练习艺能为致用治生之具。”[②] 光绪三十二年(1906),朝廷在批准学部奏请以“忠君、尊孔、尚公、尚武、尚实”五端为教育宗旨的上谕中再次指出：“所有京师及各省学堂师长生徒，尤宜正本清源，辨明义利，不视为功名利禄之路，而以为修齐治平之规,于国家劝学育才之意方为无负。”[③] 而“修身、齐家、治国、平天下”之要在“修身”,在“明人伦，重躬行”。民国四年（1915），袁世凯颁定“爱国、尚武、崇实、法孔孟、

① 淳安中学志编纂委员会：《淳安中学志》,内部资料,2009年,第164页。
② 璩鑫圭、唐良炎：《中国近代教育史资料汇编·学制演变》,上海教育出版社,1991年,第489页。
③ 璩鑫圭、唐良炎：《中国近代教育史资料汇编·学制演变》,上海教育出版社,1991年,第539页。

重自治、戒贪争、戒躁进”七项为教育宗旨。民国十六年（1927），国民政府教育行政委员会制定了《学校施行党化教育办法（草案）》，次年，又以“三民主义教育”代替“党化教育”，并于民国二十年通过了《三民主义教育实施原则》，明确提出：“确定青年三民主义之信仰，并切实陶冶其忠孝仁爱信义和平之国民道德。”随着南京国民政府在全国统治地位的巩固，政府对学生进行“一个党、一个主义、一个领袖”的教育，把“礼义廉耻”定为各级各类学校的共同校训，还把国民党的“党员守则”定为“青年守则”。为适应抗战形势需要，又颁行《中等学校特种教育纲要》，厉行训教合一，加强军事训练。所有这些，既反映了政府对中学生思想道德教育的重视，也成为三四十年间新安江流域中学思想教育的基本底色。

新安中学堂对于学生管理要求较严，但一些学生积习难改。光绪三十四年（1908），“当县城演剧之期，同日纷纷请假，管理员谕之不听，禁之不从”，酿成风波，监督洪汝闿上禀辞职。但省提学使态度明确：“学生故犯定章，自宜加以相当之惩处，断不能以此更监督，转置各学生于不问。”并认为“此事所关甚巨，正非独徽州学务已也”。[①] 但事后该校监督仍屡屡更换，其中学潮频发是主因。浙江省立九中亦是如此。民国元年（1912），该校多次出现反封建的学潮，直到一批骨干学生被开除才稳定下来。

五四运动前，安徽省立三中校长是曾任省议员的徐承祐，学校礼堂正中挂着孔子画像，两旁对联是“孝悌而已矣，忠恕而已矣；玉帛云乎哉，钟鼓云乎哉”。此时，尊孔是学校训育的主要目标。五四运动后，方新出任校长，调整学校训育目标和内容。规定训育标准为“观察学生品性行为如何，而加以相当之培养矫正”。将训育内容分为品性、行为两部分，品性包括智力（识量、条理）明澈、感情（美感、同情）纯正、意志（断才、毅力）坚强三部分，分别对应智、仁、勇；行为包括处己（自治：洁净、精进）、待人（社交：忠信、和恕）、用物（经济：廉让、节俭）、治事（服务：谨慎、有恒）四方面。品性通过观察学业领悟、事理了解、个人娱乐、交游趋向、临时裁决、平日操作来判断，行为通过观察容仪动作、言语心术、取舍消费、守时耐劳来评定。“每学期末，由舍务主任会同各级任舍监，并征求各教员意见，审查一学期中训育之成绩，加以评定”。同时，为提高学生身心修养和团体自治能力，成立学生自治会，下设讲道、

①《学司吴批徽州府新安中学堂兼紫阳师范学堂监督洪汝闿禀办学旷职引咎自劾请予饬退由》，载《安徽学务杂志》1908年第5期，第47页。

议事、干事三会；为训练学生“精研学术、互换知识”，建立学生游艺会，下设语言文字、数理、博物、史地、美术五个学会。①

淳安县立初中在提倡新学同时，也讲究“四维八德”。每周一第一节举行“国父纪念周”仪式，校长背诵总理遗嘱，全体师生默哀三分钟，并请当地名人或本校教师做讲演，有形势报告（如“敌人流窜浙赣线的情况”）、理论演说（如“动与静”“青年与环境”）、实用知识（如“战时应如何增加农业生产”）和教学指导。仪式结束时，师生一起背诵“党员守则”。实施童子军管理，校设团部，下辖中队、小队，有专职教练。学生逃学、赌博被发现，要在总理像前面壁，或罚跪1小时。学生团体中，多以同乡与志趣为基础成立，如“西园学术研究社”，以出墙报、演戏、打球等形式开展活动。学校成立的“淳中青年周刊社”也出版刊物，配合政治学习。《淳安中学校歌》由校长方赞修作词，曰：“龙山苍亦青，渐江澄又清。大好山水，我辈来继承。努力！努力！革命事业我辈来继承。学与时俱进，德与日俱新。物华天宝，人杰地斯灵。努力！努力！快来建设一个新还淳。欲建新还淳，你往何处行？三民主义，是个好途径；努力！努力！革命事业靠我们去完成。”也鲜明地将家国情怀融入其中。

随着风气渐开和有志于教育改革者的实践总结，各校训育也各显特色。民国十七年（1928），“徽州人民，尚多墨守旧习，视女子教育为无关重要，重男轻女之习风，犹存于普通社会”。对此，安徽省立四女中认为“实兼负有改良社会与促进男女教育机会均等之责”。该校于学生训育，“颇注重于积极方面，订有训育标准及实施方案，内容简明确切，包蕴无遗。全校学风，极称淳朴；服装整洁，尤见精神。为练习勤劳计，全校女仆仅有四人。设有洗衣室，学生衣服皆自行洗涤；膳厅碗筷，亦由学生自备自洗自管；寝室洒扫整理，清洁异常，足征训练有素。徽州教育，本偏于静，尤以女校最为显著。该校力矫此弊，提倡动的教育，施行以来，颇著成效。学生对于社会运动，渐能踊跃参加，如讲演游行等事，虽社会上时有非难，亦不之顾”。②

安徽省立二中，则积极试行生活指导方案。青年生活指导部的五大目标是：一是生活是社会性的。有生活才有社会，有社会才能生活；生活指导须重社会性的生长与发展。二是有学生才有先生，有先生才有学生，师生两个字，在全人生活上

① 省立三中：《安徽省立第三中学校第七周年概况报告(民国九年七月至民国十年六月)》，载《安徽教育月刊》第46期，第13～14页。

② 叶明辉：《视察省立第四女子中学校报告》，载《安徽教育行政周刊》第3卷第4期，第24～28页。

说，互结而不可分开的，同吃同住同工作，就是共同生活的表现，无论学生哪种会合，先生都应参与指导。三是要学生做的事，先从自己做起；要学生不做的事，先从自己改革起；自己不是榜样，是全体共同生活的一分子。四是一切公约不是谋制止个性不正当的行为，是谋全体社会生活健全的发展，要求公约的实行，不在消极的禁止，而在无意中得到积极指导的影响。五是我们最后的信条，要有高尚的人格，精密的思想，诚挚的热心，始终不断地努力，才是一个真正的生活指导员，才是一个真正的好教师。

生活指导部由二中全体生活指导员组成，全校无一管理员，亦无一训育主任，仅有生活指导员 7 人，分别有高中部主任、初中部主任、教师 5 人。他们主持全校学生生活事宜。由一指导员住门房对面，专司学生请假出入等事；其余数人住于学生斋室，接洽并解决各斋学生日常生活所发生事项。师生同食同卧同工作，毫无分别。每周有生活指导会议，讨论事宜，商定计划，解决问题。生活指导所采取的教育原则是：

原则一：多方兴趣。……改良其所欲，与补充其所能与不能，即为教育者之责任。……二中学生于正课之外有：（一）国语演说会，（二）谈天社，（三）摄影会，（四）数学游戏会等组织活动，就是因为在此等组织活动之中，全体学生才可以觅得其适应需要发展能力之机会。

原则二：闲暇利用。……二中设在小小乡镇之间，附近无大学，无公园，无讲演厅，无影戏场，无一切都市之繁华气象，热闹情况。……故休暇时间之利用，在二中社会生活里甚为重要，必宜特别关心。二中前曾每逢例假或纪念假日，必请本校导师或校外名人，作系统之讲演。或师生分队往附近山水秀丽处游玩，古城岩，黄土岭，石人峰，皆是二中师友足迹常到之处所，本学期来复有越野赛跑、球类比赛等等活动。

原则三：共同生活。吃饭早操，师生俱在一处；禁烟戒酒，大家规同一律。二中所以如此做法，并不是因为二中导师应作学生榜样，仅因为先生学生同为二中社会中一份子，大家都应过此合理之健康的生活。……二中生活指导员所注意者，不过是在唤醒青年之社会意识，引导青年之社会制裁，并不愿意在许多青年之前，事事为之代劳，处处加以干涉。

原则四：尊重人格。二中对于学生生活，不曰管理，而曰指导，即因学生非牛马可比，必须由人驱使，由人管理。……学生做错事，仅盼望其反省悔过，并不欲加以呵叱，加以记过，或竟开除等等不自然手段。①

浙江省立严州中学的训育也颇成体系。首先，是精神训练。学生每日集队一次，由校长或值日官训话；设立总理纪念周；每月导师指导各组学生阅读爱国故事、名人传记等书籍，个别谈话一次。其次，是生产劳动训练。开展农事实习，栽种茄子、辣椒、玉米等作物；工艺课上，制作有关生活用品。再次，是新生活运动。阐述新生活运动条目，发现学生有共同缺点，则择定合适条目集中训练；学生思想行为有不合于新生活运动标准者，由训导处及导师随时纠正。另外，还设置导师制，全校聘请导师20余人，每师指导一组，每组二三十人不等，在课余时间由导师组织经常活动（郊游会、大扫除、远足会、检讨会、报告会、座谈会等）、特殊活动（读书会、兵役宣传、救国储蓄运动、思想测验、劳军运动等）。还注重奖惩机制的使用。奖励形式有言词嘉奖、善行登记、实物奖励、记功、奖状、奖章6种，惩戒则有训诫、禁假、警告、劳动服务、记过、记大过、留校察看、退训、试读、停学、退学、开除学籍等12等。此外，《浙江省立第九中学学生交友指导方案》《浙江省立第九中学学生个性指导方案》也有特色。

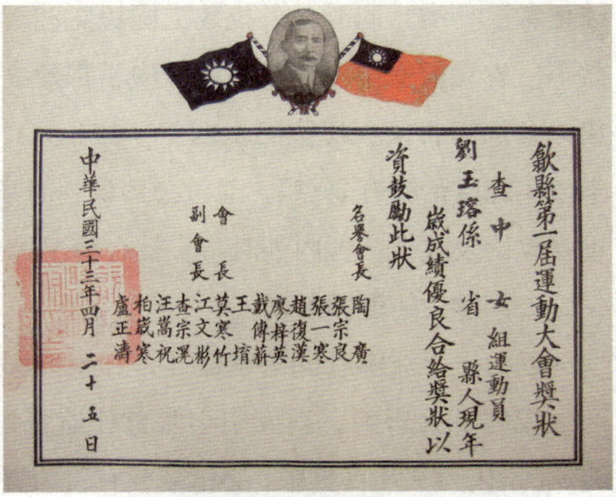
歙縣第一屆運動大會獎狀
查中女組運動員
劉玉璐係省縣人現年
歲成績優良合給獎狀以
資鼓勵此狀
名譽會長 陶宗廣 張一良 張復寒 趙梓漢 廖傳英 戴蕲 王堉
會長 莫寒竹 江文彬 查宗澴
副會長 汪萬祝 柏歲寒 盧正濤
中華民國三十三年四月二十五日

1944年歙县第一届运动会中学组奖状

全面抗战爆发后，政府也通过训育工作，对中学生逐步加强了“精神训练”与控制。省立徽州中学确定三民主义为最高训导原则，各项有关训导法令为实施纲领。目标为：以“礼义廉耻”四字为校训，以《中国国民党党员十二守则》为训导标准，以《青年训练大纲》为实施要点，使学生“负责任，守纪律，明礼义，知廉耻”“在

① 《省立第二中学校生活指导实施概况》，载《安徽教育行政周刊》第3卷第2期，第43～46页。

学校为善良之学生，在社会为健全之公民，在国家为优秀之青年，在本党为忠实之党员”。在“精神训练”中，强调“信仰三民主义，信仰并服从领袖”。加强导师制，实行军事管理及童子军训练。注重公民教学，利用各种课外活动组织，实施训导。考查学生思想行为、学业及身体等。有关学生开除学籍规定中，增加“思想不纯正者”一类。同时，各校建立国民党和三青团组织。教师大多参加国民党，省立徽中、省立徽女中、复旦附中等中学都建立了国民党区分部。初三以上学生大部分集体参加三青团。民国三十四年（1945）1月，皖南行署又特别制定了“皖南中等学校实施政治教育要点”，通过公民课、时事座谈、纪念周等方式，加强对总裁言论、重要政论及政令、国内外时事、社会情况等研讨。

二、学生的爱国活动

近代史上波澜壮阔的革命斗争，也同样在新安江流域各中学普遍存在，有的还产生较大社会影响。新安中学堂首任监督许承尧，“嗟我神州，方丁屯难，如欹樯遇风”。认为“凡百更张，必植荄教育”，抱有教育救国的理想。所聘教师中，陈去病、黄宾虹等人，倾向革命，组织“黄社”。取黄宗羲《非君论》之义，以“遵梨洲之旨，取新学以明理，忧国家而为文”为宗旨，宣传救国思想。只是后因被人告发，骨干星散，才逐渐销声匿迹。

民国八年（1919），五四运动爆发。徽、严学校多有响应。5月12日，安徽省立三中师生群情激奋，要求以三中名义发电声援，却遭到校长徐承祐反对。学生骨干秘议起草，筹款60元，骑马到屯溪拍发电文，后署“安徽省立第三中学除校长徐承祐外，全体教职员学生同叩”。电文被上海申、新两报登载，徐承祐与学生矛盾激化。省府派督学姚毓麟来校调停失败后，陶行知等电请省府撤销徐承祐职务，另荐南京高等师范学校秘书方新继任，得到省府采纳。

民国十四年（1925），上海爆发“五卅”运动，安徽省立三中师生又发表声援宣言，印发宣传提纲，组织抵制英、日货检查队，吸收小学生和店员参加，在歙城共查封英、日货折款30万元，占全县商店资金的四分之一，并为上海遇难同胞募款千元。6月中旬，浙江省立九中在共产党员唐公宪（九中小学部教师）、竹均之支持下，成立学生自治会。自治会理事严汝清、童祖恺等联络建德学、工、商、农千余人，在九中操场召开“建德各界声讨英、日帝国主义残杀顾正红烈士大会”，校长袁易发表演讲。会上一致通过“立即进行全城的罢工、罢课、罢市的决议”，并致电慰问烈士家属。

九中学生组织文艺演出队，在大操场搭台演出话剧《南京路上的惨案》，童祖恺出演主角顾正红。之后，童祖恺等人会同工、学、商界组织“仇货检查组”，将在商店、南门码头检查出来的大批日货集中当众烧毁。活动从召开声讨大会，抵制仇货到提前放假下乡宣传募捐，历时三个月，在社会上引起很大震动。次年底，北伐军先遣队进抵建德，九中师范部教员张石樵为北伐形势感染，写诗《热血之歌》欢呼革命：“遥远的声音在呼召着，我们热血沸腾，我的心剧痛了！热血唱着壮美之歌前进，冲破了资本的狱门，踏陷了封建的生锈的铁阈，我们将进入自由之宫！”

“九·一八”事变后，民族危机深重。徽、严虽是较为闭塞的山区，但师生也积极投身于抗日救亡事业。事变消息传来，安徽省立四女中师生义愤填膺，举行反日游行，宣传抵制日货，募捐支援抗日义勇军。安徽省立二中有中共地下党组织和由其领导的同乡会，地下党员范治农一度担任训育主任。在纪念周上，常有教员做抗日救亡演讲，如程修滋讲《学生应当怎样节约救国》，崔秉钧讲《九·一八国难之回顾》等。该校《校刊》第 2 期载有芷青的文章《纪念国庆应看清时代的危机》，反对不抵抗，反对醉生梦死，反对无谓的伤感与哀怜；认为：“只要我们有决心，不怕牺牲，中国四万万劳苦大众，终能挣断他们的枷锁，挤到最有组织的民族地位。”

淳安县立初中虽然创办较迟，学生年龄也偏小，但早在民国二十一年（1932），就有农艺教师罗云常在课余向学生宣传革命道理。民国二十三年，红军北上抗日宣

1939年前后，严州中学男子体操队教练与队员

传队途经淳安，淳中师生自动走上街头，开展反土豪劣绅的宣传。淳中毕业生许邦屏、方立人等人，也接受党的教育，参加北上抗日。

抗战时期，徽、严各中学进步师生都配合地方各界或由各校单独开展广泛的抗日宣传活动，造就热烈的全民抗战气氛。民国二十七年（1938），皖中、徽女中学生在屯溪组织前锋剧团，演出《放下你的鞭子》等抗战戏剧。省立徽中学生组织“海棠剧团”与抗日歌咏队宣传抗日，分批到歙县、休宁、屯溪等处公演陈白尘的《古城的怒吼》、抓汉奸小戏《黑字二十八》等。黟县东吴附中师生组织东吴救亡话剧团，在城区和南屏村演过丁玲的《重逢》《马百计》等戏剧。复旦附中院校师生将抗日宣传与课堂教学、课外活动结合起来，组织歌咏队、话剧团、黎明读书会、健身会等团体。民国二十八年（1939）11月，该校组织宣慰工作队，一周内，深入太平、石台、青阳等地，沿途公演话剧，创作、张贴壁画、漫画，慰劳将士及难民。

淳安县立初中的抗战救亡活动也在“八·一三”事变后展开。淳中校长吕绍槐被推为淳安县抗敌后援会常委之一，兼宣传工作团团长，编辑《抗战一周》刊物。学校教学常规与抗战结合，音乐教员组织“救国歌咏团”，练习《铁血歌》；学生根据本身力量，选定宣传、救护、军事之一项参加战地服务训练；开设“抗战讲座”，每周六请当地爱国人士做抗日救亡讲演；周六举行“交谊会”，表演《活捉鬼子》等节目。慰问前方抗日将士，师生写慰问信215封，募得旧棉衣23件、寒衣捐款188.35元；组织慰问“三七后方医院”伤病员，举行慰劳伤兵游艺晚会，表演《沦亡之后》《从军》等话剧；指派学生代表，为在当地医治的负伤将士代写家信。还多次参加捐款或劝募活动。全校师生“文化人献金”50.35元、“一日所得”捐献17.67元、生产劳军捐款100.30元，“出钱劳军”103.60元；“淳安中学宣传队”分赴四乡宣传抗日，队员“无一人有退却之状”，劝募“救国公债”985.38元；劝募“救国金”203.39元，劝募劳军费55元，春假募捐慰劳本县子弟兵经费241元，劝募雕汉奸汪精卫夫妇石像经费46.07元。

同时，开展形式多样的宣传活动。校内布置“国防教育参考室”；由音乐教员等率领暑期流动宣传队，往港口、茶园、威坪各镇演出《提高警惕》《活捉汉奸》等节目；全校师生到江家畈举行抗日漫画展览及游艺会；参加“讨汪锄奸运动大会”和国庆纪念日提灯游行、元旦游艺大会，表演《怒吼起来吧》《我替你报仇去》等话剧；在下迁威坪区蜀阜乡避战办学期间，联合蜀口小学师生举行乡村游行宣传。特别是寓

"暮鼓晨钟"之意的晨呼和夜呼最为日常:"全校师生凌晨于公共运动场集合,呐喊高歌,然后由冯公街转横街,再由大街直上,折经铁井岭,循县街返校。一路高呼口号,齐唱抗日歌曲,于市心口、汽车站、县府前三处,密集齐呼齐唱,声震云霄,诚促人猛醒。回校散队,适费一小时,尚未天明。"① 每晚自修下课后,学生再次集合于中心地点,夜呼抗日救国口号。民国三十一年(1942)4月,日寇发动浙赣战役。一股日军沿富春江、新安江两岸西进,敌机不时窜犯淳安,空袭警报频发。淳安县立初中师生先是疏散在后山花坞野外教学,后转移到石峡书院、青云坛坚持上课。危机之中,学校奉命停课。校长吕绍槐的讲话令人印象深刻:

> 五月二十日下午课后,天阴沉沉的,突然,一阵号响,紧急集合。全校学生迅速在操场上列队,老师全来了,连校工厨工都来了。大家预感将有重要消息宣布,注目屏息,肃静极了。平时很少在大会上讲话的吕校长,缓缓地走到队前,登上木制的讲台,镇定而严肃地说:"先生们!同学们!据县警察局通知,日寇已经逼近我县边境,经县政府同意,我校从明天起,到三十一日,停课十天。明天,大家都得回家。回家之后,注意时局:如果日寇退走,局势好转,就立即返校复课。万一不幸,家乡沦陷,你们就在当地参加抗战行列,英勇战斗,为国献身。……"
>
> 他的讲话,由和缓而急促,由轻微而洪亮,由平稳而激昂,讲到"献"时,已经泣不成声。只见他眼圈泛红,热泪晶莹,夺眶欲滴。他身躯一振,右手向空中用力一挥,我顿时热血沸腾,急欲报效祖国。在场的人,都有同此心情。②

更楼底是寿昌县数一数二的大镇。民国三十二年(1943)8月,上海私立法政学院附中浙校迁移到更楼底附近的西洋乡甘溪村口仙姑庙办学。仙姑庙风景美丽,古柏参天,殿宇宏大,宽广明亮,是办学的好场所。当时镇上有10多位学生被录取就学。该校师生中进步人士特别多,师生常来更楼底写标语,画漫画,演文明戏,

① 吕绍槐:《抗日战争时期淳安中学大事记》,载政协淳安县文史资料组:《淳安文史资料》第3辑,1987年,第49页。

② 徐墨庵:《记吕绍槐先生的一次讲话》,载政协淳安县文史资料组:《淳安文史资料》第5辑,1989年,第13~14页。

宣传抗日。白粉墙上“驱除倭寇，打倒日本帝国主义！”的标语，画着跪地的日本强盗、军民手举大刀砍下敌人头颅、写着“大刀向鬼子们的头上砍去”词句的宣传画随处可见。

民国三十三年（1944）6 月，浙江省立严中学生陈金火等 6 人投笔从戎，参加远征军，赴云南、缅甸抗日作战。学校派代表送至 30 里外的淳安县城，一路士气高昂，高唱战歌：“薰风作，榴火发，正南国沙场，抗战激烈。志士争投班生笔，人人奋击中流楫。看他日，矢志祝升平，奇耻雪”。次年 3 月，国民政府军委会发动知识青年参军运动，淳安县立初中也有多名学生投笔从戎。

中共地下党员也在中学师生中传播进步书刊，宣传革命思想。徽女中地下党员黄宝豫，介绍同学阅读《钢铁是怎样炼成的》《铁流》等书籍。黟县东吴附中教师、地下党员王嘉仁经常把外地寄来的《新华日报》《群众》等进步报刊放置在教员休息室内供大家阅览。民国二十八年（1939），皖中地下党团结组织各方力量，驱逐了横行霸道的军训教官丁衡阳。同年，中共严州中学学生小组成立。皖南事变后，各

1947年遂安育才学校篮球队

校地下党组织遭破坏，但抗日救亡活动还在继续坚持。

抗战胜利后，因国民政府在经济、政治政策上的不得人心，社会各类矛盾日趋尖锐，学校也不可避免地卷入其中。学生与个别教官、学校领导之间的矛盾成为主要冲突源。引发学潮的既有经济因素，也有政治因素。民国三十四年（1945），遂安县政府要把遂安县立初中并入遂安县立简师，激起遂中师生不满，校长提出辞职，师生联合签名反对，并派代表向县府请愿，结果县府收回成命。民国三十五年，浙江地方当局安排部分青年军退伍军人到严州中学插班，企图控制学生的反政府行动，并要求严中解散学生自治会，成立“严州中学南京特别市政府”。高二学生首先反对，其他班级群起响应，引发学潮。失败后，7名为首学生被开除，被迫退学、停学、转学学生多达百余人。次年，浙江省教育厅又发布密令，要求各校调查“特殊学生”，对“操行不良者”要严厉惩罚，加强对学生的控制与迫害。但师生并不理会。同年，休宁中学学生为抗议学校开除学生，爆发了驱逐校长姚子素的学潮，迫使校长收回开除学生的成命。民国三十七（1948）年，休中学生再次起事，反对校长汪嵩祝与米店勾结，囤米诈取学生的购米钱款，爆发了打米店的风潮，也取得胜利。同年初，省立严中全体教员举行反饥饿、反内战斗争，罢教一天，学生自治会也发动学生声援，罢课三天。1949年3月，歙县县立初中学生对校方克扣伙食，生活太差不满，先递呈请愿书，提出改善生活的要求。教务主任集合学生训话，扬言要开除请愿学生。学生迫于义愤，包围总务处，要求公布伙食账目，改善生活，举行全校罢课。后来，学生在校方答应改善生活、撤换总务主任的条件下结束罢课。

渡江战役开始后，国民政府军队很快溃退，沿途一边骚扰，一边诱骗胁迫学生逃亡。在中共地下党组织和进步师生努力下，很多学校成立的护校组织都有效地团结了师生、保护了校产，并积极投身到迎接解放军等新的热潮中。

第八章　新安江流域近代震荡中的师范教育

在我国传统社会，尽管“师”由来已久，但更多的是作为一种身份而存在。作为一种单纯的职业，其资格标准一直含糊不清，“能者为师”是一种基本认同。随着近代西方科学技术和教育科学的引入，政府逐渐认同师范教育是基础教育的基石，并在第一时间开办师范学校。但是，由于对合理的教育体系的不同认知，政府相关政策对中华人民共和国成立前半个世纪的师范教育影响颇大，新安江流域为数不多的师范学校也同步经历着震荡。

第一节　分合中前行的中师

一、对“师范”的认识

人类文明的传承，既随成果不断丰富而越显重要，也更为艰难。单纯在生活与生产中进行教育，耗时长效率低。于是，一批以培养未来者为职志的专业人员逐渐分离出来，这就是“师”。何人能为师？孔子的“三人行，必有我师焉”。虽既符合大教育观，也彰显孔圣人的胸怀，但在特定对象的具体教学活动中难以实施。西汉扬雄在《法言》首篇《学行》中提出：“师者，人之模范也。”“模范”一词，虽然崇高，但偏于笼统。唐朝韩愈《师说》中的“师者，所以传道授业解惑也”，则具体得多，但嫌仅重于“智”的维度。而早在《周礼·地官·师氏》中，就有“师之德”的阐述，并分解为“一曰至德，以为道本；二曰敏德，以为行本；三曰孝德，以知逆恶”。因此，我国两千多年来，为“师”者无论道德、学识均在就学者之上，乃是普遍现象。

就朝廷而言，“化成天下”是一种理想的社会治理，不能仅诉诸武力，而应借助教育。汉代“三岁学，不如一岁择师”的谚语，也表露了民间同类的诉求。但从西周至清末，作为人之楷模的“师”，并无专门培养途径。凡识文断字者，均有可能扮演“师者”角色。“师道尊严”的传统，也在一定程度上淡化了“教”与“学”之间的矛盾，掩盖了某些“师者”道德、学识、方法等方面的欠缺。如果说，这在社会经济整体不甚发达的古代尚能勉强应付，当大机器生产的洪流势不可挡地漫过古老中华大地时，新时代对“师者”的呼唤必然催生新的机制。

清末，引领时代新风的梁启超以日本兴学为鉴，提出：“师范学校立，而群学之基悉定。”认为“以立师范学堂为第一义”。[①] 随后，在清政府推出的“壬寅学制”和“癸卯学制”中，培养教师的师范教育不仅占了较重要的一席之地，且建立了相对独立的系统。在光绪三十年（1904）《奏定学堂章程》（癸卯学制）17 件中，与师范教育有关的为《初级师范学堂章程》《优级师范学堂章程》《实业教员讲习所章程》3 件。其中，初级师范学堂培养高等和初等小学堂教员，优级师范学堂培养初级师范和中学堂的教员与管理人员，两者是师范教育体系的主体。

二、清末民初创办的几所师范学校

徽州府紫阳师范学堂，是新安江流域创办最早的中等师范学校。光绪三十一年（1905），新安中学堂借歙县古紫阳书院开学，以年龄稍长、文理清通的学生入师范科，并附设师范传习所。次年，师范科单设为徽州府紫阳师范学堂（动议时拟名初级师范学堂），新安中学堂监督许承尧兼任监督，校址在古紫阳书院。因得知府支持，创办神速：1 月 22 日，许承尧向新任徽州知府王振声提出动议；28 日确定校名；2 月 20 日拟定章程；3 月 10 日发布招考告示；4 月 5 日考试，8 日开学。知府不仅安排府学教授、县学教谕监考，还亲自命题（“汉宋儒小学异同”“今小学堂教科宜何所取法论”）并阅卷，从 47 名考生中录取了 45 人。[②] 民国元年（1912），紫阳师范学堂并入新安中学堂。

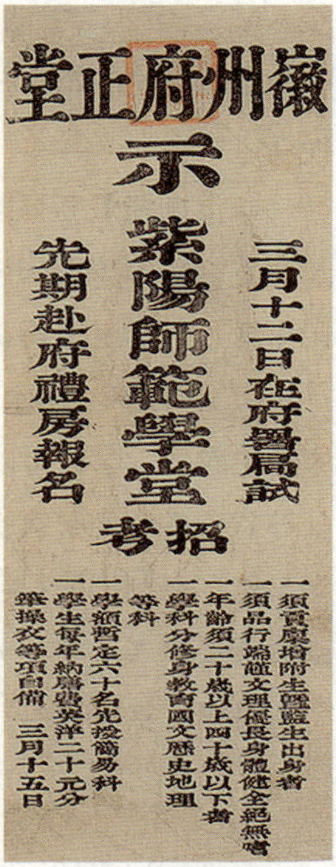

1906年紫阳师范学堂招生广告

光绪三十二年（1906），歙县岔口庐山村人张云锦（又名张承隆，末代举人）、吴汉云曾在岔口创办双溪师范，教

① 梁启超：《论师范》，《饮冰室合集·文集之一》，中华书局，1989年，第37页。
② 王振声：《王振声日记》，凤凰出版社，2017年，第74页。

员有洪钱夫、吴清华、吴清望。招秀才 10 ~ 20 人，二三年后改为大洲公学。同年，淳安县知县屠寄在县公署上首的校士馆旧址创办初级师范学堂，自任监督。次年七月，学堂被思想保守的乡民捣毁。三十四年（1908）另办了一所简易师范，淳安县人许翔林出任监督。宣统三年 (1911) 三月，校长以“原捐各款，提分他校”为由，请求停办。但遭到省提学使的反对：

> 教育为宪政之基，而师范尤为教育之母。上年迭经通饬各属每府必须设立初级完全科师范学堂一所，以冀渐推渐广，小学教育可臻普及。查严郡尚未设有师校，该堂成立数年，缔造经营颇非易易，亟宜就固有基础，实力扩充，遵章筹改，补该府之缺点，树各县之楷模。……率请停办，措置殊属失当。仰严州府查照前札，迅饬淳安县立即查明，将已拨之款全数提回，赶速招集合格学生，开办完全一科。毋稍因循怠玩，贻误学务，致干重咎。①

但提学使的饬令并未得到落实，该校还是改为实业学校，徐作霖任校长，旋即停办。②

办学成绩最为显著的，是安徽省立第二师范学校。民国二年（1913）4 月，校长胡晋接创办安徽省立第五师范学校。因时间仓促，暂借歙县古紫阳书院为校址。同年 9 月，迁屯溪荷花池。此时，安徽都督倪嗣冲以兵燹之后财政困难为由，突然严令五师停办。当时开学工作准备就绪，学生已经到校，胡晋接一再力争，并多方筹措经费，学校得以保留。次年 2 月，学校改名为安徽省立第二师范学校。4 月，江苏省前教育司长黄炎培到浙赣皖视察教育，参观省立二师后，给安徽省政府函称：“安徽二师校长胡晋接，教务主任方新，苦心擘画，勤恳周至。出省所见师范此第一。鄙意所最赞者，在处处能适合地方状况。十年之后，皖南其庶几乎！”③

民国三年（1914）12 月，二师再迁休宁万安新塘村，遂定为永久校址。此后办

---

①《本署司袁批淳安初级简易师范监督禀停办师范撙节学款拨设实业初等各小学由》，载《浙江教育官报》1911年第68期，第201页。

② 淳安县教育志编纂委员会：《淳安县教育志》，汉语大词典出版社，1991年，第155页。

③ 程宽、李兴福：《安徽省立第二师范学校与校长胡晋接》，载安徽文史资料全书编委会：《安徽文史资料全书·黄山卷》，安徽人民出版社，2007年，第534页。

校十五年间，虽省府拨款经常拖欠，但二师自力更生，积极发展各项生产，积累资金，又特别注意樽节开支，终赖日积月累，克服困难，既扩建了校舍，又充实了设备。教育教学工作也多有创新，颇具特色，二师成为声誉卓著的学府，奠定了后来省立二中、徽州中学的基础。其间，二师创办了《二师杂志》（后改《黄山钟》），每年一期，保存了极其丰富而珍贵的史料。民国七年（1918），二师首创徽州学区教育联合部，出版《教育月报》，对本学区各县小学进行视察与辅导。次年又成立全徽教育协进社（后改称全徽教育联合会），联合徽州教育人士，推动徽州教育事业的发展。民国十五年（1926），学校又提取基金，准备建立国学研究院，因战乱而中辍。

民国十七年（1928），安徽省府实施中等学校改造方案，将师范学校和普通中学合并，前三年为初中，专学普通科，后三年为高中，分普通科、师范科。省立二师与省立三中合并，改称省立二中，校址定在休宁万安。原省立二师师范专业学生附在省立二中上学至毕业外，二中还每年招收师范科一个班，最后一个师范班学生在民国二十五年（1936）毕业。

随后创立的是浙江省立第九师范学校。早在民国二年（1913）5月，浙江省议会就通过《筹设省立师范学校决议案》，规定原前清时浙江省下辖之杭、嘉、湖、宁、绍、台、金、衢、严、温、处十一府，各设师范学校一所。但直至民国五年（1916）7月，留日学生、同盟会会员包汝羲才在严州府治所在的梅城小南门创办浙江省第九师范讲习所，借用徽州会馆开办，招收严属六县童生与高小毕业生30余名入学。教学内容新旧参半，主要突出师范专业知识技能的讲习。学生修业一年后，分赴各地从事教育工作。

浙江第九师范学校大门

民国六年（1917）7月，浙江省立第九师范学校成立，省府委任包汝羲为校长（民国十一年12月因脑病辞职，袁易接任），租用徽州文会、金华会馆和范公祠为临时校舍。讲习所也并入九师。同年，还在司前墩旧将军基新建附小一所，余光凝为主事。次年，九师购买总府后民基6亩多，并于民国八年秋开始新建附小，“内设大礼堂一，教室八，屋内操场一，学生自习、寝室楼房八，事务室及教职员住室十，会客室、门房、雨具室各一”。[①]民国十年（1921）7月落成，10月迁入。民国九年7月，九师购得梅城小西门城北民地80余亩，[②]“分六年筹备，拟建教室十座，特别教室二座，并改建办公室楼房七幢，学生自习室、寝室楼房二十八幢，食堂一座，礼堂、图书室、标本室、仪器室、陈列室、教职员住室等则就原有房屋分别修改，全部告竣，约需银币拾万元”。[③]新校于民国十二年（1923）4月落成，除教学、办公、生活用房基本具备外，还修建了大操场。校长包汝羲亲书校名，勒石为碑。

九师以培养完全小学师资为目标，招收高小毕业生，学制五年（预科一年，本科四年），成立当年招生50人，其中建德8人、淳安5人、遂安4人、寿昌3人、桐庐14人、分水3人、东阳2人、义乌2人、兰溪1人、浦江4人、汤溪2人、江山1人、龙游1人。[④]至民国十一年（1922），全校共5个班200余名学生。课程设置以民国元年（1912）颁布的《师范学校规程》《师范学校课程标准》为依据，预科有修身、国文、外国语（英）、数学、图画、手工、乐歌、体操等，本科一年级增开历史、地理、博物，二年级增开教育、物理、化学，三、四年级增开农业、法制经济等课程。所聘请的教师多有新式教育学历，包汝羲、余光凝、方哲、吴南章（1892～1950，衢州人）均为留日学生（包、余毕业于早稻田大学师范科），邵延焘、李占英、鲍哲安为北京高师毕业生。民国十一年6月，首届学生毕业，其中成绩优秀者“留堂”在附小任教，此时附小有教职员15人。

民国初年，对新教育的思考、讨论在全国颇为热烈。民国四年（1915），湖南教育会提出《改革学校系统案》。随后，中国民间教育界展开了对学制革新长达7年的研讨。民国十一年11月，北洋政府正式颁行《学校系统改革令》（壬戌学制）。该学制仍将教育系统分初等、中等、高等三段，但师范教育已无独立地位。其中有

① 夏曰璈：民国《建德县志》卷十一《教育志·卷首》。

②《浙江九中教育实况》，1929年。转引自杭州科技职业技术学院：《百年严师》，内部资料，2016年，第7页。

③ 夏曰璈：民国《建德县志》卷十一《教育志·卷首》。

④ 浙江教育厅：《令建德等县知事九师四年级生预为分配以资服务由》，载《浙江教育》1922年第5卷第6期，第10～11页。

关中等师范教育的有5条：

（十二）高级中学分普通、农、工、商、师范、家事等科。但得斟酌地方情形，单设一科或兼设数科。

（十七）师范学校修业年限六年。

（十八）师范学校得单改后二年或后三年，收受初级中学毕业生。

（十九）师范学校三年得酌行分组选修制。

（二十）为补充初级小学教员之不足，得酌设相当年限之师范学校或师范讲习所。①

由于该学制在编制原则中就明确“多留各地方伸缩余地”，因此各省实际施行时间前后不一。浙江在民国十二年（1923）8月通令执行，九师奉命与浙江省立第九中学（后称严州中学）合并，改称浙江省立第九中学师范部。原师范本科停止招生，新招高小毕业生就读三年制师范讲习科，培养初级小学师资。九师附小也同步改名为浙江省立第九中学小学部。民国十八年（1929）8月，三年制师范讲习科停招，开始招收一年制师范培训班。民国二十四年夏，浙江省立第九中学师范部改名为浙江省立严州初级中学简易师范部，招收四年制简易师范生。小学部改名为浙江省立严州初级中学小学部。民国二十七年2月下旬，日寇飞机轰炸梅城，学校南迁至离城约10千米的兰江东岸洋尾，暑假后形势稍微平稳仍迁回梅城。民国二十九年夏，又改称浙江省立严州中学简易师范部。小学部因实施国民教育，改称严中附属国民教育实验小学。次年4月，因日寇窜犯建德，学校被迫迁往上游的淳安县港口程村。同年夏，日寇撤退，本部迁回梅城，程村仍保留分部。民国三十一年5月，日寇再陷桐庐，进逼建德，学校再度迁往淳安港口石岭下村，在竹篱茅舍里坚持教学，至民国三十三年2月才又迁回梅城。

民国建立，也打破了我国男女接受教育权利不等的传统。民国元年（1912）9月颁布的《师范教育令》中，第一条就明确：“专教女子之师范学校称女子师范学校，

① 李友芝、李春年、柳传欣等：《中国近现代师范教育史资料》第2册，内部资料，第266～267页。

以造就小学校教员及蒙养园保姆为目的。”[①] 民国五年（1916）呈准修改的《修正师范学校规程》中，进一步规定了女子师范稍微特殊的课程设置。此前，徽属各县虽有少数女子小学，却无一所女子中学。省立二师、省立三中以及甲商等校都不招女生，女子教育极不发达。民国十一年（1922），经陶行知、洪范五、胡晋接、方新等积极倡议，安徽省教育厅长江彤侯决定在休宁县隆阜创办安徽省立第四女子师范学校，首任校长程宗泗。省立四女师创办后，徽州女子才有求学深造的机会。民国十五年（1926），受国内战局影响，省内学校大都停顿。程宗泗因四女师创办几年来，已有基础，一旦停办，恢复不易，乃勉力维持。民国十七年（1928），奉省政府命改为安徽省立第四女子中学，但高中部只有师范科（民国二十四年停办），同年又增设简师班（办到民国二十五年）。

值得注意的是，此时也有个别学校将培养目标确定为学科师资的培养上，虽学校所在非新安江流域，但其服务面却覆盖至此。如浙江金华道私立体育学校的创设，即为“造就体育师范人才起见”，毕业生能“分任各县学校完全体育教师及社会上一切体育之事业”。[②] 民国九年（1920）7月，该校为保证招生，一方面向金华道属各县劝学所寄发招生简章，一方面动用行政力量，通过金华道尹公署向道属各县分配每县4名的招生指标。至少在遂安县，道尹的指令是通过公报得到了宣传。

三、“壬戌学制”实施后师范学校的复兴

“壬戌学制”实施后，全国出现了“高师改大”“师中合并”运动。由于师范教育独立地位被取消，师范生再无特殊待遇，导致师范学校数量骤降，生源枯竭，质量下滑。从民国十一年至十七年（1922 ~ 1928），全国师范学校从385所减至236所，师范生从43846人降至29470人。[③] 由此，教育界再次兴起了关于师范教育的讨论。民国十七年5月，第一次全国教育会议召开，通过了《师范学校应独立建设以维教育而固国本案》等议决案，即为独立的师范教育体系开始重建的先声。民国二十一年（1932）12月，国民政府正式颁布《师范学校法》，从法律上重新认定了师范教育的特殊地位：“遵照中华民国教育宗旨，及其实施方针，以严格之身心训练，养成

① 李友芝、李春年、柳传欣等：《中国近现代师范教育史资料》第2册，内部资料，第156页。

② 遂安县公署：《令保送人员赴省学习国语由》，载《遂安教育公报》1920年第2卷第7期，第14页。

③ 教育部教育年鉴编纂委员会：《第一次中国教育年鉴》丙编第一《学校教育概况》，开明书店，1934年，第311页。

小学之健全师资。”[①] 教育部随后颁发了《师范学校规程》，并在民国二十四年（1935）、二十五年两次修订。

但是，由于各地社会发展状况差异较大，加上抗日战争不久即全面爆发，各省重建师范学校的步伐并不一致。依民国二十一年（1932）国民政府颁布的《师范学校法》所附《师范学校规程》规定：“以养成乡村小学师资为主旨之师范学校，得称乡村师范学校。”民国二十二年，动用紫阳书院款产 3 万元为基金的新安公立乡村师范学校在屯溪高枧创办，原任婺源县教育局长的方新任校长。因方新很快赴省，该校拟委托安徽省立二中代办师范科一班，但接洽未妥。直至 9 月下旬，才公告招生。首次拟招 40 名，凡高小毕业、年龄 16 岁以上，或任小学教员有证明文件，或国文清顺有志于乡村教育者均可报考。9 月 28 日考试，科目为党义、国文、算学、史地。9 月 30 日开学，免收学费；膳费每学期 25 元，多退少补；书籍用品自备。[②] 民国二十四年，改办为安徽省第十区农林实验中学，师范科为附设。

民国二十三年（1934），此前搬迁至歙县的安徽省立第八职业中学停办，省府就在该校原址改建了安徽省立徽州师范学校，首任校长江植棠。8 月 12 日，该校在《徽州日报》刊发了招生广告：

学额：高中师范一年级男生四十名。

资格：须曾在公立或已立案之私立初级中学毕业（不收同等学力学生）。

年龄：十六岁以上二十二岁以下。

报名：自八月十日起至八月二十三日止为报名期限，须缴初中毕业证书或初中毕业会考及格证书，及二寸半身照片四张。

考试科目：党义、国文、数学（算术、代数、几何）、中外史地、理化、生物、口试。

考毕后，同时举行体格检查。

考试及注册日期：八月二十四、二十五两日举行考试，录取后须于九月三日以前到校缴费注册上课，逾期即取消入学资格。

---

① 李友芝、李春年、柳传欣等：《中国近现代师范教育史资料》第2册，内部资料，第324页。

②《新安公立乡村师范学校招生广告》，载《徽州日报》民国二十二年九月二十五日。

缴费：保证金十元（三年毕业后退还）；制服费及被单十元，书籍八元，损失费一元，灯油费一元五角（以上四项，学期终了时核算，有余退还，不足照补。）图书费一元，体育费一元，杂费五角。以上各费须一次缴清。

校址：歙县城内。①

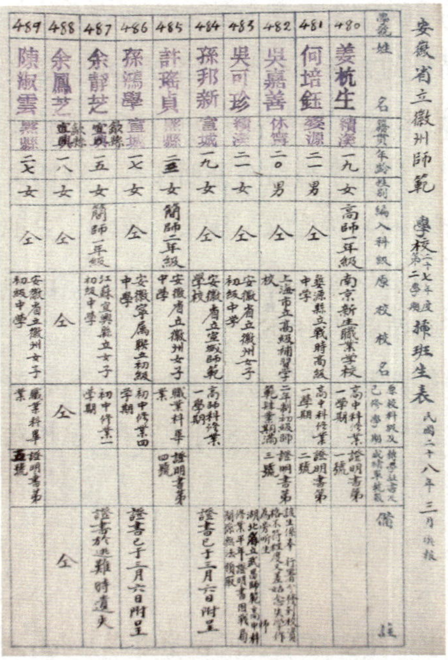

安徽省立徽州師範學校二十七年度第二學期插班生表　民國二十八年三月　填報

學號	姓名	籍貫	年齡	性別	編入科級	原校校名	原校科級及已修學期	轉學証書文或讀書號數	備註
480	姜杭生	績溪	一九	女	高師一年級	南京新生職業學校	高中科修業一學期	證明書第一號	
481	何培鈺	婺源	二一	男	仝	婺源縣立戰時高級中學	高中科修業一學期	證明書第二號	
482	吳嘉善	休寧	二〇	男	仝	上海市立高級補習學校	二年制初級師範肄業期滿	證明書第三號	
483	吳可珍	績溪	二一	女	仝	安徽省立徽州女子初級中學			該生[illegible]湖北省立武昌師範高中科修業半年證明書因戰局關係無法領取
484	孫邦新	宣城	一九	女	仝	安徽省立宣城師範學校	高師科修業一學期		證書已于三月六日附呈
485	許瑤貞	黟縣	二三	女	簡師二年級	安徽省立徽州女子中學	職業科畢業	證明書第四號	
486	孫鴻學	宣城	一七	女	仝	安徽寧屬聯立初級中學	初中修業四學期		證書已于三月六日附呈
487	余靜芝	歙縣 宜興	一五	女	簡師一年級	江蘇宜興縣立女子初級中學	初中修業二學期		證書於逃難時遺失
488	余鳳芝	歙縣 宜興	一八	女	仝	仝	仝		仝
489	陳淑雲	黟縣	二七	女	仝	安徽省立徽州女子初級中學	職業科畢業	證明書第五號	

1938年省立徽州师范插班学生登记表

民国二十七年（1938），因避日机空袭，省立徽师迁到歙南雄村。民国三十一年（1942）因洪水为害，又迁到歙北江村。受血吸虫病侵扰，加上柴火供应紧张，民国三十五年（1946）再迁歙西潭渡，学校也更名为安徽省立歙县师范学校。民国三十七年（1948）才迁回歙县城里，与安徽省立歙县女子师范学校合并。七年四迁，动荡不安，校舍简陋，设备残缺；校长七任（继任者有民国二十八年唐子宗、暂代的曹一尘，民国二十九年的汪忠天，民国三十二年查景韩，民国三十五年胡逢荣和周易）。直到中华人民共和国成立，才得到发展。

浙江省立严州师范学校的单独建校则迟至民国三十三年（1944）7月。学校由省立严州中学简师部分设，吕绍槐任校长。除继续招收四年制简师生，又增招普师科初中毕业生，学制三年。第一学期因校舍被国民党兰嘉师管区占用，师生员工只得在临时租用的梅城总府街一带民房里坚持教学，半年后才迁回原校址。民国三十五年2月，简师停止招生。浙江省第十一区（严属六县）联立师范学校并入省立严师，全校增至13个班（普师6个班，简师7个班）。还有附设民众教育馆和附属小学。

为满足小学对体育、音乐师资的需求，民国三十七年8月，严师添设了体音专科师范班。其署“省立严师招生委员会”的招生广告颇为简明：

① 《新安公立乡村师范学校招生广告》，载《徽州日报》民国二十三年八月十二日。

（一）学额：体音专科班秋一新生四十名。

（二）资格：

1. 初中毕业，年在十五岁以上二十五岁以下，对于体育或音乐有兴趣者。

2. 具有与初中毕业之同等学力者（须有初中程度学校——职业学校除外，五学期以上之肄业证明书，或服务小学三年以上之证明文件）。

（三）手续：

1. 缴验毕业证书或肄业、服务证明书。

2. 报名费二十万元。

3. 本人二寸脱帽半身照片二张。

4. 填写报名单一纸。

（四）日期：报名八月廿六日起至廿八日止，考试八月廿九、卅两日。

（五）地点：淳安城内东庙本校

附注：1. 考生膳宿自理，远道者可由校代办。2. 函索简章须附邮资乙万五千元。①

民国三十五年（1946）8月，因时局动荡和地方人事纠葛，校长方祖桢将学校第三次迁往淳安，借淳安城区东西二庙和石峡书院为临时校舍。一校三处，校舍简陋，教师往返授课，疲于奔波。直至1949年8月，学校才从淳安迁往梅城，再度与严州中学合并，成为严州中学师范部。

民国三十四年（1945），安徽省立第二女子师范学校在歙县创办，校长倪畅如，校址在歙城孔庙，后易名为省立歙县女子师范，民国三十七年（1948）并入省立歙县师范。当时有学生这样描述该校面貌：

这么一个宽大的而历史悠久的孔子庙和明伦堂，竟做了近二百余年青的女孩子底读书的所在——算来，我们在它的怀抱里，生活已将一年了，它给人的感觉，是庄严，是雄伟，处在这个境内的我们，多幸福啊！

这里虽说是在歙城境内，然校址和街道不十分近，而且，在一山脚下，宁

---

① 杭州科技职业技术学院：《百年严师》，内部资料，2016年，第11页。

静清幽，少有城市之喧嚣，实是适宜读书的一个好所在。

本校承倪校长，撒下了创办的种子，含苦茹辛的扶植灌溉，到现在，虽是只有短短的一些日子，而这一颗教育之树，已是枝叶繁密，大有可观的了，这儿，全体师生共有二百余人，老师们全是服务教育界很久，而富有充分经验者，同学们远近皆有，不过歙县籍的居多数。

在抗战刚结束底艰苦中建筑成的本校，当然，一切设备方面，谈不到尽善尽美，不过，事实能够如此，已足够令人心满意足了——为了便利起见，本校因改以往明伦堂之后门为大门。一进门，穿过一圆形的洞口，靠左侧，即明伦堂，亦为本校之大礼堂。雪白无痕的墙壁，中央还直立着数根可以两人合抱的粗大而墨黑的柱子，白墙上用蓝色写了四个斗大的字——礼义廉耻——虽不十分堂皇富丽，然在清雅的当中更显出一种庄严的气概。高悬的“教育之母”的匾额，尤发人深省。

大礼堂下来，阶级累累，宽广的行人道两旁，有大树数株，碧翳天日，红花绿草，亦错综其间。……还有那自黎明至入寝以前的悠扬的琴声，更振奋了人们自强不息的精神。

我级的课室，是在大礼堂右面，其他各级都在前面。空气和光线都还好，走前面课室过去，便可望见大成殿的红色的屋脊了，进入了大成殿。这一处地方我想，无论什么人，即使是小孩子，经过这里，也会思想着那古代的大圣人来——孔老夫子（中间供了孔老夫子的神位）。这儿，也就是我们的饭厅，黑漆桌子和黄漆凳子整齐的排列在这座血红色的屋子里。

前面，一方广宽的空地，这是我们升降旗的处所，每天，我们在那儿留下了宏伟的歌声……

大成殿更向前去，有我们全体同学开垦出来的菜地，一块一块的不计其数。这个时候，红绿苋菜及各种蔬果都已长成了。这些血汗的收获，直接可以供给全体师生的食用，间接也可减轻同学的负担，而且还养成了我们耐劳勤俭的美德和劳动的身手。……菜地的附近，有一口塘和一口井，供给我们灌溉菜地及洗衣用，极为便利。①

① 郑蕙如：《省立歙县女师一瞥》，载安徽省教育厅：《新学风》1946第1卷第6期，第27～28页。

根据倪畅如设想，该校永久校址应在旧徽师校址。创校分三步：一是建成可容 300 学生的校舍，二是建设 6 个班规模的附小与附幼，三是建成完备的师范校园。在训管教上，以训育为中心，训管教合一，其目标是培养有耐劳苦干的精神和朴实正确的习性、能在社会上实际活动的公民，在乡村服务能对一般民众起引导作用，在城市工作能成为团体的中坚。经过一年多建设，临时校舍勉强够用，但图书、仪器、体育场地与设备、童子军设备十分缺乏。民国三十六年（1947）初，全校 263 名学生，主要来源于当地师范区，其中歙县 172 人，休宁 30 人，绩溪、祁门各 12 人，黟县 3 人，宁国 1 人，本省其他县 20 人，外省 13 人。从家庭背景看，商界占 49.4%，政界为 16%，学界为 9.9%，医界 4.9%，农界 3.8%，交通界 3%，工界 2.7%，军界 2.3%。[①] 这与徽州社会职业与经济地位分布基本一致。附小也有学生 150 余人。为达成培养目标，省立歙女师注重教学与管理的细节，“服装力求朴实整齐，课外注重生产劳动”“各门功课都引导学生作自动研究”。尤其是学生管理，仿照乡镇保甲自治办法，在校内设立“大成镇自治镇”，各班 10 人组成一“保”；通过大成镇规约，推选产生正副镇长、各股股长，以及保长、干事，组织的主要活动有承担食堂秩序维持、校园清洁检查、习字与演讲竞赛、刊出校园壁报等。

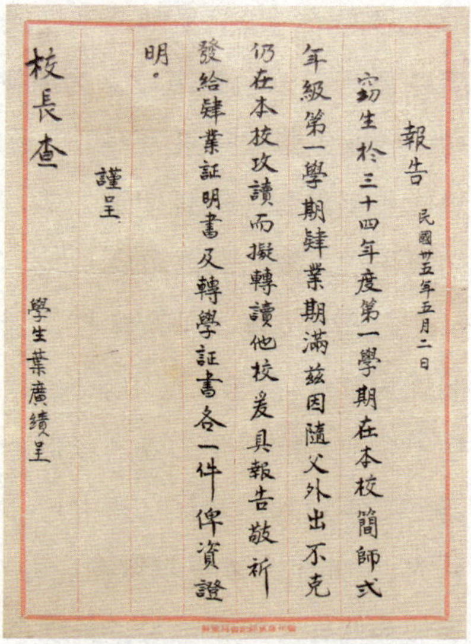
報告 民國卅五年五月二日
竊生於三十四年度第一學期在本校簡師弍年級第一學期肄業期滿茲因隨父外出不克仍在本校攻讀而擬轉讀他校爰具報告敬祈發給肄業証明書及轉學証書各一件俾資證明。
謹呈
校長查
學生葉廣績呈

1946年省立徽师学生的转学报告

第二节 小学师资来源重要补充的简师与师范讲习所

一、简师的办学概况

民国政府教育部颁布的《师范学校规程》规定：“各地方为急需造就义务教育

① 《安徽省立歙县女子师范学校校刊》第2期，1947年，第5～6页。

师资起见，得设简易师范学校或于师范学校及公立初级中学内附设简易师范科。”[①] 简易师范学校以县市设立为原则，其入学资格分两类：小学毕业生修业年限四年，初中毕业生修业年限为一年。通过降低入学资格、减少招考科目（免试外国语）、缩短修业年限和休假日期等方式，加速师资培养速度，以满足简易小学、短期小学及初级小学对教员的需求。

遂安县立简易师范学校，创办于民国二十八年(1939)秋。以县立贞文女子小学旧址为校舍，县长高德中兼校长。招收简师班(招高小毕业生，学制四年)和简师科(招初中毕业或同等学力者，学制一年）各一班，另添招初中补习班每学期一班（民国三十二年划入遂安县立初中)。民国三十一年度第二学期，省教育厅督学视察该校后，认为，“如于人事更求健全，经费并能增加，假以时日，当有成效可期”“附属小学主任郑仙桂，实事求是，各项设施，均颇周妥；教员方菊筠，教法优良，均堪嘉许”。但校务亟应改进者颇多：

一、简师学生除免缴学费外，未照部定办法免缴膳费之一部或全部；且未能供应公粮，殊非优待师范生之道。应即由县政府依照规定切实改善待遇。

二、训育照部颁纲要实施，不必另订目标；并应注重积极诱导，导师制应切实施行，专业兴趣，尤应注意培养。

三、教学进度表，应即记载，以备查考。各科教学研究会，应按时集会研讨。

四、国文作文，应照部定每周一次；作业练习簿，应随时批改。

五、设备异常缺乏，应设法购置，分期充实，仪器标本图书，尤应在可能范围内尽先置备，以利教学；一部分博物标本及挂图，可自行采集制绘。

六、校舍不敷应用，应设法扩充，尤以学生寝室应尽先增辟，破损处所亟宜修葺，以维安全。

七、兼办社会教育，应照规定办理。

八、该校与附属小学经费，虽各独立，会计事务原可由会计一人兼理。现既分别派充，惟均未驻校，殊失专用本意，应各令常川驻校办理，以专责成。

九、附属小学图书及劳作用具，应设法充实。各科教学时用语，能一律用

① 李友芝、李春年、柳传欣等：《中国近现代师范教育史资料》第2册，内部资料，第327页。

标准语尤佳。[1]

督学指正各项，既有政府投入不足问题，也有学校管理粗疏及师资水平不高问题。此类现象，在当时大背景之下，实较为普遍。民国三十七年(1948)上半年，遂安县立简师规模达到最大，共有 7 班，学生 314 人，教职员 23 人。从民国二十八年至三十七年(1939 ~ 1948)，共毕业简师学生十届 266 人、师资训练班学员两届 53 人。由于地方上党政派系争夺激烈，遂安县立简师校长经常易人，从初创到 1949 年的十年间更换 12 人次。1949 年 9 月，遂安县立简师与遂安县立初中合并为遂安中学。[2]

抗日战争进入相持阶段后，国民政府从长计议，逐步加强国民教育。寿昌县抗卫会鉴于该县文化落后，师资缺乏，于民国二十八年（1939）3 月决议筹设寿昌县立战时简易师范学校，获得省教育厅批准。[3] 安徽省规划从民国三十一年（1942）起，实施国民教育五年计划，乡镇设中心学校、保设国民学校，小学和补习教育并举，由此全省需培养小学新师资 2 万多人。于是，一批简易师范和中学附设的师范班、简师班迅即开办起来。

民国三十二年（1943），休宁县创办简易师范学校，校址初设城郊秀阳乡麦岐村，后迁县城南街。首任校长陈绳德，继任校长程礼耕、汪耀祖。教职员 27 人（其中专任教师 13 人）。招收高小毕业生，学制四年。民国三十七年（1948）班级最多时 6 个班，学生 251 人，绝大多数是休宁人，个别来自黟县和绩溪。因家庭困难等原因，学生中途流失比例很高。休宁简师多借鉴原省立二师的经验，以德、智、体三育为重，努力培养“品格健全、学识丰富、体魄强健的优良师资”，教学中注重学生在教师辅导下的自学，要求较高，教学也比较认真。按参观、见习、试教三步安排学生的教育实习，甚至还有第二学期到外埠参观的机会。但由于简师为县立，县政府经费困难，下拨标准相对较低，不到当时县中每班平均数的 2/3。因此，学校事实上只是在勉力维持。到 1949 年，全校共招七届简师生 386 人，毕业生 3 届 79 人。1950 年，

---

① 许绍棣：《据本厅督学三十一年度第二学期视察该县县立简易师范学校报告令仰遵照并转饬遵办由》，载《浙江教育行政月刊》1944年第10期，第17页。

② 淳安县教育志编纂委员会：《淳安县教育志》，汉语大词典出版社，1991年，第158页。

③《寿昌简易师范教厅指令照准》，载《浙江战时教育文化》1939年第1卷第3期，51页。

并入歙县师范学校。[①]

民国三十三年(1944)前，淳安县小学师资主要靠民国十八年(1929)9月创建的淳安县立初中师范部（初设在城北石峡书院）培养。师范部起初招三年制乡村师范班一个，毕业后再续招。民国二十四年(1935)秋，改招四年制师范班一班。民国二十九年，添设一年制简师科一班。至民国三十二年，师范部在校生为4个班，学生142人。民国三十三年(1944)秋，淳安县立简易师范学校在天镜山一带另选校址新建，先后投入基建费80万元。学校以“培养师资，发展教育，启发民智，扫除文盲”为办学宗旨，县长潘震球兼任校长，教导主任徐振达（民国三十六年接任校长）负具体责任。校长之下设教导、事务两处及附属小学部。教导处设主任一人，分教务、训导、体育三组（各置组长一人）。事务处设事务主任一人，分文书、会计、出纳、事务四组（事务组置组员2人，其余组员各一人）。附小部设主任一人。另有财务稽核委员会、升学就业指导委员会、社教推行委员会、各科教学研究会、膳食委员会、学生自治会等组织。淳安县立简师创办之初，接纳了县立初中师范部4个班的学生，另招收四年制秋季新生两班，学生计6个班295人。民国三十六年(1947)上半年班级、学生最多，有简师四年制班2个、三年制班6个，一年制师资训练班2个，学生451人，教职员28人。[②]学校经费列入县府预算，另有校田123亩、地44亩。1949年8月，淳安县立简师与淳安县立初中合并为淳安中学。

民国三十四年（1945）夏，歙县县立初中在深渡租借公房开办附设简易师范科2班，学制一年。次年下半年，奉令单独设校为“省立歙县简易师范学校”，学制改为四年。[③]首任校长黄值源，余绳祖、黄倬源先后继任。专任教师13人，职工9人。该校教师流动性大，既有本县人，也有来自湖南、江苏南通者。学历以中专为多，大学学历只是个别。学生以歙县籍为多，少数来自浙江昌化、淳安。民国三十七年（1948）学生数最多，为152人。办学条件简陋，几乎没有像样的教学器材，连图书馆也没有。1949年8月，歙县简师更名为皖南区歙县师范学校深渡分部，柯敦厚任主任。1950年2月，并入本部。

---

① 休宁县地方志编委会:《休宁县志》,安徽教育出版社,1990年,第433页。

② 吕绍槐,孙泽柽:《淳安县简易师范概况》,载政协淳安县文史资料组:《淳安文史资料》第3辑,1987年,第70页。

③ 徽州地区教育志编写组:《徽州中等师范教育》(征求意见稿),内部资料,1986年。

在各县初中部附设师范班（简师班）则是在地方政府经济状况不好、没有条件开办独立师范学校的县份的通行做法。民国二十九年（1940），绩溪县县长叶广培主持成立绩溪县初中筹建委员会。当年9月，县立初中正式开学。虽有招收简师班的计划，但到民国三十一年9月才招生47人上课，学制一年。民国三十三年（1942）8月，县立初中设立简师部，正式附设简师科，学制四年，招收高小毕业生。首届毕业生毕业后即停办。民国三十二年，黟县县立初级中学筹建，校址设原碧阳学堂。次年9月开学，附设一年制高级简易师范一个班。民国三十四年，又附设四年制初级师范班。民国三十六年（1947）停办，学生并入普通班。

二、师范讲习所与师资讲习会

清末《奏定初级师范学堂章程》提出，“各州县于初级师范学堂尚未齐设之时，宜急设师范传习所”。由初级师范学堂简易科的优秀毕业生为教员，以旧书院、公所或寺院为场所，招收乡村市镇中品行端谨、文理平通、年龄在30～50岁之间的蒙师入学，十月为期，毕业后发给“准充付教员之凭照”。因此，从清末到民国，为培养小学师资，不少县份还开办了师范讲习所。

最早开办的是黟县。光绪三十四年（1908），在两年前由碧阳书院改设的碧阳高等小学堂中附设了师范讲习所，六个月一期，期满而停。

遂安县师范讲习所，开设于民国二年(1913)3月，该所由县教育会筹办，讲堂设于儒学明伦堂。第一期于次年举行毕业考试，共有正科33人、专修科23人获得证书。[①] 毕业一期后，旋即停办。但该所未经呈报在案，故毕业生的毕业资格在随后的小学教员检定中，被省小学教员检定委员会认定无效。[②]

民国三年(1914)，淳安县立师范讲习所开办，县人方锦元任所长。讲堂设于孔庙旁明伦堂，招生一班，学制一年。次年，学生毕业后停办。当年5月11日，黄炎培考察苏皖浙各省教育，曾至此讲习所参观，有记载言：“系私人创设，议改公立而未决。师范生四十人，十个月毕业。下半年，拟借雉城小学实习教授。高小教员洪君方授教育学，各科俱用商务本讲义。”[③] 民国十二年(1923)，该县方赞修、方锦

① 《遂安师范讲习所毕业补志》，载《教育周报(杭州)》1914年第43期，第37页。

② 浙江小学教员检定委员会：《前县立师范讲习所未经呈报有案不能认为有效由》，载《遂安教育公报》，1920年第2卷第6期，第23页。

③ 黄炎培：《黄炎培日记》第1卷，华文出版社，2008年，第92页。

元倡办石峡师范讲习所（因以城北 3 里方氏宗祠后屋石峡书院旧址为校舍），方赞修任所长，方锦元负实际责任。学制两年，招生 50 余名。办了两期，民国十五年停办。

建德县惠英女子学校，约于民国五年（1916）附设女子师范讲习所，或许是为缩短培养时限以满足女校之需，该校将高小三年级生以高小毕业同等学力之名招录入学。浙江省长公署虽准予备案，但严正指出："嗣后不准再行收录。"[①] 寿昌县基础教育向来薄弱。据民国八年（1919）编查户口册时统计，全县有学龄儿童 6524 人。但"寿邑师资向感缺乏，比年学校递增，不得不降格以求，通融延聘。于是担任教职者，半多未谙教学原理，于教授上安望得收圆满之效果？"有鉴于此，当地拟于民国十年筹办师范讲习所，"附设于高等小学校，聘请主任教员一人，其余算术、体操、国文各科仍由该校教员兼任，以节经费。凡未检定之教员，或高小毕业生及私塾塾师，夙有国文根底者，皆得入学"。[②] 但其后未见成立。

民国十三年（1924），歙县县立师范讲习所经省厅同意设立，"抽取不动产登记费以为基本经费"（约 1350 元），并委任"学识优长、经验宏富"的筹备员鲍惟一为所长。[③] 教职员 6 人，学制二年。学生仅 10 余人，经省厅查核年级、分数，若合格，也接收省立二师转入的学生。时旅沪徽人创办的《微音》杂志上，署名"铗孤"者曾有评论曰：

> 国民师范讲习所，校长鲍年甫，是一个纯粹的学者。所请的教员，也大半不差。教授的成绩，现在已略微有点。据说这学校初开的时候，招生很困难，所以程度资格，非常不齐。连一个赌棍兼有瘾君子的美名的吴某，也都收录。不过现在那学生，也能戒赌戒烟了，不可以说不是教育的成绩。[④]

开办两年后，《微音》又刊载署名"舍我"文章，在指责所内汪、姓二人架空"忠厚太过"的鲍惟一，把"一年千余元的经费，轻轻的从半明半暗中分派去了"后，

① 浙江省长公署：《呈一件送县立惠英女高小附设女子师范讲习所五年度员生表由》，载《浙江公报》1917年第1771期，第12页。

② 叶正度：《寿昌县九年度事年报》，载《浙江教育》1922年第5卷第5期，第6页。

③ 安徽省教育厅：《安徽教育月刊》1924年第58期，第63页。

④ 铗孤：《歙县教育调查记》，载《微音》1924年第17～18期，第33～37页。

又针对“课程不切实用”大加抨击：

师范讲习所固然注重讲，尤当注重习。考该校所讲，尽是空论，如史、地等科用初中课本；国文用古文之类，所以学生展出一篇文，或是一本书，字还有许多不识，请问将来还有以教人么？并且今年要行第一次毕业了，但是学生多数连一封普通信还写不清楚咧！对于教授上又没地方实习，将来如何能独当一面教育呢？[①]

《微音》的来稿者很多是徽州旅沪青年，爱乡之情深厚，改革徽州社会愿望迫切，发表的多数涉徽文章语词尖锐，火药味很浓。

民国十四年(1925)，遂安县城东街人余垂烈，呈准开办遂安县私立兴文师范讲习所，其招生简章详细介绍了有关教育教学等安排：

宗旨：本所以造就小学校及初级小学校教员为宗旨。

名称：本所就兴文小学校添筹经费（组）织，因命名曰私立兴文师范讲习所。

所址：设城东兴文小学校内。

学级：暂定一班。

学额：六十名。

学科：公民、国语、数学、代数、几何、三角、历史、地理、植物、动物、生理、矿物、化学、物理、体育、工艺、美术、音乐、外国语、教育学、教育史、心理学、伦理学、管理法、教授法、论理学、教学实习。

资格：新制小学校及旧制高等小学校毕业或具有同等程度者。

期限：遵照新学制二年毕业，及格者给予毕业证书。

休假：除星期外均遵部令。

试验：分口述、笔述两种，口述无定数，笔述分临时试验、学期试验、毕业试验。

纳费：每年收学费银八元，杂费二元，分上下两种，入学时缴清，膳费自备。

儆戒：一训斥，二禁假，三记过，四停学，五退学。

---

① 舍我：《歙县师范讲习所的“人”的问题》，载《微音》1926年第26期，第17页。

职务：所长一人，学监一人，教员若干，舍监一人，会计一人。

附则：上列条件外无明文记载者，悉照本所办事细则处理。

本简章如有未妥之处，得由本所会同职教员及学董会修正之。[①]

在私立兴文师范讲习所民国十九年（1930）停办前的民国十七年，遂安城北大路口人张一堃开办了师资训练班，学制两年，招收高小毕业生，培训小学教师。后改为遂安县师范讲习所，定学制为一年，招收具有初中毕业文化程度或同等学力的学生。[②]

利用暑期对在职教师进行专项培训，也是提高师资水准的一种方式。早在民国八年（1919），歙县教育会就针对新式小学中单级教学的薄弱环节，创设了暑假单级教授讲习会，由各小学校长及教育会成员劝导现任小学教员、塾师及有志于研究小学教育者参加讲习，聘请安徽省立二师附小主事葛祖贤、教师程郁为主讲。先期报名 85 人，实际报到 71 人，完成学习 59 人，成绩合格 45 人。“以最短时间收良好效果，且使一邑中小学之单级教授，自此皆有法可循、有术可通而不感其困难。当兹新旧过渡时期，此种讲习会，又岂可少欤？”[③] 可见，省立二师对其也颇为肯定。

遂安县在民国十九年（1930）也举办一次为期 14 天的小学教员暑期讲习会，拟招收学员 100 人，并拟定了详细计划：

（一）目的：增进本县小学教员教育上各种知识和教学上各种技能为目的。

（二）方法：听讲，实习，参观，问题研究，讨论及批评，指定阅读。

（三）学习范围：小学组织及行政，测验，各科教学法，单级教学法，党义教育，国语，注音符号，儿童自治，民众教育，学校卫生，农村教育。

（四）组织：聘委员五人，主持全会进行事宜，并聘职员若干人，分担舍务、教务、事务三部事务。

（五）讲师：除由县政府聘请教育专家为讲师外，另聘对于小学复式教育有经验及技能者为指导员，负指导学员参观教学，实习范教，及出席讨论，批评、

① 《遂安县私立兴文师范讲习所简章》，载《浙江教育》1926年第1期，第31～32页。
② 淳安县教育志编纂委员会：《淳安县教育志》，汉语大词典出版社，1991年，第157页。
③ 余宝勋：《歙县教育会创设之暑假单级教授讲习会》，载《安徽省立第二师范学校杂志》1919年第6期，第21页。

研究实际问题等。

(六) 学员：除指定各小学至少须有一人出席外，并可另招旁听学员。

(七) 儿童学级：招收二、三、四年级小朋友一班，用合适编制，以供指导员范教和学员参观实习。

(八) 校址：借用县立台鼎小学。

(九) 经费：酌定一百五十元，由十八年度县教育经费预算筹办小学教员暑期讲习会一百元照支外，不敷之数，由县教育局另行设法。[①]

实际上，遂安县此类讲习会此前已开办过一期，但由于针对性不强、讲演呆板而无趣味，“于经济竭蹶、设备简陋的乡村小学，仍不能获实际上的效力于什一”。于是该期变更讲习方式，注重小学教育实际问题的研讨及教学技能的练习与指导，而以讲演为辅。

民国成立后，政府大力推行国语。“统一国语为普及教育之本，而统一国语尤以统一国音为先”。由于小学阶段的国音教学意义特殊，各级教育部门高度重视，此类短期讲习班也在各地时常举办，而师范教员通常是主要依靠力量。安徽省立二师专门从留校任教毕业生中选定方世树教国音，并推荐赴北京参加教育部国语讲习所修业。在民国八年（1920）和十年的暑期，歙县就开设国语讲习会，主要课程有注音字母、声音学、语言学、读本（小学国语教科书）、国语练习、翻译（古文今译）、文法、国语教学法、教育学、心理学、伦理（逻辑）学大意等。[②] 遂安县教育会也遵照教育部改国民学校国文科为国语科的指令，并于民国九年10月面向全县国民学校111名教员，开办为期一周的国音讲习会，由同年2月赴省学习注音字母的副会长杨振新、劝学所所长姚桓为讲员，讲授注音字母由来及读法、声母组成、新式标点符号、国语教授的研究等内容。[③]

---

①《遂安县小学教员暑期讲习会计划》，载《浙江教育行政周刊》1930年第43期，第3～4页。

② 歙县教育志编委会：《歙县教育志》，黄山书社，2009年，第275页。

③《遂安县县教育会开办国音讲习会报告》，载《遂安教育公报》1920年第2卷第9期，第29页。

第三节　追随时代召唤的办学特色

一、培养社会责任意识

兴起于动荡年代的新安江流域师范学校，肩负着为普及教育培养师资的使命。学校精心营造氛围，向学生传递献身教育的信念。安徽省立二师的校歌歌词，将校园环境、培养目标与社会责任有机融合，使学生在不断演唱中感受肩负的重任：

海阳胜地大江南，讲舍前临万岁山。东有榔源，西有松萝；二流如带，环绕其间。国民陶铸，先储师范。奋发图强此造端，知行并进王学参。鼓勇直前毋畏难，守信耐劳肩巨艰。矫诈偷惰惩亡韩，愿同竭力挽狂澜。沈毅用壮精神酣，为我社会革新之先导、文明过渡之风帆。①

严州师范虽创办于抗战胜利前夕，但校歌同样洋溢着浓浓的爱国情怀：

抟抟大地，立国如林。优胜劣败，适者生存。中国为文明古国，两浙树文化先声。谋教育之普及，师资先与培成。辟地在龙山之麓，雉水之滨，构千万间广厦，黉舍纵横，招致青年子弟，与研究教育方针。他日学成致用，启发国民知识，扫除境内文盲。任重道远，切莫因循。任重道远，切莫因循。②

创建之初的师范学校，基本条件都很差。安徽省立二师开办时只能借古紫阳书院为校舍，迁屯溪荷花池也是租用民房，直到相中了万安的民房，才确定了学校永久基址。历经十余年苦心经营，学校才初具规模。安徽省立徽州师范，抗战期间三迁校址，基本实验设备几乎荡然无存。民国三十三年（1944）7月，浙江省政府决定在严州中学简师部基础上增设浙江省立严州师范学校，教育厅仅发给开办费5万元、木质校钤一颗。新任校长吕绍槐于8月初筹备开学，才发现严中划给严师的校

---

① 省立二师：《安徽省立第二师范学校杂志·训言》第6期，1919年。

② 杭州科技职业技术学院：《百年严师》，内部资料，2016年，第10页。

舍被“兰嘉师管区司令部”占用，且拒不归还。遂不得不借、租总府街公私房屋为临时校舍。经再三交涉，已撤销的“兰嘉师管区司令部”才分批退还校舍。因建筑面积有限，作为校长及各处室的办公室，其隔断墙壁均以毛竹片编成。

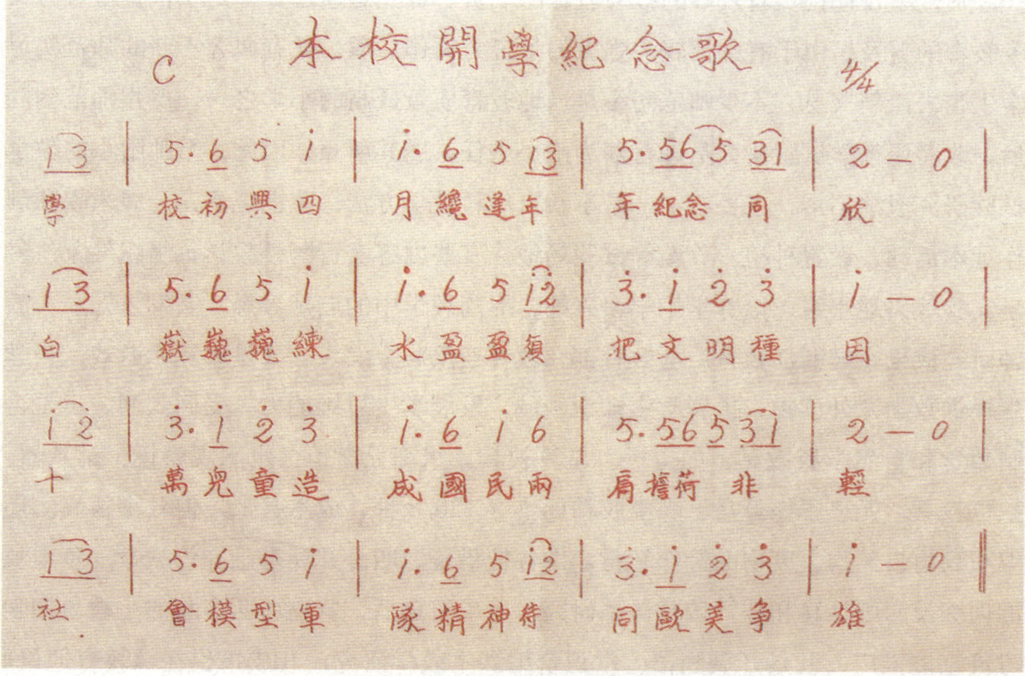

安徽省立二师《本校开学纪念歌》

为培养合格师资，各校均遵照部颁规定及厅令设置课程、实施教学，文化课、教育专业课、教材教法课、劳作课等均基本齐备。为适应农村学校对于师资的特殊需要，尤其重视农业、工业、图画、音乐、体育等技能训练。遂安简师为适应学生毕业后的工作需要，文化课中增设应用文和公文程式，重视体、音、美教学。音乐课要求学生学会弹风琴，劳作课进行工艺劳动和农业园地劳动，师生一起动手种菜、养鱼、种藕，栽培花木，美化校园。

在学生管理上，普遍重视思想教育，注意发挥学生自治作用。淳安县简师以级任导师制为主，一、二、三年级采取童子军管理，设童子军课程；四年级实行军训，设军训课程。建立学生自治会，组织校内外各项活动，以“知识教人，道德行为范人”的师范精神，训练“严肃、朴实、勤学、劳动”的学风。因此，虽然师生生活艰难，但乐观精神随处可见。严州师范以公私厅堂为教室，楼上地板为寝室，8 人蹲在一团吃饭，学生过着兵士式的生活。教员住房也极简陋。淳安简师“学生每月的伙食费（包括吃饭和吃菜）共60市斤米。吃饭时，8个学生合吃一小盆内还不到半盆的菜，因油少，很不好吃。但大家还是生活得很愉快，一心只想多学一些知识”。①

师范学校还担负着较多的社会教育的职责。首先是通过开办附小，直接参与义务教育的普及。由于有师范较为强大的师资力量作后盾，又有源源不断的师范实习学生带去清新气息，不少师范附小是当地教育质量最高的小学之一。严州师范创立后，改聘原教学试验研究员许育藩为附小主任，展其所长，因此，严师附小的教学试验研究成绩不俗，主要有：一是革新自然科教学方法，重视观察，开展采集和制作标本活动，设置种植、养殖等试验场地。有些内容实行野外教学，组织气象、科学实验等兴趣小组，培养学生学习兴趣，提高教学中的启疑导思，激发求知欲。教师研究成果在《浙江教育》与教育部《教育通讯》上发表。二是编算术游戏，为学生提供数学课外读物，扩展学生知识领域，发展学生思维能力，受到欢迎。三是自制数学和自然学科教具，如电机、口算教具、水滴显微镜、水底观察镜、计数器、数位教具、无患子核算盘、蝶类胶粘标本等120余种，成本甚低，但效率很高。还编写利用自然物、废物的劳作教材，供各校借鉴。四是开展基础知识教学、基本技能训练及四则计算和珠算教材体系研究，成果整理后，曾在浙西多县的小教暑期学习班宣讲推广。五是开展国语、常识合编课本教学研究，其成果也在《教育通讯》上发表。

附设民众教育馆，是面向一般群众进行识字与科学启蒙的主要方式，也是师范生实习民众教育的场所。严州师范附设的民众教育馆，由校长聘任馆长一人，下设总务、教导、生计艺术三部，各设干事一人、助理干事若干人。各部均结合当地实际开展各项活动。如总务部开设国民茶园，晚上聘请评话说书者在茶园内举行讲座。在建德南门外城楼上设立标准钟，以便来城群众校对时间。教导部每年办理民校二期，每期四个月，招收不识字男女青少年利用业余时间或晚上来校授课，编辑民校国语、笔算、珠算教材。设图书室管理书报阅览，出借图书。生计艺术部每学期举办书画展览，组织划船、爬山比赛、街头画展等。

① 吕绍槐、孙泽柽：《淳安县简易师范概况》，载政协淳安县文史资料组：《淳安文史资料》第3辑，1987年，第70页。

淳安简师还辅导地方教育，设辅导员一人（由教育教员兼任），经常辅导县城各保的国民学校，并组织社教推行委员会以推动社会教育。同时，还在《淳安民报》上组织《教育辅导》及《儿童园地》专栏稿件，每月一期，传播教育动态。

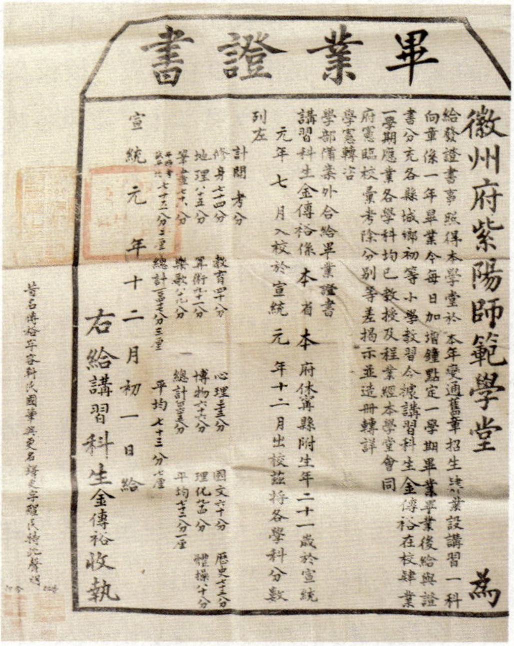

畢業證書

徽州府紫陽師範學堂　為

給發證書事照得本學堂於本年變通舊章招生速成業設講習一科向章係一年畢業今每日加增鐘點定一學期畢業畢業後給與證書分充各縣城鄉初等小學教習合據講習科生金傳裕在校肄業一學期應業各學科均已教授及程業經本學堂會同府憲臨校彙考除分別等差揭示並造冊轉詳學憲轉咨學部備案外合給畢業證書

講習科生金傳裕係本省本府休寧縣附生年二十一歲於宣統元年七月入校於宣統元年十二月出校茲將各學科分數列左

計開　考分

修身七十四分　教育四十八分　國文六十分　歷史七十三分

地理八十五分　算術七十一分　博物六十六分　理化七十四分　體操八十分

右給講習科生金傳裕收執

宣統元年十二月初一日給

宣统元年徽州府紫阳师范学堂毕业证书

民国时期，苦难的形势使得师范学生都自觉将国家、民族和民众利益摆在更高位置。民国八年（1919）五四运动的浪潮，也波及新安江流域。安徽省立二师、浙江省立九师，以及其他中等学校学生，纷纷走上街头，宣传、募捐、查禁洋货等，产生深远的社会影响。也正因此，民国九年（1920）2月，浙江省长公署转发了教育部第67号训令，严禁学生随意集会：

> 学生在校集会，以研究学术及有益身心之事为限，案照学校管理规程第三条“应经校长允许，并由职员督率”，又第七条“学生有违背校规者，应予以相当之儆戒”，第八条“学生有因犯学规退学者，非确有悛改之保证，不得再入他校”各等语，迩来各校生徒任意集会，内则干涉校务，藉端要挟；外则抵触警章，滋生事故，实与学业规程多所妨碍，应由各校员查照规程，实行查察。如有违反校规及逾越轨范之集会，应即严切责令取消。其有不遵训告、擅自集合者，应由校照章严切制止，分别惩儆，并查明倡首抗拒各生，令其退学，以资取缔而重校规。[①]

① 浙江省长公署训令：《准教育部咨嗣后学生集会应按照学校管理规程办法办理由》，载《遂安教育公报》1920年第2卷第3期，第1～2页。

在地方当局严密控制下，民国十年（1921）上半年各校局面相对平稳。设在严州的省立九中、九师、森林学校的校长及教员因此得到省厅嘉奖：“据该知事皓电称，第九中、师、森林等学校学生，秉承各校长、教员劝导，一致拒绝外界要求，照常上课等情。查各该校学生等，志切求学，不为外界所诱惑，深堪嘉尚。除仍由各该校长、教员等随时指导外，合亟令仰该知事传谕嘉奖，以昭激励。”①

二、展现爱国情怀

民国十四年（1925），上海发生“五卅”惨案，并很快发展成为一场反帝爱国运动。消息传到建德县，在九中小学部任教的共产党员唐公宪、竹均之等支持下，师范部学生、建德县大洋人童祖恺和严汝清，响应全国学联号召，于6月中旬成立浙江省立九中学生自治会，联络建德学界、工商界、城郊农民和部分政府官员1000多人，在九中操场召开了盛大的“建德县各界群众声讨英、日帝国主义残杀顾正红烈士大会”。各界进步人士上台演讲，童祖恺发表了慷慨激昂的演说，介绍了顾正红烈士被害经过，揭露帝国主义屠杀中国人民的累累暴行。场上群情激昂，为死难同胞致哀，并致电顾正红烈士家属表示慰问，一致通过“立即进行全城的罢工、罢课、罢市的决议”。并会同工、学、商界组织“仇货检查组”，到商店、码头检查洋货，将查出的大批日货集中烧毁。后学生会又提出提前放假，深入农村宣传募捐。活动历时三个月，在社会上引起很大震动。童祖恺也于次年加入中国共产党，为建德中共党组织创始人之一。民国十六年（1927）毕业后，他回到家乡大洋，以办小学为掩护，开展革命斗争，直至民国十九年因参加武装暴动失败而遇害。

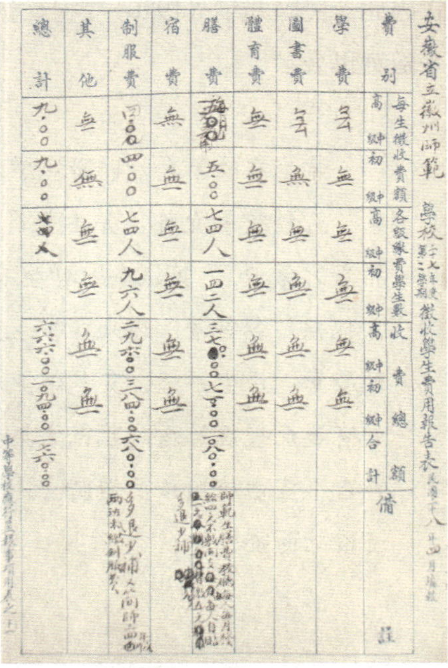
安徽省立徽州師範學校第二十七年度第二學期徵收學生費用報告表

費別		學費	圖書費	體育費	膳費	宿費	制服費	其他	總計
每生徵收費額	高級中	無	無	無	[illegible]	無	[illegible]	無	九.○○
	初級中	無	無	無	五.○○	無	四.○○	無	九.○○
各級繳費學生數	高級中	無	無	無	七四人	無	七四人	無	[illegible]
	初級中	無	無	無	一四二人	無	九六人	無	
收費總額	高級中	無	無	無	[illegible]	無	[illegible]	無	[illegible]
	初級中	無	無	無	[illegible]	無	[illegible]	無	[illegible]
	合計				[illegible]		[illegible]		[illegible]
備註					[illegible]		[illegible]		

1938年省立徽州师范学生费用征收表

抗日战争全面爆发，在经历了初期的恐慌后，学校陆续在较为安全的地方重新开学，学生的抗战宣传也成为学校教育教学活动一部分。遂安简师师生每周定期列队上街晨呼、

① 《令建德县知事仰传谕嘉奖九中师森林等学校学生由》，载《浙江教育》1920年第3卷第5期，第7页。

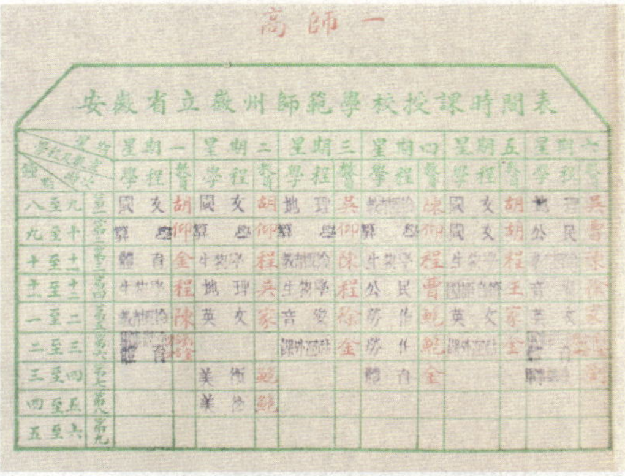

1940年代省立徽州师范课程表

夜呼，高呼抗日救亡口号，高唱抗日救亡歌曲，振奋各界人民的抗日斗志。同时，还为慰劳前方抗日将士，走上街头劝募寒衣军粮。严州师范学生每逢重要节日，都在街头墙上分班编出以宣传抗日为中心的“壁报”。教师张维芳、许为通等还指导学生举行文娱晚会，演唱革命歌曲，公演《北京人》等话剧。民国三十四年（1945）5月，抗战胜利在即，各大学校长、教授及教育文化界人士联合发表《为争取胜利告国人书》。严师师生纷纷响应，校长吕绍槐代表学校宣誓，响应《告国人书》，呼吁团结国力，争取胜利。

安徽省立徽师的学生不仅多次上屯溪、下深渡演出、募捐，宣传抗日，还在国民党中央执委会开展的知识青年从军运动中表现突出，谱写了“一寸山河一寸血，十万青年十万军”的时代篇章。当年一篇通讯这样报道：

> 徽州师范志愿参加远征学生冯宗铭等男女同学十一人，由该校查校长及全体教师率领出发，于四月十九日上午九时来城。本县各界特在中山堂举行欢送会，到各机关团体民众三千人，由史主任秘书主席行礼如仪后，报告开会意义。一、民众应踊跃应征，以徽师同学作榜样。二、各中学同学参加远征，当亦不后于徽师。三、祝徽师远征同学，前途光明。次由叶秘书、查校长暨徽师同学相继致词，末由远征军代表冯宗铭答词，语多豪爽，爱国之情，溢于言表。各界观众，亦大为感动。大会略备有毛巾糖果，当场由主席分别致赠。礼成，奔赴太平桥摄影，以资留念云。[①]

解放战争时期，师范学校都聘请了一些刚从大学毕业的青年来校任教，这些年轻教师一般都具有追求进步、向往民主的思想，富有正义感。他们既教文化科学知

①《徽师同学参加远征，歙各界举行欢送会》，载《新歙县月刊》1944年第5期，第25页。

1948年严州师范班级毕业照

识，又注重激发学生的民主思想。教学中增删教材中的内容，自编自选讲义作为补充教材，如选读鲁迅文章作为语文补充教材，在《教育学》中介绍苏联的教育理论等。学生对于学校里压制学生的训育主任和军训教官，时常采用投掷石头、张贴传单等方式表示反抗。民国三十六年（1947）下半年，遂安县政府要收回原拨给遂安简师养鱼、种藕以改善师生生活的一口五六亩的水塘，学生极为不满，闹到县府。县府官员以“戡乱时期学生闹风潮，幕后有人支持”来恐吓，但师生坚决予以抵制，迫使县府最后不了了之。

1949 年 10 月，中华人民共和国成立后，很多师范学生中止学业，积极参军、参干，表现出对建设新中国的极大热情。

第九章　新安江流域近代职业教育的几度波折

在洋务运动推动下，为培养能与近代军事发展相适应的人才，福州船政学堂、天津水师学堂、广东实学馆等新式学校陆续开办。从这些学校教学内容看，显然属于近代意义上的职业教育范畴。随着洋务运动向民用领域扩展，以通用技术人才为培养目标的新式学堂也先后创立，如山海关北洋铁路官学堂。而武昌自强学堂的商务门、江西高安县蚕桑学堂、浙江西湖金沙港的蚕学馆及山西农林学堂的创办，则是在西方近代科技、教育思想和制度影响下，我国自主培养近代蚕桑、商务、农林人才新尝试，也标志着我国近代职业教育领域的新拓展。

光绪二十九年（1903）底，清廷颁布《奏定实业学堂通则》。认为："实业学堂所以振兴农工商各项实业，为富国裕民之本计；其学专求实际，不尚空谈，行之最为无弊。而小试则有小效，大试则有大效，尤为确实可凭。"因此要求"各项实业学堂，各省均应酌量地方情形随时择宜兴办"。[①] 具体而言，实业学堂分实业教员讲习所、农业学堂（含水产学堂）、工业学堂（含艺徒学堂）、商业学堂和商船学堂。各类均分高、中、初三等，其程度各对应高等学堂、中学堂和高等小学堂。由此，一个较为完整的职业教育体系制度初步建构起来。

第一节　商业职业教育的起步

一、寿昌私立乙种商业学校办学始末

新安江流域的民众，素有经商传统，尤其是上游的徽州。传统的商业教育，一般是先在私塾中接受基础的文字与计算知识，然后在真实的商业活动中通过学

① 舒新城：《中国近代教育史资料》中册，人民教育出版社，1981年，第742、743页。

徒制完成。在近代沿海发达地区新式商业学校纷纷兴办的影响下，新安江流域也出现过几所商业学校。虽然相比于农业、工业类职业学校，商校在设施上的投资所需最少，但或许是其职业技能的专业性不高，在1949年中华人民共和国成立前，这里的商业类职业教育发展并未出现高潮，仅有的几所低层次商校在教育园圃中似乎只是点缀。

成立最早的商业学校，是寿昌私立乙种商业学校。寿昌县在建德县西南，“面积狭小，环境皆山，居民寥落，交通不便，故商业不振，工业未兴。……论其交通，翠溪之水自北来，至县城折而为艾溪，漩流急湍，滩石错杂，无舟行之利。居民惟以竹筏上下，传载货物而已。其他溪流纷出，咸无运输之便。惟陆路循南而折东七十里可通兰溪，依北九十里可通建德，余则路途迂曲矣”。[①] 在这样的环境中，寿昌商业不很发达，仅能满足当地民众最基本的生活之需。据民国十八年（1929）统计，全县商店仅137家，而县城就集中了84家。按行业分，在24类中，以中药店为最多，达23家；百货店次之，有22家；珠宝、水果、香烛纸炮等店最少，仅各有两家。各类商店资金、营业额与利润也相差很大，以主要行业的头名商店做比，则有下表：

表9-1　1929年寿昌县主要各行业头名商店规模比较一览表[②]

类别	资本额(元)	全年营业数(元)	全年盈余数(元)
油酱业	15000	80000	4000
绸布业	8500	50000	2000
盐业	5600	42000	1500
百货业	6000	35000	2000
南北货业	2500	9000	800
鲜肉业	1100	7000	600
烟业	1400	5500	500
洋广货业	500	4000	300
中药业	1100	3800	120

① 胡国桂：《寿昌实业实况》，载《浙江省立甲种商业学校校友会杂志》1922年第6期，第59～60页。

② 资料来源：《浙江经济调查》1931年第7期，第25页。

从经营者来看，寿昌县“经商者大半为徽州、赣省籍，徽人尤居多数，盖土人仅事农耕，而不稔商业也”。[①] 到了近代，传统商业组织也为商会所取代。据民国十一年（1922）调查，该县有治理商务和调和商事的商会，各设会长、副会长、庶务、书记一人，另有职员多人，但事务不烦。

辛亥革命后，有识之士创办私立学校亦风行一时。为“造成将来商界上可需之才，发展而经营之”，民国二年(1913)3 月，寿昌县商会会长程汉阳与叶新顺布店老板叶德润牵头，联合裕茂昌布店、程谦裕杂货店、周裕成杂货店等商界同仁集资赞助，筹办寿昌私立乙种商业学校，以培养有专长的财会、供销人员。该校“名为商办，实系徽人所设”。校址设在寿昌南门新安会馆，教室、黑板、课桌凳及办公用具皆由商会负责办置。该校学制三年，受教学设备和师资条件所限，毕业一批才招收一批。民国二年初次招生，共有建德、兰溪、淳安、寿昌各地学生 15 名，其中大多数是商人或店员之子。后三届（民国五年、八年、十一年入校）学生人数亦少，分别为 13 人、5 人[②] 和 14 人。[③] 学生毕业后，发给商会签发的毕业文凭，均报教育部备案。并由学校根据学生品学优劣，推荐给有关商店，或由商店自行聘用，也可以自谋职业。

私立乙商先后办学十一年，杭州私立农校园艺科毕业的蒋任生（1913 ~ 1916 年在任)、姜德修（1916 ~ 1919 年在任)、诸葛谔（1919 ~ 1924 年在任）先后任校长。学校师资在县内外聘请，寿昌人、贡生诸葛祥教《国文》，寿昌人诸葛谔教《算术》，毕业于杭州私立铁道专科学校建筑科的寿昌人姜德修教《修身》与《英语》，叶德润兼任《商通》《商论》课。因商校招生无多，该校又附设国民学校一所，教员两校共用。

由于师资紧张，寿昌私立乙商办学质量不高。民国五年（1916），省视学视察该校后，指出：“私立乙种商业学校，课程除簿记及商业尺牍外，其余科学，仍用高小课本。教职员两人，均兼任附设之国民学校，已觉十分困难。视学到时，值教员汪绳请假，郑炳熊遂以一人兼充两校教务，不免因循敷衍。抽问学生已授之课，于文义都未了解。……应请饬县大加整顿，并由县视学随时督察，以免贻误云。”[④] 民国七

---

① 胡国桂：《寿昌实业实况》，载《浙江省立甲种商业学校校友会杂志》1922年第6期，第63页。

② 浙江教育厅训令第一七六号《令寿昌县奉部令该县私立乙种商业校员生表应备案由》，载《浙江教育》1922年第5卷第3期，第2页：“查寿昌县私立乙种商业学校，学生诸葛恩等五名，资格尚合，应准备案。”

③ 李新富：《寿昌私立乙种商业学校史略》，载政协建德县文史资料组：《建德文史资料》第4辑，1989年，第36页。

④《寿昌学务大略情形》，载《教育周报(杭州)》1916年第133期，第28～29页。

年，教育部在审核寿昌县私立乙种商校事项图册等材料后，训令浙江教育厅厅长伍崇学："查该校所订学则、课程，大致相合，应准备案。除学生名册未据送到，业由该厅另行该县转饬补送，听候核转不计外，该校教员无一在商校毕业者担任专科讲席，定难胜任。应饬迅即遴聘学有专长之人担任教科，以符部章而重学业。选定后并应报部备核。"[①] 由此，私立乙商才在次年选聘了毕业于杭州私立甲种商业学校的杭州人胡国桂担任商科专业课教学。民国十二年（1923），省视学陶赞尧在《寿昌县教育状况报告书》中指出："该校经费支绌，学额不足，种种设施，均未完备。急应筹集经费，广招学生，切实整顿，以副名实。附设商办国民校，学生五十人，管教尚属认真，各科成绩亦有可观。"[②] 随着时间流逝，商人们见无利可图，对办学越来越不感兴趣，学校经费也日趋拮据，常常入不敷出。到了民国十三年 3 月，终因经费无从筹集，被迫停办，最后一届学生也不了了之。

二、徽州私立乙种商业学校概况

徽州第一所商业类职校诞生于民国五年（1916），是由徽州茶商公立初等农业学堂改建而成的徽州私立乙种商业学校。私立乙种商业学校招收小学毕业生，学制三年。[③] 虽然徽州经商风气很盛，但商校招生并不景气。民国八年（1919），全校教员 4 人、学生 32 人，全年经费不足 2000 元。民国十三年（1924），该校再次改办为徽属初级中学，但是，很快也因经费短缺而停办。

民国六年（1917），徽籍六县省议会议员及商界人士发起以古紫阳书院款为基金，创办公立甲种商业学校。初借阳湖乙种商校地址，后迁屯溪栗树园，[④] 这是徽州第一所中等商业学校。对于该校的创办，省立二师杂志曾发表一则短消息曰：

> 徽以商著，商业学校其最要也。本年徽属士绅，议将旧有之紫阳书院六邑公款，设立甲种商业学校，已奉省公署核准照筹，委任歙县程君伯敬为校长。校舍即附设于阳湖之乙种农业学校。惟每年入款，闻不过三千数百元。恐尚不

① 教育部训令浙江教育厅厅长伍崇学《呈一件送寿昌县私立乙种商校事项图册请核示由》，载《浙江教育》1918年第1卷第3期，第3页。

② 浙江教育厅训令第二五一号《令寿昌县据省视学呈报该县教育状况由》，载《浙江教育》1923年第6卷 第4期，第38页。

③ 屯溪区地方志编纂委员会：《屯溪区志》，方志出版社，2012年，第968页。

④ 歙县教育志编纂委员会：《歙县教育志》，黄山书社，2009年，第297页。

敷开支云。[①]

新安甲商成立时，由徽州六邑省议员组成的校董会，负责研定学校大政。民国十一年（1922）前后，省议会解散，校董会也自行消失，主要事项转而由全徽教育联合会决定。虽然新安甲商是徽州六县动用公产经费兴办，但经费很紧张。后来，经过争取，也得到省政府补助。民国十七年度（1928），省财政给予新安甲商每年补助费为4000元。[②]

新安公立甲商招收高小毕业生，学制三年。课程主要以文化课为主，专业课为辅。文化课有党义、国文、英文、数学、历史、地理、生理卫生等，专业课有商业概论、商算、应用文、簿记、经济银行、商业实践等。还附设预科班，招收高小未毕业者，课程与高小相似，不设专业课。[③]学校也重视培养学生的经商能力，特设贩卖部供学生实习，每周安排3位学生担任轮值经理，并假行存放汇兑等业务以练习簿记票据应用。但由于贩卖部货物过少，往往不敷实习需要，故实际效果有限。

民国十八年（1929），新安公立甲种商业学校易名为新安公立中等职业学校，校址也从屯溪栗树园迁高枧。当年10月，省教育厅督学叶明辉在《视察休宁县教育概况报告》中，对新安公立中职的办学做了较为详细的描述：

是校原名新安公立甲种商业学校，本年秋季始改今名，校舍暂假屯溪高枧省立第二工场旧址。常年经费以紫阳书院学产收入，年约二千余元，及省款补助四千元充之；并为便利附近儿童求学计，就原有经费腾出一部，设附属小学。该校自易名后，仍暂单设商科。现有一、二年级各一班，学生四十六人，教职员九人，校长沈钰，系本省前优级师范毕业。全校校务分教务、训育、事务、体育、附小五部，每部设主任一人。校务会议，本学期举行四次，俱有记录，各项统计图表殊不齐全。教务主任张文和，于本年十月病故，其职务暂由校长兼代。设备方面，校舍尚可敷用，仪器约有百余种，仅足供高小学生实习之用。图书约二百种，内以商业经济之书为较多，各项挂图俱嫌不足，体育器械勉强

① 省立二师：《安徽省立第二师范学校杂志·调查》第5期，民国七年。
② 《安徽教育行政周刊》第1卷第28期，第21页。
③ 屯溪区地方志编纂委员会：《屯溪区志》，方志出版社，2012年，第968页。

敷用。学生课外活动，有贩卖部之组织，由簿记教员任指导之责，每周学生三人，轮值经理，兼以练习新式簿记；余如阅书会，演讲会，娱乐会等，均在筹备之中。附设小学部，现有学生二班，计初级一二年级合为一班，三四年级合为一班，学生共四十六人，教职员三人；本年经常预算，共八百七十六元，各项设备多与中学部共用。训育方面，所制标准十项，尚为适合。各科教学方法，大致尚可，学生课外全无组织，殊为缺憾。统观该校，精神上似觉欠佳，应力求振作，以谋进步。①

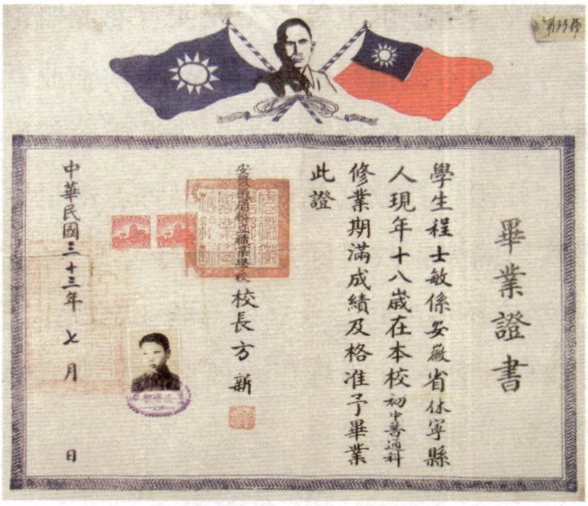
畢業證書

學生程士敏係安徽省休寧縣人現年十八歲在本校初中普通科修業期滿成績及格准予畢業

此證

校長方新

中華民國三十三年七月　日

1944年省立徽属联立职业学校毕业证书

新安公立中职规模较小，经费紧张，校舍简陋，设备缺乏，管理也乏善可陈。民国二十一年（1932），新安公立中等职业学校再次更名为省立第八职业中学。次年，迁往歙县试院（原省立三中旧址）。然而仅仅过了一年，该校就宣告停办。

除了本地兴办商业类职业学校外，还有少数由地方政府选送赴外地商校学习的学生。金华县阜长乙种商校创办有年，办学成绩卓然可观。经学校申请，得到金华道同意，金华道属各县每年可选送学生 1 ~ 2 名就学。民国九年（1920），遂安县劝学所就发布了考选简章，凡国民学校毕业及有同等学力者均可报名，并参加在县劝学所举办的选拔考试（国文、算学各一题）。入学者修业三年，学习科目为商业道德、国文、英文、算学、商业簿记、商事要项、商法大意、商业地理、体操、珠算、银圆鉴别法。每全年学费洋 4 元，膳费洋 24 元。开办在杭州的浙江省立甲种商业学校，省议会也通过各县保送学生的议决，由各县选送“身体强健，年在十四岁以上十九岁以下，在高小学校毕业或有同等之学力者”学生一名报考。②

① 叶明辉：《视察休宁县教育概况报告》，载《安徽教育行政周刊》第3卷第3期，第33、34页。

②《浙江教育厅训令各县知事：为令发省立甲种商业学校招生简章仰查照选送由》，载《遂安教育公报》1920年第2卷第7期，第10～11页。

第二节　农业职业教育的发展

一、清末农校的萌发

我国是一个典型的以农立国的古国，粮食与桑、麻、棉的种植，不仅是朝廷统治的基础，也是百姓民生之命脉。因此，政府对农业高度重视，既在土地所有制、赋税等核心要素上有严密政策，甚至对品种、农具、技术等层面也不乏指导。尽管零碎与宽泛，但视为传统社会的农业职业教育也未尝不可。清雍正十三年（1735），绩溪知县王锡藩就曾建敬业书院，讲授蚕桑技术。道光年间，绩溪县教谕沈练（平陵人，今江苏溧阳西北）与妻陈氏，刊布《培养桑树法十九条》和《饲蚕法六十六条》，传播栽桑、养蚕、缫丝技术多年。① 这都属于少见的早期农业职业教育个案。

进入20世纪，农林问题同样成为地方官员改善民生、造福社会的重要抓手。光绪三十三年（1907），新任徽州知府刘汝骥在向上司汇报到任三个月来力行筹划的八件事中，与革除恶习（迷信、嗜赌）、实行戒烟、速结词讼、严惩差役、改良巡警、兴修文庙并列的就是整顿学堂和试办农林。② 在刘汝骥的设想里，“试办农林”不过是有感于所在多有的“童山濯濯”，乃有在城中数片荒地“种槿当墉，编竹为篱”，栽种果实、蔬菜，作为植物园；城外200余亩，或招垦，或集股，种植竹、柏，营造“蔚然可观”的茂林修竹而已。但作为同时代的下层经营者，则敏锐地捕捉到了近代新式教育与传统农业相结合可能带来的经济效益。于是，新安江流域的新式农业职业教育萌发了。

光绪三十四年（1908），戴英在休宁县隆阜珠里创办了徽州近代第一所职业学校——休宁初等农业学堂。戴英（1878～1949），字琴泉。隆阜人，秀才出身。在随父亲游历于江浙之后，投身工商两业，集资创办肥皂厂、布厂、油坊，又创办农业公司，造林栽桑。积累了资本的同时，他看到了通过办学扩大产业的希望。于是在农业公司内，创办休宁初等农业学堂，开设蚕业科，招有学生10余人。根据清政府颁布的《奏定初等农工商实业学堂章程》规定，“初等农业学堂，令已毕业于

---

① 绩溪县地方志编委会：《绩溪县志》，黄山书社，1998年，第714页。

② [清]刘汝骥：《陶甓公牍》，安徽师范出版社，2018年，第158～159页。

初等小学者入焉；以教授农业最浅近之知识技能，使毕业后实能从事简易农业为宗旨。……每星期钟点视学科为差，三年毕业”。开设的课程分普通、实习两大类，普通科目有修身、中国文理、算术、格致和体操，另可加地理、历史、农业、理财大意、图画等科目。蚕业科的实习科目有蚕体解剖、生理及病理、养蚕及制种、制丝、桑树栽培、气候、农学大意、实习 8 门。① 但休宁初等农业学堂师资条件并无优势，因此以教授初等小学课程为主，甚至连教材也偏少。因公司有实践基地，所以注重栽桑养蚕实习，每期须实习 3 个月。后来，戴英的实业破产，资金周转出现困难，民国元年（1912），该校停办。

宣统元年（1909），在屯溪经营的歙县大茶商吴俊德捐巨资兴建校舍，拟在阳湖创办一所小学堂，得到屯溪茶、钱两业支持。徽州知府刘汝骥根据徽州自然特点，以及国家趋重实业的形势，疏呈上峰，决定将该校办成一所实业学校，定名为徽州农业学堂，以蚕桑为主科。宣统二年（1910）三月，徽州茶商公立初等农业学堂正式开学。宣统三年（1911）三月，该校又招收中等农科本科、预科各一个班，有升格办学意图。民国五年（1916），该校根据徽州人多经商的特点，改为商科，校名为徽州乙种商业学校。民国十八年（1929），再改为徽属茶钱两商公立小学，以后又改为茶商小学，成为一所普通小学。该校作为初级职业学校，从宣统二年（1910）到民国十三年（1924），先后办了 14 年。

淳安县也在宣统年间开办了一所初级实业小学。宣统三年（1911）六月，浙江省提学使司针对该校拟次年开办正科，并将预科改为一年的申请，给予了明确指示：“现在初等毕业学生已多，正可招考入学。”但建议课程设置做些调整：“于定章外加林学大意、蚕学大意、兽学大意三门，查农学之科目本多，初等学生脑力未足，过于繁重，不免蹈纷而不专之弊。应即删去。即以所余钟点，将实习一项酌量增加；其图画一门，亦应酌增钟点，缩短时期。”②

二、民国初年开办的几所农校

我国有悠久的产茶历史，多种茶品在国际市场享有盛誉。但当近代机器大生产被引进茶叶生产领域，印度、日本等新产茶区在国际影响日益扩大，19 世纪末，中

① 璩鑫圭、唐良炎：《中国近代教育史资料汇编·学制演变》，上海教育出版社，1991年，第444页。
②《提学司袁批淳安县详送初级实业学堂教授时间由》，载《浙江官报》1911年第3卷第35期，第262页。

国茶业开始一蹶不振。光绪三十年（1904），张百熙、张之洞再次提出在产茶省份“设立茶务学堂”，并于光绪三十三年（1907）开办“四川通省茶务讲习所”，开启了我国茶业教育单独开班教学的历史。①

民国五年（1916），安徽省实业厅决定在屯溪高枧建立“省立第一茶务讲习所”，俞燮出任首任所长。次年正式开学，“研究种植、制造、装置、发售各种方法”，徽州茶业职业教育有了零的突破。讲习所学员或由茶区择优选送，也面向社会招生。著名湖畔诗人、绩溪人汪静之在民国八年（1919）春天就报考了该校，他写道：

> 我就到那个茶务学校去，到屯溪去。……我进的那个学校是很糟糕的，因为我没有进过小学，考学校要考数学、英语。那时小学是初小四年、高小三年，高小三年读英语，人家读过三年英语了，我没有读过，ABC都不认识。我去考那个学校，只写一篇古文，数学不会，交白卷，英语交白卷。还考一个常识，就是动物、植物、物理、化学这种很粗浅的常识，我也不懂，没有读过那些课本。我只会做篇作文，可是也考取了，进去了。②

茶务讲习所招收学员最多时有百余名，文化课程占了较大比重，数学、物理、化学、英语都是主要课程。俞燮亲自编纂各种专业讲义，延请茶商吴庭槐担任技术指导。茶务讲习所也将实际操作作为授业的重要手段，不仅租赁高枧茶园百十亩，以便学生实习茶叶育苗、栽培、管理技术，又采购炒茶、滚茶、扇茶等较为先进的机器制茶，还破除茶号用靛加色之弊。学员实习也直接同生产、销售等相联系，生产装茶一磅为一罐的外销茶，“分发美国各界，时推为盛举”。③ 民国九年（1920），俞燮因事去职，安徽省立第一茶务讲习所停办，改为省立工场。该所虽然开办时间短暂，却不仅在当地茶业生产中起到了一定的示范和促进作用，更为我国培养了一批杰出的专业人才。在我国茶界享有盛誉的胡浩川、方翰周、傅宏镇等著名茶学专家，均出身该讲习所。

民国六年（1917）8月，浙江省立甲种森林学校在建德梅城富春坊开办。初创时，

---

① 陶德臣：《中国近现代茶学教育的诞生和发展》，载《古今农业》2005年第2期，第62页。

② 飞白、方素平：《汪静之文集·回忆、杂文卷》，西泠印社出版社，2006年，第162页。

③《安徽徽属六县茶业之概况》，载《中国建设》11卷1935年第4期，第26页。

建德县署拨充县农会森林苗圃30亩为实验基地。学校规模宽大，设施齐全，有讲堂4座，学生寝室自修室2座，并有陈列室、标本室、图书仪器室、事务室、教职员寝室、会客室等7座，以及膳厅、厨房、浴室、招待室用房10余间，学校周围垣墙200多丈。并以乌龙山为实习林场。[①] 据民国十二年（1923）度统计数据，省立森林学校有学生96人。[②] 那时，省立九师、省立九中、省立森林学校鼎立于同一座县城，这是建德县教育史上一件盛事。民国十三年(1924)，浙江省议会决议，由浙江省教育厅制定《省立各校改组办法》，将浙江省立甲种农业学校改组为浙江省公立农业专门学校，同时把浙江省立甲种森林学校并入，设农学、森林两科，并附设高中农科，此即浙江农业大学前身。著名农学家、浙江慈溪人卢守耕(1896 ~ 1989)，在国立北京农业专门学校农学科毕业后，曾在浙江省立甲种森林学校担任过教员。

浙江省立甲种森林学校创办之初，省教育厅寄予厚望，曾令金华、瓯海两道所属县选取适宜的官有山地拨付林校营造林场，先后共有3处，面积达到9.5万亩。但林校似乎并无相应力量接收，并加以营建。民国八年（1919）5月8日，浙江教育厅在发给林校的训令中指出：

> 案据寿昌县知事呈称，窃上年二月二十五日奉钧令，据浙江省立甲种森林学校校长袁锵金呈，奉省长指令调查各县辖境荒山地亩一案，奉经知事以别无相当荒地，拟以因讼收归官有造作森林之方剥坞、羊二岗、大箬坞及沿坑一带，并原定查照国有荒地承垦条例招人缴价承垦之东山头、羊坪、大山坞各地，变通原案，拨作校用，绘具图说，请令该校派员调查等情，呈奉钧令转行该校遵照在案。嗣因久未查勘，而高达丰时生觊觎，复经知事函催袁校长，迄仍未蒙查勘。现恐该处山场，别滋事端，允宜早图结束，请即令催该校长刻日派员下县查勘，如能适用，庶可变通办理，否则应遵原令执行。……[③]

① 建德县教育志编写组：《建德县教育志》，内部资料，1985年，第113页。

② 浙江省教育厅：《浙江教育统计图表》民国十二年度。转引自何小飞：《浙江近代人口的职业变迁与职业教育》，浙师大硕士学位论文，2011年，第41页。

③ 浙江教育厅：《令省立甲种森林学校据寿昌县请令催派员查勘拨校荒地仰即查照由》，载《浙江教育》1919年第2卷第5期，第2～3页。

寿昌县于民国七年（1918）二三月即奉令确定官拨荒地，但多次催办踏勘交付事宜，林校无动于衷。于是，寿昌知县不得不报告省教育厅，试图动用行政指令了结此事。

新安江流域民众的养蚕历史较长。南宋学者罗愿在其《新安志》中，描述徽州习俗就有“俗重蚕，至熏浴斋洁以饲之”[①]的记载；中游睦州山区民众“谷食不足，仰给他州，惟蚕桑是务”。[②]或许是由于蚕病困扰和蚕茧加工工艺的繁复，此后数百年，徽、严两州蚕桑业并未有如茶业一般得到迅速发展。进入民国，政府出于促进地方经济考虑，多方鼓励蚕业。鉴于“振兴蚕业，不外推广与改良二事。但农民素昧蚕学，每于育蚕手续，未能明了。即自诩先进者，亦多泥守旧法，罔知改进。虽迭令饬各县知事，设法多方劝导，或组织讲演团，或刊送白话报，以期家喻户晓。第奉行之员，倘非研究有素，亦恐多所隔阂，未克推行尽利”。民国九年（1920）9月，浙江省教育厅“为灌输蚕业知识起见，督饬技术员编辑《养蚕要览》一篇，拟每县分发一百册，由县转发给农业机关及自治员讲演团，酌送识字养蚕户。所有刊印工价及邮费，每册估需洋六分，每县一百册，计应需洋六元，并拟由厅先行筹垫”。[③]从遂安县公署训令中可知，至少遂安县讲演所按时将《养蚕要览》100本及时下发到蚕户手中了。

相对于下发科普读物而言，正规培训更为有效。民国初年，淳安、遂安两县都开办过蚕业传习所。不过，传习所实际效能未必直接显明。据民国十二年（1923）统计数据，淳安县立女子蚕桑传习所仅10人。[④]而遂安县蚕业传习所在民国七年（1918）的经费，“除丝价收入外，不敷银二十八元一角六分”。拟在该县公益费内支销，还要经浙江省长公署发文“准予所请”，[⑤]可知惨淡到何等程度。在省级层面，还有浙江省立女子蚕业讲习所，每年学额100，分设两班。除每县选送一人外，余额招收录取。入学资格为高小毕业生或有相当程度、朴实耐劳，年龄16岁以上25岁以下之女生。学制二年。学习科目中，普通科目有国文、修身、图画、体操、数学、

① [宋]罗愿：《新安志》卷一《风俗》。

② [宋]刘文富：《淳熙严州图经》卷一《风俗》。

③ 遂安县公署：《令发养蚕要览一书由》，载《遂安教育公报》1920年第2卷第8期，第7页。

④ 浙江省教育厅：《浙江教育统计图表》（民国十二年度）。转引自何小飞：《浙江近代人口的职业变迁与职业教育》，浙师大硕士学位论文，2011年，第41页。

⑤ 浙江省长公署：《令实业厅：呈一件呈送遂安县蚕业传习所经费清册由》，载《浙江公报》1918年第2274期，第12页。

理科、经济，专业科目有养蚕学、桑树栽培法、蚕体解剖学、蚕体生理学、蚕体病理学、显微镜使用法、制种学、制丝法、气象学、蚕业法规、农学大意、蚕业经济、各种实业。民国九年（1920），该所决定，在推广改良各县蚕丝事业期间，“所有学生由各县依额选送，学膳费一律不收。……本届应招选甲级生五十名，定于本年十二月阳历十二月二十八日举行入学实验，……倘各县一律选送齐全，依限到省。溢额各生，准予呈请作为预取乙级生按期如所肄业，以免向隅”。至少在遂安县，这一招考信息已由教育会广为传布。[①] 此外，浙江省立甲种蚕业学校补习科也常有各县保送学生的要求。[②]

虽然此一时期各类农林蚕校渐次开办，但原严州所属各县学员并不多。在民国九年（1920）8月省立甲种农业学校向省教育厅呈送的毕业生名单中，农科毕业18人、林科毕业13人，原严州府属六县并无一生。[③] 其中原因可能较为复杂，但严属各县无论公私经济困窘大约是重要的制约因素。民国五年（1916），遂安县此前按省议会规定办法保送入甲种农校就读的学生余垂组，就是否可以“援例给费”问题，反复与县、省交涉，即是一例。余垂组要求享受民国四年开始的由各县知事考选送校的县费生待遇，但遭到县府拒绝。余上呈浙江民政厅，厅长一方面指出：“从前保送各生，当然不能援例请求给费。”同时批示：“至是项学费，即各校学生送齐后，为数亦尚无多。该县公款纵或竭蹶，当不至遽难应付，应仍查照原案，由全县公款项下筹解。”[④] 虽然因资料阙如，余垂组最终是否享受县费待遇不清楚，但从民国九年（1920）余垂烈、余克春、吴虎德三名官费生为缴纳学费（每年每人10元）事，县署与县劝学所、县自治办公处多番公文往来看，因此项开支源于藉田租息，而藉田已被官产处价卖无存，遂安县的确难有开支渠道。显然，这样困窘的财力，是无法起到鼓励民众向学作用的。

三、“徽农”的兴衰

自民国十六年（1927）冬，安徽省实施中等学校改造方案。至30年代初，因

---

① 浙江省立女子蚕业讲习所：《请保送学生由》，载《遂安教育公报》1920年第2卷第10期，第20页。

② 浙江教育厅：《据省立甲蚕校送补习科招生简章仰即通告遵案保送由》，载《遂安教育公报》1920年第2卷第4期，第12～14页。

③ 浙江教育厅：《据省立甲种农校呈送毕业生名单仰转饬所属聘用由》。载《遂安教育公报》1920年第2卷第8期，第2页。

④ 浙江民政厅：《批遂安县呈甲种农校生余垂组可否援例给费由》，载《浙江公报》1916年第1584期，第23页。

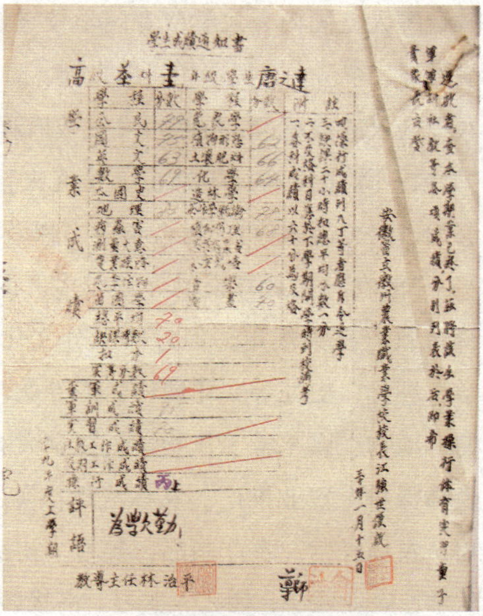

1942年安徽省立徽农学生成绩单

“事实上师范与职业暨普通中学的训育教导，皆有不同，处处困难”，安徽职业教育进入低潮。民国二十二年(1933)，教育部颁布《职业学校规程》，规定职业学校以单科设置为原则。安徽省教育厅随后制订了改进方案，其中“省立职业学校遵照部令单科设立，并斟酌地方情形，适合社会需要”。[①] 并拟将已迁歙县的省立第八中等职业学校改办简易农林科，校名改称省立徽州初级农林科职业学校。

民国二十五年（1936）8月，省立徽州初级农业职业学校在绩溪县孔灵村正式开学。当年招收初级农林科（学制三年）一个班30人，学生以皖南各县为多。次年抗战全面爆发，绩溪也常遭日机轰炸。12月，学校停课，师生疏散。民国二十七年4月，局势趋于稳定，恢复上课。民国二十八年（1939）秋，为培养高一级农林人才，并解决抗战期间初农毕业生的升学困难，经省教育厅和皖南行署批准，学校招收高级茶科生，校名随之改为“省立徽州农业职业学校”。其时，沦陷区流亡青年学生来到绩溪的颇多，为青年前途及稳定局势，徽农增加一个义务班和一个初二普通班，满足沦陷区失学学生需求。民国三十五年（1946）春,学校更名为“省立绩溪农业职业学校”。同年秋,因停办初农班,又易名为“省立绩溪高级农业职业学校”。次年秋，学校由孔灵镇迁到县城内。因抗战胜利后外籍师生陆续返回原籍,农业专业招生困难。民国三十七年（1948）7月，省教育厅电复学校“自本年下期起改办初中”，高职班办至毕业。12月，学校更名为省立绩溪初级中学，基本上结束了农业职业教育的使命。

“徽农”办学十三年，极为艰难，仅校长就有7任。然而，师资队伍却因战乱、沦陷区大批文人内迁得到加强。该校教师总体学历较高，大学农科毕业的专业教师先后有杨锄东、林治平、戴锦荪、王璘、刘启东、章宗箕、吴肇东、董明道、刁

① 安徽省政府:《安徽省行政成绩报告(1934)》,民国二十四年第3编,第57页。

操铨等人，国内外大学或专门学校毕业的专业教师先后有孟大周、鲍昭达、汪菊农、胡翼谋、李辛白、吴嗣恒、朱光纯、周起家等。曾是中共早期党员，参加过党的六大、八七会议的郑超麟，抗战爆发被政府释放出狱，避乱于绩溪，也在该校承担教学任务。“徽农”学生因时局不靖，中途流失普遍，该校总共毕业学生 454 人。现代美学家郭因（时名胡家俭），旅台学者、翻译家楚茹（学名程扶錞）都是“徽农”毕业生。

“徽农”先后开设的专业较多，课程复杂，因条件所限，课程开设不一定完全符合政府有关规定，但总体上分文化课和专业课两大类。公民、国文、英文、数学、理化、史地等文化课程，各专业均有安排。专业课因专业而有差异，初农为植物、动物、园艺学、作物学、林学大意、农林场实习，高林科为生物、苗圃、造林、森林保护、农业推广、农林法规、实习；高农艺科为作物、育种、园艺、测量、气象、农场经营、农产制品、实习，初蚕科为蚕业经营、蚕体解剖、桑树病虫害、制丝学、农业经济、园艺、实习，高级园艺科为作物、遗传学、测量、农业经济、园艺、农林合作、园艺品利用、观赏树木、造园学、病虫害、花卉园艺，高级制造科为食品化学、农业经营、农化概论、农产制造、农业推广、农业经济及合作、微生物学。音乐课在部分专业开设，体育基本按规定开齐。各年级都是上午上课，下午实习。

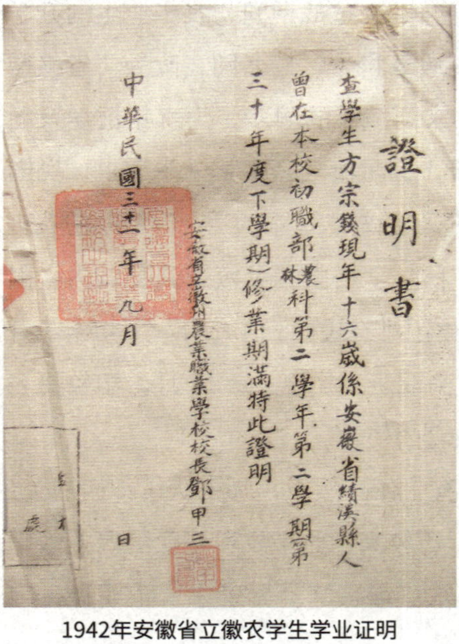
證明書
查學生方宗錢現年十六歲係安徽省績溪縣人
曾在本校初職部農林科第二學年第二學期（第
三十年度下學期）修業期滿特此證明
安徽省立徽州農業職業學校校長鄧甲三
中華民國三十一年九月 日

1942年安徽省立徽农学生学业证明

学校筹建时，建了农场，并雇工耕种部分土地。工饷、种子、肥料等开支，均向省教育厅请拨。但全省经费也有限，民国二十三年（1934）该校筹建，年经常费仅 8206 元。[①] 不得已，民国二十四年，省教育厅颁发《安徽省立职业学校农场工厂管理暂行办法大纲》，提出：“以能生产获利为目的”，将农场、工厂的作业计划、购置材料、管理设备、处理出品、核算盈余单独办理。因此，“徽农”将 200 余亩田地出租给当地农户，其中有 100 亩是特约农田，租金较低，在学校技术指导下种植，带有试验和示范性质。学

① 安徽省政府：《安徽省行政成绩报告(1934)》，民国二十四年第3编，第308页。

校仍保留100余亩田地，为试验农场，分稻作区、麦作区、棉作区、茶作区、果林区、蔬菜园艺区、花卉园艺区、苗圃区、森林区等，供学生实习。民国二十七年（1938），农场各项收入383元，支出260元，两比稍有节余。后因农场连续遭受洪灾，无法运转。学校迁入县城后，实习基地基本放弃。

民国三十四年(1945)5月，浙江省教育厅也饬令各县创办职业学校，并规定发展职业教育为本省中等教育的中心工作。只是下拨经费很少，再加上专业技术人员缺乏，以及受其他条件限制，各地职业学校的设置进展迟缓。民国三十五年上半年，淳安县立初级实用农艺科职业学校筹设，选定原农林场（城东约2里的东寺前）为校址，开一个班，招生40人，学制三年，专业课程设农作物品种改良及蔬菜生产栽培等。同年2月，还批准在航头开办私立“五一”初级农业职业学校，王乾亨为校董会董事长，何霖等12人任董事，该校办了半年，因主持乏人，不得不停办。遂安县也曾创办过一所习艺所，练习木机织布，没几年即停歇。[①]

第三节 工业职业教育的艰辛发展

一、早期工业职教的尝试

传统手工业一直是民生的重要支撑，上千年来，始终保持点多、面广、规模小、纯手工等特点。在建德，20世纪20年代之前，矿产（石煤、石灰石）开采、酿酒(五加皮酒)、造纸和粮油加工是传统的四大产业，其后，才出现发电、碾米、卷烟、制皂等小型近代企业。但因资金单薄、技术落后、税负沉重，而步履维艰。[②]淳安县传统集镇手工作坊以制茶、制木（竹）器为主，杂以铁铜锡器、制伞、锡箔、染坊。民国建立后，采矿、冶炼、化工、造纸、电业、纺织等近代工业零星出现。到1949年，全县工业产值仅447万元，占工农业总产值的13.46%。[③]

清宣统初年，“歙无大工厂，惟曹素功、胡开文之墨驰名中外”“休宁之制造，

① 淳安县教育志编纂委员会：《淳安县教育志》，汉语大词典出版社，1991年，第166页。
② 建德县志编纂委员会：《建德县志》，浙江人民出版社，1986年，第260～262页。
③ 浙江省淳安县志编纂委员会：《淳安县志》，汉语大词典出版社，1990年，第299～300页。

以手足也，以竹木也，铜铁但施于小件，布匹略见其权舆”“祁民性椎鲁，无机巧制造。惟东乡土坑、张岭脚等处制造磁土，运往景德镇，此为祁邑之特产”“黟邑制造向有棉布、手巾、麻布口袋之类，皆无足称”“（绩邑）惟近年所产之丝，缫工称绩庄者，于湖州能占优胜”。[①]

清末民初，徽州也出现了有近代工厂色彩的企业。至抗战前，徽州工业处于缓慢发展状态。手工作坊式生产的铁、木、棕、五金修配的“五匠”和糕点、糟、酱、油、豆腐等“五坊”依然是主体，织布、电力工业出现。

抗战期间，因沦陷区人员云集徽州，以屯溪为中心出现了工业的繁荣，主要有机械修理、纺织、造纸、火柴、卷烟、制茶、牙刷、土皂、锡箔等企业，其中棉纺织业发展最快。民国三十三年（1944），屯溪棉织企业100多个，年产量3万余尺。其中建国厂资金13.55万元，铁机12台，木机18台，月产棉布600余匹。[②]随着抗战胜利，临时设于屯溪的省级行政机关、军警部门等纷纷迁出，沦陷区民众也先后返回原居住地，徽州尤其是屯溪人口迅速回落。受此影响，以生产日常消费品为主的企业销售下降，原先较重要的机械类企业，不少也因回迁或技术人员离岗而停产。到1949年，全徽州私营工业从业人员1.2万人，个体手工业2万人，产值2285万元；主要产品产量为精制茶6.8万担，土布109万米，线袜2万双，土皂131吨，白酒600余吨。[③]基于这样的当地工业发展水平，清末至民国时期新安江流域工业类职业学校发展道路之所以坎坷，也就不难理解了。

新安江流域政府与民众对于实业类职业教育的关注，可追溯到民国初年。首先是对域外职业教育制度的关注与宣介。民国八年（1920）的《遂安教育公报》上，曾摘要刊出从欧美归来的郭秉文在江苏教育会所作的《教育调查报告》。其中，在“职业教育之发达”一目，他分析了欧战对于战后欧美国家职业教育发展的刺激作用，客观介绍了职业教育与普通教育关系问题的两种观点，尤其对“分业制”颇加肯定，认为“分功（工）愈细，则事业愈精。”“此种主张大可以供吾人之研究也”。[④]

鉴于发展职业教育离不开职业技师之养成，而“此项养成方法头绪纷繁，苦无

① [清]刘汝骥：《陶甓公牍》，安徽师范大学出版社，2018年，第219～271页。

② 黄山市屯溪区地方志编委会：《黄山市屯溪区志》，方志出版社，2012年，第425页。

③ 黄山市地方志编委会：《黄山市志》，黄山书社，2010年，第573页。

④ 郭秉文：《郭博士调查教育报告》，载《遂安教育公报》1920年第2卷第1期，第6～7页。

专书可资借镜”。于是，教育部编译处翻译《职业技师养成法》一书，“于欧美、日本之职工养成法颇为详备，诚能斟酌采择，裨益实业前途殊匪浅甚少”。除将原稿发交商务印书馆印行，以资广布外，并将该书一册分发各省教育厅长收领，以便分别饬知各实业学校、实业场所及地方办学机关，就便购阅，俾备参考。① 至少在遂安县，县署即时训令县劝学所妥为办理。同时，原严属各县也按照省厅要求，每年考选本县籍程度优秀之高小毕业生一人，保送浙江公立甲种工业专门学校（浙江工业大学前身）复试肄业，“全年学费十二元，由该县公费支解”。②

早期的实业职业教育也是以传习所形式出现的，因为这种融生产与教育于一体的方式，可以最大限度地降低师资、资金等因素带来的难度。民国十四年（1925），芜湖明远电灯公司经理、绩溪人吴兴周，上海亚东图书馆经理汪孟邹，联合周协恭等人，集资在县城的“亹然堂”创办惠民染织传习所，胡运中为主办，负责延聘教师，边生产边传授技术，开创了绩溪实业职业教育的先河。③

二、私立中正工职与屯溪工职

民国三十一年（1942）9月，由绩溪县各界人士发起筹设，县旅外工商捐助资金创办的安徽省私立中正工业职业学校，则是一所较为正规的以服务近代工业为主要方向的职业学校。该校校董会由35人组成，曾任省教育厅督学的程万孚（1904～1968）任董事长，公推唐少澜为校长。起初，借用鱼川小学（周氏支祠）一个教室和几间房屋。次年春，学校迁往大石门，以太尉庙和广福寺为校舍。民国三十七年（1948）秋，因学生日渐减少，校董会、基金会也在无形中解体，经费无着，不得不在当年冬学期结束时宣告停办。

建校之初，该校只设三年制染织科，当年8月录取新生50余人，第三届招生人数达到近百人。民国三十四年（1945）增设三年制化工科，但招生数下降，两个新生班均班额不足。学生主要来自附近登塔、大障、戈溪、登源、九华等乡，也有少数来自县内其他地区和邻县宁国、昌化、歙县毗邻村庄。该校收费比当年徽州所有省、县立普通中学和私立中学都低。远道学生只需背米进校，并缴纳少量副食费和学杂费。贫寒学生可享受免费或半费入学的待遇。

---

① 遂安县公署：《令采购职业技师养成法一书由》，载《遂安教育公报》1920年第2卷第6期，第16页。

② 浙江教育厅：《为甲工校招考甲种预科生仰查案选送由》，载《遂安教育公报》1920年第2卷第7期，第11～12页。

③ 绩溪县胡稼民教育思想研究会：《绩溪现代教育史料续集》，内部资料，2006年，第67页。

该校的办学目标有四：由“建教合一”到“教养兼施”，由“学校工厂化”到“家庭工厂化”，由“手工业的改良”到“国防工业的创制”，由“文武并重”到“术德双修”。校训是“有学有做，即工即读，手脑并用，建教合一，扫除四废，生产自给，积极奋发，不疲不息”。[①] 但将上述目标具体落实到教学活动之中，却有不少障碍。首先，是师资问题。不唯学历较低（据民国三十五年 4 月填报资料，全校教职员 14 人中，大学毕业和肄业 5 人，中专毕业者 8 人），流动性大，且专业师资严重不足（只有毕业于江苏工业学院纺织系，从苏州流亡至此的纺织工厂技术员、寿县人王梦初一人）。因此，初级纺织科所开课程，以公民、国文、英文、数学、物理、化学、历史、地理、音乐、美术等普通课程占主体，而专业课仅有实用机织学、织物组织学、原料学等少数科目。其次，是实践基地欠缺。起初，校办工厂仅有从屯溪引进的改良木制纺织机 10 台。增设化工科后，附设的式遵实习工厂，内分染织、制烛两车间。虽雇佣技工 15 人，但指导力量也有限。民国三十三年，学校不得不选派 5 位学生去休宁临溪一家纺织厂学习了 10 天的纺织机操作技术，回校后再传授给其他同学。至于实习工厂生产的平布、条子布、格子布、被单布、毛巾和蜡烛等，即使能部分供应市场，但从经营成本上看，靠此盈利进而反哺教育却是梦想。

屯溪工业职业学校，则是全国解放前依然坚持办学的一所实业类中职学校。该校创建于民国三十四年（1945），校址在屯溪西郊高枧村边，原是徽属联立职业学校校址。首任校长是婺源县江湾人江植棠。工职创办时，开办了高级化工科。又将办在屯溪隆阜的省立徽州女子中学职业科 20 余人和办在绩溪的徽州农校 8 名职业班学生并入，设立初、高级纺织科。学制为三三制，即初级三年，高级三年。至民国三十七年（1948），规模最大，共有 7 个班，学生 204 人，教职工 25 人。

相比于绩溪的私立中正工职，屯溪工职开设专业课要多于文化课。初级纺织科文化课有公民、国文、英文、代数、物理、三角和几何学，专业课有机织学、织物分析、染色学、棉纺学、织物组织、图案画、机织准备、工厂管理、织物整理和实习课。高级纺织科文化课加授化学、物理、地理、大代数和立体几何，专业课有棉纺学、机织学、织物准备、机织准备、工厂管理、制图、纺织概论、织物分析和实习课。高级化工科文化课主要有公民、国文、英文、数学（三角、高等代数、立体

① 吴家泽：《私立中正职校述要》，载绩溪县胡稼民教育思想研究会：《绩溪现代教育史料》，内部资料，2004年。

几何、解析几何）、物理、化学等，专业课设定性分析、电磁学、有机化学、经济地理、工业制图、工厂管理、制皂法、造纸法、工业药品制造法和实习课。后期设立商科，除一般的文化课外，专业课主要有商业概论、经济概论、货币学、会计学、簿记、珠算、商业史等。[①]

屯溪工职的师资力量也较强，即便与老牌的省立休宁中学相比也毫无逊色。校长江植棠是教师出身，对生物学有深厚学养，教学基本功非常扎实，教学深入浅出，循循善诱，深受学生钦敬。曾任屯溪工职训育主任、歙县参事的罗运楷教数学，毕业于南京中央大学理学院。[②]化工科主任汪子坚是暨南大学毕业生，物理教师潘友于是西南联大水利工程专业毕业生，教导主任兼教经济地理教师吴政达是南京金陵大学毕业生。此外，还有吴止善、方修训、罗子正、朱传甲、金晓农、曹绥之、李大千、汪巩、沈德华、江敦厚、汪中美、胡初云、江鲁南、方立堂、江耀堂等。[③]中华人民共和国成立后，不少教师被陆续调入高校任教。

屯溪工职初建，其高级职业科的招生对象为应、历届初中毕业生。那时，初中毕业生中，家境好的多报考普通高中，家庭困难但有学习愿望的多报考徽州师范和屯溪工职。为宣传招生，屯溪工职在徽州一带很有影响的主要报纸如《东南日报》上刊登招生简章。民国三十五年（1946）8月《徽州日报》上就有这样一则招生广告：

> 名额及资格：高级化工科、高级纺织科一年级1班新生各五十名，须初中或初级职业学校毕业，男女兼收。
>
> 考试科目：公民、国文、数学、英文、理化、口试、体格检查。
>
> 报名：在本校报名缴初中或初职毕业证书、报名单，照片三张，报名费六百元（在歙县投考者加收报名费四百元）。自即日起至二十六日止。通讯报名亦须手续办齐。
>
> 考试及考场：八月二十八、二十九日在屯溪高枧本校及歙县城内同时举行（报名时须注明考试地点，临考不得更改）。
>
> 附告：（一）公费待遇；

① 屯溪区地方志编纂委员会：《屯溪区志》，方志出版社，2012年，第968页。
② 罗来平：《徽州文化古村呈坎》，天马出版有限公司，2002年，第183页。
③《屯溪工职近况》，载《徽州日报》1946年8月17日。

（二）报名单及简章附邮票五十元即寄；

（三）前呈请教厅增招初级纺织科一年级一班，以收教高小毕业男女生，近奉令候改编预算再行核夺。顷又电催，如核准即登报招生。

校长　江植棠①

屯溪工职学生来源以徽州的休宁及屯溪、歙县为主，少数学生来自本省贵池、无为，江西婺源，浙江昌化、淳安等地。女生很少，1945级化工科全班只有一名女生。工职学生虽多来自贫困家庭，但教师能力较强，因此，学生成绩比较出色。民国三十六年（1947）暑假，省教育厅举办全省高中数学竞赛，休宁中学、隆阜女中、皖中（私立南京安徽中学徽州分校）、工职都派学生参加。结果，工职学生分获第一和第六名。由于徽州地区工业基础薄弱，没有化工厂、纺织厂和其他比较现代的工厂，学生毕业后，都是自谋出路，大部分当小学教师，个别进机关，也有少数回家务农。

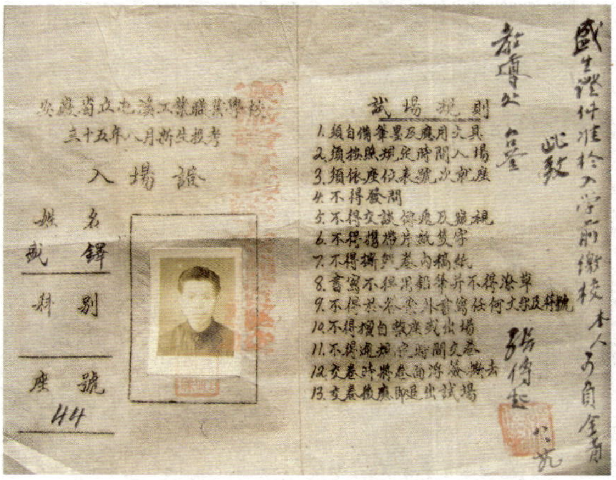
安徽省立屯溪工業職業學校
三十五年八月新生投考
入場證
姓名
科別
座號
44
試場規則
1.須自備筆墨及應用文具
2.須按照規定時間入場
3.須依座位表號次就座
4.不得發問
5.不得交談傳遞及窺視
6.不得攜帶片紙隻字
7.不得撕毀卷內稿紙
8.書寫不得用鉛筆并不得潦草
9.不得於卷案外書寫任何文字及符號
10.不得擅自離座或出場
11.不得逾規定時間交卷
12.交卷時將卷面浮簽撕去
13.交卷後應即退出試場

1946年屯溪工职入学考试准考证

当然，由于屯溪工职正创办在国民政府经济迅速崩溃的年代，办学经费十分紧张，省厅拨付的开办费仅65万元。不仅校舍破烂，没有大会堂，甚至没有仪器室和实验室。就连化工科的三年教学中，没有做过一次物理、化学实验，老师实验全都是在黑板上讲解。学生虽然享受公费待遇，但膳食等费省厅下拨常迟两到三个月，学校只得在开学之初要求学生先垫费用（每学期5000～10000不等）和食米（5斗至1石不等）。至于实习条件，省立徽州女中纺织科并入时，曾将织袜机、毛巾机、木制织布机、缝纫机等纺织机具一并带入，学校也自称“教部拨给本省充实工业教育设备二千余万元，由教厅派葛秘书赴沪统筹采购，支配该校三百四十万元，添置化工、纺织设

①《徽州日报》1946年8月17日。

备，该校已遵令派员赴沪领用”“该校去年以七万元向皖南实业公司购得造纸厂屋廿九间，业经修理完竣。并添建新屋一座，造纸器具亦修理补充，前招工试制报纸，出品尚佳，下期购料雇工，大事制造，以供化工实习”。[①] 而这些置办的设施，在当年学者的记忆中，均未见踪影。倒是学生还记得化学教师汪子坚，见学校无钱购买实验设备、材料，就自己设法。《制皂学》要做肥皂，他就带学生在自己家的锅里，弄点牛油、烧碱等来做，以培养学生兴趣。

三、普通教育中的职业教育因素

民国肇始，教育总长蔡元培提倡军国民教育、实利教育、道德教育，其主张在随后发布的各类学校令中得以体现。如高小科目，除普通课程外，“男子加课农业，女子加课缝纫；并得视地方情形，农业可改为商业”“教授农业要旨，在使儿童知农事之大要，养成勤勉利用之习惯，并须与地理、理科所授事项取得联络；且应就本土农业，实地指示，使其知识确实。教授缝纫要旨，使儿童熟习通常衣服之缝法、裁法，养成节俭利用之习惯。教授商业要旨，使儿童知商事之大要，养成勤勉信实之习惯，并须与国文、算术、地理、理科所授之事项联络，且授简易之商用簿记”。[②] 应该说，这样的考虑是符合我国当时教育投资紧张、教育基础薄弱等基本国情的。因此，在其后教育界多种场合，均被反复提及与强调。民国九年（1920），第八届全国教育会联合会大会作出《中等以下教育宜注重工艺》的议案，认为“今日重要问题，职业之中尤应特别注重工艺，以工艺与农业、商业有联带关系，无工艺则农业不能发达，商业不能振兴也”。并拟定具体办法如下：

一中学校手工一门，宜每周改为三。

（说明）手工一门，在中学尤宜注意。查部定中学校令施行规则第十二条第二项，有手工宜授以天然物之模造及简易日用器具、各种细工等语，自为注重实用起见，但表列每周时数，仅一小时，未免过少，不足切实深造。应请大部从速修正，于第一年至第四年每周皆增二小时，共为三小时，但特重农场或

---

① 《屯溪工职近况》，载《徽州日报》1946年8月17日。《黄山市屯溪区志》载省教育厅拨专款为40万元。屯溪区地方志编委会：《黄山市屯溪区志》，方志出版社，2012年，第969页。

② 璩鑫圭、童富勇、张守智：《中国近代教育史资料汇编：实业教育，师范教育》，上海教育出版社，1994年，第543页。

商店实习者不在此限。

一甲乙种工业学校工场应一律设置完备。

一国民学校高等小学校手工一门应令儿童自动。

一学校所设贩卖部宜注重学校制造物品。①

实际上，在新安江流域，普通教育融入职业教育的做法也颇为普遍。民国十一年（1922），寿昌县劝学所鉴于“寿邑人民泰半以农为业，贫寒子弟一至国民学校毕业，即令改习耕作，以求生活。但于农业上应用之技能，平日在校既少讲求，一旦躬亲其事，不免有感困难”的现实，在拟定次年计划时，决定学校添课农学，具体想法是“拟于乡村学校，将图画、唱歌两科或一科，从缺改授农学，以养成必需之技能。俾将来就农，亦足以应实用，似于生活前途不无小补。”②

安徽省立四女中则是典型的普通教育、职业教育兼备。该校系民国十七年（1928）遵省教育厅令由四女师改名而来，分初中、高中两部，初中部以普通教育为主，高中部保留师范科，未设普通科。民国十八年，该校又添设职业类缝织科，并拟定《职业科章程》：

第一条　本科以提倡女子职业，增进女子生活技能，并培养普通智识与健全人格为宗旨。

第二条　本科呈请教育厅，定名为缝织科，注重缝纫与机织。

第三条　本科采行年级制，修业年限定为三年。

第四条　本科新生入学资格，以与高小毕业程度相当，年龄在二十以上三十以下者为合格。

第五条　本科学科，分实习主科与理论副科两种。

第六条　实习主科为缝纫、机织（织袜、织毛巾、织布）。

第七条　理论副科为三民主义，公民，国语，数学，社会科，自然科、艺术科，体育（其各学年教学科目见后表）。

① 遂安县公署：《令中等以下教育宜注重工艺仰转知由》，载《遂安教育公报》1920年第2卷，第4期，第16页。
② 叶正度：《寿昌县九年度事年报》，载《浙江教育》1922年第5卷第5期，第5～6页。

第八条 每周教授时间，至多以三十四小时为限。但实习主科，须占总数三分之一。

第九条 每学程考试成绩在六十分以上者为及格，六十分以下者为不及格。

第十条 凡实习主科有一种不及格者，不得毕业；理论副科有三种不及格者，不得升级。

第十一条 本科学生学费免收，宿膳由校供给。惟于初入学时缴纳保证金十元，至毕业时发还。

第十二条 本科学生如中途无故退学，除扣除其保证金外，并须追缴各年应摊之学膳各费。

第十三条 本科学生，学籍制服，及其他一切学用品，概归自备。

第十四条 本科实习材料，共同须用者，由校供给；其各自制作者，统由各自购备。

第十五条 凡共同实习作品，概由学校处置，学生不得私自收藏。

第十六条 其余悉照本校所订学则，及各部规程办理。①

为开办新专业，学校专门购置织袜机10余台，毛巾机与木制织布机四五台，缝纫机2台。② 民国二十年（1931）5月，省立四女中举办改建三周年纪念大会，通过表演、展览、销售等方式，向社会各界展示教育教学成果，气氛相当热烈。“是日参观者十分踊跃，达千余人之多。该校各种成绩均极优良，刺绣物品并标定价目，可以自由选购。是日刺绣物品，均为来宾定购一空，后至者望而兴叹，大有捷足先得之慨。布置亦颇井然，表演各项游艺，尤称纯熟活泼，来宾均表赞许云。”③

遂昌县在小学教育中渗透职业教育的做法也有一定成效。民国二十三年(1934)，该县举办了小学劳作成绩展览会，目的在于征集全县小学劳作成绩，公开展览，互相观摩，以资改进。并列入前一年度的教育实施计划。此次展示会征集作品广泛，仅“教学预定计划和实施”大类就有以下数端：

---

①《安徽教育行政周刊》第2卷第29期，第27～28页。

② 屯溪区地方志编纂委员会：《屯溪区志》，方志出版社，2012年，第969页。

③《四女中举行三周年纪念会》，载《安徽教育行政周刊》第4卷第19期，第28页。

——以作业的类别分：

A. 关于校事方面：(略)

B. 关于家事方面：1. 设计中所需要食物的煮、蒸、腌、酱、煎炒等练习；2. 设计中所需要衣饰的洗折裁缝等练习；3. 设计中所需要家宅模型和家具的装置。

C. 关于农事方面：1. 本地主要蔬菜和普通花卉果树的种植、施肥、灌溉等设计；2. 田园的布置设计；3. 本地主要农作物的选种、栽培、除虫、收获等设计；4. 普通家禽和蚕蜂等的蓄养设计；

D. 关于工艺方面：1. 本地简易工艺的制作特产练习设计；2. 设计中所需要的简易物品制作；3. 儿童生活中所需要的物品制作；4. 教科及问题中所需要物品的试验制作。

——以活动的重心分：

A. 关于调查研究方面：1. 主要食物家具的价值；2. 各种纸料、陶瓷、竹料、木料、金属的价值；3. 各种纸料、陶瓷器的制法；4. 各种竹料、木料、金属器具制法和价值；5. 特产工艺制作品功用和价值；6. 本地各种买卖状况。

B. 关于观察研究方面：1. 所栽蔬菜或花果等各种现象的变迁；2. 所栽农作物和土壤气候害虫等各种现象的变迁；3. 所蓄养的家禽家畜和蚕蜂等各种现象的变迁。

C. 关于调查研究和改良设计方面：1. 特产工艺制作品；2. 竹工、藤工、陶瓦工业、木工业、金工业和本地手工业状况；3. 本地农人、工人、商人商股等的生活状况；4. 印刷业、陶瓷业、竹工业、藤工业、木工业、金工业等工人的生活状况。①

遂安县小学教育切合当地社会实际，主动与职业教育相融，做出的努力由此可见一斑。

①《遂安县小学劳作成绩展览会办法(附表)》，载《浙江教育行政周刊》1934年第5卷第20期，2～4页。

第十章　新安江流域近代民众教育的艰难推进

广义的社会教育，指与学校教育、家庭教育并行，且影响个人身心发展的社会教育活动。鸦片战争后，民族危机日益深重，爱国志士逐渐意识到国家积贫积弱的内因在于“民智低下，民力羸弱，民气不张”。梁启超在《新民丛报》创刊号《本报告白》中疾呼：“欲维新吾国，当先维新吾民。”此时，国外关于全域教育的介绍也逐渐为国人所知，《游学译编》就曾刊文将教育分为家庭教育、学校教育和社会教育三大类，并认为“家庭教育势力小，而学校教育与社会教育之势力大”。[①] 由于立宪等政策的推动，宣统元年十一月（1910 年 1 月），学部奏准《简易识字学塾章程》，令各地在公私官立学堂或租借祠堂、公所附设或单设简易识字学塾，招收年长失学及贫寒子弟无力就学者入学，“以辅小学教育之不及，而期以无人不学为归”。这是国家层面启动针对成年失学民众的社会教育之始。民国肇建，教育部特设社会教育司，标志着在行政上社会教育已与普通教育、专门教育并驾齐驱。此后，从临时讲演到正规教学、从一般阅读到专题论坛等多种形式的社会教育活动，在全国范围内逐渐推开。

第一节　从通俗教育讲演所到民众教育馆

一、通俗教育讲演所的运作

提高民智的根本出路，在于提高民众的识字率。但在清末与民国初年，无论政府还是民众，在巨大的经济与生存压力面前，唯有以介绍新观点、新思想、新方法为主要内容的临时性宣传，才是性价比较为理想的选项。光绪末年，此前各地零星

① 佚名：《教育泛论》，载《游学译编》，光绪二十九年第9期。

创设的宣讲所成为启迪民智、改良社会的新宠。宣统元年（1909），歙县就创立了民众教育宣讲所，程崇洛为宣讲员。[①] 民国元年（1912），严州府创办通俗教育讲演所，地址在梅城镇庙弄口南周庙内。

民国四年（1915），教育部公布《通俗教育讲演规则》及《通俗教育讲演所规程》，正式将面向民众的讲演活动纳入基层政府开展社会教育的范畴，成为重要形式。根据《通俗教育讲演所规程》："县治及繁盛市镇须设置两所以上，在乡村各地方由地方长官酌量推行""所长及讲演员须年在二十五岁以上，具有左列之一资格者：一讲演传习所或通俗教育研究所毕业者，二曾任讲演一年以上著有成绩者，三曾任小学校以上之教员或简易师范毕业者，四教育会劝学所各职员，五地方绅董素有学望者。"[②]《通俗教育讲演规则》则明确了讲演的宗旨、内容、地点及一般要求：

第一条　通俗教育讲演以启导国民、改良社会为宗旨。

第二条　通俗讲演分普通和特别两种，不得涉及通俗以外之事项。

第三条　普通讲演要项如左：一、鼓励爱国，二、勤勉守法，三、增进道德，四、灌输常识，五、启发美感，六、提倡实业，七、注重体育，八、劝导卫生。

第四条　普通讲演要项如左：一、关于临时事变者如国内国际之天灾事变等，二、关于特别地点者如工场、监狱、看守所、惠济所、感化院等。[③]

此时，中央政令在地方上也得到了一定的体现。寿昌县制定了《寿昌县公立通俗教育讲演所章程》，细化了有关条款。如要求讲演稿"由讲演员遵照讲说规则第三条、第四条于前一月五日以前撰送县知事审查，十日以前由县详送道尹签改转详巡按使复核批准发还讲演，并汇印转咨"。讲演地点"由县知事规定，饬知讲演员按期分赴巡回讲演"。为维持讲演秩序，防止可能出现的不测，《章程》还规定，在讲演地点及讲演日期规定后，"得先由本所函知警察所，或分驻所派警前往监护。其距警察所或分驻所过远之地点，查由讲演员指挥乡警代之"。[④] 民国七年（1918），《遂

① 歙县教育局：《歙县教育志》，黄山书社，2009年，第319页。

② 《通俗教育讲演所规程》，载《遂安教育公报》1920年第2卷第7期，4～5页。

③ 《通俗教育讲演规则》，载《遂安教育公报》1920年第2卷第7期，5～6页。

④ 《寿昌县公立通俗教育讲演所章程》，载《教育周报(杭州)》1916年第121期，第30页。

安县公立通俗教育讲演所章程》也通过了浙江省教育厅的备案。①

事实上，通俗教育讲演所也很快在各县创立。所长多由劝学所（当时县级教育行政主管机关）所长兼任，另聘讲演员2人左右，巡回讲演活动也较为正常。遂安县讲演员两人，“每月撰拟讲稿，请县呈转后，印刷多份，发交各该员分投演讲”。②建德县“讲演员黄厚生、陈绪鸿每月赴规定区域实地讲演，尚能履行职务”。③民国八年（1919），绩溪县教育会会长黄梦飞与胡在渭、胡淮浦等人组织通俗讲演会，分赴城区、扬溪、大石门等处悬示通俗格言，讲演专题。④讲演内容丰富，多结合各地实际，以启发民智、革除陋俗为目的，有禁止女子缠足，或劝女子入学，或介绍改良种茶方法，也有劝同胞“化家族主义为国家主义”。为使风气较为闭塞的穷乡僻处民众听得懂、听得进、家喻户晓，讲演员还尽量将讲稿写得浅显明了和口语化，务求显达。如遂安县的《劝女子入学》云：

婺源汪口的乡约所

> 现在我们中国的人数，大概有四万万多些，内中女子得一半，这许多女子，识字的人，没有万分之一。所以外国人嘲笑我们中国，说有二万万人是没用的。这句话原为二万万女子不识字的缘故。他们外国人，无论男子女子，多要受了几年强迫教育。……⑤

① 浙江教育厅：《遂安县公立通俗教育讲演所章程等尚合准备案文》，载《教育公报》1918年第5卷第7期，第97页。

② 遂安县公署：《令抄发省视学查报遂安县教育状况报告书仰转知遵照由》，载《遂安教育公报》1920年第2卷第3期，第3页。

③ 浙江教育厅：《令建德县据省视学呈报十二年度教育状况由》，载《浙江教育》1924年第7卷第7期，第7～8页。

④《绩溪县教育志》编委会：《绩溪县教育志》，方志出版社，2005年，第205页。

⑤ 遂安县五月份讲演稿《劝女子入学》，载《浙江公报》1916年第1590期，第23页。

又如淳安县的《劝开荒》曰：

我们淳安全县的面积，大约有七千方里。这七千方里之中，田地占十股的一二，山占十股的八九。照全县三四十万人口分派起来，就是除了少数做生意的，同那做手艺的外，每一个人，也还派不到两亩。这两亩的田地，每年所出的利息，能有几块的银钱？听凭如何节俭，也是不够开销的。……鄙人今日劝告列位开荒，就是谋生的好法子。……只用本地的土法，把要开的一块山，渐渐地开垦完了，放火烧过，先种玉米，接种桐子、茶子，三年玉米收过，又是桐子盛旺时期。桐子衰败，茶叶可采。……①

虽然讲演员“周历城镇乡，认真讲演”，从讲演组织者来说，巡回讲演“关系社会知识及地方文明良非浅鲜”。② 但同时他们也不得不承认：“因地方风气不开，听讲者未甚踊跃。”③ 显然，讲演内容与当地民众的实际需求尚有一定距离。至于遂安县通俗教育讲演所提出拟于次年购办幻灯、留声机及各种仪器标本，“藉以新听讲人之耳目”，试图以手段上的出新来吸引听众，也不过是一厢情愿，因遂安县署根本无此财力。以民国七年（1918）为例，当年该县县署拨付给通俗教育讲演所444元，其中开支讲演员薪水288元，讲演员夫马银96元，办公及杂费60元。而讲演员仅仅每月在城讲演一次，在乡讲演一次。④ 所谓“须设法筹款，庶可进行”，也不过是愿望而已。

二、民众教育馆的功能与发挥

民国初年，根据教育总长蔡元培的设计，通俗教育馆集图书馆、博物馆等功能于一体，是实施社会教育的中心机构。民国四年（1915），明令各地开办。但通观新安江流域，各县开办的还多是独立的图书馆、阅报处、公众运动场等机构。民国十八年（1929），通俗教育馆改名为民众教育馆。民国二十一年（1932）2月，教育

---

①《淳安县宣讲所讲演稿》，载《浙江公报》1916年第64期，第20页。

② 遂安县公署：《令抄发省视学查报遂安县教育状况报告书仰转知遵照由》，载《遂安教育公报》1920年第2卷第3期，第3页。

③《遂安县通俗教育讲演所七年度报告书》，载《遂安教育月报》1919年第1卷第3期，第30～31页。

④《遂安县通俗教育讲演所七年度报告书》，载《遂安教育月报》1919年第1卷第3期，第30～31页。

部颁布《民众教育馆暂行规程》，以法令的形式确立了其在社会教育中的地位。根据《暂行规程》，各省、县应设立民众教育馆，“举办关于健康、文字、公民、生计、家事、社交、休闲各种教育之事业”。县属民众教育馆隶属于教育局管理，先在县城或繁盛市镇设立，再渐次以学区或民众教育区为单位，推广至乡村。还要求各级民众教育馆均设以下各部：

1. 阅览部：图书、杂志、图表、报纸之公开阅览，巡回文库、民众书报阅览所等属之；

2，讲演部：固定讲演、临时讲演、巡回讲演、化妆讲演及其他宣传属之；

3. 健康部：关于体育者，如器械运动、球类、田径赛、国术、游泳、儿童游戏及其他运动属之；关于卫生者，如生理、医药、防疫、清洁等属之。

4. 生计部：职业指导及介绍、农事改良、组织合作社等属之。

5. 游艺部：音乐、幻灯、电影、戏剧、评书、棋弈，各种杂技及民众茶园等属之；

6. 陈列部：标本、模型、古物、书画、照片、图表、雕刻、工艺、各种产物、博物馆及革命纪念馆属之；

7. 教学部：民众学校、露天学校、民众问字处或问事处及职业补习学校等属之；

8. 出版部：日刊、周刊、书报、小册及其他关于社会教育刊物属之。①

鉴于各地基础不一，《暂行规程》也提出：以上各部可根据地方情形，或全设，或渐次设置，也可合并设立。原先已设的独立机构，也可并入民众教育馆。民众教育馆经费由各开办主体的教育经费项下开支。其中，薪工不得超过总经费的 50%，事业经费不得低于总额的 40%，办公费占 10%。各馆设馆长一人（不得兼任其他有薪给职务），馆员根据内部事务多寡而定。

相对于教育部谋划的周详，地方上往往要简约得多。首先，是机构简单。民国二十年 (1931) 创办的寿昌县民众教育馆，馆长姜德修，内仅设宣传、图书出借两

① 教育部第七四七号训令颁发《民众教育馆暂行规程》，载《淳安教育》1932年第1期，第75页。

部。同年设立的歙县民众教育馆，除馆长郑浩然，也只设了阅览、健康、教学三部。淳安县县立民众教育馆，则分设健康、讲演、娱乐、图书四部。黟县民教馆除馆长，只有干事、炊事员各一人。其次，是经费有限。淳安县县立民众教育馆“每年经常费为二七七〇元，薪给占一五三六元，设备事业只三九六元而已。其他为办公、图书、阅报等费”。[①] 员工薪资占总开支的55%，略高于部颁标准；事业经费中若划入图书、阅报等费，估计也达不到占总数40%的要求。再次，是设备简陋。寿昌县民众教育馆设在县文庙，“俱乐部、阅报室很小，但设备尚为可观。图书室中备有万有文库、小学生文库、四部丛刊、二十四史等，至于新文学的书籍很少”。当然，看似寥落，但在这“完备旅馆的缺如，市面的冷落，电灯光的昏黄，人口的稀少”“只有一条大街，也惟有这条大街上有店铺”“街道很狭窄，有的地方甚至三个人并行就有发生问题的可能”“自街的这头走到那头，顶慢顶慢只须十一分钟”的“富有乡村气味的小县城”，[②] 这全县唯一的文化区域，多少还是有点令人动容。

各地民众教育馆的活动却比较丰富。歙县民教馆在民国二十二年（1933）的业务计划中，“关于公民教育者，有举行时事讲演、组织时事研究会二项；关于识字教育者，有开办民众学校、举行识字运动、设立民众问字处、举行巡回文库四项；关于康健教育者，有开辟运动场、举行民众业余运动会二项；关于生计教育者，有举行造林运动、举行农业品展览会、组织商情研究会三项；关于休闲教育者，有举行乒乓球比赛、棋类比赛二项”。[③] 建德县立民众教育馆，则是民国十八年(1929)由通俗教育讲演所、通俗图书馆等合并而成，各项活动有开办夜校（不收学费，免费供应书籍和用品），夏季拍蝇有奖活动，组织书法(图画)展览，放映无声电影、卡通片、幻灯片，宣传禁毒，每年6月1日儿童节为儿童健康检查和组织比赛，下乡辅导，改良地方戏剧等。其中频率最高的是出黑板报，及时介绍国际、国内和地方重要新闻，遇到西安事变爆发、罗斯福总统逝世此类突发大事，还不定期写出报道。[④]

与县级民众教育馆的机构简单、经费紧缺、活动单调有所不同的是，省立民众教

① 淳安县教育局：《本县最近教育情况及本局现况》，载《淳安教育》1932年第1期，第138页。

② 俗殊：《寿昌巡礼》，载《严州民报》1934年12月8日第4版。

③ 安徽省教育厅：《歙县民教馆业务进行计划之核示》，载《安徽教育周刊》1934年第25期，第115页。

④ 毛永甫：《建德县立民众教育馆沿革》，载政协建德县文史资料组：《建德文史资料》第15辑，2002年，第190～191页。

育馆则要相对规范。民国二十九年（1940）7月，奉省教育厅指令，浙江省立严州民众教育馆在建德梅城前惠英女校创立，省厅委派大厦大学教育系毕业的方祖桢出任馆长。虽然因战局紧张，馆址中途曾避迁至淳安县三沅乡和县城文庙，但在八年多的时间里，省立民教馆的工作却颇为丰富。据当事者回忆，教导等5个部的活动不仅面广，且多有创新。如教导部工作有八项：一是公民教育：举办时事测验；纠正礼俗，厉行节约；举行郊游；举行肃清烟毒宣传；建立忠烈堂。二是戏剧教育：组织改良傀儡剧团，搜集民间优良剧本，出版戏剧刊物，组织业余戏剧社。三是家庭教育：组织儿童健康比赛，开展“三八”妇女节和儿童纪念活动。四是科学教育：组织民众科学参观团，举行科学表演，展览科学仪器，举行科学征文比赛，展览科学杂志书报，讲映科学电影及幻灯，举行科学运动宣传。五是卫生教育：协助营造公共卫生环境，举行拍蝇比赛，举行夏令卫生宣传。六是国民体育：春季举行拔笋比赛、春游，夏令举行龙舟竞赛、游泳比赛，秋季举行越野赛跑、远足，冬季举行拔河、踢毽子及乒乓球等比赛。篮球比赛则配合纪念节目发动各界参加。七是语文教育：举办图书阅览，创办初、中、高级民众学校。八是补习教育：办“尺牍班”，办初、中级普通补习班等。艺术部活动则有巡回电影（无声电影）讲映，举办书画展览会、歌咏和演奏会、音乐会、美术展览会，组织平剧研究社，指导改良傀儡剧，收听播音。研究辅导部主要编印辅导季刊寄发各县民教馆及县立中等学校，每月出两期大众壁报，每日编出时事简讯，举办论文比赛，举办社会、国民教育及社教概况调查。生计部面向大众开办夏令民众茶园，指导办理合作社，办理职业指导及介绍，种植新品蔬菜，试养家禽家畜，举行土产展览。而负责后勤的总务部，也在迁移馆址及修葺馆舍、处理文书、经费收支、添置财物、会务准备等方面进行着有力支撑。[①] 民国二十年（1931）7月奉皖南行署和省教育厅之命创立的安徽省立屯溪民众教育馆，自馆长到干事、助理，有13～17人之多，开展的图书阅览、民众讲座、体育竞赛等活动，在民众文化生活中也占有重要地位。

值得肯定的是，民众教育馆在抗日战争中，为宣传抗日、激励士气所起的作用十分重要。早在“九·一八”事变之初，全国抗日救亡运动迅速兴起，寿昌县民众教育馆就组织了抵制日货运动。他们把抵制日货、不当亡国奴之类标语贴到通衢大

① 毛永甫：《省立严州民教馆概况》，载政协建德县文史资料组：《建德文史资料》第15辑，2002年，第188～189页。

道；每天到闹市区向群众宣传日本帝国主义占领东三省，杀我同胞的罪行，要求大家同仇敌忾，不要买卖日货，以免利权外溢；到茶、酒肆宣讲《说岳全传》《杨家将》等爱国故事，宣扬“天下兴亡，匹夫有责”的道理。12月，将商人自行登记上缴或上门收缴的日货，在县政府门前当众销毁，民众情绪高昂。“七七”事变后，寿昌民教馆将来自兰溪、更楼、寿昌、大同等地的二十几位男女青年组成宣传队，教唱《大刀进行曲》《太行山上》《义勇军进行曲》《流亡三部曲》等爱国歌曲，排演《放下你的鞭子》等街头剧，自编、自导、自演《打倒小日本》《大刀向鬼子们的头上砍去》等活报剧，不仅在县城的江西会馆、城隍庙、徽州会馆、天后宫等处演出，还深入曲斗乡劳村、溪口、航头等地演出，活跃在舞台上将近一年。① 遂安民众教育馆在馆长余振械领导下，组织返乡避战学生参加抗敌宣传队，在县城和横沿等地演出《鼻烟壶》《放下你的鞭子》等救亡剧目。② 黟县民教馆利用一台收音机，每天记录电台新闻，蜡纸刻印八开《电讯》，油印六七十份，分送各都宣传队发布扩散，从未间断。③

与讲演所同时成为政府力推的社会教育路径的，还有图书馆、阅报处和公众运动场等。但由于政府对图书馆投入少（如休宁县年拨仅260元），很多县份的图书馆不成规模。建德县通俗图书馆备有通俗图书杂志，只是规模略具。寿昌通俗图书馆也是“规模已具，图书略备”，特别是民国十八年（1929）因火灾被毁后，图书更少。设于县府鼓楼的休宁民众图书馆，“狼败不堪，陈设布置，极其简单”，④ 书籍更少（仅有万有文库一部，可称“大典”）。相比之下，倒是屯溪隆阜戴氏私立东原图书馆，有书籍10000余卷，“由东原先生后裔戴绳武，将私藏书籍，更订购杂志新闻多种，供众阅览，裨益社会不少。馆舍布置亦甚整洁，并应由该县长传令嘉奖”。⑤ 至于歙县，直至民国十九年（1930）省督学视导时，依然发现“县立通俗图书馆，因经费无着，尚未成立。民众学校，亦未举办”。于是不得不再次提醒地方主官：“值此训政时期，以上两项教育，实为当务之急，应由该县长督同教育局积极筹备，努力推行，

① 李新富：《寿昌民教馆抗日宣传简况》，载政协建德县文史资料组：《建德文史资料》第4辑，1989年，第49页。
② 余振械：《遂安民众教育馆停办前后》，载政协淳安县文史资料组：《淳安文史资料》第7辑，1991年，第58页。
③ 吴朝宗：《民众教育馆一瞥》，载《安徽文史资料全书·黄山卷》，安徽人民出版社，2007年，第611页。
④ 周元吉：《视察休宁县教育概况报告》，载《安徽教育行政周刊》1931年第4卷第32期，第25页。
⑤ 安徽省政府教育厅：《训令休宁县改进教育》，载《安徽教育行政周刊》1929年第2卷第40期，第25页。

以符教育普及之旨。”①

相对而言，阅报处因对经费、场地等要求稍低，效果稍好。建德县阅报社“备有沪、杭日报四种，阅报者尚踊跃”。② 休宁县有阅报处五所，分设教育局及东、西、南、北等区完全小学校，由各小学代办，年拨60元。遂安县考虑最周，其阅报处设在原县教谕署，备有报纸10余种。阅报分男左、女右两处，每日将新到报纸杂志摆放男阅报处，次日再移至女阅报处，如此轮流。并设有题名簿一本，凡阅报者须先题名，以便了解每日阅报人数。“布置井然，阅者颇众”。③ 但是，经费困难也是遂安阅报社挥之不去的荫翳：每年县署拨付公款仅120元。而民国七年（1918）共支出事务费（报纸杂志、公役工食、油烛、茶、炭等费）银162元，杂费（纸张、笔、墨、糨糊、账本等）银18元。超支的60元，最后是由不支薪水的社长个人借垫。④ 因此，遂安县不唯拟在四乡6个学区各“选择适中地点均设一社”的愿望不易筹划，即便是在县城的，勉力维持也是难题。

需要指出的是，在民生维艰的时代，图书报刊阅读并不是民众刻不容缓的事项，休宁民众图书馆“民众颇少往观，成效鲜见”。⑤ 建德县“每日阅书人数约十余人”，⑥ 寿昌通俗图书馆“每日阅书人数平均十余人”，⑦ 均不能简单归咎于图书馆或阅报处的路远地偏，而是普通民众既非有钱更非有闲。遗憾的是，当时政府不少官员在政策设计时，常常耽于理想而罔顾现实。如寿昌县在设计视导、评估各地民众茶园时，在《民众茶园视导用表》设备一项中，不仅列出党旗、国旗、总理遗像、说书台、通俗书报、时事摘要牌、卫生挂图、各种棋子、各种乐器、桌椅用具，还要求配备清洁用具、茶炉水缸、小便处和垃圾桶。⑧ 显然，从中反映出的就是政府关于“诗与远方”的愿望和民众面对的“生活的苟且”之间深深的鸿沟。

---

① 安徽省政府教育厅：《训令歙县改进教育》，载《安徽教育行政周刊》1931年第4卷第3期，第14～15页。

② 浙江教育厅：《令建德县据省视学呈报十二年度教育状况由》，载《浙江教育》1924年第7卷第7期，第7～8页。

③ 遂安县公署：《令抄发省视学查报遂安县教育状况报告书仰转知遵照由》，载《遂安教育公报》1920年第2卷第3期，第3页。

④《遂安县县立阅报社七年度报告书》，载《遂安教育月报》1919年第1卷第3期，第30页。

⑤ 周元吉：《视察休宁县教育概况报告》，载《安徽教育行政周刊》1931年第4卷第32期，第25页。

⑥ 浙江教育厅：《令建德县据省视学呈报十二年度教育状况由》，载《浙江教育》1924年第7卷第7期，第7～8页。

⑦ 浙江教育厅：《令寿昌县据省视学呈报该县教育状况由》，载《浙江教育》1924年第7卷 第6期，第29页。

⑧《寿昌县民众学校视导用表》，载《浙江教育行政周刊》1932年第3卷第31期，第8～10页。

第二节　从平民教育到民众学校

一、平民教育的早期尝试

以近代学校教育的某些形式来启发民智，可以看作是近代平民教育之滥觞。光绪三十年（1904），黄宾虹即在其家乡歙县潭渡为乡民义务设堂，讲授有关知识。《安徽俗话报》对此有报道："今年正月间，歙县黄朴存君，在西乡潭渡村，开办一所三日讲舍，讲演历史、地理、时务、实业、体育各项学问。每三天到讲舍开讲一回，从早晨五点钟起，到九点钟止，无论农士工商男女老幼，皆可以到堂听讲。数月以来，潭渡一村的人，无不受他的教育，渐渐地明白起来了。"[①] 但这种源于个人觉悟、责任与能力的行为，虽然堪称典范，却既难持续，更难推广。

民国建立，社会教育开始被纳入政府提倡和主办的教育事业之中，但显而易见的是，与普通师范、职业教育相比，社会教育有关法规不仅出台稍迟，而且比较简单。截至民国五年（1916），可以纳入社会教育范畴的法规仅 5 部，除了《通俗教育研究会章程》《通俗教育讲演所章程》《通俗教育讲演规则》外，《半日学校规程》面向的是 12 ～ 15 岁幼年失学者，《露天学校简章及规则》也限定入席听讲者为"十四岁以下、六岁以上"，且乃因"北京通俗教育会创办露天学校，已越二年。历加考察，成绩颇著"，才"分饬各属体察地方情形参酌办理"。[②]

反映在地方上，社会教育更未被政府及民众重视。遂安县劝学所能在民国六年（1917）拟定《遂安县夜学校简章》并上报浙江省长公署请予批准，算得上是颇有远见的举措。简章内容如下：

第一条　本简章遵照部定半日学校规程，凡幼年失学于中年夜间补学者适用之。

第二条　夜学校得设于国民学校内。

第三条　夜学校学生之入学年龄自十二岁至二十五岁。

---

①《歙县西乡塾师讲学》，载《安徽俗话报》1904年第4期，第7～8页。

② 舒新城：《中国近代教育史资料》下册，人民教育出版社，1981年，第817～818页。

第四条　夜学校学生之入学程度为未入国民学校者，但已入国民学校而辍业者亦得插入相当班次。

第五条　夜学校科目及每周授课时间依左表之规定：

修身一　算术三，国文一二，体操二，总计一八（各学年同）

夜学校每周授课在十八时以下者，得将各科教授时数酌量增加之。

第六条　夜学校修业期限为三年。夜学校每周授课在十八时以上者，得缩短年限为二年以上。

第七条　夜学校教课书由校长（就）教育部审定半日学校图书内择用之，在此项图书未审定以前，适用国民学校教科书。

第八条　夜学校除以上各条外，均适用关于国民学校之规定。

第九条　夜学校办有成绩时，受县教育费及其他特别捐之分配。

第十条　本简章如有未尽事宜，由劝学所修改呈请县知事核定公布之。①

与其模板民国三年（1914）《教育部公布半日学校规程》相比，《遂安县夜学校简章》改动有限：除新增第九、第十条外，学生入学年龄上限由15岁调高至25岁；修业年限可缩短为二年的条件是“每周授课在十八时以上”，而非“每周授课至三十八小时”。可见，起草者乃根据遂安实情做了有意调整。省长公署大概也颇能体察下情，在指令中特意说明“简章第三条并准照改”。但遂安县的夜学校究竟开设了多少，却没有更多资料可为佐证。

五四运动前后，在一部分具有先进思想的知识分子推动下，教育界也出现了很多新的教育思潮和实践活动。他们由“平民政治”“平民文学”的主张，逐步形成平民教育的思潮，并催生平民教育运动的开展，试图通过提高城市、农村平民文化知识水平来消灭不合理的社会现象。从歙县走出去的近代著名教育家陶行知，就是当时全国平民教育的重要推进者。民国九年（1920）夏，他在南京高师举办第一次暑期学校，是他将学校教育大门向可能无缘高等教育的学子们敞开的首次尝试，为中国高等学校开办暑期学校之始。随着他对中国社会有更多的了解，其教育眼光也逐

① 浙江省长公署：《令金华道道尹：呈一件转送遂安县拟订夜学校简章由》，载《浙江公报》1917年第1933期，第9～10页。

渐转向平民教育与乡村建设。民国十二年（1923），他与晏阳初等发起成立中华平民教育促进会总会，亲自编写《平民千字课》教材，宣传的脚印遍及大江南北。受其影响，徽州不少知识分子也成为他的追随者，如绩溪县的章衣萍，在北京羊市大街“走进干果铺，烧饼铺，刻字铺，在几十分钟之内接谈了十几个商人”，劝导设立平民读书处。[①]

婺源李坑1913年
京师大学堂毕业学士碑

徽州虽然自明朝中期开始，以“东南邹鲁”自誉，但在鸦片战争和太平天国运动之后，因徽商的风光不再，文化、教育也趋向衰败。到民国时期，“年长失学及幼年失学者，不知其数。故人民多目不识丁，尤其深山僻坞之处，不识字者比比皆是”。[②] 在淳安县，“十三岁以上不识字民众，据最近调查结果，计有十二万零九百三十人”。[③] 而此时淳安全县共有 43145 户、216171 人，其中农业人口占 85%。[④] “寿昌县僻处山陬，教育本不发达，全县小学，仅有九十余所，中等学校，并未设立。小学中亦仅一二县立小学，比较略有可观，其他各校，皆因经费不足，设备多未能周到，学生当然不发达。全县学生人数，总计不过三千余名。故本县农民之不识字的约占百分之九十”。[⑤] 因此，时人多大声疾呼：“在此特殊情势之下，固非亟亟乎设办平民教育之事业不可。”

作为教育事业的中坚，学校自然也是推进社会教育的主体力量。民国八年（1919）7月，安徽省立二师成立了全徽教育协进社，推胡晋接为社长。这个纯粹由徽州教育界人士组织起来的社团，确立的宗旨有四：一是改良普通教育，二是提倡职业教育，三是推行社会教育，四是推广小学教育。这应该是徽州教育界自觉引领社会教育的心声。民国十年（1921），设在屯溪的新安公立甲种商业学校在

① 章衣萍：《古庙集》，河北教育出版社，1995年，第46页。
② 邵振人：《徽州教育之一愚见：平民教育、军事教育》，载《微音》1926年第29～30期，第20页。
③《淳安县教育局二十一年度地方教育实施计划》，载《淳安教育》1932年第1期，第123页。
④《浙江省建德淳安寿昌三县农业概况》，载《新农通讯》1933年第18～19期，第11页。
⑤《浙江寿昌县农村状况概观》，载《劳动季报》1936年第8期，第181页。

高枧创办了一所平民夜校，为贫苦农民义务施教，此为屯溪历史上第一所平民夜校。在遂安县，教育界人士提倡并联络乡村领袖，组织了全县平民教育促进分会，并在民国十二年（1923）开办平民学校两处，先后有5届毕业生。后不幸因兵灾而停办。[①]

安徽省立四女师，是在陶行知直接关心下才创办的。因此，四女师创办之初，即附设有平民学校，对隆阜及附近村民进行识字教育。民国十二年（1923）10月，陶行知致信校长程仲沂，就平民教育的推进提出了具体建议：

> 查四女师社会环境中，以家庭为最多，商店次之。兹寄上“中华教育改进社对于羊市大街之推行商店平民教育办法”及“致胡适之夫人说明家庭适用之连环教学法”各一通，以备进行之参考。我以为教育上最重要的事是要给学生一种改造环境的能力。平民教育是改造社会环境的一个最要方法。四女师的教职员似宜在隆阜这个社会环境当中训练学生一种改造的能力。最能引起他们兴味的就是大家同心合力，叫不识字的隆阜化为识字的隆阜；叫黑暗的隆阜在一定时期之内大放光明。我想有几件事可以做的：
>
> （一）在学校左近划分一条街道，请男教员去办商店平民教育的运动。
>
> （二）在学校左近划分一个区域，请女教员率领学生去办家庭平民教育的运动，每三人一组，担负一家完全识字的责任。
>
> （三）凡家在隆阜的教职员、学生，应负一年内全家识字之责（十岁以上之小学生在内）。
>
> （四）凡家不在隆阜的教职员、学生，于冬假、暑假回家时，应在本乡选择聪明妇女数人，用一个月工夫，教毕四本《平民千字课》，等到冬假完毕，就叫这数人在本乡传授别的妇女。
>
> （五）开一平民学校，使本校所有男女佣人以及邻居无人教学之人都能得上学的机会。
>
> （六）劝私塾采用《平民千字课》。[②]

---

① 《浙江遂安县组织平教分会》，载《农民》1926年第2卷第3期，第2页。

② 陶行知：《陶行知全集》(8)，四川教育出版社，1991年，第27、28页。

省立四女师为平民教育也进行了有效探索：首先，女教员程勤若、胡自华鉴于“没有受过训练的教员上班费时太多，而得到的结果反少；受过训练的教员费时既少，效果反大”的实际，设计出一个训练教师的方法，得到陶行知的肯定。其次，徽州方言众多，《平民千字课》到底用国语还是土语教学更合适？在与陶行知讨论后，倾向于使用方言，以降低平民学习的难度。同时，胡自华还被推选为隆阜的平民乐师，利用其在音乐特长，丰富平民生活。①

隆阜的平民学校前后坚持了三年，取得了一定成效。有个69岁老太太也报了名，陶行知得知后，极为振奋，称她是“我们平民教育的大老”。此后，教员金鸣岐将平民教育推向自己的家乡——休宁县北乡西村。在陶行知具体指导下，西村平民学校顺利开办，先后吸收30多人参加业余学习。两个月后，进步快的学生已能给陶行知写信。民国十五至十六年(1926～1927)间，屯溪近郊黎阳也建立过平民夜校。

安徽省立三中（校址在歙县县城）、二师（校址在休宁万安）、甲商（校址在屯溪）的学生也曾积极参与平民教育。但限于各种因素制约，相关活动趋于消停。民国十三年（1924），汪吉信所了解到的是事实的一面。他认为，三中、二师、女师、甲商“各校的学生对于平民教育，未尝不很热心。但是学校的当事人的心理，总冷淡顽固，视平民教育为漠然。三中以前的平民学校，由学生所组织，学生有好几十人。甲商以前的平民学校，也是由学生组织，学生不下六十人。但是总因得不到学校的赞许，一则无形停顿，一则勒令取消。此后徽州的平校就绝无仅有。去年寒假，四女师高级生发起各自在各乡举办一所，结果只有歙县女生数人，在耶稣堂内办了一个平民学校。但是我参观他的内容，都是些十岁以下的幼稚孩子，并且假期一过，仍旧停止。在实质上并未得着什么益处。”②

二、民众学校的开办与活动

随着南京国民政府的建立和巩固，全国政局日趋稳定，社会教育也逐渐成为政府关注点之一。此前主要由地方民间力量为主导的社会教育活动，也让位于各级政府。民国十八年（1929），教育部公布《民众学校办法大纲》，提出了设置民众学校的原则：一是民众学校依县、市或当地教育需要分区设立；二是私人或团体设立民

① 陶行知：《陶行知全集》(8)，四川教育出版社，1991年，第43、44页。
② 汪吉信：《我们徽州底平民教育》，载《微音》1924年第17～18期，第10页。

众学校，须经县、市行政机关核准备案；三是为研究及实验关于民众教育各种问题，民众学校主管机关及省市最高行政机关可设实验民众学校。但《民众学校办法大纲》存在很多执行中的漏洞，民国二十一年（1932）教育部予以修正。在此基础上，浙江省颁布了《浙江省县市民众学校暂行规程》，对有关规定加以细化。如规定：民众学校可由市、县、区、乡镇或各级机关、小学出资创办，并各以“×（市、县、区、乡镇）立民众学校”“×（机关、小学）附设民众学校”命名。“民众学校不得收受肄业于小学之学生及年在十二岁以下之儿童”（《民众学校办法大纲》规定16岁以上50岁以下的男女失学者可以入学。）学生不收学费，文具书籍等也由学校供给，各按程度、性别、年龄、职业、智力，分团授课。通常须以50人为一班，当少于20人时，必须并班或并校。教学内容“以公民训练和文字教育为主”，授课时间“以满二百十小时为准”（但不得多于260小时、少于160小时。部颁大纲规定修业期限至少3个月，每星期至少12小时，安排在夜间或休假日），时间安排与普通学校一样，土曜日（周六）休假（农忙时另设农忙假）。教学方法有两种：一种为常规的“固定编制”（班级集中授课），一种则为按道尔顿制要义为原则的“活动编制”，即“失学民众，自在民众学校受相当基本训练后，即由学校与学生订立一种工约，自后学生依照公约，自由学习，遇有疑难，可向民众学校或其他问字处所随时请问。修毕民众学校规定课程、经试验及格者，可与固定编制毕业学生同给证书”。但这类学生必须先接受学校测验并认可，且接受24小时以上的基本训练（教授注音符号、指导字典用法等）。同时，每周也还要参加1～2小时的“集合训练”，以补齐“群性训练”的短板。学生完成课程后，由教育局派员考查，成绩合格者，由学校发给证书。[①]民国二十一年（1932），教育部、实业部还颁发了《劳工教育实施办法大纲》，规定“劳工教育分识字训练、公民训练、职业补习三种”，按农工商各界劳工受教育程度分别实施。[②]这也是面向成年人社会教育的又一措施。

与中央政令所规划有所不同的是，地方各县创设民众学校进程极为缓慢。民国十九年（1930）11月，安徽省督学周元吉视察休宁县教育，发现该县“社会教育、民众教育，均尚幼稚”。[③]而歙县直至民国二十二年（1933），“民众学校尚未举

① 浙江省政府委员会：《浙江省县市民众学校暂行规程》，载《淳安教育》1932年第1期，第80～81页。
② 教育部实业部：《劳工教育实施办法大纲》。载《淳安教育》1932年第1期，第87～89页。
③ 周元吉：《视察休宁县教育概况报告》，载《安徽教育行政周刊》1931年第4卷第32期，第24页。

歙縣縣政府委任令
字第 號
茲委任[illegible]為本縣縣立民眾教育館總務組主任
此令
縣長
中華民國三十一年一月 日

1942年歙县政府任命县民众教育馆总务组主任委任令

办”。督学章绍烈毫不客气地提出：“应于本学期内筹设民众学校若干所。”[①]淳安县情况相对较好，“全县有中心民众学校一所，每期经常费为一〇〇元。民众学校二十四所，均附设于小学内。经费均由各小学负担，由教育局每期酌给补助费若干。，民众学校师资，全县为五六人，均系兼任性质。民众学校学生人数，共计为八四一人。年龄以十二岁为最小，与规定有所不合。五一岁为最大，以十五岁至十八岁学生为最多。平日职业以农为最多，工次之，商又次之”。[②]但是，屈指可数的民众学校数与入学者数，与各县均以数万计的应入学者相比，几乎可以忽略。这一点，就连当时主办者也不得不承认：淳安县“十九年度新办民众学校仅三十余所，以每校招足三十人计算，其总和不及总数百分之二”。[③]

对于此项工作推进困难的原因，安徽省督学叶明辉在视察歙县教育后认为：歙县“社会教育，与民众教育，至今仍毫无设施。一则因经费无着，一则因民众教育委员会精神过于涣散”。[④]教育经费奇缺，乃当时各县实情。早在民国十二年（1923），浙江省视学陶赞尧就对前一年寿昌县教育经费做了了解：“该县县教育费共支出四千六百七十七元。计支配劝学所八百六十元，县视学薪公三百三十六元，教育成绩陈列所二十元，小学观摩会奖品三十元，小学校教育参观团三十六元，县立屏山高等小学校补助费八百元，县立女子高小兼国民学校补助费四百元，补助九区教育费共二千一百九十五元。至讲演所、教育会、学务委员、通俗图书馆等经费，因教

①《督学章绍烈视察歙县教育意见》，载《安徽教育周刊》1934年第43期，第280页。
② 淳安县教育局：《本县最近教育概况及本局现况》，载《淳安教育》1932年第1期，第138页。
③《淳安县教育局二十一年度地方教育实施计划》，载《淳安教育》1932年第1期，第123页。
④ 省教育厅：《训令歙县改进教育》，载《安徽教育行政周刊》1931年第4卷第31期，第16页。

育经费无多，曾呈准归公益费项下支给。”[①] 淳安县“20年度教育经费虽在新增附捐项下增收洋四千零一十四元，然以本县以前各教育机关经费均甚支绌。本年度纷纷力主增加，数经审查，佥以为无可再减，结果反不敷，经费洋八百四十六元”。拟“抽收猪仔、彩轿等捐亦颇多阻碍，劝募殷富捐又以时局不靖难以着手进行”。[②] 民国十九年（1930），歙县“教育经费，岁入预算，约有二万余元。但除田亩附加外，征收多不足额。以致现状尚难维持，社会教育事业，更无法兴办”。具体来说，“屠宰附加预算，规定每年一千二百元，实际两年收入仅六百余元，亏欠达四分之三。牙帖附加预算，规定每年三百元，十八年只收一百二十元，十九年至十二月尚分文未缴，亏欠达五分之四。余如珠兰花捐、茶捐及河滩等杂捐，收数均不足额”。[③]

歙县征收不足的原因极为复杂，“年来因受兵匪影响，收入减少”，[④] 似乎是言之成理的理由。但如果歙县民众事实上接近“赤贫”状态，又何来缴纳的经济基础？反观歙县“迷信之风极盛，可尽量劝导征收戏捐或迷信捐、香楮捐等以裕教费”[⑤] 的提议，则歙县民众开支项目上的欠前瞻和明智也是存在的事实。又如歙县“胡前县长挪用二十年度各项附税三千二百七十元，应限期如数追还”。[⑥] 则说明民众对赋税的逃避甚至抵制，客观上也有一定的正义色彩。

办事不力的地方办理机构，如民众教育委员会，表面看也推卸不了责任。如歙县“民众教育委员会仅附办壁报一份而已”。[⑦] 但揆情度理，如果没有经费做基础，民众教育委员会又有多少人力去工作？如果缺少经费支持，推进工作力度又如何？淳安县于民国二十一年（1932）制定了《淳安县补助区私立及附设民众学校经费办法》，规定凡设立地点适当、按该县申办手续申报设立、学生数保持在30人以上、办理合法，且经县督学等认定确有成绩、教授科目符合部颁大纲的民众学校，若教育经费不足支给，均可向县申请补助。应该说，《办法》抓住了落实民众教育的“牛鼻子”。但《办法》虽明确了县教育机构评估并分五等的依据（学生数、学生平均

① 浙江教育厅：《令寿昌县据省视学呈报该县教育状况由》，载《浙江教育》1923年第6卷第4期，第36页。
②《淳安县教育局二十一年度地方教育实施计划》，载《淳安教育》1932年第1期，第127～128页。
③ 安徽省教育厅：《训令歙县改进教育》，载《安徽教育行政周刊》1931年第4卷 第31期，第15页。
④ 安徽省政府教育厅：《训令歙县改进教育》，载《安徽教育行政周刊》1931年第4卷第3期，第14～15页。
⑤《督学章绍烈视察歙县教育意见》，载《安徽教育周刊》1934年第43期，第279页。
⑥《督学章绍烈视察歙县教育意见》，载《安徽教育周刊》1934年第43期，第279页。
⑦ 叶明辉：《视察歙县教育报告书》，载《安徽教育行政周刊》1930年第3卷第18期，第25页。

出勤率、学生毕业率、学生毕业平均成绩、指定工作成效，各占20分），但对于极为关键的补助额度，仅以“全县补助总额为当年县教育经费岁出预算的规定”[①]一句轻轻带过，其间刻骨的无奈，决非局外人所能体验。

寿昌县对民众学校视导颇为用功，专门拟定了《寿昌县民众学校视导用表》，从各方面提出具体要求。如环境涉及地点、空气、光线、桌椅、教具，行政事关行事历、日记、出席表、学籍簿、概况表、统计图表、计划书、记录簿、其他表册，教学有日课表、教材、教学、教态、练习、批订，训练方面是党化、自治、集会、整洁、秩序、娱乐，学生方面为年龄、在学人数、出席人数、退学人数、兴趣、成绩，并各自赋分。[②]《寿昌县各小学兼办民众教育成绩考核表》同样细致，如健康方面有业余体育会、拒毒会、禁烟会、卫生运动，生计方面有科学表演会、合作社、农产品展览会，文字方面有民众学校、问字处、演说会、编辑民众读物，家事方面有特约模范家庭、家政讲习会，政治方面有党义宣传队、公民训练团、壁报，休闲方面有剧团、游艺会，其他还有风俗改良会。每项之下有“设备”“实施”“成绩”三栏。[③]以上两表，足以证明该县民众教育主事者既专业也敬业。但实际情况是“寿昌县……现虽添设民众夜校，以资补救，但年长农民之能够继续到校读书的，仍属为数不多，甚至可以说是绝无”“民间问字代笔处，终年无人过问，等于虚设”。[④]

寿昌县的这种反差，实际上也就是中央政策与地方推行之间的反差。为何寿昌县民众对教育主事者的措施不买账？我们先看看他们的日常生活：寿昌全县农产品年产大致为稻米40万担、豆子22万担、麦子14万担、玉米5万担、根芋2.5万担、桐子5000担、莲子2000担、烟叶700担、茶叶400担、苎麻300担。全县仅7万多人口，理论上，“只要年岁稍见丰稔，便有盈余”。但在20世纪30年代初，寿昌农村经济却因农民墨守成规，间或遭灾，谷贱伤农而“凋敝不堪”。全县“现金进者少而出者多，更加之以各种公债捐税等种种负担，以致农民破产。佃业双方，两感痛苦”。全县接近四分之一的农户在县里开办的农民借贷所有借贷，“尚有因无款可

① 《淳安县补助区私立及附设民众学校经费办法》，载《淳安教育》1932年第1期，第112～113页。
② 《寿昌县民众学校视导用表》，载《浙江教育行政周刊》1932年第3卷第31期，第8～10页。
③ 《寿昌县各小学兼办民众教育成绩考核表》，载《浙江教育行政周刊》1931年第2卷第44期，第4～8页。
④ 《浙江寿昌县农村状况概观》，载《劳动季报》1936年第8期，第181页。

借而向隅抱憾者”“真正农民，……愁衣愁食，无此闲暇读报”。[①]因此，当政府的民众教育规划在一定程度上脱离了国情和民情实际，超越了当时国民经济发展水平和受教群体的经济地位，没有充分考虑受教对象的需要，出现民众学校办学难、招生难、留生更难等令教育界人士备感痛苦的现象也就无法避免了。

当正规的民众学校难以落地，其他对经费、场地、人员、时间要求不高的措施就成为民众教育的重要形式。浙江省就要求社会教育机关、学校、商店、工厂、乡镇公所，以及政府准予设立的私塾，设立民众问字处。各设主任一人，指导员若干人，随时解答或教授单字及课本、解释或代拟文件。主任、指导员均为义务职，凡识字民众，均可为指导员。[②]但普通教育界在其间仍起着中流砥柱的作用。如淳安县虽然有商请各机关各团体设立民众学校等计划，但要求“私立初级小学在三年级以上者均须设民众学校及民众问字代笔处、民众阅报处，并将办理成绩作为学校成绩之部分”。[③]遂安县“办理识字运动周，颇知努力，宣传品亦尚妥适，贞文、台鼎二小学所编歌曲，尤能引起民众兴趣，均堪嘉慰”。[④]两年后，再次得到省教育厅通令嘉奖。休宁县有“化妆讲演团，系由二三同学会创办，每年寒暑两期，巡行表演。教育局年拨六十元，以资补助”。[⑤]徽州各县则广泛开展学生暑假社会服务活动，要求各校组织“暑假教生团”，开展普及教育、调查学龄儿童两项中心工作。《歙县第一学区各小学教生廿三年度第二学期暑假社会服务办法》明确了服务细则：

甲、暑假教生团每人至少应找学生一人分别施教。

乙、暑假教生团以教完安徽普教读本第一册为原则。

丙、暑假教生团应公推小团长一人，并得随时召集会议解决一切困难问题。

丁、暑假教生团所用读本由各教生传抄供给。

戊、暑假教生团得开办自动日校，或自动夜校。

己、暑假教生团所教学生应依照第七条己项各项一一登载，于次学期开学

① 佚名：《浙江寿昌县农村状况概观》，载《劳动季报》1936年第8期，第26～27页。

②《浙江省各县市设立民众问字处暂行办法》，载《淳安教育》1932年第1期，第85页。

③《淳安县教育局二十一年度地方教育实施计划》，载《淳安教育》1932年第1期，第123页。

④《令遂安县政府》，载《浙江教育行政周刊》1930年第44期，第9页。

⑤ 吴亮夫：《视察休宁县教育报告书》，载《安徽教育行政周刊》1931年第4卷第1期，第32页。

时一并缴呈原校。

庚、暑假教生团得就近敦请有知识的人做顾问。[①]

“暑假教生团”活动政府参与，声势浩大。民国二十四年（1935）5月9日，歙县举行教生总动员，会议主席方念谐在动员中以俄、日为例曰：“在苏俄十月革命前，文化是很低落。日本在维新以前，文化也是低落。苏俄自十月革命五年计划成功后，不识字是很少的。日本维新后，百分之八十是识字的。”进而提出：“凡小学二年级以上的小朋友，都去教不识字的成年人和小孩。”[②]从当时新闻媒体报道可知，很多学校学生都参与了该活动。

全面抗战开始后，民众学校改为战时民众学校，教育重点转向军事动员、训练，招生重点转向16岁以上的壮丁，与兵役保甲制度相结合。民国二十九年（1940），浙江省教育厅制定《战时民众学校施行临近入学办法》，对16～35岁青年实行强迫教育，由保长兼保内民众学校校长，负责选送保内青年到校接受训练。增设教授自治、自卫、侦查、工程、运输等内容的民众组织，防空、救护、军事常识等内容的自卫训练战时课程。修业期限缩短至两个月，每校每学期举办两期，县政府每期酌情给予补助。其后，为配合新县制推行，实行“三位一体”的国民教育，即每乡镇设中心小学，每保设国民学校，均包括儿童、成人、妇女三部分，使民众教育与义务教育打成一片。但政策的期许与实际效果之间的差距依然很大。

第三节　与生业相关联的其他教育尝试

一、官方推动的习艺组织

将社会教育和受教育群体的政治、经济利益相结合，是破解民众教育不受待见难题的突破口。清末民初，在政府的倡导下，一些县份办起了平民习艺所，这是一

① 佚名：《歙县第一学区各小学教生廿三年度第二学期暑假社会服务办法》，载《安徽教育辅导旬刊》1935年第1卷第6期，第33页。

②《歙县第一学区教生总动员》，载《安徽教育辅导旬刊》1935年第1卷第3期，第31页。

种以职业技艺学习为主要内容的新式组织，克服了传统师徒传授规模有限、范围也小的局限。建德县山多田地少，木材丰富，而当地木匠、箍桶匠、油漆匠等多为东阳、义乌人，本地人很少会这种工艺。民国初年，为使本地青年闲散劳动力学得一门手艺，可以养家糊口，县知事与地方士绅王庆莆、唐雨时、洪昌炽等协同创办了“平民习艺所”，所址选在旧善堂清节堂内（后来习艺人渐多，移至三元坊宣灵庙内），分木、油漆、箍桶、穿棕和织布等工种。浙江巡按使屈映光到建德县视察，听闻后也欣然亲往，并拍照留念。

虽然习艺所的产品可出售生利，但既需要周转时间，还难以保证利润率，前期主办者必然需要资金投入。寿昌县开办的第一平民习艺所，就因政府投入不足，难以为继，致使所长蒋灏上书请辞。浙江巡按使屈映光对此曾严厉批示道：

> 习艺所为救贫劝工之要政，地方有司自应竭力维持，以图久远而资发展。该所常费自本年七月十六日以后，既系分文无着，该知事自应预为设法筹集，俾资进行。乃竟置若无足重轻，听其称贷度日，驯致停闭。民生大计，罔知顾恤，求牧与刍之谓何？应予申斥。除注册外，仰金华道道尹迅饬该县知事，妥筹的款，以为要政，仍责成蒋灏妥为办理，毋得藉口诿卸。①

医药业也有融教育与职业于一炉的机构。成立于民国二十年（1931）的中央国医馆，曾在全国各省市设立国医分馆。遂安、歙县等地国医支馆内设机构中，除总务、医学、药学外，尚有推行组，即着意发展中医教育。民国二十六年（1937）3月，经中央国医馆核准，徽州国医专门学校在歙县城东许氏宗祠创立，姚徽逸为名誉校长，黄育庭、胡天宗分任正副校长，学生20名。后因抗日战争，局势动荡而停办。②

开办于建德县城的严州六睦医院，乃叶润石私人创办。因经营有道，发展很快，开设内、外、妇产、五官四科，有病床六张，妇产科、腹外科手术器械全套，还有一架1500倍显微镜，并养马两匹作为急诊交通工具，堪称严郡六县设备较为完善的现代化医院。该院就曾附设医学班，采取半工半读方式，理论联系实际，培养医

① 浙江巡按使：《发金华道据寿昌县第一平民习艺所长详请辞职由》，载《浙江公报》1915年1月18日第1046期，第10页。

② 歙县教育志编纂委员会：《歙县教育志》，黄山书社，2009年，第303页。

务人员。该院还向严州中学附小开放，当小学常识课上到生理卫生部分时，老师就带学生到六睦医院参观该院的人体解剖挂图与模型，了解疾病的起因与预防，进行形象化的直观教学。[①]

在休宁，民国二十二年（1933）开办一个农林讲习班，以呼应政府“建教合作”的倡议，并制定了《休宁县农林讲习班办法大纲》：

一、遵照总部提倡建教合作意旨及为增进农民知识与技能起见，先就本县县立第一区中心小学校内附设农林讲习班，以资试验，以后渐图扩充普设各校。

二、本班招收学校附近学生四十名，以年龄在十六岁以上之农家子弟及在四十岁以下之农民为合格。

三、本班课程分左列两种：

（一）教科：农业、国语、常识、珠算

附注：农业教学农学大意及林学大意，国语教授普通书信及便条，如不识字者先教农民千字课。

（二）作科：农事实习（不在上课时间之内）。

附注：实习时间，除临时规定者之外，其余悉听各人自由回家工作。

四、本班为农事实习起见，所有学校附近公家荒山荒地皆得拨作试验场。

五、本班采取半工半读办法，所有教科时间规定每日上午，作科时间规定下午。

六、本班学习时间限定为半年。毕业时经考试及格，由县政府发给证书。

七、本班设主任教员一人，助教一人。主任教员以富有农事学识者为合格，助教得就农民中选择富有经验者充任。

八、本班学生学费、书籍费一概免收。

九、本班农事实习所需农具，由学生自备，用毕各自带回。

十、本班经费除规定主任教员半年一百二十元，助教半年薪三十元，书籍费五十元外，其余各科教员皆系兼任，不另支薪。农事试验场经费拟定四百元，在本县建设费项下开支，实报实销。

---

① 李祝华：《〈严州六睦医院〉读后》，载政协建德县文史资料组：《建德文史资料》第8辑，1991年，第153页。

十一、本班学生每人至少须植树二百株，作为建设模范林，以符生产建设之旨。并规定此项森林专作建设基金。

十二、本班学生为实地学习起见，得与省立第四森林局合作，其办法另定之。

十三、本办法经分呈建设厅核准后施行。①

该班开办计划得到省建设厅、教育厅的同意，并于当年12月在休宁凤湖开班，学员40余人。行署专员刘镇华前往，并对学员训话。②

二、民众自主的民教活动

不管在怎样的社会，民间自发的民众教育都是存在的。有的是有意识地设计与实施，有的则是在谋生过程中发生的不自觉行动。在歙县，方怀毅在陶行知的直接指导下，于民国二十三年（1934）底在王充村创设了“歙县第一工学团”，并坚持了五年。其间，工学团以“工以养生，学以明生，团以保生”为宗旨，吸引当地民众参与，先后组成了儿童、纺织、农林、花果、畜牧等工学团，以及农民自卫队、乡村调解委员会、合作社、生活教育区、流通图书馆，将民众教育与乡村改造相结合，在当地起到了一定的影响。

戏曲演出是传统社会中常见的一种寓教于乐的民众活动，具有深厚的群众基础。在广大乡村，既有正规的班社，也有农闲聚唱、农忙散去半职业性的“鬼火班”。其实，两者均有生业与教育联手的因素。民国初年，在寿昌县民间常年演出的农民戏班，是汪恕应的万松舞台。他为了筹集资金置办行头、乐器，卖掉了赖以生存的10亩薄田，他的三个儿子也都唱戏，足迹遍及浙江、江西、安徽、江苏等省。民国二十七年（1938），寿昌县长林口村李凤芝也创办了“新春舞台”，夫妻两人、两儿一女一媳妇都进入戏班。这类戏班往往会招收一些有培养前途的小演员，他们的受教育过程就是卖艺过程。一般入戏班都要举行拜师立约的仪式，小演员不识字，甚至连画花押都不会，就会简化到老板在纸上画个圆圈，小演员只要用毛笔在圆圈中加一点就行。写了这一“点”，便是立了书契。从此，“三年六个月，打死不偿命”。每天早上四五点，天还没亮，就要起床早练功，翻跟头、舞大刀、耍花棍，这是练

---

①《休宁县农林讲习班办法大纲》，载《安徽教育行政旬刊》1933年第1卷第29期，第27～28页。

②《徽州日报》1933年12月10日。

歙县璜田戏台

武戏。两个小时下来才吃早饭，之后是练文戏，即练道白、唱腔和动作。下午彩排，晚上演出。日复一日，年复一年。

“鬼火班”既是娱乐需要，也是吃百家饭、间接挣钱的一种途径。当时，除了演员是挨户派饭，戏班还收取一定酬金，通常每场银圆 10 ～ 20 元，或稻谷 2 ～ 4 担，甚至也收黄豆、玉米和小麦。由于演员并不十分固定，教戏途径也就更为多样。最常见的是请专职老演员当师傅，这些师傅一般前台、后台都精通，各类主要角色都熟悉，还要讲得出、镇得住。如建德县松源里万圣村，光绪三十年（1904）邀集村民 15 人办起徽剧清唱班，就从淳安请来绰号“石和尚”的师傅。因白天要农作，教一堂戏大约要 40 个晚上，白天派饭，晚上供点心。先与教戏师傅订协议，班主交上一叠大洋（15 ～ 20 块银圆），师傅收下钱，就开始教唱。根据各人音色，确定谁唱花旦、青衣、小旦，谁唱大花脸、小花脸，谁唱老生、正生、小生，一人都要兼几个角色。绩溪伏岭下村邵姓是附近知名的大族，光绪初年开始学戏，先是聘请“老彩庆”“长春”等知名戏班来演出，利用供饭等机会拉交情，私下讨看剧本与工尺谱，看戏时强记、默录，偷学表演程序与技巧，居然也慢慢地获得了当地民众的认同。

民国时期，寿昌县万松镇徽商汪裕泰店号管账先生汪笃生，也创办了由 16 人组成的清唱班，吸收的是本号店员及学徒参加，也适当吸收其他商号店员加入。徽州会馆购置乐器、剧本、曲谱，既在本店堂演奏，有时也到徽州会馆演唱。组织戏班的直接目的，并不是为了经营，而是让远离家乡的青年店员身心有益，陶冶情操，防止店员聚赌滋事，产生不正之风，所以能得到商界支持与赞誉。演出剧目有《百寿图》《对课》《碧桃花》《僧尼会》等，在当地均获一定声望。这也可算作是另类的教育活动了。

第十一章　新安江流域的近代地方教育名家

当教育成为一部分人真正倾心的事业，他们就会为之勉力吸收新知，苦心精研细琢，执着刻苦实践，并由此提炼心得，传播推广。时过境迁，大浪淘沙，他们的一些理论、观点，甚至只是具体的案例，都会给后人以启迪。这就是教育名家的成长之路。在 20 世纪上半叶，新安江流域成千上万名教育工作者中，就产生了陶行知、胡适这样具有世界影响的教育家；也有黟县汪达之，歙县方与严、许恪士这些诞生于斯、成就于外的教育界名流；更有胡晋接、包汝羲、江植棠、余光凝、方赞修等人，在当地默默奉献一生。对陶行知、胡适教育思想的研究已很透彻，本文在此不再赘述，且将笔墨留给在当地的地方教育精英。

第一节　师范教育的早期播种者

一、许承尧早年的教育思想

许承尧（1874 ～ 1946），字际唐，号疑庵，晚号芚公、婆娑翰林。徽州区唐模人，一生曾历学、政、文、史多界，尤以近代方志学家、诗人、书法家、文物鉴赏家名世。但他曾在徽州首创新安中学堂、紫阳师范学堂，并担任监督两年余，被安徽巡抚冯煦奏赞："皖南学务以皖歙最早，歙县兴学，则自许氏。"其早年的教育成就，亦可概见。

许承尧出生在一个传统的农商之家。祖父许恭寿（字品三）曾在江西为蒙学塾师，后"处乡里仍教读"。其父许学诗（字雅初）虽"始学贾于南昌"，后"改营典业于歙之堨田村，嗣又兼木业于浙江杭州"，但也"通书算，知物价"。[①] 许承尧年仅 5 岁母亲就去世（曾自注诗"幼不识母衔大悲"云"余五岁丧母"），由祖母"躬自鞠养"

① 许承尧：《疑庵文剩·先大父行状、先府君行状》，转引自许承尧：《疑庵诗·序》，黄山书社，1990年，第1页。

许承尧

长大成人。因此，祖父严格的教诲也伴随着他的青少年时期。6 岁时，他跟从本村知白斋的私塾先生方守坚开蒙，祖父“亲自课读，督教特严”，即便自幼聪颖、“记诵倍于常人”的许承尧，也“每至夜分，不中程弗息”。好学的许承尧，16 岁入泮，并以第一名的成绩成为府庠生。次年，其父在江西谋生的店主经营倒闭，致使寄存于该店的半生积蓄分文无归，许家经济大为困窘。是时，紫阳书院有院规：凡每月三次课试名列前者，可奖励膏火费。许承尧“为博资以助家计，乃应数名课试。缀文研学，恒篝灯继晷，深夜不辍”。天分加上勤奋，果真“每试辄冠，文誉鹊起”。[①]

18 岁问学于在徽城教学的黟县人、岁贡生李嘉会。两年后，许承尧中举。“科举儿时尚，生当作秀才”。年轻的他在家庭压力下，为追求更高功名，开始师从当地著名学者汪宗沂，并与黄宾虹、汪律本成莫逆之交。汪宗沂早年研习汉学，后改治宋学，再自修钻研经学，博览群书，“于国学无所不窥，不拘拘于前辈师法，而能自辟蹊径”。且喜舞剑、谈兵，注重时务，这极大拓展了有一定家学根基的许承尧的学术眼界。在许承尧《读书偶作》诗中有“挹彼海中盐，征知地年龄。劚地验僵石，略识太古情”。[②]表明他对近代地质学有了关注。甚至早在光绪二十一年(1895)前后，他就在《言天》中直接引英文音译入诗：“星球有老少，斯语匪我欺。试观流与彗，确证何然疑。……最初果何有？名爱耐卢尼。此爱耐卢尼，非出真宰为。”[③]“爱耐卢尼”乃时人对英文 Energy（物理学研究中的“能量”）的中译词汇。诗句虽然拗口，但许承尧对西学的认同与诗歌创作中勇于创新的努力，也不言自明。此外，他也对西方文学有所涉猎，在阅读了上海商务印书馆出版的翻译爱情小说《空谷佳人》后，留下了《题近译空谷佳人小说二首》的诗作。

成长于清末乱局的许承尧，虽然随着年岁增长、阅历丰富，对于科举兴趣越来越低，却一直为乡土氛围、家庭教诲所左右，31 岁高中进士之前，基本奋力奔波于

① 许克定：《许疑庵先生年表》，转引自徽州师范学校：《许承尧纪念文集》，内部资料，2005年，第104页。
② 许承尧：《疑庵诗》，黄山书社，1990年，第12页。
③ 许承尧：《疑庵诗·附录》，黄山书社，1990年，第5页。

科考之路。但时局纷扰，国运波折，也无时不在鼓荡着他蓬勃的心。面对“猛兽奇鬼，洪水稽天，长蛇封豕，饥吻流涎”的危境，身为饱读诗书、心怀夙愿的一介书生，他也“我愤我怒，我呼我前。悉力抗拒，奋张空拳”“迄今十余年，雕脂镂冰，锲而不还。掷黄金于虚牝，揽明镜而泫然。一走京华，再走中州。风号雨呶，尘土满头。困区区之缚轭，作磨驴兮焉求？鲁国男子拂衣去，我胡为乎独夷犹？”[①] 许承尧在《三十放歌》中回顾艰难的科举之路时，恣意地吐露出的不甘与激愤，就是他此前内心世界的写照。因此，“热血向谁洒？微躯何足云”。一旦当他功成名就，就想身手大展，挥斥方遒是可以想见的。

处于这种历史背景中的许承尧，梳理其早期的教育思想，大致有如下数端：

第一，教育普及是救国拯民的首选。

鸦片战争以后半个多世纪，欧美诸国挟工业革命之浪潮，不仅国力迅猛提升，社会面貌发生巨变，且在世界上肆意欺凌弱小。处在清朝统治之下的中国，或奋力抗拒，但似以卵击石，损伤巨大；或引进学习，却也未见改天换地。在“外力横厄，族竞弥烈”的当时，“优胜劣败，胜存劣汰”的社会进化规则无时不在敲响国人的警钟，非洲、澳洲被殖民的现实，时常成为海内志士呼吁民众自强的证据。但是，究竟以何种方式才能既拯救国民于水火，又能得到朝野的多数赞同，同时避免社会过大震荡，却是方案频出，莫衷一是。“或步武法美，或规范英日”“斠毕而号，万喙嚣声。憨儒孤诣，至殉躯命”。虽然“当轴警醒，亦谋速化”，但也举棋未定。许承尧认为：“民德未进，民智未牖，而徒更张政制，将愈棼乱，而无效果之可言”“而时局沓纷，又复迫于眉睫，不容吾有从容暇豫、徐徐布画之一日。”因此，“比较其迟速利钝及百变之情态，而求其会归，要必以教育普及为的”。[②] 即教育普及是解时局困境的有效对策。

第二，普及陶铸国民的教育为最急。

进入20世纪，清廷迫于内外压力，也在逐步变革，对于已延续1300余年广受诟病的科举制度，也有意进行新的尝试。其中，开办新式学堂就是政府大为鼓励的一种方式。学堂之设，其旨有三：一是陶铸国民，二是造就人才，三是振兴实业。“国

① 许承尧：《疑庵诗·附录》，黄山书社，1990年，第8页。
② 许承尧：《疑庵诗·附录》，黄山书社，1990年，第11页。

民不能自主，必立学以教之，使皆有善良之德，忠爱之心，自养之技能，必需之知识”，这是陶铸国民之教育；“讲求政治、法律、理财、外交诸门，以备任使”，实乃造就人才之教育；“分设农、工、商、矿诸学，以期富国利民”，则为振兴实业之教育。在许承尧看来：

> 造就人才以备任官之教育，振兴实业以谋国富之教育，皆可包于陶铸国民教育之范围中。夫国未有民德已发达，民智已扩张，民气已振作，而遴其秀以入官，犹患无政治家、法律家、理财家、外交家专其业以入世？犹患无农学家、工学家、商学家、矿学家者也？将是铸造国民之道，则有其最要者焉。①

第三，教育普及当从蒙、小入手。

教育普及相当于一座冶铸国民的大熔炉，民德由之而进，民智因此而高，“似迟实速，似钝实利，安而不倾，坦而易由，质直而不迂廓”。为何欧美各国“莫不率是以兴”？许承尧的解释是：“无本之木必倾，无源之流必涸。重台崔嵬，奠基于址石；体魄强固，嘘生于血管”“行陆无车，行水无航，踯躅流涕，废于半途，谓之不预。稚子制锦，侏儒扛鼎，强以不任，绝膑伤手，事所必然，不足诧笑”。因此，“教育普及安始？始于蒙、小学。则急设，多设蒙、小学为要。”② 许承尧不仅有这样的认识，也有这样的行动。得中进士的他，见“庚子而后，外侮日深，清廷昏乱，目击心伤”，乃“浩然有归志”，告请返籍办学。在开办新安中学堂的同时，协助其祖父在家乡创办私立敬宗小学。后又开风气之先，创办端则女学。两所学堂均为该村许氏子弟免除学费，使教育普及在唐模得以出现较高的水平。

第四，无师范生则蒙、小学无由兴。

虽然在颇有教育传统的我国，教师历来就是一个比较受到尊敬的职业，但充任教师并无统一的严格标准，其来源也极为复杂。在西方近代教育制度被介绍和引进的同时，早期师范学校也在沿海一带城市得以创建。在朝廷，师范学校也被纳入新建的教育体系之中，并自成系列。在这种大背景下，许承尧建议优先开办师范学校

---

① 李群：《古徽州推行“新教育”制度的拓荒者》，载《安徽档案》2003年第1期，第38页。

② 许承尧：《疑庵诗·附录》，黄山书社，1990年，第11页。

的确有一定远见。所以，他在《徽州府师范学校成立日告诸生文》中告诫诸生 ：“诸生今日为本校之受学者，他日即各县、各乡蒙、小学之创造者。改造风尚，改造礼俗，改造行谊学术，改造莘莘童稚之脑藏，即改造林林同族之脑藏，可易言乎？”

第五，爱国是教育不可缺少的宗旨。

正因为许承尧追求的近代教育是拯救国家与民众于危难最为合适的手段，因此，爱国就是他主张的教育中不可或缺的应有之义。他曾在新安中学堂、紫阳师范学堂学子演说中提出爱国、爱身、爱时“三义”主张。具体说，就是要求学子牢记“必先自进德，乃能进群德 ；必先自益智，乃能益群智”。要做到“崇公德，明公理，守秩序，教勇敢，励坚忍，戒偷惰，除嚣张”。唯有如此，方能教育普及，才“可藩国，可卫种，可私群，可革污习、存国粹”。他特别提出 ：徽州虽然素有崇文传统，但山区环境“扃闭野塞”，乡人“囿于闻见”，经常有“盲人腾古扣槃而含沙，寻暇蹈隙，犹有忍以学校为诋谌者”。因此，作为负有未来教师使命的学子，“愈不容有失检过激之行，为彼所藉口而长疑”。与其说这是劝告学生要“自爱”，实质是强调这是爱国的前提。

光绪三十四年（1908），许承尧回京销假，安徽巡抚冯煦上奏为其请奖 ：“据提学使沈增植详称 ：在籍翰林院庶吉士许承尧，于光绪三十一年徽州郡绅举充新安中学堂监督，经前抚臣诚勋奏咨立案，免扣资俸。该员自充监督，招生开学，增聘教员，手定章程，经营建筑，兼私立敬宗小学，添设紫阳师范及师范附属小学堂以资练习，并于中学内增拓操场及植物实验，所以求完备。即歙县教育会、劝学所，亦同时成立。三年之内，计毕业简易师范科前后计八十三人，中学堂学生，除升送高等师范学校外，实存者九十一人。热心毅力，规划分明，为皖南诸郡之模范”。[①] 冯氏所言，除开私交因素，也大致不虚。

二、胡晋接的师范教育实践

清末民初，在徽州教育界耕耘数十年，且获得较高名望者，胡晋接当属其一。他不唯教育实践有声有色，其教育思想也较为深邃丰厚。

胡晋接（1870 ～ 1934），字子承，又字石坞、紫琴、止澄，号梅轩。绩溪城内人，廪贡生。其父胡肇龄，精通理学，主持绩溪东山书院多年。胡晋接少时从父就读，

① 学部 ：《学部官报 · 奏请奖庶吉士许承尧折》，1908年，第57期，第313页。

年仅14岁就考入府学，援例入贡。受时代新思潮影响，他对应考缺少兴趣，从1891年始，走上从教之路，先在本县私塾任教。光绪二十九年(1903)，受聘主持绩溪仁里私立思诚两等小学堂，后接任绩溪东山高等官小学堂堂长。民国建立，任省教育厅特派员，视察督导徽州教育。旋于民国二年（1913）奉命筹建安徽省立第五师范学校(次年改名省立二师)，并任校长，直至民国十六年（1927）退休返乡。

胡晋接

总结胡晋接多年的教育实践经历，可以概括出他的主要教育理念如下：

其一，整体上抱定村落主义。

胡晋接明确提出要实践“村落主义”是在民国八年（1919)。当年7月，省立二师举行第二次毕业式，作为校长的他发表了一番简单赠言，向毕业生提出三项要求，列首位者即“抱一”(二曰去私，三曰进取)：“抱定村落主义。由改进村民教育入手，以达于改造新村落之目的。毋变其志，毋易其业，毋误其所主张。”而且他认为，“则此时救国事业，舍此莫由”。[①]在胡晋接看来，所谓“村落”，并非目前存在的自然村落，即“村落不仅以一市一乡一镇为范围也，其广义则一县亦一村落。又推而广之，则旧府制之一府所属，亦不妨作一大村落观”。因为，“国家基础，植于村落。村落事业非一，而教育尤为要。此固凡有识者所同认矣”。[②]

“村落主义”并非胡晋接独创，而是得之于南通的张謇。张謇放弃官职，回到家乡寻求发展富强之路，他从我国传统的大同世界诸多勾画与实践的先贤中，发现了东汉末年田畴（字子泰）率领宗人避乱无终山，“北拒卢龙，南守要害，清静隐约，耕而后食、人民化从”的典型范例，立志“雄节不忘田子泰”，创办大生纱厂、我国近代第一个农业股份制企业通海垦牧公司、我国近代第一个民营股份制企业集团大生集团，从创办实业入手，继而发展教育，提倡慈善，着力推进地方自治，打造

① 安徽省立第二师范学校：《安徽省立第二师范学校杂志·训言》第6期，第9页。

② 安徽省立第二师范学校：《安徽省立第二师范学校杂志·文苑》第6期，第1页。

民富乡和的现代“桃花源”。虽然他的努力被“苏人士嗤为村落主义”,但他坦然接受,并广为宣传。胡晋接对张謇“村落主义”的认同,表明他们对于时局、未来和自身的梦想都颇为一致。当然,胡晋接只是一介书生,在缺少有力的实业支持下,他的“村落主义”梦想只能有两块狭小空间:一是尽力实现教育领域的整合;二是灌输“村落主义”的理念,动员更多的社会成员参与建设。

胡晋接认为:教育的目的,首先在于造成人格,即“造成知行并进、敦信义、重然诺、勇猛进取、能负责任之国民”。如果教育提高了人的素养,“则以之为政而政举,以之执业而业兴。凡百问题,均可迎刃而解”。其次在于陶冶职业,不仅要次第创设切合当地需要的职业学校,即便是普通教育,也要为学生适应未来职业作准备。同时,“学校为改良社会而设”,学校与社会切不可分离。如果“竭诚进行,锲而不舍”,则“十年而后,行见全徽六邑之中,学校无不用之成材,社会无不学之职业,乃至山尽成林,矿多出土,野无旷地,民尽乐生,于以造成黄山白岳间之一大新村落,岂不懿欤”?[①]为此,胡晋接除立足二师扩大与当地社会交往外,最为重要的举措就是于民国八年(1919)成立全徽教育协进社(后改称全徽教育联合会)。这个实际上由二师掌控的民间教育组织,鲜明提出了改良普通教育、提倡职业教育和推行社会教育三大宗旨。在其后八年的活动中,胡晋接最早提出的调查、研究、出报、讲演、表扬、通信答问等施行方法,均得以付诸实践。内容涉及教材选择、国语推广、成果展演、放天足、女子教育、试验塾师、取缔私塾等方面,不少活动“极一时之盛”。但择地创立都市式、乡村式男女子职业学校,或职业补习学校,创建教育博物馆之类,因时局不靖、资金困窘而落空。

其二,训育上抱定严格主义。

胡晋接认为:“以今20世纪之时代,乃国民与国民竞争时代也。国民有健全的人格,有公德,其国必强;否则难以生存。”[②]但在实际上,“今日之中国,无论国家何项行政,国民何种设施,或沿袭本国前人成法,或摹仿欧美文明制度,要皆极少收优良之效果者”。究其原因,“国民多未受真正教育,无道德心以为之根基,实为其最大之一因焉”。在已成年的国民难以担当大任时,“集注于第二代之国民”就成

① 安徽省立第二师范学校:《安徽省立第二师范学校杂志·文苑》第6期,第2~3页。
② 周文甫:《斯文正脉》,黄山书社,2012年,第41页。

为必须。而“师范学校，即以造成此陶铸第二代之国民之人为天职者也”。当时进入师范学校之学生，能否成为“国民所馨香祷祝以求之者”？[①] 担任省立二师校长的胡晋接自然心知肚明：“吾国学生在遗传上、在环境上，皆优点少而劣点多，且家庭教育既多缺乏，小学教育亦多数有教授而无训练。”因此，他主张：“吾国学生，自幼未经训练，必从严格的训练养成优良之习惯方有进步”。[②] 这就是胡晋接在执掌二师时，一以贯之地推行严格主义的背景。

其实，胡晋接办学的严格，早在他担任绩溪东山高等官小学堂时就有表现。此前，该校师生关系紧张，学潮频发。胡晋接接任后，严肃学堂纪律，斥退了个别不良学生。在当地引起震动，甚至同为士绅的曹作朋还上禀控告。时任徽州知府的刘汝骥为此专门在胡晋接的上禀中批道：

> 该堂长受事以来，申明旧章，改良教育。其不安分之学生，独能不避嫌怨切实淘汰，芟夷稂莠，正所以扶植嘉禾。权限所在，如是方为尽职。倘该革生等非理妄干，挟嫌报复，定当照章追缴学费，从严示惩，决不能使一二无理取闹之人，又兴无名之师也。希即查照，仍将甄别情形移县转申学宪备案。此缴。[③]

在省立二师，胡晋接以治校严格闻名。首先，明确学生的训育目标。即有守信心、耐劳心、公德心、责任心、爱国心、遵德心、尚武心，“数者缺一，即不成其国民”。校训“诚毅”即最为精练的表述。其次，从规章制度入手。他颁布并修定了《校务组织大纲》，将全校部门与教职员整合到一个完整的体系中，使教务、斋务、庶务既各负职责，又统一介入对学生的教授与训育之中。同时，逐渐制订了涵盖极广的各种规程。教学方面有《学则》33条、《学程纲要》5章，规定了教与学应遵循的章法；《教育实习规程》对指导教师的任务、学生实习纪律等提出具体要求；另有《运动规程》《贩卖部办事细则》《寝室室长规则》等10余种。规章虽然不长，但关注到学生重要的行为细节，具体而可操作。胡晋接认为，德不重标示而重实行，“笃行”

---

① 璩鑫圭、童富勇、张守智：《中国近代教育史资料汇编·实业教育师范教育》，上海教育出版社，1994年，第819页。

② 安徽省立第二师范学校：《黄山钟·训言》第1期，第13页。

③ [清]刘汝骥：《陶甓公牍》，安徽师范大学出版社，2018年，第94页。

是“本”，制度在于落实。训话、讲演、介绍阅读书报、黑板揭示等，均是最基本的常规；修学旅行、教育实习等，则是综合性的实践活动。严格执行规定，特别是处罚制度，也是胡晋接一再坚持的。通观省立二师的办学历史，就会发现该校学生淘汰率很高。即便是离校后发展很好的学生，若在校时没有遵守校规，同样得不到胡晋接的宽容。

胡晋接也重视师表的作用。他认为：在师范学校，“不特实司教育之各员，当在有以为人模范也。即在会计庶务之职，亦必一尘不染，一丝不苟，事事得其条理，而为教育的会计，教育的庶务，示学者以办事之模范，然后教育之精神乃完”。同时，他又制定了详细的《校训日省》11条，取儒家传统的“自省”方法引导学生加强自我修养。当然，民国十年（1921）后，胡晋接在省立二师训育上逐渐提出并强化务本教育，提倡“尽性学佛，尽伦学孔，道学为体，科学为用”。但那只是指导思想的调整，执行上的严格主义并没有什么变化。

其三，教学上抱定实用主义。

民国初年，颇有影响的实用主义教育观点，滥觞于近代教育家黄炎培的提倡。他在江苏省教育司司长任上，基于对各地的调查，发现学生所学多脱离实际，毕业后不能应社会之用。于是，在民国二年（1913）8月，印发了《学校教育采用实用主义之商榷》。他认为：“教育者，教之育之使备人生处世不可少之件而已。人不能舍此家庭、绝此社会也，则亦教之育之，俾处家庭间、社会间，于己具有自立之能力，于人能为适宜之应付而已。”具体到领域，则德育“宜归于实践”，体育“求便于运用”，智育则“授以生活所必需之普通知识技能”。[①] 此文至10月发表后，在全国引起热议。在此期间，远在皖南徽州的胡晋接也注意到了这场讨论。因此，当年寒假二师向学生征集徽属六县植物标本的文告中，开头就是“近日海内教育家，盛倡教育采实用主义之说”。次年5月初，黄炎培考察华东各省教育，莅临屯溪时，二师教务主任方新在欢迎词中也有“吾侪夙佩先生提出之实用主义教育说”的表述。

胡晋接在二师办学中始终坚持实用主义，除了与黄炎培对当时教育感同身受外，可能也与二师办学的困境有一定关联。民国二年（1913）9月，正当开学在即，时任安徽都督兼民政长倪嗣冲就下达了各县学校下学期暂行一律停办的通令。胡晋接

① 谢长发：《黄炎培与民初实用主义教育思潮》，载《教育与职业》2009年8月中，第87页。

与教职员深感“师范教育视他项教育为重”，提出临时维持之法力争，终于获得省府同意，但所需经费分文未拨。从此，胡晋接为保经费，既节流，更开源，诸如开办农场，种植漆树，创建砖窑、印刷工坊、豆腐工场、缝纫铺、摄影部等。在其主校任教的十五年间，此类“杂入”总计34620.603元。这不能不说是力行实用主义办学思想的重大收获。

本着实用主义的办学宗旨，胡晋接反对空谈学理，要求各科教学不可缺少实地练习。鉴于“吾徽人强半以商为生活，足迹几遍各行省，信实久著于外，欲永保其优势，不可不于教育上发扬而广大之”。胡晋接在二师开办贩卖部，让学生实地练习珠算、簿记及商业。开放办学，与社会接轨，也是遵循实用主义办学的体现。每年春秋佳日，二师都要组织学生到附近修学旅行。为保证效果，除起草《旅行概案》，做好各项准备，还提前将修学内容与常规教学内容对接。途中，教师又随时融入教学活动。在寒暑假，要求学生在家乡进行社会调查、采制标本。当时学生的作业，如《休宁县屯溪商业状况报告书》《徽州人往外经商水陆路线说略》《歙县清流村实施职业教育之计划》等，即在今日仍不失为可供参考的可贵史料。

由于胡晋接长期担任堂长、校长一职，且勤于思考，长于实践。因此，他对体育活动、师资建设、课程开设、教材选定等方面，也有一定的独到见解。当然，作为一位生活在传统社会向近代社会急剧转型时期的文人，胡晋接青少年时期就接受并渗入骨髓的儒家文化因子，始终是其教育思想的底色。综观其教育事业的一生，无论是前期的偏向近代科学，还是后期的转向传统佛学，依然摆脱不了“中学为体，西学为用”的轨迹。其间，既因时代潮流的左右，也与徽州同时代的文人如胡适的性格气质一致。

三、包汝羲的师范教育活动

包汝羲(1880 ~ 1950)，字仲寅，号笑庐。建德乾潭镇包家人，廪生，留学日本。是严州中等师范教育的开创者，也是地方公益事业的重要骨干。民国八年（1919）担任修纂《建德县志》监局，中年之后更转向社会事业。民国十五年（1926），发起创办建德县城厢电气有限股份公司。民国二十三年（1934），新安江流域遭受特大旱灾，农田颗粒无收，市场米价腾贵，建德百姓贷籴无门，不仅民生有忧，社会也处于动荡的边缘。他向全县士绅富商呼吁，共同筹集资金，于次年成立建德县平粜局，被推举为主任，派人到上海采购暹罗米200多万斤，既大解民困，也得到省赈济会嘉奖，获“热心公益”匾额。民国二十六年（1937），参与发起筹款重刻光绪版《严州府志》，并为是书题名。60岁生日，谢绝亲朋常规祝寿动议，而将包家到虬村长8里长的泥泞路修成卵石道。中华人民共和国成立，他又将家藏书籍全部捐给国家。

包汝羲家境富裕，少时读书较早，着意科举，不满20即得中秀才，随即被补为廪生。但随着废科举诏令的施行，传统晋升之路戛然而止。包汝羲并未抱怨，或自暴自弃，而是和同时代多数学子一样，将目光转向近代科学，自觉学习新知。光绪三十一年（1905），浙江巡抚张曾敭主持浙江百名官派留日师范生考试，他和建德同乡吴祉麟通过了府、省两轮考试，获得进入日本早稻田大学清国留学生部师范科攻读博物专业的资格。此举在杭嘉湖绍一带可能较为平常，但对于地处浙西北山区的严州来说，则是重大新闻。据光绪二十九年（1903）4月数据，当时在日的浙江留学生共119名，其中杭州、绍兴、嘉兴、湖州府各分别有40人、26人、10人和9人，而严州府则为0人。①

在日期间，包汝羲不仅专注于学业，同时也密切关注政局，对于甲午中日战争以来清朝的衰败颇为不满。受孙中山资产阶级革命思想宣传，年轻的他也加入了革命组织中国同盟会，并积极参与其中的活动。宣统元年（1909）七月前后，在完成预定三年（其中第一年为预科）课程及一年研究科后，包汝羲和同批学生共75人回国。先后在设于严州的浙江省立九中、设于衢州的浙江省立八中担任博物教师（宣统二年至三年七月，任建德县劝学总董）。同时，与留日同学余光凝、浙江省立优级师范学堂毕业的淳安人邵瑞彭（字次公，又字次珊）等同盟会会员鼓吹革命。辛亥革命后，建德县设教育科，包汝羲再任科长。民国三年（1914）9月，出任县教育会长。

作为严州师范教育的开创者，包汝羲厥功至伟。

首先，表现在对师范教育的校园建设上。

虽然浙江在近代化进程中，总体起步较早，民众思想意识也较为新潮，但在严州，与省会杭州相比，差距甚远。“一遇山水暴发，衢婺歙三港之水建瓴而下，悉聚城南。雉台为之淹没，故建德城厢不便于开工厂及行栈”。全县人口9.4万余，“本

① 《分校分府现在人数统计·附录》，载《浙江潮》第3期，光绪二十九年三月，第12页。

地人民不甚勤劳”，有“得过且过之习惯”。[①] 宣统二年（1910），浙江提学司使袁嘉谷也毫不客气地指出：建德“风气闭塞，学务迟滞”。因此，直至民国五年（1916）7月，当地师范教育才萌芽破土，浙江省第九师范讲习所开办，包汝羲受命担任所长。所址设在梅城小南门，借用徽州会馆办学。首次招收的童生与高小毕业生仅30余名，分属严郡六县，修业一年。此时，讲习所除了牌子之外，几乎没有校产。因当年建德“县教育费约七千六百元，除拨付县立学校特定补助费，及第九联合师范讲习所费，并县视学薪俸外，均按期补助城镇乡各学校，分给新办学校之开办费”。[②] 全县教育财力仅此而已，其中的师范讲习所能有多大的建设力度也就可想而知。

民国六年（1917）8月，浙江省府决定在第九师范讲习所基础上成立浙江省立九师，严州的师范教育由此获得了新的发展空间。作为首任校长的包汝羲，将校园建设放在首位。起初在县校士馆开学，再租徽州文会、金华会馆和范公祠为临时校舍。同时积极谋划，先于次年购买总府后民基6亩多，用于建设附小。民国九年（1920）7月，再次购得小西门城北民地80余亩，作为永久校园开工建设。根据他的规划，校园建设工期六年，除拟建教室10座，特别教室2座，另改建办公室楼房7幢，学生自习室、寝室楼房28幢，食堂1座，其他如礼堂、图书室、标本室、仪器室、陈列室、教职员住室等也分别改建，预算投入银币10万元。直到民国十二年（1923）4月，新校才落成，而此时，包汝羲因积劳成疾，已辞去校长一职。

其次是体现在管理上。担任浙江省第九师范讲习所所长前，包汝羲已有了几年在建德县担任教育界主要管理职务的经历。当时教育界矛盾重重，不仅有新旧思想对垒，还有不同派系之争。宣统二年（1910），先有建德宋品芳上禀，控告劝学总董蔡汝榕“揽权怙势，串党私肥”，谢怀瀛混支夫马经费，并声称要以会议、公举等手段来维持正义。[③] 后又有留日师范生吴祉麟上禀反映当地学务腐败。但提学使袁嘉谷认为，“查杨中规系属武生，岂谙学务？且经县详办有案，此次该生所禀，为杨辩诬，有似党举攻讦，非尽出乎公议”。[④] 次年，又有建德生员汪锦棠上禀控告校长：“方鼎元由运动而得接事，未几，教员告退，学生散归。”袁嘉谷也颇有怀疑：“加

① 吕公望：《据调查学务委员呈报该县学务情形由》，载《浙江公报》1917年第1740期，第4页。
② 吕公望：《据调查学务委员呈报该县学务情形由》，载《浙江公报》1917年第1740期，第5页。
③《本署司袁批建德宋品芳禀控蔡谢等假学渔利由》，载《浙江教育官报》1910年第18期。
④《提学司袁批建德吴祉麟等禀学务腐败请彻查由》，载《浙江官报》1910年第2卷第2期，第13页。

抽学捐，必有所加之处；侵吞何款，亦必有实迹可寻。来禀词涉含糊，殊难凭信。”[①] 凡此种种，无一不说明建德学界人事之繁杂。包汝羲能较为平稳地从劝学总董、教育科长，再到教育会长，表明他能以超过常人的为人、能力服众。

虽然现有资料不足以反映包汝羲在省第九师范讲习所的管理手段与方式，但该所开办仅半年，浙江省调查学务委员朱章宝在调查分水、建德学务后形成的报告中，有这样的评价："查第九师范讲习所，教授合法，训练有方，管理尤为认真。因星期日放假，学生出外，与第九中学校学生混杂，每易滋事，特将星期日之例假移于星期一。"相对于同城的省立第九中学校，朱章宝则毫不掩饰地指出："第九中学校校长章毓兰，与教员不相亲切，且对于该校长任内所招之一年级学生颇注意管教，而对于二、三、四年级各学生，殊属轻视。各年级主要科目，有以一科分派数教员担任，甚至每人仅任一二小时者，且每以性质绝殊之学科由一教员兼任者。"[②] 两相比较，包汝羲的管理不仅科学而且有效，而其背后，更应基于其大公无私的人格和公正、公平、任人唯贤的处事风格。也正因此，包汝羲在任省立九师校长后，办学成绩卓著，获得教育部呈准颁发的中等学校校长六等勋章和奖状。奖状上书"以健全之精神，谋德行之进步，在职三年六个月，教授管理，谨饬异常"之考语，亦非虚言。

四、江植棠的爱国爱乡情怀

江植棠虽为婺源人，但在歙县、屯溪等地从事教育及管理多年，在当地影响较大。1995年版《歙县志》曾为其立传云："江植棠（1898 ~ 1977），名兆槐。婺源县人。一生从事教育工作65年，曾五度来本县任教，计时近20年。"[③] 上述文字实际存疑：江植棠终年79岁，一生任教65年，则他14岁就得从教。这在民初颇难想象。江植棠曾在省立二师任职一学期（1916年2 ~ 6月），该校民国五年（1916）9月编印第三期《杂志》有《本校及附属学校现任职员一览表》，记录江植棠的个人信息是姓名："江兆槐；字：植堂；生年：光绪庚寅；籍贯：婺源；现住：东乡江湾；所任职务：本科第二班博物教员兼林园部主任；始任年月：五年二月。"[④] 如此，则江植棠生于光绪庚寅年，即光绪十六年（1890）。22岁开始从教，87岁去世，应更可信。

---

① 《本署司袁批建德生员汪锦棠等禀办学违章侵吞学款由》，载《浙江教育官报》1911年第94期。

② 吕公望：《令建德县据调查学务委员呈报该县学务情形由》，载《浙江公报》1917年第1740期，第3页。

③ 歙县地方志编纂委员会：《歙县志》，中华书局，1995年，第733页。

④ 安徽省立第二师范学校：《安徽省立第二师范学校杂志》，民国五年八月编印。

江植棠

可为之佐证的，是一册《婺源县教育会简章》，其中会员名录中也有江植棠如下信息："姓名：江兆槐；甫号：植堂；年岁：二十六；资格：安徽优级师范选科毕业；住址：江湾；通信：江湾聚隆。"[①] 该册未署时间，但注明婺源教育会正会长江谦（甫号易园）年岁 38。查《婺源县志》，江谦生年为 1877 年，[②] 则该《简章》印制约为 1914 年。以此推算，江植棠出生于 1890 年也相对合理。

江植棠在徽州任职的学校，1949 年前有新安中学堂、紫阳师范学堂、省立三中、省立二师、省立四女师、省立徽师、歙县私立右任中学和省立屯溪工业职业学校。1949 年后，再次任教于徽师，后调安徽师范学院。

与其他同时代徽州学校管理者相比，江植棠似乎在行政力量的运用上并不突出（当时不少学校学生每周一次集会，而他主持的屯溪工职，学生集会几乎只有毕业典礼），而是常因其深厚的学术功底、宽厚待人的习惯、浓郁的家国情怀而成为众望所归的教育界名流，尤其在新校创立阶段，其核心作用更显得极为重要。

"学高为师"是江植棠一生的信条，也是他人生轨迹的写照。他毕业于安徽优级师范博物科，不仅于专业多有钻研，且擅长于教学。民国六年（1917）3 月，教育部视学杨乃康、主事孙夔视察省立二师、省立三中等校后，向教育部报告时，对办学很有成绩的校长、教员建议给予嘉奖。《教育部咨安徽省长请将皖南省立第二师范及第三中学校长教员等开具事实以凭给奖文》记载：

案查部视学杨乃康报告内称，此次在皖南所见学校，如省立第二师范学校、省立第三中学校，办理均极合法。可否将省立第二师范学校校长胡晋接、省立第三中学校校长徐承祜，及第二师范学校教员余宝勋、黄宗培、毕恩桂，第

① 婺源教育会：《婺源县教育会简章》，民国初年编印。

② 婺源县地方志编纂委员会：《婺源县志》，档案出版社，1993年，第577页。

三中学教员江兆槐、查国珍，及芜湖私立乙种商业学校附设国民学校教员鲁健，特予奖励，用资鼓舞等语。查办学人员，其有任事勤劳、成效卓著者，自应酌给奖励，以资提倡。兹据部视学所称该校长、教员等办理合法，均堪嘉许，应请贵署将各员履历、事实开列送部，以凭给奖而昭核实，相应咨行贵省长查照办理可也。①

次年下半年，江植棠荣获八等嘉禾章。以其任教七八年的资历，就能得到中央政府颁发的荣誉，足以说明其专业水准之高。民国十八年（1929）12月，督学叶明辉视察省立第四女子中学后，也在报告中表扬道："教员江兆槐授职业班常识，注重实验，最能引起学生兴趣。"②

出任省立徽师校长后，哪怕工作再忙，江植棠每星期总要解剖一种生物，用文字标明各种器官的名称、性状、功能、位置等，展示在过道，让学生围观。事实上，在其学生多年后的回忆中，即便江植棠贵为一校之长，但学生对他印象最深、最为感佩的依然是教学活动："他教生物学，走上讲台，一眼盯着学生，二话不说，便娓娓道来。大把彩色粉笔抓在手，口不停，手也在黑板上点点画画，挥写个不停；甚至口角上堆满了口沫，也不顾。堂下鸦雀无声，好像把学生都引入迷宫去了。"③省立工职学生郑克励记得：校长江植棠是教师出身，对生物学有深厚学养，上的是《人体解剖生理学》。他的教学深入浅出，循循善诱，深受学生钦敬。尤其是教学基本功非常扎实，上课时常常手里拿几支彩色粉笔，边讲边画，一幅精致的生理板图就出现了，简直是教材插图的放大版。有一次，他向学生解释"新陈代谢"的概念："同学们，你们从家中来到学校这么长的时间，已经不再是家里的你们。因为在家里摄入的营养早已被消耗。这好比一个水桶，上边不停地注入，下边也不停地漏出，虽然水桶始终是满的，但里面的水也早已不是原先的水了。"④

基于对专业的关注与追求，江植棠重视开掘优质社会资源，开阔学生视野。20世纪30年代中期，国民政府统治日趋稳定，经济和社会事业有所发展，徽州与外

① 安徽省立第二师范学校：《安徽省立第二师范学校杂志》，民国六年九月编印。
② 叶明辉：《视察省立第四女子中学校报告》，载《安徽教育行政周刊》第3卷第4期，第27页。
③ 方光禄、许向峰、章慧敏：《徽州近代师范教育史》，安徽师范大学出版社，2013年，第190页。
④ 郑克励：《关于屯溪工职的点滴回忆》，载《徽学研究》2014年第3、4期合刊，内刊。

界的封闭状态已被打开，学者名流到黄山旅游成为时尚。江植棠常力邀他们来校与师生见面，借以引导学生发展。黄宾虹返里省亲，受邀走遍校内各处。刘海粟上黄山游览创作，江植棠命时任徽师图画教员的其门生鲍锡麟力邀，刘海粟即在徽师住了两晚，不仅把黄山写生作品展出，指点学生欣赏，还带学生在河西桥上观摩他写生。国民政府赈济委员会委员长许世英也曾应邀到校，并向学生发表演说。因此，省立徽师学生的专业意识、社会意识普遍较强。

浓郁的爱国情怀，也是江植棠主持教育活动很具特色的一笔。民国十二年(1923)，时在芜湖省立五中任教的他，就曾参与带领学生反对曹锟贿选。出任省立徽师校长后，民族危机日趋严重，徽师师生积极参加当地爱国运动，成为区域性的时代先锋。民国二十五年(1936)11月，绥远抗战爆发。徽州各地纷纷开展援绥运动。21日，省立徽师“全体员生，鉴于〇（注：原文如此）省战事发生，前线将士于冰天雪地中，誓死抗敌”，成立“安徽省立徽州师范前线将士后援会”。下设总务、宣传、募捐三组行动，[①] 号召教职员“捐薪一日”，全体师生“节食十天”。24日，又邀请歙县机关、团体、学校代表数十人，推举“安徽省歙县各界绥东战事后援会”委员17人。次日，该会成立，会址设徽师内省堂，江植棠为劝募组组长。全校师生自由乐捐81.64元，并组织5支劝募小队在城厢劝募一日，共得127.77元。[②] 抗战全面爆发后，徽师师生热情高涨，歙县战地服务团设在徽师，江植棠出任歙县抗敌后援会宣传组组长。学生组织剧团，在雄村、屯溪、歙城演出，宣传抗日。民国二十八年（1939）“五九”纪念日，徽师学生分赴屯溪、深渡等地劝募慰问品，慰劳抗日战士。

虽为教育界人士，但江植棠积极参与社会事业也为学生树立典范。西干山是歙县城区风景名胜，民国二十三年（1934），他参与并负责筹策监督西干山园林建设。民国二十五年12月，歙县各界组织禁毒兵役宣传千人大会，江植棠应邀发表演说：“中华民国要强盛，第一要民族各个生存，第二要民族种族生存。……吸红丸的，打吗啡的，吸海洛英的，……这种人不独不能生存，还会贻害他的子孙不能生存。”[③] 是时，屯婺公路建设进入实质性阶段，江植棠“鉴于曩年婺源筑婺白公路所费太巨，

---

①《徽州日报》民国二十五年十一月二十五日，第3版。

②《徽州日报》民国二十五年十二月三日，第3版。

③《徽州日报》民国二十五年十二月四日，第3版。

人民负担过重，特调查七省市规定筑路工程办法，详细说明，致书婺源各界。俾得切实计划，款无滥费，路早观成”。[1] 该信经报纸发表，反响很大。民国三十五年(1946),婺源民众重提“返皖”诉求,江植棠接受乡民重托,前往南京拜会胡适等名流,争取上层支持，后得遂愿。

具有全国影响力的事件是省立徽师师生为民请愿。民国二十四年（1935）11 月，施剑翘枪杀孙传芳以报父仇。次年 8 月，施剑翘被判处 7 年监禁。省立徽师师生通电全国，呼吁特赦：

> 桐城施剑翘女士，为父施从滨复仇，刺杀孙传芳一案，经天津高等法院判定徒刑七年。全国妇女会，江宁、扬州、江都妇女会，旅京安徽学会，桐城、舒城等县各民众团体，曾先后电呈，共为呼吁，请予减轻，并援例请予特赦。在舆论界人士，为之著论文述意见，以为此判之未见平允者，尤不一其人。盖以复仇之义，见诸《周礼》《春秋》。施剑翘之事，十年蓄志，为报父仇，一击成功，当场自首。揆诸古义，可以原情；律以今刑，亦可减等。至援古今事例，则其芳烈，与东汉酒泉烈女赵娥，为父赵安报仇，帏车袖剑，白日刺杀李寿于都亭，诣县受戮，后先无异。倘今世有尹嘉、刘班、张兴、梁宽其人，应当为车送还家，表闾赐帛，以彰其孝。况孙传芳曾南拒革命之师，又北窥齐鲁之境，今施剑翘之事，直接以复父仇，间接即除国憝，准诸前数年郑继成为叔复仇，刺杀张宗昌遇赦之例，请予特赦，故亦宜之也。孝烈可矜，群情宜顺，谨为呼吁，特电以闻，伏惟鉴察。安徽省立徽州师范学校全体教职员暨男女两部学生同叩。[2]

通电虽署名徽师全体师生，但校长江植棠显然在其间作用很大。除了乡谊因素，江植棠对良知的推崇，为正义、孤弱而挺身而出的凛然，乃是最为根本的动力。

---

①《皖事汇报·各县新闻选录·歙县：屯婺公路建筑声中，徽师校长，江植棠氏的一封信》，1936年10～11期。

②《皖事汇报·各县新闻选录·歙县：徽州师范全体为施案呼吁》，1936年7～8期。

第二节 普通教育实践与理论中的探索

一、余光凝的教育活动

余光凝（1874 ~ 1945），字炳心，又字炳星、病心。出生于原遂安县东亭叶家村（今属淳安县界首乡）。民国十一年（1922）举家迁徙至淳安县赋溪（今属石林镇）寓居。一生除短时在政界任职外，一直从事教育管理与教学工作。

余光凝

光绪三十一年（1905）前后的日本东京，是我国资产阶级民主革命策源地之一。正到此留学的余光凝，很快接受了孙中山的革命思想，心怀着对清政府的失望、不满和对未来中国的期望，他参加了中国同盟会。那时，清政府对参加同盟会的学生十分注意，常以“取消官费，勒令回国”相威胁，有些人因此退却。而余光凝坚持爱国信念，勤学之余，仍与同盟会骨干成员陶成章、廖仲恺、黄元秀、秋瑾等保持密切关系。

宣统元年（1909）回国后，余光凝以在淳安简易师范任教为掩护，参加浙江一带的革命活动。后被派往云南从事革命工作，并在云南省立第一中学校任教。辛亥革命前后回浙，乐见革命成功推翻帝制，乃一心投身教育事业，于民国元年至三年（1912 ~ 1914）出任设在严州的浙江省立第九中学校长。在任三年，力破陈腐，招致守旧势力暗中中伤。为维持学校发展，他忍辱负重，主动离职，前往浙江省立第五中学（今绍兴第一中学前身）任教，当选为浙江省第二届议会议员。民国五年（1916），余光凝受任地处浙西南的瓯海道景宁县知事。该县为畲族集聚区，由于历史原因，汉畲之间积怨颇深。他力劝民族和解，缓和宗族矛盾，严禁赌博和鸦片种植，甚至率领公职人员自种蔬菜，以示清正廉洁、与民同甘苦，深受百姓称颂。但是，自好友陶成章遇刺身亡后，他发现官场黑暗，宦海沉浮，并非如他等少数个人所能左右，退意渐强，最终任职不满一年即辞去．此后终生脱离仕途，致力于教育。先后在浙江省立六中（今台州中学前身）、省立十中（今温州中学前身）任教，又曾任山东省督学、浙江省立九师附小主任、淳安县教育局局长等职。

余光凝主张读书的目的是事业。他说：人生读书的目的是什么？非为功名，非为利禄，而为事业。担任省立九中校长时，常有人持上峰函件来谋职。余光凝以教育为重，有真才实学者没人推介也会录用，酒囊饭袋纵有天大面子也婉言谢绝。并以此教育学生树立大志，学有所长走正道。他说："志是身之主帅，耳目口鼻百骸皆受其指挥。志为圣贤则为圣贤，志为盗贼则为盗贼""有志气的人，则如飞机、轮船之有指南，不管道路如何崎岖，抱定一个宗旨，必将达到目的。"他还要求学生具有百折不挠的顽强精神："天下事岂有一蹴而就可以成功者乎？故吾不患人之不能成事业，而患人之无恒心""人生所以不能成大事业者，大都是见异思迁，今日学一艺，明日又改一艺，今日做一事，明日又改一事。或作或辍，甚至学到老，迄无一艺一事可以成名，此古今之通病也。"①

民国十八年（1929），余光凝告老回乡后，经常去赋溪小学，与教师交流研讨，并将田产的一半（百余亩）捐给赋溪小学，以补乡人办学之需。组织有关人士劝阻乡民抽大烟，提倡并带头植树造林，为乡民免费看病行医。同时，潜心编撰《赋溪乡志》。70岁那年，手书自挽联贴于书室玻璃窗上以自勉："曾经度患难于垂危，磨砺一生，愧利民无几！愿再假数年，但志书告成，方云无憾；早已置死生于度外，行年七十，问魂魄何依？恨烽烟八载，趋倭寇未尽，难免关怀。"②赤子之心，跃然纸上。

余光凝是在长期的传统教育环境中长大的，首次赴日时已逾30岁。但他在教育上多有革新，力破守旧陈腐观念对教育科学的阻挠。宣统元年（1909）正月，遂安县一都玛瑱村开办了瑱溪初级小学。世居瑱溪的周氏在当地很有声望，仅清一朝，就有举人周景柱、周士郃，岁贡周士乔，例监周得璠，廪生周问陶，割股疗亲的周学圣，孝烈受旌周氏女。③余光凝祖居的叶家村也属一都。因此，当他留日回国后的宣统二年，就正式牵头向官府申请将瑱溪小学立案。浙江省提学司袁嘉谷为此下有批文：

……查学部变通新章，初等小学分设完全、简易两科，简易一科又分四年、

---

① 林丽芬：《致力于教育的余光凝先生》，载政协淳安县文史资料组：《淳安文史资料》第5辑，1989年，第7页。
② 方鸿志：《淳安五老诗联拾忆》，载政协淳安县文史资料组：《淳安文史资料》第5辑，1990年，第158页。
③ 罗柏麓、周树美、姚桓：民国《遂安县志》卷六《选举》、卷七《人物》。

> 三年两类，科目亦多省并，均用部颁课本教授，使其易知易从，以为开通知识、普及教育计也。该生等抽集本村众祀租息，组织璜溪初等小学，所拟简章大致尚妥。惟教科仍列史地两目，并自行编定讲义，殊属不合。又学生毕业，只验程度，不定年限，亦复无此办法。除先准予立案外，仰即饬令恪遵部章，切实厘定，详复察夺。①

袁提学以部颁章程为据，要求余光凝更改璜溪初小章程，并无不妥。但以余光凝廪生、留日师范生的身份，岂对部颁条令一无所知？应该是余光凝有意而为之，因这样更合教育的科学：史地作为人文科学的重要内容，在小学开设实为必须，部颁课本着眼于全国形势，有助于培养学生的国家意识与民族情感，但初小学生年龄小，阅历浅，思维弱，从其熟悉的身边环境入手，则更为有效。至于毕业只唯程度而不唯年限，实际上是侧重于受教育者的个体差异，只要考试内容有广度、深度，测试方法科学、准确，衡量能否毕业也切实可行。在具有深厚大一统文化背景的清末，能提出这样的办学主张，是余光凝的勇气与胆识的体现。

也就在宣统二年，余光凝又牵头在里童村祠堂德光堂内创设护李初等小学堂，省提学使司认为其"热诚可嘉"，暂予立案。该校也无固定经费来源，由本地公款筹拨及向各众祀抽捐。困难如此，余光凝仍身膺首事，委实不易。

余光凝在省立九中的办学实践，同样充满变革乃至抗争。省立九中是严属六县最高学府，从光绪二十七年(1901)改为六睦学堂起，先后有堂长6任。但实际上，该校还是一座只有两间校舍的旧式书院，教师多为科举中人，课程较旧时只多了英文、格致。地方士绅又不赞成"洋教育"，多数出身官绅土豪家庭的学生骄横任性，甚至狎妓赌博吸鸦片，学风颇劣。余光凝知难而进，立意图新。他先商得地方同意，接收孔庙，将大成殿改成楼房，上作学生寝室，下作教室。又把孔庙周围房子改建为两座理化实验室，并捐出自己留学时购置的理化仪器与药品。改建中，他不但主持规划，还脱下长袍穿草鞋，和工匠、学生一起劳动。为使学生不吸烟，自己带头戒烟。在任三年，校风、学风大变。但也遭到非议。守旧人士认为九中"太洋

①《本署司袁批遂安县详留东师范生余光凝等设璜溪小学请立案由》，载《浙江教育官报》1910年第30期，第119页。

化”，废掉“尊孔读经”老传统，纯属“叛逆”。甚至暗中纵火烧毁大成殿，再联名具状控告余光凝“亵渎圣明”。余光凝深知“天下事不如意者常十有八九”，“得不足荣，失不足耻”，抱着“君子任重道远”态度，泰然处之，一面仍主持校政、重建校舍，一面静待上峰处理。幸亏上峰认定此乃挟嫌诬陷，不予追究。

“积财千万，不如薄技在身。”余光凝也强调科学教育。他认为：“我们应提倡科学技术教育，把国家推向科学化的道路。一个国家假使没有良好的科学基础，光搞政治是没有用的。”[①] 他在各地出任校长期间，都反复强调科学，办理化实验，曾在衢中和九中附小设置工艺课，指导学生制作肥皂、蜡烛，从事木刻、印刷等劳动，以培养学生劳动观念，增长技能，获得省教育厅嘉奖。[②]

遂安“偏处山陬，交通素称不便。市面金融每遇茶市及旧历年终，均多周转不灵”。全县人口民国初年仅17万左右，“向来各户均半耕半读”。[③] 余光凝之父余西园，即以农为业，但粗通文字。咸、同之时，太平军进入遂安，余西园被裹挟入伍，出任文书。农民运动失败，才逃回家乡继续务农。余光凝幼年虽然聪颖，但因家贫无力支付束修，只能帮家里放牛。偶有空闲，便到村里私塾馆外听先生讲书、学童诵读，居然也能熟记背诵。塾师爱才，收其为免费生。几年之后，余西园见他科举有望，乃省吃俭用送其至严州府双峰书院读经备考。双峰书院原是知府吴昌祚于清康熙五十八年（1719）始建的文渊书院，嘉庆八年（1803）知府张丙震重建后改名。书院地处府儒学之东，长期面向严郡六县延请名流掌教，声誉卓著。余光凝得名师指教，进步很快，考中秀才。但此时正值清末多事之秋，朝廷兴学堂、废科举的浪潮也波及浙西北山郡。光绪二十七年（1901），新安江流域洪灾，大水冲毁书院围墙。知府刘宗标主持大修后，商请书院院长王韧，改书院为六睦学堂，以副朝廷意旨。余光凝受时代影响，也对新学产生兴趣，于是再入六睦学堂学习。虽然与双峰书院相比，学堂仅是增设了英语、算术两科，但余光凝十分投入，不仅成绩出众，更重要的是产生了追求近代科学的新梦想。

清光绪三十一年(1905)，浙江巡抚张曾敭奏请创建全浙师范学堂，并为培养中学师资计。在各府考选合格基础上，在省城杭州举行百名官派留日师范生考试。就

① 淳安县教育志编纂委员会：《淳安县教育志》，汉语大词典出版社，1991年，第303页。
② 林丽芬：《致力于教育的余光凝先生》，载政协淳安县文史资料组：《淳安文史资料》第5辑，1989年，第6页。
③《视察遂安县行政状况报告》，载《浙江省建设月刊》1929年第21期，第207页。

在前一年得补为廪生的余光凝顺利通过选拔，入选史地科，建德包汝羲入选博物科，遂安郑逢壬、建德吴祉麟入选理化科。[①]10月，进入日本早稻田大学清国留学生部师范科，由该校专设浙江留日学生师范班教学。原定学制三年（预科一年学日语、日文，本科两年分科学习）满后，浙江巡抚同意其中80名学生因“学业无穷，不敢自足”而提出入研究科一年的请求。宣统元年（1909）7月，余光凝、郑逢壬、包汝曦、吴祉麟学成回国。[②]

作为遂安县第一位近代留学生，余光凝对教育、文化，尤其是近代自然科学的意义有更多了解，他也将自己的体会融入对子女的教育当中，从小就给孩子们灌输“不为名利，从事实业”的理念。即便在他逝世前5个月，还写信勉励正留学的次子：“汝志在冶金，成本如何减低，产量如何加多，品质如何改进，研究又研究，积而久之，终有成功之一日。”[③]在这种浓郁的崇文向学家风熏陶下，余光凝所育五子一女，多数选择理工科，且均成为业内翘楚：长子龙生，毕业于同济大学医学院，擅长骨科，后为杭州第一医院外科主任。次子景生，毕业于北洋工学院，后为冶金部高工。四子赋生，毕业于暨南大学，留学苏联，后任中国科学院长春应用化学研究所研究员。五子梦生，毕业于清华大学，后为北京科技大学教授。女葭生，毕业于北京大学，后为陕西师范大学图书馆副馆长。当地余氏“满门严中（严州中学）生”的时誉，正是对一代乡土教育名家良好家教的准确概括。

二、方赞修的教育实践

方赞修（1879～1940），字述斋，号纫兰。淳安县威坪黄江潭村人。少时，家境贫寒，其父虽为人佣工，但要求年幼的方赞修安心向学，企望通过科举跳出农门。方赞修不负厚望，获得秀才功名。清宣统元年（1909），清廷为庆贺新帝登基，在科举已废情况下，仍然举办己酉科拔贡考试。方赞修被录为拔贡。依旧例，拔贡再经朝考及格，即可充京官、知县，或教职。方赞修签分得授休宁知县。但他目睹清廷腐败，又受民主革命思想影响，愤不赴任，不久加入同盟会。民国元年（1912），任浙江省临时参议会议员。民国十年，任浙江省制宪议会议员。民国十三，年任省

① 综合于：《浙江教育官报》第15期，宣统元年十月，第14～16页；民国十九年《遂安县志》卷六《选举·毕业》；民国八年《建德县志》卷十一《教育·毕业生表》。其中吴祉麟，又作吴址麟。

② 吕顺长：《清末中日教育交流之研究》，浙江大学博士学位论文，2007年，第62页。

③ 林丽芬：《致力于教育的余光凝先生》，载政协淳安县文史资料组：《淳安文史资料》第5辑，1989年，第7页。

府警务秘书。民国十六年，出任上虞县长，一年后辞职。从此，一直服务于故乡。

方赞修生性耿直，不畏强暴；清廉自持，一尘不染；生活俭朴，处事严谨。这样的个性既让他能收获民心，但在法制缺失、军阀当政、民众失语的社会，也常常受到排挤。尽管仕途不顺，方赞修的桑梓之情始终没有忘怀。民国五年（1916）夏，浙军第七团占据严州府校士馆，省立九中校长徐檀据理力争无果，遂愤而引退。时开学在即，8月，省厅委任富阳人、留日毕业生章毓兰继任校长。仅过了一学期，省调查学务委员朱章宝视察省立九中，对校长的办学提出批评。次年1月，省长吕公望免去章毓兰校长一职。在此关头，方赞修受命出任省立九中第十任校长，四年后才卸任。

民国十一年（1922）六七月，浙东、浙西发生特大水灾。时受沈钧儒之聘，担任浙江省制宪议会议员的方赞修，奉命陪同省府官员，勘察桐庐、建德、淳安、分水灾情，“登山临水，凡两阅月……诸所涉历，惨目伤心”。① 他不仅如实详报灾情，奔走呼吁，赈救灾民，并留下珍贵史料《勘灾杂咏》65首。期间，还在家乡淳安与知事汪筠和其他绅士商人组成淳安水灾救济事务所，开展筹措赈款与赈济灾民等事项。

多年的社会阅历，使方赞修敏锐意识到，要改变穷山僻县的落后状况，非先兴学校、培育人才不可。而办有质量的学校，师资是基础。在一次返里探亲时，他同好友达成了一致。民国十二年（1923），经多方联络，方氏族人共同出资，创办了一所小学师资速成学校，校址选在淳安城北方氏宗祠后屋石峡书院旧址，以地命名，称为“私立石峡师范讲习所”。春季招生，每期50余名，学制两年。该校教师从省立九中毕业生中择其品学皆优并有一定教学经验者充任，方赞修自任所长，但因省制宪议会议员一职暂难解脱（次年，改任省府警务秘书），乃委托城郊桥头村人方锦元负责管理校务，自己间或返县，才莅校讲话，勉励师生，认真教学，刻苦攻读。

该校虽系私人创办，条件简陋，但师生充满激情。民国十三年（1924）3月，省视学汪润视察分水县教育后，到达淳安。在其提交给省厅的报告书中，对于私立石峡师范讲习所颇为赞赏：

> 该校由方姓集资设立，有学生四十余人。校风静穆，布置井然，卫生一项

① 邹怡：《民国壬戌浙西灾民沉浮写真》，载《中国历史地理论丛》2004年6月第19卷第2辑，第104页。

尤知注意。代理校长方锦元办事切实，深堪嘉许。惟史地、自然等科，平日成绩尚缺少。关于以上各科图表标本，应令学生练习制作，以臻完善。①

石峡师范讲习所办了两期后，鉴于毕业生暂可敷社会之需，故予停办。先后毕业的百余名学生，大部分从事地方教育工作，在一定程度上促进了当地基础教育的发展。抗战时期，方赞修仍不顾年事已高，身体有疾，体力不济，担任淳安县抗日后援会会长，为抗日救国，捐募财物。他还精通医术，为人治病，从不收诊金。所著《饮渌山房文集》《医验录存》《先德见闻录》等，丰富了地方文献宝库。

方赞修首次出任省立九中校长颇有些突然。对他来说，尽管拔贡出身也算少见，但与当时当地很多既有旧学根底也有新学“洋帽”者相比，毕竟有些欠缺。何况在他担任此职时，虽有丰富的从政阅历，但无掌管新式学堂的经历。方赞修则以扎实而有效的工作回应了一些人的疑虑。

建德县新式小学教育，始于光绪三十二年（1906）。到宣统三年（1911），建德、寿昌两县共有小学堂 15 所。民国肇始，办学之风日盛。仅到民国二年（1913），建德县设有区立初小 21 所和 2 所私立初小；寿昌县设立了 10 所县立初小和 6 所私立初小。② 而当时中学教育发展较慢，每府亦仅一所。随着小学毕业学生日渐增多，社会对中学教育的需要愈加旺盛。每年严郡原辖六县高小毕业生前来报考九中者很多，而九中虽系省立学校，但校舍简陋，面积狭小，每年只能招收一个班 50 余名学生，因而失学青年颇多。方赞修担任校长后，首先考虑的就是扩大办学规模。但校园扩大、校舍兴建、设施添加，无不需要足够资金。不妙的是，严州一带经济状况一般，而省府拨款变化颇大。早在宣统二年，已改为省立的九中为解决经费不足问题，提出在地方征收柴炭捐，尽管省提学使已同意，但严州知府却无下文，以至于提学使批语明显有不满：“该校为官立中学，责任尤在该府，何以此项柴炭捐，司批饬议，迄已半年，并经该监督等迭次呈请，均未据办复。殊不可解。仰严州府余守查照前批，即日议办复夺。毋再玩延，致妨教育进行。”③ 为此，方赞修亲自赴省，请求拨款修建校舍，并请诸友朋从旁说项，从而获得一笔拨款，当即整旧建新，使每年可

①《令淳安县据省视学呈报该县十二年度教育状况由》，载《浙江教育》1924年第7卷第6期，第21～22页。
② 建德县教育局：《建德县教育志》，内部资料，1985年，第31页。
③《本署司郭批严州中学堂监督禀划柴炭捐添办实科由》，载《浙江教育官报》1910年第48期。

招收新生两班 100 余人，缓解了青年学子的就学难题。为从长计议，民国七年（1918），他以九中名义向官府承领梅城西门外姜坞山地 204 亩，开辟为九中第一林场，门外山地 55 亩为第二林场，大力植树造林，以待二十年后学校每年都能获得稳定的林木收入。此外，从民国六年起，取消以“四书五经”为内容的“经学”课程。注重新学，严格管理。在学生毕业典礼上，告诫学生宜“做事不做官”（非不做官员，而是不把官职当官位，不摆官僚做派，不做钻营政客）。五四运动期间，九中师生也群起响应，罢课，上街游行。前六睦学堂堂长王韧也作诗《青岛恨》，声援九中师生的爱国行动。

南京政府成立后，社会趋向稳定，教育得到新的发展机遇。是时，淳安“该县小学，计有二百四十余所之多，毕业学生，升入初中肄业者，岁不乏人。惟赴省立九中等校读书，耗费甚巨。家道贫寒者，往往无力升学”。[①] 民国十六年（1927），国民革命军追击孙传芳残部至淳、遂，当地商界募集巨额粮款以支持。战后，淳安商界要求补偿。省府乃以“军事垫款”名义下拨 2.2 万元，淳安商界对分配方案久议未决，县长冯世范提议用作淳安县立初级中学开办费，获得赞同。民国十八年（1929）4 月，成立筹委会，冯世范兼县立初中校长，校址设贺城东庙后殿，师范班借石峡师范原址。秋，招生开学。次年上半年，改由县教育局局长徐兆奎兼校长。省厅督学张任天是年视察淳安教育后认为：“该县县长冯世范，对于教育，甚为热心。去年创办县中，自任校长，指导一切。现下筹划教育经费，不遗余力，今春亲自下乡为中学募捐校款，达六七千元之巨。”[②]

淳安县立初中创办时，方赞修暂寓杭州。冯世范派人敦请他回县主持中学校务，言辞恳切。方赞修乃以桑梓为重，打消赴京之念，并于民国十九年（1930）8 月任第一任专职校长。根据规划，新校舍拟迁至城隍庙。方赞修力排众议，联络国民党淳安县党部负责人，拆除城隍庙众多菩萨，正殿改礼堂，同时在其侧新建校舍。建校经费与材料奇缺，省府无法补贴，方赞修慷慨解囊捐资 200 元，又和时任县长丁琮发起“捐资兴学”倡议，动员各方人士助学，募集 1.4 万元，还向各地林区山主募得木料一批，还接受捐赠田 182.7 亩，地 50.8 亩，工料费数千余元由章怡丰盐栈

①《据省督学李邦寿视察报告该县县立中学办理有方》，载《浙江教育行政周刊》1931年第2卷第50期，第5页。
②《令发张省督学视察该县教育状况报告》，载《浙江教育行政周刊》1930年第2卷第7期，第4页。

老板、绩溪人章晓甫垫付。[①] 民国二十二年（1933），新校舍全面落成。“膳厅、寝室、自习室、教职员办公室，均敷应用，环境清洁，运动场亦颇适用。学生颇为勤朴”。[②] 从省厅督学李邦寿民国二十年（1931）上半年视察淳安初中时，对方赞修及同人的评价可看出全校师生的精神面貌：“自十八年开办以来，积极进行，不遗余力。……校长方赞修，学识丰赡，道德崇高；教务主任张肇珊，训育主任姜心培，及其余教职员，亦均称职，全校学生，既耐勤劳，且甚活泼。各科成绩，斐然可观。”[③]

历经多年辛劳，方赞修的身体已难以支撑。民国二十四年（1935）7月，他主动提出辞职，并推选教务主任吕绍槐接任。当时，淳安地方政局，多为当地望族徐、王、方三姓把持。三姓之人对此颇多烦言，认为三姓毕业于大学者不乏其人，吕乃小姓，岂能继任？方赞修特邀诸姓之为首者，说明原委，务请以地方教育为重，以子孙后代为重，不必过分计较。一场风波，始告平息。其实，民国二十三年（1934）下半年，曾视察淳安县立初中的省厅督学朱文治此前就有评价：“该中学校长方赞修老成持重，颇负乡望。教务主任吕绍槐，勤笃负责，办事努力，为全校所重。”[④] 可见，就方赞修的眼力与魄力论，他的确不愧为一位地方教育界的掌舵人。

三、许恪士的教育理念与探索

许恪士（1896～1967），名本震，歙县许村人。毕业于北京高等师范学校，曾任安徽省立第一师范学校校长，后赴德国柏林大学和耶纳大学进修，获耶纳大学哲学博士学位。民国十五年（1926）和十六年，两次代表国民政府出席在德国幕尼黑和瑞士洛珈乐举行的世界教育会议。民国十七年，应聘前往丹麦哥本哈根大学讲学。回国后，历任安徽省立第二中学校长，国立中央大学教育系教授，中央大学实验学校主任、师范学院院长等职。抗战期间，许恪士率实验学校师生西迁贵阳，择地复校，备受艰辛。民国三十六年（1947）5月，就任台湾省政府教育厅厅长，除旧布新，政绩卓著。两年后，因病固辞职务。晚年执教台湾大学等校。

---

① 程雷生：《民国时期淳安中学的若干史料》，载政协淳安县文史资料组：《淳安文史资料》第7辑，1991年，第134页。

②《据本厅督学视察该县县立初级中学报告令饬改进各点仰转饬遵照》，载《浙江教育行政周刊》1935年第6卷第2425期，第78页。

③《据省督学李邦寿视察报告该县县立中学办理有方》，载《浙江教育行政周刊》1931年第2卷第50期，第5页。

④《据本厅督学视察该县县立初级中学报告令饬改进各点仰转饬遵照》，载《浙江教育行政周刊》1935年第6卷第2425期，第78页。

许恪士系近代教育专业科班出身，长期在学校或教育行政单位工作，又有留学欧洲经历。理论与实践的交融，使他在教育上既非不接地气的理论家，也非缺乏理论根基的大老粗。综观其教育思想与实践，爱国为质、民生为本、教育为基的脉络十分鲜明。

许恪士对于中华民族极具热爱之心。他的爱国情来自他对中国社会的深切体认，来自他在海外的亲历亲闻。抗日军兴，敌寇全面入侵，京沪告急。鉴于江阴要塞之重要，他慨然捐出家族盐船数十艘，嘱咐船员自取船上财物，另谋生计；再将盐船凿沉江底，以阻止日寇海军前进。当然，作为教育界人士，他更多是将报国之行倾注在自己的事业中。

全面抗战爆发后，许恪士很快注意到日寇在占领区推行的“毒化教育”。他一针见血地指出：“教育，不仅是一服补药，一个强心剂，使自己吃下去，可以增长体力，恢复精神。并且还是一味毒药，使被侵略者吃下去，如同鸦片，如同吗啡，委顿而至于死，永世不得复生。”因此，要以我们的“教育战争”应对日寇的“教育战争”，“救标必须针对着敌人已在施行毒化教育政策，与正在或拟在施行毒化教育政策的地带，予以毁灭。救本必须迅速严格的注意国民精神教育与科学教育”。①

许恪士较早就认同抗战是一场长期对抗的观点，虽然他的判断基点仅止于：“除非他们立刻受到大大打击，或者良心发现，他们再也不肯既时回过头来，停止侵略与那吃人的野蛮手段。”但他对于长期抗战中教育的问题，却有很深刻的见解。针对暂停小学教育、缩短教育年限等时论，他反问：“现代战争是不是智识战争？是不是科学战争？换句话说，是不是教育程度高下的战争？”他强调：“长期抵抗所需要的，绝不仅仅乎许多直接参加战争的兵士，还要有些间接参加战争最主要的科学人才，与应用科学的技术人才。”因此，“多一分教育，就是多一分抗战的力量；少一分教育，就是少一分杀敌的效能！只要人力财力可能的话，都应该尽量维持”。② 许恪士在德期间即以长于演说闻名。民国二十二年（1933），他应邀对江苏省立上海中学师生做了题为《怎样做一个现代的青年》的演讲。他从国家的财政困难、政治腐败入手，直面国人重私利、爱面子、互相猜忌、利用群众这“四种病态”，呼吁“要

① 许恪士：《教育即是战争》，载《教育通讯》1938年第31期，第1～2页。

② 许恪士：《长期抗战与长期抗战之教育》，载《新民族》1938年第1卷第4期，第8～9页。

救中国，必须先打倒他们”“要做一个现代的青年，便是要能认清中国的病态而加以痛改”。[①]卢沟桥事变后，中央大学实验学校后迁屯溪，他对学生演讲说：“‘生在苏杭，死在徽州。’我们是来死的吗？不！我们是来准备死的。……我们是刚进厂的铁沙，学校就是我们的工厂，她把我们炼成肉的飞机、血肉的炸弹和敌人拼命。……我们怎样能训练成肉的武器呢？一、科学。……二、身体。……三、道德。……我们舍得死，我们的子孙才可以不死；我们舍不得死，我们的子孙就要死，我们的民族会永远死下去！”[②]悲壮之情，溢于言表。

许恪士认为：“教育为国家根本大计，而国民教育尤为树人始基。”不唯我国古代以政弼教，以教辅政，“现代文明国家弥深重视”。民国政府推行新县制，将国民教育与政治、经济各部门配合实施，作为促进地方自治、奠定宪政之基础，自然有其极为必要的一面。但在许恪士看来，作为教育本身，既然肩负使命，则更宜“循诸学理，衡以经验，切磋研讨，以期进展”。[③]当然，并不是仅仅对义务教育如何推行、补习教育如何兼办、师资如何罗致、设备如何充实、经费如何筹措、学校行政与教导如何尽善尽美等实施之道详加研究，而应有更为宏观与系统的考量。

首先，是产生合适的教育理论。他曾将自己10岁前、20岁前所过的生活，形象地概括为“反射”（与大自然快乐接触）的生活、“幻想”（沉醉于各类小说）的生活，分别对应的则“圣人教育”和“造就洋翰林”。结果是“教育方面具一人格，生活方面另具一人格”，教育无疑是失败的。自从杜威民国八年（1919）来华演讲后，社会一反军国民主义教育，民本主义教育被奉为至宝。对此，许恪士认为：这“全被人误用”！因此，产生既符合教育自身科学又切合我国实际的教育理论至为重要。他旗帜鲜明地提出：“第一，我们再不要风车似的随风向转变，要拿出自己的主张来；第二，不要以为自己不行，要养成自信自觉的能力，要打破一味崇拜人家的思想；第三，还要体察现在社会所需要的是些什么人。”[④]类似的观点也见诸他对国民教育学制的思考。他认为：“教育政策，既依国策而定，学制就应当依着国家政策、

① 许恪士：《怎样做一个现代的青年》，载《江苏省立上海中学校半月刊》1933年第78、79期，第3页。

② 许恪士：《用死教育》，载《国难旬刊·抗战文艺》1937年第2期。

③ 许恪士：《发刊词》，载《国民教育辅导月刊》1947年第1卷第1期，第1页。

④ 许恪士：《从我自己所受的教育联想到我对于现在教育的疑问和感想》，载《安徽教育行政周刊》1932年第5卷第20期，第41页。

教育政策来设施与推行”“学制决不能只求整齐划一，应当依国民经济力量的大小，设计一个自己特殊需要的制度”“所有学制应当依着本国政治情形，在本国社会组织社会需要之上建筑起来。”①

其次，是对教育目标的设定。南京国民政府成立后，随着中央权威逐渐加强，社会进入了相对良性的发展轨道。但内外不时出现的动荡，也常引起时人对各类政策的批评，其中也不乏对教育问题的抨击。许恪士也认为当时中学教育存在基础不固、学潮迭起、升学困难、就业不易等缺陷。但他更从国民劣根性的深层次揭示其原因，进而提出："非常时期的中等教育，应当注意在改进民族性格上与工作上打成基础。"即除了军事技能与知识外，要突出精神人格的训练、领袖人才的训练、生活技能的训练。

分而言之，精神人格的训练，是“养成青年有力争上游永久努力的价值观念，养成青年有坚忍不拔的道德品性，养成青年有牺牲私见服从政府的决心”。其方法是：

一、先从教育工作人员起，要力矫平时不负责任与自由批评之风气，绝对崇奉国家法令。

二、校长教师要以身作则。

三、教职员要积极参加学生活动，与学生共同生活。

四、要极力镇静，忍受物质上之痛苦，而去努力服务。

五、学生须绝对严守纪律，服从训诲。

六、培养民族意识与爱国观念。

七、专一青年信仰与民族自信力。

八、特别是要砥砺青年气节，坚定青年意志，培养其正确判断能力，使有制裁冲动、盲从、浪费、颓废等行为，激发当仁不让与见义勇为的气概。

领袖人才的训练，是“使青年能作为一个社会中心的人物”“他要宣传扩大国族主义，领导民众培养民性，领导民众培养民身，领导民众培养民知”。生活技能的训练，“就是要革除中国历来不劳而获的习惯，训练一班中学生有生产的劳作习惯，

① 许恪士：《学制问题》，载《教育通讯》1939年第2卷第9期，第21页。

生产的创造精神，生产的道德观念”，[①] 以满足人类一切精神生活与物质生活的需要。

对于教育质量与成效，许恪士极为重视。其中，实验创新是重要一途。他主张：“我们不要讲空话，要挺身实验，实验失败，不是丑事，失败为成功的过程。”[②] 早在民国十六年（1927），他在父亲帮助下，就在故乡许村捐资创办一所近代小学——仪耘小学。他亲任校长，聘黄卓甫为教员并主持校务，虽仅有学生 18 人（其中女生 11 人），但省督学吴亮夫视察该校后，称赞不已：“一切设备，悉系新制，尚有新兴气象。教学方面，亦能采取新式教法，实地试验，在徽州万山之中，诚觉难能而可贵矣。”[③] 他曾兼任主任的中央大学实验学校，也素以教育创新著称于世。

许恪士也总能以清醒的头脑、冷峻的眼光、发展的姿态审视当时的教育。对于 20 世纪 30 年代初我国教育存在的问题，许恪士直言：“现在我国教育是破产教育”，表现为“民风日劣，士气消沉。倭寇入侵，束手无策”“大学分科，偏趋文法。中学设校，轻视求生”。[④] 即以中学会考论，他也认为“虽然不必一定说是虐政，但是至少可以说是重床叠屋的秕政”。因为会考如同旧时科举，一则给青年一个极坏的道德印象，二则青年又走上读死书的道路，三则影响健康。[⑤] 针对问题，许恪士也往往能提出合理建议，若正从事教育行政，更是能极力推行。他出任台湾省教育厅厅长时，认为台湾在日占时期教育政策存在三大问题：一是教育机会均等问题。日本在台儿童与台湾儿童入学机会不等，仅小学而言，日人可达 99%，而华人只有 70% 多。二是个性发展问题。日本注重开展田径项目训练，倡导个人英雄主义，但违背了个性与社会性同步发展的教育科学原则。三是文化发展问题。日本在台湾学校大肆推行“去中国化”、建立日本文化的教育政策，企图实现永久的殖民统治。对此，他明确提出：“今日台湾光复，回入祖国怀抱，我们要自觉自动地改变过来，认识教育政策今昔之不同。”特别是对于“教育上最繁重而最艰难的”发展自己的文化问题，他也给出了具体路径：“第一是充分吸收旧文化，第二是充分体认自己和文化的关系，第三是充分创造新文化。一面要明了中国的历史，一面要认识目前的新环境，一面

① 许恪士：《非常时期之中等教育》，载《华东教育》1936年第49期，第5～6页。

② 许恪士：《中国教育在国际之地位》，载《安徽教育行政周刊》1929年第2卷第18期，第4页。

③ 吴亮夫：《视察歙县教育概况报告》，载《安徽教育行政周刊》1931年第4卷第3期，第25页。

④ 许恪士：《生产教育与破产教育》，载《时代公论》1932年第3期，第34页。

⑤ 许恪士：《会考与科举》，载《前进教育》1937年第1卷第2期，第2～3页。

还要推陈出新，兼包并蓄，产生出新文化。”① 应该说，许恪士的判断与行政不仅准确，且有益于中华民族长远利益。再如，民国二十年（1931），国际文化合作委员会专家考察团（国联教育考察团）应民国政府邀请，对我国进行了为期三个月的考察，在形成的报告《中国教育之改进》中，分析了我国小学、中学、大学和成人教育存在问题，提出改革建议。对此，许恪士也进行了辩证的评论。他特别指出："中国教育问题，绝不是教育一部分的问题。要挽救中国教育之失败，只有在政治经济教育等等方面，共同努力，才有出路”“中国目前急于需要的，不是国联教育考察团所提出的贡献——清查固有文化——为特殊人物之培植，而是一个普遍的问题：人人有饭吃、人人有学校进的需要。”② 当然，即便许恪士目光如炬，洞察一切，仅靠他一人之力，也是难以改变当时态势之万一的。这是时代的悲剧。

有过留学经历的许恪士始终对国外教育科学发展前沿保持足够敏感，并积极将新观点、新见解推介给国内教育界。他通过《教育杂志》开辟的“世界著名教育杂志摘要”栏目，介绍了电教师资（电影教师）培养的机构、课程与课时等新经验；集团教育价值在于“全体统一”与“互相尊重各个人之权利义务”，这既是集团组织条件，也是教育上两种趋向的新观点；③“考试者、考试材料、考试方法与考试范围四者，无一不足以影响考试之结果”的新看法。④《欧洲实验小学之新趋势》《保加利亚人之教育》《聋哑学校中之历史教学》《新意大利国民学校》《国社主义之教育》等文，也都有一定的新鲜信息量。但是，对于外来理论与方法，许恪士始终强调的就是："我们不要忘记了中国固有的哲学，一个民族必有其特点，没有特点，可以说是‘躯壳空存’！同时，我们要拿西洋的东西做我们的参考，不要盲拒，也不要盲从。”⑤

许恪士对于青年的教育与成长十分关注。早在全面抗战爆发前，他就发表了《现在欧美各国之青年劳动服务及其在教育上之意义》，全面介绍了欧美多国尤其是德国和保加利亚在推进青年劳动服务方面的基本情况。⑥ 虽然这些国家实施青年劳动服

---

① 许恪士：《教育政策上三大问题》，载《国民教育辅导月刊》1948年第3卷第2期，第8页。

② 许恪士：《从国联教育考察团报告书说到中国需要的到底是那一种教育》，载《时代公论(南京)》1933年第52期，第51页。

③ 许恪士：《“集团”Gruppe的教育价值》，载《教育杂志》1935年第25卷第3期，第167页。

④ 许恪士：《如何考试》，载《教育杂志》1935年第25卷第1期，第365页。

⑤ 许恪士：《中国教育在国际之地位》，载《安徽教育行政周刊》1929年第2卷第18期，第4页。

⑥ 许恪士：《现在欧美各国之青年劳动服务及其在教育上之意义》，载《重大校刊》1937年6期。

务的动因、举措和成效各有差异，但在教育家眼里，其蕴含的科学教育价值是不容忽视的。许恪士也正是考虑到此举可能为我国破解当时中学教育的诸多问题提供借鉴才加以宣介。全面抗战开始，“在我国好像是一个巨大的炸弹爆发起来一样，将几千年来的沉沉死气，以及久郁在国民心胸之中许多积忿，打破开来”，青年或在前线参战，或在后方募集宣传，“再也没有比现在还活跃的了”。他们有的是血气和热肠，“但是他们缺少的，仍然还是技能，仍然还是科学的知识”。台儿庄大胜，许多机械化战利品因缺少熟练技能人员难以运出；湘鄂川黔，不少流浪青年虽抱莫大志愿，却陷入“求学无心，救亡无力”的迷茫之中。对此，许恪士再次从变革教育制度提出解决思路：首先是“打破阶梯式的教育制度”，从国民教育到人才教育形成“多条分途的并行线”。其次是“了解一般青年所需要的教育”，不仅有偏理论高深的专业教育，也有偏实际平易的职业教育。[①]

随着战区的扩大，流落到后方的失学青年越来越多。仅汉口一处就达一万以上。尽管教育部后来开设了数所临时中学以救济失学青年，但流离失所终日彷徨者依然不少。许恪士敏锐觉察到，这些青年“确实藏了一颗再热没有的心”，其中就有“整百整千的青年们，向西北角上走去”。但是，由于他们“失去了家庭，失去了职业，失去了许多好的社会联系的原因，亦会很容易的走到堕落，走到受人愚弄的一条道路上去”。由此，他认为必须重视青年人都有联合起来的热忱，建立一个青年团体，宗旨“只要三个就行：一、自觉，二、自救，三、复仇”。其干部人才来源建议有三：一是军佐（便于套用军队组织），二师大学教授（便于施行补习教育），三是中级技术专门人员（便于准备战时工作）。有了这样的组织和训练，既避免了已有青年团体的弊端，“不说党纪问题根本解决，就是国家公民，军队干部人才，都有了切实办法。用这样的办法，节节相继，又何怕倭寇深入横行？”[②]

我国近代教育体系自从清末建立以后，经历多次调整。其中，师范教育体系的存废问题曾引起广泛争议。在许恪士看来，独立的师范教育体系存在是必要的。他认为，一个良好的中学教师，必须具备三个条件：第一，师生心心交感之教育天赋能力；第二，唤醒教育价值；第三，在教育上负有最大效果之能力的人格。而这些

① 许恪士：《如何从教育上破除青年们的烦恼》，载《新民族》1938年第2卷第14期，第210～211页。
② 许恪士：《一个战时青年组织的提议》，载《新民族》1938年第1卷第6期，第6～7页。

条件必须经过师范院校才能“陶冶”得出来。因此，他旗帜鲜明地提出：“我们现在所切望的还是实行两种制度：(一) 恢复以往的高级师范学校制度；(二) 所有大学里的教育学院系须负有师资陶冶责任的制度。”①

当然，即便师范教育体系重新得到恢复，大量更合适的师资培养也需要时日，而教育的改进刻不容缓，因此，必须对现有师资进行及时培训。民国二十八年(1939)，抗日战争进入战略相持阶段不久，何时战胜日寇的迹象尚不明朗，许恪士在谋划后两年的师资训练时就拟定了详细方案。其框架为：

一、训练的目标

甲、思想与信仰的训练。

乙、生活与行动的训练。

丙、特种技能与军事技能之训练。

二、训练的方式

甲、利用现有人才加以师资训练。

乙、对于现在已有师资加以进修训练。

丙、现在师范教育加深其意义、改进其效能。

三、训练的内容

甲、对于国家民族认识的内容。

乙、对自然事物认识之内容。

丙、对于社会服务需要之内容。②

其实，许恪士对于教师的期待是非常高的。他希望所有教师都能成为“良好的国民导师”，都有史学家之渊博、哲学家之修养、科学家之本领。民国三十六年(1947)，身为台湾省教育厅厅长的他，应邀为教育人员暑期讲习班上第一天的课，主题就是“中华民国现代教师应有的风度”。他主张台湾的现代教师要有“仁者风度”，方能与历史悠久的泱泱中华大国相般配。而要修炼“仁者之风”，就须从历史的认识、

① 许恪士：《现在中学教师之缺点及其补救之方法》，载《教育杂志》1935年第25卷第7期，第163～165页。
② 许恪士：《今后二年之师资训练》，载《建国教育》1939年第1卷第2期，第70～74页。

正确的人生观、学习自然科学三方面着手，最终引领学生共同达成“以建民国，以进大同”的远大目标。[①]

“志行廉介，学识淹通。清风懋绩，德业常昭。”这也许是对许恪士教育一生较为准确的评价。

① 许恪士:《中华民国现代教师应有的风度》，载《台湾训练》1947年第4卷第11期，第782～783页。

第十二章　新安江流域的教育个案研究

人类历史好比是一条河。宏观研究在于把握其方向与规律，而对其的任何切片，了解的都是特定时间、空间或维度的微观表现。个案研究即属于后者。借助此，不仅可以更准确地分析宏观走向的表现与成因，还能够部分复原色彩斑斓的历史图卷。近代新安江流域新旧教育的进退较量，“新学”的阶段性困境与“旧学”的死而不僵，都是其中可以探索的一个侧面。

第一节　羁绊与挣扎：晚清新安江流域发轫之际的新式教育

清朝末年，在经历了义和团运动、八国联军进京等重大变故后，迫于内外交困的形势，朝廷日益意识到变革的必要。于是，一场由中央主导、自上而下的“新政”全面推开，力图在军事、官制、法律、商业、教育和社会等方面进行一系列系统性改革。尽管由于改革政策支离、部分官员敷衍、守旧势力阻挠、财政支持乏力等原因，“新政”推进困难重重，成效有限，但基层社会依然出现不少新亮点。即便远在皖浙之交的新安江流域偏僻山区，新式学堂也渐次出现。不过，此时的“新学”，犹如正在破茧的幼蝶，在纵横交织的羁绊中苦苦挣扎，试图获取一方全新天地，一展绚丽身姿。

一、财力困窘之累

清朝立国之初，大致依照明朝旧制建立起全国性的财政收支体系。其收入中，田赋、漕粮、盐课、关税、耗羡，以及芦、鱼、茶、契、矿等杂赋为基本来源。由于中央与地方实行财政划分管理体制，地方政府所征收的各项收入，大多“起运”解交户部，少数“存留”作为当地公共事业支出。至于支出项目则更多，乾隆《大清会典》记载就有陵寝供应、交进、祭祀、仪宪、俸食、科场、饷乾、驿站、廪膳、赏恤、修缮、采办、织造、公廉、杂支等项。其中，属教育类支出主要是科举和办学费用。当时，上自国子监，下到府学、县学及官办书院，其日常开支主要靠学田收入，另有部分钱粮廪膳津贴来自官府。由于社会动荡，以及管理、经营的漏洞和困难，[①]学田收入越发难以支撑，而官府津贴也不正常。到清朝后期，各地府、县学和书院能维持运转就十分不易了。嘉庆之后，原先月课、季考规矩渐成一纸虚文，固然与儒学官员年老力衰、怠政有关，但办学费用缺乏应是深层根源。

清末“新政”推开，尽管需新办事项繁多，但朝廷并未同步给予财力上的支持，而是将责任与义务一道下移给各省。在光绪二十九年(1903)制定的《奏定学堂章程》(癸卯学制)中，全文洋洋洒洒数万言，但涉及办学经费的不多。综合而言，拟定经费来源有四：一是官府筹措，这应是主体；二是“向有义塾善举等事经费”，同时，鼓励地方绅富捐集款项助办；三是地方“如有赛会演戏等一切无益之费积有公款者”，也可酌提补充学校之用；四是明令学生缴纳学费作为贴补。对于开办新学经费之不足，《奏定学堂章程》起草者可谓心知肚明，因而也在《章程》的《学务纲要》中单立“各学堂应令学生贴补学费”一款：“各省公款皆甚支绌，除初等小学堂及优级、初级师范学堂均不收学费外，此外各项学堂，若不令学生贴补学费，则学堂经费必难筹措，断无多设之望，是本欲优待而转致阻碍兴学矣。且学生以学费不需自出，不免怠惰旷废，不肯切实用功，更兼不守规矩，视退学为无关轻重。……中国此时初办学堂，一切费用甚巨。自应亦令学生贴补学费，不致全仰给于官款，庶可期持久而冀扩充。其学费每人每月应缴若干，听各省斟酌本省筹款情形，核计该学堂所需常年经费，随时酌定，毋庸限数，但须量学生力之所能及。”[②]

《奏定学堂章程》将新式学堂的开办经费之所以推给地方，也实属无奈。太平天国起义爆发，迫于镇压的需要，地方势力迅速崛起。一方面，原有征税、京协饷、奏销等制度难以运行，渐成空文；另一方面，地方督抚开始有了“就地筹饷”(主要是杂税、杂捐)权。于是，地方上逐渐拥有了中央未必情愿让渡的相对独立的军事权、财政权和人事权。曾国藩所说的“自军兴以来，各省丁、漕等款，纷纷奏留

---

① 据徽州知府王振声日记，光绪三十二年(1906)正月，库书告知书院上年息银租仍有欠缴，王振声也只是吩咐“照章催缴”。可见，学田收入拖欠极为平常。王振声：《王振声日记》，凤凰出版社，2017年。

② 璩鑫圭、唐良炎：《中国近代教育史资料汇编·学制演变》，上海教育出版社，1991年，第504页。

供本省均需，于是户部之权日轻，疆臣之权日重”，① 就是这种情势的写照。

地处新安江上游的徽州，传统农业生产条件并不优越，明清徽商在外的“富裕”虚名，掩盖不了本土经济的困窘。咸丰之前，徽州府属六县每年民赋总数及起运、存留数量可见下表：

表12-1 咸丰之前徽州府属各县民赋起运、存留数目一览表②

区域	民赋总数(两)	起运丁田(两)	存留奉工(两)	驿站(两)	漕项(两)
歙县	55955	48462	5168	239	2085
休宁县	43671	38322	3898	169	1283
婺源县	37671	32990	3598	169	915
祁门县	17104	13780	2188	168	968
黟县	15475	12292	2025	169	990
绩溪县	18937	15370	2172	169	1226
合计	188813	161216	19049	1083	7467

上表显示，徽属各县存留部分仅占民赋总数的约9%。当然，除民赋外，尚有其他项目的科征。以歙县为例，其他各项为折色余米折征454两，折色余米折耗34两，给运米折征4294两，减存米折征398两，本色黄豆折征295两。但这些专项税收，却必须全部上解相关司、道。③ 晚清时，地方税负有所减轻，但也未必意味着地方财力的根本改观。宣统年间，歙县每年赋税征收及起运、存留等情况可供参考。见下表：

表12-2 清宣统年间歙县各项征收及应支银数一览表④

征收项目	征收银数(两)	应支项目	应支银数(两)
丁漕等税全额	36247	户部项下起运	27515
本色南米折征	1423	府道县并外各衙门起解	1597

① 曾国藩：《江西牙厘请照旧经收折》，《曾文正公全集·奏稿》卷二十，第34页，光绪二年传忠书局刊本。

② 资料来源：冯煦《皖政辑要·度支科》卷二十三《田赋二》。数字均取整数。

③ 许承尧：《歙县志》卷三《食货志·赋役》，江苏古籍出版社，1998年，第128页。

④ 资料来源：许承尧《歙县志》卷三《食货志》。数字均取整数。

续表

征收项目	征收银数(两)	应支项目	应支银数(两)
折色余米折征	328	经费项下支给	1957
各项折耗	2718	本县解府及本县支给	2069
杂税十一项	14366	本色南米、折色余米折征解司	1751
		给运米折征解道	2564
		减存米折征解道、城壕租	368
		折色余米折耗、本色黄豆折征解司	200
		各项折耗	2718
		杂税十一项	14366
合计	55105		55105

可见，宣统年间，歙县每年解送户部及有关道、司等衙门银数，已经下降到每年实际征收总额的约60%，即县本级可以支配的财力大约为每年2万两。但实际上，各地因各种原因拖欠应解送钱粮的现象比比皆是。徽州知府王振声赴任才抵达安庆，前署祁门县令、江苏人刘筹就来禀见，“因在祁（门）县任欠交捐积谷公款，呈递说帖，求缓催。”①

晚清时，一般府、县开设新式学堂究竟需要多少资金？据光绪三十四年（1908）安徽省一项调查，安徽公学每年收入3205两，支出3295两；皖江中学堂岁入和岁出居然分别高达13804两、15549两。②同期，徽州府开办各新式学堂的年收入与开支情况则有下表：

表12-3 光绪三十四年（1908）徽州府部分新式学堂年收支情况一览表③

区域	学堂名称	岁入数(两)	岁出数(两)	资产数	备注
徽州府	官立新安中学堂	7155	7675	17000	

① 王振声：《王振声日记》，凤凰出版社，2017年，第55页。
② 冯煦：《皖政辑要》，黄山书社，2005年，第554页。
③ 资料来源：冯煦：《皖政辑要·学科》卷五十六《经费》。

续表

区域	学堂名称	岁入数(两)	岁出数(两)	资产数	备注
徽州府	官立紫阳师范学堂	2787	3810	36422	
歙县	官立崇正 官立两小 公立凤山 公立求是 公立师山 公立乐育 公立启悟 私立敬崇 公立滦川 私立惇素	5624	5550	8072	敬崇、惇素， 无资产数
休宁县	官立高小 民立两小	2486	3562	22241	民立，无资产数
祁门县	公立高小 官立西乡	5317	5248	29819	
黟县	官立高小 私立环山 私立连云	4315	3739	62093	环山，无资产数
绩溪县	官立高小 官立明伦 公立临溪 公立振起 公立赓进 公立兢实 公立尚志 私立植基 私立思诚	3326	3457	6213	振起、思诚， 无资产数
合计		31010	33041	181860	

对于各县政府来说，开办一两所作为示范作用的官立初等或两等小学堂，尚可勉力支撑。但对府级政府来说，兴办中学堂或其他专业学堂，花费则需慎重考虑。对此，朝廷也颇为理解。《奏定中学堂章程》就提出："中学堂定章各府必设一所，如能州县皆设一所最善。唯此初办不易，须先就府治或直隶州治由官筹费设一中学堂，以为模范，名为官立中学。"徽州同样如此。地方人士积极倡议创办新式中等学堂，却因经费筹措艰难，中途折戟。光绪三十年（1904），再次谋于徽州茶商，获得支持后，再公请于两江总督，得到每年拨付茶厘额外款项5000两作为中学堂正常经费的允准，创办工作才进入正常轨道。果不其然，将旧试院改建为校舍的工程浩大，"改庑为斋，营室六十，容学额二百。楼宇棣通，前后疏朗。葺倾扶圮，旁剔瓦砾。庞然崔巍，高下弥望。既夷既旷，缭以周垣。垣北达闉，实洼为圃"。① 总共花费了6600多两银子。

应该说，许承尧等人在兴办新式学校过程中，理想颇为远大。新安中学堂开办的

① 许承尧：《歙县志》卷十五《艺文志·记》。江苏古籍出版社，1998年，第653页。

当年底，即向到任尚不足20天的知府王振声提出开办初级师范学堂、添设蒙学堂的建议。光绪三十二年（1906）三月，师范学堂才开学十余日，许承尧又向知府提出师范学堂附设教育讲习会、成立教育学会，并很快付诸行动。在随后将考棚改修楼房的规划中，29间楼房估价5300余元，其中新添木料才五成。并欲使用当地少见的玻璃，后因王振声顾虑经费极力反对而作罢。可见，兴办新学给官府财政带来了极大的压力。

请求司、道乃至两江总督追加拨付，可能性极低，争取开征其他杂捐倒可一试。于是，许承尧联合歙县人、内阁中书程锦龢，向知府及省府提出开征锡箔捐以弥补办学经费的请求，得到徽州知府黄曾源支持，最终获得批准，但效果极差。光绪三十二年（1906）九月起的三个月，歙县街口厘卡实收箔捐仅45.977元，而厘局开办费用去30.176元，办公费52.5元，两抵尚亏36.699元。随后，许承尧等又提出征收珠兰花捐一案，遭到更大反对，最后不了了之。

地处新安江中下游的淳安、建德一带也面临同样困境。清末，建德县有书院膏火等田1460余亩，宾兴会、房租约100多元，总共全年收入银币1600余元。[1]遂安县也面临学务经费危机，遂安劝学所遵学部之令设于宣统元年（1909）春，总董为余景贤，每年办公费仅数百元。茶叶是遂安农业主产之一，“多栽山地。谷雨采者为毛尖，春为春茶，夏为子茶。产量约二十余万斤，设号制成箱茶，运销上海，转售欧美各国”。[2]清同治初年，在龙山街设茶捐局。民国初年，全县茶捐银有1.3万元。按严州知府光绪三十一年（1905）以5%抽收学捐计，每年将有六七百元。为兴办新学，遂安学界乃有抽收茶捐之议。宣统元年（1909），该县贡生毛淦等上禀省提学司“请议的款以维学堂”，得到答复是：“该县训导既已裁缺，所有学田拨归学堂经管，自是正办。至龙山茶厘项下，从前带捐育婴费，此时改学捐，移育作教，同是善举，谅为绅民所乐从。仰遂安县查照前办成案，会商士绅，妥筹举办。”[3]次年，提学司再次批示：“凡筹办学捐，必须禀由地方官察夺情形，通详核准方可照办。据禀，该县劝学所经费支绌，拟抽收茶捐，并将今年学租尽数收入，是否可行，仰严州府转饬遂安县拟议详夺。”[4]似乎遂安县府对于抽收茶捐的做法未必认同。

---

① 夏日璈、王韧：民国《建德县志》卷十一《教育》。
② 罗柏麓、周树美、姚桓：民国《遂安县志》卷三《食货志·物产》。
③《本司支批遂安县贡生毛淦等请议的款以维学堂禀》，载《浙江教育官报》1909年第8期，第38页。
④《提学司袁批遂安劝学所请抽收茶捐并收今年学租由》，载《浙江官报》1910年第2卷第2期，第33页。

办学经费未予落实的结果，是矛盾和冲突的迅速激化。宣统二年初，遂安县劝学所新任总董余汝汉上禀省提学使，反映县府经费拨付不力，得到提学司的支持，某批复有言：

> 教育关系宪政重要，日日进行犹恐不及，若何所禀钟令之捐款，经年不发分文，非特迟滞教育，实属阻碍宪政。据称该府奉本司批，飞札严催，今岁又经面谕，该县仍复延玩不理，抑何荒谬至此？仰严州府遵照前经批指，委员前往确查禀夺。如果该令有措发该校经费，抗玩批饬情事，实难辞漠视学务之咎，尚何望推广振兴、谋该邑教育进步？应由本司详请撤参。该府慎勿敷衍循隐，致负委任。①

提学使将“学堂乏费请饬拨给”这样一件纯粹地方事务，上升到“阻碍宪政”高度，并非借机宣传国策，而是由此对严州知府与遂安知县施加压力。但揆情度理，遂安知县钟灵也应有难言之隐。果然，提学司的批令并未起到太大作用。遂安县官立高等小学堂原为光绪三十一年（1905）即台鼎书院改设，以旧有书院宾兴租息及港口埠捐充作经费，不敷部分，仰县财政支给。九月初，该校学生以公电形式，指责官员吞并学款，致使校长、教员辞职，开学无望。浙省抚部院随即札示提学司曰：

> 宣统二年九月初八日，据遂安官立学堂学生公电禀称：官吞学款，校长、教员均辞职，开课无期，情急乞主持。禀另详。等情。到本部院。据此，查近来学款支绌，地方官方筹措之不遑。据电各情，究竟该县有无侵蚀情事，亟应彻底查明，以昭虚实。合行札查。札到该司，立即转饬严州府，就近确查，据实禀办。并饬县维持学校，毋令停搁。②

与前引提学使批示相比，省抚此札比较平和。首先要求严州府迅即查实“究竟该县有无侵蚀情事”“以昭虚实”；同时说明近来各地教育经费均吃紧，“地方官方

---

①《提学司袁批遂安劝学总董余汝汉禀学堂乏费请饬拨给由》，载《浙江官报》1910年第2卷第13期，第38页。

②《抚部院增札提学司转饬严州府查明遂安县学堂学生电官吞学欵校长教员辞职一案并饬县维持毋令停搁文》，载《浙江官报》1910年第2卷第39期，第45页。

筹措之不逮”，为县级主要官员进行了一定的开脱。札尾“维持学校，毋令停搁”的要求，实际最为紧要。只要学校正常运转，危机即能化解。至于学校运转经费从何而来，抚院并未明示，还得依靠遂安知县动脑筋。

与学堂堂长倪盛翔一方的指责相反，县署将学堂迟迟不予开学的原因归之于要挟。知县遂以《征粮洋价并无盈余可提，学堂无理争执罢学要挟，请撤销另举》为题上禀。抚部院这次完全站在县署立场，指令十分明确：

> 此案前据该县官立学堂学生公电禀称官吞学款、校长辞职等情到院，当经札司饬府确查禀办，并饬县维持在案。兹据禀称：征粮洋价盈余，均已秉公酌派，考试经费亦系照案分拨。该校长无理争执，并串纵员生罢学要挟等情。似此任意挟私，自应撤销另举。仰提学司即饬严州府，派委会同该县查明禀办。并饬该县会绅将出入各款宣布明白。另举校长接办，尅日开校。并将该堂庶务、会计名目，照章撤销，以节靡费。[①]

公开账目、撤换校长、尅日开学、裁撤冗员，标本兼治，危机渐消，但病根未除。遂安学界与县府的冲突，仅是典型个案。从清末新学开办到民国肇始，经费困窘始终是新安江流域各地新式学校排解不了的痛苦。

二、守旧派阻挠之难

以儒家经典及思想传承为主要内容、以科举入仕为重要目的传统学校教育，在清末国家政治、经济、军事、外交遭受外来势力全面挑战的大背景下，被迫进行着重大变革。光绪三十一年（1905）八月，朝廷下令自次年丙午科始，所有乡、会试一律停止，各省岁科考试也同步停止。这就意味着延续了千余年的科举制度突然“死亡”，同时伴生的是西方近代教育制度的移植。对于广阔乡间一般知识分子来说，这是难以骤然接受的变革。深埋在心底对传统的不舍与追怀，对新式教育的惊讶、狐疑乃至排斥，一旦遭遇更为敏感的利益火星，就即刻形成一场以损毁新学堂为主要形式的暴力事件。

发生在此时新安江上游的几次毁学事件，以歙县呈坎潨川两等小学堂被毁最为

① 《抚部院增批遂安县禀征粮洋价并无盈余可提学堂无理争执罢学要挟请撤销另举由》，载《浙江官报》1910年第2卷第45期，第52～53页。

典型。地处歙北呈坎的潨川两等小学堂，光绪三十二年（1906）初由该村留日学生罗会坦、罗运松、罗会珪提议创立，得到文会负责人罗凤翥及村中开明人士罗亨濂、罗尚杰等人赞同，商议以罗氏祠款与私人捐助为办学经费，共举罗凤翥为堂长。初以罗氏宗祠为校舍，学生 79 人。另由罗运松绘图设计新校舍，当年 2 月开建。但在农历六月初三（7 月 23 日）夜，即发生毁学事件。对于这场灾难，《申报》介绍颇详：

徽州歙县潨川学堂，初春由罗凤藻等在罗氏宗祠之旁，造房舍七八间，招生开学。所有开办经费，均由同志诸人分担，并无派捐情事。乃开办之初，武生罗文英及罗烙基、詹灶发已有仇学之意。今年三月，文英唆出匪徒将学堂门房所悬牌示捣去，并谣言诬学堂将收人口捐、菜子捐、米捐、牛猪捐等项，煽动众听，俾人人皆有仇视学堂之心。六月初一日，议决赛会演戏（潨川向例六月十五日供奉瘟神，名曰保安会）今年缓期两月举行。而文英即藉此大起蛊惑，突于初三夜纠同痞党罗社高等数十人，吹号鸣锣，明火执仗，蜂拥直至学堂，将堂中一切物什捣毁净尽。随时拥至凤藻家，用石撞开大门，将厅内器具肆行打毁。凤藻子会珪（即堂内教员）只得脱围逃至城中，急请邑尊临勘。黎明又复聚众至各教员家，将各教员搜获，拥至赛会公处，勒写悔据，永远毋许再开学堂、永远毋许赴城控告。至午刻，邑尊到村临勘。匪等将邑尊拥至学堂，复将新造学舍七八间拆毁，旋一面率同乱党，又复拥至凤藻家内，举凡一切器用财物捣毁无存。并又打至罗军松家。及至天晚，邑尊回署，并不请兵解散。故该乱党按日至各家查点，不许私逃一人、离村一步。而凤藻等直至十五日赛会之时，陆续逃遁。内地民智如此，诚教育前途之忧也。①

就潨川毁学动因看，触动村民敏感神经的是办学经费。呈坎文风昌盛，人口集中，经济良好，呈坎罗氏族产有不少。呈坎文会有延续数百年历史，也积累了一定公产。开办新式学堂是一项公益事业，在罗凤翥等人看来，动用祠堂、文会公产并无不妥。据《皖政辑要》记载，该校总资产 1660 元，岁入经费 184 元，年支出 264 元。显然，学堂正常运转存在经济困难。要持续办学，途径之一是继续动用公产，其后果

① 《补记潨川毁学情形》，载《申报》1906年9月1日，第11987号。

是将挤压宗族的其他开支，比如部分祭祀费用。尽管朝廷在《奏定初等小学堂章程》中也有“如有赛会演戏等一切无益之费积有公款者，皆可酌提充用”[①]的许可，但民间守旧势力之强大显然超过了朝廷预见。参与闹事的呈坎民众（其中很多也是罗氏同宗族人），在六月初将淤积在内心的愤懑化作难以遏制的暴行，导火索就是听说传统的保安会活动将被缓期，甚至菩萨神像将来也难以保存。在他们看来，办新学的少数人推迟保安会祭祀活动，得罪的是神祇，而灾祸将由全村人共同承受。这种好比“白狗吃肉，黑狗驮灾”的不合理，使得他们将毁学看成“匡扶正义”一样高尚，不仅将学堂、新学主事者厅堂财物捣毁无存，甚至敢于将堂堂知县“拥至学堂”，并当其面“复将新造学舍七八间拆毁”。

假如罗凤藻等人不用祠款而选择劝捐，同样有负面后果。《申报》该新闻作者显然对此事件有着明确的价值评判，不仅发出“民智如此，诚教育前途之忧也”的喟叹，而且指责罗文英、罗烙基、詹灶发等人“谣言诬学堂将收人口捐、菜子捐、米捐、牛猪捐等项”，以“煽动众听，俾人人皆有仇视学堂之心”。实际上，知府王振声在该年四月初五日日记中就记载：“潨川小学堂绅士来见，请谕茶号劝捐。”[②]此处“潨川小学堂绅士”即新学举办者，因办学经费不敷，期望知府同意向资产相对丰厚的茶号劝捐。假如呈坎茶商被迫捐资，他们也会将部分损失转嫁给普通茶农。如果劝捐遭到民众的一致反对而难以实行，对于茶商未必不是最好的一种结局。

潨川毁学也与乡村势力重组有密切关联。当旧的科举制度终结，读新学成为下层乡民借以向社会上层流动的通道，意味着曾经把持乡村的传统知识分子权威受到挑战。比如呈坎罗文英，原是武秀才出身，尽管在崇儒尚文的当地，未必有文秀才那样受人尊重，但毕竟也有功名在身。而他现在居然因有吸食鸦片劣习，“故于兴学事为众所弃屏，不令预闻”，被排斥于谋划新学核心圈子之外的强烈不满，可以想见。而罗烙基平日以放重利债盘剥乡民，积资巨万，自然自视颇高，有参与乡村大事的愿望。如今，罗凤藻、罗亨润等因办学堂获邀声誉，相形之下，自身却被边缘化，其间的孤独与被轻视也使得他内心难于宁静。

就潨川毁学过程而论，罗文英等人的行为难以被官府认同。但诡异的是，对这起

① 璩鑫圭、唐良炎：《中国近代教育史资料汇编·学制演变》，上海教育出版社，1991年，第504页。
② 王振声：《王振声日记》，凤凰出版社，2017年，第76页。

是非曲直比较清楚的事件，府县两级官员态度却是一再忍让，处置速度、力度与当时徽州知府“移文驻祁门刘统领请拨勇”对付歙县南源口闹米一案迥然有别。不妨将时任徽州知府王振声在本人日记中有关该事件发生及其处理的记载按时序胪列如下：

六月初四日：“呈坎滦川学堂被打△，蔡令往查。”

初六日：“蔡令来，面回滦川学堂事。”

初七日：“请蔡令来议滦川学堂事，须通禀并朱教官度成设法调处。”

初八日：“滦川学堂递禀，蔡令亦通禀。”

十一日：“许际唐来见，谈学堂事并谈滦川学堂事，拟请绅士三人调处，嘱其与蔡令商办。”

十二日：“蔡令来谈呈坎学堂已邀绅往调处。”

十七日：“滦川学堂罗姓六人禀见，并请保护。晚蔡令来，面谈滦川学堂事须和平办理。”

十九日：“歙教谕朱度成来见，面交委札查滦川学堂事。”

二十二日：“朱度成禀知赴呈坎。申刻滦川学堂又递一禀并失毁物单。”

二十三日：“滦川学堂又递一禀。”

二十四日：“许际唐来谈滦川学堂事，嘱其劝学堂勿急切公禀上控，亦云然恐再激生事，力劝该学堂须从缓办理。”

二十五日：“午后，朱教谕自呈坎回，禀见陈呈坎事已少平静，不至再生事，容日详细禀复。”

二十七日：“蔡令来见，谈丁分府事并呈坎学堂事。”

三十日：“申刻朱教谕禀覆查呈坎学堂事。”

七月初九日：“辰起，许际唐来会，因谣传呈坎闹学之人欲聚众于初十日到唐模并府城闹学，专与际唐为难，请示保护，令往见歙令派人往探虚实再酌办。”

初十日：“许际唐来信，呈坎闹学探系谣言。”

二十三日：“午刻蔡令来函，回呈坎学堂事，拟再派刘典史往查，邀绅持平办理。”

八月初六日：“申刻，蔡令来面谈，……并回呈坎学堂属禀各宪批令拏办。”

十四日："午后蔡令来，面回呈坎学堂又鸣锣聚众，经罗凤藻等扭来鸣锣一人送县，蔡令拟即多派差役并巡勇往呈坎提传指控毁学之人。"

二十日："申刻蔡令来函回呈坎学堂事。出票传罗冬基、罗文英。"

二十九日："呈坎学堂已有人调停，拟罚赔，仍须查禁首犯。"

九月初六日："蔡令自休宁回，禀见，谈呈坎学堂事，罗冬基悔罪认赔学堂所毁之房物并赔罗凤藻家物。当饬蔡令、学查，虽已认赔而首要武生罗文英仍须详革拏办。"

十九日："蔡令来函，……呈坎学堂事仍令原中人潘姓调处办理。"

十月初一日："蔡令来见，谈呈坎学堂事已由绅士调处赔罚，于十月修理学堂开学，并罚罗冬基四百元充劝学所经费，罗文英已详革，仍须拿办。"①

回顾滁川毁学事件长达三个半月的处理过程，可见知府王振声和知县蔡世信起初基调相似，即设法调处。参与调处者不仅有官员，如教谕朱度成、刘典史，还有末代进士、新安中学堂和紫阳师范学堂监督许承尧等地方绅士。显然，在王、蔡等地方主政者看来，武生罗文英等人毁学行径固然不妥，但似情有可原。力劝学堂从缓办理、以免再生激变，既可见罗凤藻等办学之人为迫切地解决经费问题，措施、手段有些过激，也能感受到反对新学力量的强大。促使王、蔡持平办理的天平急速失衡，并下决心强力处置罗文英等人，是罗文英等在八月十四日"又鸣锣聚众"，试图故伎重演。应该说，这突破了王振声、蔡世信的底线，于是有了出票拘传之举。

处于官僚体系上层者，没有直接面对矛盾双方的经历，也与事后被追责距离遥远，其处理的思路与地方未必相同。时任安徽巡抚恩铭在接歙县官绅以及许承尧禀报后，先是明示府县查复，在基本弄清事件经过后，批示云：

此案前据歙县禀以该学堂被罗文英、罗社高等鸣锣纠众拆毁学堂，并将罗凤藻家器具打毁，迨经该令驰往弹压，查问之际，胆敢愈集愈众，情势汹汹等情。业经批处，饬县勒拿罗文英等到案，研讯录供详办，不准迟延徇纵。至演戏酬神，迷信神道，亦属恶习，足见该处村民，毫无知识，风气未开。并饬该县亟为劝

① 王振声：《王振声日记》，凤凰出版社，2017年，第88～101页。

> 导，或速派学务中人，排期分赴各村，以白话演说或选宗旨纯正之报纸、书籍，立阅书报社于四乡，俾识字者皆得寓目。更于各村，皆令立蒙学一所，以期逐渐开通。并饬将办法拟定章程呈阅在案。嗣据中学堂监督、庶吉士许承尧等禀无赖棍徒，仇视学务，捣毁濂川学堂器具，该县亲临不服弹压，致官办私立岌岌可危，请委彻究严办等情，亦经批处，饬县于文到五日内，勒拿到案，讯取确供，通详察办在案。察核来禀，仅据该教谕查明打毁属实，而于滋事为首之人，含混其词，实属有意开脱。岂不思学堂为当今要政，考成攸关，若不严拿惩办，将来办学堂者视为畏途，于学务大有关系。仰学务处饬即遵照前批，依限勒拿到案，讯供详办，毋迟干咎。切切。并将该教谕朱度成移司，先记大过一次，以示薄惩。①

可见，省级官员处理这类事件多着眼未来，与地方官员力求稳定颇有扞格。

即便是濂川毁学三年之后，在徽州最为繁华的屯溪近郊，也还再次出现毁学风潮，并出现命案。宣统元年（1909），程管侯在休宁临溪联合当地开明乡绅，废重阳神会，将其经费创办临川小学堂。临溪重阳会是延续已久的传统集会，与附近榆村农历九月十一的圣坛庙会、商山的九月十六庙会一样，祭祀的都是歙县横关村唐朝兴建的黄坑古寺中的周王菩萨。届时，周王菩萨被全副仪仗从寺中迎出，莅临临溪，与当地村民共庆丰收，外地戏班演戏三天，附近村民将土特产、农具、杂货等商品带来交易，外地亲友群集来聚，像过节一样，影响很大。然而，土棍、赌徒乘机聚赌，打架闹事；同时，做会钱款挥霍浪费也不少。为启迪民智，程管侯与姚松桥、吴仲盘、姚桐卿等决议：停废重阳神会，将程、吴、刘氏等祠堂做会的钱款拨作办学经费。公推程管侯为临川小学堂堂长。孰料此举遭到涉及各族的强烈反对。在重阳会首程万能操控下，掀起了仇学风潮：指控程管侯“兴洋学、不敬神”“破坏祖宗老规矩、大逆不道”。迫使临川小学堂停办。11 月 12 日，将程管侯抓起来，关进中村程家祠堂。年轻力壮而愚昧无知的村民荷刀持矛轮番把守，拟示众三天后，活埋以正族风。程管侯之母戴氏见独生爱子罹此大难，痛不欲生，于 14 日服毒自杀以示抗争。当时，休宁已成立县议会，议长刘景武、副议长王甸青和劝学所总董王景尧等极力干预“重

① 佚名：《皖抚批徽郡闹学案》，载《申报》1906年10月1日，第12016号。

阳案”。他们多方奔走，方使休宁县衙一连三次派出捕差，要将程管侯提押到县候处。但临溪程氏族长拒不解县。王甸青等只得连夜步行到歙县，上访知府刘汝骥。于是，程管侯被带出临溪村。在王甸青等人谋划下，程管侯悄悄前往浙江菱湖其父经商处避住。

事实上，晚清时期，民变遍及全国。有统计：从光绪二十八年（1902）正月至宣统三年（1911）八月辛亥革命前夕，全国共发生民变 1028 起。最多是江苏（275 起），其次为浙江（178 起）、江西（69 起）、安徽（64 起）等省。1909 ~ 1911 年是民变高发期，又以 1910 年最高，达 250 次。[①] 其中，学堂是矛头所指的主要对象之一。

在新安江中下游也有类似的毁学事件。光绪三十三年（1907）七月初六，在淳安县，乡民捣毁了头年在校士馆旧址创办的初级师范学堂（内设有两等小学堂），而该校监督居然就是知县屠寄。[②]《广益丛报》曾以《淳安闹事情形三志》为题介绍其经过：

> 严属淳安县因捐闹事，乡民聚众暴动等情，迭记前报。兹悉革生方晋因受邵秀亭主使，遍发传单，邀集各乡，声言：“如敢不来，众必毁其家屋。”亦有随声附和者，计东乡十九都由方晋、方克昌为首，率领附近五村乡愚；北乡由革生刘锦林、方式金二村众；南乡由武学陈德熊为首；西乡蜀口、竭村徐姓全族，云头、息村埠童姓全族；加以博徒、烟伙附和之众，约近万人。其揭帖云：“合邑人等知悉，县主不良，总是父母；各人如有仇恨者，不可乘机。我等千余人，不准清厘、起小学、报警察军因三事，老屠定用严待士民。士民合心将老屠逐出。倘要报上调大兵来，先将老屠开刀。老屠息思想了。如不思清楚者，满门杀尽。方、吴、徐先生通知”
>
> 又屠令晋省躬谒层台，沥陈办理情形，并面投上禀一通，声请彻查，以分曲直。初信署抚以此案须委查确实，方可酌定办法，故拟派吴令宝鉴前往查办。乃吴委尚未启行，而屠令已先到省。察阅情词，其中实有为难之处。若强令回任，则威令不行，善后事宜必多杆（扞）格。乃商之喻藩，遴委吴令叡接署该县篆务，

① 李涛：《传统乡村士绅的“嬗变”与“疏离”》，载《江南大学学报》（人文社会科学版）2012年第11卷第3期，第72页。

② 淳安县教育志编委会：《淳安县教育志》，汉语大辞典出版社，1991年，第3页。

并谕令尅日束装赴任，会同吴委查明起釁，确情分别究办。务须严拿首要以警其余，解散胁从以免株累云。[①]

发生在宣统二年（1910）三月十三日的遂安毁学事件，不仅毁坏物质无数，还造成多人死伤，一时影响遍及全国。《申报》对此进行了追踪报道，先后连续刊发五篇新闻。农历三月二十二日在《浙省乱耗汇纪》中，首篇就是：

遂邑西北乡乡民，因藉口学堂自治会抽捐，与堂长陆友篪、自治事务所坐办郑逢壬为难。先于初八、九日散布揭帖，定十三日入城闹事。即经钟大令禀报本府，函请驻淳余哨官来遂弹压。及是日，果有乡民千余人带有抬枪、刀棍，蜂拥县学堂，将门户、学舍捣毁，并要挟仍旧改称台鼎书院。钟大令会同城守巡官、典史，竭力弹压。讵料乡民竟持刀相向，一面纠率多人往各店铺劫夺货物，并将巡警局打毁，声言入署搜查陆、郑两绅，并拿巡官等语。当时愈聚愈众，已有三四千人之多，势甚危急。又闻是日下午，该乱民撞开泰源南货店、聚成土店，开枪乱击，劫夺货物、布匹等件。县署与泰源店屋一墙之隔，钟大令冒险协同汛官、哨官督兵抵御。乱民开枪回击，并持刀劈面砍□，钟大令险被杀毙。幸得保护回署，身已受伤。后经汛兵、防兵开枪回击，当场枪毙数命，该乱民始行逃散。现在人心惶惶，钟大令已电请抚宪添兵来遂镇摄。[②]

台鼎书院是清嘉庆年间由遂安人余志才捐资、余大觐主持兴建的民办书院，院址在县城大西门内儒学前。光绪三十一年（1905），改书院为官立高等小学堂。乡民入城闹事，不仅针对学堂，还波及巡警局。持刀弄枪，劫掠店铺，围攻官员，大有造反之势。钟大令武力镇压，也在情理之中。四日后，《申报》继续以浙江乱耗汇纪的形式报道了遂安毁学的余波：

严属遂安县因捐闹事一案，迭志本辑。现悉，桂太守确已于十六日由港

①《淳安闹事情形三志》，载《广益丛报》1907年第153期，第4～5页。
② 佚名：《浙省乱耗汇纪》，载《申报》1910年5月1日，第13371号。

口到达。遂邑本与淳安□境，而尤与淳邑之桐梓源地方相近。该处往岁开矿，大受官兵荼毒。近日传闻已与遂安乡民联络，拟乘机起事，以图报复。因之，十七日有聚集五万人围攻遂淳两县之谣。至此次乱原，亦半由于禁种烟土。淳邑城内有协昌、益昌两土店，鉴于泰源、聚成之覆辙，惊骇万分，昨已派人到省，拟禀请上台经补烟照捐，以纾祸乱。①

这篇短文，一方面描述了遂安乡民毁学对邻邑淳安县民的影响，同时试图对动乱根源做一探析。但将部分原因归结于“禁种烟土”，并以淳安城内协昌、益昌烟店的防范之举为证，说服力并不充分。毕竟单纯的禁烟不可能逼迫这么多的乡民参与这场从结果看并没有多少胜算的抗争。紧接着，次日《申报》的《浙江乡民闹事近纪》中，对民众聚集毁学原因做了揣测：

遂安毁学情形，叠志本报。顷又接一通信云，遂安高等小学堂，开办五年，相安无事。自去春陆绅友篪接办后，因请清理官基，补助学费，商民始反对之。又因该堂经费不敷，议定薪修七折，而陆校长独实数开支。五年级生毕业，而校长之妻舅，以一年级生为之冠。此为绅界反对之原因。年底开销过巨，益以特别捐四百余元，尤不足用。提及积谷存款洋四百五十元最结民怨，陆校长犹恣睢自如，遂激成本月十三日之变。乡民既毁学堂，波及聚成、泰源各商家。黄哨官挟制钟令，迫令开枪，城中死六人，城外死七人，因伤毙命者尚不在内云。②

三月二十九日，《申报》继续在《浙乱善后近况》中，对遂安情形有如下描述：

遂安县绅学界王明著等三十余人，公禀省宪，谓匪首余识龙，霸收学堂租息。追取不服，敢藉米贵谣言，煽动乱民，于本月十三日，纠党多人，将县立小学堂捣毁。钟令坐视不救，酿成抢劫各店巨祸。而匪首余识龙依然逍遥。生等为全体学界请命，应请迅赐调兵驻扎，严拿究办。又有留日早稻田大学毕业生、

① 佚名：《浙省乱耗汇纪》，载《申报》1910年5月5日，第13375号。
② 佚名：《浙江乡民闹事近纪》，载《申报》1910年5月6日，第13376号。

自治事务所坐办郑逢壬，亦以前情具禀抚藩。未知上峰如何办理。[①]

《东方杂志》上《浙江乡民毁学案续闻》，对于遂安毁学事件的原因介绍如同二十九日的《申报》："严州遂安学堂之被毁，实因学堂租息。向由余识龙霸收，经众追取，余识龙遂怂恿乡民，纠众将学堂捣毁。知县钟某，以卸事在即，不即前往弹压，遂酿巨祸。"[②] 四月初五日，《申报》又在《遂安毁学案之公愤》中做了如下报道：

> 严属遂安县乡民，因米价飞涨，迁怒学堂擅用积谷存款，聚众拥至该邑高等小学堂滋扰。初仅数十人。校长陆绅飞禀县令，请出弹压。讵钟大令有意推□□迟不出，致人民愈聚愈多，地痞从旁煽动，一片声喝。打毁全堂器具、什物，门窗、报壁概成齑粉。其时势焰汹汹，全城商店一律罢市。有乡民倡言某□坊居奇囤米，□□□□，一喝百和，复将泰源等□坊捣毁。钟令知□巨祸，始督同防营黄哨官带兵临场。该乡民迫于公愤，徒手面禀，本无与官为难之意。惜人多口杂，一时解纷不易，该哨官妄传命令开枪，遭击毙者多至十余人。叠经绅商学界联名上控，业经抚宪电饬严府亲往查办。前日邑绅王明著等二案公呈，指□该县令钟□□学堂□□，坐视不救，酿成巨变。并胪举种种证据，吁请从严参办，以□民冤等情。本日增中丞续又电札该府并案□办矣。[③]

综合《申报》报道，不难看出，这次事件实际上纠缠着民、绅、官三者错综复杂的矛盾。

首先是绅与民。这一时期风头正劲也最容易成为众矢之的是兴办新式教育的绅士。他们深受外域文化影响，对传统乡土习惯充满不屑；年龄较轻，阅历较浅，考虑问题简单，处理方式轻率，在传统人情社会中，很容易树立对手。比如，新学堂课程中降低经学比重，增设自然科学和体育、艺术类课程，对于一般民众，就有认识上需提高的过程；而学界新潮则大谈西学、救国，置民众普遍之关注于不顾，双方很难达成共识。又如，新式学堂为快速重塑全新形象，又限于师资和设备，往往在成效快捷且容易产生轰动效应的体、艺类活动上寻求突破。"屯溪两等小学堂

① 佚名：《浙省乱耗汇纪》，载《申报》1910年5月8日，第13378号。
② 佚名：《浙江乡民毁学案余闻》，载《东方杂志》1910年第7卷 第5期第81页。
③ 佚名：《遂安毁学案之公愤》，载《申报》1910年5月13日，第13383号。

今年始开办……教科尚称完备，学生亦有数十人，闻教科内音乐、体操两门颇为注重，每当日斜散课，小学生整队旅行，口吟多哩迷梵之音，不绝于道。彼少见多怪之父老乃喟然曰：'移风易俗莫善于乐，不图于吾身而观见之'。"[①]至于新学灌输自由、平等观念，导致有些不谙世事的学生"骄矜日炽，入家庭则礼节简慢，遇农工者流，尤讪诮而浅之"，更容易招致民众的不满。

当然，作为对新式教育基本没有发言权的普通百姓来说，对新式教育不予认同，只能够自主行使"私权"，即限制自己子女进入新学堂就学。当需要动用"公权"来公然反对新学时，必然有足够的"公益"理由。遂安县乡民曾因神会斋戒，勒令兴文两等小学堂停课，不料为学堂发起人、绅董余仕钊拒绝，于是聚众捣毁了学堂。学堂妨碍了公众的祭祀活动，就是损害了公益。除了神会祭祀，各类"公款""公产"被侵害更是最容易被利用的理由。遂安的达材学堂，因该堂一向抽取钱漕每户六文充作经费，并印明在粮串田单上，遭到乡人深恨，也曾被捣毁。此次遂安事件，假设高等小学堂陆校长律已甚严、没有优亲厚友，也不曾擅用积谷存款，任凭余识龙怂恿乡民，怎会酿成如此巨祸?

其次是绅与官。那些热心于兴办新学的地方绅士，其动因未必相同。出于救国救民理想者有之，借以扩张、巩固地方权势者有之，乘机敛财发家者也有之。他们同样都将创办新学作为一种手段与途径。面对地方上各种阻力，其最主要的依靠是朝廷政策与地方官府。光绪三十二年（1906）二月初七日，歙县西乡湖田村绅士6人，在岁贡郑广镇带领下，禀见徽州知府王振声，"面呈立崇正小学堂章程，请给示保护"，[②]就是典型做法。

朝廷颁布的《奏定学堂章程》清晰明确，但地方官员的理解与执行千差万别，因为官员必须面对不同利益群体的诉求与复杂较量。遂安知县钟灵，湖南人，宣统元年到任，次年离任。或许真有《东方杂志》所说"卸事在即"的原因，但也能看出他对遂安办新学绅士集团有些看法。借助乡民的闹事来适度打压平常有些飞扬跋扈的乡绅，也是可以理解的手段。只不过这一次，钟县令没有把准火候，把火玩过头了而已。因此，在事件基本平息后，不仅自治事务所坐办郑逢壬具禀上告，更有

① 佚名：《徽州·屯溪最近之调查》，载《神州日报》1907年5月19日。

② 王振声：《王振声日记》，凤凰出版社，2017年，第67页。

绅学界王明著等三十余人公禀省宪，矛头直指知县钟灵。绅与官之间的矛盾不仅尖锐，而且公开化了。

再来看官与民。传统官民矛盾主要集中在赋税和劳役，但随着晚清“新政”推开，官府先后仿照西方近代政治架构承担起不少新的社会管理职能，比如议会、教育、警察、实业等。其中任何一项的有效设置，都应建立在民智已开、财物丰足、人力堪用的基础之上。而晚清的确没有一项能够具备。强行推广的结果，不仅变形走样、徒有其表，还引起社会焦虑与动荡。比如各地人口统计，本是议会选举之基础，但因宣传未广不透，“征税前奏”的传言居然许多人深信不疑。就新式教育而言，新学堂的发展规模、发展路向、教师聘用、课程设置等设置标准完全由中央主导，地方和民间只是自行筹钱、找人执行。在一个民众价值取向主要是家族本位，公共观念和国家意识较为淡薄的地区，无论社会精英对于新教育的功能、价值如何赞美，新学堂对于民众而言也只是一个极为陌生、倍感稀奇的新机构。如果这样的新生事物的诞生，不仅没有给基层民众带来太多实惠，反而加重了负担，民众怎会对官府及其行为产生“爱戴之情”呢?

灾荒与民变在晚清也是一对常见的孪生儿。淳安、遂安一带，地处山区，经济发展缓慢，粮食一向不能自给，加上水旱灾害频发，民不聊生，粮食是灾民最容易被触碰的既敏感又脆弱的神经。所谓“遂安乡民因米价飞涨而迁怒学堂”并非虚言托词。同时，同为浙江一省的湖州长兴、处州景宁、绍兴上虞和慈溪，也出现大规模的毁学事件，不排除民众有相互启发、借鉴的可能。

三、学潮频发之乱

对于生徒的思想统制与行为控制，古已有之。洪武二年（1369），朱元璋命礼部刊定禁约十二条，传谕立石于学宫。其中有：“天下利病，诸人皆许直言，惟生员不许。今后生员本身切己事情，许家人报告。其事不干己，辄便出入衙门，以行止有亏革退。若纠众扛帮、詈骂官长，为首者问遣，余尽革为民。”清朝也规定：“军民一切利病，不许生员上书陈言，如有一言建白，以违制论，黜革治罪。”并要求“为学者当尊敬先生”。这样的规则，对于训导学生安心向学、戒除浮躁和轻狂颇有必要。

但时至晚清，新式学堂渐增，学潮也骤然时兴。据统计，1905 ~ 1911 年间，见诸报端的全国各地学潮 339 起，以集体罢课为多（171 起），退学为次（83 起）。在可查知起因的 271 起学潮中，220 起是起因于对学堂内部不满，40 次起因于对社会斗争的直接介入，另有11起是为了反洋教习与教会。[①]学潮频发的原因，一则学堂增多，入学资格降低，学生总体修养呈下降趋势。二是西方自由、平等等现代人际观为学生广泛接受，传统的等级、尊卑被普遍反感。三是愈加快捷的报刊传媒，将此类社会新闻广为传布，客观上提供效仿之本。四是社会问题更为繁多严重，给以“为生民立命”自居的学生提供了源源不断的可能。

新安江上游流域徽州的学堂中，此风也在流行。第一类是学生与校外的冲突。光绪三十二年（1906）二月十九日，“生员三十五人递公禀，许其仁被千总殴辱”。[②]这是刚到任不久的徽州知府王振声接到新安中学堂在校学生第一次公禀。据参将吴筱珊次日面见王知府时所言，起因系程千总与许其仁因事斗殴，“吴见诸生甚谦和，引疚欲赔礼息事，诸生不允许，并在程处滋扰不休”。生员又“以拷打公禀”。程千总既不堪其扰，又背负压力，于二十日吞洋药意欲自杀。知府一面急令颇知医道的歙令蔡世信赶往救治，同时又令教谕朱度成将许其仁带出看守，防止再出意外。所幸救治及时，程呕吐后气色缓和，乃有转机。事后，知府再度委托蔡县令为程千总诊治，还亲自前往新安中学堂甄别参与学生，力求消弭双方矛盾。学生检举揭发社会问题也有所见，虽然已经突破了对旧式官学生员“不谈时政”的红线，但地方官员在禀批中，对其揭发或举报行为本身并未见反感，只是告诫学生不要持论太高（紫阳师范学堂学生、祁门人方光烈禀词中有“非学堂出身，不能深知管理一语”“所聘教习只认中文、地理、历史、算学、体操，其余无论非其所能等语”），以及“至禀尾不署年月”之类“非常疏忽”，[③]或不要囿于乡曲之见（紫阳师范学堂学生、绩溪人胡熙等人禀词中有“期收新知，归以灌输桑梓”之语），[④]或不宜操之过急、耽于理想（紫阳师范学堂学生、歙县人张舜湉建议将“迂谬、拙劣、卑污、浅陋之千百塾师，一学期内淘汰之”）及应知避讳（张生直犯时皇上御名第二字，亟应敬谨改避），[⑤]或劝勉学生“努力自修，不必废学涉讼”。[⑥]但实际上，更关注的是学生动向。光绪三十二年（1906）九月二十二日，“吴绍儒、胡恩诏（师范学生）由邮局送一

① 桑兵:《晚清学堂学生与社会变迁》,学林出版社,1995年,第45页。
② 王振声:《王振声日记》,凤凰出版社,2017年,第68页。
③ 刘汝骥:《陶甓公牍》卷五《紫阳师范学生方光烈等禀批》,安徽师范大学出版社,2018年,第76页。
④ 刘汝骥:《陶甓公牍》卷五《紫阳师范学生胡熙等禀批》,安徽师范大学出版社,2018年,第82页。
⑤ 刘汝骥:《陶甓公牍》卷五《紫阳师范生张舜口等禀批》,安徽师范大学出版社,2018年,第89页。
⑥ 刘汝骥:《陶甓公牍》卷五《绩溪县师范传习所学生曹杰等禀批》,安徽师范大学出版社,2018年,第84页。

信，禀讦窝娼事，请查禁驱逐”。在知府王振声日记中，未有他安排查证窝娼事之记载，却见次日他召来师范教员王昭三，“面询吴、胡二学生有无此信，令查明禀复”。[①]在得知“吴、胡二学生并无此信”的报告后，他仅以“想系伪托”了结。可见，辖区之内是否存在暗娼需要查禁，尚不如师范学生是否参与举报更为要紧。

第二类是因校内矛盾而出现学潮。如对学校规则的不满。光绪三十二年（1906）九月十四日，紫阳师范学堂开运动会，知府王振声受邀莅临，而师范生居然临场负气退操。而在当年三月该校开学时，王振声就有“诸生为后进引道人，当思温故知新，言教必由身教。盖此地是先贤讲学处，勿忘正心诚意，德成乃见艺成真”的忠告。[②]监督许承尧坚持认为学生行为“不合法律”，请求知府申饬学生。于是，王振声“传唤师范教习王昭三来，面嘱传谕规戒学生”。一番开导之后，师范学生表示“已遵规戒之谕，以后守法律，照常上课”。[③]并于月底补开运动会。

是时，师道尊严的古训已遭遇严峻挑战。“学生对于职员稍有不和，轻则辱骂，重则毒殴，凌兢之风至此已极”。[④]在新安江上游流域，对学堂职员、教员不满引发学潮也较为常见。光绪三十二年十一月初，新安中学堂全体学生群起反对一黄姓教员，“欲起风潮”。黄姓教员自知难在此处容身，随即辞聘离校，同时辞聘还有严、贺两位教员。此举导致该校理化、美术、算学三科因缺乏师资而停课。一些年轻教师，在学潮压力下，噤若寒蝉，甚至连常规的课堂教学要求也不敢严格执行。宣统元年（1909）两学期都在紫阳师范学堂讲习科就读的方与严，曾这样回顾道：“当时教理化的是一位陈先生，大约要小我一二岁，他给学生闹风潮骇怕了，上课时除对学生行一鞠躬礼外，即对着黑板讲到下课为止。同学不听，和看其他书籍，有人告诉他，他只点首默忍而已。……”[⑤]

学生的轻狂与无礼，甚至连堂堂新安中学堂监督也接连“中枪”。首先是首任监督许承尧。光绪三十二年（1906）十一月初，在出现黄、严、贺三教员辞职次日，“因中学堂学生私议美文、理化、算学功课，未通知监督”，许承尧感受到莫名的耻

---

① 王振声：《王振声日记》，凤凰出版社，2017年，第99页。
② 王振声：《王振声日记》，凤凰出版社，2017年，第69页。
③ 王振声：《王振声日记》，凤凰出版社，2017年，第98页。
④ 佚名：《皖抚对于学生毁辱职员之政见》，载《申报》宣统二年六月十八日。
⑤ 方与严：《方与严教育文集》下册，四川教育出版社，1995年，第831页。

辱，负气向知府请假回家，后又递交辞呈。在知府一再多方转圜之下，许才以身体欠安为由，“拟暂来暂去，虚与委蛇，以免学生要挟”。① 须知年方30余岁的许承尧既是两校监督，还是前几年的新科进士、翰林院庶吉士，唐模许氏又是徽州尤其是歙县本地的名门望族，在学识、资历、名分、人脉等均具一定分量，尚在这班“黄口小儿”鼓噪之下偃旗息鼓、避其锋芒，可以想见学潮之汹汹。光绪三十三年（1907），许承尧因“黄社”一案辞去新安中学堂和紫阳师范学堂监督之职，接任的洪汝闿也是歙县人，却在光绪三十四年九十月间，遭遇该校学生罢课反对风潮，被迫黯然辞职。学潮原因虽然不明，但其后知府禀报省府《详查复新安中学堂学生滋事情形文》显示，此次学潮闹得沸沸扬扬。尽管罢课反对洪汝闿者大有人在，以中学堂学生余宝勋等为名上禀请求挽留也是事实，其间恩恩怨怨难以梳理。谁知接替洪汝闿的副贡生汪国杰，才暂代监督不久，居然也遭人上禀攻击。汪一气之下，径自离校。年底，举人黄家驹继任监督。宣统元年（1909）五月之后，监督易为张旺芝。张为留日学生出身，也因新安中学堂与紫阳师范学堂学生联手发动学潮而去职。当时参与学潮的方与严事后回忆道：“我在校内小事不肯随众附和兴风作浪。一次反对一位横行压迫学生的日本留学生的监督张某，我做了代表之一，联合新安中学同学运用群众的力量，竟把他推翻了！那时两校一个监督。”② 方与严等人闹学潮的原因是监督“横行压迫学生”，因无相应史料，如何“压迫”难以知晓。学潮之后，马维騄出任两校监督。从许承尧到马维騄，七八年时间，监督竟然换了6任。如此境况，学堂谈何发展？

不唯新安中学堂和紫阳师范学堂有学潮，各县小学也未必宁静。光绪三十四年（1908）八九月间，绩溪县东山高等官小学堂堂长周懋和与教员胡嗣运发生矛盾，“袒胡而攻周，袒周而攻胡者，纷纷扰扰”。尤其是“少年学子又从而叫嚣之，药线一动，万弩齐发，几至巷无居人”，③ 社会影响颇为消极。

对于基层此起彼伏的学潮，身处庙堂者未必不清楚。要求学官加强管制，督导学生的谕令常有下达。印制在紫阳师范学堂颁发毕业证书上的上谕，就透露出明显的时代特征：

① 王振声：《王振声日记》，凤凰出版社，2017年，第104～106页。
② 方与严：《方与严教育文集》下册，四川教育出版社，1995年，第832页。
③ 刘汝骥：《陶甓公牍》卷十一《复绩绅王子乾视学昭三》，安徽师范大学出版社，2018年，第205页。

光绪三十三年十一月二十一日内阁奉上谕：朕钦奉慈禧端佑康颐昭豫庄诚寿恭钦献崇熙皇太后懿旨：国家兴贤育才，采取前代学制及东西各国成法，创设各等学堂，节经谕令学务大臣等详拟章程，奏经核定，降旨颁行。奖励之途甚优，董戒之法甚备。如不准干预国家政治及离经叛道、联盟率众、立会演说等事，均经悬为厉禁。原期海内人士束身规矩，造就成材，所以期望之者甚厚。乃比年以来，士习颇见浇漓，每每不能专心力学，勉造通儒，动思逾越范围，干预外事，或侮辱官师，或抗违教令，悖弃圣教，擅改课程，变易衣冠，武断乡里。甚至本省大吏拒而不纳，国家要政任意要求。动辄捏写学堂全体空名，电达枢部，不考事理，肆口诋諆。以至无知愚民随声附和，奸徒游匪藉端煽惑，大为世道人心之害。不独中国前史，本朝法制无此学风，即各国学堂亦无此等恶习。士为四民之首，士风如此，则民俗之弊随之，治理将不可问。欲挽颓风，非大加整饬不可。着学部通行京外有关学务各衙门，将学堂管理禁令定章广为刊布，严切申明；并将考核劝戒办法前章有未备者，补行增订，责令实力奉行。顺天府尹、各省督抚及提学使，皆有教士之责，乃往往任其偭越，违道干誉，貌似姑息见好，实系戕贼人才。即如近来京外各学堂，纠众生事，发电妄言者，纷纷皆是。然亦有数省学堂，从不出位妄为者。是教法之善否，即为士习之优劣所由判，确有明征。嗣后，该府尹、督抚、提学使，务须于各学堂监督、提调、堂长、监学、教员等，慎选器使，督饬妥办。总之以圣教为宗，以艺能为辅，以理法为范围，以明伦爱国为实效。若其始敢为离经叛道之论，其究必终为犯上作乱之人。盖艺能不优，可以补习；智识不广，可以观摩。惟此根本一差，则无从挽救。故不率教必予屏除，以免败群之累；违法律必加惩儆，以防履霜之渐。并着学部随时选派视学官，分往各处认真考察，如有废弃读经讲学、功课荒弃、国文不习而教员不问者，品行不端、不安本分而管理员不加惩革者，不惟学生立即屏斥惩罚，其教员、管理员一并重处，决不姑宽。倘该府尹、督抚、提学使等，仍敢漫不经心，视学务士习为缓图，一味徇情畏事，以致育才之举转为酿乱之阶，除查明该学堂教员、管理员严惩外，恐该府尹、督抚、提学使及管学之将军、都统等，均不能当此重咎也。其各凛遵奉行，俾令各学堂敦品励学，化行俗美，贤才众多，以副朝廷造士安民之至意。此旨即着管学各衙门暨大小各学堂，一体恭录一通，悬挂堂上。凡各学堂毕业生文凭，均将此旨刊录于前，俾昭法守。钦此。[1]

这道上谕，直面当时暗流涌动的学潮，不仅罗列诸多表现，更对各级官学官员施加压力。接到朝廷指令，安徽省府自然不敢怠慢。对于光绪三十四年（1908）新安中学堂发生的学潮，给予明确的处理意见："学生无理取闹，挟众罢学，久已悬为禁令，仅予记过，不足以遏嚣风，饬即查明为首之人，牌示开除，严追在校费用，以示惩儆。"对于学生余宝勋等联名上禀，挽留监督洪汝闿之举，也颇为不满："以全体学生联名具禀，最为学堂恶习，似此藉众要挟，不守规章，断难轻恕。饬府会同监督并案查明前次滋事及此次倡首具禀学生，择尤开除，以肃学务。"[2]但当处理为首学生的皮球被踢到学堂监督脚下时，刚接任的黄家驹自然十分审慎，毕竟他要面对上峰、同僚、学生、社会等不同的利益群体，何况其间的关系既复杂还隐秘。最后，他这样禀复知府："查询在校各生，皆此推彼，却坚不承认。复询在校各员，又谓事起仓猝，实莫悉其原因。查中学学生，自洪监督去后，规则松懈，志气益骄，不有惩前无以毖后，乃日久事迁，恐非仓猝之间可以查出实在。拟俟家驹接办后，详细查访确实，即遵批办理。仍默查各生举动，如有不守规则，再蹈前非者，即行牌示开除，并严追在校费用，以示惩儆，仰候宪裁。……该堂学生国文程度之优美者，惟余宝勋、许家栻、李毓龙等数人，皆斐然可造之才，言动亦向来恂谨，从未多事，查阅抄发禀词，舌锋犀利，纯乎以刀为笔，口吻更非其余学生所能学到，事后之联名具禀，有人捉刀，则事前之挟众罢课，有人主动，自可概见。此案发见之由来，似不能专罪学生。"[3]

黄家驹首先对学生、教员、职员进行查访，因"日久事迁"，未有切实证据，意即缺少追加严惩的基础。但他表示，虽查证有难度，此事却未完，他还在继续"默查各生举动"，若发现"不守规则，再蹈前非者"，再新账旧账齐算，"即行牌示开除，并严追在校费用，以示惩儆，仰候宪裁"。至于学生上禀，他从余宝勋、许家栻、李毓龙等人"言动亦向来恂谨，从未多事"的一贯表现，再到禀词"舌锋犀利，纯乎以刀为笔"的口吻、文风，猜测"有人捉刀"，进而推导出"事前之挟众罢课"，

① 原件藏安徽师范大学图书馆。中国社会科学院历史研究所有类似的紫阳师范学堂毕业文凭原件。
② 刘汝骥：《陶甓公牍》卷十《详查复新安中学堂学生滋事情形文》，安徽师范大学出版社，2018年，第169页。
③ 刘汝骥：《陶甓公牍》卷十《详查复新安中学堂学生滋事情形文》，安徽师范大学出版社，2018年，第170页。

乃“有人主动”即挑唆与利用的结果。因此，“此案发见之由来，似不能专罪学生”。黄家驹是否采取了缓兵之计以拖延时日，殊难遽断。但他这样处理，矛盾既未激化，各方也可基本接受。如果学生真因受蒙骗而起事，那学生、教员、职员、监督乃至知府责任无形之下也就消解了许多。作为中等学堂的直接领导者，知府刘汝骥也乐于息事宁人。他清楚，“学堂攻讦，大半系个人私怨，尤与全体无涉”。在汪国杰被讦挂冠而去的情势下，作为该校监学的黄家驹，是唯一可以帮忙收拾残局的人，何况黄本人亦有“鸿飞冥冥”即辞职以远离是非之地的心理。故而刘汝骥一方面好言相劝：“尚望该举人勉力支撑，勿萌退志，至来年应行预筹办法，以及佣聘教习诸事，尽由该举人主任担当。”[①] 另一方面在回复省府上禀中，也有意为汪国杰、黄家驹开脱。

四、士绅内耗之烦

矛盾与斗争总是社会上新生事物的伴生物。因立场、路径、利益、性格、群体等差异，多因纠葛，纷繁复杂。围绕着新安江流域新式学堂创办，仅士绅间就存在着轻重不一的冲突。如果矛盾与斗争被控制在公众利益、实事求是的基线之上，新生事物终会得到预期的发展。比如绩溪二都周星办学，仅上递至徽州知府并被批示的禀词就有如下四见。

其一为《绩溪县学界汪希以等禀批》：“蒙小学堂并无监督名目，二都周星所办学堂系何名称？所筹经费系何公款？曾否议章禀报有案？近日自命为学界中人，而文理不通者，此比皆是。即如此禀，亦不免此病。惟所称聚赌、嗜烟，究竟有无其事，抑系该民人等挟嫌诬控以遂其报复之私？仰绩溪县立即秉公查明，具复核夺，勿稍徇延。”

其二为《绩溪县绅学界葛光汉等禀批》：“二都周星，迭据有人禀控，当即批饬斥退。……周星由赌界、烟界，羼入绅界，污我学界，遂蚕食及于农界、屠界、私塾界、孀妇界，又串通差役界、图保界、蠹书界、讼师界、亡命界，为虎附翼，择肉而食，种种劣迹，不胜偻指。天壤虽大，实不过人禽两界。出乎此，则入乎彼，此不容混迹于人界者也。仰绩溪县立即遵照先今批饬，按款彻究详办。”

其三为《紫阳师范学生胡熙等禀批》：“……二都校长周星，前经有人控告，已饬秉公查复在案。该生等又联名请惩其不洽士论，毫无疑义，应即先行斥退，并查明种种劣迹，有无‘土知县’之名，从重惩办。地方自治之政策，粗有萌芽，而土

① 刘汝骥：《陶甓公牍》卷五《紫阳师范学堂监学举人黄家驹禀批》，安徽师范大学出版社，2018年，第87页。

知县乘时而起，攘臂而来，此辈得志，辜权奸利，后患方长。仰绩溪县查照节次批示，彻底根究，据实禀办，勿稍徇隐。”

其四为《绩溪县张令廷权禀批》:“周星以药铺帮伙，又夙染烟癖，聚赌横行，公然自名监督，摊派勒捐，学界怪象，可谓无奇不有，荒谬已极。……并专提周星到案，按节次控告各条，彻究通详察办。一面会同正绅公举闲练学务之士人，接办该学堂事宜，以免中辍而求实际。仰即遵照指饬，分别具报，勿稍徇延。”[①]

四份禀词，分由官员、士绅、学生等不同身份者上递，指控大致相似。周星集烟、赌、骗于一身，擅立学堂，自封监督，摊派勒捐，甚至有“土知县”之名，可见在当地颇不得人望。知府的批示也态度如一，最终周星被清除出学界，既是学务之幸，也是百姓之幸。这也表明，光绪三十一年（1905）八月十四日，王振声赴颐和园谢恩时，在回复太后“汝看民智如何”的提问时，他说“江南兵燹以后，元气未复，筹款甚难。百姓尚知急公好义，惟地方官办理不善，不免勒索中饱，每多窒碍”[②]问题，具有一定普遍性。

更多的矛盾，则很难迅即处置。尤其是要面对来自当事者非可控的区域与事权之内的意见。作为有一定政界阅历的王振声，颇知旅外（尤其是京城、省城）士绅与当地密切往来及深远影响，为着将来妥善处理徽州士绅各种未知的关系，他刚受命出任徽州知府，就委托下人设法弄到了在京徽州府绅士的住址单，并在一周之内“已全拜过”。徽州在京官员当然也投桃报李，在安徽馆公请了王知府。宴席上，“前任知府黄石荪通禀上宪，拟裁各属县节寿陋规，酌提办公经费”[③]等徽州话题，自然是在京徽州士绅渗透已见的最佳途径。果然，在王振声赴任刚半年，就“接徽同乡京官公函，中学堂事”。时为新安中学堂监督的许承尧，几乎同时也收到了他们的信函。[④]十月，王又“接徽府同乡京官信”。第三日，王“手书信稿致徽京官吴少渠言学堂事”（吴少渠时在外务部任职）。这些书信往来，都与中学堂相关，应是徽州士绅借助京官影响知府态度的一种努力，也是围绕新安中学堂当地士绅出现矛盾的表现。

---

① 刘汝骥:《陶甓公牍》卷五，安徽师范大学出版社，2018年，第81、82页。

② 王振声:《王振声日记》，凤凰出版社，2017年，第44页。

③ 王振声:《王振声日记》，凤凰出版社，2017年，第46页。

④ 王振声:《王振声日记》，凤凰出版社，2017年，第93、94页。

来自省城士绅的干预也不少见。王振声还在赴徽州任的路上，到安庆拜会省府各大员期间，“高等学堂教习胡元吉、查勘庶务江炜，皆徽府人，来见。谈徽府中学堂腐败情形，应换监学，整顿一切。拟在芜湖徽州会馆办师范学堂，会馆筹款一千五百元。据云徽府紫阳书院有存款四千元可拨用。”[①] 胡元吉，黟县人，曾任安庆敬敷书院山长。江炜（彤侯），歙县人，民国时历任安徽省教育厅厅长、省临时参议会议长。此时，他们急切面见新知府，显示出对桑梓的热心，也表达了对中学堂的不满与干预的愿望。因无从了解徽籍京官与省城胡、江等人的具体意见，也未见王振声的相关回复。还有借上司之手干预的。光绪三十二年（1906）八月，芜湖学署转给许承尧一匿名信，“欲迫令辞王昭三”。经访闻，乃歙县乡绅江承诰所鼓动。王振声告知许：“听之不理可也”。[②] 从其后新安中学堂的运转轨迹看，王振声对于此类干预的处理还是审慎与低调的。

处于漩涡中心的新安中学堂监督人等，自然不能置身事外。王振声在徽任知府的一年多里，且不说该校教师屡有辞聘，管理层也有鲍振炳、黄家驹、汪达本、黄质先后辞监学职，吴文杰辞监修职，程立达辞箔捐差。许承尧本人也多次向知府提出辞职。王振声到徽第五日，“学堂监督许承尧（号继唐）欲辞差”，王未收其辞呈。两日后，许“已经婉言留住不辞矣”，并“出学堂改良节略送酌”。[③] 如果说此乃许探求新任知府虚实之举，不可算数，那么，光绪三十二年（1906）八月初七日，许又向知府“咨呈辞监督”应是当真。因就在当日，许向王“出京同乡官信并覆信呈阅，谈师范学堂小有龃龉”，虽表示“经其调停劝勉即无事”，[④] 但来信与辞职之间必定有联系。十一月初，学生“私议美文、理化、算学功课，未通知监督”，他先两次“负气请假回家”，不被批准，再“负气辞监督”。许的两次辞职申请，至少可看作是他面对各种矛盾冲突后的态度，甚或是他以退为进的手段。

但是，士绅间的矛盾如果陷入无底线的肆行攻讦之中，给新学带来的迟滞作用则非常明显。绩溪东山高等官小学堂的纠纷极为典型。此案始于光绪三十四年（1908）八月二十八日，该学堂全体学生宋征等，以经学教员、副贡生胡嗣运“衰迈重听，

---

① 王振声：《王振声日记》，凤凰出版社，2017年，第56页。
② 王振声：《王振声日记》，凤凰出版社，2017年，第95页。
③ 王振声：《王振声日记》，凤凰出版社，2017年，第62页。
④ 王振声：《王振声日记》，凤凰出版社，2017年，第94页。

无故怒骂”等情禀县，县令张廷权到校极力调停。谁知教员、学生相持不下。不得已，乃让训导孙家仁暂充经学教员，以免学堂解散。张知县处理后，宋征等再次以“年老耳聋、旷课任性、有意破坏”等名上控至府。徽州知府刘汝骥调取胡嗣运相关表册及教授稿十本查阅，认为“该职员枕葄经史，学有本源，问答各条，贯穿百家，文约指明，求之小学皋比中，实堪独居一席，此亦近日之经师也。”① 因“学堂职员班次，堂长在教员之上，经学教员反屈居西学教员之下，胡嗣运性情伉爽，未免郁郁不平，适学生以略加钟点赶速毕业为请”，经年郁忿，遂对学生有不满之声色。学生控诉后，时年七旬有余的他自行乞退。心中愤懑难以排解的胡嗣运，上禀指责堂长周懋和“醉心私利、营作菟裘”：“徇劣董曹诚琪之请，滥用其弟诚瑾为该学教员，并煽曹锡章与宋征、宋琪等要求毕业。”双方持续上控后，周懋和于年终辞去堂长一职，学生宋征、宋琪各被记过一次。

但风潮并未平定，且在绩溪绅、学两界持续发酵。章正镡等上禀指控周懋和办学四年毫无成效，许士荣等上禀反映他捐重费縻，方城等禀控他冒支膳费二百数十元。而周懋和也上禀知府揭发胡嗣运之子胡荣璆“隐没书院公款”，廪生曹诚琪同步声援。岁贡胡荣璆竭力辩诬。同时，绩溪县师范传习所学生曹杰等、绩溪县副贡石嗣宗等也纷纷上禀，各为其主，挟私讦控，“实属不成事体”。

在省、府、县三级联合干预下，涵养未到的胡嗣运自请退职；矜躁未除的宋征和宋琪被记过；办学四年、靡费巨万、未收一效的周懋和辞职，是否冒支膳费二百数十元另做核实扣算；胡荣璆隐没的公款，核明簿据，结算追缴。②

类似事件在建德县也有发生。宣统二年（1910）十二月，《浙江提学司袁批建德吴祉麟等禀学务腐败请彻查由》就有揭示：“蔡汝榕办理学务腐败情形，已据宋品芳等控告批查。该生等条陈各节，其目的与宋若合符。节查杨中规系属武生，岂谙学务？且经县详办有案。此次该生所禀，为杨辩诬，有似党举攻讦，非尽出乎公议。究竟是实是虚，既经饬府委员仰即听候查办可也。此批。”③ 蔡汝榕是建德县知名绅士，光绪二十五年（1899）恩贡。光绪三十一年（1905），留日学生胡升鸿等组织

① 刘汝骥：《陶甓公牍》卷五《绩溪县副贡生胡嗣运禀批》，安徽师范大学出版社，2018年，第84页。

② 刘汝骥：《陶甓公牍》卷十《禀查办绩溪县胡嗣运周懋和互讦一案文》，安徽师范大学出版社，2018年，第169页。

③《浙江提学司袁批建德吴祉麟等禀学务腐败请彻查由》，载《浙江官报》1910年第2卷第2期，第33页。

建德县学务公社为全县教育总机关，蔡汝榕、方旭分任正副会长。光绪三十四年（1908），省提学使支恒荣饬令学务公社改为建德县劝学所，蔡汝榕为劝学总董兼县视学。蔡汝榕热心新式教育，光绪三十三年，知县增春移宝贤学堂于柳树巷口，改名为建德高等小学。蔡汝榕与谢怀瀛受命主持该校，并进行改良。当时，该校年开支1200余元，其中除社田租谷及柴炭捐外，不足部分均由蔡、谢暂垫。同年，蔡还在高楼厦创办南区正谊初等小学，校舍虽借用民房，但年开支经费也达1000余元，亦由蔡垫支。由此，他获得部颁三等金质嘉祥奖章。率先上禀指控蔡办理学务腐败的宋品芳，也是办理新学之绅。宣统二年（1910），他与方型、黄树槐、许璠等人在西区光华乡杨溪镇创立建西两等小学。[①] 蔡、宋两人同时办学，职务有统属关系，却发生矛盾，并上控省府，可见当时建德士风未必正常。

次年，建德生员汪锦棠等人又禀控方鼎元办学违章、侵吞学款，指责他“由运动而得接事，未几，教员告退，学生散归”。但禀词中“究竟何因事故，并未切实指出；且加抽学捐，必有所加之处；侵吞何款，亦必有实迹可寻”。总之，“来禀词涉含糊，殊难凭信”。[②] 新学举办者之间为地位、利益之争，也偶有所见。宣统二年（1910），建德县推举郑宝铨为医学董事，上禀省署审批。省提学使在批示中颇为不满：“查该县既无医学堂，又无医学会，该绅忽举医学董事，于先后秩序殊有未合。”但也无可奈何：“仰传知该绅等即将该郡医学堂或医学会迅行组织成立，庶董事之名有所附丽。”其原因未必是“医学关系民生，亟宜切实提倡”，而是“据称已奉劝业道批示”。[③] 通过省署新近设立的主掌全省农工商业及交通事务的劝业道，曲线获得提学使的认同，既是精心筹划之果，也是地方势力互相较量的反映。

宣统三年（1911）二月，遂安县劝学总董余汝汉也被该县师范生汪鉴等上禀，指控徇私阻学。省提学司批示：“禀悉。前据该县师范生胡炳旒以劝学总董余汝汉串旧阻新、盘踞把守各节具禀到司，当经批饬该县确查复夺在案。兹复据该生等禀控余汝汉徇私阻学各情，究竟余汝汉是否能胜劝学总董之任？抑系该生等挟私诬捏？

---

① 夏日璈、王韧：民国《建德县志》卷十一《教育》。

②《本署司袁批建德生员汪锦棠等禀办学违章侵吞学款由》，载《浙江教育官报》1911年第94期。

③《本署司郭批建德县详郑宝铨举医学董事由》，载《浙江教育官报》1910年第47期，第174页。

仰遂安县并案彻查，尅日拟复，毋得稍涉瞻徇，致妨教育。”[①] 余汝汉接任劝学总董尚未一年，又由县禀请暂管该县高等小学堂事，却先后被师范生胡炳旒、汪鉴，廪生余桂光等禀控，不惟内容相似，且控词中“索贿串阻各情”，在提学使看来也“殊出情理之外”，以至于也萌发是否“挟私诬捏”之猜想。付以时日，风波终将逐渐平息，但“投匭告奸，含沙射影，互相倾轧，互相报复”的士夫攻讦之风却很难去除，“其影响于学务地方者甚巨，实为人心世道之忧”，则是众多智者的共识。

总之，财力困窘之累，守旧派阻挠之难，学潮频发之乱，士绅内耗之烦，有如四条绳索束缚着晚清新安江流域发轫之际的新式教育。而其总背景，原因有三：一因长期以来地方社会生产发展缓慢，经济疲软，民众财力枯竭。二因新生事物得到迅速催生，而旧制度或断裂，或缺失，新制度又衔接不顺，出现较多管理真空，官府既无精力也无能力快速填补和规范，不免会出现各类势力野蛮发展的境况。三是积淀了太多历史传统的社会基层，民众的观念、思维与处事方式等转变，绝非短时可以实现，也绝非和风细雨般的滋润可以达成。

当然，尽管羁绊重重，新式教育终究以其相对进步的优势，借助逐渐迎合西方思潮的时代大势，历经挣扎，在这一方土地上前行。清末民初，徽州共有小学堂140所；民国三年（1914），建德县有小学57所，遂安县更高达60所（其中乡村58所），达到历史新高，就是一个有力的证明。

第二节　新安江流域私塾消亡的历史考察

私塾是我国传统社会中教育的基石，但在清末民初新学冲击下，也迅速走上被改造的道路。尽管仅经半个世纪，其间私塾与新学也经历了此消彼长的波折。对于新安江流域私塾消亡过程的考察，可以丰富我们对于该事件全局性的认识。

一、东风抑或西风：关于私塾出路的讨论

私塾教育在我国源远流长。但进入近代，其教学内容的单一、教学方式的原始，

①《浙江教育官报·文牍二》1911年第63期。

日益引起教育界内外人士的反思。光绪十八年（1892），宋恕上书李鸿章主张变法，所附《六字课斋卑议》，认为“民间塾课，十室九陋”“败坏人才，诚斯之由”，建议改弦更张。其后，梁启超也有类似之论。[①] 当新式学堂伴随着清廷癸卯学制的推行而在各处零星出现之时，苏沪地区一批思想敏锐之士即意识到一场近代与传统的教育观念对垒即将出现。为分化对手壮大自己，上海人沈戟仪当即行动。光绪三十年（1904）七月，他邀请李平书等同道20余人，开办川沙厅龚镇私塾改良会，为塾生开设历史、地理、体操、唱歌等新课。当年冬，又前往苏州设立私塾改良社，每月在玄妙观举行各塾会课。次年六月，又推动成立上海私塾改良总会。随后，苏、浙等地多有分会创立，声势顿起。起初，参与私塾改良者多以开谈话会、赠送图书、会课、大考等形式，劝导当地私塾教授新书、改用新法。至上海私塾改良总会成立，即拟定《上海私塾改良总会章程》，分16条，涉及宗旨、课程、活动（如会课、赠书、大考、设阅书处、师范讲习所）、职员、经费、推广诸项。章程洋洋数千言，颇为细致，便于实行。既明确目的是“教授悉用新法，重讲解不重背诵，先求讲明蒙学新书，然后由浅入授，实事求是，务必到馆一日，即获一日之进益”。又尊重私塾的既得利益：“各教习照常各自收徒讲授，馆室照旧，修金照旧。”[②] 最大限度降低传统势力的抵制力度。

在徽州府，新旧之争不久也初露端倪。光绪三十四年（1908），紫阳师范学堂学生张舜湉上禀徽州知府刘汝骥，指斥当地塾师“句读弗清，别字触目”“迂谬拙劣、卑污浅陋”，请求“一学期内淘汰之”，以求教育发达。对此普通师范生的禀词，刘汝骥也写了如下一段批语：

> 私塾不能改良，教育何由发达？自非造就多数师范，不足收画一整齐之效。据称，歙县蒙塾多至千余，平均计之，一塾得学童十人，是千塾已有盈数学童矣，本府为之一喜。又称，为塾师者大抵句读弗清，别字触目，其出身不同，其迂谬拙劣、卑污浅陋则无不同。张禹不识“刚正”字，许敬宗不识“忠孝”字，谬种流传，诚有江河日下之势。文公有知当隐恫之矣，本府又为之一叹。该生等哀哀呼吁，欲举此迂谬拙劣、卑污浅陋之千百塾师一学期内淘汰之，非有大

① 左松涛：《多面的弄潮儿：沈戟仪与清末民初的私塾改良》，载《中华文史论丛》2011年总第103期，第199页。
② 李桂林、戚名琇、钱曼倩：《中国近代教育史资料汇编·普通教育》，上海教育出版社，1995年，第147页。

知慧者不能也。匠石运斤成风，尽垩而鼻不伤，善矣；倏与忽报混沌之德，日凿一窍，七日而混沌死，本府又为此惧。是否可行，姑候体察情形，会商饬办来禀。①

批语不惟言辞恳切，道理也颇为清通：事关大局，不可鲁莽。若成，有如运斤成风，虽然令人惊悚，但灰除而鼻子无伤；但若不当，则如南海之帝倏与北海之帝忽，为报中央之帝混沌厚德，为其开七窍而欲享受更丰富的生活，却不料因此致亡。

如果说张舜湉的上禀仅是一介书生不谙世事的意气之言，休宁县令刘敬襄出于地方官员的职务担当，则有了自觉行动——委派董事监督塾师教学、劝导改良。谁知县内某生员向知府刘汝骥上了函禀，诉说了由此带来的诸多后果。可能该生员的函禀于情真意切之中，不仅痛诉了自身的含辛茹苦、家境凄凉（知府“察阅函词甚为哀痛”），也暗含了威胁之意。于是，刘汝骥向刘敬襄去了一份私函。首先，他肯定“塾师讨人厌憎者原所不免”；刘知县“派董监督塾师”此举，“自是为整顿教育起见”；同时也认为奉命行事的“董等只巽言以劝导之，万无挟官力以强迫之”，即仅仅好言相劝，并未借助官威武力强迫，且目的也是“庶学务、地方两有裨益”。但是，他提醒道：乡民既无远识，又视钱如命；塾师又是一家衣食所关，“若奉行者操之过蹙，亦恐铤而走险”。或许是要引起刘知县高度重视，他顺便举出两例：一是“上年敝省因淘汰塾师激出重案，某县令竟褫其职”；二是“今岁昆陵劝学总董几不保其命，某县令亦大遭呵斥”。虽均属职务行为，却因措施过激，引发命案，当政者轻则遭呵斥，重则被褫职。一在直隶，一在常州，前车之鉴，不可不防。再退一步看，“贫寒子弟出钱少许便稍识之无，亦未始与教育无补”，即不论塾师水平如何，教法妥否，乡民出钱无多，其子弟好歹能识点字、读点书，总比强行关闭私塾、任其游荡于村社要好得多。要之，刘知府建议：“此间操纵甚费斟酌”“应请执事体察情形，妥为区处”。② 虽此事后续如何发展不能揣度，但相信刘知县得知知府“迂见如是”，也会做出让顶头上司释然的“卓裁”！

刘汝骥走马徽州知府前，在翰林院进修九年、都察院任事两年，对于地方情形

① 刘汝骥：《陶甓公牍》，安徽师范大学出版社，2018年，第89页。

② 刘汝骥：《陶甓公牍》，安徽师范大学出版社，2018年，第206页。

也较清楚。对新式学堂的流弊，在光绪三十二、三十三年（1906、1907）两次奉召时，他都对慈禧、光绪面陈已见。上任仅三个月，他就将在徽州“力行筹划”的8件大事胪列汇报。其中，“整顿学堂”列为第五，除每月到堂面试、调停士绅因经费来源之争外，对于教育普及，他认为“仍以改良私塾为先着”，并饬劝学总董实力奉行。可知，在接到张舜湉、某生员禀词前，刘汝骥对私塾问题已有初步思路。不过，或许也是此禀的触发，刘汝骥在深入思考后，就塾师改良形成了一个较为详细的方案，并很快上折禀告：

敬禀者：窃查东西各国，皆有强迫教育，我国户籍丁口向无实数可稽，骤然施之，亦恐窒碍难行。故今日力图普及，仍以私塾改良为第一要著。然近来所谓私塾者，既散漫之难稽；所谓塾师者，更鱼珠玉砆之莫辨。官府告之曰改良，塾师姑应之曰改良。改良不抉择而考核之，无益也。知府窃以为，实行改良，固在画一课本，先在慎择塾师。其慎择之法，则莫若出示招考，归一冶而陶镕之。就徽州一府计之，其旧日举贡生员不下千余人，冬烘头脑固所不免，其开通朴茂、学有根柢者，当亦有拔十得五之数。其考取者，则给以凭记，优以既禀；其点额而去者概不得靦颜皋比，误人子弟。抉择既精，考成有寄，逐渐施行，或可收教育普及之效。谨拟简章六条，开折禀呈。是否可行，仰祈鉴核批示祗遵。

私塾实行改良简章六条

一考取　询事考言，自三代时已然，不藉文字，何以知其蕴蓄？知府拟出示招考，分科命题，亲自校阅。其合格者，仍采用日本口述笔答之法，当面讨论，较从前考试之法，似觉精密。

一等级　朔望宣讲圣谕久矣，垂为令甲。年老诸生，既令人生厌，地方官又无暇及此，此不核实之过也。其通达时务又长于演说者是为最优级，拟作为宣讲员，次优者作为高等塾师，优者作为初等塾师，拟分为三级，皆授以凭记。如此鉴别，似较一学期速成之师范生更为可靠。

一薪水　履大小同则贾相若，此齐物之论也。等级既分，故薪水亦须有差。拟宣讲员每月二十元，举人出身者三十元。大县二人，小县一人。由地方官筹给。其高等塾师，拟每月十六元。初等塾师，拟每月十二元。皆由延师者按月致送，除年、暑假，岁以十个月计算。

一考绩　宣讲员分赴城乡，以朔望为准，每月讲义皆编为日记。其塾师则遵守私塾改良会章程，月录周录皆送呈地方官查核，有秕谬者立即扫除。唯初等塾师尚须有特别注意者，拟凡学童入学之初年，不必读书，但求识字，分类以授，读一字必解一字，每日以十字计算，月可得三百字，除学假外，岁终计之，至少亦识得二千字也。似收效较为捷速。

一奖励　凡宣讲员任事三年，确有成效者，拟仿考职之法，送提学司考验相符，请酌给六七品功牌，或予以名誉奖励，以示优异。塾师以五年为限，一体送验请奖。其学生程度较优者，则送入官立学堂，以次递升，将来毕业出身，一律照章办理。

一推广　徽州聚族而居，族有祠，祠有产、有文会，每县以数百计，皆爽垲高朗，可容数十人，此自然适用之校舍也。拟大祠先派塾师一人，其管理规则及担任义务，公举族正以责成之。行之有效，次年推及中祠，再推及于单户稀姓或合二十家、三十家，酌派塾师一名，当亦轻而易举。庶可收教育普及之效。

其余未尽事宜，容随时酌议增减，再行禀请示遵。①

《章程六条》得到了时任两江总督端方的认可："查现在筹办地方自治，必以教育普及为基础，惟欲图教育普及，必以私塾改良为要义。察核该府所拟改良章程六条，均属切实可行，应即照准。"其后是否由安徽提学司"转饬督令各州县认真举办"不很清楚，但"务收成效"的愿望是肯定落空了。

二、百足之虫，死而不僵：私塾苟延残喘归因

宋恕在《六字课斋卑议》中认为，既然朝廷以四书取士，则"博古通今是期，清真雅正是尚"。但凡民间塾课，却是"五经束之高阁，子史悬为厉禁"，而"一讲六比，体格方板，连上犯下，科条碎密"，结果学生既"幼少锐气"，也无余力他学。宋恕将塾课比之于秦始皇的坑儒，虽是过激之论，但私塾之于近代新学，显然在适应与追随近代科学与文化发展，满足我国社会迅速转型的需要上，难以承担历史之责。因此，随着新学兴起，私塾逐渐退出历史舞台乃是必然。但其过程，则充满反复。

在20世纪之前，徽严两府属县尽是私塾天下。清末实行新政，在官府开办新

---

①《徽州府刘守汝骥拟考取塾师实行改良禀（并批）》，载《南洋官报》1908年第107期，第3～4页。

学示范下，进步商绅充当了新教育的先行者。民国之初，更出现一波创校浪潮。但总体上，直至20世纪二三十年代，新式小学与传统私塾仍处于势均力敌的相持之中，形成一种二元对立的特殊结构：民国二十年（1931），休宁县“全县私塾约二百所，学童数估三千一百余名。亦未经促令改良”①。距县城50里的古林，有公立蔚林初级小学，学生一至四年级共30人。而村中居然还有私塾三所，学童共有30余人。②同年，歙县“共计小学校八十六所，学生三千一百二十八人。平均计算，每校只占三十六人有奇。境内私塾充斥，学童多入私塾读书”。③而据休宁、祁门、黟县、绩溪《教育概况》所载，民国十八年（1929），四县共有私塾582所，是四县小学总数213所的2.7倍；私塾学生9049人，与四县小学总数9265人相近。④私塾之所以“垂而不死”，有多种或隐或显的社会原因。

第一，传统思维的惯性。

徽、严两州分属新安江上、下游区域，均为深山区，交通不便，接受新思潮有限。建德县“人民不甚勤动，……食税衣租，……得过且过”。⑤淳安“环万山中，地僻而民众，讼烦而赋广”。⑥寿昌县“地处偏僻，环境多山，交通不便。……土人不知商法，大半从事耕种。”⑦遂安县“向来各户均半耕半读，崇尚迷信，迎神送鬼之举，时有所闻。妇女之缠足者甚多”。⑧相比之下，徽属六县之民有更高比例就外谋生，即如明嘉靖《徽州府志》所言：“山居十之五，民鲜田畴，以货殖为恒产”。但从近代以来，由于鸦片战争及太平天国运动，徽商在域外的势力已大不如前，偏居山乡者无论见识与胆识，都对传统的一套更能接受。湖畔诗人汪静之的经历可作为典型。他的家乡绩溪县余村，是个近千人的大村落，明清时外出经商者不少。他祖上均为自耕农，但有男性孩童须读书五年的家规。祖父开始在当地做茶叶、蚕茧和米的小生意，父亲继承家业开百货店，也算小康之家。汪静之15岁时，死活不愿在汉口学经商。回家后，父母还是在当地让他跟着胡书甫读私塾。直到一个在上海胡开文墨

① 安徽省教育厅：《训令休宁县整顿教育》，载《安徽教育行政周刊》1931年第4卷第32期，第11～13页。
② 叶明辉：《视察休宁县教育概况报告》，载《安徽教育行政周刊》1930年第3卷第3期，第37页。
③ 吴亮夫：《视察歙县教育概况报告》，载《安徽教育行政周刊》1931年第4卷第3期，第24页。
④ 徽州教育志编写组：《徽州的小学教育》，内部资料，1988年，第3页。
⑤ 吕公望：《令建德县知事：据调查学务委员呈报该县学务情形由》，载《浙江公报》1917年第1740期，第4页。
⑥ [清]刘世宁、李诗、陈中元等：光绪《淳安县志》卷一《风俗》。
⑦ 希哲：《浙江寿昌县实业状况记略》，载《钱业月报》1922第2卷第9期第26页。
⑧《视察遂安县行政状况报告》，载《浙江省建设月刊》1929第21期，第207页。

店做工的远亲告诉汪父："你这儿子还跟老先生读古书？现在世界变了，读古书没有用了，又不考秀才，又不考举人，你读它干吗呢？现在要上洋学堂。"[①]于是，民国八年（1919）汪静之报考在屯溪的安徽省立第一茶务讲习所，一年半后，又退学投考浙江省立一师。不算蒙昧的汪静之家人，直至五四运动前后，还对私塾心存厚望，何况他人？

第二，对新学的恐惧。

相对于私塾，新式学堂的课程要丰富得多。除了修身、国文与之前"三百千"略有联系，历史、地理、理科，尤其是体操、乐歌、图画，大多乡民闻所未闻，甚至下意识地将其与优伶等"下作"群体行为画等号，在心理上对新学就无好感。而守旧派的有意诋毁更加重了民众的疑惧。一些塾师为保住饭碗，"都阻碍和破坏小学之工作与计划，有意地把小学的缺点和优点，一律搬弄到思想幼稚的民众前面，自己插杂几句，就都当作小学教育的劣点，加以暗讥，施以攻击"。比如"说小学教师不会写八字庚帖，不会写契据对联；整天只是带着小孩玩、吵、体操、爬高、打架。谁家小孩命运若不好，就有伤害的可能"。的确发生在秋千架上的个别受伤特例，转眼间成为无处不在的危险空间。"学校如此危险，怎么还肯把小孩送进校门呢"？歙县渔梁小学响应国民政府号召，组织高年级学生做教民众识字的小先生，却被几处塾师说成"小孩做先生是天翻地覆的事，也是中国没有皇帝的毛病"。结果是塾师坐收渔利，"虽在农村经济日趋破产的目下，塾师反有微笑着脸，抽吸着旱烟"。[②]更奇葩的是，"有许多人以为读书（所谓洋书）读不得的，读了则将来发生男女自由恋爱结婚，甚至无家无父，要变洋鬼子了"。[③]

第三，社会经济影响。

全面观照民国时期徽州私塾势力变迁轨迹，会发现在民国二十四年（1935）前后是一个高潮。据黟县教育局民国二十三年7月统计，全县有私塾136所，其中第一至第四学区分别有28、46、27、35所。次年，全县私塾有所增加，有时人估计达250所之多。其中，全国经济形势的低迷对有在外经商传统的徽州社会的影响是

① 飞白、方素平：《汪静之文集·回忆、杂文卷》，西泠印社出版社，2006年，第158页。

② 楼展：《从徽州一般私塾谈到黟县塾师改造的初步》，载《安徽教育辅导旬刊》1935年第1卷第10期，第28～30页。

③ 乡下人：《徽州乡村教育问题》，载《微音》1926年第29～30期，第26页。

主因。正如时人所言：

> 近年来，受都市经济不景气所迫，许多商人只得回老家吃娘家饭。……大多数的，大概还是想靠着他打算盘及画蹩脚符的本领，向乡村长辈们说，现在的小孩仍要读经书尺牍，会写文言信，会打算盘才行。萧条的市面将来必有一日恢复到繁荣，那时有了这些本领，就可往外学经商发财了。民众很信此说，大家赞成，于是一个私塾就成立了。①

当然，回乡徽商办私塾也并非此时才有，早在十年前，就有吴了红指斥徽州教育的乱象："谈到私塾，更觉令人酸鼻，令人痛恨！那些教师十个就有九个是被歇生意回家的不通商人。不但是误人子弟的公司，并且是造成小窃和无赖的制造局。试看在私塾里读书的小孩子，能否有个正经而出相的？（间或有之，却是很少）衣服肮脏，举动难看；开口毁骂，好比是口头禅。……年纪很小，就会赌博，吃纸烟了，没钱用，又会偷窃。"②《微音》是20年代中期旅外徽州青年创办的刊物，既向徽州传播新思想，也对家乡一些社会现象进行讽刺。调查未必全面，言辞较为激烈。虽然该文作者借此是要推出"无论怎样，私塾是万万不能容他存在"的结论，但他所指出的"被歇生意回家的不通商人"，即便没有"十个就有九个"，占了较多比例则是无疑的。

第四，部分新式小学的不良。

清末民初新式小学的创办，多数不是政府所立，而是民众投资的公立或私立，其中很大部分就是由私塾改立的。汪邦钟揭露歙县20年代小学的黑暗，就有这样的例子：

> 更可怜的，便是那一种"寒酸不堪"的前清老秀才，教授十几个童蒙，维持全家的生计，因为受了环境的压迫，"取缔"的明文，自知难以久远存在，所以只好跑到城里来，向书店里买几幅挂图，办一盒粉笔，回去张挂起来；并

① 楼展：《从徽州一般私塾谈到黟县塾师改造的初步》，载《安徽教育辅导旬刊》1935年第1卷第10期，第30页。
② 吴了红：《徽州教育的现象》，载《微音》1925年第23～24期，第11页。

在那“天造地设”的黑色屏门上，写着几行雪白似的粉笔字，便当做黑板的用途；又在他公寓的门口，实贴著一条很长很阔的“某某初级小学校”的招牌；这也要算是“改造”“刷新”了。①

事实上，汪邦钟并非言过其实。省立二师在民国四年（1915）《学区小学统计表》附注中就说：“颇闻小学其名而私塾其实者，盖比比皆是。”在省视学眼中同样如此。私立屯西初级小学“形同私塾”。私立黎阳女子小学，学生30余人，其中女子仅占数人，“名称既已不合，内容又同私塾”。以上二校，“均应限令改组，以免贻误学子光阴”。②休宁县“小学一百零三所，学生四千余名。以数量论，尚称发达。以质量论，大多数学校，皆有名无实。”③同时，私塾因为改良，亦遵官府之令采用教育部审定课本。于是，在那些对教育并无多少认识的乡民看来，“改良”私塾“人视为与学校无异”“以故各校学生日见其零落也”。④

第五，教育机关的一些政策或措施失当，也会产生不良的社会影响。

民国三年（1914），遂安县教育科长刘某完成全县学龄儿童调查统计后，离职他适。县知事委派接任者不力，本人对于教育又很隔膜，县级教育经费拖延多时，未予分配，结果全县一半以上学校无法开学。“而一半私塾，又复从中阻挠。日前谣言四起，险致大闹风潮”。⑤淳安县在推进学龄儿童调查工作时，未能广泛宣传，造成民众误解，形成“学龄风潮”，结果，“愚民均视学校为畏途”。一班老学究，乘机“更施恐吓手段，重新组织读经私塾，闻有五百余所之多”。⑥

第六，塾师有意破坏。

当时，有相当多的塾师年龄较大，多年自在闲适的生活习惯早已养成。一旦私塾不存，就意味着他们还得重新寻找职业。在社会发展较快的时期，适合岗位已经不多。因此，私塾存废问题就是其生计问题。心有不甘的塾师一遇能打压小学的机会，自然不肯轻易放过。绩溪县十四都上西川村民汪荣溥在本村创办有新民小学，个人

① 汪邦钟：《歙县小学教育的黑暗》，载《微音》1925年第25期，第14页。
② 安徽省政府教育厅：《训令休宁县改进教育》，载《安徽教育行政周刊》1929年第2卷第40期，第25页。
③ 安徽省教育厅：《训令休宁县整顿教育》，载《安徽教育行政周刊》1931年第4卷第32期，第11～13页。
④《歙县教育近况》，载《教育周报(杭州)》1915年第78期，第24页。
⑤《遂安学校近闻》，载《教育周报(杭州)》1914年第55期，第22页。
⑥《淳安取缔私塾之决议》，载《教育周报(杭州)》1914年第66期，第19页。

补贴小学常费十四年。“该校名誉素极卓著”，村中私塾颇受压制。为人正义的汪荣溥还着力干预日夜聚赌抽头、有伤风化的保长汪某。汪某怀恨在心，于民国二十二年（1933）12月，借汪荣溥第五子出嗣之机，挑唆族人出面阻难，双方成讼。塾师汪欲俊也乘机与汪某勾结，“煽动学生家属，擅将学生退学多名”，造成较大舆情。对此，《徽州日报》刊载此新闻时，也直截了当地使用了《破坏教育》的标题。[①]

还有一个原因也与小学有关，就是小学数量不多，分布不均。以歙县为例。民国二十一年（1932）全县有小学97所，其中县城9所，东乡9所，北乡12所，西乡24所，南乡43所。按照全县36个“都”算，乡间各“都”平均仅有2所多。要让十岁左右的小孩走二三十里路进新式小学，真不如在村中选个私塾来得便捷而安全。

三、无可奈何花落去：私塾渐趋消亡

私塾在传统社会稳固存在上千年，是与皇权在县以下区域较为薄弱的治理态势同步的。当中央控制力量日趋向乡村延伸，私塾存废便以中央意志为转移。当然，其步骤与形式会在一定程度上显示出某种弹性。

宣统元年（1909）十月，学部通咨各省，指出：初等小学是普及教育之基，但“我国地大人众”“公家之财力有限，自无不可无私塾以资辅助”。对于私塾，不应歧视，应予改良。做法是“凡京外所设私塾均应按照本部奏定初等小学简易科课程切实教授。其各处省视学、劝学所总董及县视学宜各就本地私塾善为劝导，设法改良”。[②]这是清廷首次对私塾存废给出明确意见。学部考虑到各处情形不同，特地将河南、京师两地改良私塾章程转发以资参考。次年六月，学部颁行《改良私塾章程》。在这份含总则、调查、劝导、改良办法、认定办法、考试六章21条的总章程中，要求京外“凡穷乡僻壤学堂一时未能遍设者，地方官及劝学所应遵照此项章程，就原有私塾竭力劝导，俾知改良。”根据私塾能开设小学科目数、塾师讲授与管理能力不同，合于初等小学教科程度者为改良初等私塾，合于高等小学教科程度者为改良高等私塾。[③]该章程也招致一些批评，如沈颐认为，作为国家大政大法，当“齐一国民”“共出于一途”。但比较改良私塾与小学堂，在开设科目、管理方法、毕业年

①《徽州日报》1933年12月15日。

② 李桂林、戚名琇、钱曼倩：《中国近代教育史资料汇编·普通教育》，上海教育出版社，1995年，第46页。

③ 李桂林、戚名琇、钱曼倩：《中国近代教育史资料汇编·普通教育》，上海教育出版社，1995年，第57、58页。

限存在差异，“使此类私塾与学堂同操教育国民之柄，谬种流传，遗毒无尽”。[①] 后来，因清廷迅速倒台，且多数塾师并不具备教授新开部颁课程的能力，社会上也无法大量提供可以替代旧塾师的合适人选，这一改良计划几乎被束之高阁。

民国以后，时论对私塾的态度大体有二：一是放任，因私塾可补小学之不足；二是排斥，认为不废私塾，小学难望起色。民国三年（1914）12月，教育部起草《整理教育方案（草案）》，其中对于私塾，以为“俾其渐就范围，足为异日代用小学之备”，乃“采奖进主义”“期渐同化于学校”。具体方法是先进行全面调查（私塾数与塾师数等），再分发改良私塾说明书及演讲劝导。由县知事充任甄录塾师监试官，委派专员举行考试，科目以国文为主。其中成绩优良者准予充任小学代用教员。次者入塾师传习所接受专业训练，分定期传习即在所教授、通信传习、由教员巡回传习三种。并设想由教育部订定改良私塾办法代用小学规程，及塾师传习所规程，以便实施。从总的思路看，对于私塾的处置，民国政府与清廷没有太大不同。应该说，这是主政者，对于全国教育现状及发展路径有共同认知的结果。

就随后数十年私塾退出教育舞台的轨迹看，政府的措施主要为两手共同发力：一是前期重在引导改良，一是后期持续压缩其存在空间。

在民国的行政系统中，对于私塾管理之类基层社会事务，决策在中央，细化方案及宏观调控在省府，而落实之责则是地方，尤其是县级政府。如浙江，民国四年（1915），该省将私塾分为三类，由县级负责登记上报。据不完全统计（缺3县），全省第一类（已改良）私塾1041所，19674生；第二类（限一年内改良）5245所，82649生；第三类（限令六个月内关闭改营他业）3822所，54753生。在安徽，民国三年，省府也订有私塾办法五条报部备案，涉及塾师注册、甄别、传习、证书，以及私塾解散善后等方面。在县级政权中，负责教育的是始设于清末的劝学所，因人员少、经费缺，而且工作量大（劝学、兴学、调查、筹款等），实际推进效果，各地差异很大。民国九年（1920），全徽教育协进社第二次会议在安徽省立二师召开，会议通过了《试验塾师及取缔私塾案》，决议“呈请教育厅，通饬各县劝学所切实进行”。随后，省教育厅指令：“查此案前据该社呈报第一届议决案内业经明晰指令，并令饬各该县督同县视学切实考查，实行甄别在案。兹据呈称事逾一年，办理因循，

① 李桂林、戚名琇、钱曼倩：《中国近代教育史资料汇编·普通教育》，上海教育出版社，1995年，第261页。

尚鲜实效，应候令饬各县严加取缔，切实进行，以便改良教授。”[①] 显然，县级劝学所因经济、师资、民情等因素制约，对私塾改良少有动作。而省教育厅除了再次要求“切实进行”外，也无有效的处置措施。

在地方推进的私塾改良中，行动较快的不是塾师的甄选与培训，而是教学科目与教材渐与小学一致，此项不仅费用低、易于操作，也较少遭遇阻力。据民国五年(1916) 11 月调查，淳安全县小学 147 所，学生 4914 人。私塾 188 所中，26 所遵章使用国文教科书，添设算术科，改良完毕；102 所已用国文教科书，但未设算术科，需在一年内完成；另 60 所“教科书皆未能遵用，教员程度亦甚劣”，属应限时取缔者。[②] 民国九年（1920），寿昌县仁丰区山后庄的张氏学塾，经核定被认定为代用学校，其依据就是“教科编制尚能遵章办理”；该县对凡因私塾距离小学较远可暂予保留者，“亦责令切实改良，采用教科书，认真教授”。[③]

塾师在私塾教学内容、形式等方面具有极大的决定权。因此，塾师培训就是改良私塾的牛鼻子。起初，有关培训活动的主办者，除了地方教育行政管理组织，负有指导当地基础教育之责的师范学校也有参与，培训内容多为单项的专业或能力，培训对象也只是包含塾师而已。如民国八年（1919），歙县教育会创设暑期单级教授讲习会，聘请省立二师附小主事葛祖贤及教师程郁为主讲。入会者除小学教员及有志研究小学教育者外，也欢迎塾师参加。报名 85 人，报到 71 人，45 人期满合格。[④] 民国十年，安徽省立二师为“推行国语，增进小学教员学识，兼便学生补习”，又举办为期四周暑假期讲习会，规定的入学资格为“小学教员（私塾塾师有志改良者亦得入学)，本校毕业生，本校学生”，分国语科、教育科、英文数学补习科（国语为必选）教学。参训者免收学费，膳费减半收 2 元，灯油茶水等杂费一元。[⑤]

专门面对塾师举办的培训活动，在 20 世纪 30 年代才明显增多。民国二十四年(1935)，黟县在得到庄县长支持的 200 余元经费后，开办了黟县塾师暑期讲习会，对全县 200 多位塾师进行为期一个月的集训。并规定，除有任小学教师资格者外，不参

① 省立二师：《安徽省立第二师范学校杂志·附录》第7期，民国九年编印。
② 《淳安县教育状况》，载《浙江公报》1917年第1761期，第12页。
③ 《寿昌县九年度事年报》，载《浙江教育》1922年第5卷第5期，第8页。
④ 余宝勋：《歙县教育会创设之暑假单级教授讲习会》，载《安徽省立第二师范学校杂志》1919年第6期，第21页。
⑤ 《令为呈报暑假期内开办讲习会并送简章请饬本学区县分选送学员由》，载《安徽教育月刊》1921年第42期，第18页。

训或参训不及格者一律取缔设塾资格。值得注意的是，该讲习会除讲习各学科知识外，对于塾师品性的革新、朝气的养成、团体精神的训练颇为在意，特意制定《黟县塾师暑期讲习会生活计划》。该计划首列培养目标：养成正确的人生生活态度，获得新教育的知识、方法与技能，能领导学生过卫生、劳动、研究、艺术、团体的生活，能培养民众过军事、生产、科学、识字、民权、生育的生活。《计划》在生活即教育、社会即学校的原则指导下，明确了师生具体、应有的生活态度，还提出了详细的生活事项：

一、个人日常必须做的：

1. 每天自力整洁一次；2. 每天用白话写日记一篇以上；3. 每天阅报一份，并把心得广播于大众；4. 每天阅书二小时并用白话做笔记，书心得；5. 每天劳作一次(将蔚文小学后面的荒地当农场)，时间由劳作导师和园艺股规定；6. 每天运动一小时；7. 每天吃白开水五大碗；8. 备随身笔记簿笔各一，在开会等时，有可注意事项发生，马上记载下来；9. 每星期至少沐浴二次；10. 找到二个不识字的人做学生，使本城普及教育得加速完成；11. 受训期内，应写普教之乡土教材一则以上。

二、个人参加团体活动必须做的事项：

1. 每天五时起身；2. 每天早操一次；3. 每天举行师生共报告同讨论轮流做主席记录的寅会一次；4. 每天午睡三十分钟；5. 每周举行纪念周一次；6. 每周举行生活讨论会一次；7. 每周举行娱乐会一次；8. 每半月举行运动会一次；9. 其他一切临时集合，全体学员均须参加。

三、组织师生共同的生活团

(一) 工组织

1. 全体师生为团员，组织生活团。2. 团下设委员九人，组织执行委员会。内设主席委员一人。执委会下设一纪律委员会，及考核、卫生、伙食、娱乐、园艺、图书、编辑、总务八股。3. 纪律委员会设委员三人，互推主任委员一人。各股设主任一人，事务繁杂之股，得设三人。4. 纪律委员、各股主任，均分别由全体大会选任之；股员经各股长推荐，由主席委员聘请之。

(二) 公约

1. 各股主任拟定各该股公约若干则，提交纪律委员会备考。2. 纪律委员会，参照各股公约，拟一总公约及惩奖条例，提交全体大会通过施行。①

此外，歙县也于民国二十五年（1936）拟办塾师训练所。鉴于开办塾师训练所需要不菲的资金与较长时间，徽州各县教育局也曾采取相对经济且经常的塾师辅导措施，即选择一批办学优良的小学为辅导小学或特约辅导小学，负责辅导附近区域的私塾，利用巡回式教学等方式促其改良。浙江省教育厅在民国二十一年（1932）制定的《浙江省塾师讲习会办法》相对更为严格。该办法规定：讲习会以分区举办为原则，每学期举办一次，每次 4 ~ 6 天，科目为私塾行政、教学法、训育、常识，可采用教学演示、参观等方式。开办经费由教育局拨付，教员由教育局职员或小学教员充任。每次讲习结束均须考试，合格者发给证书。②

在经过二十余年私塾单项改良实践后，综合性的改良方案呼之欲出。民国二十一年（1932）7 月，浙江省教育厅发布了《浙江省改进私塾纲要》，这是一个目标宏远、规模宏大的改良计划。横向上看，涉及塾舍、设备、教学、训育四个维度；纵向上分为三步，层层递进。其思虑之细、要求之严，颇为罕见。如第一步：

（一）塾舍方面

1. 地址要高燥；2. 要空气流通，光线充足；3. 长二十四呎阔十八呎的面积，不得超过三十六人（每人平均约占地面十二平方呎）；4. 距离厕所和厨房，须在两丈以上；5. 要内外整洁。

（二）设备方面

1. 要有总理遗像，国旗、党旗和革命联，可设法由塾师和儿童自制；2. 桌椅不拘形式，高低须适合儿童身材；3. 大小黑板，至少每种一块（大黑板面积，在十六方呎以上，距地在两呎以上）；4. 要有面架和面盆，手巾由儿童自备；5. 要有茶桶或茶壶，茶杯由儿童自备；6. 要有铜铃或警笛；7. 要有粉笔、教鞭，黑板拭和到班册；8. 要有日历一册，小时辰钟一具；9. 要有最简单的游戏设备，如小皮球、乒乓球及乒乓板等类；10. 要有最简单的清洁设备，如扫帚、畚箕、

① 楼展：《从徽州一般私塾谈到黟县塾师改造的初步》，载《安徽教育辅导旬刊》1935年第1卷第10期，第31～32页。

② 《浙江省塾师讲习会办法》，载《淳安教育》1932年第1期，第65～66页。

抹布等类。

（三）教学方面

1. 课程：(1) 至少有国语、算术、常识三科；(2) 要有合宜的日课表。

2. 教材：要用审定教科书

3. 学级：采用复式编制

4. 规律：照学历放假，照规定时间上课

5. 方法：(1) 要有准备；(2) 要能活用教授书；(3) 要能够辅导儿童自学，间接的一组，要有工作做；(4) 教学顺序，要根据教材的性质而为适当的支配；(5) 会使用教具；(6) 黑板字的大小，要适合儿童目力；(7) 批订成绩不积欠；(8) 每月至少有一次考查儿童成绩。

6. 儿童：(1) 出入教室要有秩序；(2) 座位要有适宜的排列（次序依儿童的身长、视力、听力之差数而定）；(3) 要有作文簿，算术练习簿及常识笔记簿；(4) 发问要合法，先举手、后发问。

7. 塾师：(1) 要有精神；(2) 要态度和蔼，举止敏活；(3) 要语言清楚；(4) 目光要能够顾及全班。

（四）训育方面

1. 有具体标准及最简单的实施方法；

2. 能多用奖励，少用惩戒；

3. 绝对废止体罚。

根据《纲要》，“第一步”是私塾应该达到的最低标准。“第二步”“第三步”则是更高目标。以塾舍为例，“第二步”是：1. 要有适宜的窗户，遇人多窗少时，要多开气窗与气孔；2. 玻璃窗的总面积，要占地面五分之一，板窗、纸窗、玻壳窗，比率还须酌加；3. 要从右方采光，不得已而兼采左光，右光须弱于左光；4. 要有塾师住宅，并足资农民家庭之模范；5. 塾舍能常加修理，保持清洁。“第三步”则是：1. 教室前面，要栽植花木；2. 要有小运动场；3. 要有小农场或小花园；4. 厕所在偏僻处，且加以覆盖；5. 或粉饰墙壁，或纸糊板壁，均须力求美观。[①] 应该说，这

① 浙江省教育厅：《浙江省改进私塾纲要》，载《淳安教育》1932年第1期，第67～69页。

样的标准在当时是一般私塾很难达到的。

压缩私塾设置空间的方式很多。首先是规范管理，将私塾纳入政府的完全控制之下。虽然早在清末，就开始进行私塾登记，但当时主要在于情况摸底。通过登记来确认私塾的合法性，是民国以后才逐渐加强的。民国二十一年（1932）7月，《浙江省各县市管理私塾办法》要求：所有私塾（含学童十人以上的家塾、义塾）均须接受该县市教育行政机关的监督指导与考核；私塾迁移地点、更换塾师、自动停闭等，“均须于事先呈准各该县市主管教育行政机关”。否则，予以取缔。同步颁发的《浙江省各县市私塾登记办法》明确：登记由县市主管教育行政机关负责，项目有名称、所在地、开办年数，现有塾童数、年龄分布，塾师姓名、年龄、籍贯、出身、任塾师年数，收费办法及数量，现用书籍，四周学校距离里数，塾东。登记时，主持者还需考察塾师的学力、品行、健康，以及塾舍情形，另行拟具意见一并上报。登记合格的私塾，方“暂准设立”；拒绝登记者，“应酌议惩处”。各地也在登记基础上有细化的处置办法。如淳安县鉴于“私塾林立，不特贻误青年，抑且有碍教育进展”，决定“分区举行登记、甄别优劣”。“登记不及格者，限时停闭”；“及格而成绩非优良者，按照改进私塾办法限期改进”；“成绩优良而就地无小学设立者，改为代用小学。得照区私立小学给予补助，以示鼓励”。①

其次是控制增量。民国二十一年（1932）的《浙江省各县市管理私塾办法》规定：凡新设者，必须符合以下条件之一。或地方偏僻，或四周一里半以内无学校，或学童过多、学校不能容纳，或所收学童年长失学，或有补习性质。且“均须各该县市主管教育行政机关之核准，始得设立”。②

再次是极力扩充小学，降低私塾扩张的社会需求。此虽然进展难快，却是治本之策。遂安县民国五年（1916）有小学 93 所，学生 3095 人。较之民国三年，校增 9 所，学生增加 373 人。③ 民国九年（1920），建德县劝学所在泰明、亲睦、龙山、光华、仁行各乡创设公、私立国民学校 8 所，全县小学达到 156 所。④ 民国十九年（1930）淳安县颁布《淳安县设立村里小学办法》，对兴办乡村小学做出了详尽的制度安排：

---

①《淳安县教育局二十一年度地方教育实施计划》，载《淳安教育》1932年第1期，第120页。

②《浙江省各县市管理私塾办法》，载《淳安教育》1932年第1期，第63～64页。

③《令遂安县知事陈与椿：据省视学报告该县学务情形由》，载《浙江公报》1916年第1641期，第4页。

④《建德县劝学所十年度学事年报》，载《浙江教育》1923年第6卷第3期，第7页。

一、各村里委员会应于十九年度起，于各该村里筹设小学一所。

二、学校之地点，得利用本村祠庙。

三、学校之开办及扩充设备经费，得以募捐办法筹集之。

四、学校之经费，由村里税项下酌量拨用，其由地方公共团体管理，或已荒废之寺庙，并得将其财产拨用；私人建设管理之寺庙，亦得商请捐助。

五、村里小学教师，除聘用师范毕业生或曾经检定合格者外，应由村里委员会遴选左列资格之一者，经训练后任用之：

1. 曾在高小以上学校毕业服务教育三年以上者。

2. 曾任塾师多年而理解明晰者。

前项训练办法及时期，呈由教育厅核定之。

六、村里小学校长，如无相当人员，得由村长兼任之。

七、全村境内私塾，应于村里小学成立足敷收容本村里学龄儿童时，概行停闭。

八、村里小学之设施，须依照教育局规定之标准办理。[①]

因新设学校财力要求高，一时难以达成，故政府对于扩充已有学校学额更为关注。民国二十年（1931），教育部就曾颁发《乡村小学充实儿童学额办法》，规定原则上每教室不少于 25 人；学额不足时，校长、教员有劝导附近民众送已届学龄子弟入学之责；同时，其附近一公里内不得另设招 9 周岁以上儿童之私塾。已设私塾若影响学校招生，校长可呈请主管教育行政机关勒令停闭；小学可缩短暑假、年假时间，酌放农忙假，以减轻农户负担。[②] 徽、严各县总体上对此是勉力推行的。

最后是减少存量。“私塾腐败，为社会之蠹。若不设法切实取缔，则乡村教育前途，益将不堪设想”。最直接的方式是强行关闭，但未必可行。民国三年（1914），淳安县因学龄风波，新学遭受打击，私塾复兴。为此，徐作霖、余葆贞等人召集四乡小学校长，会商后提出两条：“一实行封闭私塾，二初小校无故停闭者，追还上年补助金。”虽然省视学程钟裕、县知事阮石泉、县视学金铸也与会，且据称该表决“阮

① 《淳安县设立村里小学办法》，载《浙江教育行政周刊》1930年第34期，附录第1～2页。

② 教育部：《乡村小学充实儿童学额办法》，载《淳安教育》1932年第1期，第56页。

知事已承诺照办”。[①] 但实际上，并未见有私塾遭到封闭。民国十五年（1926）《微音》一篇言论提出的取缔私塾方法，则显得入情入理：“1. 凡满一百家居户的村落，或虽不满而各村距离不到二里以上已创设学校的地方，均不得再行擅设私塾。2. 凡现在私塾的塾师须经县视学员检查其有无教育儿童的能力和经验，合格则给以塾师凭证，得照常供职。否则限期闭门。”[②]

较为全面地规定取缔私塾的依据，是民国二十一年（1932）的《浙江省各县市管理私塾办法》。该办法胪列了应予取缔的四类条件：塾师不受该县市教育行政机关的监督指导与考核，塾师能力过于薄弱或年老不堪任职，塾师品性不良、人格堕落，以及不符设立条件或擅自设立。

实际上，各地此前已有类似的措施。如民国九年（1920）寿昌县改良私塾计划中，有“查各私塾距离学校里半以内者，均经勒令停闭，将学生归并学校肄业”[③] 的表述。《建德县劝学所十年度学事年报》中也有：“本邑城乡私塾，除由劝学员赴区劝学时随时劝令改良，或设法劝令改为私立国民学校外，其或教师学识、经常经费两均缺乏，毫无改良希望者，查视情形，呈县勒令停闭，以示取缔。”[④] 也有极少数是令其在办学竞争中失利而自行停办的。民国五年（1916），浙江省视学程钟裕视学淳安，发现明愚国民学校校长王开第“管教有方”，学生“复讲明晰，造句通顺”，实属难得。该校附近恰有一私塾，“墨守旧时教法”“屡次劝导，迄未改良”。于是，他与县视学一道，令校、塾学生统一集中，“面试优劣”。结果，“该校学生颇占优胜”“乡民遂知倾向学校，而该私塾亦以相形见绌，情愿归并矣”。[⑤]

应该说，取缔私塾事关诸多利益群体的博弈。如果没有较为完备的善后方案，因取缔而遗留的社会问题大于私塾存在而产生的影响，则地方执政者会颇有顾忌。私塾取缔雷声大、雨点小，进展缓慢乃至停滞不足为奇。休宁县教育局在 1929 年工作计划中，关于义务教育事项有二：“取缔私塾及厉行私塾改良”；“设立私塾登记处，办理私塾登记事宜”。[⑥] 到拟具 1931 年计划时，关于私塾事项依然有四：“一、拟定

---

① 《淳安取缔私塾之决议》，载《教育周报(杭州)》1914年第66期，第19页。
② 乡下人：《徽州乡村教育问题》，载《微音》1926年第29～30期，第28页。
③ 《寿昌县九年度事年报》，载《浙江教育》1922年第5卷第5期，第8页。
④ 《建德县劝学所十年度学事年报》，载《浙江教育》1923年第6卷第3期，第10～11页。
⑤ 《令淳安县知事汤国琛：据省视学报告该县学务情形由》，载《浙江公报》1916年第1641期，第4页。
⑥ 胡开元：《休宁县教育局十八年度教育行政计划大纲》，载《安徽教育行政周刊》1929年第2卷第45期，第24页。

管理私塾暂行规程。二、举行塾师登记，并拟定登记规程。三、举办暑期塾师讲习会。四、取缔不良私塾。”[①] 而民国二十六年（1937）省督学视导后，仍然不客气地指出：休宁县“私塾颇多，应饬遵照二十五年度改进私塾办法办理，以谋义教之普及”。[②] 歙县也如此。民国二十三年（1934），省督学指出：“该县私塾林立，应于本学期内依照教厅一四七二号训令拟具改进全县私塾方案呈厅查核。”[③] 三年后，省督学再度要求：“该县私塾甚多，未予指导，除应由县督学视导外，并应依照本省二十五年度改进私塾办法，辅导改良。”[④]

如果认为地方政府畏难而无任何作为，也未必是事实。休宁榆村“人烟稠密，为里源一带最繁盛之乡村，学童不下二百人”。该村有县立第十一小学（后改为第七初级小学），但私塾仍有大阳桥头罗仙彬、后街底谢炳安、中街程之肃、富阼老当铺朱腾 4 所。民国二十二年（1933），程家驹受命出任校长，“振兴学务，不遗余力”。“因感私塾林立，阻碍校务”，上年呈请县府查封私塾，未见动静。10 月，再次呈请。县府“以该处既设有县立小学，照章二里以内之私塾，自应准予取缔、不容存在”，乃委派法警两人，持令文前往，勒令停闭。而据当地媒体披露：“现闻各塾师仍欲多方设法，以期苟延残喘云。”[⑤] 执法尚未开始，各方的博弈业已展开。

总体来说，到全面抗战开始前，徽、严各县的私塾总量已占比不大。民国二十六年（1937）歙县私塾降至 185 所；民国三十二年（1943），淳安县仅有私塾 47 所；民国三十四年（1945），建德县只剩下 6 所私塾。这些残存于深山僻坞的私塾，最后终结于中华人民共和国成立之初。如歙县，1949 年一所并入小学，50 所改为初小，18 所停办。1951 年，全县剩余的 112 所全部改为初小或初小分部。[⑥] 伴随着新生政权强大的力量，私塾这一服务于基层教育上千年的机构，至此成了历史名词。

① 《休宁县教育局二十年度教育行政计划》，载《安徽教育行政周刊》1931年第4卷第47期，第14页。
② 刘镇华：《训令休宁县政府指示核县教育亟愿改进各点》，载《安徽教育周刊》1937年第99～100期，第24页。
③ 《督学章绍烈视察歙县教育意见》，载《安徽教育周刊》1934年第43期，第280页。
④ 刘镇华：《训令歙县县政府指示该县教育亟应改进各点》，载《安徽教育周刊》1937年第93～94期，第9页。
⑤ 《县立七小程校长呈请查封私塾》，载《徽州日报》1933年10月16日第2版。
⑥ 歙县教育志编委会：《歙县教育志》，黄山书社，2009年，第96页。

余论

对于家庭、学校、社会三种不同类型的教育作用的认识，多数人认同家庭教育对受教育者未来成才与否的影响最为基础。但不能否认的是，学校教育对社会民众文化素养的普遍提高的作用更显著，即所谓“学校所以风四方而为万化之枢也”。[①] 这也是当今及其后较长一个时段内，世界上不同性质的国家均高度重视学校教育的原因所在。因此，关注新安江流域学校教育发展的特点与原因，具有现实与历史的价值。

第一节　宋代以降新安江流域学校教育的特点

归纳宋代以来新安江流域学校教育的特点，大体有以下数端：

一、学校类型多样

相对以学徒制为主体的传统职业技能教育，学校教育内容更为庞杂，时限更为漫长，培养目标也更为多元。在漫长的教育发展过程中，各种因素共同作用，逐渐建立起一座由各类教育机构组合而成的体系严密的金字塔，不同的构成各自承担相应功能。其塔基是分布广泛、数量庞大、服务大众的基础教育单元，诸如家塾、私塾、义塾、社学、小学、幼稚园等，教授的是最基础的文化知识与技能（识字、计算等），同时培育与社会生活、生产联系最密切的道德规范与素养。塔身是数量稍少、层次稍高的机构，如经馆、乡坊书院、初级中学等，培养期望以儒为业、部分脱离体力劳动的经济活动参与者，或基层社会管理者。处于塔顶的是州（府）县学、府县级书院、高级中学及相同层次的其他职业类学校，目标是能在科举制度下过关闯将进而蟾宫折桂者，或能以专业知识与能力服务一方者。相对而言，这一群体修、齐、治、

① [清]刘世宁、李诗、陈中元：光绪《淳安县志》卷十三《艺文志·何梦桂〈魁星楼记〉》。

平的人生抱负也能得到更大程度的满足。

二、学校数量众多

无论徽州还是严州，域内各类学校的数量都比较多。如，基层的塾学，早在元末，休宁学者赵汸就对往昔“自井邑田野，以至远山深谷、民居之处，莫不有学、有师，有书史之藏”[①]的盛况颇为自豪。清朝时，淳安县乡村有“学之士岁积而多，故家塾党庠各从所近”[②]的记载。民国初年，社会动荡，但休宁山区樟源末代秀才方汝科的自况歌中也反映出此类教育活动依然顽强地存在：“粗茶饭，破茅房，自安平，自守足。慈严登耄耋，兄弟守和睦。呼唤有稚子，往来皆骨肉。闷来床头睡，闲来案前读。功名吾无份，且与儿辈亲，庭前紫槿茂，堂中读书声。北国枪声响，南天起战云。无论时世艰，重教一脉承。”[③]若以数据论，明朝歙县有社学112所、义学3所，休宁社学140所，黟县社学13所、义学1所，绩溪社学30所、义学1所。[④]徽州宋代建有书院（含精舍、书堂等）18所，约占全国总数（约400所）4.5%；元代建24所，约占全国新建书院总数（约282所）8.5%；明清共存在过书院约93所。[⑤]据清末民初县志记载，建德曾有书院7所，[⑥]淳安曾有书院21所，[⑦]遂安曾有书院4所。[⑧]反观其他区域，数量则要少一些。比如，曾为郡、州治千余年的宣城县，明万历时有社学6所，清时义学“无定所”，明清有书院5所。[⑨]安庆府属县、素称人文荟萃的桐城县，明洪武年间创立社学7所，弘治时增至24所，明清有书院5所。[⑩]淮河流域的寿州，明清有社学8所、义学6所、书院5所。[⑪]福建省建阳县深受朱熹影响，曾有“图书之府”和“理学名邦”的盛名，明嘉靖时，该县有考亭、云谷、庐峰等书院14所，社学3所。[⑫]有一定数量的各类学校存在，既是民众热切的求学愿望的

---

① [明]赵汸：《东山存稿》卷四《商山书院学田记》。
② [清]刘世宁、李诗、陈中元：光绪《淳安县志》卷二《方舆志二·学校》。
③ 程亮、韩文杰：《樟源里村志》第7章《教育·卫生》，待出版，第174页。
④ [清]马步蟾：道光《徽州府志志》卷三之一《营建志·学校》。
⑤ 李琳琦：《徽州文化全书·徽州教育》，安徽人民出版社，2005年出，第14、61页。
⑥ 夏日璈、王韧：民国《建德县志》卷六《建筑志·院》。
⑦ [清]刘世宁、李诗、陈中元：光绪《淳安县志》卷二《方舆志二·学校》。
⑧ 罗柏麓、周树美、姚桓：民国《遂安县志》卷五《文治》。
⑨ [清]李应泰：光绪《宣城县志》卷八《学校》。
⑩ [清]廖大闻：道光《桐城续修县志》卷三《学校志》。
⑪ [清]曾道唯：光绪《寿州志》卷九《学校志》。
⑫ [明]冯继科：嘉靖《建阳县志》卷五《学校志》。

反映，也是社会经济发展水平的折射。

三、教育对象广泛

自从孔子“有教无类”观点的提出，到隋唐逐渐建立和完善的科举制度，理论上说，绝大多数人都有接受教育的机会。但揆诸现实，因经济实力与社会地位不均衡、不平等的广泛存在，被排除在学校之外的群体依然庞大。从身份看，世代为仆的“小姓”“伴当”无缘接受正规的学校教育；从性别看，几乎占总人口一半的女性也只能望“校”兴叹。当然，“世仆”“伴当”人数占比很低，几乎可以忽略。而女性的接受教育，则因时因地有所变化。在新安江流域，尽管元明清时期民众识字率比现在要低很多，但与当时国内其他地方相比，能够接受较为正规文化教育的群体占比较大，尤其是女性。胡文楷《历代妇女著作考》著录清朝徽州才女75名、严州才媛2人（其中作品都是《槐窗咏物诗草》的余淑芳、俞淑芳计为一人）。从县域看，除5人县籍不明外，歙42人，休18人，婺7人，黟2人，绩1人，遂安1人，建德1人。涉及的24个姓氏中，汪12人，程7人，黄、吴各5人，江、方、张、王各4人，何、洪、金各3人，徐、郑各2人。这种分布与各县人口数量、文化水平，各族经济实力、政治地位和社会影响基本一致。在安徽全省，徽州才媛最多，以桐城为核心的安庆府次之，其余地区少见。即在全国言，徽州才媛人数之多，也仅次于江苏常州、浙江杭州一带。需注意的是，留名青史的女诗人好比冰山一角，数十位留名青史的才媛的基础，是大量，识字但才华稍逊，或财力不足，或人生命运不佳的女子。正如美国学者曼素恩所言：“女性作家应该集中在以常州和杭州为中心的地区，也就是说，在为科举而进行的教育投入（为男人的）和女诗人的突出成就之间有着特别紧密的联系。”① 到了清末民初，更多女性进入公开教学活动之中，如歙县学者毕恩桂（1873～1963）19岁成亲时，其妻方啸云为歙南呈村降农家女，“能诗文，善画，并擅武术”“自后十年间，先后在小北街与府学前赁屋而居，……设馆分工课授男女生徒，养老育幼”。② 类似女性公开办学并未引起社会非议，根本原因是她们正好满足了大量女性求学对师资的社会需求。

---

① [美]曼素恩著，定宜庄、颜宜葳译：《缀珍录》，江苏人民出版社，2005年，第257页。

② 汪晓岚等：《衡纪》，徽州师范学校图书馆藏。

四、教育目的多元

“万般皆下品，唯有读书高。”北宋汪洙《神童诗》的广泛流传，不仅仅在于诗句的直白与朗朗上口，更在于其揭示的道理与朝廷劝掖、民众期待高度一致。“读书”为何成为“上品”活动？后句“满朝朱紫贵，尽是读书人”乃是正解。修身不仅可齐家，更为治国、平天下，这是文人的情怀与抱负。元朝时，“休宁之学特盛，岁大比与贡者至千人；[①] 清朝，休宁人汪滋畹虽遇“三载脯修之余资，不足以润九秋之行色”[②]之困境，仍八次参加省试，都是这种动因所激励。倘因志趣、家贫、挫折而难成“良相”“良医”，也是可接受的选择。明朝歙县人洪基，“业儒之暇，旁搜医典而精医”，尤喜搜集秘方、验方，甚至张榜“兑换奇方”，多年积累，不仅成为名医，还留下《丸散谱》一部；清朝歙县人程国彭少攻举子业，后因家境贫穷，且“体质素弱，每染疾患则缠绵难愈”，弃学养息之余翻阅医籍而业医；歙人吴澄《易经》家学渊源深厚，素有科举大志，不料屡试不第，才转而为医。[③] 其传世功绩均建立在一定的文化基础之上。当然，清朝歙人凌廷堪高中进士却自请出任教职；淳安人进士方桑如仅任顺天丰润知县三年就家居力学，讲学终身。则是出于对学术的至高追求，也是读书的最高境界。而择师相教，读书以知礼、明理、自立、自保，则是更多的徽、严宗族与民众的初衷。难称高远，却也是健康社会之基础与标志。

五、教育方式开放

徽、严两州分属皖南、浙西北山区，纵横的山岭使得交通更加艰难。相比之下，尽管新安江素以滩多流浅著称，但还是成为与杭州湾、太湖流域直至更远地区交往的主要通道。从宋代开始，越来越多的徽、严人走出山区，凭借经商等谋生方式，拓展了生存空间。而“安土重迁”“落叶归根”等传统观念，保持了数百上千年外出谋生者原居地与侨寓地之间的频繁互动。由此也形成了徽、严人对外来文化的包容与开放心态。反映在教育上，就是教师与学子的双向流动，既开阔了学术视野，也站上新的平台。在明朝徽州书院，时常闪现着当时知名学者的身影。南京吏部尚书湛若水，年逾七旬还来歙县斗山书院讲学。休宁天泉、还古书院，祁门东山书院，黟县中天书院，都迎接过泰州学派创始人王艮、浙江余姚人钱德洪、浙江绍兴人王畿、

---

① 赵汸：《东山存稿》卷四《商山书院学田记》。

② 何应松、方崇鼎：道光《休宁县志》卷二十二《艺文·记述·乡试旅资记》。

③ 李济仁：《新安名医考》，安徽科学技术出版社，1990年，第26、34、37页。

江西安福人邹守益等学者，阐明学术、发表新知。清朝，宣城学者施闰章、桐城派宗师刘大櫆、淳安学者方棨如都曾多年在歙县问政等书院担任讲席，方棨如甚至被当地学生尊称为“（泰）山（北）斗”。明末，休宁人、紫阳和还古书院主讲汪学圣曾受邀前往东林书院讲学；在休宁还古书院讲学近三十年的学者汪佑，也曾到苏州杨维斗主持的书院讲学。同样，学子也因社会流动而有更丰富的阅历，成才概率大大提高。梳理明清徽、严两州知名学者的人生经历就会发现，大多数学者都有长时段在徽、严以外区域拜师访学的阅历。

六、教育催生精英

揆诸史籍，徽、严两州自宋代以降，精英辈出。其中最具有影响力者，非科举莫属。无论徽、严，目前都无法准确统计进士人数，因除本籍士子之外，尚有为数众多的寄籍者。而“连科三殿撰”“十里四翰林”“一门十进士”“一门五博士”等民间盛传佳话，倒可作为旁证。此外，在学术、生产、生活中，如经学、医学、商业、技艺等领域独擅一技者，也都以教育为起点。对此，局外之人往往见解更为精准。南宋咸淳时，余植出任建德知县，颇有感触：“新定郡自咸平三年，由乡贡擢进士第，首于建邑得王君冕。自是举不绝书，名踵相望，唯斯邑为盛。”他认为：得人之盛，不特“千峰耸翠，双湍泻玉，瑰奇特杰之观，潇洒清绝之气，独萃斯邑”，更因“田、范、张、吕，泓涵演迤之学，仁义道德之化，首覃及斯邑”。[①] 田即田锡，宋太平兴国时出知睦州，见“俗寡礼教”，乃“大兴庠序”；范即范仲淹，知睦州时“大兴学校”；张即张栻，乾道时知严州事，“以教化为先务”；吕即著名学者吕祖谦，张栻任严州知州时，吕为严州教授。[②] 州县要员兴学重教，爱惜人才，奖掖后进，地方因此受益良多。同样的情形也出现在徽州。清道光初年，徽州知府程怀璟下车伊始，巡视乡野，所惊叹者不仅是“邨墟刻镂，桑麻铺棻”，更是“比户习弦歌，乡人知礼让，未尝不蹶然发愤而兴起”。即粉墙黛瓦、精雕细镂的村居固然令人羡慕，家家种桑植麻、生活小康怡然也让人欣慰，但户户书声琅琅，乡人知情达理，人人发奋上进的精神状态，更难能可贵！更何况“人文辈出、鼎盛辐臻，理学经儒，在野不乏”。究其根源，知府大人认为“此其俗化之厚与其乡先生教泽

① 叶欣：《严州文化丛书·严州金石》，天津古籍出版社，2012年，第41页。
② 夏日璈、王韧：民国《建德县志》卷九《职官志》。

之长也"！[①] 将教化之功归于乡风的熏陶和包括致仕隐退官绅在内的塾学先生的教导，显然十分恰当。

第二节 宋代以后新安江流域教育发展的原因

一、科举考试制度的出现与发展

一地一时的社会变化，都离不开大的社会背景。其中，影响至深至远的就是国家意志及其贯彻，既与中央政府政策相关，也与政策的执行力相关。春秋以前，只有贵族才有机会接受教育，有学识者成为社会稀缺资源。孔子主张"有教无类"。并创立私学，打破了"学在官府"的局面。但此时教育体系与官员选拔体系并无多大交集。汉朝之后，察举制是官员选拔的主要方式，歙县东乡（今属淳安）人方储曾因此被举荐入朝。尽管孝廉、贤良方正等名目也缺不了对文化素养的考察，但家族社会地位影响更大。到了魏晋南北朝时期的九品中正制，更固化了社会等级，作为社会底层的庶族几乎没有可能实现地位的跃升。由于其弊端严重，隋唐时期，科举制度被创立且逐渐完备，社会下层依靠自身文化素质进入上流社会的通道被打开，新安江流域的民众精英也因此有了脱颖而出的方便之门。由于教育体系与官员选拔机制从未有过的高度结合，从而产生了对教育发展强大的反向助推力。

二、中原望族崇文向学传统的延续

东汉后，中原政权频繁更替，战火纷飞，名门望族举家南迁，从太湖流域又向周围山区进发，一部分沿新安江到了建德、淳安、歙、黟，由客居到土著，逐渐成为名族大姓。这就是徽州史上所称"三次大移民"。尽管远离中原和全国政治中心，周遭又多为文化素养不高的土著，但这些寓居者对文化、经典、礼仪的崇尚家风没有淡化，在一定程度上使得该群体更容易受到官府关注，从而成为被举荐对象。如西汉末年首迁歙县的方氏，第三代方储就被举为贤良方正，出任洛阳令。从宗谱资料看，即便是程灵洗、汪华，也有先辈担任地方官员的家族背景。数百年后，程、汪、

① [清]马步蟾：道光《徽州府志·序》。

吴等大族子孙成千上万，散布四方，但家族精神没有丧失。如明朝万历年间，歙县黄山谢氏家规对子弟的要求是："宜延明师以教，端其性习，训其礼节。有志者，讲通义理，作诗、作文以取功名。不及者，亦要稍知文墨，不失为士人。"[①]至于"三代不读书，好比一窠猪"等民谚，也是南迁大族对于家族记忆的恪守。

三、民众谋生技能的基本需要

徽、严两州虽风光秀美、钟灵毓秀，但山多田少，并不适宜众多人口生活。唐之前，人口数量较少，生存压力不大。宋朝之后，人口骤增。为维持生活，一部分迁移深山，垦殖山林，过着低水平的清贫生活。还有人选择迁移他乡，罗愿《新安志》就记载了当年徽州人迁往舒城、池州、无为一带。在长期这种变易不居、内外流动环境中，他们比一般人更早、更强烈地感受到文化的作用。于是在很多家族看来，对子弟分层培养是现实的需要，但都不会省略读书这一基层环节。清康熙年间，绩溪县周坑周氏宗训提出："子孙才分有限，无如之何。然不可不使读书，贫则教训童稚以给衣食。否则，讲明正学，以资进取。若夫成功，则天也。不获于天，亦不失于士之令名。然此亦是难事，未必人人可望。若能布衣草履，从事农圃，足迹不至市道，亦是佳事。……仕宦不可常，不仕则农，无可憾也。"[②]歙县潭渡孝里黄氏在清雍正时的家训也告诫子孙："子弟未冠者，……必延聘明师，教以孝悌忠信为主。若二十以外，学业无成者，令其学习治家理财之方。其向学有志者，勿拘此例。"[③]

四、宗族对教育事业的支持

因移民原因，新安江流域民众多聚族而居。在山多地少的生存压力下，血缘认同的重要性往往强于地缘认同，宗族力量在当地的影响颇为显著。直至民国初年，淳安"西乡民气多强悍，益以聚族而居，王、徐、方三姓族大人多，此姓与彼姓之间，时有细故启衅，酿成械斗，以至官厅亦徒唤奈何。但该乡从不发生盗案，因人多而强，足以慑匪徒之胆而不敢入其地也"。[④]实际上，除了人多，宗族的政治地位、经济势力、历史影响都是在激烈的宗族竞争中保持优势的因素。办教育、出人才，不仅是一家之荣辱，也是一族之荣辱。清光绪年间，绩溪县南关许氏家训直言："师儒所以明圣

---

① 卞利：《明清徽州族规家法选编》，黄山书社，2014年，第124页。

② 卞利：《明清徽州族规家法选编》，黄山书社，2014年，第8页。

③ 卞利：《明清徽州族规家法选编》，黄山书社，2014年，第20～21页。

④《令淳安县知事：据调查学务委员呈报该县学务情形由》，载《浙江公报》1917年第1761期，第10页。

贤之道，本不可不重。况一族子弟，无论将来读书成名，即农工商贾，亦须稍读书本，略知礼义。……读三年后，如果子弟聪明，可以读书，富厚之家自不必说；如或孤贫，在亲房及祠堂均宜帮贴，将来发达，荣宗耀祖，宗族皆受其庇荫。如果一族无绅衿，非但被人轻薄，而且被人欺侮，乃祖宗之不幸也。”① 清末，胡晋接在绩溪《金紫胡氏初等小学堂记》中也说：“为一族姓儿童前途计而设初等小学，更为一族姓前途计而设初等小学。诚以初等小学者，关系乎族姓前途之兴衰者为至巨也。”所以，很多宗族都有出资帮助读书人的措施。

五、私人资财的捐助

教育是一项长期投资，难以收到立竿见影的回报。在官府、宗族开办的各类学校及其他教育活动中，私人资财捐助十分关键。徽商是文化商人，对很大一部分人来说，经商不是目的，而是过程和手段，其终极追求是业儒入仕、显亲扬名。在徽州自宋至民国近千年，商人助学比比皆是。清嘉庆年间，休宁在汉口经商多年的汪国柱捐资 5000 两，生息资助参加乡试学子旅费，其商友徐名进也增捐 5000 两为本。绩溪也紧随其后：“徽州六属，绩溪较瘠，读书寒士最多，是以每届乡试之期，赴试者寥寥。户部主事、邑人胡培翚与合邑绅士劝捐得银五千两，请于太守及邑宰立案。其银发典生息，每科以息银分给应试者旅费。”② 在严州，经商之人相对较少，但民间捐助教育依然不乏其人。明朝遂安十都人余良湑，“好施与，闻人缓急，慨然应之。遇岁科试，广给资斧，成英俊功名。生平醵金焚券以数千计。喜宾客，有置驿投辖风。尤乐陶铸后进，兴义塾，延名师，数十年悃款不倦，经术萃于一门”。③ 清朝淳安唐坂人邵敦纯，“幼孤，苦志绩学，……既长，补诸生，以舌耕自给。馆俸稍赢，辄以周族党，无德色。有贫不能学者，出己赀饮其膏火，故及门多所造就焉”。其子邵南莹也是贡生，乾隆十九年（1754），邑令刘公倡建义学，他首捐三亩有奇，④ 以上种种，都是典型事例。

六、名流硕儒对教育的热衷

教育是一项一代人站在前代人肩膀上的事业，前代人的水准会影响下代人进取

① 卞利：《明清徽州族规家法选编》，黄山书社，2014年，第38页。
② [清]马步蟾：道光《徽州府志》卷三之一《营建志·学校》。
③ 罗柏麓、周树美、姚桓：民国《遂安县志》卷七《人物志·敦义》。
④ [清]刘世宁、李诗、陈中元：光绪《淳安县志》卷十一《人物志·义风》。

的高度与速度。从这一意义上看，师资的作用无可替代。而在新安江流域，宋朝以后不少学界名流硕儒都不同程度地介入了教育事业，这是当地之大幸。徽州名儒如宋元的吴儆、程逢午、胡一桂、胡炳文、陈定宇、倪士毅、郑玉，明清的朱升、吴曰慎、施璜、江永、戴震、程瑶田、凌廷堪，民国的陶行知、胡适，他们都有长期的从教经历。不是讲学书院，就是潜心训蒙，也留下一个个“名师出高徒”的生动注解。在严州淳安，宋代蜀阜人钱时，绝意科举，究明理学，主讲象山书院，“政事多所裨益”“郡守及新安、绍兴守皆厚礼延请开讲郡庠”。方逢辰在地方任职时，“所至以教化为先务，暇日从容庠序授学者，以求端用力之方”“东阳士辟义塾，迎之，从游者数百人”。后“创家塾，授徒以居”，以至于宋度宗也“立问其讲授之所，御书‘石峡书院’四字为扁，赐之”。① 清朝赋溪人、进士方桑如去官后，“教授自给，主讲敷文、葺山、紫阳各书院，门下济济”，有《家塾晚课》等书行世。② 明代遂安学者方应时，身为诸生“即力请邑侯复瀛山书院，建格致堂，以礼文公”。举孝廉后，“则延钱塘王先生汝止登格致堂，讲学不辍”。③ 还有一类无教师之名却履行引导读书之责的“隐逸”者，也不能忽略。北宋时，歙县岩寺隐士闵景芬建尊圣阁，“阁旁建石塔一座，以象文笔峰”，阁中“贮书万余卷”。他“日夕与子弟侄辈及从游者讲明奥理，不就征辟”“远近学者咸宗之”。结果是“阁成二十稔，先生遗世。又十稔，从子惟庆始以其学登第”。④ 此类以私人藏书为媒介的准学校教育活动直至近代仍有不少，屯溪隆阜戴氏家族开办的私立东原图书馆也是其余绪。

七、地方官员的用心

知府、知县是基层行政主官，将教育作为“重点工程”来抓的新安江流域地方官员不乏其人。宋朝歙州知州李维“至郡兴学舍，岁时行乡射之礼”。刘炳知徽州，“始下车，顾学宫，抚然曰：‘学校不修，乌足言政？’皆次第营葺，注意教养，拨田以继廪粟”。元朝徽州路总管郝思义“升堂讲课，左庙右学，易敝构新，又刊朱文公《语类》于学”。明洪武初，多年战火使徽州城乡庐舍尽毁，胡善出任徽州知府，百废待举。他在“抚绥贫民，广辟莱田”“劝课农桑，以给衣食”同时，不忘“修崇学校，

① [清]刘世宁、李诗、陈中元：光绪《淳安县志》卷十《人物志·理学》。
② [清]刘世宁、李诗、陈中元：光绪《淳安县志》卷十《人物志·续纂儒林》。
③ 罗柏麓、周树美、姚桓：民国《遂安县志》卷七《人物志·理学》。
④ [清]佘华瑞：《岩镇志草》利集《艺文上》。

延聘师儒以训导子弟之秀俊者”。清乾隆时，知府何达善爱民而好士，“紫阳诸生肄业，必延名宿为之师，公暇时至书院，与诸生讲论，先器识，后文艺，严立课程而稽其勤惰”。百姓认为：“近岁科名之盛，皆公陶冶之功也。”①民国《遂安县志》“宦绩”所载明朝官员18人中，有教育方面贡献者就有9人：既有知县张元吉“修先师庙，整圣贤像，有俾文教”；成礼“捐俸建大成殿，饬圣像，泮池围以石栏，櫺星易以石柱，补祭器，葺廨宇宫墙一新”；周恪“留心风化，表章节孝及先贤张朱遗迹，新黉舍，拓泮池，拔士之秀者月课之”；詹尔达“葺文庙课士，捐俸买学田四十余亩，供诸生月课”；韩晟“为政以课士为先，创五狮书院，置院田集诸生讲业”；也有教谕朱长庚“勤月课，振士气”；杨时熙“整饬学宫，修建文昌祠，遍栽桃李，望若云锦”；训导蒋大禄“诲士皆出实心，修文庙，辟外湖”。甚至连典史危楷也有“督葺学宫”的功业。②知府、知县权力大，职责多，兴学育人只是其中一项。在三年左右任期内，抓教育一般难见成效。但这是当地民众道德、技能提升的前提，是治下安居乐业和长治久安的基础，那些做了大量与其任期官场政绩关联不大的工作的官员，必定是自感肩负着历史和社会的责任感。

世事已成东流水。回望、梳理、汲取，应是一代代后人不能缺少的日常活动。

---

①[清]马步蟾：道光《徽州府志》卷八之二《职官志·名宦》。

②罗柏麓、周树美、姚桓：民国《遂安县志》卷四《职官志·宦绩》。

参考文献

一、古今史志

班固：《汉书》，中华书局，1962 年。

范晔：《后汉书》，中华书局，1965 年。

陈寿：《三国志》，中华书局，1964 年。

李延寿：《南史》，中华书局，1975 年。

魏征：《隋书》，中华书局，1973 年。

刘昫：《旧唐书》，中华书局，1975 年。

宋祁、欧阳修、范镇等：《新唐书》，中华书局，1975 年。

脱脱：《宋史》，中华书局，1977 年。

宋濂：《元史》，中华书局，1976 年。

张廷玉：《明史》，中华书局，1974 年。

赵尔巽：《清史稿》，中华书局，1977 年。

王圻：《续文献通考》，明万历三十一刊本。

冯煦：《皖政辑要》，黄山书社，2005 年。

罗愿撰，萧建新、杨国宜校注：《新安志》，黄山书社，2008 年。

汪尚宁：《徽州府志》，明嘉靖四十五年刊本。

马步蟾：《徽州府志》，清道光七年刊本。

陈公亮、刘文富：《淳熙严州图经》，清光绪二十二年刊本。

杨守仁：《严州府志》，明万历六年本。

吕昌期：《续纂严州府志》，明万历四十一年增修本。

谢陛：《歙志》，明万历三十七年本。

许承尧：《歙县志》，民国二十六年铅印本。

何应松、方崇鼎：《休宁县志》，清道光三年本。

清恺、席存泰：《绩溪县志》，清嘉庆十五年本。

吴甸华、程汝翼、俞正燮：《黟县志》，清同治十年本。

吕子珏、詹锡龄：《黟县续志》，清道光五年本。

谢永泰、程鸿诏：《黟县三志》，清同治九年本。

吴克俊、许复、程寿保：《黟县四志》，民国十二年本。

姚鸣銮：《淳安县志》，明嘉靖三年本。

刘世宁、李诗、陈中元：《续纂淳安县志》，清光绪十年本。

罗柏麓、周树美、姚桓：《遂安县志》，民国十九年印本。

夏日璈、王韧：《建德县志》，民国八年铅印本。

陈焕、潘绍隽、李任：《寿昌县志》，民国十九年铅印本。

李应泰：《宣城县志》，清光绪十四年本。

廖大闻：《桐城续修县志》，清道光十四年本。

曾道唯：《寿州志》，清光绪十六年印本。

冯继科：《建阳县志》，明嘉靖三十二年本。

戴廷明、程尚宽撰，朱万曙点校：《新安名族志》，黄山书社，2004年。

吴翟撰，刘梦芙点校：《茗州吴氏家典》，黄山书社，2006年。

毛德琦：《白鹿洞书院志》，清乾隆六十年本。

施璜撰，陈联、胡中生点校：《紫阳书院志》，黄山书社，2010年。

佘华瑞撰，吴之兴点校：《岩镇志草》，内部资料，2004年。

安徽省地方志编纂委员会：《安徽省志·教育志》，安徽人民出版社，1997年。

黄山市地方志编纂委员会：《黄山市志》，黄山书社，2010年。

歙县地方志编纂委员会：《歙县志》，中华书局，1995年。

休宁县地方志编纂委员会：《休宁县志》，安徽教育出版社，1990年。

休宁县地方志编纂委员会：《休宁县志》，黄山书社，2012年。

屯溪区地方志编纂委员会：《屯溪区志》，方志出版社，2012年。

绩溪县地方志编纂委员会：《绩溪县志》，黄山书社，1998年。

婺源县地方志编纂委员会：《婺源县志》，档案出版社，1993年。

淳安县志编纂委员会：《淳安县志》，汉语大词典出版社，1990年。

建德县志编纂委员会：《建德县志》，浙江人民出版社，1986年。

歙县教育志编纂委员会：《歙县教育志》，黄山书社，2009年。

绩溪县教育志编委会：《绩溪县教育志》，方志出版社，2005 年。
淳安县教育志编委会：《淳安县教育志》，汉语大词典出版社，1991 年。

二、古代文集

徐松：《宋会要辑稿》，中华书局，1957 年。
程珌：《洺水集》，清四库全书本。
陈栎：《定宇集》，清四库全书本。
方回：《桐江集》，上海古籍出版社，2002 年。
朱升著，刘尚恒点校：《朱枫林集》，黄山书社，1992 年。
赵汸：《东山存稿》，清四库全书本。
程敏政编，何庆善、于石点校：《新安文献志》，黄山书社，2004 年。
全祖望：《鲒埼亭集》，清嘉庆九年本。
刘若愚：《酌中志》，清道光二十五年本。
黄宗羲：《宋元学案》，中华书局，1986 年。
李泽平、陆林：《清代笔记小说类编》，黄山书社，1994 年。
佚名撰，王颋点校：《庙学典礼（外两种）》，浙江古籍出版社，1992 年。
曾国藩：《曾国藩全集 · 书信》，岳麓书社，2011 年。
曾国藩：《曾文正公全集》，光绪二年传忠书局刊本。

三、近现代论著

梁启超：《饮冰室合集》，中华书局，1989 年。
王振声：《王振声日记》，凤凰出版社，2017 年。
刘汝骥撰，梁仁志校注：《陶甓公牍》，安徽师范大学出版社，2018 年。

许承尧：《疑庵诗》，黄山书社，1990 年。

许承尧：《歙事闲谭》，黄山书社，2001 年。

黄炎培：《黄炎培考察教育日记》，商务印书馆，民国二年。

章衣萍：《我的祖母》，上海儿童书局，民国二十一年。

章衣萍：《古庙集》，河北教育出版社，1995 年。

教育部教育年鉴编纂委员会：《第一次中国教育年鉴》，开明书店，民国二十三年。

陶行知：《陶行知全集》，四川教育出版社，1991 年。

曹伯言：《胡适自传》，黄山书社，1986 年。

中国陶行知研究会：《方与严教育文集》，四川教育出版社，1995 年。

飞白、方素平：《汪静之文集 · 没有被遗忘的欣慰》，西泠印社出版社，2006 年。

飞白、方素平：《汪静之文集 · 回忆、杂文卷》，西泠印社出版社，2006 年。

白寿彝：《中国通史》，上海人民出版社，1999 年。

季啸风：《中国书院词典》，浙江教育出版社，1996 年。

吕思勉：《三国史话》，中国工人出版社，2015 年。

陈从周：《梓室余墨》，三联书店，1999 年。

舒新城：《中国近代教育史资料》，人民教育出版社，1981 年。

璩鑫圭、唐良炎：《中国近代教育史资料汇编 · 学制演变》，上海教育出版社，1991 年。

璩鑫圭、童富勇、张守智：《中国近代教育史资料汇编：实业教育师范教育》，上海教育出版社，1994 年。

李桂林、戚名琇、钱曼倩：《中国近代教育史资料汇编 · 普通教育》，上海教育出版社，1995 年。

李济仁：《新安名医考》，安徽科学技术出版社，1990 年。

桑兵：《晚清学堂学生与社会变迁》，学林出版社，1995 年。

李琳琦：《徽州文化全书 · 徽州教育》，安徽人民出版社，2005 年。

曼素恩著，定宜庄、颜宜葳译：《缀珍录》，江苏人民出版社，2005 年。

李国梁：《屯溪土墩墓发掘报告》，安徽人民出版社，2006 年。

王章涛：《凌廷堪传》，广陵书社，2007 年。

安徽文史资料全书编委会：《安徽文史资料全书 · 黄山卷》，安徽人民出版社，

2007 年。

罗来平：《徽州文化古村呈坎》，天马出版有限公司，2002 年。

周文甫：《斯文正脉》，黄山书社，2012 年。

方光禄、许向峰、章慧敏：《徽州近代师范教育史》，安徽师范大学出版社，2013 年。

卞利：《明清徽州族规家法选编》，黄山书社，2014 年。

戴元枝：《明清徽州杂字研究》，上海教育出版社，2017 年。

叶欣：《严州文化丛书 · 严州金石》，天津古籍出版社，2012 年。

四、近代杂志报刊

学部：《学部官报》，光绪三十四年。

南洋官报局：《南洋官报》，光绪三十四年。

安徽抚署：《安徽官报》，光绪三十一年、三十四年，宣统元年、三年。

安徽省政府：《安徽公报》，民国十一年。

安徽学务公所：《安徽学务杂志》，光绪三十四年，宣统元年。

安徽省教育厅：《安徽教育月刊》，民国八、九、十、十一年。

安徽省教育厅：《安徽教育行政周刊》，民国十七、十八、十九、二十一年。

安徽省教育厅：《安徽教育》，民国十九年。

安徽省教育厅：《安徽教育行政旬刊》，民国二十二年。

安徽省教育厅：《安徽教育辅导旬刊》，民国二十四年。

安徽省教育厅：《安徽教育周刊》，民国二十三年、二十六年。

安徽省教育厅：《新学风》，民国三十五年。

歙县县政府：《新歙县月刊》，民国三十三年。

浙江官报局：《浙江官报》，宣统二年。

浙江省政府：《浙江公报》，民国三年、五年、六年、七年、八年、十三年。

浙江省政府：《浙江省政府公报》，民国十九年、二十四年、三十八年。

浙江省学务公所：《浙江教育官报》，光绪三十四年，宣统元年、二年、三年。

浙江教育会：《教育周报（杭州）》，民国二年、三年、四年、五年、六年、七年。

浙江省教育厅：《浙江教育》，民国九年、十一年、十二年、十三年、十五年、二十九年。

浙江省教育厅：《浙江教育行政周刊》，民国十九年、二十年、二十一年、二十三年。

浙江省建设厅：《浙江省建设月刊》，民国十八年。

浙江省立体育场：《浙江体育月刊》，民国二十三年。

浙江省抗日自卫委员会：《浙江战时教育文化》，民国二十八年。

淳安县政府：《淳安县政旬刊》，民国二十五年。

淳安县政府：《淳安政情》，民国三十二年。

淳安县教育局：《淳安教育》，民国二十一年。

遂安县劝学所：《遂安教育月报》，民国八年、九年。

遂安县劝学所：《遂安教育公报》，民国九年。

中国留日学生湖南同乡会：《游学译编》，光绪二十九年。

商务印书馆：《东方杂志》，宣统二年。

圣教杂志社：《圣教杂志》，民国六年。

上海钱业公会：《钱业月报》，民国十一年。

南京中央大学时代公论社：《时代公论（周刊）》，民国二十一年、二十二年。

新中国农学会：《新农通讯》，民国二十二年。

《京报》副刊：《国语周刊》，民国二十三年。

商务印书馆：《教育杂志》，民国二十四年。

社光月报社：《社光月报》，民国二十四年。

劳动季报社：《劳动季报》，民国二十五年。

南京安徽中学徽州分校：《国难旬刊 · 抗战文艺》，民国二十六年。

教育通讯周刊社：《教育通讯》，民国二十七年、二十八年。

国立中央大学新民族周刊社：《新民族》，民国二十七年。

中国旅行社：《旅行便览》，民国三十二年。

生活教育社：《生活教育通讯》，民国三十六年。

台湾省政府教育厅：《国民教育辅导月刊》，民国三十六年、三十七年。

《浙江潮》，光绪二十九年。

《安徽俗话报》，光绪三十年。
《安徽白话报》，光绪三十四年。
《体育杂志》（上海），民国三年。
《兴华》（上海），民国七年、八年。
《教务要闻》，民国八年。
《浙江省立甲种商业学校校友会杂志》，民国十一年。
《教育与人生》，民国十二年。
《微音》，民国十五年。
《农民》，民国十五年。
《浙江大学教育周刊》，民国十七年。
《浙江经济调查》，民国二十年。
《江苏省立上海中学校半月刊》，民国二十二年。
《中国建设》，民国二十四年。
《皖事汇报》，民国二十五年。
《华东教育》，民国二十五年。
《前进教育》，民国二十六年。
《重大校刊》，民国二十六年。
《建国教育》，民国二十八年。
《进修》，民国二十八年。
《台湾训练》，民国三十六年。
《申报》，光绪三十二年，宣统二年。
广益丛报馆：《广益丛报》，光绪三十三年。
于右任：《神州日报》，光绪三十三年。
《中央日报（安徽版）》，民国三十三年、三十四年、三十五年。
《徽州日报》，民国二十二年、二十三年、二十五年、三十五年。
《严州民报》，民国二十三年。

后 记

回顾三年来的工余时光，寝食难安大概是对本人生活状况最为准确的描述。

压力主要来自三个方面：其一，尽管本人对地方文化探究有兴趣，但涉猎所及，地域上基本没有超出徽州一府六县的范围。而此次的研究对象是整个新安江流域，对于淳安、建德等县市，无论是现实的感性触摸还是历史的资料检索，都十分生疏。其二，徽州教育是很多学者深耕过的领域，成果丰硕。全景式的，就有早在2005年面世的作为徽州文化全书之一由李琳琦先生撰著的《徽州教育》；专题类的，更有无数学者对朱熹、陶行知、胡适等教育大家的精研细究。20世纪80年代初，徽州地区教育局组织人员编撰《徽州地区教育志》，虽未正式出版，但征求意见稿已比较成熟。有此高度，再想有所突破，感觉十分困难。其三，此次是一个丛书的集体项目，参与者多为高校徽州学界和地方某些领域的知名学者，起点高，要求严，倘若影响全局，兹事体大。

笔者在尽量搜集资料的基础上，终于完成本书稿。对照起初的提纲，感到有以下四点需要说明：

首先，是古代与近代内容的比重上，提纲基本是对开。但成稿时，古代部分因资料较少仅占四分之一，不仅蒙学、官学压缩篇幅，家庭教育与社会教育也只好取消。而近代尤其是民国时期各类学校教育资料相对丰富，除普通小学、普通中学分别扩张为上、下两章外，师范教育、职业教育、社会民众教育也独立成章。如此厚“近”薄古，并非本意，实出于无奈。

其次，是在部分内容的处理上，本稿有所弱化。如古代书院中，由于徽州诸多书院的存世，紫阳、还古等知名书院的举办情形，以及书院讲会活动等，早有大量论述已做了较为全面的考证、分析与介绍。为避免重复，本书将重点放在书院的分类、经费运作与管理体制方面。同样，对于古代知名的教育家朱熹、郑玉、江永、戴震、程瑶田、凌廷堪、方桑如，近代教育家陶行知、胡适的教育思想与实践，本书也没有涉及。这样处理，虽然损害了完整性，但强化了特殊性，也不失为一种尝试。

再次，是在地域把握上，本书紧扣“新安江流域”的空间区域，对于附近地区的情形少有涉及。比如，同属徽州的婺源，因从山水形势看，不属于新安江流域；又如祁门县，7条主要河流中，仅有凫溪河南下汇入新安江，该县大部分区域属鄱阳湖水系。因此，本书对于婺源、祁门、桐庐、分水等县引用的资料较少。

最后，是行文风格上，笔者认为，对于历史记忆的留存，最合适的是保留第一手资料的原貌，而非简单化用或解释。因为不同人的解读可能有所差异，特别是脱离了特定语境的零星语句，其本来意义或许会被曲解。因此，如果原始文献文辞相对浅近，直接引用不影响阅读，那即便句子显得“零碎”也无关紧要。如果是比较少见或重要的文献，原文大段征引至少也多了一种保存历史痕迹的渠道。

此外，关于配图问题。教育在过去社会中，本来就是较为小众的活动，且基本局限在校园的特定空间中，物化资料相对更少，要想获得较为丰富的图片资料真心有难度。因此，本书配图在内容类别、反映区域、时间分布上，做不到均衡合理，姑且留下遗憾。

在本书写作过程中，参考和引用了学界诸多成果；刘伯山先生、赵懿梅博士无私地提供了部分文献，翟屯建先生多次指导修改提纲；淳安县关注此项工作的各位领导，尤其是县委党史研究室朱华明主任、程中青先生，对本书的写作给予了大力支持，在此一并深表感谢！

不足乃至谬误之处，尚祈读者指教。

方光禄

2020年8月